国家社科基金重点项目"元、明前期的江南政策与社会发展脉络"(BE102482)最终成果之一

元明江南政治生态与社会发展

李治安 主编

Political Ecology
and Social Development
in the South of
Yuan and Ming Dynasties

中国社会科学出版社

图书在版编目（CIP）数据

元明江南政治生态与社会发展/李治安主编. —北京：中国社会科学出版社，2019.2

ISBN 978-7-5203-3132-6

Ⅰ.①元… Ⅱ.①李… Ⅲ.①社会发展史—中国—元代—文集②社会发展史—中国—明代—文集 Ⅳ.①K247.07-53 ②K248.07-53

中国版本图书馆CIP数据核字（2018）第208697号

出 版 人	赵剑英
责任编辑	宋燕鹏
责任校对	李 莉
责任印制	李寡寡
出　　版	中国社会科学出版社
社　　址	北京鼓楼西大街甲158号
邮　　编	100720
网　　址	http://www.csspw.cn
发 行 部	010-84083685
门 市 部	010-84029450
经　　销	新华书店及其他书店
印刷装订	北京君升印刷有限公司
版　　次	2019年2月第1版
印　　次	2019年2月第1次印刷
开　　本	710×1000 1/16
印　　张	38
插　　页	2
字　　数	626千字
定　　价	156.00元

凡购买中国社会科学出版社图书，如有质量问题请与本社营销中心联系调换
电话：010-84083683
版权所有　侵权必究

元明国家与江南社会研究的良好尝试（代序）

"元明江南社会学术研讨会"于 2016 年元月在天津召开。会议由南开大学历史学院李治安先生倡议并主持。南京大学、南开大学、中山大学、武汉大学、河南大学、西北大学、华南师范大学、江西师范大学、安徽师范大学、中国国家图书馆、广东省社会科学院等单位学者及部分研究生参加。南京大学历史学院范金明先生做了学术总结。会议共接收高质量论文 20 余篇。所论地域指广义上的江南，即今浙江、福建、江西、湖南与江苏、安徽、湖北长江以南的区域。

关于元、明江南社会发展及国家政策等问题，学界多有研究，但对元、明两代江南问题的贯通比较迄今鲜见。此次会议是元史学者与明史学者首次聚集一堂，打破王朝断代界限，将元、明两代相联系，作贯通思考与探索的尝试。这在中日学者热切关注"唐宋变革"及部分欧美学者瞩目"宋元明过渡"之外，不失为深化认识中古以来社会历史发展的又一有益探索。

从会议论文来看，学者聚焦的元、明两代在江南地域的国家政策、社会治理以及地域发展中的若干重要问题，大致包括如下内容：元至明前期江南政策与社会发展比较、元明户籍制度演变脉络、卫所军户制度与江南社会结构、诉讼刑法、江南科举、地方士大夫政治与文化生活、市镇起源与空间结构、海商、海禁与海防等。在辑入本书时，将上述问题大体分为"元明江南政治、军事制度变迁"、"元明江南户籍赋役制度与经济史"、"元明江南科举、士大夫及宗教文化"、"元明富民、家族及风俗"与"海商、海禁与海防"五编。兹扼要论介如次：

一 元明江南政治与军事制度变迁

元明江南政策、国家治理、军事制度等为与会学者关注的重要议题。李治安《元明前期的江南政策与社会发展》重在探讨元朝统治政策与江南社会状况、朱元璋父子的个性政策及其对江南旧有社会秩序与结构的触动等，比较元、明江南政策对"唐宋变革"在14世纪以后的命运乃至近古历史走向带来的不同影响。另有《元江南地区的籍没及其社会影响新探》一文，考察元代江南地区的各类籍没刑，比较其实施中与中原及蒙古籍没的关联及异同，并阐释其社会影响及其对明初大规模籍没的影响。范金民《嘉善县事——明末知县李陈玉的县政实践》，以明季嘉善县知县李陈玉的县政理念及实践为透视对象，探讨明代县级政府在官员组织架构和国家政权结构中承上启下的重要地位与作用。罗晓翔《明代南京官房考》则精微地考证了南京官房制度的变迁，由中可见洪武时期的都城规划、"徙实京师"政策以及永乐迁都北京对城市社会的深远影响。薛磊《元代"义兵"新论》，结合留存"义兵"官印资料，对"义兵"中官募者作新的考察，包括其组织溯源、南北差异及现象解析等问题。曹循《明前期的江南卫所与赋役征调》从赋（军屯籽粒）、役（卫所军役）征调角度，探讨明前期江南卫所与社会的互动关系，认为卫所的密集分布与军役的普遍签发在相当程度上改变了江南原有社会结构，与唐宋变革以来的江南社会发展潮流相背离。

不少学者在此议题的讨论，关涉元代与明前期在江南统治政策的不同。以为元代对江南采取的"放任"性政策使得江南社会延续了唐宋变革的发展轨迹，客观上顺应和推动了中、近古江南经济开放繁华的历史角色发挥。其负面似在放弃调节，一味宽纵。明前期的管制农商、卫所军户、配户当差等政策过于滥用，起步和重点实施于江南且触动极大，与唐宋以来江南社会发展轨迹背道而驰，直至明中期以后方渐趋回归。

二　元明江南户籍赋役制度与经济史

　　元、明户籍赋役制度至今尚留有若干基本问题有待解决，两朝户籍文书体统内容及其关联也存在一些模糊不清的地方。户籍文书与赋役文书在明代的重新合流等问题，也引起元、明史学者格外关注。

　　诸色户计曾经是元代比较特殊的制度，也是自北方向南方移植且对江南社会结构、官民赋役关系等发生复杂影响的东西。李治安《元江浙行省户籍制考论》从至元十三年（1276）报省民数、至元二十七年（1290）抄数等探讨中，展现元代统一江南之后北方诸色户籍制向江南的移植或嫁接特征，以及诸色户籍对元代江南社会结构的触动和影响等。王晓欣、郑旭东《元明时期户籍文书系统及其演变初探》，根据新发现的宋刊元印本《增修互注礼部韵略》纸背文书中所存元湖州路户籍文册，勾画出元代户籍文书的概况，并结合新旧材料，探讨元明时期户籍文书系统的演变。以为明代户籍文书和赋役文书重新合流，黄册为集大成。黄册户籍部分来自明初户帖，户帖则源于元代户籍文书；黄册税粮部分则有可能与元代鼠尾簿存在较大关联。

　　北宋"乡里制"向南宋"乡都制"的衍变，是江南农村基层组织的重大变化之一。"都"从原先保甲制下的人户组织转变为同时具有经界和编户功能的农村基层地域区划。"乡都制"也是明中前期江南里甲制度的基础，并使里甲组织能同时兼具控制土地和人户的职能。明中后期因地籍紊乱、黄册失真等问题及赋役危机，里甲制难以维系，江南各地清丈土地，以"图"（里）为基本地域单位编制新式鱼鳞图册，"图"代替"都"而具备了土地经界的功能，地籍登记系统的"都图制"开始确立，并为后代完全继承。夏维中的《从乡都制到都图制》系统考探了从宋元以至明清的江南乡村基层组织的演变轨迹及其原因。

　　经济史中税关与商品流向所蕴含的商业贸易动态与地域特征也引发学者深入讨论。许檀、徐俊嵩《明清时期芜湖关的税收与商品流通》，发掘《芜关榷志》和税关档案，运用统计方法，清晰展现了明清时期芜湖关的税收消长与商品流通状况。吴志坚《十至十五世纪宁波地区水利与对外贸易》考察宋元以来宁波地区水利与对外贸易的兴废，指出其中关联，并认为其中变化与元明江南政治、社会变迁息息相关。

江南市镇研究是社会经济史研究的内容之一。在市镇起源上，学界大致有农村聚落因商品经济发达所促成、官吏世家聚居和从军镇演化而来三种类型。然而，越来越多的学者意识到，明代中叶并非市镇形成的逻辑起点。如果完全不了解成镇之前更早的聚落形态，则很难厘清市镇作为一种新兴的聚落层级是如何选址并取得相对于周边聚落的区位优势的。吴滔《从"因寺名镇"到"因寺成镇"——南翔镇"三大古刹"的布局与聚落历史》，选取在清中叶就明确宣称"因寺成镇"的嘉定县南翔镇为个案，通过追溯聚落历史的变迁与镇中三大寺庙的兴废，揭示其从"因寺名镇"到"因寺成镇"的空间型塑过程，对市镇起源和市镇空间格局形成诸问题做出新的回应。

此议题中，引发学者们关注和热烈讨论的是元代户籍制度研究中纸背文书的利用。学界一致认为，现存元湖州路户籍文册有关户口、事产的登记，格式严整，内容清晰，一定程度上改变了元代户籍研究长期缺乏核心史料的局面。元代户籍、户帖与首状之关系、户籍编造问题也将进一步被廓清。元代户籍制度的清晰化，同样能推进学界对明代户籍制度源流与发展的认识。另外，经济史中有关税关档案、统计学方法的运用及税关往来商品流向所反映的商业流通动态，在经济史研究中也具有重要启发意义。

三　元明江南科举、士大夫及宗教文化

科举、士人及宗教文化，是元、明史学者探究江南地域社会结构与社会变迁的重要视角。周鑫《元中后期科举与南方儒士之习学：以延祐复科为中心》，聚焦抚州儒士，通过考察其对延祐复科的观感及其在科举复行时的习学生活，在长时段内阐释南方儒士学风变动的内在理路与多元走向。近年来，随着科举文献的不断整理与出版，科举专经的现象得到较多学者关注，而且逐渐从科举群体数量与时空分布的静态考察转为专经活动的动态分析。丁修真《科举的"在地"：科举史的地方脉络》，以明代常熟地区科举专经为例，探索作为国家制度的科举如何嵌入地方社会即"在地化"的过程。

士人是社会结构中的重要阶层，与国家政权、地方、民众等多有关联与互动。展龙《江南士人与元末政治走向》，以元明嬗替、政治多元之际为切入点，考察江南士人基于不同价值取向与道德考量对蒙元、朱元璋、张士诚、陈友谅等势力的不同态度，以及这种复杂关系对元末政治格局变动趋势的影响。

　　交游讲学是中国历史上重要的文化现象，也是传统士人生活世俗化的重要表现。在不同的历史时期，士人交游讲学的活跃程度又大相径庭。展龙、徐进《元季雅集与江南士人群体》，由文人雅集活动入手，从结雅集、问友学、求仕进等方面对元末江南士人雅集交游的方式、特征及影响等作整体探讨，以期全面认识元末士人日渐强化的群体意识、多样的心理动向和价值选择及其蕴含的文化奥蕴和时代意义。杨印民《从顾瑛草堂雅集看元末士人行乐心态》，通过透视昆山士人顾瑛的玉山草堂雅集宴饮活动情况，考察元末社会动荡时期士人追求行乐的原因。于磊以"知识人"的问题为中心，梳理学界有关宋元交替、元代中期、元明交替时期知识人问题，以及知识人同科举、宗族相关研究，并就今后着力点提出自己的看法。

　　社会信仰是社会生活的重要精神养分，处于社会文化的重要层面，并随社会变迁而变化。道教是宋元以来江南社会发展中的重要内容。吴小红《宋元官定"三山符箓"及其影响》，梳理了宋元时期官定"三山符箓"到龙虎山一山独重并促成大正一派最终形成的道教演进历程，阐释国家权力长期渗入道教事务及其在教内、教外的影响。收入本书的论文《宋元时期龙虎山道士对民间信仰的利用和扶持》以龙虎山道士对贵溪民间自鸣山神信仰的利用、扶持为切入点，探讨在道教与民间信仰相互影响的趋势中，龙虎山道教怎样顺应时变，其对待民间信仰的方式和特点如何，对这一时期龙虎山的发展具有何种影响，以及对道教与民间信仰的关系又起到怎样的作用。其中也涉及元代龙虎山代替朝廷行使封赐之权的问题。申万里《从一代枭雄到地方神灵——元明清之际的陈友谅及其后裔》则主要探讨了元末义军首领陈友谅的个性、形象及其在明清时期的神化影响与形象重塑、后裔等问题。

　　整体而言，与会学者对此议题的关注主要集中在国家对江南社会文化的控制上。大部分学者认为，无论是科举制度深入地方社会，还是元代废科举影响江南儒士研习的内容，抑或豪民等阶层为地方政权所用及通过官定符箓来确认合法宗教地位，儒、道、豪民等都从未脱离国家政权的管控。元及明前期政策虽有曲折反复，然于此一问题则同归一途。当然，也有学者提出不同观点，诸如材料如何反映历史真实，同一事件选取不同史料即有可能得出不同结论等。

四　元明江南富民、家族与风俗等

唐宋变革以后，中国江南社会"农商并重"特征日渐明显。忽必烈等实行的南北异制，基本维持和保护了江南"富民"农商经济且有所繁荣发展。王秀丽《元明之际江南市镇农商社会的盛衰之变——从明清江南文士的"元季"情结说起》，分析元代江南富民阶层与农商社会的延续与发展、富民对文士的礼遇与江南富民士子的适意优游状态，以为朱元璋抑豪刬富政策造成江南富民阶层消散与市镇凋落。这种由元至明的巨大生活与心理落差给江南精英群体留下"元明之变"的历史记忆，并经长期的心理积淀与扩散传递，形成明清时期江南文士的普遍"元季"情结。

家族、家庭日常生活与风俗等是社会史学者关注的重要课题，一定程度上体现着国家、地方、民众的互动与社会变迁。于磊《元代徽州家族与地方秩序的构建》，以歙县双桥郑氏为中心，关注元朝官方与这一地方家族的互动关系与地方秩序的重建。向珊《方回撰〈吕师孟墓志铭〉考释》整理考释苏州虎丘山北黄桥乡出土吕师孟墓志，考察吕师孟的生平、宦迹与社会关系。吴滔、张妍妍《〈致身录〉与吴江黄溪史氏的命运》依据相关文集、传记、族谱、地方志等史料，深入剖析了苏州吴江史氏以一部《致身录》制造和推动建文帝出亡传说并付诸流传的政治、社会动因。以为《致身录》于万历末期参与到建文传说的建构之中，与江南宗族在神宗祭奠靖难臣子一事中的角色密不可分。《致身录》多次刊印，则与黄溪史氏宗族的壮大相辅相成，其数次版本变化皆史氏所为，该书之褒贬，也关乎史氏宗族的兴衰。《致身录》创造了明后期以来黄溪史氏对先世历史的集体记忆，其文本的制造动机正在于此。王艺洁《元代江南的母子关系与慈孝之道》通过元代江南多样的母子关系及孝道践行实况，探讨儒家性别尊卑与孝道的矛盾在元代江南社会的体现。

在元代文献中，江南地区呈现出普遍的"好讼"现象。郑鹏《文本·话语·现实——元代"江南好讼"考论》，从文本、话语及现实等不同层面对"好讼"现象展开讨论，以为这类文本多非现实世界的完整反映，而是服务于具体语境的模式化书写，是元代国家和江南地方官员应对"滞讼"困境的一种话语策略。对于普通民众来说，诉讼更多是两难下的权衡，而非主观上的"好讼"。

综合而论，本部分的探索多是从社会结构的角度入手，关注国家与地方或民众的互动关系，以及某些方面的社会变迁。而尤其以宗族、家庭等问题引起学者关注，这也是传统中国社会结构的基础所在。另外，如何辨析、解读史料也是学者展开讨论的热点之一，诸如文本、话语与现实的差距等问题及研究方法，大有弘扬和推进的空间。

五　海商、海禁与海防

江南沿海地方，自南宋起即聚集着数量可观的"贩海之商"。忽必烈平宋后，其重商、重市舶政策继续推动着东南海商崛起。朱清、张瑄等开创的海运体制，也催生出一批海运豪户。至朱元璋立国时，明朝面临着与宋元迥异的海上形势。张士诚、方国珍余党同倭寇相与为乱，直接推进其以禁海与防海的方式稳固其在东南地域的有效管辖，营造官方期许的正常海上秩序。此为元与明前期在沿海地域政策之不同。

元代海外贸易的发展，推动着江南沿海地区的商业经济继续繁荣。在海上贸易发展的大潮中崛起的江南海商，通过修造私家园林与聚拢、扶持文化人士，初步展现出他们对江南社会和历史的纵深影响。王秀丽《元末明初的海商与江南社会》一文，选取海商与士商社会生活为主要研究对象，试图通过对江南精英层经济社会生活内容与生存面相的历史解读，再现元末明初政治变动下的江南社会。

海运"豪民"阶层也是与会学者考察江南地域社会的重要对象。陈波《海运、豪民与"宴集"——兼及元末江浙地域的政治与社会》，以托庇于张士诚和方国珍政权的昆山顾氏、常熟福山曹氏、鄞县倪氏及夏氏为中心，进一步探讨支撑元末海运的滨海"豪民"在江南地域社会的具体功能及其与国家权力、地方军阀之间的复杂互动。收入本书时提交的

《海域史视野中的方国珍——国家与地域之间》，从元末及明初海运的延续性角度，探讨方国珍与元末滨海豪民的关系。

起遣悬海岛民与出海军巡洋会哨是明代官方禁海、防海政策中的重要内容之一。牛传彪《明初起遣岛民与海上备御实态考察》，围绕朱元璋禁海与防海政策中的起遣岛民事件及其对中期以后海防备御关系展开探索，揭示洪武间起遣岛屿的界限与实况、起遣后岛屿生聚状态及其对海上备御的影响，以及明中期主张在海岛屯田、复县等呼声与起遣及防卫有何关联、缘何又屡议屡止等问题。其《明代出海军》一文就巡洋会哨制度的执行者出海军的相关问题进行考论，包括明初舟师出海记载、出海军构成主体变化、巡洋哨守职责及逃亡的历史因缘等。以为综合考量明代出海军的情况，应当放在防海大背景下，从国家政权运作层面与海上整体防务等角度进行全面检审。

元代大规模江南漕粮海运、海外征伐与大力推动海外贸易，共同构成了蒙元王朝及其统治的中国向海洋的开拓。海外贸易政策既有沿袭南宋体制，也增添了蒙古贵族上层利益驱使下的新内容。江南漕粮海运与海外征伐则是前代所无。与元不同，由于张士诚、方国珍余党剽掠海上，及倭寇与"殊难管辖"的岛民等问题，明朝自立国初年即确立禁海与防海的政策。禁海以防其内，防海防外兼制内，二者着眼在防，它们又与官方掌控下政治色彩浓厚的朝贡政策相辅相成。又由于海上问题长时间的持续性存在，禁海与防海政策在洪武以后历朝多所遵行并升级，私人海外贸易只能潜在进行。直至大倭患基本平定后的隆庆初年，禁海政策方有更张，江南沿海广大地域又基本向着唐宋变革以来的轨道回归。这突出地表现在民间海上贸易额的增加、白银的内流与东南商品经济的活跃等方面。

六　展望

由上述研究可见，学界对元明江南政治生态与社会发展的关注，既有比较宏观的贯通，又有微观或具体的实证。其中有些问题不但以元、明两代为重点，还上溯宋代，下迄清代，目的就是在"瞻前顾后"式的聚焦、拓宽与反思中，探讨国家与社会发展的脉络或动态。目前某些贯通元明的国家与社会问题研究虽尚在不断廓清的过程中，但这种集元史与明史学者共同探研交流的形式，开启了下一步深入对话的可能。以此为起点，我们拟将在以下三个方面继续努力。

（一）开展元与明长时段视野下的贯通比较研究

关于中古以来的社会发展，"唐宋变革"论被普遍认可，欧美学界又有所谓"宋元明过渡"说。实际上，中国社会在沿着"唐宋变革"趋势发展的同时，也存在某种变态。通过多方探索发现，在唐宋与晚明清繁盛之间，存在着一个元及明前期的社会变动期或变态发展阶段。其间社会整体结构、发展脉络及其对近古社会变迁之影响也不可忽视。因此，在长时段视野与特定历史背景下，将元与明前期进行贯通比较研究十分必要。同样，明中后期的社会变动也不应与明前期割裂开来。

（二）发覆中古以来江南在南北地域整合发展中的角色功用

南北朝及辽宋夏金的两次长期分裂，使得中国南方与北方的制度状况和社会发展呈现异样。南制与北制在隋唐、元统一、明前期、明中后期表现为多次博弈与整合。自"南朝化"起步的"唐宋变革"，在中唐两宋以后的江南发展中表现得尤为充分。尽管明前期朱元璋父子推行的"划削"富民和"配户当差"政策使得江南地域社会结构发生蜕变，但明中期以后以"富民"为主导的农商秩序又在江南逐渐恢复。宋元明清时期的江南，依然代表着社会经济发展趋势和统一国家南北博弈整合的新兴原动力。如何辨识国家发展与南北关系中江南的地位与作用，将是我们继续求索的方向。

（三）继续挖掘新材料，解决新问题

新议题与新研究的出现，除需重新解读原有史料外，还需不断开拓新材料。文书、档案、族谱、碑刻等地方文献在地域社会研究中的重要性不言而喻，元明江南地域的研究也应挖掘、利用此类地方文献中的宝藏。诸如纸背文书中有关户籍登记的发现，虽未必能完全廓清元、明户籍制度各方面的内容，但或许能引导我们在研究中解决或发现一些核心关键问题，进而以新发现的问题为出发点，将相关领域研究推向一个新高度。

我们热切期盼研究江南地域的学界群贤能够打破王朝断代的界限，着重反思，增强互动与切磋，以长时段的视角，在中国自身具体历史背景及对话与交锋的氛围中，确实和有力推动中古以来江南地域重大问题的研究。

（牛传彪、王艺洁、李治安执笔）

目　录

元明国家与江南社会研究的良好尝试（代序）……………（1）

第一编　元明江南政治与军事制度变迁

元和明前期的江南政策与社会发展……………李治安（3）
元江南地区的籍没及其社会影响新探……………李治安（33）
嘉善县事
　　——明末知县李陈玉的县政实践……………范金民（53）
明前期的江南卫所与赋役征调……………曹　循（82）

第二编　元明江南户籍赋役制度与经济史

元江浙行省户籍制考论……………李治安（99）
元明时期户籍文书系统及其演变初探………王晓欣　郑旭东（118）
明清时期芜湖关的税收与商品流通…………许　檀　徐俊嵩（131）
从"因寺名镇"到"因寺城镇"
　　——南翔镇"三大古刹"的布局与聚落历史…吴　滔（155）

第三编　元明江南科举、士大夫及宗教文化

元中后期科举与南方儒士之习学
　　——以延祐复科为中心……………周　鑫（187）

科举的"在地":科举史的地方脉络
　　——以明代常熟为中心 ……………………… 丁修真（208）
江南士人与元末政治走向 ……………………………… 展　龙（229）
元季雅集与江南士人群体 ……………………… 展　龙　徐　进（263）
从顾瑛草堂雅集看元末士人行乐心态 ………………… 杨印民（297）
元代江南社会研究的现状和展望
　　——以知识人问题为中心 ………………………… 于　磊（310）
宋元时期龙虎山道士对民间信仰的利用和扶持
　　——以贵溪自鸣山神为例 ………………………… 吴小红（327）
从一代枭雄到地方神灵
　　——元明清之际的陈友谅及其后裔 ……………… 申万里（351）

第四编　元明江南富民、家族与风俗等

元明之际江南市镇农商社会的盛衰之变
　　——从明清江南文士的"元季"情结说起 ……… 王秀丽（371）
方回撰《吕师孟墓志铭》考释 ………………………… 向　珊（411）
《致身录》与吴江黄溪史氏的命运 ……………… 吴　滔　张妍妍（425）
元代江南的母子关系与慈孝之道 ……………………… 王艺洁（453）
文本·话语·现实
　　——元代"江南好讼"考论 ……………………… 郑　鹏（465）

第五编　海商、海禁与海防

元末明初的海商与江南社会 …………………………… 王秀丽（503）
海域史视野中的方国珍
　　——国家与地域之间 ……………………………… 陈　波（519）
明初起遣岛民与海上备御实态考察 …………………… 牛传彪（552）
明代出海军 ……………………………………………… 牛传彪（573）

第一编

元明江南政治与军事制度变迁

元和明前期的江南政策与社会发展

李治安

关于元、明江南社会状况及统治政策，前人已有一些基础性研究，但对元和明前期江南的贯通比较迄今鲜见①。三年前，笔者曾撰写《元和明前期南北差异的博弈与整合发展》一文②，部分涉及忽必烈和朱元璋、朱棣父子在江南颇有歧异的举措。鉴于该文主题重在南北差异，难免意犹未尽之憾。经过一段读书思考，感到元、明独特的江南政策曾经给13—16世纪的江南社会发展带来了深重影响，它不仅与元、明南北差异博弈整合的核心内容难以切割，也关系到"唐宋变革"③成果在14世纪以后的命运乃至近古历史的走向趋势，以及忽必烈与朱元璋、朱棣父子的历史评价。本文特从官方政策模式对社会经济结构性影响的视角，作

---

① [日]植松正：《元代江南政治社会史研究》，汲古书院1997年版；王秀丽：《文明的吸纳与历史的延续——元代东南地区商业研究》，澳门：澳亚周刊出版有限公司2005年版；姚恩权：《元代江南土地租佃权的变化及其影响》，《东北师范大学学报》1990年第1期；陈高华：《元代江南税粮制度新证》，《中国社会科学院研究生院学报》1998年第5期；郑克晟：《明代政争探源》，天津古籍出版社1988年版；刘志伟：《在国家与社会之间——明清广东地区里甲赋役制度与乡村社会》，中国人民大学出版社2010年版；李伯重：《多视角看江南经济史（1250-1850）》，生活·读书·新知三联书店2003年版；[日]滨岛敦俊：《明代江南农村社会研究》，东京大学出版社1982年版；傅衣凌：《明代江南市民经济试探》，中华书局2007年版；胡果文：《元末明初社会变迁对江南地区商业活动的影响》，《社会科学》2006年第10期；栾成显：《宋元明时代经济发展的新趋势与明太祖的经济政策》，载中国明史学会编《明史研究》第10辑，黄山书社2007年版。

② 李治安《元和明前期南北差异的博弈与整合发展》，《历史研究》2011年第5期。

③ 近百年来中日学者围绕着唐宋之际社会变迁所展开的学术讨论，大致有重在分期说和重在社会变革说二类型。前者主要是20世纪前半日本京都学派与东京学派有关宋代是不是"近世"的争论，后者则为不囿于分期而侧重社会经济嬗变的泛化说，即远溯明人陈邦瞻"三变"说，近绍胡如雷"分水岭"说，且大量吸收内藤湖南说的合理营养，着重阐明这一时期的社会变革（参见葛金芳《唐宋变革期研究》，《导论：唐宋变革期略说》，湖北人民出版社2004年版，第1—4页；张广达《内藤湖南的唐宋变革说及其影响》，邓小南、荣新江主编《唐研究》第11卷，北京大学出版社2005年版，第5—71页）。笔者采用后说。

如下新的探索。所讨论的地域范围,应是广义的江南①。

一 元朝统治政策与江南社会状况

提起元朝统治江南政策,人们很容易想到"内北国而外中国"的"四等人"民族压迫和"穷极江南,富称塞北"的财富掠夺②。但这仅是元朝江南政策的某些侧面。元末不少南人进士或"义兵"效忠元廷,入明之后仍然有南方士人怀念元朝等③,表明元朝江南政策复杂多面,至少包括"四等人"制、北方诸色户计制嫁接、"安业力农"和"重商"等诸多内容,其社会影响也呈现繁复错综。

(一)四等人、诸色户计制的移植及影响

四等人民族压迫政策及内容为人们熟知,兹不赘。稍做说明的是,该政策推行和操作中,元朝统治者对第四等级中的南人豪富和官僚士大夫等采取了两方面策略:一方面是政治歧视与压迫,另一方面又与之交结联手。平南宋不久,江南富民倚仗丰厚财富,"白身滥受宣敕""窜名宿卫"以及交结达官权贵的,不在少数。"世守不易"的北人"长军之官","多与富民树党,因夺民田宅居室"。文宗朝,"平章政事曹立,累任江浙,今虽闲废,犹与富民交纳"④。蒙思明所云"贵族而隐匿富户,官吏而漏富差贫,达官与富民交纳,地主与官贵婚媾,商人之商税常因贵族、寺院之包隐而获免,地主之差役亦缘僧道之冒入而得脱"⑤,在江南尤为突出。由于元朝对江南统治较粗疏,统治者难以深入城乡基层社

---

① 关于江南地区,学术界向来存在狭义和广义的界定。狭义的江南地区,通常是指明清时期的苏州、松江、常州、镇江、江宁、杭州、嘉兴、湖州八府及太仓州(参见李伯重《简论"江南地区"的界定》,载《中国社会经济史研究》1991年第1期)。广义的江南地区,多指长江以南的今江苏、浙江、福建、江西、安徽、湖北、湖南等地。本文讨论的元和明前期江南地区是采用广义说。

② 叶子奇:《草木子》卷三上《克谨篇》,中华书局1959年版,第51、55页。

③ 赵翼撰,王树民校证:《廿二史札记》,卷三十《元末殉难者多进士》,卷三十二《明初文士多不仕》,中华书局1984年版,第705、741页。

④ (明)宋濂:《元史》卷二十六《仁宗纪三》延祐五年十一月丁卯;卷二十七《英宗纪一》延祐七年二月戊午,卷三十五《文宗纪四》至顺二年四月庚戌,卷九十九《兵志二·镇戍》至元十七年三月,中华书局1976年版,第587、598、782、2541页。

⑤ 蒙思明:《元代社会阶级制度》,上海人民出版社2006年版,第130页。

会，致使南人富民士大夫对江南社会的原有支配能够继续维持。而儒学教育持续发展和元后期科举恢复所形成的"多族士人圈"[1]，致南人居中的文化主导角色又十分牢固。

元代诸色户计制，主要来自对被征服百姓的强制编组供役，主从奴役俗蕴含其中[2]。至元十三年（1276）南北混一后，又发生了北方诸色户计制向江南的部分移植。据《至顺镇江志》卷三《户口》载，长江南岸镇江路户籍中的"侨寓""客"两类（指蒙古人、色目人和中原汉人移居镇江路者[3]），囊括民、儒、医、阴阳、站、急递铺、打捕、匠、军、怯怜口、乐人等职业名色。"侨寓"类另有蒙古、畏兀儿、回回、也里可温、河西、契丹、女真、汉人等种族名色。"土著""单贫""僧""道"等名目的"南人"，同样囊括民、儒、医、马站、水站等十六七种职业名色。有些明显照搬北方户计名色，如民、儒、医、匠、军、乐人、僧、道、驱等。而马站、水站、递运站、财赋、海道梢水等名色，或为宋代遗留，或依江南情况适度变通[4]。但是在按职业定户计和世袭罔替上多是与北方式户计一脉相承。类似情况在《至正金陵新志》、《大德昌国州图志》及《至元嘉禾志》中也有较多的反映[5]。表明诸色户计向江南移植并不限于镇江路一隅，而是比较普遍。尤其在江南行御史台治集庆路、江浙行省治杭州路以及万户府镇戍地镇江路、庆元路等，名色分类及北人等户明显较多。

---

[1] 萧启庆：《元代的族群文化与科举》，第三章《论元代蒙古色目人的汉化与士人化》，台北联经出版公司2008年版，第55—84页。

[2] 黄清连：《元代户计的划分及其政治经济地位》，《台湾大学历史系学报》1975年第2期。

[3] 俞希鲁：《至顺镇江志》卷三《户口》，江苏古籍出版社1990年版，第83—84、86—88、90—92、94—95、109页。据清刘文淇《校勘记》，"侨寓"是指"久居其地而有恒产者"，"客"是指"暂居其地而无恒产者"。

[4] 宋代社会最常见、最普遍的是"官户和民户"、"乡村户和坊郭户"、"主户和客户"及五等和十等主户四类基本户名或户口区分。此外还有并非法定户名的单丁户、吏户、寺观户、军户、菜园户、酒户、坑户、窑户、匠户、机户、船户、舶户、市户、纸户等诸多习惯称呼。后者在管理方式和内涵上与元代诸色户计明显不同。参见王曾瑜《宋朝户口分类制度略论》，载《中日宋史研讨会中方论文选编》，河北大学出版社1991年版；又载《凝意斋集》，兰州大学出版社2003年。

[5] 张铉：《至正金陵新志》卷八《民俗志·户口》，《宋元方志丛刊》，第1册，第5642—5646页。冯福京：《大德昌国州图志》卷三《叙赋·户口》，《宋元方志丛刊》第6册，第6078页。单庆：《至元嘉禾志》卷六《户口》，《宋元方志丛刊》，第5册，第4452页。另，昌国州和嘉兴路户口，未分南人、北人。

引人注目的还有，前揭《至顺镇江志》中土著、侨寓、客、单贫等类共含驱口 4427 人，怯怜口 23 户。《至正金陵新志》所载"南人"中，含"哈剌赤户"3220 户，"土土哈户"1139 户，"平章养老户"4 户，"也速歹儿元掳驱口"870 户。以上大多为私属，"也速歹儿元掳驱口"则系驱奴①。就是说，北方式的私属及驱口占有也一定程度地南侵了。

我们也看到，《至顺镇江志》中"侨寓"等北人户数，大约相当于南人户数的 9%。《至正金陵新志》中北人户数，又相当于南人的 1.94%。而在占镇江路户口 91% 的"土著"等"南人"（104620 户）内，民户约占 80.37%，儒、医、马站、水站、递运站等诸色户计不及 20%。集庆路南人中的"民户"以外的"军站人匠""医户"等诸色户计 30526 户，也仅占本路南人总户数的 13.7%。昌国州"儒户""灶户"等诸色户计仅 1034 户，约占总户数的 4.57%。嘉兴路"儒""僧""尼"等诸色户计合计 5948 户，约占总户数的 1.29%。以上 3 路 1 州，皆在元江浙行省辖区。与南宋的镇江府、建康府、嘉兴府和昌国县比较，虽然不再以主户、客户之称直接反映租佃关系，可在占总户数 80% 以上的民户内"富户每有田地，其余的百姓每无田地，种着富户每的田地"式的租佃关系②，依然如故。换句话说，元统一之后北方诸色户计制向江南移植推行，效果是局部和有限的。尽管在与北方距离较近的长江南岸镇江路和集庆路，民户以外的诸色户计比例偏高且接近 15%—20%。

四等人制和诸色户计制向江南的移植，虽带有强制性，但无法根本触动或改变原有的社会经济秩序。若论其直接后果，前者是造成江南种族等级与社会经济阶级二系统错综的复合，后者亦带来诸色户计与原南宋大土地占用及租佃制的"嫁接"复合结构③。随着时间的推移，上述复合系统内部的冲突、混合、此消彼长及逐步转换，亦不可避免。由于江南大土地占用及租佃制等经济阶级秩序树大根深、源远流长，越到后来

---

① 参阅 [日] 太田弥一郎《元代の哈剌赤军と哈剌赤户》，《集刊东洋学》，四十六卷，1981 年版。

② 陈高华等点校：《元典章》卷三《圣政二·减私租》，中华书局、天津古籍出版社 2011 年版，第 86 页。按，元代镇江路、嘉兴路和昌国州皆隶属于江浙行省，亦即"杭州省"，故《减私租》成宗初"杭州省官人每"奏言，在镇江等三路州有颇强的针对性。

③ 蒙思明：《元代社会阶级制度》，第 70—103 页。

其凭借雄厚实力而上升的势头就越发难以遏制。

（二）忽必烈"安业力农"、纵容大土地占有及租佃制的继续发展

至元十二年（1275）五月，忽必烈对新归降的原南宋湖北制置副使高达说：

> 今欲保守新附城壁，使百姓安业力农，蒙古人未之知也。尔熟知其事，宜加勉旃。湖南州郡皆汝旧部曲，未归附者何以招怀，生民何以安业，听汝为之。①

这段话通常被视作忽必烈不嗜杀和委付南宋降官抚治江南的表征。这无疑是有道理的。然而，联系两年后行御史台《合行条画》："今已抚定，宜安本业。仰各处正官每岁劝课，如无成效者，纠察"②，此"安业力农"抑或"宜安本业"及"每岁劝课"，并不局限恢复农桑，而是重在保护江南发达的农耕经济及工商业。自4世纪中国经济重心南移，江南未曾遭受大的战争动乱，其农业经济及工商业水平，已超越久罹战祸的中原。尤其是忽必烈告诫平南宋统帅伯颜效仿曹彬不嗜杀③，江南发达的农商经济及租佃制得以保留。

再来看英宗即位初的一段中书省奏议：

> ……亡宋收附四十余年也，有田的纳地税，做买卖纳商税，除这的外别无差发，比汉儿百姓轻有。更田多富户每，一年有收三二十万石租子的，占着三二千户佃户，不纳系官差发，他每佃户身上要的租子重，纳的官粮轻④。

忽必烈"安业力农"政策在四十余年后又有了可观的成效。首先是江南地主、自耕农及商人能够享受比中原较多的赋税优惠，"比汉儿百姓轻有"，尽管英宗时调整为"科添二分税粮"。其次是依旧优惠保护大土地占用及租佃制。迄仁宗朝，松江下砂场瞿某"有当役民田二千七百顷，

---

① （明）宋濂：《元史》卷八《世祖纪五》，第166页。
② 陈高华等点校：《元典章》卷五《台纲·行台体察等例》，第150页。
③ 《元史》卷一二七《伯颜传》，第3100页。
④ 陈高华等点校：《元典章》卷二十四《户部十》《租税·纳税·科添二分税粮》，第950页。

并佃官田共及万顷"。① "富户"执把"护持玺书"侵占民田或将学田"献佃"诸王权贵者甚夥②。仁宗延祐"经理"承袭南宋"经界",重在核实田亩和多征税,并非改变土地不均,"自实出隐漏官民田土",或被当作日后征税依据③。这等于变相纵容大土地占有及租佃关系的发展。就是说,延祐"经理"及英宗"免役法",也不外是基于维持江南大土地占有而欲改善赋役征派的尝试。

（三）忽必烈"重商"重市舶与江南商业经济的长足发展

平定南宋之际,除常州、沙洋堡、静江外,绝大多数城市均因谕降而幸免战火,故大体保留原有的"销金锅儿"④式的繁荣秩序。汪元量诗可为证："衣冠不改只如先,关会通行满市廛。北客南人成买卖,京城依旧使铜钱。"⑤ 更重要的还是元廷出于财政等需求,"重商"和重市舶,带来江南商业经济的继续繁荣。

重商政策。就全国而言,元廷实行的是"重农不抑商",这与南宋朝野认同的"士农工商","同是一等齐民"观念⑥,基本一致。由于江南商业经济的良好基础和忽必烈等"嗜利",江南一直被蒙元统治者视为获取财货及奢侈品的渊薮,故而在江南实行重商。由于官方重商,江南大小商业经济长足发展,形成"举世治筐箧","人多好市井牟利之事"浪潮⑦。余阙曰："混一以来,其俗益降……纷趋于末,以争夫鱼盐之

---

① 杨瑀撰,余大钧点校：《山居新话》卷四,中华书局2006年版,第233页。
② 《元史》卷二十《成宗纪三》大德六年正月庚戌,第439页。《江苏金石志》卷二十《镇江路儒学复田记》,《镇江路儒学复故鼻庄本末》,载《石刻史料新编》第一辑,台北新文丰出版公司1977年版,第13册,第9958—9959、9961页。
③ 俞希鲁：《至顺镇江志》卷六《宽赋》,第262页。
④ 周密：《武林旧事》卷三《西湖游幸都人遊赏》,文渊阁《四库全书》,第590册,第199页。
⑤ 汪元量撰,孔凡理校辑：《增订湖山类稿》卷一《醉歌》其六,中华书局1984年版,第15页。
⑥ 黄震：《黄氏日抄》卷七十八《词讼约束》《又晓谕假手代笔榜》,文渊阁《四库全书》,第708册,第787、802页。参阅漆侠主编：《辽宋西夏金通史》社会经济卷(上),人民出版社2011年版,第362页。
⑦ 王结：《文忠集》卷一《张梅友编修以古诗四首见赠次韵答之》,文渊阁《四库全书》,第1206册,第204页。周密撰,吴企明点校：《癸辛杂识》别集卷上《天市垣》,中华书局1988年版,第255页。

利"①。吉水萧雷龙"折节治货区，不数年间，竟倍加于昔"②。常州张文盛"从计然之术"，"懋迁络绎，资用丰沛"。不少人因科举废止被迫"作技巧鬻贩以为工匠商贾"③。或有宁为商贾，不愿做官的。金陵李汝成谢京官劝告，不求仕进，"贾六合市上，物价减恒市人之半"④。就连湖广行省左丞相阿里海牙之孙贯云石，也自翰林学士退隐钱塘，"诡姓名"，"卖药市肆"⑤。

回回人亦官亦商与斡脱商等南下牟利。回回商扑买财税和中买珠宝，始于窝阔台汗时期。世祖朝回回权臣阿合马又"挟宰相权，为商贾，以网络天下大利"⑥。"天戈一日南指，多少贾胡留"⑦，大批回回人随军旅下江南经商牟利。其首要业务是替宫廷"中买"珠宝。大德七年（1303）"西域贾人有奉珠宝进售者，其价六十万锭"。泰定朝张珪等批评："……斡脱中宝之人，妄称呈献，冒给回赐，高其直且十倍，蚕蠹国财"⑧。马祖常诗曰："翡翠明珠载画船，黄金腰带耳环穿。自言家住波斯国，只种珊瑚不种田"⑨，就是描绘赖东南海外贸易中买珠宝而大发横财的波斯商人。其次是充当盐商。大德十一年（1307）回回商怯来木丁进献宝货，武宗回赐盐万引，特许续购盐引九万，兼取巨利⑩。顺帝至正年间，福建"番大商以货得参省政"，"胁户部令夺下四场引盐自为市"⑪。是为亦商亦官，恃权势霸占盐利。

---

① 余阙：《青阳先生文集》卷九《两伍张氏阡表》，四部丛刊续编本，第11页A。
② 宋濂撰，罗月霞主编：《宋濂全集》《翰苑续集》卷七《元故秘书著作郎芳洲先生萧府君阡表》，浙江古籍出版社1999年版，第905—906页。
③ 陆文圭：《墙东类稿》卷十三《巽溪翁墓志铭》，元人文集珍本丛刊，台北新文丰出版公司1985年版，第603页。《元史》卷八十一《选举志一》，2017页。
④ 宋濂：《宋濂全集》，《芝园续集》卷五《李信甫墓铭》，第1559页。
⑤ 欧阳玄撰，魏崇武、刘建立点校：《欧阳玄集》卷九《元故翰林学士中奉大夫知制诰同修国史贯公神道碑》，元代别集丛刊，吉林文史出版社2010年版，第104页。
⑥ 《元史》卷二〇五《阿合马传》，第4560页。
⑦ 曹伯启：《曹文贞公诗集》卷十《水调歌头次复初韵》，北图古籍珍本丛刊，第94册，第392页。
⑧ 《元史》卷一七〇《尚文传》，卷一七五《张珪传》，第3988、4077页。
⑨ 马祖常撰，王媛点校：《马祖常集》卷四《绝句十六之十五》，元代别集丛刊，吉林文史出版社2010年版，第123页。
⑩ 《元史》卷二十二《武宗纪一》，大德十一年九月丙子，第487页。
⑪ 卢琦：《圭峰先生集》卷下《卢平阳哀辞》，北京图书馆古籍珍本丛刊，第96册，第175页。

元廷曾于至元十七年（1280）设泉府司，专掌斡脱事宜，五年多后，管理海外贸易的市舶司又隶属于泉府司①。兼管诸位下斡脱总管府的答失蛮，也曾将近10万锭宝钞贷于"海舶市诸番者"②。南下的斡脱特权商从蒙古贵族处贷取资本，大肆介入海外贸易及食盐贩卖，加重了江南商业的畸形倾向。

市舶及榷盐刺激下东南豪富巨商的崛起。元代榷盐只允许从官府购买盐引的盐商经营贩运及售卖，海外贸易则实行"双轨制"，同时允许官本和民间商人介入。由于巨额利润的刺激，一批土著南人竭力挤入盐商和海外贸易经营。"家家浮生多在船"，"竞卖田宅行盐钱"，"罗衣熏香钱满箧，身是扬州贩盐客"③。元中叶以后，海外贸易和盐商等，还催生了东南豪富巨商的崛起④。"嘉定州大场沈氏，因下番买卖致巨富"；上海朱国珍、管明"为奸利海中"；苏州沈万三"富甲天下，相传由通蕃而得"⑤。马祖常诗曰："甬东贾客锦花袍，海上新收翡翠毛。卖得吴船载吴女，都门日日醉醺醺。"⑥ 说的就是浙东宁波等商贾收购"海上""翡翠毛"而暴富。其他跻身豪富或巨商的还有昆山顾瑛，仅松江府就有青龙任仁发，小贞曹知白，下沙瞿霆发，张堰杨谦，陶宅陶与权，吕巷吕良佐，祥泽张氏，干巷侯氏，等等⑦。

---

① 《元史》卷十一《世祖纪八》至元十七年十一月乙巳，卷十四《世祖纪十一》至元二十三年八月己亥，第227、292页。

② 姚燧：《牧庵集》卷十三《高昌忠惠王神道碑》，四部丛刊初编，第9页A。答失蛮，四库馆臣改作达实密。

③ 王逢：《梧溪集》卷二《忧伤四首上樊时中参政苏伯修运使之四·江海壖》，北图古籍珍本丛刊，第95册，第454页。马祖常：《马祖常集》卷二《湖北驿中偶成》，第25页。杨维桢撰，邹志方点校：《杨维桢诗集》，《铁崖乐府》卷五《盐商行》，浙江古籍出版社2010年版，第58页。

④ 以上参阅王秀丽《文明的吸纳与历史的延续——元代东南地区商业研究》，第四章，澳亚周刊出版有限公司2005年版。

⑤ 陶宗仪：《南村辍耕录》卷二十七《金甲》，中华书局1959年版，第342页。宋濂撰，罗月霞主编：《宋濂全集》《銮坡前集》卷三《元故嘉议大夫吏部尚书致仕汪先生神道碑》，第380页。乾隆《吴江县志》卷五十六《旧事》，第9页A。顾诚：《沈万三及其家族事迹考》（《历史研究》1999年第1期）认为，沈万三家族基本属以租佃和兼并等传统方式致富的大地主，也可能借经商牟取更多的财富。另，乾隆十二年《吴江县志》卷五十六《旧事》载，元末张士诚占据苏州，沈万三"二子茂、旺密以海道运米至燕京"。笔者拙见，倘若沈万三二子沈茂、沈旺海道运粮属实，自然娴熟航海，在元后期市舶获暴利的风气下，沈氏家族成员利用平江路长洲县周生地近刘家港出海口的便利，直接或间接卷入东南海外贸易的可能性颇大。

⑥ 马祖常撰，王媛点校：《马祖常集》卷四《绝句十六之十六》，元代别集丛刊，吉林文史出版社2010年版，第123页。

⑦ 何良俊：《四友斋丛说》卷十六，中华书局1959年版，第136页。

谈起元代江南"富民"农商经济的延续发展，请看表1数据：

表1　　　　元代江南三行省及部分路州农业税与商税一览

地名\税名	税粮	商税（中统钞）	税粮折钞与商税之比①	备注
江浙行省	岁入粮4494783石 天历元年夏税中统钞57830锭40贯	269027锭30两3钱	3.556∶1	《元史》卷九十三《食货志一·税粮》，卷九十四《食货志二·商税》，第2360—2361、2400—2401页
江西行省	岁入粮1157448石 天历元年夏税中统钞52895锭11贯	62512锭7两3钱	4.549∶1	
湖广行省	岁入粮843787石 天历元年夏税中统钞19378锭2贯	68844锭9两9钱	2.733∶1	
镇江路	夏税：丝8447斤25两9钱3厘，绵1991斤3两3分8厘，中统钞9441两1钱3分7厘，大麦8658石1斗2升5合2勺，小麦12272石6斗7升3合4勺2撮；秋租：粳米146250石9斗2升8合4勺，白粳米5197石6斗，籼米27865石2斗4升6合2勺，白糯米749石，香糯米9433石6升，黄豆613石4斗3合，中统钞16601贯4钱1分	190756贯2钱	11.167∶1	俞希鲁：《至顺镇江志》卷六《赋税》，第232—234，240—242、254页
徽州路	延祐三年计拨定夏税，中统钞363锭15两6钱6分9厘，丝39619斛5两8分3钱4厘，绵6358斛4两1钱3分4厘；秋粮，米19037石8斗7升8合	4366锭29两80文9分	0.962∶1	《弘治徽州府志》卷三《食货2·财赋》，天一阁明代方志选刊，第15页b、第16页a、第20页a

---

① 元代中统钞一锭相当于50贯（两），据陈高华先生研究，元统一南北前后的米价为每石中统钞1贯，14世纪初每石中统钞10贯（两）。参见陈高华、史卫民《中国经济通史·元代经济卷》，经济日报出版社2000年版，第406、433页。此处税粮折钞与商税之比，按一锭为50贯和14世纪初米价每石10贯计算。

续表

地名\税名	税粮	商税（中统钞）	税粮折钞与商税之比	备注
嘉兴路	米602069石5斗8升9合8勺4抄7撮，豆131石6斗9升5合，小麦84石6斗6升5合1勺	3486锭1两1钱	3.455∶1	《至元嘉禾志》卷六《赋税》，宋元方志丛刊，第4455—4456页
庆元路	秋粮，米130552石1斗8升4合，中统钞136锭11两6钱3分7厘；夏税，中统钞4298锭19两5钱9分6厘	中统钞6201锭20两9分3厘	4.926∶1	《延祐四明志》卷十二《赋役考》，宋元方志丛刊，第6291—6292页；另，《至正四明志》卷六《赋役》所载税粮数稍有变化
广州路	民粮（阙）；田钱，175贯245文4分	2061锭45两2钱3分6厘		《大德南海志》卷六，《税赋》，宋元方志丛刊，第8416、8420页
松江府	米305819石1斗2升3合3勺3抄，豆115石2斗5升1合2勺，小麦84石6斗6升5合1勺	1020锭245两	59.7∶1	《至元嘉禾志》卷六《赋税》，宋元方志丛刊，第4455—4458页；按，至元二十五年撰修《嘉禾志》之际松江府尚属嘉兴路，三年后直隶江浙行省
江阴州	夏税丝1976斤2两9钱1分2厘，中统钞9000锭34两2钱9分8厘；秋粮，米79722石4斗9升3合	1108锭9两1钱	22.51∶1	《嘉靖江阴县志》卷五《田赋》，《课程》，天一阁明代方志选刊，第16页ab，第26页b
浦江县	至正十一年夏税中统钞49锭25两6钱1分1厘；秋税，米10067石7斗3升5合	157锭15两2厘	13.11∶1	《嘉靖浦江县志》卷五《税粮》，《课程》，天一阁明代方志选刊，第4页a，第7页a

续表

地名＼税名	税粮	商税（中统钞）	税粮折钞与商税之比	备注
黄岩州	夏税中统钞1486锭24两7钱4分6厘；秋粮，米36996石5斗8升1合	州税务315锭8两5钱，松门税务95锭16两4钱	21.65∶1	《万历黄岩县志》卷三《食货志》，《田赋》《课程》，天一阁明代方志选刊，第12页
集庆路录事司	小麦447石2斗4升9合，租钱231锭44两4钱9分，黄豆447石2斗4升9合，粳米1石3斗8升8合	在城税务5174锭15两5钱6分6厘	0.0796∶1	《至正金陵新志》卷七《田赋志·贡赋》，宋元方志丛刊丛刊，第5631页
溧水州	丝13409斤15两6分8厘，绵7657斤7两5分7厘，钞136锭1两2分5厘1厘，粳米89726石6斗1升5合，麦740石8斗4升9合，豆20石4斗4升4合，糯米243石1斗2升4合	在城务、官塘务、东坝务、高淳务岁计总办795锭48两5钱2分5厘	22.97∶1	《至正金陵新志》卷七《田赋志·贡赋》，宋元方志丛刊丛刊，第5635—5636页
溧阳州	丝7058斤1两4钱9分8厘，绵3215斤1两5钱3分3毫，折钱1141锭4两4七钱8厘4毫，粮39096石2斗3升7合	在城务、前陈务、举善务、岁办1033锭47两2钱	8.666∶1	《至正金陵新志》卷七《田赋志·贡赋》，宋元方志丛刊，第5636—5637页
句容县	丝11609斤9两7钱6分，绵2895斤8两2两3厘，中统钞62锭22两2钱4分4厘，官米3905石1斗2合，民米33676石5斗4升9合	县务359锭29两5钱4厘，常宁务284锭14两8钱8分，白土务218锭32两，东阳务130锭25两	7.632∶1	《至正金陵新志》卷七《田赋志·贡赋》，宋元方志丛刊，第5634—5635页；《弘治句容县志》卷三《税粮》《课程》，天一阁明代方志选刊，第9页b，第10页b

续表

税名\地名	税粮	商税（中统钞）	税粮折钞与商税之比	备注
昌国州	秋粮 2699 石 9 斗 8 升 9 合，夏税中统钞 161 锭 49 两 9 钱 6 分 7 厘	"往宋以海乡散漫，止产鱼盐，商贾之所不至，故无征禁。至元二十五年始置，每月柜办中统钞一锭一十八两六钱，今增至三锭半有奇。"延祐增至 103 锭 37 两 1 钱 4 分 6 厘	6.765∶1	《大德昌国州图志》卷三，《田粮》《税课》，第 6078、6082 页；《延祐四明志》卷十二《赋役考》，宋元方志丛刊，第 6292 页

表 1 披露，元代江浙、江西、湖广三行省范围内农业税和商税的比例，大致在 3∶1 到 5∶1 之间。另据表中不完全统计，江南部分路府州县及录事司的比例高下不等，既有最低 0.0796∶1 者（集庆路录事司），亦有个别高至 59.7∶1 者（松江府）。上述三行省比例和部分路府州县及录事司比例不尽相同，存在一定差异。这应如何解释呢？

笔者注意到，江浙、江西、湖广三行省数据完整具体，而部分路府州县及录事司则是不完全统计的结果。《元典章》卷九又载，杭州路的在城、江涨、城南 3 税务的年税额分别高达 1 万锭以上，平江、潭州、武昌 3 路年税额在 5000 锭以上，建康、温州、泉州、庆元、镇江、福州、龙兴、吉安 8 路及清江镇的年税额亦在 3000 锭以上[1]。其中除镇江、建康（集庆）、庆元 3 路见于表 1 外，杭州路的在城、江涨、城南 3 税务和平江、潭州、武昌、温州、泉州、福州、龙兴、吉安等 8 路及清江镇 3000—10000 锭的税务统计数据，多因农业税等史料缺失，并没有进入表 1 统计数值之内。而松江府地处浙西太湖之滨的粮食高产区，两宋以来因境内淀山湖等湿地湖沼偏多，盛行围田及柜田而尽成膏腴。世祖末曾征用民夫 20 万疏浚"太湖、练湖、淀山湖等处并通江达海河港，又加以修

---

[1] 陈高华等点校：《元典章》卷九《吏部三》，《场务官·额办课程处所》，第 335—336 页。

筑围岸，自此岁获丰收"。大德二年（1298）和泰定二年（1325）曾经设都水庸田司，专掌浙西等河渠水利①。元松江府成为漕粮所赖的稻米高产区及其税粮与商税间59.7∶1的较高比率，居诸路府州之首，当属例外。鉴于以上情形，笔者认为，表1中江南部分路府州县及录事司所统计的比例，除去松江府的特殊情况外，其他12路州县的平均比例在8.9∶1。若是加上因农业税等史料缺失的杭州路的在城、江涨、城南3税务和平江、潭州、武昌、温州、泉州、福州、龙兴、吉安8路及清江镇的失载部分，估计能够接近5∶1。故而江浙、江西、湖广三行省农业税和商税3∶1到5∶1的比例，大致可信。

概言之，元代江南地区农业税和商税的比例当是保持在5∶1左右。此比例雄辩表明：忽必烈等实行南北异制，其"安业力农""重商"重"市舶"政策，造就了元代江南农商并重的经济结构，不自觉地维系保护了"唐宋变革"后江南"富民"农商秩序且有所繁荣发展②。

二 朱元璋父子的个性政策与江南社会蜕变

如果单纯凭主观想象，汉人皇帝朱元璋"驱除胡虏"而建立的明王朝，理应在江南实施"唐宋变革"式的社会经济政策。然而，事情真相却令人大失所望。

---

① 任仁发：《水利集》卷一《大德二年立都水庸田司》，《泰定二年八月立都水庸田使司》，四库存目丛书，史部221册，齐鲁书社1996年版，第72、78页。《元史》卷三十《泰定帝纪二》泰定三年正月壬午，第667页。参阅陈高华、史卫民：《中国经济通史·元代经济卷》，经济日报出版社2000年版，第157—158、209、212页。李伯重：《宋末至明初江南人口与耕地的变化》，《中国农史》1997年第3期。

② 关于宋元明清社会经济形态，葛金芳、赵轶峰冠名为"农商社会"，林文勋主张是"富民社会"（参阅葛金芳《"农商社会"的过去、现在和未来——宋以降（11—20世纪）江南区域社会经济变迁论略》，《纪念郑天挺先生诞辰一百一十周年中国古代社会高层论坛文集》，中华书局2010年版，第384—400页；赵轶峰《明清帝制农商社会论纲》，《纪念郑天挺先生诞辰一百一十周年中国古代社会高层论坛文集》，第475—480页；林文勋《唐宋社会变革论纲》，《结论：中国古代"富民社会"的形成及其历史地位》，人民出版社2011年版，第328—340页）。栾成显也曾指出，元朝在允许、扶植、参与工商业以及推动海外贸易方面与宋朝一脉相承，造就了以东南沿海地区为先导的全国性经济繁荣（栾成显：《宋元明时代经济发展的新趋势与明太祖的经济政策》，载《明史研究》第10辑，黄山书社2007年版，第192—201页）。笔者博取诸家之长，认为"社会"之称尚需慎重，名曰"富民"农商经济秩序，则大体不差。

（一）江南卫所军户、"均工夫"配户和里甲"画地为牢"定制

朱元璋起家于濠泗，其政治军事策略大抵是先削平江南群雄。平定陈友谅后，开始实施"部伍法"，卫所军户制遂基本奠定。其诸卫、千户所及军户世袭等，大抵来自元朝制度。总体上看，明朝先定江南，卫所军户制同样是起步于江南，而后借北伐和西征，随军事政治统一而推行全国，该制对原红巾军、"义兵"两大地方军事势力及元军残余的收编迁戍及整合利用等效用相当大。与南宋募兵比较，起步于江南的明卫所军户制，仍属于蒙元式落后的世袭兵役制。

洪武元年（1368），为修筑南京城，施行验田出夫的"均工夫役"。每顷每年出夫1人，农闲赴京师服役30天[①]。此举主要实施于江南，其佥派徭役不计身丁而计田亩的做法，尽管含有照顾租佃关系等内容，但毕竟是徭役在江南的率先回潮[②]，且达到了35万丁夫的较大规模。

洪武二年（1369）命令军、民、医、匠、阴阳人户各以原报户籍为定。翌年，"创户帖以便稽民"[③]，亲自规画户籍样式，颁行半印勘合户帖制。现存洪武四年（1371）徽州府祁门县谢允宪户帖明载该户"见当民差"，恰与元纸背公文纸湖州路户籍册中的"应当民役"，如出一辙[④]。表明将诸色户计固定化且作为征派赋役的依据的户帖制，大体沿袭元制。洪武十四年（1381）又建黄册制，严格规定民、军、匠三大类户籍，还有灶籍的制盐户等。全体百姓一概就地附籍[⑤]。黄册制以刑罚规范民、军、匠、灶等世袭罔替，成为比元朝等更为严格的户籍控制制度。

与黄册配套的是里甲制，规定：110户为一里，以丁粮多者10户为

---

① 张廷玉：《明史》卷七十八《食货志二·赋役》，中华书局1974年版，第1904页。《明太祖实录》卷五十四，洪武三年七月辛卯，第1060页。

② 两宋和元代江南民间以差役为主，徭役比重颇有限。故称洪武元年（1368）开始的"均工夫役"为徭役在江南的回潮。

③ 张廷玉：《明史》卷二八一《陈灌传》，第7187页。

④ 《直隶徽州府祁门县县民谢允宪户口单》，《中国明朝档案总汇》，第1件，广西师范大学2001年影印本，第1册，第1页。王晓欣、郑旭东：《元湖州路户籍册初探——宋刊元印本〈增修互注礼部韵略〉第一册纸背公文纸资料整理与研究》，打印稿。承蒙王晓欣、郑旭东提供，特此致谢！

⑤ 申时行等重修：（万历）《明会典》卷二十《户部七·户口二·黄册》，台北新文丰出版公司影印本，第357页。

里长，其余100户分为10甲，每甲10户①。其职司为管束百姓，以供赋役②。里甲综合吸收秦汉里什及元千户制等十进位原则，通常在"都"范围内编制，并不与自然村落一一对应，"其实只是一种相对独立于村落和地域性区域系统之外的户籍组织"，宗旨"是要建立一种'画地为牢'的社会秩序"③。故而较之宋元里正主首等乡役属性明显倒退，反倒是汉唐式乡官管制型基层组织的色彩有所加重。此乃"唐宋变革"后乡村基层秩序和百姓人身依附关系的一种逆转。

江南"均工夫役"与黄册、里甲等融会，进而升格为配户当差被推行于全国。

（二）明初三迁富豪与江南"富民"率多破家

明初在江南和北方实行了规模空前的移民。江南移民，大致有洪武三年（1370）、洪武十五年（1382）、洪武二十二年（1389）和洪武二十七年（1394）四次。北方则有著名的洪洞县大槐树等大规模移民。还有屯田移民、卫所军籍移民。这三类移民综合计算，数量巨大，有学者认为，洪武时期民籍和军籍移民总数达到1100万人，占全国人口的15.7%；永乐年间民籍和军籍移民总数达230万人，占全国人口的3.3%④。堪称中国历史上最大规模的官府强制移民，而且大部分是在中央政府严密"胁迫"下进行，官府对移民数和分布区域等皆有规定，亦可视为明初城乡居民结构的一次重新"洗牌"，其对近古社会的影响甚是深重⑤。被迁徙民众在田土及生计上依赖于国家，无形中增强了对百姓的人身控制，增强了"配户当差"遍行于全国的重要根基。

---

① 申时行等重修：（万历）《明会典》卷二十《户部七·户口二·黄册》，第357页。《明史》卷七十七《食货志一》，第1878页。
② 白寿彝总主编，王毓铨主编：《中国通史》第15册，上海人民出版社2004年版，第694—695页。
③ 马新：《试论宋代的乡村建制》，《文史哲》2012年第5期。梁方仲：《明代一条鞭法年表》，《梁方仲经济史论文集》，中华书局1989年版。刘志伟：《在国家与社会之间——明清广东里甲赋役制度研究》，中山大学出版社1997年版，第47、53、57页。
④ 葛剑雄主编，曹树基著：《中国移民史·第五卷，明时期》，福建人民出版社1997年版，第472—473页。
⑤ 葛剑雄主编，曹树基著：《中国移民史·第五卷，明时期》，第534—535页。另，云南大学校办副主任王某等自述：云南红河州徙自南京回回千氏后和贵州安顺屯堡一带移民后代中普遍流传的"解手"一词自原义"分手"等向俗用语"便溺"的衍化，以及田间农民"反剪手"习惯等，足以彰显当时移民的强制性。

江南富民的强制性迁徙,据李龙潜、徐泓、曹树基等研究,较大规模的主要有吴元年(1367)、洪武二十四年(1381)、永乐元年(1403)三次①。三次强制迁徙富户达七八千户,占洪武三十年(1397)浙江等七布政司及直隶应天十八府州富户14341户的一半以上。其规模颇大,对江南原有富民及农商经济秩序的冲击影响不可小觑。

迁徙富民,大致分为举家俱迁和抽取支系两种情况。

举家迁谪惩罚富户。如吴元年(1367)迁徙平江(今苏州)富民居濠州,大抵是举家俱迁。平江人吴宽云:"洪武之世,乡人多被谪徙,或死于刑,邻里殆空"。吴江县原户部侍郎莫礼"当洪武之末,不幸坐累,没于京师,举族谪戍边徼,第宅荡然"②。后述顾瑛等举家徙临濠,亦属此类。

洪武二十四年(1391)迁徙富户5300户,大抵是抽取富户支系成员。史称,"洪武辛未秋,徙富民",袁州府胡姓三兄弟争先离家徙京,其母黄氏"徇幼弟意而遣之行";泰和县"刘添详在富民列。将行,其子允仕暨厥侄允诚代之往"③。"永乐初,徙南方富民实北京",在官长批准的情况下亦允许子代父行④。以上抽取支系亲属虽非举家迁徙,但遗留江南原籍的亲属"仍应本籍徭役",对北徙应役支系亲属亦负有供送财物的义务。此种双重赋役沉重不堪,宣德三年(1428)才规定"应当富户之家所在官司,再免二丁杂泛差役,以备供送"⑤。

被迁徙的大家富户不仅"俾自营生业"⑥,还要"受廛"为里甲编民,承担官府徭赋,故率多赤贫破产。鄞县黄润玉迁徙北京,"与同役筑

---

① 参见徐泓《明洪武年间的人口移徙》,《第一届历史与中国社会变迁研讨会论文集》,台北中研院,1982年;葛剑雄主编,曹树基著:《中国移民史》第5卷,第45—47页。
② 吴宽:《匏翁家藏集》卷五十七《先世事略》,第12页b;卷三十五《东村记》,第6页a,四部丛刊初编。
③ 《江西通志》卷三十九《古迹·袁州府二·慈孝堂》,文渊阁《四库全书》,第514册,第322页。梁潜:《泊庵集》卷五《赠刘氏二生序》,文渊阁《四库全书》,第1237册,第291页。
④ 《明史》卷一六一《黄润玉传》,第4385页。
⑤ 申时行等重修:(万历)《明会典》卷十九《户部六·户口一·富户》,第351页。
⑥ 梁潜:《泊庵集》卷五《赠刘氏二生序》,文渊阁《四库全书》,第1237册,第291页。

室城北间，倾訾给徭赋，垦圃鬻蔬以为生，人或不堪其劳瘁"①。长洲县徐孟声随父徙南京，"日躬治徭赋"②。江南首富沈万三及顾瑛二家族成员所受摧残打击，最为惨痛。顾诚曾考证沈万三迁徙云南记载的讹误，认为沈万三元末已死，并未入明③。所考基本信实。即便如此，沈氏家族在洪武朝的覆败和满门籍没，乃是不争的事实。顾文亦承认《明史》纂修者或是将沈氏二子沈茂、沈旺向朱元璋献上大批金银误认作沈万三兄弟。另据顾文所引《弘治吴江志》卷十二《杂记》"路逢过客问云南，问道云南何日到"句，似难排除沈氏部分亲属谪戍云南之可能。元末昆山海商豪富顾瑛，亦在洪武元年苏州富户首批举家被迁徙临濠，翌年死于临濠管编地，其家族遂破败。苏松"杼轴人家户户空"④，殷实富民普遍生计废弛，贫无所有。

徙富民，又是朱元璋以峻法"划削"东南富民政策的组成部分。贝琼云："三吴巨姓""数年之中，既盈而覆，或死或徙，无一存者"。吴宽说："豪民巨族，划削殆尽。"方孝孺亦言："太祖高皇帝……疾兼并之俗，在位三十年间，大家富民多以逾制失道亡其宗。"杨复吉则曰："明祖之籍富民，岂独路氏，就松属若曹、瞿、吕、陶、金、倪诸家非有叛逆反乱谋也，徒以拥厚货而罹极祸，覆宗湛族，三世不宥"⑤。倪元璐则直言被徙富民受告密而家产荡然之状："今都城萧竭，不忍见闻，车户动至倾家，流商嗷然载路。重之市井无赖，以告密为佃渔，每一波牵，辄连数十。幸而得雪，家已荡然。所以昔年所号巨贾殷家，悉无兼辰之

---

① 《明史》卷一六一《黄润玉传》，第4385页。杨守陈：《南山黄先生墓碣铭》，载徐纮《明名臣琬琰续录》卷十三，文渊阁《四库全书》，第453册，第414页。

② 杨士奇：《东里续集》卷三十一《徐孟声甫墓表》，影印文渊阁《四库全书》，第1239册，第69页。

③ 顾诚：《沈万三及其家族事迹考》，《历史研究》1999年第1期。

④ （清）董潮：《东皋杂钞》卷一，丛书集成初编，第4页。（清）卞永誉：《式古堂书画汇考》卷19顾瑛《登虎丘有感》，文渊阁《四库全书》，第827册，第844页。参阅杨镰《顾瑛与玉山雅集》，《玉山名胜集》，上册，中华书局2008年版，第1—13页。

⑤ 贝琼：《贝琼集》卷十九《横塘农诗序》，元代别集丛刊，吉林文史出版社2010年版，第112页。吴宽：《匏翁家藏集》卷五十八《莫处士传》，第13页b，四部丛刊初编。方孝孺撰，徐光大点校：《逊志斋集》卷二十二《故中顺大夫福建布政司左参议郑君墓表》，宁波出版社2000年版，第742页。杨复吉：《梦阑琐事》，《昭代丛书癸集萃编》卷三十八，上海古籍出版社1990年影印本，第673页。

食"①。迁徙和划削富户，非因犯罪，"徒以拥厚货而罹极祸"，客观上对缓和江南土地占用过度集中有一定积极意义，但自南朝到宋元主导江南社会经济的富民，毕竟受到千年未有的重大劫难。就文化而言，"尤其是在苏南和浙北地区，被暴力胁迫的外迁人口有相当一批是富户或文化阶层，这对迁出区域来说，向外的移民同时意味着本区域文化的衰落"②。

（三）抑商与"海禁"

洪武十四年（1381）颁贱商令："商贾之家止许穿布。"③ 商贾被编入市籍，"非占商籍不许坐市廛"④，并强制提供无偿劳役及货物⑤。不少商人"一挂商籍，其家立罄"⑥。又实行对行商的"路引"及"店历"等管制。无路引而经商，"重则杀身，轻则黥窜化外"⑦。上述政策虽然是全国性的，它恢复唐前期"市籍""坊市"等旧模式，故对商业经济繁荣发达的江南颇具破坏性。

朱元璋等还实施严酷的海禁。洪武十四年（1381）前后，屡次"申禁人民不得擅出海与外国互市"⑧。《大明律》规定："若将人口、军器出境及下海者，绞。"⑨ 朱元璋又说："朕以海道可通外邦……苟不禁戒，则人皆惑利而陷于刑宪矣。故尝禁其往来。"⑩ 海禁政策，盖出自对商人"惑利"的憎恨和维护朱明王朝"刑宪"秩序。"寸板片帆不许

---

① 倪元璐：《倪文贞奏疏》卷三《制实八策疏》，文渊阁《四库全书》，第1297册，第249页。
② 葛剑雄主编，曹树基著：《中国移民史》第五卷，第506页。
③ 徐光启：《农政全书》卷三《国朝重农考》，文渊阁《四库全书》，第731册，第40页。另参阅《明史》卷六十七《舆服志》洪武十四年令，第1649页。
④ 嘉靖《增城县志》卷九，天一阁明代方志选刊续编，第65册，第12页b。
⑤ 顾起元撰，陈稼禾点校：《客座赘语》卷二《铺行》，中华书局1987年版，第66页。
⑥ 王元翰：《凝翠集》《圣泽诞被困商偶遗疏》，《云南丛书》集部之七。参阅白寿彝总主编，王毓铨主编：《中国通史》明时期，第十五卷，上海人民出版社2004年版，第985—998页。
⑦ 《御制大诰续编·验商引物第五》，《明朝开国文献》，台北学生书局1966年版，第102页。
⑧ 《明太祖实录》卷一三九，洪武十四年十月己巳，第2197页；卷二〇五，洪武二十三年十月乙酉，第3067页；卷二五二，洪武三十年四月乙酉，第3640页。
⑨ 《大明律》卷十五《兵律》三《关津·私出外境及违禁下海》，怀效峰点校，法律出版社1999年版，第120页。
⑩ 《明太祖实录》卷七十，洪武四年十二月乙未，第1307页。

下海"的海禁政策①，摧毁了宋元东南沿海繁荣鼎盛的海外贸易及江南商品经济，一味收缩内敛和管控，随之造成长达200年的闭关锁国。直到隆庆开禁，海外贸易才迅速恢复，刺激白银内流和东南商品经济再度繁荣②。

关于海禁与郑和下西洋的关系，笔者赞同一些学者把后者视作"政治利益高于经济利益"的"军事外交游行"及其开拓域外"朝贡贸易"体系的基本评价③。进而认为郑和下西洋开拓"朝贡贸易"本身就是和海禁政策相辅相成。由此形成的明清域外"朝贡贸易"体系，又是与宋元海外贸易南辕北辙，背道而驰。它严格将对外经济交往控制在官府"朝贡"的桎梏内，严格排斥民间介入海外贸易，故而可以称之为朱元璋父子海禁政策组成部分。其结果就是郑和庞大官府船队七次远航西洋和民间"寸板片帆不许下海"闭关锁国的荒唐"背反"。

上述卫所军户、"均工夫"配户、里甲"画地为牢"、移民徙富和抑商海禁等，基本是和宋元的江南政策背道而驰。言其颠覆"唐宋变革"后的江南秩序，毫不过分。正如梁方仲先生归纳总结明初社会经济结构的若干特征："人户以籍为断"，皆世其业；各类户籍的划分，大致以满足当地最简单的经济生活需要为依据，造成了全国各地无数分散的自给自足的小单位；人民的流动、迁徙，是受限制的；对于赋役的负担，采取连带责任制；最核心的是"对农民建立一种直接统治和隶属底关系"④。王毓铨先生径直将上述体制概括为"配户当差"⑤。以上颇有见地的阐发，虽然针对的是全国，但因上述政策多半起步或重点实施于江南且对江南触动极大，故而以之描述明初江南同样是恰当和切中事理的。这种同样实施于江南的"配户当差"，无疑是对宋元江南持续继承的"唐宋变革"成果的一种反动。

为加深对明前期江南原有社会经济秩序被破坏的认识，我们不妨来看表2。

---

① 王忬：《条处海防事宜仰祈速赐施行疏》，陈子龙辑：《明经世文编》卷二八三，中华书局1962年版，第2997页。

② 参见晁中辰：《明代海禁与海外贸易》，人民出版社2005年版，第244—277页。

③ ［美］牟复礼、［英］崔瑞德：《剑桥中国明代史》，上卷，张书生等译，中国社会科学出版社1992年版，第233页。李新峰：《论元明之间的变革》，《古代文明》2010年第4期。

④ 王毓铨：《明代的配户当差制》，《中国史研究》1991年第1期。

⑤ 梁方仲：《明代一条鞭法年表》，《梁方仲经济史论文集》，中华书局1989年版。

表2　　　　　　　　明初江南部分府州农业税与商税一览

税目 地名	税粮	商税等	税粮折钞与商税之比①	备注
松江府	永乐十年夏税大麦9008石7斗2升9合3勺，小麦95901石3斗5升4合6勺；秋粮秔米826231石9斗5升7合2勺5撮，糯米1265石7斗5合6勺，赤米280279石5斗7升6合6勺，黄豆86690石5斗3升6合9勺，斑豆9537石2斗5升6合7勺，绿豆32石7斗8升5合4勺，赤穀879石6斗7升4勺	永乐十五年商税钞17212锭1贯990文	444.9:1	正德《松江府志》卷七《田赋中》，第3页ab，第4页a；卷八《田赋下·税课》第21页b，天一阁明代方志选刊续编
江阴县（常州府）	永乐十年夏税小麦41487石4斗9升2勺，秋粮米102396石7斗7升9合9勺，山租钞78756文	永乐十年钞18258锭2贯840文，	45.01:1	嘉靖《江阴县志》卷五《食货记第四上》，《田赋》《课程》，第16页b，第17页a、第27页ab，天一阁明代方志选刊
浦江县（金华府）	永乐十年夏税麦1345石9斗6升3合5勺，秋粮米16364石7斗2升8合7勺，科丝21斤1两2厘	洪武三年立税课局，十三年裁减，设大使一员。岁办商税课钞1098锭1贯200文，（弘治间革去，印记本县带管）	95.68:1	嘉靖《浦江县志》卷五《财赋志》，《税粮》《课程》，第4页ab、第7页b，天一阁明代方志选刊

① 据王毓铨先生研究，大明宝钞一锭为5贯，永乐五年（1407）米1石折钞30贯，小麦和豆1石折钞25贯，丝每斤40贯。参见王毓铨主编《中国经济通史·明代经济卷》，经济日报出版社2000年版，第777、773、784页。此处税粮折钞与商税之比，按上述折换计算。

续表

地名\税目	税粮	商税等	税粮折钞与商税之比	备注
黄岩县（台州府）	永乐十年夏税麦1274石4斗9升6合8勺，钞540锭2贯865文，麦苗麦5356石9斗2升7合4勺，夏租钞2贯155文，夏租麦2石6斗4升4合5勺，秋粮米43755石2斗1升8合2勺，秋租米19976石8斗7合6勺，租钞152锭1贯301文，税钞583锭627文，赁钞380锭4贯413文	永乐实额商税课钞946锭1贯710文	440.52∶1	万历《黄岩县志》卷三《食货志》，《田赋》《课程》，第3页ab、第12页a，天一阁明代方志选刊
乐清县（温州府）	永乐十年夏税麦3075石8斗8升5合，钞359锭28文，秋粮米15689石4斗3升4合，钞593锭4贯585文	钞601锭930文	183.8∶1	永乐《乐清县志》卷三《税粮》，《各色课程》，第15页b、16页b，天一阁明代方志选刊
广昌县（建昌府）	永乐十年秋租粮：官米1125石3斗7升4合，民米11744石8斗7升3合4勺，夏税：农桑丝11斤6两2钱5分	商税课钞263锭2贯750文，钱2635文5分	292.59∶1	正德《建昌府志》卷四《课程》，第16页ab、27页b，天一阁明代方志选刊

以上表2所示永乐年间的松江府及江阴、浦江等5县农业税和商税比例大抵在444∶1到45∶1之间。即使考虑到松江府稻米高产和苏松重赋等因素而省略松江府比率，上述江阴、浦江等5县农业税和商税的平均比率也高达211∶1。由于其余府州县高下有差且史料阙如，笔者将此比率调整为170∶1—180∶1，似乎比较妥当。他如邵武府、海门县、安溪县、惠安县等场合，又不乏"旧为税课司，（弘治）十三年始于各县均徭编征解府"，"货物弛不复税，课额尚存。今岁就均徭中编十九两九分解府"，"吾邑亦局例革，县官兼管之。而货物弛不复税，课额倚小于巡拦，岁编

有力人户充之"①。商品交换和商税一并严重衰微。就是说，明永乐末江南农业税和商税的比例大致高于元代相关比例的 30 倍以上，当是不争的事实。如果说卫所军户、"均工夫"配户、里甲"画地为牢"、移民徙富和抑商海禁等是前因，永乐年间的松江府及江阴、浦江等 5 县农业税和商税 170∶1—180∶1，则是上述江南政策的"丰硕成果"。明初江南商业活动遭受摧残而严重萎缩，宋元江南"富民"农商经济被无情颠覆，几乎倒退至单纯自然经济的状态，恰能够得到松江府及江阴、浦江等 5 县农业税和商税悬殊比率的有力印证，成为难以否认的"铁案"。

留意元明江南的学者不难发现：元代有关江南富民生计、商业和士人活动等记载相当丰富，与南宋相比毫不逊色。但明前期的江南，类似记载却几乎销声匿迹，后世追述议论也寥若晨星。嘉靖前后才陆续有所恢复。甚至容易给人以明前期江南曾发生"文化断裂"的感觉。仔细思考联想，此"文化断裂"，似乎只能从明初大规模迁徙富民且破其家等社会变动中寻找答案。"皇明受命，政令一新，豪民巨族，划削殆尽"之后，富民多半徙居京师或边地，迫于生计，"给徭赋，垦圃鬻蔬"②，自然无暇舞文弄墨，也无心情记述自身穷愁潦倒、破落窘困的状况。而江南残留的部分富民难逃衰微厄运，或在高压之下不敢直言心声。富民和士人所承载的江南文化由此发生衰败乃至"断裂"，就是可以理解的了。

三 "唐宋变革"视域下元、明江南政策的比较

先谈元代江南政策的"双面刃"效应，亦即对"唐宋变革"成果再继承和对经济发挥畸形作用。

元江南政策的积极方面，主要是对南宋"唐宋变革"成果的再继承，

---

① 嘉靖《邵武府志》卷五《版籍·赋》，天一阁明代方志选刊，第 8 页 a、14 页 b、15 页 a。嘉靖《安溪县志》卷一《贡赋》《商课》，天一阁明代方志选刊，第 57 页 b。嘉靖《惠安县志》卷六《田赋》，第 7 页 ab，卷七《课程》，第 4 页 b、5 页 a，天一阁明代方志选刊。
② 吴宽：《匏翁家藏集》卷五十八《莫处士传》，第 13 页 b，四部丛刊初编。杨守陈：《南山黄先生墓碣铭》，载徐纮《明名臣琬琰续录》卷十三，文渊阁《四库全书》，第 453 册，第 414 页。

维持和保护"富民"农商经济①。明人吴宽所云:"吴自唐以来,号称繁雄。延及五代,钱氏跨有浙东西之地,国俗奢靡……至于元,极矣。民既习见故俗,而元政更弛,赋更薄,得以其利自私,服食宫室,僭越逾制。"②正是元廷安富宽商政策,滋润养育了以苏松为中心的一批大地主富商。除前揭松江府朱国珍、管明、任仁发、曹知白、瞿霆发、杨谦、陶与权、吕良佐、张氏、侯氏及平江路沈万三、顾瑛等,吴江州"莫氏以赀产甲邑中,所与通婚姻,皆极一时富家"③。元苏松为首的东南地带,无疑构成了富民财富集中和势力膨胀的地区。在持续繁荣的海外贸易中,进口货物种类除象牙、犀角、鹤顶、珍珠、珊瑚、翠毛、龟筒、玳瑁等珍宝香货外,扩充至木棉、苎麻、布匹、木材、铁材、黄蜡等,大众商品明显增多,输出则包括丝织品、棉织品、陶瓷器、金属器具、漆器、纸札等,仍以纺织品和陶瓷器为主,陶瓷器比重进一步加大。这对浙西福建丝织业及景德镇等制瓷业的兴盛,对于市场经济性质的江南工商业的发展,均发挥了促进作用④。从历史的长时段看,忽必烈为代表的元朝统治者的可贵贡献,不仅在于结束了近三百年的分裂割据,完成了空前规模的多民族国家的大统一,还在于比较完整地保留了江南最富庶、最发达的经济实体,不自觉继承了南方"唐宋变革"的成果。

言其负面消极或利弊相参,主要表现有四:

第一,放纵大土地占有及租佃制的膨胀发展。元中叶,不少军政官员与豪富勾结,"富民黠吏,并缘为奸"⑤。"江南富户侵占民田,以致贫者流离转徙"的情状,连元成宗都有耳闻,也曾降圣旨追收"护持玺书",防止"以欺贫民"。然而元廷仅制止"护持玺书""侵占民田"⑥。对一般"富户侵占",依然熟视放纵。

---

① 参看李伯重《有无"13、14世纪的转折"?——宋末至明初江南农业的变化》,《多视角看江南经济史》,生活·读书·新知二联书店2003年版,第21—96页。
② 吴宽:《鲍翁家藏集》卷五十八《莫处士传》,第13页b,四部丛刊初编。
③ 吴宽:《鲍翁家藏集》卷五十八《莫处士传》,第13页b、12页a,四部丛刊初编。
④ 参阅陈高华、史卫民:《中国经济通史·元代经济卷》,经济日报出版社2000年版,第501—504页。
⑤ 《元史》卷九十三《食货志一·经理》,第2553页。
⑥ 《元史》卷二十《成宗纪三》大德六年春正月庚戌,第439页。

第二，原有"销金锅儿"式①的奢侈消费在蒙古贵族和豪富范围内有所加重。元后期，不仅威顺王宽彻不花"起广乐园，萃名倡巨贾以网利"，"渔夺山泽之利尤甚"②，东南地主商人等豪富竞相穷奢极欲，挥霍无度。义乌楼士祥"理财殖产"，"日充月拓，卒为巨室"，"子弟厮役皆衣绮绣，善骑马，臂鹰走狗，驰逐为乐"。③"珊瑚未数绿珠楼，家僮多似临邛卓。十牛之车三百车，雪象红牙水犀角。养犬喂肉睡毡毯，马厩驴槽亦丹雘。"就是东南豪富可敌国的写照④。

第三，盐商、舶商、斡脱商等特权商贾豪富较多存在，也相应派生出一批私盐贩和海盗。顺帝初两浙"私盐出没，侵碍官课，虽有刑禁，难尽防御"⑤。广东私盐贩动辄数万。张士诚兄弟四人"并驾运盐纲船，兼业私贩"；方国珍起家"渔盐负贩"，后为"海贼"⑥。

第四，社会关系上的士商亲融与贫富悬隔。因科举晚至后期及民族压迫，在功名仕途上失意的江南士人，难免"胸蟠万卷不疗饥，孰谓工商为末艺"之类的牢骚⑦。他们为生计所迫，多半对商贾羡慕和接近，富商大贾则常向士人施以援手。士人、商贾、地主等荟萃一堂的"玉山雅集""西湖梅约"等⑧，在红巾军蜂起情势下频频登场。士商亲近交融，彼此酬唱，提携标榜，狎妓纵欲，花天酒地。和富民奢侈挥霍、纸醉金迷形成极大反差的是，多数下层农民相继赤贫，贫富悬隔异常严重。"富家巨室，不以富有之际结人之心，行方便，种德阴子孙，往往剥人之肉

---

① 周密：《武林旧事》卷三《西湖游幸都人遊赏》，文渊阁《四库全书》，第590册，第199页。

② 《元史》卷一一七《宽彻不花传》，第2910页。（明）宋濂撰，罗月霞主编：《宋濂全集》《朝京稿》卷一《元赠开府仪同三司上柱国录军国重事江西等处行中书省丞相追封咸宁王谥忠肃星吉公神道碑铭》，第1644—1645页。王逢：《梧溪集》卷三《故内御史捏古氏笃公挽词》，第463页。

③ 方孝孺：《逊志斋集》卷二十二《楼君墓铭》，第759页。

④ 方回：《估客乐》，《元诗选》初集，卷七，文渊阁《四库全书》，第1468册，第128页。余阙：《青阳先生文集》卷九《两伍张氏阡表》，四部丛刊续编本。第11页 a。

⑤ 《元史》卷九十七《食货志五·盐法·两浙之盐》，第2496页。

⑥ 陶宗仪《南村辍耕录》卷二十九《纪隆平》，第356页。《明太祖实录》卷七，己亥年正月乙卯，第78页。《元史》卷一八八《石抹宜孙传附迈里古思传》，第4311页。

⑦ 袁华：《耕学斋诗集》卷七《送朱道原归京师》，文渊阁《四库全书》，第1232册，第314页。方回：《估客乐》，《元诗选》初集，卷七，文渊阁《四库全书》，第1468册，第128页。

⑧ 杨镰：《顾瑛与玉山雅集》，顾瑛：《玉山名胜集》（上），中华书局2008年版，第1—14页。

以取丰己。""富者愈富，而贫者愈贫。"①朱元璋父母长兄因天灾瘟疫而死，"殡无棺椁，被体恶裳，浮掩三尺，奠何肴浆"，"皇天白日，泣断心肠"②。如此凄惨泣述，令人肝肠寸断！现代经济学的基尼系数可测定收入分配差异度。高收入与低收入家庭的比率曲线越接近0，收入分配越趋向平等，越接近1，越趋向不平等。0.4以上表示差距较大，达到0.6时，则为悬殊。洪武三年（1370）苏州府年纳粮一百石到四百石的490户；洪武三十年（1397），浙江等七布政司及直隶十八府州，占田七顷以上的达14341户③。这些巨富的财富占用，与片瓦皆无的赤贫相比，确是天壤之别。

上述膨胀、混存和悬隔等，致使江南"富民"农商经济呈现某种畸形。蒙元统治下的江南遭遇多重挑战：帝制管制体制与富商大地主经济放纵自由的"背反"，官场腐败与贫富悬殊相叠加，最终招致"官逼民反"和"富逼穷反"。

再说明前期政策颠覆江南原有经济秩序。

"均工夫"、配户和里甲制，还有"划削"迁徙江南富民等，共同汇成了明前期驱民以供役的"配户当差"。即以户为编制单位，以里甲为赋役管制组织，依照专制国家需要，把全国人户分编为不同役种和役籍，以"民有田则有租，有身则有役"为目标，役皆永充、役因役籍、役有役田、以户供丁④。由于朱元璋效仿刘邦和不自觉地承袭元制，此种"配户当差"，实乃秦汉编户耕战体制与元诸色户计当差的混合体，它背离"唐宋变革"趋势，率先在江南实施管制农商和"划削"富民。而且，全民"配户当差"，一概纳粮服役，不分南北，通行全国。

请看洪武十五年（1382）朱元璋晓谕两浙、江西之民的一段榜文。

上（朱元璋）命户部榜谕两浙江西之民："……近来两浙江西之

---

① ［日］长谷真逸：《农田余话》卷上，《四库全书存目丛书》，子部第239册，齐鲁书社1995年版，第324页。蒙思明：《元代社会阶级制度》，中华书局1980年版，第216页。

② 朱元璋撰，胡士萼点校：《明太祖集》卷十四《皇陵碑》，黄山书社1991年版，第271—272页。

③ 《明太祖实录》卷四十九，洪武三年二月庚午，第996页；卷二五二，洪武三十年四月癸巳，第3643页。

④ 《明太祖实录》卷一六五，洪武十七年九月己未，第2545页。参阅王毓铨《明代的配户当差制》，《中国史研究》1991年第1期。

民多好争讼，不遵法度，有田而不输租，有丁而不应役，累其身以及有司，其愚亦甚矣。曷不观中原之民，奉法守分，不妄兴词讼，不代人陈述，惟知应役输税，无负官府。是以上下相安，风俗淳美，共享太平之福。以此较彼，善恶昭然。今特谕尔等宜速改过从善，为吾良民。苟或不悛，则不但国法不容，天道亦不容矣。"于是，户部以所谕颁布浙江、江西二布政使司及府州县，永为遵守①。

由于元朝南北异制，迄洪武十五年（1382），"中原之民"与两浙、江西之民在"趋事执役以奉上"②方面，略有区别。前者"应役输税"，同时承担税粮和杂泛差役；后者主要承担夏秋二税及差役，虽已行"均工夫役"，但"有田而不输租，有丁而不应役"仍不少见。是年之后，两浙、江西等地也须仿效中原模式，一概"应役输税"。此榜文披露明初户役法来自元中原制度且被朱元璋强制推行于江南"永为遵守"。朱元璋"民有田则有租，有身则有役"谕旨，恰能在元代找到类同物。在元汉地流传较广的王结《善俗要义》云："盖有户则有差，有地则有税，以至为军为站，出征给驿，普天率土，皆为一体"③，是也。换言之，朱元璋"民有田则有租，有身则有役"谕旨，应直接来自元中原汉地"有户则有差，有地则有税"等制度，只是改换为"有身则有役"，更强调百姓亲身执役（最不利于富民）。

上述"富民"农商秩序的破坏与"配户当差"户役法的建立，一破一立，导致明代江南社会经济结构的严重蜕变，动摇和变更了"唐宋变革"前后江南近千年的以富民大地主为核心的农商体系，取而代之的是与北方相差无几的"配户当差"。前者的破坏是后者建立的前提或基础，后者又是破坏前者的直接目标。只有把富民"划削殆尽"，百姓才能贫富划一，才能营造编户齐民"配户当差"的一元化体制。战国商鞅和秦西汉奖励耕战、重农抑商，如此行事，一千多年后朱元璋"划削"富民和"配户当差"，也与之一脉相承。而且，在利用皇帝专制强权干预、变更社会经济秩序方面，又惊人地相似。正如栾成显所云，明朝建立后，推

---

① 《明太祖实录》卷一五〇，洪武十五年十一月丁卯，第2362—2363页。
② 《明太祖实录》卷一一一，洪武十年二月丁卯，第1847页。
③ 王结：《文忠集》卷六《善俗要义》十曰办差税，文渊阁《四库全书》，第1206册，第253页。

行重农抑商政策，用强化里甲、限制人地分离、加重商税、歧视商人、厉行海禁等一系列措施，全面改变了宋元以来的经济发展趋势①。尽管该政策对明初恢复社会经济具有合理性，但整个国家特别是江南已由"农商"繁荣，倒退为比较单一的农耕自然经济。直到明中叶，国家对经济的负面控制才逐渐松弛。

发人深省的是，元和明前期的江南政策及社会发展恰恰是和忽必烈、朱元璋的个性纠缠在一起。元、明统治者的急迫个性需要，居然让元朝在江南选择了安富宽商，居然让明朝选择了管制农商，从而导致二政策模式在13—16世纪江南的前后交替。忽必烈以"嗜利黩武"而著称②，朱元璋以"仇富平均"为特性。由于"嗜利黩武"，为着向北输送巨额粮食财物以支撑帝国财政及贵族奢侈赏赐，忽必烈等元朝皇帝"南北异制"，在江南采取粗疏放纵和实用主义的策略，满足于较多征收赋税，对南人地域社会几无触动，继续维持"富民"农商经济。而"富民多豪强，故元时此辈欺凌小民，武断乡曲，人受其害"③语，则是将朱元璋出于亲身贫寒的切肤之痛，仇恨富户、杀富济贫的心理特性表露无遗。基于此，明初转而在江南厉行"配户当差"与"划削"富民，不惜颠覆江南原有的经济秩序。朱元璋的"划削"富民，起初很大程度上针对元末贫富悬隔，但其效果实质又偏在朱明皇室垄断天下财富而不许百姓富有。

若是孤立论及元、明断代，两种模式似乎都可视作利弊相参或利大于弊。然而，从长时段看，从"唐宋变革"的历史趋势和江南在中近古社会发展中的角色看，答案就是另一番模样了。

战国以降，在国家治理方面长期存在两种性质有异又相互交替或补充的政策模式：管制农商与安富宽商。"商鞅变法"开管制农商的先河，秦西汉和隋及唐前期步其后尘。齐国"通商工之业"和"薄本肇末"④，为安富宽商模式的早期代表，赵宋"不抑兼并"又意味着安富宽商模式

---

① 栾成显：《宋元明时代经济发展的新趋势与明太祖的经济政策》，载中国明史学会编《明史研究》第10辑，黄山书社2007年版，第192—201页。
② 赵翼撰，王树民校证：《廿二史札记》卷三十《元世祖嗜利黩武》，第684页。
③ 《明太祖实录》卷四十九，洪武三年二月庚午，第966页。
④ 司马迁：《史记》卷三十二《齐太公世家》，中华书局1959年版，第1480页。《国语》卷六《齐语》，四部丛刊初编，第3页A。

的高度成熟①。前者强调藏富于国和官府支配经济活动，凭借奖励耕战和管制农商，直接用授田、劳役或人头税控制和役使编民，达到举国动员和富国强兵。后者主张藏富于民和先富民后富国，允许租佃制和工商业较自由发展，重在借富民来培植税源，进而增加税收以富国。

总体上看，秦汉至隋唐的一千年间，管制农商的编民耕战模式合理性居多，亦占主导，尤其是对政治军事统一和开拓疆域的功用几乎不可替代。然而，商鞅等管制农商的编户齐民耕战模式，只能暂时带来社会经济的恢复发展和富国强兵，又兼它对地主经济的干预过度强硬，征发农民劳役、人头税及抑制商人等超经济强制过于野蛮，严重阻碍了社会经济的进步与发展，也无法从根本上遏止地主经济所特有的周期性兼并。"唐宋变革"过程中，"不抑兼并"安富宽商的新模式转而占据主导。尽管两宋榷卖和重税始终如一及"王安石变法"不乏"抑强扶弱"等干预，但在两宋士大夫政论中，"抑强扶弱"常常和"恤贫""安富"相伴而行②。"唐宋变革"及"不抑兼并"新模式，在社会经济层面大抵是与商鞅等编民耕战模式"分道扬镳"，是对商鞅所奠定的管制农商旧制的重大改变或扬弃③，所实行"田制不立"及"不抑兼并"，就是大大减轻对农民和商人的超经济强制，鼓励农业和工商业较自由发展，以建立"富民"农商经济秩序。在某种意义上，"唐宋变革"直接是革"均田""府兵"等三大制度的命，也是革商鞅编民耕战模式的命。从"唐宋变革"中

---

① 虽然赵宋"不抑兼并"重在容许土地买卖并使之合法化，又始终对盐、酒、茶、矾、醋、香料、矿产等实行榷卖，对富民和商人课以重税，"王安石变法"中的方田均税、免役及青苗等还蕴含"抑强扶弱"的干预调节。笔者认为，此种"不抑兼并"是政策主体（田制为代表），行政干预层面的"摧抑兼并"为其补充，二者主辅结合，恰恰反映"王安石变法"后赵宋"不抑兼并"安富宽商政策的不断完善与成熟。

② 吕祖谦《东莱别集》卷十二《读书杂记一·己丑课程》载："大司徒以保息六安万民。三曰振穷，四曰恤贫，六曰安富。后世之政，自谓抑强扶弱者，果得先王之意欤？"文渊阁《四库全书》，第1150册，第317页。朱熹《晦菴先生朱文公集》卷十三《奏札·延和奏札三》载："恤贫安富，两得其所"。四部丛刊初编，第12页A。蔡戡《定斋集》卷四《奏议·乞戒谕守令恤民札子》载："夫单产贫民，固在矜恤，富家大室，犹欲安全之者，盖君民相通，富藏于民故也"。影印文渊阁《四库全书》，第1157册，第606页。黄榦《勉斋先生黄文肃公文集》卷二十八《公札·申安抚司辨危教授诉熊祥事》载："为政之道，抑强扶弱，不宜有偏；安富恤贫，要当两尽"。中华再造善本影印国图元延祐二年刻本，第25册，第6页AB。真德秀《西山先生真文忠公文集》卷三《对越甲稿·直前奏札一癸酉十月十一日上》载："夫安富恤贫，（三）〔王〕者之政也"。四部丛刊初编，第7页B。

③ 关于古代编民耕战与不抑兼并二模式，因篇幅所限，难以展开，容日后专文论述。

"不抑兼并"占主导的历史趋势看,元代在江南"安业力农"和安富重商,客观上符合历史潮流,因而是比较进步的。而明初在江南"配户当差"、徙富抑商和海禁,则基本是逆"唐宋变革"潮流而动的。

早在东周,楚、吴、越等文明发展水平,已仅次于河洛和海岱,位列第三[①]。江南水利、气候、植被、文明传统等良好基础及再开发潜力,又是其他地区无法比拟的。东晋和南宋两次南渡,造成中原文明南下且与江汉等文明的交融汇合以及若干次江南开发的浪潮,由此江南逐渐后来居上。南朝统治下的先进经济及财税体制大抵是对"唐宋变革"的某种良好酝酿或准备。中唐发生的一系列社会变动,多半可以溯源于南朝[②]。10世纪前后手工业、农业等生产力的显著进步,也大多率先出现于江南。特别是航海技术的长足发展、海上丝绸之路和海外贸易的繁荣,使长期依赖陆地丝路与西方交往的中国,获得了与世界主要文明交往的新的航海通道,同时也给东南沿海带来巨大的贸易文化等域外刺激。这就客观上促进了从汉唐"头枕三河(河内、河东、河南)、面向西域"到宋元"头枕东南、面向海洋"的重大转折[③]。于是,9世纪以降的江南无疑成为经济文化最先进和最具活力的区域,成为中国经济重心和文化主脉所在,成为"富民"农商经济成长发展的"风水宝地",同时也是"唐宋变革"或南北博弈的主要原动力地带[④]。元代相关政策顺应和推动了中近古江南经济开放繁华的历史角色的发挥,因而值得基本肯定。明前期的管制农商,重点实施于"唐宋变革"原动力所在和农业、工商业最为发达的江南地区,妨碍破坏其历史角色的发挥,且肇始闭关锁国,后果又多是灾难性的。

西方学者一般认为宋元时期"中国的农业和工业生产、国内贸易及与'外部世界'的经济联系都发生了急剧的扩张,所达到的水平远远超

---

① 蒙文通:《古史甄微》,载《蒙文通文集》第5卷,巴蜀书社1999年版。
② 唐长孺:《魏晋南北朝隋唐史三论》,中华书局2011年版,第280、299、301—319、411页。
③ 葛金芳:《头枕东南,面向海洋——南宋立国态势及经济格局论析》,《邓广铭教授百年诞辰纪念文集》,中华书局2006年版,第219—220页。葛教授主张汉唐是"头枕三河、面向草原"。笔者基本同意。就对外交往趋势而言,言其为"头枕三河、面向西域",更为贴切。
④ 以上参阅拙稿《中古以来南北差异的整合发展与江南的角色功用》,《文史哲》2015年第1期。

过了已知的中国历史上以往的一切时代",且居于世界前列①。明清则长期停滞不前,尤其是 14 世纪后半大抵是中国锁国落后或停滞的开端。笔者以为,宋元先进或明清落伍的要害就在于江南农商并茂及海外贸易秩序的保与损。请注意:14 世纪前后中国最先进富庶的江南社会经济秩序,居然在蒙古族皇帝忽必烈手里得到了基本保护和一定发展,居然在汉人乞丐皇帝朱元璋统治下受到无情的摧残与颠覆。如此戏剧般的"你方唱罢我登场",恰恰成为中国经济由先进跌入落伍的转捩点。假设明建文帝开始回归宋元江南政策模式,中国社会经济发展前景可能会比较光明。遗憾的是,历史进程从来就不理睬假设。

由此我们能够得到如下有益的启迪:即使"唐宋变革"鼓励农商较自由发展,也需要"公权力"调节(譬如"王安石变法"),但调节应是积极理性,不宜过度或滥用,不能以破坏经济发展为代价。元代江南政策的负面在于放弃调节,一味宽纵;明前期江南政策的"败笔"又在于滥用管制,一味恢复编民耕战旧模式,还掺入蒙元全民当差等野蛮因素。正确的选择应是以"不抑兼并"为主导,辅以积极、合理的"公权力"调节,既要积极推进经济繁荣发展,又须避免贫富不均所带来的动荡骚乱。

---

① [英]崔瑞德、[美]牟复礼编:《剑桥中国明代史》(上),杨品泉等译,中国社会科学出版社 2006 年版,第 354 页。

元江南地区的籍没及其社会影响新探

李治安

籍没刑盛行于元明清三朝，遂为近七百年间一桩比较凸显且反常的政治现象。关于元代的籍没刑，植松正率先考察了江南豪民朱清、张瑄的诛杀籍没。陈高华、史卫民较早分为没收财产和没妻子予以中肯的阐释。2007年杨印民撰写两篇论文，重点讨论元代籍没妇女悲惨命运和文宗朝籍没对政府财政的作用。武波2010年博士学位论文曾就前四汗时期的籍没刑、元籍没适应范围和施行特点展开系统探研。上述研究筚路蓝缕，厘清了元代籍没刑的基本状况，贡献显著[①]。元代江南地区各类籍没情况怎样？其实施与中原及蒙古籍没有何联系及异同？社会影响又如何？本文在前人研究的基础上试作新的考察，就教于方家同好。

一　平江南之际的战乱籍没

忽必烈平定南宋时效仿宋太祖用曹彬不嗜杀，除常州、静江等少量城市外，大多采用诏谕劝降，不仅完成了新的政治大一统，还较好地保留了江南富庶的经济实体。这无疑是值得肯定的。但是，在平定江南过程中中小规模的军事攻略依然存在，随之而来的又有杀戮和掳掠。即使是平宋战争结束后，元廷在对付反元军事抗争中同样存在某些杀戮和掳

[①] ［日］植松正：《元代江南の豪民朱清、张瑄について——その诛杀と财产官没をめぐって》，《东洋史研究》第二十七卷，第3号，1968年。另载氏著《元代江南政治社会史研究》，汲古书院1997年版。陈高华、史卫民：《中国政治制度通史》第八卷元代，人民出版社1996年版，第330—334页。杨印民：《元代籍没妇女的命运与籍没妻子法的行废》，《史学月刊》2007年第10期。杨印民：《元文宗朝籍没政策及籍没资产对政府财政的作用》，《庆贺邱树森教授七十华诞史学论文集》，香港华夏文化艺术出版社2007年版。武波：《元代法律问题研究——以蒙汉二元视角的观察为中心》，博士学位论文，南开大学，2010年，第三章，第77—113页。

掠。这样，战乱之际便出现了元江南地区最早的籍没。譬如，至元十二年（1275）三月末，负责经略荆湖南北的阿里海牙及万户张兴祖率军大败宋湖北安抚副使高世杰于荆江口，奉诏"移军江陵，从攻沙市……江陵精锐于是焉尽。安抚高达以江陵降，制置朱祀孙不出。诏以世杰战而后降，非其始志，斩江陵市。祀孙死京师，犹没入妻子为官奴婢而籍其财"①。南宋荆湖制置使朱祀孙被元廷籍没妻子财产，此乃平江南最早和被籍没原官品地位最高者。原南宋蕲州广济县簿尉黄刚中被渡江元军射杀，其妻刘氏被"没入官"②。至元二十八年（1291）江南"李英俊谋反"，为兴宁县主簿李宇告发，"各贼处断，家产籍没"③。文天祥被杀前后，也曾遭遇"官籍其家"④。此外，郭赞持张世杰檄诱漳州安抚使沈世隆反叛，被沈杀掉，行省官蒙古带（本传作忙兀台）一度以沈"擅杀，籍其家"⑤。淮西司空山反叛者传檄淮东许定国等四郡守为应。宣慰使都元帅帖哥逮捕四郡守，欲逼承"反状"而"籍其家"。宣慰使焦德裕以疑似"反间"辩白，方获免⑥。前三例大抵是宋元易代之际对反抗者的惩罚，后二者又属牵涉反元抗争的官员罪过籍没。

  从以上数量有限的籍没实例不难窥知：最初的江南籍没带有较多军前掳掠的色彩。在此之前蒙古本土及中原汉地已有了相当规模的籍没法律规定和施行实践，而且形成颇有特色的蒙元籍没制。据武波博士研究，元代率先实施于蒙古及中原汉地的籍没刑罚，主要适用于谋逆、妖言惑众、乱言犯上、隐藏玄像图谶、私藏兵器、投下占户、军驱逃亡、官吏贪赃、私贩盐茶、结揽税石、伪造宝钞及禁地围猎等，籍没内容又分为

---

① 姚燧：《牧庵集》卷二十三《真定新军万户张公神道碑》，第 4 页 B，第 5 页 A；卷十三《湖广行省左丞相神道碑》，四部丛刊初编，第 16 页 AB。

② 吴当：《学言稿》卷五，文渊阁《四库全书》，第 1217 册，第 293 页。

③ 方龄贵校注：《通制条格校注》卷二十《赏令·告获谋反》，中华书局 2001 年版，第 569 页。

④ 刘岳申：《申斋集》卷十三《文丞相传》，第 15 页 A；卷十《广西宣慰文公墓志铭》，元代珍本文集丛刊，第 3A。

⑤ 《元史》卷十《世祖纪七》至元十五年八月辛未，中华书局 1976 年版，第 204 页。姚景安将蒙古带与忙兀台等视为同名异译。诚是。(《元史人名索引》，中华书局 1982 年版，第 506—507 页)

⑥ 《元史》卷一五三《焦德裕传》，第 3618 页。

籍没人口和籍没财产①。对照蒙古及中原汉地的籍没旧制，至元十二年（1275）开始的元江南籍没，很大程度上又能反映在南北统一过程中蒙古等北方籍没旧俗随元军事行动自北而南的推衍，以及在两宋谋逆之外籍没弃而不用情况下的较多复活。其南来移植及落后性显而易见。这段时间的江南籍没，既有军将籍没等非正规行为，又包含了妻子或财产籍没等基本内容，且有一定数量的皇帝介入，不失为元中后期江南地区籍没的滥觞。

二 江南籍没妻室儿女与亲属株连强制奴化

据武波博士研究，元代全国性的籍没妻室儿女主要在谋逆、"妖言惑众"、"乱言犯上"、"写匿名文书"、重大贪赃和禁地围猎等场合使用，其范围较唐宋等王朝明显扩大②。关于江南地区的臣民籍没妻室的推行实施，至元十七年（1280）七月，元廷曾专门颁布以诛杀籍没重典来对付"新附地面歹人每叛乱"的圣旨："为头儿做歹的、一同商量来的、理会的不首告的人，都一般处死、断没者。"③大德元年（1297）十二月江浙行省温州路平阳州"陈空崖坐禅说法，竖立旗号，伪写罗平国正治元年，妖言惑众，称说天兵下降"，中书省奏准"将陈空崖为头来的四个人敲了，断没媳妇、孩儿、家产"④。此为对付谋逆反叛的籍没妻子。与之类似，江西永新县"有坐仇家告变，免死狱中，百口垂没入官者"，经江西行省掾史杜仲宽甄别，"尽放还之"⑤。皇帝亦可随时降旨对获罪官员处以籍没妻子之刑罚。如忽必烈曾听从权臣桑哥"暧昧"奏劾，流放江南行御史台监察御史周祚于憨答孙，"妻子家财并没入官"；原江宁县达鲁花

---

① 武波：《元代法律问题研究——以蒙汉二元视角的观察为中心》，博士学位论文，南开大学，2010年，第三章，第87—99页。
② 《元史》卷一〇四《刑法志三·大恶》，第2651页，卷一〇五《刑法志四·禁令》，第2685页。武波：《元代法律问题研究——以蒙汉二元视角的观察为中心》，博士学位论文，南开大学，2010年，第87—88、92、97—98页。
③ 陈高华等点校：《元典章》卷四十一《刑部三》《谋叛·禁约作歹贼人》，中华书局、天津古籍出版社2011年版，第1405页。
④ 陈高华等点校：《元典章》卷四十一《刑部三》《大逆·伪写国号妖说天兵》，第1404页。
⑤ 刘岳申：《申斋集》卷十《广东宣慰副使郭公墓志铭》，第7页B。

赤吴德"私与人非议"桑哥钩考等"时政",被"亟捕按问,杀之,没其妻子入官"。在这个意义上,皇帝降旨及权臣迫害异己之际的籍没臣下妻子,又带有较大的随意性。另,桑哥被杀后,其江浙行省亲信杨琏真伽、沙不丁和乌马儿的妻室,也遭籍没①。此类北人寓居官员被籍没,虽然不在南人吏民籍没之列,但毕竟都算江南地域内发生的籍没,本身就体现元籍没自北而南移植推衍,且增加了元江南籍没的复杂性。

元江南籍没妻子诸案例中,成宗朝朱清、张瑄案颇有特色。植松正曾侧重探讨朱、张被杀的政治背景、实权、经济势力、大土地所有和财产籍没等,但对此次籍没人口的境遇去向、赦免、官私奴婢转化、妻子籍没与财产籍没关系等未做详论。被植松正称为成宗卜鲁罕皇后一派政治意图牺牲品的朱清、张瑄案②,除了家财籍没,王逢《梧溪集》记述籍没张瑄妻室儿女甚详,值得探究思考:

> 张孝子,讳天麟,字仲祥。平江之嘉定人。祖瑄,江西参政。初,从忠武王下江南,既航杭城宋图籍重器自海入朝,复建策海漕江南粟。世皇特宠任之,由是与河南左丞崇明朱清贵富为江南望。至元末,憸人姚衍诬二氏濒海怀异志,上不听。诏丞相完泽曰:"朱、张有大勋劳,朕寄股肱,卿其卒保护之。"成宗嗣位,未几,疾。后专政。枢密断事官曹拾得以隙踵前诬,后信,辄收之。丞相完泽奉先帝遗诏诤,莫解。参政竟狱死,籍其家,没入诸子女,或窜之漠北。麟时年甫冠。诸王有欲奴朱、张后者。麟长喟曰:吾先世戮力王室,一旦无罪废,乃忍奴我族耶?泣诉将作使忻都为奏,占匠户,诸女亦入绣局。麟犹以冤,食不甘味,寝不安席。大德九年春,讼之省台,弗理。夏四月,上清暑上京,麟拜辇道左。有命侍臣代问,旨未得。又伏东华门欷歔流涕不辍,言甚哀婉,历陈先朝顾遇,为谗佞拘陷状。寻勅中书省遣使召还窜者,改父文龙董日本贾舶。武宗初,迁都水监,仍治海漕。大司空大顺公奏免匠役及绣局。家令星哈思的启皇太子,以麟直宿卫。至大三年选授麟绛路

---

① 《元史》卷一七三《崔彧传》,第4042页,卷二〇五《桑哥传》,第4572页;卷十六《世祖纪十三》至元二十八年冬十月己丑,第352页。

② [日]植松正:《元代江南の豪民朱清、张瑄について——その诛杀と财产官没をめぐって》,《元代江南政治社会史研究》,第297—331页。

坑冶提举，弗就。曰贵坑吾家，尚何坑为？仁宗御极，眷幸益隆。载念曾大父未有葬地，其上海之乌泾别业，参政尤乐之。即陈请于上。上曰此孝顺之道也。诏中（正）〔政〕院还其籍土，复为议者沮。延祐二年春，请复感切，始如其志。秋八月，抚藏，以祖妣太夫人赵祔。时王清献公都中来会葬，以上所尝语题其门曰孝顺之门。元统二年，江浙平章牙不花荐举，终不起。麟晚通易。子守中。前乡贡进士、嘉禾（镇俞）〔俞镇〕为著志。逢括其概，系以诗曰：二朝雪涕大明宫，咫尺威颜卒感通。百辆珠犀归宝藏，十围松柏倚青空。天妃罢烛沧溟火，野史追扬孝里风。谁谓奸臣终愧汉，石榴首蓿也封功①。

被籍没的妻室儿女沦为官奴，由良变奴，也是籍没刑中针对部分重罪实施的最为残暴严厉的处罚。崇明朱清和嘉定张瑄开拓海运漕粮有功，分别官至河南行省左丞和江西行省参政，"贵富为江南望"，其妻室子女的原有身份当属良人无疑。然而，世祖末及成宗大德六年（1302）冬，姚衍、枢密断事官曹拾得及江南僧石祖进接连奏告朱、张"濒海怀异志"，卜鲁罕皇后乘成宗卧疾，下令御史台鞫问朱清、张瑄。狱成，朱、张身死，"没入诸子女"，包括朱清次子朱虎妻茅氏及二子、定居张家浜一带的张瑄"儿女妻妾"等，被押送京师②。除张文龙、张天麟父子外，朱虎妻茅氏及二子被籍为奴且转赐官医师提点，同样见于确凿记载③。前揭"乃忍奴我族耶"句，又披露被籍没者囊括朱、张亲属群体。朱清、张瑄被接连告发的"濒海怀异志""有异图者"④等罪名，当与谋逆有关，故而遭受最残暴的籍没。此其一。

因为是身份上由良变官奴，丧失人身自由，籍没妻子往往被强制离乡流窜远方，或转充私人奴婢，或入匠局充当匠役。张瑄子孙"或窜之

---

① 王逢：《梧溪集》卷四《张孝子有序》，北京图书馆古籍珍本丛刊，第507页。
② 周密：《癸辛杂识》续集下《蔡陈市舶》，中华书局1988年版，第180页。《元史》卷二〇《成宗纪三》大德六年正月庚戌，卷二十一《成宗纪四》大德七年春正月乙卯，第439、447页。
③ 《至正昆山郡志》卷五《释老》，宋元方志丛刊，第1140页。《元史》卷二〇〇《列女传》，第4490页。《至正昆山郡志》载："茅氏与二子衣裾连结，号泣不从。师提点以势凌逼者数日，莫夺其志。"后为张虎故旧相与出钞赎回。
④ 《元史》卷十八《成宗纪一》元贞元年正月甲戌，第390页。

漠北","诸王有欲奴朱张后者",张天麟竭力争辩而获准"占匠户,诸女亦入绣局",仍维持官奴婢,是也。此其二,

　　被籍没者欲改变奴婢悲惨处境,关键往往在于皇权的开恩放免。元代缺少唐"三免为良人"式的法令①。少数籍没为奴者,亦可借入充怯薛宿卫等途径,加快改变其奴隶身份,甚至获准返回原籍。张瑄之孙张天麟的此类历程,充满曲折艰辛。大德九年(1305)春开始,张天麟相继三次亲赴大都中书省御史台衙门、成宗上都巡幸驾前和东华门控诉冤情。起初,省台不予理睬。成宗虽命令"侍臣代问",但未曾降旨批准翻案。直到张天麟"伏东华门歔欷流涕不辍","历陈先朝顾遇,为谗佞拘陷状",才获得"召还窜者"的敕令,迈出了脱离奴婢的第一步。成宗末武宗初,张瑄之子张文龙奉命管理日本贸易商贾,又迁官都水监,其本人似脱奴籍。而后,大司空大顺公上奏免除张天麟等"匠役及绣局",太子家令星哈思的启奏皇太子爱育黎拔力八达,以天麟入东宫宿卫。这就意味着张瑄子孙得以改变其奴隶身份。仁宗即位后还因其曾祖父无葬地的奏请,一度降诏中政院"还其籍土,复为议者沮"。直到延祐二年(1315)春,再次恳切奏请,"始如其志"。顺帝朝张天麟之子张守中还以祖父张文龙都水监荫叙获得七品官,仍"隐居读书"②。是可旁证仁宗朝以降虽未见为朱、张案平反的朝廷正式诏旨,但张氏子孙张文龙、张天麟及张守中等一概脱离奴籍,复为良民了。有元一代,蒙古人凭借入充怯薛和仰赖皇权而改变奴隶身份的相当多。譬如,成吉思汗家的"门槛内奴隶"木华黎,充任第三怯薛长而上升为太师国王和蒙古国的四大开国勋贵之一③。蔑儿乞氏伯颜,原本世代为蒙哥汗三子玉龙答失及其裔孙彻彻秃的奴隶。因其曾祖父探马哈儿"给事宿卫",父谨只儿"总宿卫隆福太后(真金太子妃阔阔真)宫",伯颜本人"年十五,奉成宗命侍武宗于藩邸",又兼拥戴文宗立大功,故受封"答剌罕",升为顺帝初第二号权臣④。张瑄被籍没子孙亦能踵其后,借告御状诉冤和入充怯薛等脱奴为良,实属幸运。被籍没者的由良没奴及脱奴转良,充分体现了皇帝握有对臣民及其亲属的生杀予夺。而入充怯薛,又意味着由官府奴婢转化为

---

① 《唐六典》卷六《刑部都郎中员外郎》,三秦出版社1991年版,第149页。
② 王逢:《梧溪集》卷三《张参政手植榆歌有引》,北京图书馆古籍珍本丛刊,第476页。
③ 《元史》卷一一九《木华黎传》,第2929—2932页。
④ 《元史》卷一三八《伯颜传》,第3335页。

皇帝"梯己奴婢",亦即"门槛内"家奴。被籍没者走到这一步,就可以较快脱离奴籍,重新"贵富"和飞黄腾达了。在这个意义上,元代皇帝依然是改变和主宰被籍没者的最根本力量,其"御林军"怯薛宿卫则不仅是蒙元官吏产生的"摇篮"[1],同时也是少数籍没为奴者仰赖皇权改变其奴隶身份的必要阶梯。附带说明的是,官奴婢借入充怯薛而放免为良,较为常见。但转赐诸王为其私奴者的放免,比较复杂。这或许是张天麟"泣诉"阻止"诸王有欲奴朱、张后者"的缘由。此其三。

某些遭受亲属籍没及离散等祸后勉强得到昭雪平反的人,常常是悲喜交集,嗟叹不已。张之翰诗可为证:"……先遇宽大书,洗涤不尽冤。再除没入籍,离散聚一门。故开非常花,用表非常恩。"[2] 平冤和撤销籍没以后,除了悲喜叹息,还得对朝廷的"宽大"和"非常恩"感恩戴德,这的确让人有些许悲凉,甚而啼笑皆非!

江南地区的籍没妻室儿女,直接带来了部分犯罪臣民亲属被株连强制奴化,也无形中造成了元代原江南奴婢占有秩序的某种破坏。金元中原汉地来自战争掳掠、允许买卖和世袭不变的驱口驱奴制,相当盛行。而原南宋所辖江南地区的奴婢则基本进化为比较先进的契约典雇形态[3]。元奴婢占有的南北双轨制,既兼容"唐宋变革"后奴婢占有向契约典卖形态的进化转型及其被南宋政权的继承沿用,同时也保留契丹、女真、蒙古等相继南下所带来的掳掠买卖世袭奴婢占有在中原的主导地位。应该承认,入元后江南地区的籍没妻室儿女致使一小部分官吏百姓由良变驱奴,无疑属于落后倒退。尽管这种籍没是局部性的,但毕竟是对"唐宋变革"后江南奴婢占有向契约典卖进化的逆转或反动,毕竟一定程度上增加了江南典卖奴婢体制的对立面——掳掠买卖世袭奴婢的比重,而且间接影响到江南君臣、君民等社会关系的内核(详后)。

---

[1] 萧启庆:《元代的宿卫制度》,《台湾政治大学边政研究所年报》1973年第4期;收入氏著《内北国而外中国:蒙元史研究》,上册,中华书局2007年版,第230页。

[2] 张之翰著,邓瑞全、孟祥静校点:《张之翰集》卷一《周氏园秋日赋锦英》,元人别集丛刊,吉林文史出版社2009年版,第10页。

[3] 陈高华、史卫民:《中国经济通史·元史经济卷》,经济日报出版社2000年版,第52—53页。戴建国:《主仆名分与宋代奴婢的法律地位》,《历史研究》2004年第4期。

三　江南家赀籍没与豪富籍没

江南进入元帝国版图后，朝廷陆续制定了对谋叛、采生、私贩盐茶酒等罪犯籍没财产的刑罚律条。至元二十年（1283）十二月，江西行省曾移咨中书省批准："今后获贼，于作耗地面对众明正典刑，籍没家产。"① 是为诛杀谋叛罪犯时的籍没财产。针对"湖广行省地面常、沣等处""造畜蛊毒"，"采生支解人者"，又施以"凌迟处死，籍没家产"的重典②。至元十三年（1276）十月平定南宋伊始，伯颜为首的行中书省"会验钦奉圣旨条画"颁布《江南诸色课程》，在新征服地区开始实施"犯私盐酒麹货者，科徒二年，决杖七十，财产一半没官"的刑罚③。延祐六年（1319）八月，两浙运司申，江浙行省咨禀，中书省"依准部拟"重申私盐罪罚："诸犯私盐者，科徒二年，决杖七十，财产一半没官。"④ 因元代江南多数时间允许私人酿酒而收税，延祐四年（1317）十一月和延祐六年（1319）五月常德路总管府及湖广行省，杭州路总管府及江浙行省，先后以"俱照至元二十五年官办时分禁断私犯酒麹例"，"情既不同，罪难一体"，申乞中书省批准对私酿酒者"依匿税例科断"⑤。而江南"伪造茶引者"，仍比附伪造盐引罪，籍没其家产⑥。此外，海外市舶贸易方面，则有"舶商赴番国贸易者，应注明系往何国，不许越往他国。或有犯者，其货入官"；"凡诸舶户有敢私匿舶货者，则尽没入所有"等刑罚规定⑦。

元代江南籍没家赀的实例，更多见于官吏贪赃及其他犯罪。如至元

---

① 陈高华等点校：《元典章》卷四十一《刑部三》《谋叛·典刑作耗草贼》，第1405—1406页。
② 陈高华等点校：《元典章》卷四十一《刑部三》《不道·采生蛊毒》，第1425页。
③ 陈高华等点校：《元典章》卷二十二《户部八》《课程·江南诸色课程》，第794—796页。
④ 陈高华等点校：《元典章》卷二十二《户部八》《课程·盐课·盐法通例》，第834—836页。
⑤ 陈高华等点校：《元典章》卷二十二《户部八》《课程·酒课·私造酒麹依匿税例科断》，第869—872页。
⑥ 陈高华等点校：《元典章》卷五十二《刑部十四》《诈伪·伪造茶引》，第1741页。
⑦ 《元史》卷一八四《王克敬传》，第4233页。（明）乌斯道撰，徐永明点校《乌斯道集》卷十《转运使掾倪君太亨行状》，浙江古籍出版社2012年版，第237页。

十六年（1279）饶州路达鲁花赤玉古伦擅用羡余粮 4400 石，"杖之，仍籍其家"①。世祖末"权奸既殄，奉御帅行省官、两监察御史就故太常寺（趣）〔起〕诏狱，穷治其党与，籍其家赀"②。这里的杭州"诏狱"，是指权臣桑哥被杀后，"奉御"彻里"奉旨往江南，籍桑哥姻党江浙省臣乌马儿、蔑列、忻都、王济"等③。前述乌马儿等妻子家产俱没，其他仅是"籍其家赀"，未见籍没妻子④。在此前后，湖广行省平章要束木亦伏诛，"籍没其财产人畜"⑤。元贞元年（1295）江东道廉访司佥事季让"受金"纵放路总管府不法官员，季让受杖责，"除名，仍没其财产奴婢之半"⑥。大德八年（1304）江南浙西道廉访司书吏"偏负追征"牙钱，被处以"断罪罢役不叙"，"当房人口、财产一半没官"⑦。元统元年（1333）江浙行省太平路完颜智理瓦歹一度因"收藏遁甲禁书三册"被断以杖一百七，"籍没一半家产"⑧。此外，"国制，华人畜鹰犬猎者，没入家赀"，亦在江南实施。"武昌之民兄弟畜一猎犬"，湖广行省"省臣将籍其家"。左右司郎中韩中辩曰"万无弟兄俱坐理"，最终仅没其弟家赀⑨。

我们还注意到，籍没妻室子女者的奴婢财产通常要没入官府。前揭朱清、张瑄案也不例外。"籍其家赀"，既是籍没朱清、张瑄的重要内容，很大程度上也是朱、张被诛杀籍没的直接动因之一。朱清和张瑄之所以获罪，一方面是被告发"濒海怀异志""有异图者"及接受投献土地、欺压百姓、贿赂大臣等不法行为⑩，另一方面是其"贵富为江南望"而遭人

---

① 《元史》卷十《世祖纪七》至元十六年二月乙未，第 209 页。
② 陆文圭：《墙东类稿》卷十四《陆庄简公家传》，元人文集珍本丛刊，第 608 页。此版本作"趣诏狱"，四库本为"起诏狱"，疑是。
③ 《元史》卷一三〇《彻里传》，第 3162 页。
④ 武波：《元代法律问题研究——以蒙汉二元视角的观察为中心》，博士学位论文，南开大学，2010 年，第 92 页，第 94 页。
⑤ 《元史》卷一五四《郑鼎传》，第 3637 页。
⑥ 《元史》卷十八《成宗纪一》元贞元年正月壬申，第 390 页。
⑦ 陈高华等点校：《元典章》卷四十六《刑部八》《取受·廉访书吏不公断没财产一半》，第 1565、1566 页。
⑧ 《至正条格》校注本，《隐藏玄象图谶》，首尔韩国学中央研究院 2007 年版，第 178 页。
⑨ 苏天爵撰，陈高华、孟繁清点校：《滋溪文稿》卷十二《元故陕西诸道行御史台治书侍御史赠集贤直学士韩公神道碑》，中华书局 1997 年版，第 187 页。
⑩ 《元史》卷十八《成宗纪》元贞元年正月甲戌，第 390 页。参见申万里《理想、尊严和生存挣扎——元代江南士人与社会综合研究》，第九章《从武到文——元代张瑄及其家族初探》，中华书局 2012 年版，第 359 页。

嫉恨。前者看似符合谋逆律条，但朱、张身为骤然"贵富为江南望"的暴发户，其权势富贵对元政权的依赖性颇重，离开元政权，朱、张几乎一文不名。为求得庇护和保全自身，朱、张遍行贿赂中书省宰执以及其他不法，倒是颇多真凭实据。前揭忽必烈诏谕："朱、张有大勋劳，朕寄股肱，卿其卒保护之"，或能证明其谋反罪状是子虚乌有。如果基本排除朱、张背叛元朝的可能，部分朝廷权贵近臣与朱、张有嫌隙，或觊觎朱、张二家的巨额财富，希冀靠籍没而分一杯羹的第二种动因居中的作用可能会比较大。正如朱清自杀前所云："我世祖旧臣，宠渥逾众，岂从叛逆？不过新进宰相图我家赀，欲以危法中我耳。"①《新元史》所载确切与否，另当别论，张瑄孙张天麟"赀坑吾家"说，应比较可靠。"朱、张首以海运为贡道，至于极品。天子又以特旨谕其户计，彼无敢挠之者。权豪奢侈，可谓穷天下。"② 朱清和张瑄出身于南宋末私盐贩兼海盗，张又曾充宋市舶司舟楫"部辖"，崖山兵败"尽有舟中所遗"。世祖朝后期，依赖元海运及市舶而"贵富"③，迅速积累财富，"田园宅馆遍天下，库藏仓庾相望，巨舰大舶帆交番夷中，舆骑塞隘门巷"；"富过封君，珠宝番赁万万计"④。甚至连朱、张至元十九年后（1282）后徙居地太仓，"海外诸番因得于此交通市易。是以四关居民，闾阎相接，粮艘海舶，蛮商夷贾，辐辏而云集，当时谓之六国马头"⑤。这些足以令部分权贵近臣垂涎三尺。于是，籍没及分享朱、张家赀遂成为该案的"重头戏"。朱、张被杀不久，元廷即"命御史台、宗正府委官遣发朱清、张瑄妻子来京师，仍封籍其家赀，拘收其军器、海舶等"⑥。先后派忽剌尣和阿沙不花南下抄没其家赀，"籍其户口财产以数百万计"，兵马都指挥使忽剌尣则因乘机受贿发横财被杀。又特命素为皇帝信任的江浙行省右丞董士选发

---

① 柯劭忞：《新元史》卷一八二《朱清传》，上海古籍出版社、上海书店1989年版，第742页。
② 孔齐：《至正直记》卷三《势不可倚》，上海古籍出版社1987年版，第97页。
③ 周密：《癸辛杂识》续集下，《蔡陈市舶》，中华书局1988年版，第180页
④ 陶宗仪：《南村辍耕录》卷五《朱张》，中华书局1959年版，第64页。长谷真逸：《农田余话》卷下，四库全书存目丛书，子部第239册，第327页。
⑤ 《弘治太仓州志》卷一《沿革》，殷梦霞选编：《日本藏中国罕见地方志丛刊续编》，北京图书馆出版社2003年版，第3册，第12页。
⑥ 《元史》卷二十一《成宗纪四》大德七年春正月乙卯，第447页。

送"所籍朱清、张瑄货财赴京师,其海外未还商舶,至则依例籍没"①。史称,朱、张"父子同时夷戮殆尽,没赀产县官,党与家破禁锢"②。被籍没的朱、张巨额财富,成宗、武宗二朝归属中政院③。又设置江浙等处财赋都总管府具体管辖。卢克治、韩奕等被任命为正、副总管,主要负责中政院"没入朱、张财物"的"出内之寄","举凡朱、张业产之为奸人所窃匿者,悉求得之,金谷充牣"。该财赋都总管府所掌籍没朱、张田土"金谷",除分赐近臣和调拨赈灾外,亦负责奉命给付斡脱商"以奇宝售内府"的钱钞等,其总管或可"抗论"驳回给还被籍田产的命令④。从后几条看,该财赋都总管府及所掌田土"金谷"直隶皇帝和皇后所有的属性相当突出。正如植松正所云,从当时的财政环境考虑,朱、张财产没入皇后位下的中政院,对卜鲁罕皇后一派权势的上升,具有一定财政意义。或许是有意利用朱、张籍没财产,充当其财源储备⑤。

元代江南针对富豪的籍没,大抵是官府抑制豪强在籍没刑罚上的延伸。此种比较特殊的籍没,由元入明,更为盛行。虽也重在官没资财,但往往是某些人嫉恨而罗织罪名所致。

关于上海县富豪朱、管二姓籍没,宋濂、长谷真逸和杨维桢曾留下不尽相同的记述:

> 嘉定地濒海,朱、管二姓,为奸利于海中,致赀巨万。及以他事败,上下受其赂,莫敢捕,狱久不决。先生(平江路推官汪泽民)

---

① 《元史》卷一三六《阿沙不花传》,第3297页;卷二十一《成宗纪四》大德七年闰五月癸未,第452页。孔齐:《至正直记》卷三《势不可倚》,上海古籍出版社1987年版,第97页。

② 胡长孺:《何长者传》,载《元文类》卷六十九,四部丛刊初编,第7页B。

③ 《元史》卷二十一《成宗纪四》大德八年五月辛酉,卷二十二《武宗纪一》至大元年六月辛丑,第459、499页。

④ 黄溍撰,王颋点校:《黄溍全集》,《亚中大夫汉阳知府致仕卢公墓志铭》,天津古籍出版社2008年版,第440页。陈旅:《安雅堂集》卷十《韩总管墓碑》,影印文渊阁《四库全书》,第1213册,第129页。顾炎武著,黄汝成集释:《日知录集释》卷十《苏松二府田赋之重》,上海古籍出版社1985年版,第793页。《元史》卷二十一《成宗纪四》大德八年二月丙午,卷二十二《武宗纪一》至大元年正月己巳,第458、494页。《韩总管墓碑》载:"张塔布台者,得给还所籍没田十万亩,屋二千区。公(韩奕)亦抗论,以为不可,廷论韪之。"笔者认为前揭王逢《张孝子有序》云:仁宗即位"诏中(正)〔政〕院还其籍土,复为议者沮",当与韩奕"抗论"是一回事。张塔布台疑是张天麟或其他张瑄孙辈的别名。

⑤ [日]植松正:《元代江南の豪民朱清、张瑄について——その诛杀と财产官没をめぐって》,《元代江南政治社会史研究》,第331页。

与总管道童公适至，径缚以来，竟籍其家。及征其帐，历备列省宪郡邑受赂之数，惟先生及总管名下疏曰：不受①。

（上海县朱玠、管国英）家富豪横，因刈荒荡茆草，启祸端，相杀伤，至使二境人不敢越界，执之，即置积薪下焚杀之……时在后至元中，丞相伯颜当国，戮二人于平江，并其党与。籍其家，厥后田土拨赐丞相脱脱，立稻田提领所于松丘主其事②。

豪民朱、管坐戮死，籍没两家田归丞相府。相以无赖少年为爪牙，纵暴（隔）〔陷〕民财，民被榜掠，死者无算。有诉于府者，府从风指，莫孰何③。

首先，朱、管二姓"为奸利于海中，致赀巨万"，是倚仗海外市舶贸易而迅速暴富起来的。所据田土，多是暴富后置买。朱、管的名字，顾炎武言即朱国珍、管明④，长谷真逸记作朱玠、管国英，植松正文两存之。

其次，籍没朱、管二姓的时间，长谷真逸说，"时在后至元中，丞相伯颜当国"。此与汪泽民升国子司业的至正三年（1343）前相继任职平江路推官和济宁路兖州知州的履历，基本吻合。起初，"籍没两家田归丞相府"，亦即归属权相伯颜。四年之后，才转赐其侄脱脱丞相，"为立松江等处稻田提领所"⑤。

再次，朱、管二姓被称为"全籍其家"⑥，重在籍没其巨万家赀，未见籍妻子。籍没的缘由，史书记载比较含糊，仅言"豪横"，"启祸端，相杀伤"，"以他事败"，或"坐戮死"。

其他针对豪富的籍没家赀也比较多。世祖后期为解决"楮币日贱"，

---

① 宋濂：《宋文宪公全集》卷五《元故嘉议大夫礼部尚书致仕汪先生神道碑铭》，四部备要本，集部第82册，第96页。

② 长谷真逸：《农田余话》卷下，宝颜堂秘笈本，广集第4册，第1页A。植松正认为，"松丘"或"松江"之误，诚是。（《元代江南の豪民朱清、张瑄について——その诛杀と财产官没をめぐって》，《元代江南政治社会史研究》，第323页。）

③ 杨维桢：《东维子集》卷二十四《白云漫士陶君墓碣铭》，四部丛刊初编，第20页B。

④ 顾炎武著，黄汝成集释：《日知录集释》卷十《苏松二府田赋之重》，第793页。

⑤ 《元史》卷四十一《顺帝纪四》至正四年六月己巳，第870页；卷一三八《脱脱传》，第3344页。

⑥ 《正德松江府志》卷六《田赋上》《江浙行省所委检校官王艮议免增科田粮案》，天一阁藏明代方志选刊续编，第29页a。

一度在江南实施"宪司责富民以钱易楮,缓辄没入其赀",由此引起"捃摭告讦之风"①。周密载:蒲寿庚之婿泉南巨贾南蕃回回佛连,"其家甚富,凡发海舶八十艘"。至元三十年(癸巳,1293)死后,"女少无子,官没其家赀,见在珍珠一百三十石,他物称是。省中有榜,许人告首隐寄债负等"②。这是官府对泉州回回市舶富商无端的家赀籍没。钱唐富民施宏暗中为"饶信寇""向导",江浙行省掾史李睿奉命"籍其家,珠玉金帛充牣列库"。"其子姓以白金六十斤赂公,觊少隐其赀货",被李掾史拒绝,"遂尽没入"③。顺帝朝,天临路湘乡州"豪民陈清素武断乡曲,握持官府事,家赀累巨万"。知州王文彪"发其罪恶,父子皆坐死,仍籍其家而还其所占土田于民"④。礼部侍郎高昉偕户部令史苏志道没入浙西"富人相率出厚货"的白云宗"田庐资贿"巨万,又属于籍没白云宗旗号下的富户资财⑤。

由于江南经济富庶和富户较多,北人贵族官吏多半视江南为财货渊薮。揭傒斯讽讥诗曰:"寒向江南暖,饥向江南饱"⑥,是也。由此,江南籍没并非单纯依法行事,许多情况下某些权贵官吏是重点"瞄准"富户家赀的。如平宋初"宦族赵知府元辈六十三家闲居"。有人"诬与山贼通,拟梃杀之。意在籍没,掩利余赀"。幸好福建行省左右司郎中王道"抗言",才未能得逞⑦。其他因地方官甄别阻止的籍没未遂,还有福建兴化路行总管府事乌古孙泽下令"讳误"从叛被杀三千余家"田庐赀产并给其族姻,有司无所与"⑧,等。

陶宗仪云:"今蒙古色目人之臧获,男曰奴,女曰婢,总曰驱

---

① 程钜夫:《程钜夫集》卷十六《曾履祥墓志铭》,元人别集丛刊,吉林文史出版社2009年版,第191页。
② 周密:《癸辛杂识》续集下,《佛连家赀》,中华书局1988年版,第193页。
③ 谢肃:《密庵稿》壬卷《故县尹李公墓志铭》,四部丛刊三编,第10页B。
④ 王祎:《王忠文公集》卷十八《元中宪大夫金庸田司事致仕王公行状》,金华丛书本,第35页A。
⑤ 虞集:《道园学古录》卷十五《岭北等处行中书省左右司郎中苏公墓碑》,四部丛刊初编,第2页B,第3页A。
⑥ 杨瑀撰,余大钧点校:《山居新语》卷二,中华书局2006年版,第217页。
⑦ 王恽:《秋涧集》卷五十五《大元故中顺大夫徽州路总管兼管内劝农事王公神道碑铭并序》,元人文集珍本丛刊,第153页。
⑧ 《元史》卷一六三《乌古孙泽传》,第3832页。陆文圭:《墙东类稿》卷十二《中大夫江东肃政廉访使孙公墓志铭》,元人文集珍本丛刊,第589页。

口。……奴或致富，主利其财，则俟少有过犯，杖而锢之，席卷而去，名曰抄估。"①元代江南的家赀籍没，特别是豪富籍没，与上述主人使长对奴婢驱口的"抄估"惯例或有类似。实质上是驱奴仆从役使在国家层面的延伸②，是蒙元朝廷对臣民人身不完全占有在后者犯罪场合的财产展示，而且是在经济最富庶、主客户租佃关系最为成熟的江南地区的延伸和极端表现。陶宗仪对上述"抄估"的记述，一定程度地折射了部分南方士人对此类家赀籍没的委婉批评。

对籍没朱、管及朱、张等富豪，江南官僚文士们的态度似乎不十分一致。

籍没上海县富豪朱、管二姓之际，"家贫力学"以《春秋》登延祐五年（1318）进士第的平江路推官汪泽民及畏兀儿人路总管道童推波助澜，拒不受贿，逮系籍家不稍后③。与苏松富民过从甚密的泰定进士杨维桢，则用"相以无赖少年为爪牙，纵暴（隔）〔陷〕民财，民被榜掠，死者无算"等文字④，抒发内心的不满。

朱清、张瑄官居行省要职，既富且贵，与普通江南富豪有所区别。因朱、张生前慷慨好施，"今江南北二人夫妇父（人）〔子〕施钱处，往往而在"⑤，前揭晚年避乱张氏"别业"所在上海乌泾的江阴才子王逢，曾为张天麟撰《张孝子》等诗及序；嘉兴崇德乡贡进士、建德县尹俞镇，曾为张瑄父子撰写墓志；官至宣慰使都元帅的王都中（原江西行省参政福清王积翁子）还亲自参加张瑄葬礼，且以仁宗语题张氏"孝顺之门"。此三位南人官宦文士对张瑄等籍没无疑是持较强的同情心。与顺帝初江浙行省平章牙不花举荐张天麟无独有偶，另一名江浙行省平章高兴素来力挺朱清、张瑄，得悉二人被杀，叹息道："水无张朱，陆无刘二霸都，我亦死矣！"竟因悲伤啼哭而失明。⑥尤其是王逢"二朝雪涕大明宫，咫

---

① 陶宗仪：《辍耕录》卷十七《奴婢》，第208页。陶氏还言："《说文》，奴婢皆古罪人。夫今之奴婢，其父祖初无罪恶，而世世不可逃，亦可痛已。"
② 武波：《元代法律问题研究——以蒙汉二元视角的观察为中心》，博士学位论文，南开大学，2010年，第113页。
③ 宋濂：《宋文宪公全集》卷五《元故嘉义大夫礼部尚书致仕汪先生神道碑铭》，第96页。《元史》卷一八五《汪泽民传》，第4251页。
④ 杨维桢：《东维子集》卷二十四《白云漫士陶君墓碣铭》，第20页B。
⑤ 胡长孺：《何长者传》，载《元文类》卷六十九，第7页B。
⑥ 王逢：《梧溪集》卷四《题元故参政张公画像有序》，第518页。

尺威颜卒感通";"谁谓奸臣终愧汉,石榴苜蓿也封功"等诗句,替朱、张鸣冤抱不平的态度,跃然纸上。这些官宦文士不少是与朱清、张瑄生前交往密切的故旧亲朋,或曾受过张瑄的资助,他们对朱、张表示同情甚至为其鸣不平,也可以理解。一般人的评价就显得不偏不倚了。元末叶子奇载:"元朝初,朱、张二万户以通海运功,上宠之。诏赐钞印,令自造行用,自是富倍王室。及事败,死于京。有僧以诗吊之曰:祸有胎兮福有基,谁人识破这危机。酒酣吴地花方笑,梦断燕山草正肥。敌国富来犹未足,全家破后始知非。春风只有门前柳,依旧双双燕子飞。"①朱、张赖海运及印钞特权而"富倍王室",又"嗜进厚藏,以速祸蓄"②,其以富招祸和因财破家的遭际,在江南可谓独占鳌头。叶氏引僧人某的感慨诗句,则属于局外人祸福无常和因果报应等宿命议论。

四 关于元江南籍没的社会影响

籍没,通常是指专制国家登录没收犯罪臣民财产,甚而将其亲属没为奴婢的刑罚。籍没虽然列于古代五刑之外,但又被置于惩罚律条上端,仅次于生命刑而重于自由刑,其涉及人数多,范围也较斩、绞、流大③。籍没刑直接毁坏亲缘组织和家庭财产,甚至同时改变臣民血缘身份和法定身份,故对社会细胞的家庭或家族触动颇严重。迄至元十三年(1276)的蒙古及中原汉地业已形成了颇有特色的蒙元籍没制。拉施德所云,包括扬州、行在(杭州)和福州在内的12省,"因彼等建造房屋及各种附属物甚多也。侍从彼等之奴仆众多。此等省安排与组织之细节皆极为美好精巧。此处风俗,对获罪犯法之人予以处死,或离其家族及其他成员,没其货物财产,罚使掘土、挽车、运石,以便使人知诸异密及显贵者之地位如此,而知所敬畏"④。当是对元统一南北后籍没刑实施的形象描绘。概括地说,蒙元籍没制的基本特征有三:第一,籍没在立法和实践中均呈现扩张;第二,因蒙古草原赔偿法南下,与之相连的籍没财产大行其

---

① 叶子奇:《草木子》卷之四上,中华书局1959年版,第79页。
② 胡长孺:《何长者传》,载《元文类》卷六十九,第7页B。
③ 参阅陈灵海《唐代籍没制与社会流动》,《复旦学报》2015年第1期。
④ 剌失德丁著,周良霄译注:《成吉思汗的继承者》,天津古籍出版社1992年版,第343页。

道，或与亲属籍没混合，或单独实施；第三，所渗透的蒙古父权主从旧俗因素较多，已部分涉及和影响到君臣关系和君民关系①。

这里，从籍没制盛衰、南北奴婢占有差异和触动家庭、财产等方面，继续探讨元江南籍没的社会影响②。

首先，从籍没盛衰的纵向脉络看。

读过史书的不难记起《尚书》、《甘誓》和《汤誓》中"弗用命，戮于社，予则孥戮汝"；"尔不从誓言，予则孥戮汝，罔有攸赦"之类的文字③。这无疑是先秦早期国家对臣民籍没刑罚的较典型记录。秦汉籍没刑已相当流行，《秦律》规定"夫盗三百钱，告妻，妻与共饮食之"，则妻没为官奴婢。后世仍散见"罪人妻子没为奴婢，黥面"等汉律条文④。两晋南北朝籍没刑更为成熟，晋《泰始律》在死刑、徒刑、"夷三族"等之外，正式出现"没官为奚奴"等名目。唐代"凡反逆相坐，没其家，为官奴婢"⑤，籍没妻子被缩小在谋反大逆范围内。《唐六典》载："……官奴婢，一免为番户，再免为杂户，三免为良人"⑥，又意味着借皇帝恩赦逐步放免被籍没的官奴婢，已成为唐代通制。宋太宗以后，改籍没为近亲流放"配隶边远州郡"，南宋几乎弃而不用⑦。就是说，中唐以后籍没刑盛极而衰，南宋原辖江南地区籍没仍被局限在谋逆等狭小范围，其他罪行则弃而不用，后者实际上是对"唐宋变革"中籍没刑衰落等进步成果的很好继承。元中叶南人方回说："近代无从坐没入官为奴婢之法，北方以兵掳则有之。"⑧ 所言诚是。尤其是着眼"唐宋变革"成果多被南宋

---

① 另参阅武波《元代法律问题研究——以蒙汉二元视角的观察为中心》，博士学位论文，南开大学，2010年，第113页。

② 植松正曾着眼海都叛乱后蒙古帝室内部纷争、成宗皇后卜鲁罕派别欲利用朱、张财产，巩固其在江南的地位以及南人势力的强大等层面，阐发朱、张被杀和籍没财产的意义和背景。其他未曾涉及（［日］植松正：《元代江南的豪民朱清、张瑄について——その诛杀と财产官没をめぐって》，《元代江南政治社会史研究》，第299—309、326—330页）。

③ 《匡谬正俗》卷二，按照颜师古的解释，"孥"就是将其妻子罚充奴隶。

④ 睡虎地秦墓竹简整理小组：《睡虎地秦墓竹简·法律答问》，文物出版社1990年版，第97页。陈寿：《三国志》卷十二《魏书·毛玠传》，中华书局1959年版，第376页。

⑤ 《唐六典》卷六《刑部都官郎中员外郎》，三秦出版社1991年版，第149页。

⑥ 《唐六典》卷六《刑部都官郎中员外郎》，第149页。参阅陈灵海《唐代籍没制与社会流动》，《复旦学报》2015年第1期。该文认为晋代籍没制逐步建立，北魏北齐渐趋成熟。

⑦ 参见戴建国《主仆名分与宋代奴婢的法律地位》，《历史研究》2004年第4期。

⑧ 方回：《续古今考》卷三十六《酒浆醯醢盐幂奄女奚》，崇祯九年谢三宾刊本，第10页A。

辖区所承袭的大势,元籍没在江南的移植和复活,特别是直接毁坏亲缘组织和家庭财产,同时改变臣民血缘身份和法定身份,甚至导致"纵暴(隔)〔陷〕民财,民被榜掠,死者无算"①。其消极落后性是不容置疑的②。

其次,从对南北奴婢占有差异看。

元人郑介夫说:"北方以买来者为之驱口,南方以受役者即为奴婢。"郑思肖对北方驱口的阐释是:"被鬻男女曰'驱口',即江南之奴婢,皆绝卖,死乃已。"③这里北方"买来者"或"皆绝卖",亦即《辍耕录》所云"红契买到者"。因元制良贱界限森严且禁止"买良为奴",故此"买来者"本是元初军前掳掠,后由"元主转卖于人"。其主奴隶属牢固,"所生子孙,永为奴婢"④。"受役者",应指两宋及元代江南流行的"典身"或"雇身"奴婢,即良人因穷困借贷,以人身作抵押,借典雇契约与使主结成的役使依附关系⑤。元代在奴婢占有方面亦实行南北异制,北方以驱口占有为主,间有少量"雇身"奴婢;南方则普遍流行"典身"或"雇身"奴婢,通常不允许"买良为奴"及驱口占有。这种适应北方和南方不同的社会经济秩序的因地制宜政策,总体上是积极和有益的。元江南籍没,特别是籍没妻室儿女,无形中致使被籍没者由良变奴,由是增加了一部分官府驱口,违背了江南流行"典身"或"雇身"的大势,实乃对江南租佃雇用等经济强制秩序的一种逆转和破坏。

再次,从触动家庭、财产及君民、君臣关系看。

众所周知,9世纪以降的江南是经济文化最先进和最具活力的区域,也是中国经济重心和文化主脉所在。江南地区发达的租佃雇用最能体现"唐宋变革"中百姓依附关系的松弛。元江南地区的妻子籍没和家赀籍没均得到相当程度的推行,家赀籍没又略多于妻子籍没,故而或多或少地对江南社会经济结构产生影响。与"抄估"或多类似的家赀籍没及豪富

---

① 杨维桢:《东维子集》卷二十四《白云漫士陶君墓碣铭》,四部丛刊初编,第20页B。
② 以往学者们有关元代"轻刑"抑或"重刑"的争论,主要侧重于死刑、笞杖减少及南宋杂刑废除等。建议将籍没在立法和实践中扩张以及推衍复活于江南等综合考虑。
③ 郑介夫:《上奏一纲二十目·厚俗》,《元代奏议集录》(下),第76页。《郑思肖集·大义略叙》,第182页。
④ 陶宗仪:《南村辍耕录》卷十七《奴婢》,第208页。
⑤ 《新编事文类要启札青钱》外集卷十一《雇小厮契式》,《续修四库全书》,第1221册,第303页。

籍没，在经济最富庶、最先进的江南地区的延伸扩展，又彰显蒙元朝廷对江南臣民人身的不完全占有，并在后者犯罪场合的财产进行强制攫夺。由于籍没直接毁坏家庭亲缘组织和家庭财产，甚至同时改变臣民血缘身份和法定身份，在江南租佃雇用等经济契约强制居主导的条件下，家赀籍没及豪富籍没对社会经济秩序明显具有深刻的损害作用。不幸中的万幸的是，它们的实施范围有限，而非全局性的。以豪富籍没为例，据杨晓春的不完全统计，元代松江府豪富多达任仁发、曹知白、吕良佐、张麒、夏椿、谢伯理、瞿霆发、张瑄等37家[1]，其中被籍没的仅有张瑄、朱畛、管国英3家，占统计总数的8.1%，大多数未曾波及。更多见的还是元廷宽纵姑息富民的实用主义政策以及达官权贵与江南豪富间的相互勾结利用。故而籍没对江南整体经济结构影响无多，该地区社会经济结构根基未曾因之被撼动。

除去少量汉族官员对"其妻妾即断付他人，似与国朝旌表贞节之旨不侔"等激烈批评声音[2]以及前揭王逢、俞镇、王都中、高兴等同情朱、张外，籍没在元代江南的社会反映并不十分强烈。这似乎令人有些费解。探寻其原因，首先是元江南籍没涉及人群较为有限，被籍没者多半是朱清、张瑄、朱畛、管国英等新贵富豪或有争议人物，下层普通百姓偏少，而且被籍没者南人和蒙古、色目、汉人南下寓居者兼而有之，并非专门针对南人。其次，籍没在汉地王朝古来有之，元籍没很大程度上唤醒了已经在退化消失的中古籍没旧制和与此相关联的君臣、君民主奴化等陈腐惯力，故在朝野仍有一定承受性。再次，程朱理学尊崇倡导三纲五常之说在江南地域社会日渐风行，其与籍没相关联的君臣、君民主奴化，不无某种相通。有了以上三条，元代江南籍没的社会反映不算十分强烈，就不足怪了。

以妻子没为官奴和没收家庭财产为内容的籍没刑，说到底，就是用专制君主国家大父权摧毁剥夺犯罪臣民的家庭小父权，故自然会侵害相关家庭结构和君臣、君民关系等。元籍没在江南的移植和复活，无论是着眼"唐宋变革"成果多被南宋辖区所承袭，抑或揆之君臣、君民关系

---

[1] 杨晓春：《富户与元代江南社会——以松江府为中心的讨论》，《宋元明国家与社会高端学术论坛会议文件》(打印稿)，天津，2013年，第217—228页。

[2] 《元史》卷三十三《文宗纪二》，第735页。苏天爵撰、陈高华、孟繁清点校：《滋溪文稿》卷二十三《元故资政大夫中书左丞知经筵事王公行状》，第385页。

消长互动，都属于逆转倒退。特别是元籍没对江南君臣、君民等社会关系和文化观念等的冲击或潜在影响，亦不可小觑。由于元籍没在汉地及江南的次第推衍，包括广大汉人、南人在内的元朝臣民自觉不自觉地受到了蒙古父权制的军事封建主义①的"洗礼"。后者的历史影响，似乎更长远和更深刻。如前述，妻室儿女籍没和家产籍没，在江南等华夏经济文化重心所在地域内的重新推行，很大程度上唤醒了已经在退化消失的中古籍没旧制和与此相关联的君臣、君民主奴化等陈腐惯力，并且使它与蒙古父权制的军事封建主义的东西发生较多融汇涵化。其结果是尽管中唐以降"不抑兼并"在田制等主导经济秩序方面普遍实施，尽管江南地区租佃雇用等高度成熟发达，但是"普天之下，莫非王土，率土之滨，莫非王臣"的专制君主至上法权依然永恒且是在最高层面稳固展现，臣民私有财产及身家则始终未曾规定为神圣不可侵犯。相反，后者常常会在"籍没"等名目之下被专制君主任意剥夺殆尽。既然元籍没已在江南部分复活，其对元末淮泗流域朱元璋集团的影响，想必更为直接和更为根深蒂固。正是这种社会关系和文化观念层面的潜在冲击影响，籍没在明初又"借尸还魂"，经汉人乞丐皇帝朱元璋父子之手，发生了戏剧性变化。明初大规模的籍没率先在南京为中心的江南地区实施，由南而北，推向全国。朱元璋兴胡、蓝之狱，连坐族诛功臣及亲属4万余人②。还以籍没等剪除取缔江南豪富，正如杨复吉所言："明祖之籍富民，岂独路氏，就松属若曹、瞿、吕、陶、金、倪诸家非有叛逆反乱谋也，徒以拥厚货而罹极祸，覆宗湛族，三世不宥。"③ 朱棣诛杀建文帝余党，又滥用株连籍没。齐泰、黄子澄、方孝孺等被株连九族、十族，或称"瓜蔓抄"④。翰林学士解缙因诏狱处死，"籍其家，妻子宗族徙辽东"；忠诚

---

① 关于蒙古父权制军事封建主义，参见亦邻真《成吉思汗与蒙古民族共同体的形成》，载《内蒙古大学学报》1962年第1期；收入氏著《亦邻真蒙古学文集》，内蒙古人民出版社2001年版，第412、415—416、419、421—422页。
② 张廷玉：《明史》卷一三二《蓝玉传》，卷三〇八《胡惟庸传》，中华书局1974年版，第3866、7908页。
③ 杨复吉：《梦阑琐事》，《昭代丛书癸集萃编》卷三十八，上海古籍出版社1990年版，第673页。
④ 《清朝通志》卷五十三《谥略六》乾隆四十三年十一月谕旨，文渊阁《四库全书》，第2456册，第666页。

伯、兵部尚书茹瑺子茹铨等 27 人及田庐亦被籍没。① 此后，诸如大臣显宦于谦、严嵩、张居正，② 佞幸江彬、钱宁，宦官王振、汪直、刘瑾、谷大用、冯宝、魏忠贤、王体乾等，皆遭籍家之祸。③ 其涉及面和残酷程度，较之蒙元有过之而无不及。不少人都知道，明太祖朱元璋颇厌恶孟子，曾下令把孟子的牌位搬出孔庙。尤其是对孟子"民为贵，社稷次之，君为轻"；"君之视臣如土芥，则臣之视君如寇仇"等名言，大为光火，"谓非臣子所宜言"，特意命儒臣修《孟子节文》，删掉了以上"土芥""寇仇"等文句④。这和籍没在明代超越元代等戏剧性的变化之间不能说没有因应联系。尽管朱元璋是乞丐赤贫出身和推翻胡元的汉族开国皇帝，尽管明初朱元璋曾经实行语言服饰等方面的去蒙古化的整肃⑤，但蒙元入主所带来的北方父权制社会关系、文化观念及其与汉地相关陈腐形态的融汇涵化，容易导致推翻蒙元统治的朱元璋在视臣民如"土芥"方面，反而和与成吉思汗等蒙古草原贵族如出一辙。故而在籍没刑死灰复燃上，朱元璋似乎是亦步亦趋，"青出于蓝胜于蓝"了。在这个意义上，元籍没，尤其是它在江南的复活移植，似乎充当了明清二王朝籍没转而格外盛行的重要社会根由。

---

① 《明史》卷一四七《解缙传》，第 4122 页；卷一五一《茹瑺传》，第 4174 页。《明宣宗实录》卷三洪熙元年七月，第 89 页。

② 《明史》卷一七〇《于谦传》，卷二一三《张居正传》，卷三〇八《严嵩传》，第 4550、5651、7920 页。

③ 《明史》卷三〇七《江彬传》，第 7889 页，《钱宁传》，第 7892 页；卷三〇四《王振传》，第 7773 页，《汪直传》，第 7781 页，《刘瑾传》，第 7791 页，《谷大用传》，第 7794 页；卷三〇五《冯宝传》，第 3803 页，《魏忠贤传》，第 3824 页，《王体乾传》，第 3825 页。

④ 《明史》卷一三九《钱唐传》，第 3982 页。

⑤ 参见陈登原：《国史旧闻》卷四十三《明禁胡服》，中华书局 2000 年版，第 3 分册，第 47 页；李治安《元代汉人受蒙古文化影响考述》，《历史研究》2009 年第 1 期。

嘉善县事

——明末知县李陈玉的县政实践*

范金民

县级政府在官员组织架构和国家政权结构中处于承上启下的关键环节，县级主政官员在发展经济、保障民生、维护稳定、促进国家长治久安中发挥着重要作用。明代县级官员直接面对百姓，谓之亲民官，视为有关百姓生计痛痒的父母，称为父母官。在这些父母官中，不乏为百姓所敬重、所怀念甚至崇祀的能臣廉吏、循吏清官。他们留下了较多的为政实践类官箴书，如任过浙江淳安县和江西兴国县知县的海瑞的《兴革条例》和《兴国八议》，北直隶宝坻知县袁黄的《宝坻政书》、福建惠安县知县叶春及的《惠安政书》、南直隶吴江知县刘明俊的《居官水镜》等。由这些为官实践，我们得以了解明代县级官员的为政理念、自我要求和一般做法，但究竟他们如何行政措置，似乎仍然难得其详。

作为明政府的基层官员，县官既是"要官"又是"苦官"[1]。学界对于明代知县这种"要官""苦官"一向较为注目，研究成果较为丰夥[2]。但主要集中在对县政的总体研究和知县的群体探讨上，对于知县个体，往往只叙述海瑞、徐九经、叶春及、陈干王等人，也许受资料限制，似

---

* 本文为2010年度国家社科基金重大招标项目"江南地域文化的历史演进"（10&ZD069）的阶段性成果。

[1] 王家范先生语，见《文汇报》报道《七品知县如何成为被称道的"亲民之官"》，2015年7月30日。

[2] 具有代表性者，如吴智和《明代的县令》，《明史研究专刊》第7辑（台北文化大学），1984年；颜广文《明代县制述论》，《华南师范大学学报》1990年第4期；柏桦《试论明代州县官吏》（《史学集刊》1992年第2期）、《明代州县政治体制研究》（中国社会科学出版社2003年版）和《明清州县官群体》（天津人民出版社2003年版）；何朝晖《明代县政研究》，北京大学出版社2006年版；黄忠怀《明代县以下区划的层级结构及其功能》，《史学月刊》2003年第4期。

乎都未提及明末浙江嘉善知县李陈玉，从而在明代知县研究中，稍有留白，有待开拓。

李陈玉，字石守，号谦庵，江西吉水县枫坪人。天启四年（1624）乡试中举，崇祯七年（1634）进士，为三甲第79名。李陈玉生员时与许声、曾之传交游，曾联名上书知府，言地方事务，号为"河上三奇"，为邹元标、罗大紘所赏识。中进士后观政时，上书直陈利弊，侃侃著直声。崇祯七年至十三年（1634—1640），出任浙江嘉善县知县。六年考核为最，升任礼部仪制司主事，逾年改选监察御史。御史任上，侃侃论列，不避权贵，有《台中疏稿》行世。明社既屋，顺治六年（1649）出任南明政权兵部右侍郎兼都御史，兵败殉职。

李陈玉政绩，最值得表彰和探述者，即在嘉善知县任上。其为政六年，"一意为民"，兴利除弊，深得地方士民好评，离任后有《去思碑》，身殁后入名宦祠，江西祖籍列入名臣传。[①] 有《退思堂集》传世，其从政内容被清朝康熙时一代循吏陆陇其编为《察奸》《恤隐》《狱讼》《知人》篇，收入《莅政摘要》卷下，对后世治理县政者产生一定影响。

本文主要依据其文集，透视李陈玉在明朝大厦倾覆前夕担任嘉善知县的县政理念，梳理其所作所为，并探讨其处理县政的成功之道，期能于日渐红火的县政县令研究拾遗补阙，有所裨益。

一　明代县令之职责

为探讨李陈玉处理嘉善县政，须先明了明代县令之基本职掌。

明代县令职掌，令典规定十分清楚具体。洪武十七年（1384），太祖朱元璋谕令礼部，阐明地方官职责，第一条即是："州县之官，宜宣扬风化，抚字其民，均赋役，恤穷困，审冤抑，禁盗贼；时命里长，告戒其里人敦行孝弟，尽力南亩，毋作非为以罹刑罚，行乡饮酒礼，使知尊卑贵贱之体，岁终察其所行善恶而旌别之。"[②] 洪武二十三年（1390），朱元

[①] 高承埏著：《崇祯忠节录》卷一五，第6—7页，刘氏嘉业堂旧钞本；康熙《嘉善县志》卷六《名宦传》，第32—33页；同治《吉水县志》卷三三《名臣》，第33—34页。

[②] 徐学聚编撰：《国朝典汇》卷八一《府州县》，书目文献出版社1996年版，第1138页。

璋敕令强调，县令"亲临里甲，务要明播条章，去恶安善，不致长奸损良。如此，上下之分定，民知有所依，巨细事务，诉有所归，上不紊政于朝廷，下不衔冤于满地"①。简约其要点，县令之责，主要为发展生产、均平赋役、审理狱案、安定地方和宣扬风化。

县令授官后，吏部给予《到任须知》，开列上任注意事项，计有31条，即祀神、恤孤、狱囚、田粮、制书榜文、吏典、吏典不许那移、承行事务、印信衙门、仓库、所属仓场库务、系官头匹、会计粮储、各色课程、鱼湖、金银场、窑冶、盐场、公廨、系官房屋、书生员数、耆宿、孝子顺孙义夫节妇、官户、境内儒者、起灭词讼、好闲不务生理、祗禁弓兵、犯法官吏、犯法民户、警迹人。② 境内事务，几乎无所不包。

清修《明史》将明代知县的职责归纳为："掌一县之政。凡赋役，岁会实征，十年造黄册，以丁产为差。赋有金谷、布帛及诸货物之赋，役有力役、雇役、借倩不时之役，皆视天时休咎，地利丰耗，人力贫富，调剂而均节之。岁歉则请于府若省蠲减之。凡养老、祀神、贡士、读法、表善良、恤穷乏、稽保甲、严缉捕、听狱讼，皆躬亲厥职而勤慎焉。若山海泽薮之产，足以资国用者，则按籍而致贡。县丞、主簿分掌粮马、巡捕之事。典史典文移出纳。如无县丞，或无主簿，则分领丞簿职。"③ 凡征收赋税、均平赋役、养老祀神、清查户口、缉捕盗贼、审理狱讼、振兴文教、普及法律、兴利除弊、惩恶扬善、赈恤贫乏等所有事务，囊括无遗。而且均需知县亲力亲为，只有县丞、典史等一二属官分其劳责。

明代著名的地方官，也多切实践行朝廷规定，从实践角度对县令职责不断总结归纳。嘉靖末年，先后任过浙江淳安知县和江西兴国知县的名臣海瑞，对知县职任有深切体会。他说："一邑之事，无非己事，早夜孜孜，毋苟安以图一时之幸也。百里之民，无非吾人，念念在兹，惟恐一夫之或病也。"④ 任淳安知县时，海瑞说："知县知一县之事。一民不安其上，一事不得其理，皆知县之责。其贪暴不才姑勿论，上而朝廷，吾

---

① 万历《明会典》卷一二《吏部十一·考功清吏司》，江苏广陵刻印社2007年版，第234页。
② 正德《明会典》卷十《吏部九·敕谕授职到任须知》，第2—3页，文渊阁《四库全书》，第617册，第91页。
③ 《明史》卷七五《职官四》，中华书局1974年版，第1850页。
④ 海瑞：《海瑞集》，下编《赠序类·令箴示进士奚铭》，陈义锺编校，中华书局1962年版，第410页。

父母；中而抚、按、藩、臬、僚属、过客、乡大夫，吾长兄弟；下而吏书、里老、百姓人等，吾子姓，遇之各有正道。若谓止可洁己，不可洁人，洁人生谤；谓凡所行不可认真，认真生怨取祸，不顾朝廷之背否，以乡愿之道待其身，以乡愿之道待吾子、吾长兄弟，浮沉取名，窃取官爵，非知县也。"后来又强调："知县知一县之事，一夫不获谁辜，一民失所予咎。"[1] 在兴国知县任上，海瑞又说："县官亲民，比之守、巡、抚、按之去民远者不同，于民则家人父子也。是以凡事知之多真，处之多得其当。"[2] 在知县海瑞眼中，知县是父母官，百姓是其子民，县官与百姓，是家人父子关系，凡一县之事，均是知县之事，凡百姓之生养休咎，知县均应关怀，知县对县级事务，具有决定权和裁断权。

万历时，任过山西巡抚的吕坤，将知县直接解释为父母官，以父母的口吻表露知县的职责道："惟守令，人称之曰父母。父母云者，生我养我者也。称我以父母，望其生我养我者也。故地土不均，我为均之；差粮不明，我为明之；树木不植，我为植之；荒芜不垦，我为垦之；逃亡不复，我为复之；山林川泽，果否有利，我为兴之；讼狱不平，我为平之；凶豪肆逞，良善含冤，我为除之；狡诈百端，愚朴受害，我为剪之；嫖风赌博，扛帮痴幼，我为刑之；寡妇孤儿，族属侮夺，我为镇之；盗贼劫窃，民不安生，我为弭之；老幼残疾，鳏寡孤独，我为收之；教化不行，风俗不美，我为正之；远里无师，贫儿失学，我为教之；仓廪不实，民命所关，我为积之；狱中囚犯，果否得所，我为恤之；斛斗秤尺，市镇为奸，我为一之；贫民交易，税课滥征，我为省之；衙门积蠹，狼虎吾民，我为逐之；吏书需索，刁勒吾民，我为禁之；征收无法，起解困民，我为处之；游手闲民，荡产废业，我为惩之；异端邪教，乱俗惑民，我为驱之；庸医乱行，民命枉死，我为训之；士风学政，颓败废极，我为兴之；市豪集霸，专利虐民，我为治之；捏空造虚，起祸诬人，我为杜之；聚众党恶，主谋唆讼，我为殄之；火甲负累，乡夫骚扰，我为安之；某事久废当举，我为举之；某事及时当修，我为修之；民情所好，如己之欲，我为聚之；民情所恶，如己之仇，我为去之。使四境之内，

---

[1] 海瑞：《海瑞集》，上编《淳安知县时期·兴革条例》《淳安知县时期·参评·知县参评》，第49、145页。

[2] 海瑞：《海瑞集》，上编《兴国知县时期·申军门吴尧山便宜五事文》，第212页。

无一事不得其宜，无一民不得其所，深山穷谷之中，无隐弗达，妇人孺子之情，无微不照，是谓知此县。俾一郡邑爱戴吾身，如坐慈母之怀，如含慈母之乳，一时不可离，一日不可少，是谓真父母。"① 在吕坤看来，一县之事均是知县之责，一县之兴衰利病，知县均应念切在怀。吕坤的描述，当然只是朝廷、上司和社会各界对于知县的最高境界和深切期待。

天启三年（1623）任过延绥巡抚的余自强说："州县最为亲民，服是官者，不惟关系民生，我辈终身事业俱托始于此。"② 州县官不但是亲民官，也是官员进入仕途的重要途径。

综观朝廷的要求，百姓的期待，官员的自励、期许和实践，明代知县是直接处理民事的亲民官、父母官，凡一县之事无不涉及，其职责无所不包，其角色无所不充。③ 但无论如何，其最基本和最重要的，大体包括征收赋税、审理狱讼、发展经济、维护治安和振兴文教。

二 李陈玉的县政作为

浙江省嘉善县自宣德五年（1430）由嘉兴县和秀水县分出，是浙江

---

① 吕坤：《新吾吕先生实政录》"知州知县之职"条，《官箴书集成》第1册，黄山书社1997年版，第422—423页。

② 余自强：《治谱》卷一《初选门·根柢》，第1页，《官箴书集成》第2册，第86页。

③ 对明代县政作过专门探讨的何朝晖教授认为，行政、司法、财政、治安、荒政、教化等方面，构成县政的有机整体，"县的行政事务却极其繁杂，国家举凡吏、户、礼、兵、刑、工各方面的事务，如中央和省、府各部门吏员的选送，钱粮徭役的派征，生员的起送，军匠的勾解，案件的初审，物料的征解、工役的派发，都要具体落实到州县"（《明代县政研究》，北京大学出版社2006年版，第6、84页）。对明清州县官作过深入研究的柏桦认为："按一般常规，州县官必须对本州县的一切政务做出决定，因而他应该是明智的政治家；州县官还必须对本州县所有的案件做出定拟，因而他应该是精通法律的法官；州县官负有本州县治安之责，在维护本州县治安的行动中，他理所当然是军事统帅，因而他应该是足智多谋的军事家；州县官负责征收赋税钱粮，地亩人丁之多寡必须心中有数，因而他应该是铢两必计的会计师；州县官负有劝农桑、兴水利之责，凡耕种、浚渠均应督率，因而他应该是熟悉农田水利的农技师和水利专家；州县官负有抗灾自救之责，水、旱、蝗等天灾，兵、乱、叛等人祸，都应做出相应的对策，因而他应是熟悉天地人情的荒政学家；州县官负有教化本县子民之要责，因而他应该是如父如母的慈善家；州县官是封建伦理纲常的倡导和推行者，因而他应该是道德的楷模和伦理学大师；州县官还是本州县学的监督考核者，因而他应该是知识渊博的学者和教育家，州县官是本州县的象征，其一举一动都为上下左右所注意，因而他应该是政治上的表率。"（《明清州县官群体》，天津人民出版社2003年版，第31页）

东北隅的一个小县，北与南直隶的苏州、松江二府接壤，东西 30 余里，南北 50 里，幅员并不算广。明末，全县大约有户 4 万 11 万余人，有田 60 万亩，地 10800 余亩。当地经济并不发达，不像邻县嘉兴、秀水等地蚕桑生产特别兴盛，副业、手工业生产仅以棉纺纱或"以纱易棉"出名。但赋税繁重，每年交纳的秋粮即达 118200 余石，银 78265 两，而且分担解往两京的"白粮"，钱粮征解压力沉重；与嘉兴、秀水二县存在严重的嵌田问题，嘉善有田在二县 3000 余亩，而二县在嘉善境内却达 33000 余亩，① 土地册籍始终难以厘清，民间纠纷不断，诉讼案牍十分突出；又地处两省三府交界，河湾港汊密布，窃盗频发，地方治安形势严峻。到李陈玉出任县令的明末崇祯年间，朝廷催征钱粮不但数额巨大，而且急如星火，时处多事之秋，地方不少问题积重难返，有些矛盾突然迸发，人心更处于惶惑不安状态，在考验着县令的行政能力和水平。县政涉及各个方面，千头万绪，矛盾杯葛，李陈玉在嘉善，自然不可能统筹规划，实施全部，处理所有事务，他只能应付重务急件，不出大事乱事，以上报朝廷国家，下抚地方百姓。

李陈玉在嘉善县六年，其文集《退思堂集》载其嘉善任内理政 29 条，为：省比较以善催科；整漕规以便军民；清帑藏以肃奸蠹；设法并篷以完宿逋；革火耗以劝乐输；力裁省以恤各运；获剧盗以安地方；严指扳以安良民；严人命以安繇赖；清词讼以省弊扰；省赎锾以宽民力；严买价以甦铺行；兴孝弟以教民厚，掩骼胔以教民葬；兴学校以养人才；讲乡约以化民俗；修城垣以重保障；修演武亭以专操练；练民壮以备防御；治赌博以儆无良；治打降以护愚善；逐娼优以防淫盗；禁投献以安民业；理盐政以完醝额；劝垦荒以苏赔累；积储蓄以备荒乱；汰冗役以清衙蠹；清监铺以广钦恤；督浚筑以修水政。在署平湖县令任内 9 条，为：设法催征以补欠解；停止钦赃扳报以安富民；完修圣殿以崇儒学；请加额入学以弘作养；捉获剧盗以靖湖荡；禁止赖诈以安良民；省发轻系以恤无辜；严禁衙役以省骚扰；捐纸赎以恤穷民。② 大多还附有实际事例。

---

① 康熙《嘉善县志》卷一《区域志》，第 8、29、30 页，卷五《食货志下·赋税》，第 4 页。
② 李陈玉：《退思堂集》卷三《述职言·考满事迹册》，第 1—35 页，崇祯刊本。此书承时为台湾暨南国际大学历史系主任的王鸿泰教授惠赠复印件，深致谢忱。

以上胪列的 39 条，多据实情列出，实际可以归为八类：即征收钱粮、清理词讼、社会治安、减轻负担、厉行教化、农田水利、整肃吏胥和培养人才。通读其文集，可知李陈玉在各个方面，皆付诸实践，但分出轻重缓急，或实力奉行，收到实效；或一般布置，循规而已；或因陋就简，应付而已。较为突出的，是如下几方面。

（一）征解漕粮

明代江南，赋税最重，重赋之中，漕粮份额尤其沉重。到明末，征解漕粮的负担最为突出，"漕兑一节，浙西第一繁难"①。明末清初人的体会，江南地方官的主要精力，用在了催征钱粮上②。

李陈玉就任时，前任署篆交盘册报，已征钱粮只有银三两，带征钱粮拖欠数多，亦未征完。"新妇看进门，新官看到任。"③ 陈玉于崇祯七年（1634）十二月二十一日抵任，当时运漕旗军之船已集河干，督粮道派员黄丞即请李陈玉赴仓开兑。上届漕粮，开兑于崇祯七年（1634）春天，前任马成名，按旧规兑粮，每一百石加耗赠九石八斗，而漕军分外横索，每斤加一，此外淋尖二十捧，名曰"赠头"；四笆斗，名曰"顺风"，以及插花、挂红、开窗、会筹各种使用名目，总计每百石粮，兑至一百五六十石。粮长甚苦，因而大哄，马令因此罣误罢职。李陈玉决计不改旧例，不能再加重百姓负担，乃与兑军卫所官员商量，告以若改民兑为官兑，九石八斗之外，漕军并无什么益处，故为军之计，不如循往例以相安，免得再生近年之祸端。同时，将此设想详陈督粮道。督粮道命杭州府推官黄海岸前往调停兑粮事宜。黄主张九石八斗之外，劝增六两。李陈玉闻之错愕，说漕规九石八斗，即是赠粮，即使时势变化宜稍通融，也不应骤加至六两。黄说嘉兴、秀水二县有此事例。李陈玉说，各县各有事例，即使嘉兴、秀水二县，例也不同。黄说，前官已为此被罢官，君初至，宜稍宽之。李陈玉说，嘉善从无此例。某正以初至，未能为地方有分毫之益，而遽而滥觞，坏其定规，以此取容于运军，而得罪于地

---

① 李陈玉：《退思堂集》卷四《文告》，第 54 页。
② 万历时吴江知县刘明俊感慨地说："吴中赋重数多，有司每以比较一端耗费精神，消磨岁月。"（《居官水镜》卷一《征收之法》"立比格"条，万历间刊本，第 15 页，《官箴书集成》第 1 册，第 604 页。）清初人邵长蘅说："吴中吏治，大约十分精神，须以八分用之催科。"（《邵于湘全集·青门簏稿》卷一一《与王似轩邑侯》三首之二，《四库全书存目丛书》集部，第 247 册，第 789 页。）
③ 黄六鸿：《福惠全书》卷二《莅任部·总论》，第 1 页，康熙三十八年刻本。

方，若定规不逾，而粮里息肩，即使因此得罪而去，也甘心情愿。一个调停，一个力争，直至深夜，李陈玉不禁潸然泪下，随行胥吏大惊失色。次日，李陈玉仍然力争，反复权衡，定为三两。随后嘉兴府理刑总捕和督粮道侯姓均至，痛斥运军，杖击旗军之刁横者，将额外赠银定为八折，即二两四钱，从前淋尖各项名目悉数减除。总计全县运往辽东的漕粮十万石，减省米粮八千余石。而且因为调停耗赠数量相持不下，开兑时间在全府最晚，却不到十日，即全部竣事，随漕轻赍银13000余两，也在十日内全部征完。①

李陈玉走马上任，匆促任事，处理极为繁难极为棘手的漕粮征兑之事，竭尽全力，据理力争，继之以泣，将百姓负担降至最低，最终顺利解决，各方满意，其为民之心和理政能力，初步显现。

崇祯八年（1635）漕兑，李陈玉因上年赠耗骤减，运军期望未厌，心中就无底，盖因所兑漕米，是否能保颗颗饱满干爽，抵仓交兑不出问题？李陈玉寻思，应该在漕米质量上下功夫，消除漕军口实隐患，于是以扇扬漕米确保质量为第一义。以往征兑漕粮，地方官府也会组织扇扬，但"粮官利其陋规，苟且涂饰"，县令即使精敏，也略观大意而已。李陈玉厉行其事，全县20区，仓廒390余间，召集县丞、主簿、典史三人、学官三人，以及阴阳官、医官各一人，杂选吏农诚实者二人，共十员，每员分管二区，督责簸扬，认真行事，其本人总督，不时巡验。督粮道朱姓临仓，见万簸既干既洁，每仓如此，大为感叹，终日不责一人。回去后，对运军说，嘉善之米，杭、嘉、湖三府为第一，我所深知，尔辈万勿狃往年积习，若有分外之求，漕运有常法。诸军从此气夺。经过认真扇扬之米，较之往年，一石之兑，可免二斗水谷，百石之兑，便多出了二十石，耗赠虽减，淋尖亦除，运军实际并不吃亏，所以自是心服。因为所兑之米质量有保证，督粮道等查验之官不至，运丁之各种要挟消除，漕军之鼓噪无由，省去送往迎来之费、调停口舌之费，以及无名之费不计其数，无论对于交粮业户，组织兑粮的地方官府，还是负责解运的漕运部门以及运军，均实受其益，所以为各方所接受。其中只有处州卫运军，仍怀上春之憾，要求增加赠耗，方肯受兑。其要挟越悍，李陈玉持之越力，讲兑三日，毫无增加之意。运军计划于第四日起哄闹事。

---

① 李陈玉：《退思堂集》卷三《述职言·崇祯七年冬抵任漕兑始末》，第37—42页。

李陈玉径自前往粮仓，晓谕运军道："县官以诸军劳苦，地方又各有一定之例，无能为诸军拊循，惟是必搧必扬，干洁圆净，使一百石免二十石之水谷，则较往时多二十石之好米矣。诸军不计其大，而计些须赠耗之利，非所以长算自便也。且县官扇扬之难，与绅士、百姓不知经几龃龉，而有此所谓粒粒辛苦，而诸军不以为德，地方且以为怨，则自此以后，谁复有肯为诸军任者。吾言及此，吾心灰矣。"于是诸军感动，叩谢而去，平兑之议，从此而定。而运军中仍有一人请求，说一切可依所约，惟乞与一"顺风"。所谓"顺风"，即欲加一斛面淋尖，粮官错愕，但又不忍拒却。李陈玉应口说，"顺风"在百姓丝毫不能增，改由官给"顺风"，库给赏银一两，则与其看百姓之面，不若官为受亏。至此，漕粮交兑事宜，全部定局。①

崇祯九年（1636）漕兑，先是杭州卫兑军陈百户呈称嘉善米色不佳，欲求如嘉兴、秀水二县例增加耗，李陈玉依赖督粮道予以批斥；后有张姓运弁欲借米色闹事，李陈玉详细劝谕，告以兑事本末、民力之艰、漕法之严，以及到京交卸之方与沿途稽查之法等，对方大为感化。李陈玉据理持正，漕粮交兑十日而竣。②

漕粮征兑，自开征至竣事，头绪纷繁，前后历时90天，环环紧扣，一环不如期，就难完成。其难之处，主要有五：征收难、验仓难、扇扬难、押差难和驭军难。李陈玉在每一环节，均采取切实措施。在征收方面，先严花分诡寄，官户滥冒，又体恤贫户之艰。嘉善一县，本多官宦之户，又冒滥成风，冒称官户的现象极为突出③，李陈玉照官三民七之例，查明运辽漕粮十万石，官户合派三万石，凡是本县宦户和外县在嘉善境内皆有田产的官户，均须按例摊纳。征收时，定出分征之法，采用征收条鞭银之法，定出户等，分单征收；又用火牌法，如有拖欠，各欠各比。在验仓环节，李陈玉委令粮官，使其精心稽查，隔日巡视，革陋除弊。在押差环节，交代吏役，示以严法，教以平心，先限制吏役多得

---

① 李陈玉：《退思堂集》卷三《述职言·崇祯八年漕粮始末》，第43—45页。
② 同上书，第46—47页。
③ 李陈玉称，嘉善之地，"盖缘一人筮仕，亲族冒名，甚而非亲非族诡寄奸民，亦称官户，与里书区书总书串同，本宦实无从知。甚有节年受寄者，先代告一手折，义父某，义兄某，续买某人田若天，其粮应并父户兄户，于禀 允，亦是官户，且代充粮长，里递花户许多唧受，此卜下共知者。有廪贡，或与上司一面，投一呈词批本，县立官户，以此官户之米岁愈增矣"（《退思堂集》卷四《文告》，第61—62页）。

好处的欲望，并立奖励之法，凡完单早缴者予奖。在驭军方面，李陈玉更是有理有节，据以力争，并为运军考虑，确保漕粮干净圆洁。① 连续三年，李陈玉兼顾业户、地方官府和漕粮运军三者的关系，从管理层次入手，剔除以往各种陋例，从而既不增加业户负担，又不短少运军既得收益，而能如期足额完成漕粮兑运重务，实属不易。

连续三年间的漕粮如额征解，不但未引起地方骚动，反而赢得地方士人和百姓的认可，显露出李陈玉精于吏治善于处理棘手事务的能力。两年多下来，李陈玉可谓站稳了紧跟。地方志书称颂他征解漕粮，"得复旧规"，而"抚字催科，俱有良法，动中民间利弊"。② 嘉善地方接纳了近年难得出现的能臣。

(二) 整肃吏胥

治政始自治吏，吏役行为，是县政的直接反映，而能否驾驭吏胥，即是县令理政成败的关键。

万历后期的吴江知县刘时俊形容："公差需索，天下皆然，而吴中为最。"③ 明末嘉善县政，百孔千疮，吏役舞弊弄奸，十分严重。李陈玉任职时，差役繁重，冗役杂沓。李陈玉发现，"役色之冗，莫如嘉邑"。皂吏分河分徭，捕快分名分盗；既有健步，又有长差。蓝旗手多至60个，听事吏冗至20人，队长也用听差，船头也予常遣，营牌则有多人。甚至"作恶种种，结党翩翩，前官已革而更名复入，往事已惩而后恶又作。一人常兼数役，一役常容数人，兔成三窟，虫生百足，以窥伺为精神，以谤议箝官府"。④ 吏役一多，弊窦就层出不穷，难以缕述。

在钱粮征收方面，乡绅陈龙正感慨地说："嘉善奸书甲于七县，粮科奸窟又甲于六房，蚕食年久，动千成万，亏数既多，设法掩赔。"以至于自万历三十一年（1603）起，钱粮开始预征。⑤ 李陈玉也有深切体会，说："钱谷之数，百弊丛生，目欲如电火，不使其稍停也。稍停则吏胥卖

---

① 李陈玉：《退思堂集》卷三《述职言·总论漕粮始末》，第48—51页。
② 康熙《嘉善县志》卷六《名宦传》，第33页。
③ 刘时俊：《居官水镜》卷一"禁需索"条，《官箴书集成》第1册，黄山书社1997年版，第601页。
④ 李陈玉：《退思堂集》卷四《文告·沙汰各役示》，第42—43页。
⑤ 陈龙正：《几亭全书》卷二八《政书·乡筹·征收·预征》，第22页，《四库禁燬书丛刊》集部，第12册，第230页。

矣。"① 粮房作弊尤为突出，"此中粮房之弊，人人言之掉首，飞洒诡装，重支冒领，线索别衙门，关通本库役，烹分侵匿，视以为常"。或公然多收，每年交兑漕粮，为应付南北漕运衙门需索，县衙向粮长多收银两，多出 375 两。② 或多收少交，"存堂则以多作少，纳户则以少作多"，甚至将已经作废的收粮板式溷选印发，以朦蔽过关，或者在纳户票外，串通书铺，一概将边款裁削。③ 如登记堂簿完银之数，本应各照票书号，叶姓胥吏却前既登号，后又添"续完"二字，而号仍与前相同④，显然为侵蚀地步；唐张六者监收业户钱粮 7 钱 8 分，少交 8 分⑤。或以少作多，造成钱粮虚空，如白役盛杏芳，收税银 1 两 6 分，填作 1 两 6 钱，虚填官簿，隐漏税粮近 6 钱⑥。

在钱粮报销方面，冒销严重。如县衙发台州运官夏应冬行粮，报销时，既开板木脚价银 1 两 3 钱 8 分 5 厘 7 毫，仅隔一行，又捏添板木银，数目同前⑦；而另一次报销同类银粮，顾姓吏胥既开一项，过了数行，仍将前项别换名目重开，而银数相同⑧，均是公然重支冒领。

在仓库管理方面，库书千方百计蠹食库吏。李陈玉闻知，"每一库书在库，定要为人虚认完纳，库吏不敢不从，有票无银，及至临期，累赔"，天长日久，"库书蠹食库吏，使佥点者望而欲走"，⑨ 库储空虚，库粮无着。

兵房、刑房书吏，作弊弄奸，也复如是。如冯卿，是"积年衙蠹，一身而兼数役，一役而党数人，既为皂虎，复充壮枭，民间恣其吮吸，官府听其卖弄"，裁扣工食，抢诈兵书，钳制库吏，不但行径恶劣，而且手眼通天，"使受害者不敢证"。⑩

针对吏役的种种不法作弊行为，李陈玉采取一系列措施，以除弊补

---

① 李陈玉：《退思堂集》卷三《述职言·讼案散记》，第 73 页。
② 李陈玉：《退思堂集》卷八《谳语·一件巡警事》，第 51 页。
③ 李陈玉：《退思堂集》卷七《谳语·一件监收作弊事》，第 97 页。
④ 李陈玉：《退思堂集》卷三《述职言·讼案散记》，第 74 页。
⑤ 李陈玉：《退思堂集》卷八《谳语·一件监收作弊事》，第 66 页。
⑥ 李陈玉：《退思堂集》卷七《谳语·一件白役事》，第 63 页。
⑦ 李陈玉：《退思堂集》卷七《谳语·一件》，第 62 页。
⑧ 李陈玉：《退思堂集》卷三《述职言·讼案散记》，第 73—74 页。
⑨ 李陈玉：《退思堂集》卷七《谳语·一件祛冗事》，第 110 页。
⑩ 李陈玉：《退思堂集》卷七《谳语·按院一件出巡事》，第 39—40 页。

罅。举其要者，约有数端。

一是严厉考核。李陈玉发布文告说："照得衙蠹纵横，天下公患，多一人民间多一害，少一役官府少一累。又且人众反易生推诿，党繁必互相朋奸。有一役而数人共者，有一人而经数房者，有已革而复改名换姓溷入者，有作恶滔天倖未败露尤然在役者。如此种种，法当芟除。今立条件于后，照单填入，有不遵依注明，查出责革，仍以欺蔽论罪，仍取五人不致扶同结状，如朦胧不举，连坐革役。"随附所开条件，相当翔实，计有籍贯年貌、充某役、有无朋役，并要直陈许改过自新，许自陈功绩以待查验等，共20余款，如有不填及填不实者，与填一两项不全填者，查出俱革役。①

二是裁汰冗员。前述如此多冗役，李陈玉对于历来屡见过犯，到任屡误公事，及重役冒役，"每项谅革数人"，以此警惕那些未革者各守法度，不再重犯。②

三是实名点卯，设立鸳鸯签。针对衙役出而不返，得贿挨时，不及时回衙销差的陋习，李陈玉创设点卯的鸳鸯签。其签阔约二指，长为七寸，中劈为二，合书本役姓名，腰尾用二铜管系束，实钉右半，其左半凭以出入。每遣发差役时，取其左半而付以右半，藏于匣笥，如不赴销，则其半笥查检极便，难逃比责。事件完日，左右方合。此既可以杜绝白役假签之弊，又可以督察差役办事之效。③

四是工食设立长单。针对重支冒领之弊，李陈玉设立长单，每一色役各付一张，用印钤记，发付经办员役头目执领。单上详书某役共多少名，额派工食共若干，每名除扣充饷外，实给银若干。每次领款则填明一行，然后开库兑银。如无此单，不准支发。支完之日，即行缴单。④

五是防微杜渐，堵塞漏洞。刑房书吏，每逢发牌佥拘中证人等，往往涂改名字，临审不到，可以借口免提，从而草草结案，吏役可以牟利。李陈玉洞悉此手法，乃书写朱墨，皆有暗记，与吏书临时所填，墨迹浓淡宛然分明，吏役作弊即时显露。⑤

---

① 李陈玉：《退思堂集》卷四《文告·考核各役单》，第39—42页。
② 李陈玉：《退思堂集》卷四《文告·沙汰各役示》，第43页。
③ 李陈玉：《退思堂集》卷四《文告·设立鸳鸯签示》，第43—44页。
④ 李陈玉：《退思堂集》卷四《文告·工食设立长单示》，第45页。
⑤ 李陈玉：《退思堂集》卷三《述职言·讼案散记》，第69页。

六是亲力亲为，尽量不用、少用、不专用差役。李陈玉并不只是发发告示完善规章，而是付诸行动，亲自表率。全县 204 里，其中镇都 4 里没有杂差，专值上司宾客往来酒席并本县境内公出。以前通常由差人催酒、看席，门子索器皿，厨役索调和，官府听其妄禀，募夫恣其鱼肉。李陈玉概不用差，每票即差本役，所有需索全部取消，只到临席时自行查验，"断不听信左右一言，断不轻发一签"①。衙门内杂役，李陈玉"不专用一人，不假借一事……价值应时即发，差役无从索扰"②，体制极简。平时生活，"一切日用之需，苟简俭薄，皆命库吏着人私买，从不差一快甲，以为铺行之累，包封亦无官价名色，点硃不出公门，分毫皆照时值"③。即使应由书吏等代为起草的申文，李陈玉惟恐辞不达意，乃亲自操笔，费心推敲。④

（三）擒获大盗

嘉善僻居浙江东北角，与南直隶松江府交界，河荡泖塘纵横交错，贼盗易于藏身，社会治安形势较为严峻。时至明末，盗贼往往与衙门捕役相勾结，白昼行劫，杀人越货，肆行无忌。崇祯八年（1635），陈龙正描述道："寇盗行劫无虚日，至有一日之间，劫数家数舟者，邻旁莫敢救护，失主不敢鸣官。"⑤李陈玉抵任不久，告失告境之案纷纷，李陈玉征求地方意见，又一个个摇首攒眉，均说难缉，因此，能否擒获大盗，重点突破，即是对新县令的考验。

擒获巨盗袁珠寿。嘉善有群盗，屠阿七为巨魁，光天化日之下，公然闯入村落民家，勒索千金，或数百金，稍不遂意，即绑人而去，主家交上赎金，必要足数以后才放人。如此，广大乡村人心惶恐不可终日。在屠阿丑团伙中，有袁珠寿者，一门三四十人，均是该团伙中的翘楚。屠阿丑被前任兵备道擒获，而袁珠寿漏网逃逸。袁接过屠的位子，登坛主盟。在李陈玉抵任前，袁已被署任知县擒获，旋即以计脱逃，不知踪迹。李陈玉找到与袁珠寿有往还的两个捕役，与其严约，获盗则功赏，

---

① 李陈玉：《退思堂集》卷四《文告·更募夫示》，第 47—48 页。
② 李陈玉：《退思堂集》卷十《奏牍·与黄年兄》，第 50—51 页。
③ 李陈玉：《退思堂集》卷四《文告·示》，第 76—77 页。
④ 李陈玉：《退思堂集》卷五《申参·再申漕院文》后附，第 36 页。
⑤ 陈龙正：《几亭全书》卷四三《文录·书牍·寄塞庵相公二乙亥》，《四库禁燬书丛刊》集部，第 12 册，第 427 页。

不然则法办。约了十日，仍未进展，则将二人的妻子孩子扣押起来。过了一月，李陈玉抓获曾窝藏过袁盗的章裕中，再三审问，坚不供吐。一时难有突破，李陈玉暂时放置不问。又过半月，李陈玉密令一人，假装从盗夥中来，寄送银米来监中。章裕中并未觉察，透漏了袁的潜藏处在秃树下袁环之家。陈玉唤来二捕，示以"秃树下"三字，二捕意识到不可隐瞒，只得供出实情。袁珠寿闻知，变换姓名为麦商，欲往镇江外逃。李陈玉料定其必经浒墅关，令二捕守候数日，终于擒获。①

擒获大盗袁颇寿、袁二弟。袁珠寿既被擒获，但其左右臂膀袁颇寿、袁二弟尚逃遁，潜居平湖。平湖为隔属，李陈玉一时难以下手。后来正好兼署平湖县令，到衙三日，李陈玉从皂隶处打听得，二盗有妻妾，往来不常，出没无时，曾在乍浦某地，然而因袁氏人多势众，捕盗不敢问。李陈玉从此牢记在心。后来杭州总捕差人关提，名单中有二盗姓名，李陈玉大喜，于是选择一位可以激励的捕盗，委令其日中即将袁盗擒获。其人后来将袁盗妻子儿女拘押，获知袁盗隐遁在松江，擒获而归。②

两股大盗先后擒获，"于是由拳松泖之间始有宁宇矣"③，嘉善一县治安趋于好转。

（四）清理诉讼

明臣一再强调："国家大事，则莫先于刑狱，刑狱所重，莫先于人命。"④ 及时清理案件，公正处理诉讼，辨明冤枉官司，既是县令的基本职责，也是县令公正廉能的体现。

李陈玉抵任时，嘉善民生状况较之以前大为恶化，"土豪、势恶、光棍、恶少、劣霸、衙蠹六种人物妄生不情"⑤，激化了民间的各种矛盾，各种诉讼案件大量增加。李陈玉形容："民间扰扰，比前较甚，每一投文，往日以百纸计，今且每日以三百计矣。"⑥ 对于日形增多的讼案，李陈玉以民命、民生、民情为念，投入大量精力，不分昼夜，精心研判，及时审理。他说："手板日以百计，令行行覆阅，折折剖判，或曰'子无

---

① 李陈玉：《退思堂集》卷三《述职言·擒获大盗袁珠寿始末》，第51—52页。
② 李陈玉：《退思堂集》卷三《述职言·擒获袁颇寿袁二弟始末》，第53页。
③ 李陈玉：《退思堂集》卷三《述职言·擒获大盗袁珠寿始末》，第52—53页。
④ 马文升：《讲明律意疏》，《御选明臣奏议》卷五，第27页，文渊阁《四库全书》，第445册，第93页。
⑤ 李陈玉：《退思堂集》卷四《文告·再息讼示》，第33页。
⑥ 李陈玉：《退思堂集》卷四《文告·禁止示折示》，第33—34页。

乃自苦乎'？余应曰：'否，蔀屋之民，积日夜以相诉也，令既不能人呼而人谕，片纸所书，何惜夜半之烛，数行之墨乎？即或受绐，久当自绝。'"① 审案时，更精心研判，反复核实，力求公正合理，反映民情，符合当地实际。他说："多问数辈，其情乃出，故众人易决，我必三反。每判一案，必延数刻。何者，民枉延世，民命关天，五疵先戒，六听并用，诚慎之也。又其最者，民孔穷矣，流镪为孽，巢谷卖丝，又复重剡，廉士所耻，仁人所恻，故余之日审也，免供者十七，免纸者十六，恨备赈之有额，愧解纲之未纯，是非何尝无缪，教戒祈于至诚尔。"② 可见李陈玉理政，处理民间诉讼十分慎重，极为称职。

总结分析李陈玉理讼事例，大致可分如下三类。

一是调处田宅买卖找价纠纷。李陈玉在《谳语》一类中，记录了大量审案断语，其中仅涉及房地产转移后的找价事例，就多达 20 余起。江南民间田宅买卖，产业绝卖转移后，卖主往往循照乡例，向买主提出找价补贴要求。此风起自明后期，到万历时期大兴。李陈玉任职时的崇祯年间，嘉善找价风气更加盛行，田宅转移长期纠缠不清，成为民间诉讼的常见现象。

据李陈玉所记，有盛芳者，将田 85 亩卖给蒋监生，蒋转卖张君求，蒋君求转卖盛国风，"业更三主，历有岁年"，盛芳死后，其母托人求于盛国风，国风又助银 5 两，又代张君求找价 5 两。而盛芳之弟盛德，又逼勒国风书立退契。李陈玉判断，找价 7 两，但不准其书立退契。③ 又有符玉衡兄弟卖田于顾来聘，已经加绝 3 次，仍提出找价要求，李陈玉不准，而予杖处。④ 又有苏其来与陆藩郎舅之间，竟"以万历三十六年久卖之田，愿加价于崇祯年间"，李陈玉觉得"真怪事也"，断以各罚二石粮备赈。⑤ 又有江林，将田卖与杨清，得过正价 24 两，又找价 4 次，共得找价 11 两，仍提出找价要求，李陈玉认为此乃"过物之求"，不准。⑥ 有滕间者，以万历十四年（1586）已卖之田，又经转卖于人者，仍向买主服

---

① 李陈玉：《退思堂集》卷六《批记摘略》，第 1 页。
② 李陈玉：《退思堂集》卷七《谳语摘略》，第 1 页。
③ 李陈玉：《退思堂集》卷七《谳语一·兵道一件势抄事》，第 25—26 页。
④ 李陈玉：《退思堂集》卷七《谳语一·抄院一件违旨屠民等事》，第 27 页。
⑤ 李陈玉：《退思堂集》卷七《谳语一·一件急救事》，第 80 页。
⑥ 李陈玉：《退思堂集》卷七《谳语一·一件抄杀事》，第 82—83 页。

叔滕俸"索加叹"，李不准。① 有陆成，万历四十三年（1615）卖田于吴近，已加绝3次，原价只14两，加价已7两5钱；卢奉溪卖田于万历四十一年（1613），加绝8次，崇祯时已变卖他人；姚敬峰于万历十三年（1585）卖田6亩8分，加绝13次，原价只12两，而加价已22两4钱；吴思春于万历十三年（1685）卖田8亩3分，加价11次，原价只15两，加价已21两。如此远年交易数例，加价已接近甚至超过原价，"人已长其子孙，甚且沧桑既更，楚汉俱尽，尤复无厌相索"，原业主再提加价要求，否则即以漏税控告。李陈玉核查之下，发现原契俱已交过税银，独加契未税，他不愿以些须加契之漏税重罚其人，而"宁失不经"，一概判原业主以杖警。② 陆文炳之母浦氏，于天启四年（1624）将田9亩1分卖与沈梦璧为业，已经十余年，提出回赎。按律，"五年不回赎"，现在浦氏提出回赎，意在加价。李陈玉虽觉得按律不能准，然"姑念浦氏寡妇，而卖田亦我之哀民也，量断加价八两，则彼此皆平矣。俱免罪"。③ 有盛国风，于天启五年（1625）将田64亩卖给冯宦，已加价2次，经过13年，再提要求，李陈玉认为要求无理，但"猎较从俗，量断再加银八两，此后仍生葛藤，则有健讼之法禁也"。④ 有蔡纶，与倪淇澳，互较基地，各照地贴银，纶以葬亲，澳以造基，各得其所，而蔡纶找价，已加3次，仍提加价要求，李陈玉认为加价"不为不多"，但"再断加银二两五钱，实数与之，不许仍前不足，致生衅端也"。⑤

对于屡屡发生的田宅找价诉求，作为知县的李陈玉，虽对"秦汉以来，皆可执版章而问魏晋也"⑥ 的找价现象感到十分奇怪，对千奇百怪的找价理由不禁叹息，但深知其地流行加绝之风俗，因而在稍开贫人一线生计的指导思想下⑦，他既没有按"五年不回赎"的条例直接予以否决，也没有按照《大明律》的规定而惩罚加价漏税者，而是承认民间的找价习俗，在三次找价以下，一般均予适量满足要求，而只对找价次数过多、

---

① 李陈玉：《退思堂集》卷七《谳语一·一件弑劫事》，第91页。
② 李陈玉：《退思堂集》卷七《谳语一·一件漏税事》，第112—113页。
③ 李陈玉：《退思堂集》卷八《谳语二·一件杀命事》，第102—103页。
④ 李陈玉：《退思堂集》卷八《谳语二·一件谲占事》，第109—110页。
⑤ 李陈玉：《退思堂集》卷八《谳语二·一件占杀事》，第111页。
⑥ 李陈玉：《退思堂集》卷八《谳语二·一件盗卖事》，第77页。
⑦ 李陈玉主张："卖田求加价，凡州县官初至，或稍为贫人开一线生活，遂为桃李之蹊，久未有不厌极忿极矣。"（《退思堂集》卷一一《奏牍》，第86页）

历年长久或毫无道理的加价要求,不予支持。李陈玉处理的房地产加价案例充分说明,明末江南民间找价的做法极为流行,官府对三次找价的惯例一般也是认可的。

二是审理各种诉讼。李陈玉勤于审理诉讼,案牍随时清楚,并不留滞。他在《讼案散记》中记录了 17 例,以观其自身判案是否得当,我们据此可以窥见其理讼基本情形。17 例中,多为钱债田房财产细故。研析其断案,可知李陈玉多据人情、事理及地方具体情形出发,细心推断,求得真相,从而判明案情,从实发落。如审张姓告朱姓一案,发现张姓、朱姓以及邵姓所投讼牒字迹同出一人,乃令作证的邵姓书写笔迹,发现两家讼纸均出邵姓一人之手,其实两家均未有兴讼之念,盖因邵姓是里中学究,窥视朱、张两家有隙,试图兴讼居中牟利,捏造了原告被告两家诉状。① 再如判尸仆一案,见死者左右两手膀伤痕甚多,头与面伤也重,李陈玉即判定是犯盗为人所搥死。捕官不信,问何以知。李陈玉说,凡民抵敌殴打者,下手必有顾忌。此下手毫不留情,是以知之。且死者左右膀中伤处独多,说明因死者犯盗,不敢对敌束手护身,面有伤痕,则非杀贼而致。后得知,下手人为戚姓,果然因夜半逐贼而手毙盗贼。② 再如判张姓告许姓一案,原被双方互有田在对方县境内,张姓告许姓历年逋负钱粮累其一方赔纳,许姓则说其在别区完纳,执有纳税由票,不知张田何以未交税粮。李陈玉已看出端倪,问清是年司总算册书即是张姓,审出张姓掌握了利用册书机会令许姓赔累钱粮的事实。③

三是清理冤狱。李陈玉处理狱案,牢记"活人多,厥后昌"的古训,秉持"牧民者,生民者也"的宗旨,"时人巧心于仓卒之外,贯朴心于精详之内",平反冤狱甚多。④ 嘉善"民俗尤好讹訾"⑤,李陈玉了解这一特点,审理案狱时特别慎重。他将较为突出的案例记录了 15 例,谨将最曲折复杂的开释沈鹤之冤一例,缕述如下。

吴江人沈鹤,邻人徐三盗其衣船一只,寄顿于同伙沈三池内,被沈鹤访知。沈鹤禀告至平望巡检司,司差弓兵取出。徐三恨沈鹤入骨,反

---

① 李陈玉:《退思堂集》卷三《述职言·讼案散记》,第 68—70 页。
② 同上书,第 71—72 页。
③ 同上书,第 74—75 页。
④ 李陈玉:《退思堂集》卷三《述职言·释诸冤民始末》,第 53—54 页。
⑤ 同上书,第 57 页。

以拦赃纵盗罪名将沈鹤告至吴江县衙，又以沈三名义投牒于盐院。当时吴江知县审明案情，批将沈三、徐三到驿站充徒，而尚未发遣，营保在外。沈三又在秀水县行窃，为该县捕役所擒，羁押在狱。沈三之妻乃约徐三，试图以行劫所得作营救沈三之资。乃纠合24人，在吴江县劫得标客程日新等银一万余两，铜钱数十万文。程日新呈告至吴江和嘉善二县衙。李陈玉严令捕役于三日内破案。第五日，擒获诸盗。李陈玉见盗伙中一人有凄惶愁苦状，点其姓名为沈鹤，是最初擒获徐三时，被徐三等人诬告牵扯入劫案的。李陈玉连夜召集捕官和典史三人突击审问，每审一名，登记口供，将三处所记口供逐一研对，真情大白。即令差人将沈鹤押发回家，取其邻里保结而还，并将从其家获得的银钱送还，还移文吴江县，附抄录原审内容。未曾想，县中捕役承书担心李陈玉治其罪状，又煽动遭劫标客攀指沈鹤确为贼党。沈鹤刚离嘉善，秀水县捕役张堂即将其执获，并其妻子拘系，逼令沈鹤供称参与了抢劫标客一案。从此沈鹤沉狱二年，父死兄丧，妻子行乞于市，每遇告期，其妻仍被收系。后府衙总捕文姓，于途中接受沈妻陈诉，将案情批嘉善县处理。李陈玉再次审理，标客也纷纷叩头，为沈鹤鸣冤。李陈玉书详招一通，备陈始末。文总捕恻然，下令速将沈鹤释放，发还银两，回家与妻团聚。[①] 此案昭雪后，李陈玉自思，"父母斯民之心亦庶乎其稍安矣"[②]。如此复杂繁难的冤狱，李陈玉排除阻力，公正明断，显示了他擅长理讼的一面。

三　李陈玉的成功之道

李陈玉能够在朝廷不断加派地方钱粮，百姓负担日益沉重，遍地干戈、烽烟四起的背景下，维持嘉善一县之地相对宁静，而不至于鱼烂崩溃，究其原因，可能有三方面。

（一）自身素养

明后期，进士出任知县，正途甲科出身，同年座师关系多，三年考满卓异，就有可能擢为台谏，仕途前景看好，因而在官吏铨选序列中地

---

① 李陈玉：《退思堂集》卷三《述职言·释诸冤民始末》，第54—60页。
② 同上书，第59页。

位重要。柏桦就认为，嘉善名士陈龙正之父陈王干在句容当知县获得成功，就取决于其进士出身。① 进士出身，地方士人也不敢轻视。万历后期嘉兴府的乡绅李乐就曾描述，当地秀才"不自揣分，遇父母官由科甲者，不胜诹事；视乡科者，便五六成群嘱托，以求必济，苟不如意，便加词色犯之"②。李陈玉甲科出身，出任特别看重功名的江南嘉善县令，身份上具有一定优势。李陈玉更是一个学养好、心术正、有抱负、以民生为念的亲民之官。

李陈玉对亲民之官的责任有着清醒认识。他论守令之责："令贤则善人多，恶人少，令不贤，善事少，恶事多，王刑繇于此，王赏亦繇于此。一不治，百里乱矣，积十邑不治，千里乱矣。积百邑不治，天下乱矣。故曰，与我共天下者，其惟守令乎！"③ 要做好百里之长，造福地方，就要做好吃苦奋斗的准备。李陈玉说："作官不可受用，想吾此身原为亿兆而来，造福之人，非享福之人也。以一饮食之微而罪人，斯岂志苍生者哉！"④ 李陈玉甘愿吃苦，立志为地方兴利除弊，造福民众。

对于为官行政，李陈玉有原则地把握。他说："一代有一代局势，古人行事，不可执于今人；一刻有一刻推移，昨日思量，不可施于今日。"⑤ 应该依据具体情形，一切从实际出发。

在为官宗旨方面，李陈玉以刚直清正的海瑞为榜样，说："常思吾辈既登朝受命，立于民上，便当孤洁，一意力行善事，不负君，不负民，不负所学，方不愧此须眉，一切身家荣利，那得动念。"⑥ 李陈玉立意上不负朝廷，下不负百姓，做不负先圣教导的好官。

对于做什么样的人、什么样的官，李陈玉有自己的看法。他说："古人往复之文皆民生国政、学问实事，非饤说也。今之濡削，无乃异是。一行作吏，谄谀为德，稷契满口，周孔溢幅，开缄数十行，沥肝洒膈，究其大指，无非承臾。吾耻之，吾厌之矣。"⑦ 他认为："吏无他品，惟有利于民者为良，故有利百年者，有利数十年者，有利数年者，久近不同，

---

① 柏桦：《明清州县官群体》，天津人民出版社2003年版，第158—159页。
② 李乐：《见闻杂记》卷一一第四十五条，上海古籍出版社1986年版，第39页。
③ 李陈玉：《退思堂集》卷一《令书·正名》，第1页。
④ 李陈玉：《退思堂集》卷二《令记》，第62页。
⑤ 同上。
⑥ 李陈玉：《退思堂集》卷十《奏牍·复许我西年兄》，第12页。
⑦ 李陈玉：《退思堂集》卷十《奏牍摘略》，第1页。

大小一致。"① 而行政施为时，"为者，无近利，推而远之，厘而去之，一语之饵，必为截断，一事之尝，必为朴答，小染不严，大污将至，小犯不肃，大恶将至，小罪不正，大诛将至"。② 防微杜渐，见微思著，才无大害。他在致年兄信中表明其心迹："吾侪居官，要期行道，期不汗颜古人，不期作他日田舍翁，并不期今日两衙门抚字心长，催科政拙，如是而已。"③ 他特意写下铭文，时刻提醒自己。左铭为："为名臣，无为具臣；为良吏，无为巧吏；为正人，无为佞人；为大学，无为曲学。德贵其阴，无贵其阳也；廉贵其贞，毋贵其袭也；恩贵其普，无贵其升也；力贵其定，无贵其躁也。沾沾之惠，不可市也；哓哓之怨，不可有也；察察之明，不可任也；戈戈之才，不可使也。又以清白可传为家业，勿认田园；以政刑修明为事迹，勿认名誉；以丰功伟行为荣贵，勿认官爵；以至诚恻怛为经济，勿认智术。"④ 右铭为："但合上天之心，无揣下人之情；但同贱者之意，无希贵人之旨；但求梦寐之安，无羡奔竞之能；但隆千秋之勋，无为一时之事。"⑤ 他以清白廉正自励，而不以宦囊丰满为期。

做地方官，就要以民为本，以民为宝，以百姓之事为事，一切以民生为出发点。李陈玉说："牧民之官，以民为宝，稍可请命，何爱发肤！"⑥ 他的大堂屏风铭是："为民息事，莫为民生事；为民生财，莫为民耗财；为民教德，莫为民教败；为民防奸，莫为民养奸。自正则万物正，心清则万物清。"⑦ 屏风左铭是："宁可于死中求生路，不可于生处求死法；严以恕行，刑徭德用；持父母之心，行师长之教。"⑧ 屏风右铭是："一毫点污，愧他日名臣之传；一念轻肆，堕平生学问之心。清须彻底，德务至诚"；"省赎以养民财，省笞以教民和；本忠厚与正直，乃薰蒸而孔多；喜怒原非我有，为省米而捄过。三传训文，二雅好歌"。⑨ 他对官

---

① 李陈玉：《退思堂集》卷二五《申参·一件名宦事》，第66页。
② 李陈玉：《退思堂集》卷一《令书·明法》，第45—46页。
③ 李陈玉：《退思堂集》卷十《奏牍·与王航区年兄》，第47页。
④ 李陈玉：《退思堂集》卷一二《杂文·左铭》，第63页。
⑤ 李陈玉：《退思堂集》卷一二《杂文·右铭》，第64页。
⑥ 李陈玉：《退思堂集》卷六《批记·一件恩恩类批等事》，第14页。
⑦ 李陈玉：《退思堂集》卷一二《杂文·大堂屏风铭》，第65页。
⑧ 李陈玉：《退思堂集》卷一二《杂文·屏风左铭》，第65页。
⑨ 李陈玉：《退思堂集》卷一二《杂文·屏风右铭》，第65—66页。

员的三年考满内容和作用,理解为"观我生,观民也,言民情之宜否,即吏治之隆污也"①。

一个时刻以民生为念、以民命为本的地方官,必定是一个律己严格、廉洁节俭的清正官员。李陈玉将廉洁俭约上升到关系地方行政成败得失的高度,说:"威生于无欲,智生于无营,名成于不苟,业成于不欺。故廉也者,士之宝也,治之鉴也,民情之壑也。凡兴利除害,非廉不信;训愚正俗,非廉不遵;强宗大族,非廉不服;悍卒奸民,非廉不慑;听讼察理,非廉不精;稽赋考役,非廉不核;集事耦部,非廉不办;造士作人,非廉不公;殿最无情,非廉不定;鬼神无常,非廉不感。廉也者,官之芒刺,民之衽席,国之桢干也。故周官六计以准敝也。凡廉者,必自俭始。"②

李陈玉说到做到,在行政时切实践行。抵任后,"筮仕繁邑,朝夕凛凛,若涉春冰,不敢率意行一事,见一人",衙居数月,孑然一人,家室妻儿均不带,"潇然若僧,愀然如桎",③ 平时日用所需,"一切皆现价平买,官物且不用,况民间一丝一粟乎"④;"从不取民间一物,诸凡价值,比民间或过焉"⑤;"凡借用于民间者,事罢皆归之,一绳之细,不可没也,一铢之价,必以偿也"⑥。前三年中,"不劳一匠,不扰一商",⑦ "三年未役一人,未取一瓦一石"。⑧

地方官光自身廉洁清俭,其实还远远不够,清官要做事,要勤政,一个称职的地方循吏,还应该是勤政爱民、兴利除弊的典范。嘉善是钱粮、人文重地,案牍之纷,头绪之繁,时当明末,官员要想怠政也不可能。万历时湖州乡绅李乐说:"当官者贪财无耻,想是性成,不足责矣。有一等廉靖无求之人,非不可嘉可重。至于临大事,决大疑,遇大欺,须要有胆略,有才智,方能办得事来。"⑨ 李陈玉在嘉善六年,"朝夕拮

---

① 李陈玉:《退思堂集》卷三《述职言·小引》,第1页。
② 李陈玉:《退思堂集》卷一《令书·洁廉》,第13页。
③ 李陈玉:《退思堂集》卷十《奏牍·与卫幕赖无咎》,第33—34页。
④ 李陈玉:《退思堂集》卷六《批记·一件恳恩赐照事》,第23页。
⑤ 李陈玉:《退思堂集》卷七《谳语·一件恳恩照例以均劳逸等事》,第9页。
⑥ 李陈玉:《退思堂集》卷一《令书·应变》,第85页。
⑦ 李陈玉:《退思堂集》卷六《批记·一件阁工事》,第77页。
⑧ 李陈玉:《退思堂集》卷八《谳语·一件欺官藐法事》,第17页。
⑨ 李乐:《见闻杂记》卷二第七十八条,上海古籍出版社影印本,1986年。

据，不遑宁处，一邑之繁，几同一郡"。① 他自述其理政情形："劳劳簿书，海内至繁，晨出暮入，戴星鞅掌，两臂欲断，双眸不交。向来文字山水友朋之好，今皆似隔世生活矣。"② 江南各县，"使县官之不结怨于百姓也，无几矣。急难为下，缓难为上，调停宽严之间，小臣之血欲呕，力欲竭矣。若复长此无已，将来江南有土者，诚不知其所终。"③ 嘉善更是极为繁难之地，"盖缘漕兑轻赍既过，复有诸件未完，交催如雨，臂折心碎，此中繁错，大非孱弱所宜"④；"亦缘此中案牍如麻，酬应如棘，日出视事，日入方休，上灯签押，几至丙夜。其一切状折则待五鼓。毕，又复上灯，批判并料理上台文移各件，则晨炊。已毕，又复出堂视公事矣。日叠一日，无复休时，吴牛见月，不足喻也……江南风土，与大江以下殊属不同，官其地者，事务之繁，调摄之艰，亦百倍吾乡。"⑤ 李陈玉说，以其"菲薄之质，日行艰钜之地，自辰至酉，才得交睫，而铃铎相催矣。日续一日，事复一事，见日而喘，未有歇期"⑥；"弟承乏武塘，材既凡下，事复猬集，且当前人败辙之后，百皆怠玩，宽之则不足集事，严之则适足取怨，忧心如焚，将来未卜"；"以福薄之人居难任之地，议论蜩螗，簿书山岳，直道之行甚难，信心之事不易"；⑦ 任职嘉善，其地"繁难，海内无二，戴星出入，视以为常。妻孥远来，止淡饭三食，而铃阁拆声，睡常不饱，劳瘁如此，窃不以为奉法守职之吏，为国忘家，为民忘身，而平昔之风雅尽脱落无复存矣，一切诗文山水棋酒宾客，至今都不知为何事，平生面孔变为俗吏，然不俗便不似吏"⑧。其"初筮遽膺繁难，案牍旁午，人情错杂，手如探汤，胸常饮冰，劳瘁万状，有不能为长者道也"⑨；"武塘为吴中最繁之地，簿书之旁午，情事之艰难，不可缕指"⑩；"下邑半月之积如山如河，欲求一刻作片启奉候，如赤日长途，苦

---

① 李陈玉：《退思堂集》卷十《奏牍·与程九屏年兄》，第37页。
② 李陈玉：《退思堂集》卷十《奏牍·与罗白石》，第62页。
③ 李陈玉：《退思堂集》卷十《奏牍·复座师吴磊斋先生》，第54页。
④ 李陈玉：《退思堂集》卷十《奏牍·上座主吴磊斋老师》，第38页。
⑤ 李陈玉：《退思堂集》卷十《奏牍·复王依日年兄》，第17—18页。
⑥ 李陈玉：《退思堂集》卷十《奏牍·上座主朱茂如老师》，第20页。
⑦ 李陈玉：《退思堂集》卷十《奏牍·与蔡贲服年兄》，第76页。
⑧ 李陈玉：《退思堂集》卷十《奏牍·与宗天孙》，第91页。
⑨ 李陈玉：《退思堂集》卷十《奏牍·与家司马》，第36页。
⑩ 李陈玉：《退思堂集》卷十《奏牍·与李仪部唐谷年兄》，第52页。

无寸木之荫"①。他还数次提到,任职嘉善之地是"苦海"。诸如此类,自不免有几分抱怨,几分表白,但其勤政敬业之状可见一斑。

(二) 交好乡绅

明代后期,江南乡绅势力特别强大,乡绅干预地方官府行事无所顾忌,明末时愈演愈烈。崇祯十五年(1644),都御史刘宗周愤愤地说:"江南冠盖辐辏之地,无一事无衿绅孝廉把持,无一时无衿绅孝廉嘱托,有司惟力是视,有钱者生。且亦有衅起琐亵,而两造动至费不赀以乞居间之牍,至转辗更番求胜,皆不破家不已。甚之或径行贿于问官,或假抽丰于乡客,动盈千百,日新月盛。官府之不法,未有甚于此者也。"②此是朝中要臣评论江南地方政治,而若从地方官一方观察,要想施展手脚、有所作为,确实难上加难。隆庆时,名臣海瑞出任应天巡抚,一心为民,搏击豪强,强力推行其赋税徭役改革的一系列措置,有些得到实施,有些中途而止,有些则未付之实行,并在豪强的百般阻挠、剧烈反对下,仅仅八个月,即遭解职。③相反,江南也有人认为,地方多贤士大夫,如有贤令尹,"非其邑有贤士大夫辅翼之,以补缀缺少,则尹虽贤,固难免于民之尤之也"④。这是因为,在严格实行财政"原额主义"的明代,地方官府殊少计划外的财政安排可以用于地方事务,在捉襟见肘的明后期,地方官有要有所作为,必须取得地方士人的信任和支持。嘉善紧邻吴江县,万历后期知县刘时俊,修建塘路,兴修水利,即多以乡宦为问计依赖对象,三年后考满优异,进入名宦传,其条约、告谕治政者作为参考。⑤嘉善本县,李陈玉之前五任县令,"皆以乡亲取谤,议论颇多,触处荆棘"⑥。对于这些经验教训,一心为好官的李陈玉自然十分清楚。李陈玉在回复嘉善籍云南巡抚钱士晋时说:"贵邑风俗邹鲁,但恨承乏

---

① 李陈玉:《退思堂集》卷十《奏牍·与梁恪政公祖》,第83页。
② 刘宗周:《刘子全书》卷一七《文编四·责成巡方职掌以振扬天下风纪立奏化成之效疏》,第52—53页,会稽吴氏道光刻本。
③ 参见范金民《海瑞江南施政述论》,《首都师范大学学报》2014年第1期。
④ 唐寅:《唐寅集》卷五《荷莲桥记》,周道振、张月尊辑校,上海古籍出版社2013年版,第240页。
⑤ 乾隆《吴江县志》卷二三《名宦传》,第63—64页;刘时俊:《居官水镜》卷一《修塘事宜》"出内事宜"条,万历间刊本,第23页,《官箴书集成》第1册,第608页。康熙时陆寿名、韩讷编辑:《治安文献》,收刘时俊所颁条约、告谕、禀揭、条例等。
⑥ 李陈玉:《退思堂集》卷十《奏牍·答门人胡蓬屿》,第50页。

非材,赖长公当今大雅维持夹辅,使不至于云雾堕迷焉耳。"① 很明显,要想在人文重地嘉善站稳脚跟,为民施政,就必须取得当地簪缨望族的信任、支持或配合。

李陈玉在嘉善,与当地士绅书信往还,随时商酌,保持着密切关系。仅据其文集统计,李陈玉至少与如下本县士绅有过书信往还。

钱士升,字抑之,一字塞庵,号御冷,当朝吏部尚书、东阁大学士,李陈玉称之为太老师,致书8通。钱士晋,字昭自,士升弟,万历四十一年(1613)进士,崇祯时为云南巡抚,李陈玉致书1通。钱继登,字龙门,万历四十四年(1586)进士,累官佥都御史,巡抚淮扬,李陈玉致书10通。钱枊,士晋子,字彦林,崇祯六年(1633)顺天乡试举人,李陈玉致书10通。李陈龙正,字惕龙,号几亭,李陈玉同年进士,李陈玉致书7通。钱继章,吾德子,字尔斐,崇祯九年(1636)举人,李陈玉致书4通。钱格,字去非,崇祯三年(1630)举人,李陈玉致书5通。朱颜复,国望子,字克非,天启七年(1627)举人,李陈玉致书1通。朱廷旦,字尔兼,天启四年(1624)恩贡、七年(1627)南京国子监副榜,李陈玉致书4通。沈泓,字临秋,崇祯六年(1626)举人,李陈玉致书1通。魏学濂,名臣魏大中子,李陈玉致书7通。支如玉,字宁瑕,名臣支大纶子,万历二十八年(1600)举人,历官刑部主事,李陈玉致书3通。② 李陈玉与嘉善三大家族即钱家、支家和魏家均关系热络。据陈龙正文集,陈龙正几亭先生致书李陈玉至少7通和公启1件。李陈玉与其他地方举人以上士绅有书信联络者,人数极为繁夥,不胜缕述。

作为县令的李陈玉,与嘉善地方士绅就地方事务兴革利病反复商量,探讨谋求解决之道。传记资料载,李陈玉捐俸创立鹤湖书院,"每就书院与邑之贤士大夫讨论今古,间谘询地方大利害事"③。李陈玉拟实行乡约,先征求县中士林意见,称"计非老先生开受良策不可"④,再通告全县百姓。李陈玉对待社仓济荒之举,先致公启,与县中头面人物商量,"上叩主盟"⑤,认为其事应该完全由地方人士主持举办,也不应向民户强求摊

---

① 李陈玉:《退思堂集》卷十《奏牍·复钱中丞昭自先生》,第22页。
② 嘉善地方士绅的行状,主要依据康熙《嘉善县志》卷七《选举志》、卷八《人物志》查得。
③ 高承埏著:《崇祯忠节录》卷一五,第6页,刘氏嘉业堂旧钞本。
④ 李陈玉:《退思堂集》卷十《奏牍·为乡约与诸大老》,第2页。
⑤ 李陈玉:《退思堂集》卷十《奏牍·与鹤湖诸大老议储糈》,第3页。

派。他说:"但使有心人皆有其权,其聚少成多之妙,推陈聚新之方,固当听之贤士大夫,而不当问之官也。问之官则胥吏得以操纵乾没,虽有良法不十年而必败。惟一听之贤士大夫,则法之所穷,意复通之,意之所穷,法复生焉。此余所谓乡约社仓相待而举也,固深有望于仁人智士代为修明也。"① 他个人只是将积余的俸金 300 两银子,加入地方人士陈龙正等人所捐银两,共计银 500 两,差人买稻,修盖预备仓数间,"一切捐助尽行罢除,免道傍之筑,省妒妇之口,何等简易"②。

李陈玉上任伊始,化解极为繁难的漕粮征解困局,自始至终得到乡绅的支持。为漕粮征收耗赠银,在外任职知府的当地人潘庆曾提出办法,李陈玉回复称:"老先生留心桑梓,造福不浅,不肖某止有次第奉行,以无负至教,无罪百姓而已。不肖自垂髫时,蚤承严训,常戒以入官百事,便民为主,即民便而官不便,犹当不爱顶踵,属纩之言,切切乃心,半生诵读,忍以当局遗乎!……昨至郡城,觉六县皆已定陋规,不肖何敢不为地方坚持,而窃会要领,未得所在,须贵乡诸大老推赤以示。"③ 李陈玉在不违背其为官宗旨的前提下,尽量听取当地士林的意见,择善而从。

李陈玉征兑漕粮如数完纳,相当成功,也有赖地方士人支持。崇祯七年(1634)漕粮征解初步完成,李陈玉即复书颇孚时誉的乡绅同年陈龙正,感慨地说:"漕事幸竣,皆仗贵邑诸大老维持夹辅之力,输纳首倡,且完数比民间倍之。早晤道台,便首为地方之颂。次则里递亦称急公,黡浅新吏何功何德,以报吾民。"④ 并向时任东阁大学士的嘉善人钱士升禀报:"倅附太老师渊源余流,常自顾影问心,何以仰承德意,何以无忝拔擢,侏儒寡效,临事引惭。盖缘大邦非龌龊能理,细斤遇盘错辄穷。漕兑一事,方引罪不遑,未复九石八斗之额,尚何敢贪天功以自文饰乎!"⑤ 后来连续两年,漕事又完,李陈玉回复陈龙正,又说:"漕兑事,皆贵邑绅士父老之力,急公负担,倅得完局,以免于吏谪。"⑥

---

① 李陈玉:《退思堂集》卷一二《杂文·储糈引》,第 15 页。
② 李陈玉:《退思堂集》卷十《奏牍·复陈几亭年兄》,第 123 页。
③ 李陈玉:《退思堂集》卷十《奏牍·复太守潘默庵先生》,第 35—36 页。
④ 李陈玉:《退思堂集》卷十《奏牍·与陈几亭年兄》,第 12—13 页。
⑤ 李陈玉:《退思堂集》卷十《奏牍·复内阁钱太老师》,第 5 页。
⑥ 李陈玉:《退思堂集》卷一一《奏牍·复陈几亭年兄》,第 17 页。

如前所述，嘉善与嘉兴、秀水二县，存在长期纠缠不清的嵌田问题，给三县合理完纳赋税带来极大困难，李陈玉就厘清嵌田征询陈龙正意见，陈龙正告以"下车新猷，此为第一义……目前最吃紧关头，只在破嘉、秀之把持"①。在平湖县署任内，李陈玉为了断钦定追赃案，也是"上请之乡绅，下商之耆老"②。

嘉善南门一带，顾姓乡宦临岸修砌，顾姓生员置立船房，前者指责后者壅塞河道，后者指责前者侵占水面，长年纠缠不靖。李陈玉做通工作，由举人张周孙等从中调停，出价购买船房和帮岸，然后拆除船房以恢复水面。这样一来，较为棘手的纠纷在士林内部解决，张举人获得善举名声，顾姓两造前后辈不失体统。③

在上级官员面前，李陈玉也为地方士人说话。当上司要其评价县属举人学行时，李陈玉说："即如职嘉善一县，举人不过一十三人，半属高门华胄，谨守家学，半属闭门潜修，力所善事，中间虽品地有低昂，然其边幅外见，形表可鉴。职到任三月有余，相见甚稀，何从而索其瘢乎？"④ 偏袒之意明显，但用词十分巧妙，无懈可击。

李陈玉为政，更得到地方士绅的肯定与支持。由李陈玉与地方士人的通信可知，全县士绅暨举人钱枡等曾为李陈玉在上司前褒美邀誉。⑤ 五年下来，嘉善士绅高度评价李陈玉，县学生员休宁人程志才及全县人士感念李陈玉之德，在名宦祠中树立去思碑，内阁学士题额，侍郎曹勋撰文，称颂李陈玉"国无逋税，野无追呼，胥史刀笔文无害，侯之治术为之也。使民而民忘劳，爱士而士不敢以私谒。狡如伍伯，悍如旗弁，亦弭耳投诚，绝非分之觊，则侯之道术为之也……购地建鹤湖书院于北郭外，规制弘丽，民不告劳"⑥。李陈玉之所以成功，与地方士绅认可和称许，并获得大力

---

① 陈龙正：《几亭全书》卷二八《政书·复田说·复李谦庵邑尊书》，第9页，《四库禁燬书丛刊》集部，第12册，第224页。
② 李陈玉：《退思堂集》卷四《文告·平湖钦赃严扳累示》，第79页。
③ 李陈玉：《退思堂集》卷五《申参·一件河道事》，第69—70页。
④ 李陈玉：《退思堂集》卷十《奏牍·启上台》，第81—82页。
⑤ 李陈玉曾云："诸老先生台台不鄙夷而斥之，幸矣，乃山薮之藏，栽培之厚，偶与浪报，原非实息，而遽承优渥，言于上台，适接翰稿，捧读忭恧，且感极而涕零者矣。"又称："代罪贵邦，岁更一纪，善政蔑状，怨谤山积。向筒台兄见誉各上台，退而自省，实拜造就。"(《退思堂集》卷一一《奏牍·复诸乡老先生》，第20页；卷十《奏牍·复钱孝廉彦林》，第23页)
⑥ 曹勋：《邑侯李谦庵去思碑记》，康熙《嘉善县志》卷一一《艺文志二》，第28页。

(三) 守常不生事

李陈玉所处的崇祯年间，农民起义已成燎原之势，后金政权分庭抗礼，大明王朝入不敷出，国穷民困，民不聊生。此时的县令，能够稳住地方，完成赋税征敛任务，能够不生出事端，使百姓不致雪上加霜，明朝江山不至于先从底层瓦解，已属极为难得了。

李陈玉对当时的全国大势有着清醒的认识。他说："我辈居官，只要为民间省事，省得一事便是一件功德，不必问其谤毁若何也。"① 又说："作吏要寻常无奇特，寻常则循治之理，奇特则犯人之情。王道曰平，平曰闷，闷曰无赫赫。当谨司而藏之。"② 在讨论县官为政时，李陈玉说："以法还法，以人还人，以事还事，是谓守常。"③

具体处理事务时，李陈玉秉持不喜事、不多事、守常的原则，尽量循常去弊。在批示征输市税时，李陈玉批道："凡事苟无大害，循照旧例，喜事不是好官，多事不是良民。"④ 在批示圩长落实农田水利事务时，李陈玉批道："准着圩长领票给填，但要各体上心。行法须善，无多事于民间，便是有功于官府。"⑤ 在征调差役时，李陈玉批示："本县冠盖如林，小民当差繁苦，已准原额之外，不准滥觞，漕事艰难，干系切身，各宜体谅。"⑥

明末的江南，明初以来实行的里甲制已趋瓦解，实际发挥作用极为有限，各地试图实行保甲法，以安靖地方。但其时保甲法的基础并不牢靠，田亩户口册籍，与实际情形大相乖离，根本不牢，要行保甲，徒滋扰攘，而难收实效。李陈玉十分清楚，说："保甲一事，江南最为难行……故为治者，亦惟清净简易，存其大意而已矣。"⑦ 并不指望彻底厘清，认真实行。在与同年陈龙正的信中，李陈玉吐露心迹："保甲自是比间旧法，而贵邑保甲又互相推，甲长不肯独劳，十家莫肯分任。势不得不责令每甲，共募一人，庶劳逸均而利害共。虽欲推无徭，特所募者初

---

① 李陈玉：《退思堂集》卷十《奏牍·与贰黄》，第28页。
② 李陈玉：《退思堂集》卷二《令记》，第49页。
③ 李陈玉：《退思堂集》卷一《令书·守常》，第87页。
④ 李陈玉：《退思堂集》卷六《批记·一件吁天垂恤穷民以便征输市税事》，第5页。
⑤ 李陈玉：《退思堂集》卷六《批记·一件禀折事》，第23页。
⑥ 李陈玉：《退思堂集》卷六《批记·一件改正户名事》，第76页。
⑦ 李陈玉：《退思堂集》卷四《文告》，第20页。

行，不免少有纷扰，渐次约束，必有可观，而贵邑乍见纷扰，奸猾乘之，是生繁言。言既繁生，政用是静，今且暂议罢矣。"①

崇祯八年（1635）正月，张献忠农民军焚毁明皇陵，朝野震动，从此江北各地乱象警报不断，各地纷纷操练乡兵，以作防守地方计。但嘉善地方的所谓乡兵，其实多半本身就是民壮，现在专门操练一支乡兵，其所需费用巨大，各地均是摊派民户，李陈玉觉得民间负担本已十分沉重，再令出钱出兵，实在说不过去。而上司三令五申，要求设置。李陈玉深知，此时此地，断难实行，他既要遵从上司指令，又要"着实举行，又要安静，使民间不知有兵才妙"②，"既不敢以虚应而作事，实难虑始，或有少害，奉行或不如法"，暂令停止③。后来得到当地籍的大佬钱士升的指点，改以设置乡兵之饷增作民壮工食，既少花费，又收实效。但如此移花接木，暗中抵制，最后能否为百姓所接受，为上司所认可，也是隐患。李陈玉为此忧虑，嘉善"细民多口，上司各役有耳，不知后日何能无饷钱重冒之谤否……今以民壮代乡兵，必不可以告上台，而阴罢乡兵以其饷实练民壮，又须防上台后日驳查"④。

在上司严令奉旨实行而难收实效的保甲、乡兵之类虚文事项，李陈玉自然无法置之不理，他采取的对策是并不切实落实，尽量减少虚耗钱粮，在虚文中谋求做实事，他说："凡事明知虚文，然就虚文中少做实事，方可修明。"⑤ 即如乡兵一事，人情惶惧，"挨门报点则多骚扰，悬格召募又无应者"，李陈玉未有大的动作，只在原来的保甲范围内，拣选壮勇，得260名，将所需费用摊入全县地丁，作为养兵工食。⑥ 在杂事猬集民穷难以聊生的明末，循照旧例，守住常经，不生事端，不瞎折腾，实是理政的关键，既显得极为重要，也显得极有意义。

综上所述，直到崇祯年间，明廷倾覆前夕，山雨欲来，遍地干戈，江北华北各地扰攘不息，而作为明朝生命根本的钱粮重地江南一隅，还相对稳定，未曾瓦解，还有如李陈玉那样的循吏能臣，忠于职守，赤心

---

① 李陈玉：《退思堂集》卷十《奏牍·复陈几亭年兄》，第121—122页。
② 李陈玉：《退思堂集》卷十《奏牍·与簿余》，第100页。
③ 李陈玉：《退思堂集》卷十《奏牍·上内阁钱太老师》，第93页。
④ 同上书，第93—94页。
⑤ 李陈玉：《退思堂集》卷十《奏牍·复陈几亭年兄》，第121页。
⑥ 康熙《嘉善县志》卷三《武备志》，第40—41页。

报国，关注民生，竭力处理朝廷、地方和百姓之间的关系，尽力兼顾三者利益，源源为朝廷提供兵饷钱粮，恪尽守卫疆土职掌，孜孜维持地方安宁稳定，以延缓明朝大厦的倾倒。李陈玉向其师禀报当时实情道："今天下非无事之日也，江北蠢警，所在震邻，而上流之控政在掌握骏鸿流树，此其时矣。如某者庸末菲材，滥膺岩邑，百苦千辛，不敢告人，日久则过多，事繁则智蔽，国大则人情难调，赋重则催科易拙。"又致信其同年说："今遍地干戈，所稍安枕者，惟两浙三吴。"[①] 李陈玉所言所为，一定程度上反映出明末江南地方一个亲民官的为政境况。

---

① 李陈玉：《退思堂集》卷十《奏牍·复座师吴磊斋先生》《奏牍·与枢部程九屏年兄》，第28、54页。

明前期的江南卫所与赋役征调

曹 循

卫所制度是明史研究的重要课题。卫所不仅是明朝基本的军事单位，也是一种军事性的地理单位，学者也多从军制与社会两个层面探讨卫所制度，取得了丰硕的成果。[①] 江南是明朝率先推行卫所制的地区。[②] 有关江南卫所的研究，一是从卫所考察明前期的军制；[③] 二是用社会史视角探讨卫所、军户与军役等制度的变迁，涉及的问题多集中于明中后期。[④] 江南卫所的开设、军户的编签、军屯和漕运的展开主要在明前期，则卫所制对江南社会的影响应以明前期为剧。笔者不揣浅陋，在借鉴前贤研究成果的基础上，从赋（军屯籽粒）、役（卫所军役）征调的角度，试对明前期江南卫所与社会的互动关系做一些初步探讨。不当之处，敬请专家指正。

一 江南卫所的密集设置

秦至北宋，历代统一王朝的主要军事威胁皆来自北方草原，故王朝军事力量部署的重心亦在北方。其中以北宋最为典型，兵力部署在地域

[①] 相关研究成果较多，恕不胪列，可参见邓庆平《明清卫所制度研究述评》，《中国史研究动态》2008年第4期；彭勇《学术分野与方法整合：近三十年中国大陆明代卫所制度研究评述》，日本中国史学会主办《中国史学》第24卷，2014年版，第59—70页。

[②] 本文讨论的是广义上的江南，即今长江以南的江苏、安徽、浙江、福建、江西、湖北及湖南等地。

[③] 这方面的代表性成果主要有：南炳文《明初军制初探》，《南开史学》1982年第1—2期；李新峰《明初亲军卫变迁与军中派系》，《明清论丛》第10辑，紫禁城出版社2010年版。

[④] 这方面的代表性成果是于志嘉有关江西卫所的系列论文，收入氏著《卫所、军户与军役——以明清江西地区为中心的研究》，北京大学出版社2010年版。

上尤其"重北轻南"。① 元朝平定南宋，首次实现了以少数民族为主角的大统一。蒙元统治者面对人数众多的被征服民族的反抗，特别是"江南盗贼，相挺而起"，② 不得不在江南地区广置军府，长期保持大规模的军事力量，形成密集镇戍的格局。③

朱元璋变通元朝侍卫亲军与万户、千户制，实施卫所制。元至正二十四年（1364），驻扎应天的朱元璋亲军率先整编为17个亲军卫，其后地方军府次第改建为卫，朱军以卫所为编制发动大规模的统一战争。在调动已有卫所征进的同时，朱元璋十分重视在新征服地区及时开设卫所。如至正二十五至二十七年间（1365—1367），朱军平定湖广，随即开设沔阳、安陆、襄阳、潭州、常德、辰州等卫。④ 至正二十七年（1367）初，朱军与张士诚决战，二月克昆山，置昆山卫，四月，置太仓卫，形成对苏州城的包围态势。九月，朱军克苏州，次月即置苏州卫指挥使司。⑤ 新卫所又成为进一步征进的生力军，并为下一轮卫所的开设提供基干力量。如至正二十六年（1366），朱军在江西设袁州卫，其军士部分征进福建，置卫留戍；部分北伐至辽东，开设金州卫。⑥ 于是，明朝卫所的数目如同滚雪球般不断膨胀，至洪武二十六年（1393），计有内外卫329处，守御千户所65处。

朱元璋先平定江南，继而北伐推翻元朝，故其在江南广建卫所，为北伐积蓄军事力量，合乎情理。到洪武十五年（1382）初，盘踞云南的元梁王把匝剌瓦儿密被明军消灭，明朝在南方已无大的军事威胁。然而，江南卫所的数目并未因明朝国防重心转移到北方而有所减少，反而不断增加。据洪武二十六年（1393）刊印的《诸司职掌》载，京师有41个卫、1个牧马千户所，直隶有26个卫、2个守御千户所，浙江有16个卫、

---

① 程民生：《宋代兵力部署考察》，《史学集刊》2009年第5期。
② （明）宋濂等：《元史》卷一七三《崔彧传》，中华书局1976年版，第4041页。
③ 萧启庆：《元代的镇戍制度》，《内北国而外中国：蒙元史研究》，中华书局2007年版，第262—265页。
④ 至正二十四年至洪武十三年间卫所建置情况，参见南炳文：《明初军制初探》，《南开史学》1983年第1—2期。
⑤ 《明太祖实录》卷二二"吴元年二月癸丑"，台北中研院历史语言研究所，1962年（以下所引历朝《实录》同此版本），第318页；卷二三"吴元年夏四月壬戌"，第335页；卷二六"吴元午冬十月乙巳"，第383页。
⑥ 正德《袁州府志》卷一四《艺文·重建卫碑记》，《天一阁藏明代方志选刊》，第59页a；《明太祖实录》卷九九"洪武八年四月乙巳"，第1682页，上海古籍书店影印本，1962年。

4个守御千户所，江西有6个卫、9个守御千户所，福建有17个卫、1个守御千户所，湖广有32个卫、14个守御千户所，合计138个卫、31个千户所，分别占全国总数的41.9%和47.7%。其中，约有27个卫、5个千户所在长江以北区域，将其排除，江南卫所也占全国总数的1/3左右。

对于以上分布格局，学者尚无系统讨论。有学者将湖南地区的卫所划分为腹地卫所和边地卫所两大类型，前者为加强对地方行政中心的军事控制而设，后者可进一步区分为交通型、控御土司型和防瑶型。[①] 这一划分从军事的角度看颇具合理性，但似不足以让我们充分认识明初江南卫所的性质。为便于后文的讨论，我们先将明初江南卫所数目及其军额与北宋、元朝作一比较。

北宋、元、明三朝江南军府及军额统计表

王朝	军府名	军府数（个）	军额（人）
北宋（熙宁年间）	禁军指挥	120	37200
	厢军指挥	181	58100
元（至元年间）	万户府	29	约145000
明（洪武二十六年）	卫指挥使司	111	约621600
	守御千户所	26	约29120

注：（1）北宋数字依据《文献通考·兵考》，元代万户府数字依据萧启庆先生《元代的镇戍制度》和李治安先生《元代行省制度》的研究，明代卫所数字依据《诸司职掌·兵部·职方部》；元代万户府军额以平均为中万户府即5000人计，明代卫所军额以平均每卫5600人、千户所1120人计。（2）北宋数字包括荆湖南北、江南东西、两浙、福建路。元代数字包括江浙与江西、湖广行省除两广地区以外的常驻万户。明代数字包括在京与直隶、湖广江南卫所，浙江、江西、福建卫所。

上表对元、明军额数字的估算是不精确的，但明初江南地区军队的规模不仅远远超过北宋，也多于元代，是显而易见的事实。如果说洪武时期京师与直隶保持较多军队尚有"居重驭轻"之意，则其他地区也屯驻大兵，就难以从军事角度理解了。何况永乐迁都后，江南卫所不仅没有减少，反而略有增加。如同样在"蛮夷叛服不常"[②]的两湖地区，北宋

---

① 孟凡松：《明洪武年间湖南卫所设置的时空特征》，《中国历史地理论丛》2007年第4期。
② 脱脱等：《宋史》卷四九四《西南溪峒诸蛮下》，中华书局1977年版，第14194页。

仅置禁军61个指挥、厢军44个指挥，其军额在宋神宗时合计仅31600人，[1] 元代常驻约9个万户，[2] 其总兵力当在5万人左右，而明初湖广地区的卫所"官军二十余万"。[3] 如此庞大的军队，若仅仅用于控扼交通要冲和弹压少数民族，无疑是牛鼎烹鸡。朱元璋、朱棣父子为何要在江南建立并维持密集的卫所呢？我们通过考察江南卫所的职能，或可找到答案。

二　江南卫所的军役签发

管理军士是卫所最基本的职能。明代沿袭元朝，实行世袭军户制。军户的来源，《明史·兵志》云："有从征，有归附，有谪发。"所谓"从征"军主要是随朱元璋渡江建立根据地的淮西义军，即"濠、泗、安丰、汴梁、两淮之人"[4]，数量并不太多，且大多在明朝建立后晋升为军官。明朝建立与统一战争中，故元旧军和元末割据势力的降军、败军即所谓"归附"军，是军户重要的来源。洪武中后期，以民户三丁签一军，或二丁、一丁的两户凑为正、贴户签一军的"垛集"是扩充军户的主要办法。

元末、洪武初，江南卫所大都以收编归附军而开设。如江西赣州卫，即以陈友谅部将熊天瑞降军为班底开设。[5] 湖广茶陵卫，在吴元年（1367）以陈友谅归附军千人，并调张士诚归附军千人置左右中三所；[6] 常德卫，初由"陈友谅漫散军一千人，并调苏常军一千人"而设。[7] 在浙江，洪武四年（1371）底，诏籍方国珍所部军士及兰秀山无田粮之民尝

---

[1] 马端临：《文献通考》卷一五三《兵考五》，第4575页；卷一五六《兵考八》，第4672页，中华书局2011年版。

[2] 李治安：《元代行省制度》，中华书局2010年版，第290—295页。

[3] 马文升：《题为因灾变思患豫防以保固南都事疏》，（明）陈子龙辑：《明经世文编》卷六二，中华书局1962年版，第515页。

[4] 《明太祖实录》卷一七"乙巳年七月戊午"，第235页。

[5] 丁志嘉：《卫所、军户与军役——以明清江西地区为中心的研究》，第13页。

[6] 嘉靖《长沙府志》卷五《兵防纪》，日本上野图书馆藏明刻本，第27页a。

[7] 嘉靖《常德府志》卷一四《兵防志》，《天一阁藏明代方志选刊》，第3页b。

充船户者111730人"隶各卫为军",次年,相继开设台州、明州等卫。①这种收编故元和元末割据势力降军、败军的做法,既对潜在的威胁加以监管,也能发挥充分利用人力的效用。

洪武后期,江南卫所多依靠垛集民户为军增设或补充。此时故元、群雄旧军先已搜罗殆尽,江南的普通百姓就成为军役签发的对象。洪武二十年(1387),明廷于"福、兴、漳、泉四府民户,三丁取一,为缘海卫所戍兵",凡15000余人,开设永宁、平海、福宁三卫。同年,诏籍绍兴等府民四丁以上者,以一丁为戍兵,凡58750余人,建临山、昌国、观海、海门、松门、金乡、磐石等七卫及海宁千户所。洪武二十三年(1390),湖广、云南共集新兵179500余人,其中于湖广开设荆州、九溪等卫及五开卫所属三千户所。② 原有卫所军士不足的,也通过垛集得到补充。如茶陵卫本辖三个千户所,洪武二十三年(1390)"垛州民户,得军二千八百人,以二千人置前后二所"。③ 这种按丁力签军和正贴户制,也是沿袭元朝的老办法。④ 伴随着洪武后期卫所的大规模增设与补充,数以万计的江南百姓被垛集为新的军户。

江南卫所在其他地区兵源的供给中扮演储备所与中转站的角色。洪武时期大规模签发的军户,不仅满足江南卫所的需要,也为其他地区提供兵源。洪武五年(1372),明廷尽废宁夏府州,徙民于内地,洪武九年(1376)以后重新经营宁夏,开设卫所,"徙五方之人实之"。移徙到宁夏的主要是军户,且以"吴、楚为多"。⑤ 如宁夏中卫,乃"在京(南京)在外官军六千余员名"组建。⑥ 洪武二十六年(1393),又以在京府军前

---

① 《明太祖实录》卷七〇"洪武四年十二月丙戌",第1300页;卷七五"洪武五年八月壬寅",第1393页;《明一统志》卷四七《浙江·台州府·公署》,文渊阁《四库全书》,第472册,第1097页。

② 《明太祖实录》卷一八一"洪武二十年四月戊子",第2735页;卷一八七"洪武二十年十一月己丑",第2799页;卷二〇二"洪武二十三年六月戊子",第3032页;《明一统志》卷七五《福建·泉州府·公署》、卷七七《福建·兴化府·公署》、卷七八《福建·福宁州·公署》,第473册,第581、629、659页;卷三八《浙江·杭州府·公署》、卷四五《浙江·绍兴府·公署》、卷四八《浙江·温州府·公署》,第472册,第955、1062、1112页;卷六二《湖广·岳州府·公署》,第473册,第311页。

③ 嘉靖《长沙府志》卷五《兵防纪》,第27页a。

④ 参见陈高华《论元代的军户》,《元史论丛》第1辑,中华书局1982年版,第73、82页。

⑤ 嘉靖《宁夏新志》卷一《宁夏总镇·建置沿革》,宁夏人民出版社1982年版,第8页;乾隆《宁夏府志》卷四《风俗》,宁夏人民出版社1992年版,第112页。

⑥ 嘉靖《宁夏新志》卷三《所属各地·中卫》,第218页。

卫将士之有罪者置宁夏卫。① 此外，洪武十年（1377），明廷以在京羽林等卫军2264人益西安护卫。② 前文提及的茶陵卫垛集2800人，其中800人调贵州清平卫，相邻的长沙卫也调往贵州都匀卫55人。③ 江南巨量的人口可以为明王朝提供近乎取之不竭的兵源，密集的卫所可以有效执行签发军役的任务，并为其他地区卫所储备和输送兵源。

军士携妻子在戍所生活，著籍于卫，成为卫所军户，而其原籍家庭成员和卫所正军的贴户就是州县军户。一旦卫所军户逃亡、故绝，明廷就从州县军户勾补。明初江南地区大规模的军役签发与兵源输出，形成了州县军户数量庞大，远远超过本地卫所军额的现象。如常熟县在洪武四年（1371）约有军12797户，④ 区区一县就有如此之多的军户，显然不止供苏州卫所之需。据明人说："有大县至数千名，分发天下卫所多至百余卫、数千里之远者。"⑤ 隆庆《临江府志》记载该府原额军17944户，嘉靖、隆庆年间尚存5779户，分属遍及全国的近300个卫所，⑥ 显示了明初江南军役签发规模之巨与兵源供给范围之广。

三　江南卫所的屯田

被签发为军的百姓，要世代承担军役。军役可谓明代诸色户役中最重的差役，有屯田、操守、运粮、巡捕等正役，以及诸如充当将领皂隶、军伴等各项杂差。万历时，御史颜思忠说："卫所军差，以运粮为苦，而京操次之，较之城操、屯田，劳逸悬绝。"⑦ 从明初始，屯田、运粮就是江南卫所承担的主要职司，这里先讨论屯田。

军屯最早出现在西汉，到元代，军屯的规模空前扩大，在制度上臻

---

① 《明太祖实录》卷二二九"洪武二十六年七月甲子"，第3347页。
② 《明太祖实录》卷一一一"洪武十年正月辛卯"，第1841页。
③ 嘉靖《长沙府志》卷五《兵防纪》，第27页a。
④ 弘治《常熟县志》卷三《户口》，《四库全书存目丛书》史部，第185册，齐鲁书社1997年版，第159页。
⑤ （明）章潢：《图书编》卷一一七《议随里甲以编民兵》，文渊阁《四库全书》，第972册，第557页。
⑥ 隆庆《临江府志》卷七《赋役》，《天一阁藏明代方志选刊》，第46页b—56页b。
⑦ 《明神宗实录》卷五〇五"万历四十一年二月乙巳"，第9596页。

于完备。元代军屯一反过去的边镇屯田，在全国普遍设屯，发展成为"镇压内部人民的有效手段"，成为全国性的"以供军储"的措施。① 明代的军屯在规模与制度上，较元代更进一步而"登峰造极"。

朱元璋起兵之初，军粮供给十分困难，史料中甚至留下朱军食人的骇人记录。② 朱军渡江后强征"寨粮"和实行"检刮"，反映了当时朱元璋政权因战乱和江南地主的敌视，依靠正常的赋税不足以供给军食的窘况。于是，朱元璋不得不寻求部分军需自给的办法，实行屯田。至正二十三年（1363），朱元璋"申明将士屯田之令"，命各处大小将领"分定城镇"，"且耕且战"。③ 此后，但凡开设卫所，必拨军屯田。明代空前规模的军屯率先施行于江南，最终遍布全国。

下屯耕种的军人就是屯军，原则上是按一定比例从卫所军中划拨的。洪武元年（1368），明廷令诸将率京卫军于江北屯种，军士七分下屯，三分守城。④ 大规模的统一战争结束后，明廷规定腹里卫所军士二八守屯，边方卫所三七守屯。⑤ 在实际执行中，江南卫所也有一九守屯的，甚至有全伍屯田的，⑥ 而边卫常"守多于屯"。⑦ 屯军由国家授予分地，"每军一分"。原则上，南京各卫每分50亩，其他江南卫所多在20—30亩之间，浙江则不足20亩。⑧

"国初右武，田皆膏腴"，⑨ 明初划拨给江南卫所的多是肥沃田土。江南在宋元时有许多国家经营的官田，同时，大土地占有制发达，"一年有收三二十万石租籽的，占着三二千户佃户"⑩ 的富户甚夥。明朝接收了前代官田，并通过迁徙、籍没支持张士诚和牵连胡、蓝等党案的富民，直

---

① 王毓铨：《明代的军屯》，中华书局1965年版，第21—22页。
② 陶宗仪：《南村辍耕录》卷九《想肉》，中华书局1959年版，第113—114页。
③ 《明太祖实录》卷一二"癸卯年二月壬申"，第148页。
④ 申时行等重修：《大明会典》卷一八《户部五·屯田》，台北新文丰出版公司1976年版，第332页。
⑤ 《明太祖实录》卷一九四"洪武二十一年十月丁未"，第2910—2911页。
⑥ 《明宣宗实录》卷五一"宣德四年二月乙未"，第1224页。同参于志嘉《卫所、军户与军役——以明清江西地区为中心的研究》，第99页。
⑦ 《明太宗实录》卷三〇"永乐二年五月甲午"，第552页。
⑧ 王毓铨：《明代的军屯》，第70—71页。
⑨ 《明穆宗实录》卷三五"隆庆三年七月辛卯"，第902页。
⑩ 陈高华等点校：《元典章》卷二四《户部十》《租税·纳税·科添二分税粮》，天津古籍出版社2011年版，第950页。

接掌握了大片沃土，多拨给卫所屯种。如太仓卫屯田有 27564 亩就来自常熟官田，福建卫所屯地多是"籍没之产"；江西九江等卫屯地"高衍腴沃"，湖广永定卫"土田沃衍"。① 军屯开设之初，尽量拨给卫所附近田土。比较特殊的是南京卫所，"各屯田坐落滁州、全椒、上元、江宁、无为、和州、天长、六合等州县"，② 有相当部分在江北，这里也是元代最大规模军屯的所在之处。③

明初军屯的效用，王毓铨先生折中隆庆时谭纶的说法，认为"较'足以充军食之半'还小一点"。④ 王先生的论断是针对全国的，是否适合江南卫所的情况，似可进一步讨论。

军屯的租税名曰"籽粒"，每屯地一分，征收籽粒一分。洪武七年（1374）始定每亩征 1 斗。朱棣即位后，规定每名屯军纳"正粮" 12 石，充作本身月粮，"余粮" 12 石，供本卫操守等官军俸粮。正粮、余粮都要上仓盘量，其余收获屯军自由支配。永乐二年（1404），明廷颁布"屯田赏罚例"。值得注意的是，该例规定：屯军上纳余粮 11—12 石的，月粮才能全支米，否则要部分折钞。折钞的比例依次递减，到"余粮不及前数（6 石），及食粮十二石之内有缺者，其月粮则并米钞均支如故"。⑤ 所谓"米钞均支如故"，是指军士每月由国家发粮 1 石充军饷，洪武时令"屯田者半之"，⑥ 其余折钞。换言之，屯军收获正粮 12 石、余粮 6 石，本人只能领到正粮中的 6 石，其余 6 石以宝钞代替。总共收获 10 石的，全部充作正粮，屯军也仅能领到其中 5 石。此外，卫所中有大批谪发充军屯戍者，洪武末年规定有家 4 口的方月给米 1 石，3 口以下 6 斗，无妻

---

① 况钟：《况太守集》卷八《请军田仍照例民佃奏》，江苏人民出版社 1983 年版，第 88 页；（清）顾炎武：《天下郡国利病书》，《福建备录·福州府志·屯田》，《江西备录·九江府志·事宜志》，上海古籍出版社 2012 年版，第 3009、2638 页；隆庆《岳州府志》卷七《职方考》，第 95 页 a。

② 丁宾：《丁清惠公遗集》卷一《查照部咨代请屯灾疏》，《四库禁毁书丛刊》，北京出版社影印本，2000 年集部，第 44 册，第 37 页。

③ 参见李治安《元代行省制度》，第 195—196 页。

④ 王毓铨：《明代的军屯》，第 211 页。按《明穆宗实录》卷三五"隆庆三年七月辛卯"载谭纶上疏言："腹里当国初右武，田皆膏腴，寔收籽粒，足以充军食之半。"而《谭襄敏奏议》卷七《恳乞圣明讲求大经大法以足国用以图安攘以建久安长治疏》载："腹里当国初右武，田皆膏腴，使能着实举行，所收籽粒，殆足以充见在军食之半。"（文渊阁《四库全书》，第 429 册，第 747 页）似在强调当时腹里卫所军屯的潜力，《实录》的剪裁或有误。

⑤ 《明太宗实录》卷二七"永乐二年正月丁巳"，第 495—497 页。

⑥ 张廷玉等：《明史》卷八二《食货录》，中华书局 1974 年版，第 2004 页。

子的仅 4 斗,① 他们的月粮也应按前述比例折钞。我们以屯军是守军的 2 倍计,则平均每军年支米应在 8 石左右。以永乐七年（1409）为例,该年籽粒 1200 万余石,② 可供养军士 150 万人。全国卫所军 200 万人左右,自给率在 75% 以上。明廷通过残酷的剥削,使军队的自给率达到颇高的水平。

如此剥削,朱棣也承认太重,于永乐二十年（1422）下令减免余粮一半。③ 另外,屯政逐年败坏,所征籽粒急剧减少。明廷于是又在操守军士月粮上做文章。永乐九年（1411）,令军士月支米 7 斗、其余折钞。宣德七年（1432）,全国籽粒 857 万余石,较永乐七年（1409）已减少 1/3。次年,明廷进一步降低标准为有家属的 6 斗,无家属的 4.5 斗,余给钞。④ 若平均每军月支 5 斗计,宣德八年（1433）籽粒 720 万余石,自给率仍在 60% 左右。正统二年（1437）,明廷下令:"每军正粮免上仓,止征余粮六石。"⑤ 意味着从此屯军不再支饷,军屯籽粒只用于供给守军、运军等,月粮发放办法也有变化,卫所自给率就不能再简单估算了。

由于屯田肥瘠、军士屯守比例不同,各处军屯成效差别很大。月粮缩减,意味着余粮丰盈的卫所要起运更多的籽粒,势必引起官兵怨愤。英宗甫即位,就有苏州卫军官请求将太仓、镇海、苏州等卫月粮照永乐初年例关支,获准。正统元年（1436）,湖广五开卫奏准:"今屯粮数多,乞准每月全支一石。"⑥ 在全国普遍"撙节"俸饷的局面下,这些卫所只有自给有余,其照旧关支之请才可能获得朝廷批准。如正统时,福建卫所的籽粒要部分折银,"解京济边"。⑦ 正德初,总督南京粮储都御史储巏在奏疏中说:"查得（南京）锦衣等卫屯田岁额籽粒一十四万余石,派拨

---

① 《明太祖实录》卷二四四"洪武二十九年二月乙巳",第 3550 页。
② 历年籽粒数,参见王毓铨《明代的军屯》,第 213—216 页。《实录》所载永乐元年、三年、四年籽粒达 2000 万石左右,学者多有质疑。参见周松《明永乐朝军屯辨析》,《中国社会经济史研究》2008 年第 4 期。
③ 申时行等重修:《大明会典》卷一八《户部五·屯田》,第 335 页。
④ 《明宣宗实录》卷一〇三"宣德八年六月庚寅",第 2298 页。
⑤ 申时行等重修:《大明会典》卷一八《户部五·屯田》,第 335 页。
⑥ 《明英宗实录》卷六"宣德十年六月癸卯",第 118 页;卷一三"正统元年正月戊子",第 242 页。
⑦ 申时行等重修:《大明会典》卷一八《户部五·屯田》,第 335 页。

南京应天等卫仓上纳，以备江北七卫官军俸粮，计七卫官军每年俸粮该支一十三万有零，先年屯种不缺，官军岁给有余，军无坐食之费民省供应之劳。"① 所谓江北七卫，应指驻扎南京门户浦子口等处的卫所，② 其操守军多，故需其他卫所供应部分军粮。储巏所言数字切实，披露了南京卫所屯田"先年"岁给有余的实情。又如于志嘉先生研究，直到万历末年，江西部分卫所的自给率仍能达到60%到80%。③

明人章懋自称闻"国初人"言：朱元璋尝曰"吾京师养兵百万，要令不废百姓一粒米"。④ 后人辗转引述，多略去"京师"二字，学者亦普遍认为这是朱元璋夸下的海口或规划的蓝图，从未成为现实。笔者拙见，"京师养兵百万"确是夸大其词，但南京卫所自给，甚至能供给外卫，或一度实现。总之，明前期江南卫所军屯成效无疑要高于全国平均水平甚多，盈余籽粒起运供给其他卫所，成为全国军需的供给基地。

四　江南卫所的漕运

江南丰富的物产资源，是明朝统一全国与明初维持政权的经济支柱。如何高效率地将江南物产输送至各地，是明初统治者十分在意的问题。洪武初年大军征进，军需以民运为主。如洪武元年（1368）六月，朱元璋命浙江、江西二行省及苏州等九府，运粮300万石至汴梁，以饷北伐军士。⑤ 随着大批富于海运经验的张士诚、方国珍、陈友定降军的收编，江南卫所开始执行海道运粮任务，目的地主要是辽东和北平。如洪武二十九年（1396），明廷发苏州、太仓等四十卫将士8万余人，由海道运粮80余万石至辽东。⑥ 永乐年间，南粮北运在供给北边守军粮饷以外，又增加了支持北征、营建北京和满足迁都后朝廷百司之需等重要内容。永乐十

---

① 储巏：《柴墟文集》卷一二《题地方事件》，《四库全书存目丛书》集部，第42册，第534册。
② 参见李新峰《明前期兵制研究》，北京大学博士学位论文，1999年，第85页。
③ 于志嘉：《卫所、军户与军役——以明清江西地区为中心的研究》，第136页。
④ 陆深：《俨山外集》卷二八《同异录》，文渊阁《四库全书》，第885、167页。
⑤ 《明太祖实录》卷三二"洪武元年六月戊辰"，第568页。
⑥ 《明太祖实录》卷二四五"洪武二十九年三月庚申"，第3553页。

三年（1415），明廷诏罢海运，改行漕运。① 终乎明世，大运河漕运都是江南卫所承担的重要任务。

负责漕运的卫所军队就是"运军"，共122个卫，22个千户所，额兵12万余人，分为十三总，每年运粮400万余石。其中，江南卫所有南京二总、湖广总、江西总、浙江总、江南上江总、江南下江总，共75个卫、15个千户所，合计运军77329人，运粮近240万石，是漕运的主力。这些卫所在洪武、永乐年间已大致以2∶8的比例分为守、屯军，则运军只能"不分屯、守，各选军士"。② 江南卫所守操官军的比例本就较低，为了保证基本的防卫兵力，更多的运军要从屯军中挑选，这势必对屯田造成不利的影响。不过，各处运军额数的分配是极不平衡的。浙江总8卫5所，运军21670人，其中温州卫运军最多，有2891人。根据明中后期的数据，浙江军屯的规模在江南地区最小，应与其漕运负担较重有关。相比之下，南京二总有34个卫，却只提供18008人，除豹韬左卫运军较多外，其他每卫多在二三百人，少的只有数十人。③ 漕运军额较少，无疑是南京卫所屯田能长期维持较高水平的重要因素。

卫所军士运粮，本身就是一项沉重的差役。"每年春初兑粮，至八九月后始回卫，劳苦万状"，④ 运粮完毕，还要修理漕船。同时，运军经常被签发充当疏浚漕河、修建仓库及采运木材、秋草等差事，⑤ 不仅任务繁重，且修造所用的官支物料每每不足，"多系军士赔办"。⑥ 首任漕运总兵陈瑄说："各处官军每岁漕运毕，财力殚乏，到家又修理坏船，运来岁粮，劳勤可悯，其所管头目，又加别役以重困之。"⑦ 事实上，"加别役以重困"运军的正是明廷。此外在永乐、宣德年间，明廷多次调发运军下

---

① 张廷玉等：《明史》卷八六《河渠志》，第2114页。
② 《明太宗实录》卷一四七"永乐十二年正月庚子"，第1729页。
③ 谢纯：《漕运通志》卷四《漕卒表》，《北京图书馆古籍珍本丛刊》，书目文献出版社2000年版，第56册，第440—446页。
④ 《明孝宗实录》卷一一"弘治元年二月丙辰"，第254页。
⑤ 鲍彦邦：《明代运军的编制、任务及其签补制度》，《暨南学报》（哲学社会科学版）1992年第3期。
⑥ 《明英宗实录》卷五九"正统四年九月庚戌"，第1130页。
⑦ 杨士奇：《东里文集》卷一三《奉天翊卫推诚宣力武臣特进荣禄大夫柱国追封平江侯谥恭襄陈公神道碑铭》，中华书局1998年版，第191页。

西洋及征进交趾。① 正统时，江西等处卫所屯军被"选征麓川，逃亡者多，乃以运粮旗军拨补，每田三十亩纳籽粒六石"，运军"身既运粮，又纳籽粒"，疲累至极。② 相比之下，屯田在明人眼中竟成了轻差。作为漕运的主力，江南卫所深受其害，以浙江为甚。宣德七年（1432），陈瑄向皇帝反映："近浙江等都司所属绍兴等卫所选运粮，少壮军士不足，仍以老弱代之，又有中途逃匿者共六千余人。"③ 可知浙江卫所少壮军士都被签发殆尽，不得不以老弱充数。弘治时，兵部尚书刘大夏总结道："江南卫所困于运粮，江北卫所困于京操"，致使军士困苦，逃亡相继。④

五　卫所与江南社会

明朝率先在江南实行卫所制和世袭军户制，打造了一支规模庞大、兵源稳定、后勤保障有力的军队，削平群雄，统一全国。然而在统一战争结束后，明朝并未裁减江南卫所、复原军队。相反，江南卫所的数量在洪武后期又有大规模扩充，形成密集分布，不但改变了汉唐宋屯兵北重南轻的格局，而且超过了元代江南镇戍的规模。对朱元璋、朱棣父子在江南维持众多卫所的缘由和卫所制对江南社会的影响，笔者试作如下探讨。

卫所制是明朝充分利用江南人力、物力的有力工具。江南自 8 世纪以来就是中国经济重心所在，元末的战乱使江南土地荒芜、百姓流离，使百姓重新回到土地上为官府纳粮当差，是新王朝亟待解决的问题。统一战争的需要，对秦汉耕战体制的追崇和元朝制度的影响，使朱元璋选择了卫所制。明初收编的群雄降军、败军，原本就是失去土地的农民，而"无田粮之民"也是垛集签军的主要对象。大批无土地的百姓被安置

---

① 《明宣宗实录》卷五五"宣德四年六月庚子"，第 1321 页；卷六四"宣德五年三月己巳"，第 1524 页。
② 杨鼎：《议覆巡抚漕运疏》，（明）陈子龙辑：《明经世文编》卷四十，第 319 页。
③ 《明宣宗实录》卷九六"宣德七年十月壬戌"，第 2176 页。
④ 万表辑：《皇明经济文录》卷四《保治下·刘大夏言行录》，《四库禁毁书丛刊》集部，第 18 册，第 411 页。

在卫所，屯田戍守，且耕且战，朱元璋的军队因而迅速膨胀、军食充足，实现了北伐的成功和全国统一。嗣后，江南卫所又要承担起为其他地区提供兵源、生产与转运军需的任务。数十万卫所军与其说是执干戈以卫社稷的武士，毋宁说是为明朝耕种纳粮、趋事执役的农奴、船夫。如江西袁州卫，"原设卫之制，初为容民蓄众起见，给以屯种，以备月粮，役以运务，以昭报效也"。① 散布江南的卫所，对明朝充分利用江南巨大的人力、物力资源有重要的作用，明朝自然要长期维持其存在了。

卫所制是户役制度的重要组成部分。"画地为牢"的里甲制建立后，朱元璋规定："无籍户"、"不务生理"和"游食"之徒，以及"更名易姓""断指诽谤""小书生""主文""野牢子""帮虎"等企图逃避里甲差役的百姓，都要"合编充军"。② 也就是说，"能安其分"、输租应役的"顺民"就被编排在里甲；"有田而不输租，有丁而不应役"③ 的"刁民"就要谪发到卫所，交纳数倍于民田的重租——籽粒，承担最重的差役——军役。换言之，卫所就是军事化管理的里甲，在实现朱元璋"民有田则有租，有身则有役"④ 的蓝图中有着不可替代的作用。于是，江南地区的卫所不仅不能裁减，反而有增设的必要了。

卫所的密集分布与军役的普遍签发，在相当程度上改变了江南原有社会结构。元朝平定南宋以后，诸色户计、全民当差等"北制"因素虽向江南移植，但大土地占有和租佃关系在江南依然发展。⑤ 就军户而言，元朝将南宋降军整编为新附军，而没有在江南实行北方中原式的大规模签军，"在很大程度上避免了军户制征兵对社会生产的破坏"。⑥ 现存元代方志所载的军户在诸色户计中占的比例并不高，也反映了这一事实。入明以后，江南州县军户急剧增加。如常熟县，洪武四年（1371）共62285户，其中军户12797户；临江府，洪武初年共127218户，其中军户17944

---

① 康熙《宜春县志》卷二十《袁州卫》，国家图书馆藏清康熙四十七年刻本，第20页a。
② 《诸司职掌·刑部·司门科》，《玄览堂丛书》初辑，第13册，台北正中书局1981年版，第227页。
③ 《明太祖实录》卷一五〇"洪武十五年十一月丁卯"，第2362—2363页。
④ 《明太祖实录》卷一六五"洪武十七年九月己未"，第2545页。
⑤ 李治安：《元和明前期南北差异的博弈与整合发展》，《历史研究》2011年第5期。
⑥ 王晓欣：《元代新附军问题再探》，《南开学报》2009年第2期。

户。① 明初人口相对较少的湖广、福建等省，军户所占比例更是惊人。洪武时，长沙府共86684户，军户达41133户，占47.5%。岳州府在成化年间有民户10525户、军户18180户，军户竟是民户的1.7倍。② 正统时的兵部尚书邝埜说"荆湘民多隶戎伍"，③ 所言不虚。福建"军民户额，军户几三之一"，因军户不分户，"其丁口几半于民籍"。④ 军户大规模编签，民户因而减少。如临湘县民户，洪武初编为36里，"因垛军及水夫等役繁重，户口渐消减之"，永乐十年（1412）减为20里，10年后减至14里。⑤ 以军户编签为龙头，元朝未竟全功的江南诸色户计制移植，在朱元璋手里大功告成。军户另立户籍，计丁授田，屯田不可买卖，颇具中古田制色彩。军屯抑勒屯种，军法从事，实质上"是一种农奴制，而屯军是在这种农奴制下被强制生产的农奴"。⑥ 星罗棋布于江南的卫所军屯上，存在如此落后的生产关系，与唐宋变革以来江南大土地占有与租佃关系发展以及"官私贱民依附关系的蜕变"⑦ 的潮流背道而驰。

明前期的卫所制是元末明初特殊历史环境与朱元璋、朱棣统治政策的畸形产物。明中叶以后，带有浓厚蒙元旧制色彩的卫所开始与租佃雇用、纳银免徭等代表唐宋变革成果的因素相结合并整合发展。由于军户逃亡，军额不足，为了保证卫所的生产运输功能，明廷不得不以操守军拨补屯军、运军。如浙江沿海卫所本以备倭而设，宣德七年（1432）以后摘拨9425人运粮，海防因而废弛。⑧ 直到嘉靖大倭乱爆发，以募兵为主要兵源的镇戍营兵制在江南迅速成立，卫所的军事职能丧失殆尽。另

---

① 弘治《常熟县志》卷三《户口》，《四库全书存目丛书》史部，第185册，第159页；隆庆《临江府志》卷七《赋役》，第1页b、46页b。

② 嘉靖《长沙府志》卷三《地里纪》，第2页b—第3页a；弘治《岳州府志》卷一《户口志》，《天一阁藏明代地方志选刊续编》，第63册，上海书店影印本，1990年，第72页。

③ 焦竑：《焦太史编辑国朝献徵录》卷三八《兵部尚书赠少保邝忠肃公埜传》，《续修四库全书》，上海古籍出版社2002年版，第527册，第35页。

④ 嘉靖《惠安县志》卷六《户口》，《天一阁藏明代方志选刊》，第3页a。

⑤ 隆庆《岳州府志》卷一《郡邑纪》，第3页b。

⑥ 王毓铨：《明代的军屯》，第273页。

⑦ 张广达：《内藤湖南的唐宋变革说及其影响》，《唐研究》第11卷，北京大学出版社2005年版，第5—71页。

⑧ （明）谢纯：《漕运通志》卷八《漕例略》，《北京图书馆古籍珍本丛刊》，第56册，第440—446页。

外，正统二年（1437），明廷宣布军屯正粮不再上仓，屯军"和其他官田佃种人所交纳的官田租，无论在形式上或性质上都一样了"，[1] 标志着屯军与国家关系的重要转变。自正统时始，江南卫所发全国之先声，率先实行籽粒折银，屯地转佃并最终民田化。万历中，江南卫所军役也被纳入一条鞭法改革的范围。[2] 晚明江南的卫所与军户，更多是军事行政区划与户籍登记的意义，终在清代归并于州县。

---

[1] 王毓铨：《明代的军屯》，第462页。
[2] 参见王毓铨《明代的军屯》，第314—342页；于志嘉《卫所、军户与军役——以明清江西地区为中心的研究》，第181—194页。

第二编

元明江南户籍赋役制度与经济史

元江浙行省户籍制考论

李治安

诸色户计曾经是元代比较特殊的制度，也是自北方向南方移植且对江南社会结构、官民赋役关系等发生复杂影响的东西。关于元朝的户籍制度，前贤论著成果斐然。然而，有关元江浙行省等江南地区的户籍制，迄今尚无专文讨论[①]。根据元代江南户籍所呈现的若干形态，本文拟从至元十三年（1276）报省民数、至元二十七年（1290）抄数、诸色户计制对元代江南社会结构的触动和影响等方面予以初步考察，就教于方家同好。

一 至元十三年归降伊始各路州上报户口

徐硕《至元嘉禾志》卷六《户口》载：

> 嘉兴路，总计四十五万九千三百七十七户。儒一千八十八户，僧四千二百二十八户，尼三百三十七户，道一百五十二户，民四十五万三千四百二十九户，急递铺一百四十三户。录事司，总计六千五百八十一户。儒四百八十三户，僧四百三十四户，尼五十二户，道一百八户，民五千五百四户。松江府，总计二十三万四千四百七十户。儒一百九十二户，僧一千三百七十二户，尼七十户，道一十

[①] 黄清连：《元代户计制度研究》，台北友绅有限公司1977年版。邱树森、王颋：《元代户口问题刍议》，《元史论丛》，第2辑、中华书局1983年版，第111—124页。陈高华、史卫民：《中国经济通史·元史经济卷》，经济日报出版社2000年版，第21—30页。刘如臻：《元代江浙行省研究》，《元史论丛》，第6辑，中国社会科学出版社1997年版，第95—117页。

二户，民二十三万二千八百二十三户。此至元十三年报省民数也。①

嘉禾，为元浙西道嘉兴路在宋代的旧称，宋宁宗时曾升嘉定府。《至元嘉禾志》成书于世祖至元二十五年（戊子，1288），故记载尚未直隶江浙行省的松江府，而不言元贞元年（1295）才升为该路属州的海盐州和崇德州。《至元嘉禾志》大体反映的是元世祖平定南宋之初嘉兴路和松江府的户籍状况，尤其是能够披露如下"至元十三年报省民数"的若干信息。

第一，所谓"至元十三年报省民数"，实即至元十三年（1276）江南归降伊始各路州分别呈报朝廷中书省的户口数，亦为纳款和进入元帝国版图的象征。然而，它并非元廷划一登录户籍的结果，仅是新征服的江南地区逐路上报户籍以供征税派役的起点，同时也是其后正规抄籍的前提或基础。

第二，该志记载浙西道嘉兴路及松江府的户计，有民户、儒户、僧户、尼户、道户、急递铺户、马户、船户 8 种，名色数量比《至顺镇江志》减少 2/3，而且医、匠、军、乐人、阴阳、驱、蒙古、畏兀儿（维吾尔）、回回、也里可温、河西、契丹、女真、汉人等户计名色，尚未见踪影。据王曾瑜研究，宋代社会最常见、最普遍的是"官户和民户""乡村户和坊郭户""主户和客户"及五等和十等主户四类基本户名或户口区分。此外还有并非法定户名的单丁户、吏户、寺观户、军户、菜园户、酒户、坑户、窑户、匠户、机户、船户、舶户、市户、纸户等诸多习惯称呼②。两相对照，《至元嘉禾志》中的僧户、尼户、道户、马户、船户、民户、儒户等名色，基本是沿袭南宋上述户名及习惯称呼。估计抄报汇总当地户籍的具体操办者主要是原南宋官衙胥吏，故而继续沿袭诸多原南宋习惯称呼亦顺理成章。与此同时，也开始遵从元朝诸色户计职业世袭的新制对南人原有户籍进行了重新规范，譬如对民户、儒户和急递铺户等，后者又是依据元廷军情急务公文传递需要所新添。

第三，类似情况在新发现的元代纸背公文纸湖州路户籍册资料中也

---

① 宋元方志丛刊，中华书局 1990 年版，第 4452—4453 页。
② 参见王曾瑜《宋朝户口分类制度略论》，载《中日宋史研讨会中方论文选编》，河北大学出版社 1991 年版；又载同氏《凝意斋集》，兰州大学出版社 2003 年版。

能见到一些蛛丝马迹。如"一户：施二十九，元系湖州路安吉县移风乡五管坎头村人氏，亡宋民户，至元十二年十二月内归附，见于本村住坐应当民役（册一叶二十五上）"；"一户：施百一，元系湖州路安吉县移风乡五管坎头村人氏，亡宋民户，至元十二年十二月内归附，见于本村住坐应当民役（册一叶二十五下）"；"一户：李捌秀，名锡老，元系湖州路德清县北界人氏，亡宋乙亥年前作儒户附籍，至元十三年正月内在本县□附，于至元十六年蒙提刑按察司分司巡按官夹谷□事□分拣，入籍儒户，见于本界住坐（册四叶九）"；"一户屠小式系湖州路德清县千秋乡伍都陆保人氏亡宋时机匠附籍至元十三年正月内在本都归附□蒙□本县拨充本路织染局正色人匠见于本保住坐应□（册六叶一）"①。虽然在名色称谓方面以上公文纸印本湖州路资料中"亡宋民户""亡宋乙亥前作儒户""亡宋时机匠附籍"等与元民户、儒户和匠户，大致类似，但二者在管理方式和内涵上依然存在明显差异。例如宋代的民户主要是相对于官户（形势户）的一种称谓，元之民户则是以世代务农为职业特征的户计；宋代儒户和机匠等，大致属于非法定和习惯性称呼的户名，元之儒户和匠户，又是世代以学儒和以工匠为职业的官方法定户计。在公文纸印本湖州路资料的场合，遵从元朝诸色户计职业世袭的新制，对南人原有户籍进行重新规范的色彩同样十分浓重。尤其是儒户和匠户，需要经由提刑按察司分司和县级官府等衙门的"分拣"或"拨充"。引人注目的是，上述纸背公文纸湖州路户籍册资料中每户在"计家""事产"之后几乎都列有"营生"的相关记录，且系宋元明户籍户帖资料中首次出现。尽管此"营生"记录究竟是南宋遗留抑或根据元官方要求新增，目前难以遽然判定，但"营生"本身又和元朝职业户计制存在某些相通之处。

在这个意义上，至元十三年（1276）归降伊始包括嘉兴路和湖州路在内的江南诸路州上报户口数或"至元十三年报省民数"，既有原南宋习惯性户名称谓，又含某些元朝按职业户计重新规范的色彩，尚处于由南宋户籍制度向元代诸色户计制度演化和过渡的状态。

---

① 参阅王晓欣、郑旭东《元湖州路户籍册初探——宋刊元印本〈增修互注礼部韵略〉第一册纸背公文纸资料整理与研究》，打印稿。承蒙王晓欣教授、郑旭东同学提供，特此致谢！

二　至元二十七年"钦奉圣旨抄数江南户口"

如果说"至元十三年报省民数"尚处于由原南宋户籍制度向元代诸色户计制度的过渡，那么至元二十七年（1290）"钦奉圣旨抄数江南户口"则意味着上述过渡的基本完成和江南新的户籍秩序的确立。

至元二十七年（1290）"钦奉圣旨抄数江南户口"之说，见于《大德毗陵志辑佚·户口》。又称"至元庚寅籍民"、"大元至元二十七年本路抄籍户口"和"通抄数"①。以上均为元代现存方志中的确凿记述，其中《大德毗陵志》和《大德昌国州志》"大元至元二十七年钦奉圣旨抄数""通抄数"等字，殊为重要。意思是说，此举并非地方官府自行其是的操作和各自陆续上报，而是元廷颁布圣旨和统一组织的普遍性抄录户籍。若依元朝官府文书的说法，则应为《经世大典序录·版籍》载："迨南北混一，越十有五年，再新亡宋版籍，又得一千一百八十四万八百余户。"② 后者说的"再新亡宋版籍"，特名"再新"，或是基于至元十三年（1276）归降伊始各路州上报户口数，至元二十七年（1290）在江南正式实施统一的登录户籍及翌年朝廷的汇总统计。另，《元史·世祖纪十三》和《无锡志》卷一《户口》皆云："户部上天下户数"，"至元二十七年天下郡县上版籍"③。因至元二十七年（1290）登录户口及翌年汇总，系包括"内郡""江淮""四川"的全国统一措施④，故至元二十七年（1290）江南抄籍，亦是"天下郡县上版籍"的组成部分。

由于南北混一已经历十五年，江浙等江南地区的户籍状况也较前发生了颇大的变化。请先看以下《一览表》：

---

① 刘蒙纂，杨印民辑校：《大德毗陵志辑佚》《户口》，凤凰出版社2014年版，第12页。俞希鲁：《至顺镇江志》卷三《户口》，江苏古籍出版社1990年版，第84页。张铉：《至正金陵新志》卷八《民俗志·户口》，宋元方志丛刊，第5642页。冯福京等：《大德昌国州图志》卷三，宋元方志丛刊，第6078页。

② 苏天爵编：《元文类》卷四〇，四部丛刊初编，第16页a。另，《元史》卷十六《世祖纪十三》至元二十八年十二月又载："户部上天下户数……江淮、四川一千一百四十三万八百七十八"，中华书局校勘本，1976年，第354页。《大德南海志》卷六《户口》则言："至元二十七年朝廷籍江南户口。"（宋元方志丛刊，中华书局，1990年，第8413页）

③ 王仁辅：《无锡志》卷一《户口》，宋元方志丛刊本，第2187页。

④ 《元史》卷十六《世祖纪十三》，至元二十八年十二月辛卯，第354页。

元镇江路、常州路、集庆路、昌国州和汀州路诸色户计一览

路州	诸色户计	总数	土著/侨寓/客/单贫/僧/道	无名色（民）户	儒户	医户	站户	急递铺夫	财赋佃户	海道梢水	匠户	军户	乐人	老华会善友	阴阳	打捕	蒙古	回回	也里可温	河西	契丹	女真	汉人	灶户	僧道	淘金户	哈剌赤户	畏兀儿	色目	贵(赤)户	马户	投下(析居)户	平章养老户	也速歹儿无撒聚口户	运粮户	秃哈户	出处
镇江路			土著 100065	84083	737	300	3747	204	292	4485	4485	3586	2165	90	2	1	14	23	29	59	23	3	21	25	3671			14									《至顺镇江志》卷三《户口》
			侨寓 3845		8	5	26	2			374	18	3367	4																							
			客 5753	5169	92	2	7		9		1	19	201	2				14																			
			单贫 4104	3376	2	5				1	1	7	360	4																							
			僧 310						36																												
			道 141						1																												
常州路	南人诸色户 211652			207690																																	《泰定毗陵志辑佚》《户口》
	北户 18205			3962																																	
集庆路	南人 22705		录事司 15104	9229									军站人匠 5875																								《至正金陵新志》卷八
	北人 3101		江宁县																																	
	南人		上元县 28266	19907 18259	75	75	491	116	573		373	1013	16					14	1			1		2952			823	483		149		11	1				
	北人				74	94	448	46	78		433	106																									
	南人		24227						1957			9976											994			788	1	17		1						
	北人		15						2																											

104 / 第二编　元明江南户籍赋役制度与经济史

续表

户类	集庆路·句容县	集庆路·溧水州	集庆路·溧阳州	昌国州	汀州路
(出处)	《至正金陵新志》卷八	《至正金陵新志》卷八	《至正金陵新志》卷八	《昌国州图志》卷三	《江浙须知辑佚》户口
秃秃哈户		239	643		
运粮户	1				
也速儿元骆驼口户	870				
平章养老户	300				
投下(析居)户	300	123			
马户					
贵(赤)户					
色目		11	6		
畏兀儿		1	19		
哈剌赤户	737	1050			
淘金户					
僧道				43处	87处 152名
灶户				702	
汉人		38	35	98	
女真					
契丹					
河西		1			
也里可温					
回回		2			
蒙古		7			
怯怜口		1	742		
打捕			117	6	
阴阳		1			
龙华会善友					
乐人					
军户	21	13	7	53	171	2402
匠户	1060	524	963	54	1
海道梢水					
财赋佃户	2	4490	1873		
弓手	110	77	90		
急递铺夫	40	111	24		242
站户	552	1 408	5		332
医户	137	121	108	43	16
儒户	116	2 337	137	58	50
无名色(民)户		50372			38621
民户	30520	19 56804	58610	21606	
总数	34765 南人 / 49 北人	57855 南人 / 41 北人	63365 南人 / 117 北人	22640	41664
诸色户计	34814	57896	63482	诸色南户	诸色南户

《一览表》所依据的史料分别是记述浙西道镇江路的《至顺镇江志》、记述常州路的《泰定毗陵志辑佚》①、记述江东道集庆路（又名建康路）的《至正金陵新志》、记述浙东道庆元路昌国州的《大德昌国州图志》，以及记述福建道汀州路户口的《江浙须知辑佚》②。五种方志接近流传至今的元代江浙方志总数的一半，若连同前揭记述浙西道嘉兴路的《至元嘉禾志》以及新发现的公文纸印本湖州路户计资料，地域范围可覆盖江浙行省所属四道，史料的权威性也比较强，故大抵可以反映元江浙行省的情况。又兼，《一览表》中的镇江等四路的户口数与《元史》卷六十二《地理志五》所载数量大体相近，说明上述状况亦与《地理志》及其所本《经世大典》等元廷官方记录并不相悖。

从《一览表》不难窥知，迄至元二十七年（1290），江浙行省等江南地区的户籍情况发生了北人"侨寓"与南人"土著"的杂居、诸色职业户计的移植嫁接和投下户计及驱奴私属的增设三方面的重要变化。

（一）北人"侨寓"与南人"土著"的杂居

元《至顺镇江志》中出现"侨寓"和"客"两类新的称谓，其下才是民、儒、医、站、军等诸色户计。清刘文淇《校勘记》云，"侨寓"是指"久居其地而有恒产者"，"客"是指"暂居其地而无恒产者"③。笔者注意到与"侨寓"相关的两条信息：其一，东晋初北方人南渡后曾在寄寓地设置"侨州郡县"，寄寓的北方人又称"侨人"④。而镇江路恰地处当年"侨置"南徐州所辖区域内。其二，《镇江志》"侨寓"类内又特有的蒙古、畏兀儿、回回、契丹、女真、汉人等北人种族户计名色。鉴于此，"侨寓"和"客"当主要指谓移居镇江路的北方蒙古人、色目人和中原汉人等。而《至顺镇江志》所载"土著""单贫""僧""道"四类，应该是镇江路辖区内的本地"南人"。"土著"是相对于"侨寓""客"而言的，"单贫""僧""道"则完全是沿袭南宋习惯性旧称。元代镇江路内的居民无疑是呈现"侨寓""客""土著""单贫""僧""道"等杂居混存，亦即所谓北人与南人的杂居混存。其中，北人"侨寓""客"

---

① 载杨印民辑校《大德毗陵志辑佚》（外四种），凤凰出版社2014年版。
② 同上。
③ 俞希鲁：《至顺镇江志》卷三，江苏古籍出版社1990年版，第109页。
④ 房玄龄：《晋书》卷十四、卷十五《地理志》上、下，第418、420、453页；卷六十六《刘弘传》，中华书局1974年版，第1768页。

类，合计 9598 户，大约相当于"土著""单贫""僧""道"类户总数的 9%。

《泰定毗陵志辑佚·户口》对诸色户计的具体情况失载，但在"……至庚寅（1290）抄定诸色户计……本路抄数籍定诸色户计"之后明书："南人诸色户二十万七千六百九十户"，"北人三千九百六十二户"。并且逐一详载所属晋陵县"南人"35110 户，"北人"40 户；武进县"南人"21699 户，"北人"29 户，宜兴州"南人"76538 户，"北人"217 户；无锡州"南人"70120 户，"北人"2042 户[①]。表明南人、北人杂居混存的情况在至元二十七年（1290）以后的浙西道常州路及其所属州县，同样带有普遍性。

《至正金陵新志》主要记载元江浙行省江东道集庆路录事司及三县二州情况。虽然缺乏集庆路的综合统计，仅存三县二州具体叙述，但所载颇为详瞻，可为我们提供江南诸道行御史台治所集庆路所辖诸色户计的较丰富资料。该志在一司三县二州记述中，除江宁县外，一司二县二州一概分为"南人""北人"两大类，溧水州还有"南北诸色人户"之称。"北人"类内多是先记述了"色目户""蒙古人户""畏兀儿户""回回人户""契丹人户""汉人户""河西人户"等种族户计名色。其后"南人""北人"两类内同样载民、儒、医、站、军等诸职业户计。该志与《毗陵志》类似，也没有使用《至顺镇江志》"侨寓""客""土著"等陈旧模糊的称谓，所使用的"南人""北人"称谓更能准确反映元代四等人族群分野的实际情况，更富有历史感。其中，录事司北人 3101 户，约占该司总户数的 17%；上元县北人 1011 户，约占该县总户数的 3.58%；句容县北人 49 户，约占该县总户数的 0.14%；溧水州北人 41 户，约占该县总户数的 0.071%；溧阳州北人 117 户，约占该县总户数的 0.184%。录事司及二县二州北人合计 4319 户，约占该路总户数（226379 户）的 1.91%。

王元恭《至正四明续志》在保留"马驿户""水驿户""僧道""灶户"等零星记载的同时，亦载"回回壹拾玖户"，"答失蛮贰户"，"放良

[①] 载杨印民辑校《大德毗陵志辑佚》（外四种），第 48—49 页。

通事叁户"等①。后者或可折射部分北人移居浙东道庆元路的情形。

以上浙西道的镇江路和常州路，江东道集庆路，浙东道庆元路的若干方志资料表明：迄元后期，江浙行省所属核心地区北人"侨寓"与南人"土著"的杂居的情况相当普遍，在该行省所属4道中的3道（福建道除外）中都能找到具体确凿的实例。这显然是元朝混一南北的新格局之下北人随军事征服较多移居江南所造成。毋庸讳言，这些"侨寓""客"或"北人"等在陆续移居镇江路、常州路、集庆路及庆元路及其与当地"南人""土著"的混存杂居，既部分改变了江浙行省区域社会内单纯土著的原族群成分，同时也直接带入了北方的种族户计和职业户计制度。

（二）诸色职业户计的移植嫁接

前述《至顺镇江志》中的"侨寓"和"客"之下，都有民、儒、医、阴阳、站、急递铺、打捕、匠、军、怯怜口、乐人等职业名色，"侨寓"类又特有蒙古、畏兀儿、回回、也里可温、河西、契丹、女真、汉人等种族名色。这与前四汗时期北方"乙未年"（1236）"抄数"和"壬子年"（1252）"再行抄数"中已有的"达达、回回、契丹、女直、汉儿人等"和世祖至元八年（1271）三月圣旨颁布的"军户""站赤户""诸色人匠""蒙古牌甲户驱""诸色户驱良""回回、畏兀儿户""打捕户""儒人户计""急递铺"等②，大同小异，或者可以说是前述北方诸色户计在江南的"翻版"。鉴于此，《至顺镇江志》所载"侨寓""客"类中民、儒、站、打捕、匠、军、怯怜口等职业户计名色及"侨寓"类内蒙古、畏兀儿、回回、契丹、女真、汉人等种族户计名色，应是随蒙古、色目、汉人等"北人"移居镇江路而直接移植来的北方迄至元八年（1271）业已形成的诸色户计。其中，"侨寓"和"客"内数量多达3500余的"军户"，当指谓镇戍镇江路的汉军兵士。这与"镇守镇江上万户府"的建置所在显然是相照应的③。该志所载"土著""单贫""僧""道"四类本地"南人"户籍中，同样新出现了民、儒、医、马站、水

---

① 王元恭：《至正四明续志》卷六《赋役·田土》，《回回等户包银》，宋元方志丛刊，中华书局1990年版，第6513、6414、6522页。
② 《通制条格》卷2《户令·户例》，黄时鉴点校本，浙江古籍出版社1986年版，第4、7、8、10、12、13页。
③ 元制，军籍系国家机密，一般汉人官吏不得与闻其事。此处奥鲁老营在中原的汉军3500余户却赫然载于《至顺镇江志》之上，令人费解！

站、递运站、急递铺、弓手、财赋佃户、海道梢水、匠、军、乐人、龙华会善友、僧、道、驱等十七种名色。诸如民、儒、医、匠、军、乐人、僧、道、驱等，部分直接照搬北方户计名色，部分又可追溯到原南宋的非法定户名。而南人内的"军户"，主要指谓新附军及通事军等①。此时的新附军，已大体完成向固定、世代为军模式的改造，故也称为军户。有些户计则是结合东南当地情况，做了一定的变通。如马站、水站、递运站等，是依据江南驿站水路、旱路混存的情形，把站户一分为三②；弓手、财赋佃户、海道梢水三名色，又来自原捕盗差役、江淮财赋总管府官田佃户和海道运粮船户等特殊规定；龙华会善友则是指佛教中分化出的白莲教信徒。这些变通形式，虽然是北方诸色户计中未曾见到，但在依职业定户计世袭的原则上又与北方诸色户计制存在较多相通之处。

《至正金陵新志》所载元江浙行省江东道集庆路一司二县二州"北人"类之下，多是先记述了"色目户""蒙古人户""畏兀儿户""回回人户""契丹人户""汉人户""河西人户"等种族户计名色，然后记述"军户""匠户""民户""马户""儒户""运粮户""急递铺夫户"等职业户计名色。这无疑反映了伴随着"北人"寓居集庆路，北方的诸色种族或职业户计制度也被移植推行于江东道集庆路一带。同时在一司二县二州"南人"类之下，又详细记述了"民户"（或曰"无名色户"）、"儒户"、"站户"、"急递铺夫户"、"军户"、"医户"、"匠户"、"打捕户"、"阴阳户"、"贵（赤）户"、"弓手户"、"财赋佃户"、"土土哈户"、"哈剌赤户"等户计名色。这些又是经过数十年对江浙的占领和统治，北方的诸色职业户计制度移植嫁接且深入渗透到当地"南人"之中的写实。与"宋景定志"所载"主户""客户"表现租佃关系的秩序比较，显然属于集庆路一带户计制度的重大变化。

《延祐四明志》对于庆元路诸色户计的记载相当零散，我们仅能从

---

① 张铉：《至正金陵新志》卷八《民俗志·户口》，第5642—5646页。新附军为收编原南宋兵卒而组成；通事军来自南宋招降蒙古人、色目人等，因其通晓北族语言故得名，南宋灭亡后亦被元廷接收，改组为新附军的一部分（陈高华等点校：《元典章》卷三十四《兵部一·新附军》，中华书局、天津古籍出版社2011年版，第1177页。《元史》卷九十八《兵志一·兵制》，第2516页）。

② 郑思肖：《郑思肖集》，《大义略叙》："今江南人，稍足者充站马户……蓄马迎送贼曹，费用甚苦，一站九十里，将辄主您令者曰'海青使臣'，一昼夜行或八站九站，遇站则易马……又有站船。"（上海古籍出版社1991年版，第185页）当是江南推行及变通站赤之佐证。

《赋役考》《学校考》等处分别看到该路诸色户计的基本状况。譬如，"取力于民，始蠲其租，曰灶户，曰水马户、弓手户"；还有"灶户田""僧道田""驿户田""马驿户民田""水驿户民田"等。"本路儒学"则载，"儒户，抄籍儒人一千九百二十七户"[1]。王元恭：《至正四明续志》的有关记录同样稀少零星，如卷六《赋役·田土》载："驿户民田""马驿户""水驿户""僧道民田""灶户田"等。同卷《回回等户包银》又有"回回壹拾玖户"，"答失蛮贰户"，"放良通事叁户"[2]。冯福京《大德昌国州图志》卷三《户口》又曰："……归附后，至元二十〔七〕年通抄数，概管户二万二千六百四十。民户二万一千六百丹六，儒户五十八，灶户七百丹二，医户四十三，匠户五十四，军户一百七十一，打捕户六；口一十二万六千丹五。僧道四十三处，计口一千三百五十八。"[3]《延祐四明志》、《至正四明续志》和《大德昌国州图志》所涉及的元庆元路及其属昌国州的诸色户计，虽然文字描绘的详细程度比起《至顺镇江志》和《至正金陵新志》大为逊色，但在名色上依然不太少，可囊括元代诸色户计的主要种类。如"民户""儒户""灶户""医户""匠户""军户""打捕户""僧道""水马户""弓手户""驿户"等。换言之，元庆元路一带的诸色户计制尽管因史料亡佚和缺乏，迄今所见的记述比较简单，令人难以窥知其全部面貌，但在所载户计名色仍然可达11种以上，仍然囊括了元代职业户计的大部分名色。显著缺少的则是蒙古、色目、汉人、南人等族群户计的相关记载。表明至少是北方的职业户计制度，也被无例外地移植嫁接于浙东道庆元路一带了。

需要注意的是，上述北方诸色户计向江浙一带的移植，又大多表现为与南宋原有户籍制的嫁接。其结果是元江浙一带的户籍形态呈现部分

---

[1] 袁桷：《延祐四明志》卷十二、卷十三、卷十四，宋元方志丛刊，中华书局1990年版，第5册，第6285—6286页，第6311页。另详细记录：鄞县儒学，"儒户，抄籍儒人三百三十五户"（第6316页）；奉化州儒学，"儒户，抄籍儒人六百五十七户"（第6317页）；昌国州儒学，"儒户，抄籍儒人五十户"（第6322页）慈溪县儒学，"儒户，抄籍儒人二百二十二户"（第6326页）；定海县儒学，"儒户，抄籍儒人八十户"（第6327页）；象山县儒学，"儒户，抄籍儒人六十六户"（第6328页）；慈溪县医学，"儒户，抄籍儒人四十一户"（第6333页）。

[2] 王元恭：《至正四明续志》卷六《赋役·田土》，《回回等户包银》宋元方志丛刊，中华书局1990年版，第6513、6414、6522页。

[3] 冯福京《大德昌国州图志》卷三《户口》，宋元方志丛刊，中华书局1990年版，第6078页。

为北方诸色户计向江浙一带的移植物（如蒙古、畏兀儿、回回、也里可温、河西、契丹、女真、汉人等种族户计名色和民、儒、站、急递铺、打捕、匠、军、阴阳、怯怜口、驱等职业户计名色），部分又为南宋原有户籍制遗留（如"单贫""僧""道"、弓手、龙华会善友等），部分为介于二者之间的变通物（如马站、水站、递运站、海道梢水、运粮户等）。而且，经历"至元十三年报省民数"起步的由南宋户籍制度向元代诸色户计制度的演化过渡，诸多原南宋非法定户名的单丁户、吏户、寺观户、军户、菜园户、酒户、坑户、窑户、匠户、机户、船户、舶户、市户、纸户等习惯称呼，往往是与元北方诸色职业户计相渗透、相融汇，演变为世袭罔替的诸色户计形态。

（三）投下户计及驱奴私属的增设

《至顺镇江志》所述元代镇江路户口数量，与其转载的宋理宗朝镇江府户口数量比较，大致相当，而且不再像两宋那样反映主、客租佃关系，倒是能较多地折射元代驱奴习俗。前揭土著、侨寓、客、单贫等类目共含驱口4427，其中，随北人移入的驱口计4189，侨寓内含怯怜口23户，土著等南人占有驱口238。

《至正金陵新志》所载元江浙行省江东道集庆路及三县二州"南人"中"哈剌赤户""土土哈户""平章养老户""怯怜口户"等投下户等数量不少。其中"哈剌赤户"合计3863户（含析居户及"各投下户"），"土土哈户"合计2007户（含析居户、"各投下户"及"另项也速歹儿元掳驱口户"），"平章养老户"合计304户（含析居户），怯怜口户742户（仅溧阳州），"财赋佃户"多达8695户。据日本学者太田弥一郎研究，"哈剌赤户"最初来自至元二十六年（1289）元世祖为酬答钦察军将土土哈所率"哈剌赤军"漠北军功以"旧籍租户"（原南宋官田佃户）的封赐，由此而成为"哈剌赤军"所有的私属户。"土土哈户"则大抵是元世祖封赐土土哈及其子孙的军功赏赐户，原本为"俘获之户"，其身份接近驱口[①]。"财赋佃户"则是隶属于皇后中宫和答己皇太后位下等江淮

---

① [日]太田弥一郎：《元代の哈剌赤軍と哈剌赤户》，《集刊東洋学》，第46辑，1981年。另，《至正金陵新志》卷三下《金陵表》还载有设于溧水州的"哈剌赤户计长官司"（第5491页）。顺帝初"秃秃哈民户"转赐权臣伯颜后，也曾在句容县专设长官司管领之（《元史》卷三十九《顺帝纪二》至元二年四月甲午，第834页）。这又是"哈剌赤户"系投下私属，"土土哈户"系投下驱口的佐证。

等处财赋都总管府或江浙等处财赋都总管府所辖的官田佃户。如此名色繁多、数量多达15000余户的投下户，登录于集庆路所属州县正规户籍内，是证投下私属等户占有亦随北方诸色户计制部分移植推行于江浙地区了。

需要说明，此处所谓"平章养老户"，亦即四库本《庙学典礼》卷四中的"布琳济达平章养老户计"。黄溍《承务郎杭州路富阳县尹致仕倪公墓志铭》载："河南王孛怜吉觯，尝受业魏国许文正公之门，方以平章政事行省江浙。"① 《程钜夫集》卷四《某官卜怜吉歹封河南王制》亦云："表河之南，念尔乃祖乃父，为国之屏。敬哉有土有民，永建厥家。"② 卜怜吉歹，又作孛怜吉觯右，清四库馆臣改之为布琳济达。迄元中叶，蒙古兀良合氏勋贵、阿术之子、江浙行省平章卜怜吉歹因乃祖乃父平宋等军功，不仅袭封河南王爵，还"有土有民"，长期占有"养老户计"之类的投下户计。另据《庙学典礼》卷四《儒户不同诸色户计当役》中江浙等处行中书省元贞二年（1296）申禀公文，"平章养老户"与"哈剌赤户"、"土土哈户"、"财赋佃户"一并被归入"另行定夺"和免除"杂泛差役"之列③，故应是投下私属无疑。陆文圭《故税使陈君圹志》云：扬州路泰兴县富户陈杰"扶植门户，经理产业，田园第宅，井井有绪。晚年事力充裕，舍施不倦……丞相河南王檄召保充本投下户计总管。宣命将下……至维扬，将如汴梁谒，遽得风痹之疾，舆归里中"④。此处的"本投下户计总管"，疑即负责管理前述"平章养老户"等的投下官吏。也就是说，集庆路卜怜吉歹"平章养老户"，连同"哈剌赤户""土土哈户""怯怜口户"等，具备了免除"杂泛差役"、自行设官管理等投下私属的基本特征，而且数量上接近该路前述投下户的2/5。

在上述现存史料中，镇江路驱口数量之所以最多，集庆路投下户及私属数量之所以最多，显然与二路区位偏北且地处沿江冲要，蒙古色目

---

① 黄溍：《金华黄先生大全集》卷三十二《承务郎杭州路富阳县尹致仕倪公墓志铭》，四部丛刊初编，第24页B。
② 程钜夫撰，张文澍点校：《程钜夫集》卷四《某官卜怜吉歹封河南王制》，元代别集丛刊，吉林文史出版社2009年版，51页。
③ 王颋点校：《庙学典礼》卷四《儒户不同诸色户计当役》，浙江古籍出版社1992年版，第94页。
④ 陆文圭：《墙东类稿》卷十三《故税使陈君圹志》，元人文集珍本丛刊，台北新文丰出版公司1985年版，第600页。

等达官贵胄稍多以及后者系江南行御史台治所等因素有关。诸如《至顺镇江志》所载镇江路"驱口""怯怜口",《至正金陵新志》所载集庆路"哈刺赤户""土土哈户""平章养老户""怯怜口户"等,非国家编户齐民的特质比较明显,其纳租服役或隶属对象主要是投下领主,而不是国家。金元中原汉地来自战争掳掠、允许买卖和世袭不变的驱口驱奴制相当盛行。而原南宋所辖的江南地区的奴婢则基本为契约典雇奴隶形态[①]。上述镇江路"驱口""怯怜口"和集庆路"哈刺赤户""土土哈户""平章养老户""怯怜口户"等的较多存在,尤其是《至正金陵新志》"南人"中"土土哈另项也速歹儿元掳驱口户"句[②],可窥知蒙古兀良哈氏、阿术族弟也速歹儿率军平定南宋之际所掳掠的"南人"驱口仅句容县一带就多达870人,而且此种驱口占有一直延续到顺帝至正年间。这不能不是在奴隶占有及身份属性上"北制"的南侵及其对江南契约典雇奴隶形态的部分逆转。

附带说明的是,前述至元二十七年(1290)原南宋户籍制度向元代诸色户计制度过渡的基本完成和江南新的户籍秩序的确立,只是以江浙行省为中心的江南主要地区的情况。至于地处岭南的江西行省广州路的场合,上述过渡和新的户籍秩序的确立却是滞后十余年。史称,"王师灭宋平广以前,兵革之间,或罹锋镝,或被驱掠,或死于寇盗,或转徙于他所,不可胜计。至元二十七年朝廷籍江南户口,方见定数"。或许是由于张世杰、陆秀夫拥立的卫王赵昺等南宋残部的顽强抵抗一直持续到至元十六年(1279)的"崖山之战",元朝对岭南实施稳定的军事政治控制随而迟至至元十六年(1279)以后。因此,迄至至元二十七年(1290),岭南广州路一带尚处于初次搜罗登录兵革之后的百姓户籍的阶段,此次"至元二十七年抄数"的户籍,也仅限于"户"和"僧道"两类,显然是对原南宋户籍制的笼统沿用。直到"大德八年(1304)报数",才出现"南人"和"北人"户计的分类名目[③],与《泰定毗陵志辑佚·户口》所载常州路的户籍类别,几乎雷同。

---

① 陈高华、史卫民:《中国经济通史·元史经济卷》,经济日报出版社2000年版,第52—53页。戴建国:《主仆名分与宋代奴婢的法律地位》,《历史研究》2004年第4期。
② 张铉:《至正金陵新志》卷八,第5644页。
③ 《大德南海志》卷六《户口》,宋元方志丛刊,第8413页。

三 诸色户计制对元代江南社会结构的触动和影响

东汉以降，社会经济发展和民族交融两大主线，经常是以南、北地域为载体来施展或发展。故而在隋、唐、元、明等大一统王朝的历史条件下，南方与北方体制因素间的博弈整合，就往往不可避免[①]。户籍制度在传统王朝已是司空见惯，但鉴于前述南、北体制因素博弈整合的作用，考察元代江南户籍制度就需要特别关注国家与百姓间关系及官府控制、役使百姓方式所发生的微妙变化等。从以上至元十三年（1276）报省民数、至元二十七年（1290）抄数等探讨中，可以窥见元代统一江南之后北方诸色户计制向江南的移植或嫁接，对元代江南社会结构的确产生了多方面的触动和影响。

（一）族群户计与职业户计二结构的复合

宋代江浙一带以汉族为主的民族构成比较显著，尤其是南宋播迁东南和以临安为"行在"国都之后，这一带以汉族为主体的民族融合进一步发展，汉族人口的比重逐渐占据大多数。入元后，就居民成分而言，江浙行省辖区内户籍等社会结构方面的最大的变化即是部分蒙古、色目和北方汉人迁入以及随之而来的族群户计与职业户计的复合建构。

元代江浙行省等江南地区不仅普遍存在北人"侨寓"与南人"土著"的杂居，还呈现族群户计与职业户计二结构的复合。如前所述，镇江路、集庆路、嘉兴路和庆元路无例外地存在蒙古、畏兀儿、回回、也里可温、河西、契丹、女真、汉人、南人等种族或族群户计名色，也存在民、儒、站、打捕、匠、军、急递铺、弓手、财赋、海道梢水等十六七种职业户计名色。它和迄至元八年（1271）的北方诸色户计大同小异，或者可以称之为北方诸色户计制的翻版或移植物。然而，由于江南地区北人"侨寓"与南人"土著"的杂居，上述复合结构中又填入了南人族群以及南人中的诸色职业户计。于是，此种复合即呈现部分来自北方诸色户计向江浙一带的移植物（如蒙古、畏兀儿、回回、也里可温、河西、契丹、

[①] 参阅李治安《元和明前期南北差异的博弈与整合发展》，《历史研究》2011年第5期。

女真、汉人等种族户计名色和民、儒、站、打捕、匠、军、阴阳、怯怜口、驱等职业户计名色），部分为南宋原有户籍制遗留（如"单贫"、"僧"、"道"、弓手、龙华会善友等），部分为介于二者之间的变通物（如马站、水站、递运站、急递铺、海道梢水、运粮户等）。此种族群户计与职业户计的二元复合，与元代四等民种族等级秩序和诸色户计制度基本契合，又凸显元代江南地区的诸多特有因素。换句话说，元代四等民种族等级秩序是在平定江南和原南宋百姓被称为"蛮子"南人之后才得以完全形成的。迄至元八年（1271）的北方诸色户计虽然业已存在种族或族群户计与职业户计复合的基本框架，但因尚无"南人"名色，其种族或族群户计仅大略表现为统一南北之前的蒙古、色目、汉人三等第，而不是体现四等民的种族等级秩序。唯有前述《至顺镇江志》、《至正金陵新志》、《大德昌国州图志》、《至元嘉禾志》、《泰定毗陵志辑佚》及《江浙须知辑佚》等所展现的元江浙行省一带囊括"土著""南人"的户计状况，才算是统一南北后元王朝最具典型意义的族群户计与职业户计的复合建构。

（二）诸色职业户计制部分取代主、客户制与全民当差服役的回潮

两宋江浙租佃制和大土地占有高度发展，反映在户籍制度方面，就是主、客户名色户计的普遍使用。《至正金陵新志》卷八言："宋景定志所载户口实数，主户壹拾万叁仟伍佰肆拾伍……客户壹万肆仟贰佰肆拾贰。"《大德昌国州图志》卷三《户口》曰："往宋绍熙旧志，主户七千六百六十五，口二万三千一十四；客户五千八百七十六，口一万八千四百八十八。绍熙至德祐丙子，又八十余年，生聚日繁，盖亦倍蓰矣。"[1]《宜兴风土旧志辑佚·户口》载："宋朝景祐中，县领主、客户三万九千九百四十。"[2] 此乃赵宋租佃制被直接写入户籍制度的突出表现。这种直接写入，明显带有租佃制高度成熟发展且被国家典制所承认等进步色彩，某种意义上也可称之为学界热议的"唐宋变革"在户籍方面的重要表征。时至八十余年后的元成宗大德以降，不仅"生聚日繁"，包括民户、儒户、灶户、医户、匠户、军户、打捕户、僧道等名目的诸色户计制还正式取代了上述南宋主户、客户等户籍旧制。诸色户计世袭罔替的制度，

---

[1] 张铉：《至正金陵新志》卷八，第5641页。冯福京：《大德昌国州图志》卷三《户口》，第6078页。

[2] 载杨印民辑校《大德毗陵志辑佚》（外四种），第165页。

毕竟为元朝南北统一后自北方移植到江浙行省等江南地区的新制。此类取代在镇江路、集庆路、嘉兴路和庆元路等处都曾不同程度地发生。

需要强调的是，由北而南移植来的诸色户计制，并不是单纯的户籍制度，随之而来的还有诸色户计依照各自职业世世代代无偿向国家提供的劳役。暂且不论镇江路和集庆路等数以万计的投下户、私属及驱口隶属于蒙古色目贵族及为其提供身役钱粮等，无疑给江南地区带入了比较野蛮落后的社会关系。前述元代的民户及官府掌控的其他名色户计，恰又意味着重在为国家官府当差服役。前揭纸背公文纸湖州路户籍册资料中"……亡宋民户至元十三年三月内归附见于本村住坐应当民役"，并非偶然个案。据不完全统计，仅该资料第一册就有50例一概写作"见于本村住坐应当民役"。其他还有应当"弓手差役"的4例以及应当"铁匠差役"等。由此凸显元代"全民当差服役"秩序在包括江南在内的疆域范围的普遍推行。王毓铨先生揭示的明代"纳粮也是当差"的社会法则①，应该是自元代重新构建和成长起来的。此种与诸色户计相连带的全民服役秩序，是对中唐两宋包括江南在内的国家对百姓人身役使弱化趋势的重要逆转，从而在赋役层面倒退到秦、西汉、隋和唐前期的"编民耕战"秩序或状况。幸而元朝赋役实行南北异制和租佃制依然存在且渗透于民户、儒户等江南多数百姓之中，幸而民户数量依然占绝大多数（据初步统计，镇江路民户约占总户数的81.1%，集庆路民户约占总户数的88.1%，昌国州民户约占总户数的95.4%，汀州路民户约占总户数的92.7%）。所以，元代江浙行省等江南地区的上述逆转或回潮，只是部分而非全局。在佃户等多数百姓的场合，他们依然主要通过租佃契约与地主发生租佃经济关系。

（三）南北嫁接秩序下北方因素比重等局限性

元代江南诸色户计秩序虽然形式上与北方诸色户计大体相仿，但二者毕竟不是完全同质的东西。总体看来，《至顺镇江志》《至正金陵新志》《大德昌国州图志》《至元嘉禾志》《泰定毗陵志辑佚》等所反映的江浙行省诸色户计对元代江南社会结构的触动和影响又具有如下局限性：

第一，《至顺镇江志》《至正金陵新志》等所见的镇江、集庆、常州等五路北人和诸色职业户计的比例，大抵处于较低水平。《至顺镇江志》

---

① 王毓铨：《纳粮也是当差》，载《王毓铨史论集》（下），中华书局2005年版，第756页。

中"侨寓"等北人户数，大约相当于"土著"等南人户数的9%。《泰定毗陵志辑佚》中"北人户"3962户，约占常州路户口总数（211652户）的1.9%。《至正金陵新志》中集庆路录事司及二县二州北人合计4319户，约占该路总户数（226379户）的1.91%。而在占镇江路户口91%的"土著"等"南人"（104620户）内，民户约占80.37%，儒、医、马站、水站、递运站等诸色户计不及20%。集庆路南人中的"民户"以外的"军站人匠""医户""淘金户""财赋佃户""儒户"等诸色户计30526户，也仅占本路南人总户数的13.7%。昌国州"儒户""灶户""医户""匠户""军户"等诸色户计仅有1034户，约占总户数的4.57%。嘉兴路"儒""僧""尼""道""急递铺"等诸色户计合计5948户，约占总户数的1.29%。表明就北人和诸色户计的移植比例而言，对当地居民成分格局的影响似乎不算很大。

第二，在镇江、集庆、常州等五路范围内，北人和诸色职业户计的分布也呈现某种不平衡。地处长江南岸的江南行御史台治所集庆路和镇守上万户府所在镇江路，北人等户明显较多，民户以外的诸色户计比例也接近15%—20%。稍南的嘉兴路和昌国州，诸色户计则低于5%。这种南、北方位的不平衡在江浙行省以南的江西行省广州路的场合，表现得更为突出。据《大德南海志》载，广州路不仅"至元二十七年抄数"中只分为一般"户"和"僧道"两类。"大德八年报数"之后，才分为"南人"、"北人"和"僧道"三类。而且"北人"只有550户，约占本路总户数（180873户）的0.3%[1]。

第三，诸色户计制和四等人制向江南的移植，尽管带有军事征服后的强制性，但它们都无法从根本上触动或改变江南原有的社会经济秩序。若论其直接影响，前者是造成了诸色户计制与原南宋大土地占用及租佃制的"嫁接"复合，后者亦带来江南政治种族等级与社会经济阶级二系统并存错综的复合结构。上述两个复合系统内部的冲突、混合、此消彼长及逐步转换，亦不可避免。由于江南大土地占用及经济阶级秩序树大根深、源远流长，由于蒙元王朝在江南统治不足百年，远不能和中原汉地被金、元相继占据长达240余年且此前已有3—6世纪"五胡乱华"的情况相提并论。随着时间的推移，江南大土地占有、租佃制及经济阶级

---

[1] 《大德南海志》卷六《户口》，宋元方志丛刊，第8413页。

秩序的优势和主导地位反而会愈加突出，其凭借雄厚实力而支配全局的势头越到后来就越发难以遏止。故而上述移植充其量是整体上呈现与原南宋大土地占用及租佃制的局部性的"嫁接"而已，其结果尚不足以动摇江南原有的主、客户租佃制为主干的社会经济秩序。

需要补充说明的是，诸色户计制之所以对元代江南社会结构没有发生较大的触动和根本性的影响，还在于元世祖忽必烈将诸色户计制和四等人制向江南移植的同时，长期实行了"安业力农"和"宜安本业"的政策①。如果说平定南宋伊始元朝廷的"安业力农"和"宜安本业"尚基本处于政策层面，四十余年后的英宗朝，上述"安业力农"政策在江南就收获了可观的成果。有元一代，江南地区地主、自耕农及商人能够在赋税方面享受比中原较多的优惠，南宋原有的大土地占用和租佃制也得以放纵与发展。诚如袁桷所云："贡献有恒，贫富循环，而田制莫有改。"②《元典章》所言更为明白："……亡宋收附了四十余年也，有田的纳地税，做买卖纳商税，除这的外别无差发，比汉儿百姓轻有。更田多富户每，一年有收三二十万石租子的，占着三二千户佃户，不纳系官差发，他每佃户身上要的租子重，纳的官粮轻……"③ 明人吴宽亦云："吴自唐以来，号称繁雄。延及五代，钱氏跨有浙东西之地，国俗奢靡……至于元，极矣。民既习见故俗，而元政更弛，赋更薄，得以其利自私……"④从历史的长时段看，以忽必烈为代表的元朝统治者的可贵贡献，不仅在于结束了近三百年的分裂割据，完成了空前规模的多民族国家的大统一，还在于实施南北异制和宽纵富户的政策，将上述诸色户计制仅停留在与江南大土地占用及租佃制等主体的局部性嫁接层面，从而较完整地保留了江南最富庶、最发达的经济实体，避免了对江南原有经济结构"伤筋动骨"般的冲击与破坏。这一点比起朱元璋似乎要开明得多，对当时江南社会经济发展繁荣的作用也比较积极。

---

① 《元史》卷八《世祖纪五》，第 166 页。陈高华等点校：《元典章》卷五《台纲·行台体察等例》，第 150 页。
② 袁桷：《延祐四明志》卷十二，宋元方志丛刊，中华书局 1990 年版，第 6286 页
③ 陈高华等点校：《元典章》卷二十四《户部十》《租税·纳税·科添二分税粮》，第 950 页。
④ 吴宽：《匏翁家藏集》卷五十八《莫处士传》，四部丛刊初编，第 13 页 B。《大德南海志》卷六《税赋》亦云："圣朝混一，首以宽民力为第一义……惟种田纳地税，买卖纳商税商税三十税一，鱼盐舶货之征，随土所有。自此之外秋毫不扰。"（宋元方志丛刊，第 8416 页）

元明时期户籍文书系统及其演变初探

王晓欣　郑旭东

元明户籍文书尤其明代的前人已经有过一些研究，然而由于元代户籍文书研究遗留了很多基本问题未能解决，受此影响，明初户籍文书仍存在一些模糊不清的问题。随着元史学界首次成规模户籍册的发现，相关问题的研究有望迎来转机。[1] 宋刊元印本《增修互注礼部韵略》纸背文书为元湖州路户籍文册，存留了300余页700户以上的户口事产登记，格式严整，内容清晰，一定程度上改变了元代户籍研究长期缺乏核心史料的局面。笔者结合新旧材料，初步探讨了元明时期的户籍文书系统及其演变问题，以求教于方家。

一　元代户籍文书系统管窥

户籍册是元代户籍文书系统的主体，但不是唯一的文本。目前传世文献和出土文献中元代户籍文书，数量少且多数残缺，大概分为官府持有和百姓持有两类。官府持有的户籍文书除核心户籍册之外，还有一些汇总人口或人户的册子等，百姓持有的户籍文书大概是手状和户帖两种，功能不同。

手状与户籍册。百年来中外学者们在研究敦煌、吐鲁番文书时，对于唐代手实、户籍、计账之间的关系有很多透彻的分析，尽管一些问题

---

[1]　王晓欣、魏亦乐：《元公文纸印本史料初窥——宋刊元印本〈增修互注礼部韵略〉纸背所存部分元代资料浅析》，《清华元史》2015年第3辑；王晓欣、郑旭东：《元湖州路户籍册初探——宋刊元印本〈增修互注礼部韵略〉第一册纸背公文纸资料整理与研究》，《文史》2015年第1辑。

仍存在争议，但据手实以编造户籍册已经逐渐成为一个较为可靠的共识。① 元代手状与户籍册的关系，大体上跟唐代类似，只是涉及某些细节上，仍然会造成误解，这甚至导致手状与户籍册的混淆，因此有必要加以澄清。

黑城民籍类文书中有一则残缺文书 F114：W13②：

取状人某
右某年　岁无病系本路□□本社长身
□□今为官司总府□□□除仰将本管
实有官管人户尽行供报到
如属不实如已后

这件残缺文书，有"取状人某""社长"，要求"官管人户尽行供报"，还存在"如属不实"的保证语。元代政书如《元典章》《通制条格》中多次提到"手状"，大体上是人户自行填写人口事产信息的状子，由基层吏员收集汇总。《元典章》至元八年"户口条画"载：

至元八年三月，钦奉皇帝圣旨：
……
一，军户：……汉儿军户不在当差额内者：诸正军今次手状……诸正军并贴户下合并里攒户今次手状……
一，打捕户：……手状指称打捕户，不纳皮货亦不当差之人，无问附籍、漏籍，收系与民一体当差。
一，招女婿：……年限女婿：……年限已满不行归宗，今次另供到手状户数，仰收系当差。年限未满，即目另居，取到手状之人，仰合属官司籍记作户收系，候年限满日，依例科差。③

军户、打捕户、民户等普遍都有手状，"取到手状之人，仰合属官司

---

① 杨际平：《论唐代手实、户籍、计帐三者的关系》，《中国经济史研究》2014 年第 3 期。杨先生文章开头对各方观点做了简明扼要的总结。
② 《黑水城文书（汉文文书卷）》，第 91 页。
③ 《元典章》卷十七"籍册·户口条画"，第 580—591 页。

籍记作户收係",人户入籍,需递交自行填写的手状,据此登记到户籍册,成为编户齐民。

王恽上奏"便民三十五事"提到匠户:"奏奉圣旨,差官与察司总府一同磨勘到各户跟脚气力手状已是精当,类攒册帐,各路赴部分间,实为善政。"①则手状的内容,至少有"跟脚"(出身,即户计类型)和"气力"(势力能力,即资产)两项重要内容,进一步据此攒造籍册。至元二十七年(1290)江南籍户造册,依靠的就是百姓供具的手状,《庙学典礼》讲至元二十七年儒户入籍,需要"供具手状",经过"比对今抄手状",发现江南归附初有司上报的户计籍册错讹很多,最后官府下令"止合依据今次钦奉圣旨抄数户计,取到手状入籍,仍咨都省照验"。②

值得注意的是,湖州路户籍册中有一叶是据手状编造的户口册子,现将第四册叶二十五抄录于下:

(叶二十五上)

[前阕]

  元籍内计家四口

   男子二口

    成丁一口本目年四十岁

    不成丁一口□寿年四岁

   妇女二口□

  今抄手状内计家九口

   男子六口

    成丁二口

     本身年四十岁 弟八千年三十六[岁]

    不成丁四口

     男亚保年一十岁 阿寿年八岁

     福孙年三岁 侄男□孙年三岁

   妇女三口

---

① 王恽:《秋涧先生大全文集》卷九〇,"便民三十五事·论匠户",四部丛刊本。
② 王颋点校:《庙学典礼(外二种)》卷三《抄户局攒报儒籍始末》《儒户照归附初籍并叶提举续置儒籍抄户》《儒户照抄户手收入籍》,浙江古籍出版社1992年版,第56—63页。

　　　　妻阿袁年四十二岁　　弟妇阿李年二□□

　　　　姪女丑娘年五岁

　　前件比附元籍内多男子成丁一口

　　　　弟孙八千年三十六岁

(叶二十五下)

　　一户雷忠信

　　元籍内计家六口

　　　男子二口

　　　　　成丁一口男端一年四十三岁

　　　　　不成丁一口本身年六十四岁

　　　妇女四口

　　　　　　妻阿董年六十三岁　　媳妇阿周年四十岁

　　　　　　孙女亚伴年七岁　　　胜女年三岁

　　今抄手状内计家一十二口

　　　男子六口

　　　　　成丁三口

　　　　　　男信龙年三十八岁　　男□年三十二岁

　　　　　　端四年二十四岁

　　　　　不成丁三口

　　　　　　本□年六十八岁　　　孙男亚狗年三岁

　　　　　　孙男亚改年一岁

　　　妇女六口

[后阕]

　　该叶共两户，年代不详，我们注意到，第一，第一户缺户头"一户×××"，第二户缺后面妇女详情、与元籍成丁数量对比的总结，根据两户信息，可知完整的一户依次是户头、元籍人口、今抄手状人口以及较元籍多出成丁数量等四项内容。第二，不论"元籍内计家"人口还是"今抄手状内计家"人口，里面都记载大小女口。手状与户籍册内容相仿，而宋代户籍是不载女口的，因此判断这件人口册源于元代户籍文书应该没有问题。第三,"元籍"与"今次手状"的间隔时间长达数十年,这与元代籍户特点也是一致的。叶二十五下"一户雷忠信"中,其"今次手状"内有"男信龙年三十八岁",而"元籍"内并无此人,可推测前后间隔在38年以上。元占领湖州路在至元十二年(1275),目前所知江南唯一的籍户也是至元二十七年(1290)抄户,仅仅相距15年,就算材料中"元籍"是征服江南后很快编造的户口册子,至少间隔38年的"今次手状"也起码晚至元仁宗延祐年间了。考虑到至元二十七年(1290)抄户是很重视人口的,所以"元籍"又可能指的就是至元二十七年(1290)的抄户册,如此一来"今次手状"更至少晚至文宗天历年间。

回到手状与户籍册关系上来,这则材料有力地说明,元代编造以人口为核心的户籍册,是以人户自行填写的手状为前提的,手状与籍册关系密切。

户籍册与户帖。前人关于户帖的研究已经很多,成果斐然,唐代已有户帖,目前可以确定唐宋户帖属于一种产税凭证或产业登记文书,具有定产均税的作用。[1] 但学界似未曾有人注意到,入元以后户帖性质发生了转变。

元代户帖实物或直接记载现在已经无法看到。至元二十六年(1289),朝廷下令籍户江南,发布圣旨云:

尚书省咨:

钦奉圣旨事意节该:"不以是何投下大小人户,若居山林畲洞,或于江湖河海船居浮户,并赴拘该府州司县一体抄数,毋得隐漏。据抄数讫户计,有司随即出给印押户贴,付各户收执。于内土居、寄住人户,编立保甲,递相觉察,毋令擅自起移。隐漏口数,里攒

---

[1] 重要的有,梁方仲:《明代的户帖》,《人文科学学报》1943年第1期;[日]曾我部静雄:《户帖考》,《东洋史研究》第10卷第3号,1948年;葛金芳:《宋代户帖考释》,《中国社会经济史研究》1989年第1期;陈学文:《明初户帖制度的建立和户帖格式》,《中国经济史研究》2005年第4期;尚平:《宋代户帖的性质及其使用》,《广西社会科学》2007年第5期;刘云、刁培俊:《宋代户帖制度的变迁》,《江西师范大学学报》2009年第6期;刘云:《税役文书与社会控制:宋代户帖制度新探》,《保定学院学报》2010年第2期;吴树国:《户帖为什么产生在唐代?》,《光明日报》2011年4月14日,第11版;黄忠鑫:《徽州文书所见宋代"户帖"抄件初探》,《"2014年中国社会科学院国学研究论坛中国古文书学国际学术研讨会"资料汇编》,2014年10月。

户口，死罪。邻佑漏报人口，知情不首，一百七下。漏报事产，七十七下。"钦此。①

这道圣旨说，"据抄数讫户计，有司随即出给印押户贴，付各户收执"。"户贴"即户帖，至元二十七年（1290）籍户覆盖整个江南地区，影响很大，户帖也随之大规模颁发到百姓手中。籍户的结果是编制户籍册，那么作为百姓持有凭证的户帖，其内容自然与户籍册内容差距不大。"隐漏口数，裹攒户口，死罪。邻佑漏报人口，知情不首，一百七下。漏报事产，七十七下。"说明户籍册和户帖中都有人口和事产两项内容，隐瞒人口罪责更重，显示人口信息更为重要。关于户帖内容更明确的描述，来自大德四年（1300）鄂州路人户财产继承纠纷的一份判例公文：

大德四年八月，行御史台札付：

近据监察御史呈："据万永年状告：系鄂州路录事司附籍儒户。有叔父万珙身故，即无儿男……具状告到湖广行省，送理问所归问，止据叔父万珙义婿韩一供指，将叔元买到姜仲一捏合为乞养之子等事。得此。追照得湖广行省理问所元行文卷内该：万永年原告，万佛儿并女使宜姐、兴娘俱系万珙生前买到人口。录事司取问得：佛儿系万珙生前过房为男，宜姐、兴娘系过房为女，②今次追到万珙户帖，查照与各人所供相同。责得万永年状供：据姜仲一，……今官司检照户册，照得故叔父万五将佛儿为男，宜姐、兴娘为女供报在官，如蒙依理归断，准伏无词。本所议得，万佛儿系至元二十七年抄户籍面内万珙生前已立为嗣，若准录事司已拟，令万佛儿承继万珙家业相应……照到如此。看详，万珙生前将姜二亲子于至元二十七年作男佛儿供报入籍。大德元年，姜佛儿却赴录事司，改名万善达，为户承管万珙家业……乞照详。"得此。宪台议得，为系破籍更户已久为例事理，移准御史台咨："呈奉中书省札付该：都省议得……依准行省所拟，断令万佛儿承继万珙家业，立户

① 《元典章》卷十七"籍册·抄数户计事产"，第594、595页。
② 《元典章》标点本此处作句号，今酌改为逗号，以表示前后句子均为录事司所言。

当差。"仰照验施行。①

这段文字逻辑较为复杂，先后记述了万永年三次状告的过程和结果。第一次告到鄂州路录事司（"原告"），第二次告到湖广行省理问所（"官司检照户册"，指的就是录事司），第三次告到南台察院监察御史处（称理问所"止据叔父万珙义婿韩一供指"，听信一面之词），最终中书省判定遵照至元二十七年（1290）官府颁给户帖，断令万佛儿继承万珙家业。其中录事司取问得知："佛儿系万珙生前过房为男，宜姐、兴娘系过房为女，今次追到万珙户帖，查照与各人所供相同。"显然万珙户帖内是详载男女人口信息的。从此处看，户帖隶属户籍文书系统。

元代户帖具载一户人口、事产信息，是官府抄录户籍册内容颁发给百姓收藏的单个户籍副本，属于户籍册系统的一种文书。元明户帖与唐宋作为产税凭证和税役文书的户帖有明显区别；元代户帖与户籍册之间，存在着"籍藏于部，帖给之民"的分工模式，并沿用到明初。

综上，笔者经过考察认为，元代手状、户籍册与户帖三者的关系就是：手状由百姓自行填写，为攒造户籍册提供人口、事产等信息，户帖则是户籍册造成之后，官府颁发给百姓的户籍证明文书。

二　明初户帖来源推测

户帖是贯穿古代中后期的一种重要的文本，其发展轨迹恰好能够在一定程度上反映元明户籍系统的演变脉络，本节拟从户帖角度切入，试做探讨。

根据上一节的讨论，我们得出元代户帖与明代户帖性质相近，都属于户籍文书系统的判断。囿于未见元代户帖实物，元明户帖之间的关系还不能直接考证。

关于明初户帖的颁给，最权威的记载是《明实录》：

核民数，给以户帖。先是，上谕中书省臣曰："民，国之本……今

---

① 《元典章》卷十七"承继·异姓承继立户"，第607—608页。

天下已定，而民数未核实，其命户部籍天下户口，每户给以户帖。"于是户部制户籍户帖，各书其户之乡贯丁口名岁。合籍与帖，以字号编为勘合，识以部印，籍藏于部，帖给之民。仍令有司岁计其户口之登耗，类为籍册以进，著为令。①

户帖与户籍相表里，登记人户姓名、籍贯、年龄、丁口，编排字号以便核验，"籍藏于部，帖给之民"，可谓十分完备。又据《国朝典汇》："（洪武——引者注）三年诏户部籍天下户口，置户帖，书各户之乡贯丁口名岁，以字号编为勘合，用半印钤记，籍贮于部，帖给与民……（四年）十月，诏核民数给以户帖。"② 可知洪武三年（1370）下达给户帖的诏令，四年正式实施。

明初户帖一般被认为陈灌（瓘）的创制，根据是明人杨士奇为之撰写的《故亚中大夫宁国府知府陈公之碑》，其中提到"朝廷取其户帖一事，行之天下"。③ 另《明史·陈灌传》也说陈灌"创户帖以便稽民，帝取为式，颁行天下"。④

如果认定明初户帖是陈灌任宁国府知府时的创造，则不得不面临一些疑点。一个明显的疑点是，朱元璋征战过程中随处颁给的"户由"，明显比陈灌的户帖更早。户由，是户帖的另一种称呼。冯尔康先生在《论朱元璋农民政权的"给民户由"》⑤ 一文中引明人董谷在《碧里杂存》一书《沈万三秀》条中"洪武初家给户由一纸"，其所说户由，与户籍制中的户帖，在内容、性质、作用诸方面都相同，力证明初"户帖"与"户由"是通用的名词。我们又查找到明人汪舜民《（弘治）徽州府志》中也用"户由"指代洪武四年（1371）户帖：

国朝本府领县六〇，洪武四年，官给户由，分军、匠、民、医、儒、僧、尼、道士等，户一十一万七千一百一十，口五十三万六千

---

① 《明实录》卷五十八，台北中研院历史语言研究所校印本，校勘记：嘉本"核"上有"命"字。
② 《国朝典汇》卷八十九，台湾学生书局影印本。
③ 《明文衡》卷八十一，四部丛刊本。
④ 《明史》卷二百八十一，第7187页。
⑤ 冯尔康：《论朱元璋农民政权中的"给民户由"》，《历史研究》1978年第10期。

九百二十五。①

户由即户帖，那么朱元璋最早在什么时候颁发过户帖？早年参加朱元璋起义军的刘辰，所著《国初事迹》曰："太祖亲征城池，给民户由，俱自花押，后追之。"② 则初次"给民户由"是在朱元璋"亲征城池"之时，冯尔康先生推断是在1359年以前建立江南根据地或对陈友谅征战中，不管怎样，早在朱元璋建国以前是没有疑问的。可见在陈灌创制户帖之前，朱元璋就已经在部分占领地区颁给户帖了，后来追回，应该是洪武初年为了统一颁布新的户帖。

既然明初户帖起源于元末，那么它跟元代户帖有关系吗？这个问题需要借助新发现的元代户籍册来提供某些猜想思路。下面我们选取了湖州路户籍册中的一户资料：

（叶三十四上）
一户李百十，元系湖州安吉县凤亭乡四管金村人氏，亡宋时民户，至元十二年十二月内归附，见于本管住坐应当民役
　　计家：亲属贰口
　　　　　男子不成丁壹口本身年陆拾贰岁
　　　　　妇人壹口妻郑六娘年陆拾玖岁
　　事产：
　　　　　陆地贰畝玖分
　　　　　瓦屋壹间壹步
　　营生：养种

再引中国社会科学院历史研究所图书馆善本库藏明洪武四年（1371）安徽省祁门县十西都住民汪寄佛户帖一件作为对照：③

户部洪武三年十一月二十六日钦奉

---

① 汪舜民：《（弘治）徽州府志》卷二，天一阁藏明代方志选刊影印本。
② 刘辰：《国初事迹》，《丛书集成初编》本。
③ 中国社会科学院历史研究所整理：《徽州千年契约文书》（宋·元·明编）第一卷，花山文艺出版社1993年版。

圣旨：说与户部官知道……除钦遵外，今给半印勘合户帖，付本户收执者。

一户汪寄佛，徽州府祁门县十西都住民，应当民差。计家伍口：

男子叁口

　　成丁贰口

　　　　本身年叁拾陆岁

　　　　兄满年肆拾岁

　　不成丁壹口

　　　　男祖寿年肆岁

妇女贰口

　　妻阿李年叁拾叁岁

　　嫂阿王年叁拾叁岁

事产

　　田地无

　　房屋瓦屋叁间

右户帖付汪寄佛收执，准此。

洪武四年　月　日

深字伍佰拾号

两相对照之下，便一目了然，明洪武四年（1371）户帖内容上分户头、计家人口、事产三项，而元代湖州路户籍册有户头、计家人口、事产、营生四项，无论从整体还是具体条目，洪武四年（1371）户帖都像是元代户籍册的简化版。与其说陈灌创造明代户帖，不如说是他在元代户帖基础上略作调整而成。

明人丘濬指出：

又请如国初户部给散民间户由之制，每户给与户由一纸，略仿前元砧基遗制，将户口、人丁、田产一一备细开具无遗，县为校勘申府，府申布政司，用印钤盖，发下民间执照。[①]

[①] 丘濬：《大学衍义补》卷一百六，文渊阁《四库全书》本。

文中说明初户帖"略仿前元砧基遗制，将户口、人丁、田产一一备细开具无遗"，具载户口人丁，非常符合户籍户帖文书的内容特点。

学者发现，朱元璋在反元战争及建立政权之初，已经十分注意户籍的整理，当时尚处于利用元朝就有版籍的阶段。[1] 那么明初造籍沿用元代户籍文书的格式也就不足为奇了。洪武十四年（1381）以后，黄册制度作为明代户籍与赋役合一的基本制度，正式在全国实施，明初大行的户帖逐渐被黄册取代。栾成显先生曾将黄册与户帖加以对比，发现"在户籍制度方面，黄册完全继承了户帖的一套做法。黄册与户帖的人丁登载事项，二者几乎完全一致[2]。"黄册户籍部分来自明初户帖，明初户帖又源于元代户籍文书，因此可以说元代户籍文书格式消融到了黄册之中。

三　明初户籍文书系统浅谈

关于明初户帖源于元代文书一事，高寿仙曾有类似又不尽相同的观点："陈灌推行户帖制，当是承袭或借鉴了元代旧制"，[3] 其根据是元代登记户籍的手状制度，也没有太多论证，大概认为明初户帖继承的并非唐宋"户帖"之制，而是内容上更相近的手实旧制。高氏的说法固然有不甚准确之处，但这启发了笔者思考元明户帖的差异，以及户帖与黄册的关系。

学术界通常将洪武初年建立的户籍制度称作户帖制度，该制度随着黄册制度的建立而逐渐被废弃。梁方仲认为户帖是户籍的根据，后来的黄册也是由户帖类编而成。陈学文主张户帖户籍制被黄册制所取代。[4] 研究中有两个方面问题或可商榷，一是洪武十四年（1381）黄册制度推行之前，户帖与户籍册的因果先后关系，二是洪武十四年（1381）以后，户帖的职能变化。

---

[1]　栾成显：《明代黄册研究》（增订本）第二章"黄册与户帖的关系"，中国社会科学出版社 1998 年版，第 22 页。

[2]　栾成显：《明代黄册研究》，第 22 页。

[3]　高寿仙：《关于明朝的籍贯与户籍问题》，《北京联合大学学报》（人文社会科学版）2013 年第 1 期。

[4]　梁方仲：《明代的户帖》，《人文科学学报》1943 年第 1 期；陈学文：《明初户帖制度的建立和户帖格式》，《中国经济史研究》2005 年第 4 期。

明初户帖是户籍根据一说，值得商榷。前引《明实录》曰："核民数，给以户帖……户部制户籍户帖，各书其户之乡贯丁口名岁。合籍与帖，以字号编为勘合，识以部印，籍藏于部，帖给之民。仍令有司岁计其户口之登耗，类为籍册以进，著为令。"文中提到两件事，先是"核民数"造户籍，后"给以户帖"，因此才有"籍藏于部，帖给之民"的安排。户帖依据户籍而造，是百姓藏在家里的户口事产凭证。官府印押是户帖得以生效形成的关键，如果不是在户籍之后，有悖常理。那么明初户籍置造依据什么？史料中没有明确提及，我们依据前代经验，推测应该是手状一类不太正规的登载户口事产信息的单行状书，具有很强的时效性，用完即废，不被史书记载也是正常的。手状类文书，应该是户籍与户帖的共同文本来源。现摘录前揭书明洪武四年（1371）安徽省祁门县十四都住民汪寄佛户帖如下[①]：

> 户部洪武三年十一月二十六日钦奉
>
> 圣旨：说与户部官知道，如今天下太平了也，止是户口不明白俚，教中书省置下天下户口的勘合文簿户帖。你每户部家出榜，去教那有司官将他所管的应有百姓都教入官，附名字写着他家人口多少。写得真着，与那百姓一个户帖，上用半印勘合，都取勘来了。我这大军如今不出征了，都教去各州县里，下着绕地里去点户比勘合。比着的便是好百姓，比不着的便拿来做军。比到其间，有司官吏隐瞒了的，将那有司官吏处斩；百姓每自躲避了的，依律要了罪过，拿来做军。钦此。除钦遵外，今给半印勘合户帖，付本户收执者。
>
> 一户汪寄佛，徽州府祁门县十西都住民，应当民差……

圣旨写道，官府将百姓"都教入官，附名字写着他家人口多少"，表明有一件手状类的文件，确认属实后，方才"与那百姓一个户帖"，令其收执，以为凭证。下一步还要命军队到各地按照户帖再次核验，不实者充军。因为上述文字来自户帖，针对的多半是户帖相关的内容，但不能以此夸大户帖的作用。《明史·食货志》称"太祖籍天下户口，置户帖、

---

① 中国社会科学院历史研究所整理：《徽州千年契约文书》（宋·元·明编）第一卷。

户籍……籍上户部,帖给之民",则户籍户帖都只是最终保存的文本而已,一在官府一在民间,都不会是源文本。实际的程序可能是:州县先依据地方上交的人口事产草册置造户籍,再据户籍摘出每一户信息制成户帖,随即用印勘合,户籍送到户部,户帖发给百姓,最后派军队到各地核实。

众所周知,黄册制度推行以后,户帖制度逐渐废弃。因此学界产生了黄册取代户帖的说法,这种观点可能并不准确。户帖只是旧户籍制度的一种民间单行帖文,而黄册是一种官方册书,二者并不直接对应。要说取代,也应该是取代之前藏于官府的户籍册。所以,黄册制度推行后,官方户籍似乎消失了,而户帖仍然存在了很长时间。梁方仲在《明代的户帖》一文中注意到明代户帖与黄册的"反复"关系,他引明万文彩辑《后湖志》卷五,弘治四年(1491)奏准给发各户帖载:"……造(黄)册完日,州县各计人户若干,填写帖文各一纸,后开年月,并填委官里书人役姓名,用印钤盖,申达司府知会,给发各户亲领执照,使知本户旧管、新收、开除、实在丁粮各若干,凭此纳粮当差,下次造册,各户抄誊似本,开报州县,以为凭据。"并认为,"这是造黄册完后,始给户帖",并提醒"文中只言户帖由州县申达府及布政使司,并无进呈户部的字样"。可见,户帖仍然在发挥其户口事产凭证的效用。

洪武十四年(1381)以后,户帖功能有新变化。因为黄册施行时,户帖已经被广泛使用,黄册十年一造,正在使用中的户帖就会有一部分信息进入黄册之中。所以吴滔认为"黄册乃是依据户帖类编而成……其中旧管一款,或可理解为户帖中所录之人丁事产的原始数据",有一定道理。我们发现,黄册建立后的一段时间内,户帖实兼有手状文书与户帖文书的功能,一部分户帖为黄册提供户口事产信息,另一部分户帖却依据黄册而编造,成为百姓持有的户口事产凭证。

至于明中期以后户帖为何已经难得一见,黄册的推行或许只是一个笼统而局部的原因,想完全弄清楚还需要更深入的研究。

明清时期芜湖关的税收与商品流通

许 檀 徐俊嵩

芜湖地处长江中下游之交，是长江中上游各省与江南地区的水运枢纽。目前所见对该关的研究以制度角度为多，较少利用税关档案；[①] 用档案资料对商品流通的研究仅见廖声丰《清代前期的芜湖榷关及其商品流通》[②] 一文，但比较简略；对税收数据的分析则只有倪玉平《清朝嘉道关税研究》一书中对嘉庆道光两朝的考察。[③] 本文主要利用明代的《芜关榷志》和清代该关税收档案，在前人基础上对明清时期芜湖关的税收与商品流通做进一步的考察。

一 芜湖的户、工二关及其税收额

芜湖，明清两代均为太平府属县。该城位于长江南岸，青弋江、长河在此汇入长江。元代芜湖商业已有较大发展，汪泽民的记载称：邑"当南北之冲，邮传、商贾、舟车之所走集，民聚以蕃。"[④] 明人黄礼记言："芜湖附河距麓，舟车之多，货殖之富，殆与州郡埒。"[⑤] 故政府在此

[①] 笔者所见相关论文主要有：王鑫义、周致元《明代芜湖抽分厂述论》，《学术界》1995年第3期；陈联：《明清时期的芜湖榷关》，《安徽大学学报》2000年第2期；廖声丰、黄志繁《清代芜湖关的设置及其管理体制的演变》，《历史档案》2004年第4期；姚国艳：《明朝芜湖榷关法制研究》，《安徽师范大学学报》2008年第6期；此外，祁美琴《清代榷关制度研究》（内蒙古大学出版社2004年版）和邓亦兵的《清代前期关税制度研究》（北京燕山出版社2008年版）两本专著对该关也有涉及。

[②] 廖声丰：《清代前期的芜湖榷关及其商品流通》，《中国社会经济史研究》2004年第1期。

[③] 倪玉平：《清朝嘉道关税研究》，北京师范大学出版社2010年版，第72—75页。

[④] 嘉庆《芜湖县志》卷一，《艺文志》，（元）汪泽民《浦侯去思碑记》，国家图书馆藏本，第11页。

[⑤] 嘉庆《芜湖县志》卷一，《地理志·风俗》，国家图书馆藏本，第18页。

设关榷税。

芜湖工关始于明代的竹木抽分。成化七年（1471）因"营建乾清、坤宁二宫，工费浩大"，明政府在此设抽分厂，"将商贩板木堪中者照例抽分……起倩人户，起送赴京听用"。① 稍后定制："杭州、荆州、太平（即芜湖）抽分三厂……凡竹木等物每十分抽一分，选中、上等按季送清江、卫河二提举司造船；次等年终运至通州，送器皿厂造器皿，余卖银听用。"因解运不便，后改为折银解部。芜湖抽分厂，初由北京工部都水司差官管理，嘉靖年间改隶南京工部。②

康熙《太平府志》记载："抽分厂系工部分司，在芜湖县治西，滨于大江。明成化七年设立，工部主事王臣始职其任，主管长江大河竹木之税。"③ 其"榷取之课始不过四千两，渐增为一万、二万而及三万七千有奇"；④ 正德十年（1515）突破 4 万两，嘉靖十年（1531）、万历二年（1574）曾达 5 万两。万历年间该关主事刘洪谟所撰《芜关榷志》记载了正德十年（1515）以降该关的抽分税额，我们据以绘制成明代中后期芜湖工关的税收曲线（见图 1）。⑤ 由该图可见，工关税收波动较大，但大体保持在 2 万—4 万余两。

芜湖户关设于明末，康熙《太平府志》记载："钞关系户部分司，在芜湖县西河南将军港。明崇祯初年南京工（户）部尚书郑三俊建议开设，……主管上下客船一切货物等税。"⑥ 郑三俊《明史》有传，记此事为"万历时税使四出，芜湖始设关，岁征税六七万，泰昌时已停。至是，度支益绌，科臣解学龙请增天下关税，南京宣课司亦增二万。三俊以为病民，请减其半，以其半征之芜湖坐贾。户部遂派芜湖三万，复设关征

---

① （明）刘洪谟：《芜关榷志》卷上，黄山书社 2006 年王廷元点校本，第 1 页。
② 万历《明会典》卷二○四，抽分，中华书局 1989 年，第 1024 页；《芜关榷志》卷上，第 1 页。
③ 康熙《太平府志》卷十二，《田赋下·关税》，国家图书馆藏光绪二十九年重印本，第 20 页。
④ 康熙《太平府志》卷三十六，《艺文二》，（明）张秉清《芜湖榷司题名记》，国家图书馆藏光绪二十九年重印本，第 69 页。
⑤ 图 1 中的税收额，据《芜关榷志》卷上《履历考》第 19—27 页记载统计，其中不足一年的税额未予收入。又，刘洪谟所撰《芜关榷志》记事到万历三十年，三十年以后的内容为后人增补，见《〈芜关榷志〉提要》。
⑥ 康熙《太平府志》卷十二，《田赋下·关税》，国家图书馆藏光绪二十九年重印本，第 20—21 页。

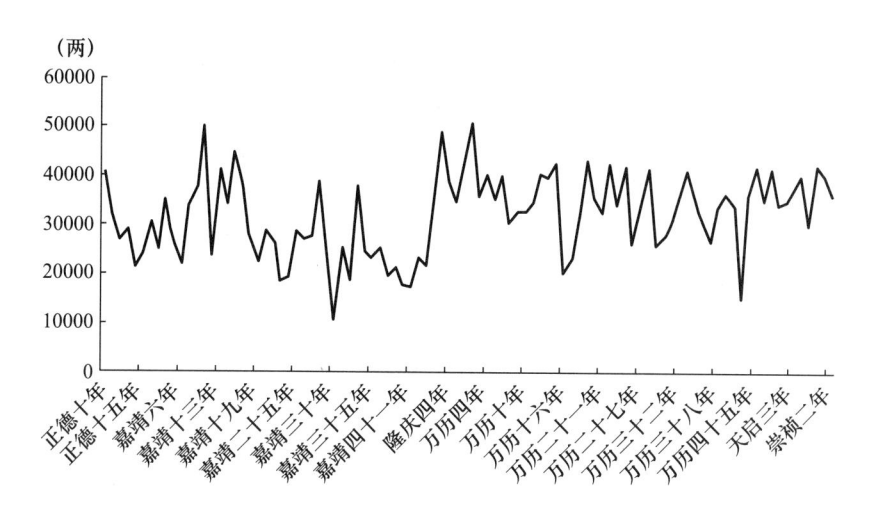

图 1　明代中后期芜湖工关抽分税额的变化

商,……遂为永制。芜湖、淮安、杭州三关皆隶南京户部"。①《明实录》崇祯三年(1630)五月记有:"户部尚书毕自严上言,昨臣部以军饷告绌,议加关税。因查南京宣课司额税仅止一万,题令南部议加二万。南部臣郑三俊谓:'留都所榷皆落地货税,所得无几,惟芜湖密迩南京,扼据上流,凡滇、黔、川、广奇货珍物靡不辐凑于此,商贾倍于南都,而征收不及,是亦不均之事。议于芜湖商贾之货照先年旧例,令赴宣课司报税领单,以凑新增二万之额。'当国家多事时,得此一税,未必非涓滴之助,所当即为允行……其额以三万为率,……其银尽解臣部,以充蓟、辽之用……帝悉从之。"② 据此可知,户关之设始于万历中,为税使私设,旋即废止;崇祯三年(1630)因军需告绌而复设,定税额为三万两。

《芜关榷志》记有"崇祯八年乙亥(该关)改归北户部主事雷应乾"管理,"年终零九个月课六万九千有奇",此项税课似应为户、工两关所征。不过,该书所记管关官员八年至十三年为户部主事,十四年至十七年为工部所派,三年至七年则未记所属,所载税课是否均为户、工二关合计尚难确定,暂存以待考。表 1 为《芜关榷志》所载崇祯三年至十七年(1630—1644)的管关官员及所征税课,请参见。

---

① 《明史》卷二五四,郑三俊传,中华书局 1974 年,第 6564 页。
② 《明实录附录·崇祯长编》卷 34,崇祯三年五月辛丑,台湾中研院历史语言研究所,1967 年,第 2024—2025 页。

表1　　　　　　崇祯年间芜湖关履任官员及征收税额一览

年份	管关官员	征收税银（两）	备注
崇祯三年（1630）	主事赵之绪	52000余	年终课
崇祯四年（1631）	高梁楹	41000余	年终课
崇祯五年（1632）	主事王思任	38600余	年终课
崇祯六年（1633）	主事邵建策	27000余	年终课，天旱缺额
崇祯七年（1634）	主事王朝升	49000余	一年零五个月课
崇祯八年（1635）	北户部主事雷应乾	69000余	一年零九个月课
崇祯十年（1637）	户部主事潘曾玮	53000余	一年零三个月课
崇祯十一年（1638）	户部主事陆自岩	61000余	一年零一个月十四日课
崇祯十二年（1639）	户部主事李尔育	53000余	十个月课
崇祯十三年（1640）	户部主事薛之垣	55400余	十个月十四日课
崇祯十四年（1641）	工部员外郎王域	100800余	两年七个月零十一日课
崇祯十六年（1643）	工部主事庄拚谦	62700余	一年零一个月课
崇祯十七年（1644）	工部员外郎沈旋卿	2400余	五个月零十五日课
平均	——	43100余	以12个月为一年

资料来源：《芜关榷志》卷上《履历考》，第27—28页。

清初芜湖户、工二关仍由户部、工部分别差官，康熙九年（1670）工关归并户关管理，雍正元年（1723）芜湖关税务改由安徽巡抚委地方官兼管。①

芜湖关于顺治二年（1645）恢复征税。《大清会典》记载：芜湖户关清初定额87337.8两，顺治十三年（1656）增银35762.2两，康熙二十五年（1686）增15396两，康熙末年又将铜斤水脚银18423两归入正额，合计为156919两。② 工关清初定额为33300两，顺治、康熙年间先后增

---

① 雍正《大清会典》卷五十二，《户部·关税》，《近代中国史料丛刊三编》第77辑第768册，台湾文海出版有限公司1994年版，第3093、3103页。

② 康熙《大清会典》卷三十四，《户部·关税》；雍正《大清会典》卷五十二，《户部·关税》，《近代中国史料丛刊三编》第72辑第715册，第1597页；第77辑第768册，第3058页。

银12000两和10230两,并将铜斤水脚银归入,合计为70146两。① 两关合计为227065两,这是芜湖关税的"正额"。

雍正年间,随着商品流通的发展,芜湖关所征税银在"正额"之外出现大量"盈余"。雍正四年分户、工二关共征银26万余两,超出"正额"35300余两;九年分征银38万余两,"盈余"达16万两。② "盈余"的增长并非芜湖一关所特有,故乾隆十四年(1749)定制,以雍正十三年(1735)分各关所征盈余数额作为定额。乾隆皇帝谕旨如下:

> 盈余虽在正额之外,然非额外别征。盈余缘照额征收,尽收尽解,其溢于成额者即谓之盈余;是名虽盈余,实课帑也,亦即正供也……夫盈余无额而不妨权为之额,朕意当以雍正十三年征收盈余数目为定,其时正诸弊肃清之时,而亦丰约适中之会也。自乾隆十三年而上下二三十年之中,岁时殷歉相若也,贾舶之往来相若也,民风之奢俭相若也,则司榷之征收又何至大相悬殊哉。嗣后,正额有缺者仍照定例处分,其各关盈余成数,视雍正十三年短少者,该部按所定分数议处,永著为例。③

雍正十三年(1735)芜湖户关征收盈余银57870.345两,工关为47181.935两,遂以此作为盈余定额。④ 正额、盈余合计,户、工二关定额33万余两。乾隆四十二年(1777),将盈余考核改为"三年比较",但实行的结果是盈余额被不断提高,故嘉庆四年(1799)重新确定各关定额。此次定额由嘉庆皇帝亲自酌定,故称"钦定盈余"。芜湖户关"钦定盈余"7.3万两,工关为4.7万两,两关合计12万两,正额、盈余合计

---

① 雍正《大清会典》卷二〇一,《工部·抽分》,《近代中国史料丛刊三编》第77辑第787册,第13541—13542页。
② 中国第一历史档案馆编:《雍正朝汉文朱批奏折汇编》,江苏古籍出版社1991年版,第8册,第521页,雍正四年十一月二十六日安徽巡抚魏廷珍折;第21册第55页,雍正九年八月十七日安徽巡抚程元章折。
③ 《清朝文献通考》卷二十七,《征榷考二》,浙江古籍出版社1988年版,第5091页。
④ 台湾"故宫博物院"编:《宫中档乾隆朝奏折》,台北"故宫博物院",1982年,第1辑,第623页,乾隆十六年九月初十日安徽巡抚张师载折。

为34万余两。① 表2是清代前期芜湖户、工二关关税定额的变化。

表2　　　　清代前期芜湖户、工二关关税定额变化一览　　　　单位：两

关别	顺治初年	康熙二十五年（1686）	康熙末年	乾隆十四年（1749）	嘉庆四年（1799）
户关	87338	138496	156919	214789	229919
工关	33300	55530	70146	117328	117146
二关合计	120638	194026	227065	332117	347065

资料来源：雍正《大清会典》卷五十二，《户部·关税》，卷二〇一，《工部·抽分》；嘉庆《大清会典事例》卷一八八，《户部·关税》；卷七一〇，《工部·关税》。

芜湖户、工二关的实征税银，雍正年间数据不全，乾隆以降则比较完整。图2是依据实征税额绘制的乾隆—道光年间芜湖关税的变化曲线，

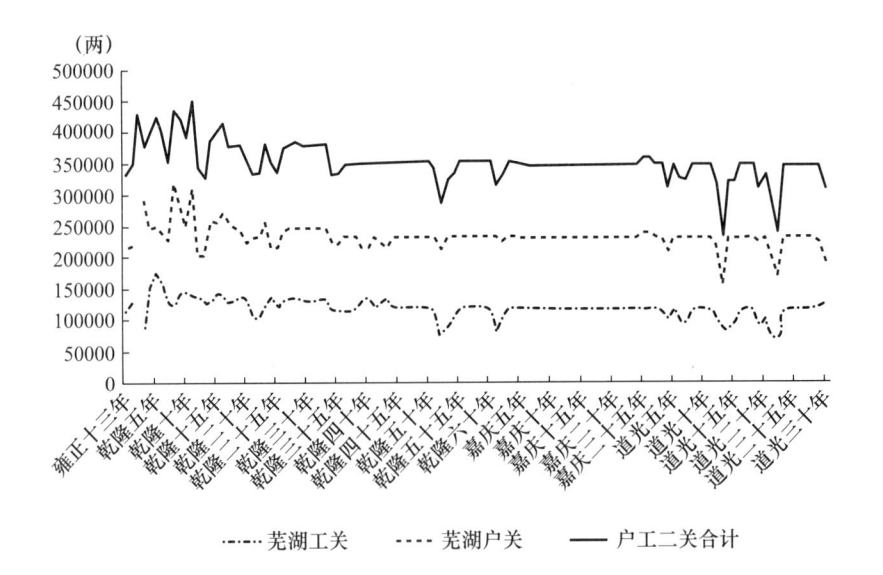

图2　乾隆—道光年间芜湖关实征关税的变化

---

① 嘉庆《大清会典事例》卷一八八，《户部·关税》；卷七一〇，《工部·关税》，《近代中国史料丛刊三编》第66辑第656册，第8667页；第69辑第689册，第6752页。

表 3 是对二关实征税额的十年平均统计。① 二者相互参照，可较全面地了解清代中叶该关税额的变化情况。

表 3　　乾隆—道光年间芜湖户、工二关实征关税的十年平均统计

年代	数据	户关（两）	工关（两）	二关合计（两）	备注
乾隆元年至十年	9/10	257841	138125	398960	二年份缺户、工二关分税额
乾隆十一年至二十年	10	246705	134191	380896	
乾隆二十一年至三十年	10	238575	125246	363821	
乾隆三十一年至四十年	10	231216	123931	355147	
乾隆四十一年至五十年	10	229682	121587	351215	
乾隆五十一年至六十年	10	230816	109579	341395	
嘉庆元年至十年	11	230491	113056	343547	五年有两组数据
嘉庆十一年至二十五年	15	230709	117376	348085	
道光元年至十年	10	229097	111453	340549	
道光十一年至二十年	11	221076	101417	322493	十二年有两组数据
道光二十一年至三十年	10	217565	108468	326033	

图 2 显示，芜湖关的实征税额以乾隆初年为最高，总体呈下降趋势。从雍正十三年（1735）到道光三十年（1850）的 116 年大体可分为三个阶段：乾隆前期的三十年税收额最高，但波动较大；其中有八个年份税额超过 40 万两，十一个年份达 45 万两，是芜湖关税收的最高值；十年平均分别为 398900 两、380800 两和 363800 余两（参见表 3，下同）。乾隆三十年（1765）至嘉庆末的 50 余年税额比较稳定，除个别年份外大体保持在 35 万两上下；十年平均分别为 355100 两、351200 两、341300 两、343500 两、348000 余两。道光朝的三十年税额也有较大波动，并进一步下降；十年平均分别为 340500 两、322400 两、326000 余两。其中，道光十三年（1833）是该关税收的最低值，户、工二关仅收银 234914 两，缺额 112000 余两；其次为道光二十二年（1842），为 240844 两。

---

① 图 2 和表 3 中的税收数据，据中国第一历史档案馆和台湾故宫博物院所藏该关税收档案汇集整理。清代的税关关期系以 12 个月为一年，遇有闰月连续计算，故税收年份与实际年份不完全对应，并有个别年份会出现两个税收数字。

户、工二关分别来看，芜湖户关税额大多在 20 万—25 万两，十年平均从 25 万两下降至 21 万余两；工关税额多在 10 万—14 万两，十年平均从 13 万余两降至 10 万两。不过，二关的峰值和峰谷稍有差异：户关税收以乾隆八年（1743）为最高，达 316189 两，其次为十一年（1746）308833 两；其最低值在道光十三年（1833），仅 155502 两，其次为道光二十二年（1842），170297 两。工关税收以乾隆五年、六年（1740、1741）为最高，分别为 172876 两和 161827 两；最低为道光二十一年、二十二年（1841、1842），均只有 70500 余两，其次则为乾隆五十二年（1787）的 75154 两。

档案记载，"芜湖关税全赖下游江、浙地方年岁丰收，货易销售，则上游江楚等省出产诸物商贾源源贩运过关，税自丰盈"。① 即税收的多寡与过关商货数量密切相关，而商货的过关量又受到年景丰歉、运销状况等因素的影响，这一点我们在下节再做具体考察。至于道光二十一年、二十二年（1841、1842）该关税额的大幅下降则与鸦片战争密切相关。道光二十一年（1841）工关仅征收税银 70500 余两，缺额 46500 余两；户关征银 208900 余两，缺额 20900 余两。安徽巡抚程楙采奏报其原因称："上年英夷滋事，节次兵船过境，木商观望不前"；而"本年沿江各属民遭水患，诸货滞销，商贾因而裹足"。② 道光二十二年（1842）芜湖关税短绌更甚，户、工二关合计仅征银 240800 余两，缺额 106200 余两。安徽巡抚奏报称：

> 该关应征户、工正额、盈余共银三十四万七千六十五两二钱四分，大半赖川楚、江西货物前赴浙江、江苏仪征、扬州并北五省地方销售。上年夏秋水患，冬季商船不旺；今年春季兵帆络绎，商税又稀。满拟夏秋向称旺月，各省行销货物，税课尚可补苴。乃四月初旬，乍浦失守，赴浙商船因之甚少；五月继陷宝山，上海赴苏商船亦皆闻风裹足；迨六月上旬镇江失利，金陵戒严，江路梗塞，凡南北一切商船并竹木簰筏俱成绝迹。以每年之旺月直成无税之空

---

① 《宫中档乾隆朝奏折》第 15 辑，第 109 页，乾隆二十一年八月初四日安徽巡抚高晋折。
② 台湾故宫博物院档案：道光二十一年十月二十四日安徽巡抚程楙采折。

关,……此从来未有之事,迥非水患、兵船暂时偏灾可比。①

乍浦、宝山、镇江接连失守,江路梗塞,往来商船和竹木簰筏绝迹,因而导致芜湖户、工二关税收的大幅度缺失。

从以上考察我们可看到,清代中叶芜湖关的税额大体在30万—40万两,最高曾达45万两。这一数额在长江沿线各关中仅次于九江,排第二位。表4是清代中叶长江沿线各关实征关税的比较,②请参见。

表4　　　　　　清代中叶长江沿线各关实征关税状况一览

税关名称	实征税额（两）	备注
九江关	35万—70万	户部关,但征收竹木
芜湖关	30万—40万	户关、工关合计
龙江西新关	18万—24万	户关、工关合计
夔关	15万—20万	户部关,征收粮、杂二税
武昌关	4万—6万	户部关,只征船料,不征货税
荆关	2万—7万	工部关,征收竹木税
辰关	1.2万—2万	工部关,征收木税、盐税
渝关	0.5万—0.7万	工部关,征收木税

图3是从明代中叶到清代中叶芜湖关税额的变动趋势,请参见。其中,正德十年至崇祯二年（1575—1629）为工关税收;崇祯三年至十七年（1630—1644）的数据应是户、工二关合计,但不能确定,故用虚线标出;顺治、康熙为定额数,雍正—道光年间为实征税额。明代税关很少保留有连续的税收记载,故芜湖关的明代数据尤显珍贵。从正德十年到道光三十年（1515—1850）,时间跨度长达300余年,这是目前所见各关中唯一能够把明清两代的税收额衔接起来的例子。虽然明末清初的数

---

① 台湾"故宫博物院"档案:道光二十二年九月初三日安徽巡抚程楙采折。
② 九江关参见许檀《清代前期的九江关及其商品流通》(《历史档案》1999年第1期);龙江西新关参见许檀、高福美《清代前期的龙江西新关与南京商业》(《历史研究》2009年第2期);夔关、武昌关、荆关、辰关、渝关税额请参见廖声丰《清代常关与区域经济研究》,人民出版社2010年版,第376—381、371—375、368—369、119页。

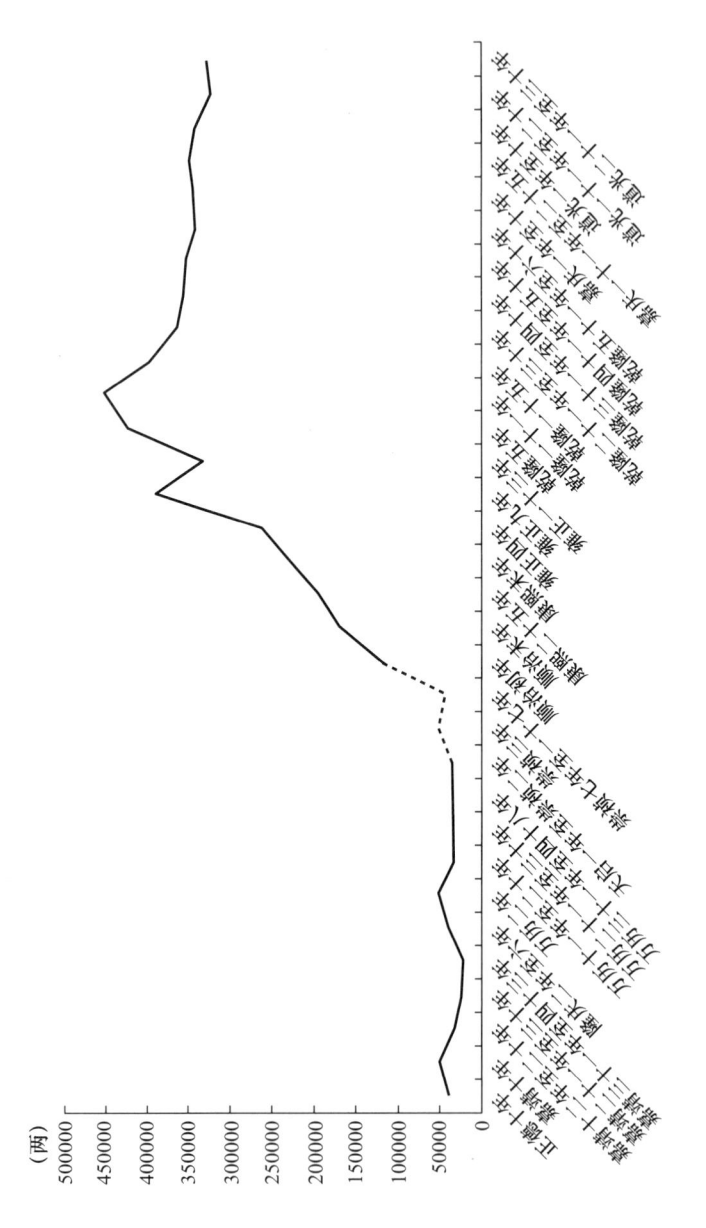

图 3　明代中叶到清代中叶芜湖关税额变动趋势示意

据不太准确,但已可以基本显示出这300年间该关税额变动的大致趋势。由图3可见,从明代中叶到清代中叶芜湖关税额从数万两增至数十万两,即便考虑到物价上涨因素,其增长幅度仍属可观。其中,康熙至乾隆初年的税额增长迅速,至乾隆十一年(1746)达到最高点,为45万两;此后缓慢下降,但仍保持在30万两以上。

二 经由芜湖关流通的主要商品

芜湖位于长江中下游之交,是长江中上游各省与江南地区商货流通的转运枢纽。经由芜湖关流通的商品以竹木、粮食为大宗,棉布、棉花、桐油、纸张、烟叶、瓷器、铁器等也是税收的重要来源,下面我们分别考察。

(一) 木材竹料

木材竹料是经由芜湖关的最大宗的商品,"工关全赖竹木簰把到关者多,税数方得丰盈"[1]。我国的竹木资源主要分布在云贵、川楚、湘赣等省,上游各省所产竹木由长江顺流而下,经重庆、汉口、九江等处到达芜湖;经由芜湖关的竹木大部分会继续沿江东下至南京之上新河,然后分销江南和华北。[2]

万历年间的记载称,"楚蜀之木蔽江而下",停泊芜湖城西之鲁港侯权者常"尾衔二十余里",以至阻塞河道,甚至引起诉讼。[3] 清代工关税收大幅度增长,过关竹木更多于明代。表5是乾隆年间竹木税在芜湖工关税收中所占比例统计。

表5　　　乾隆年间竹木税在芜湖工关税收中所占比例统计　　单位:两,%

年份	工税总额	竹木税	竹木税占比
乾隆七年(1742)	146033	121977	83.5
乾隆八年(1743)	109927	88949	80.9

---

[1] 《宫中档乾隆朝奏折》第8辑,第247页,乾隆十九年闰四月十二日安徽巡抚卫哲治折。
[2] 参见许檀、高福美《清代前期的龙江西新关与南京商业》。
[3] 道光《繁昌县志书》卷一,《舆地志·山川》,台北成文出版社1975年版,第115页。

续表

年份	工税总额	竹木税	竹木税占比
乾隆二十八年（1763）	136296	100671	73.9
乾隆二十九年（1764）	131576	94225	71.6
乾隆三十三年（1768）	133064	97976	73.6
乾隆三十四年（1769）	113759	71364	62.7
乾隆三十五年（1770）	113862	72061	63.3

资料来源：据中国第一历史档案馆和台湾故宫博物院藏该关税收档案统计。

由表5可见，竹木税占到工关税收的60%—80%，竹木过关量的多寡会直接影响税额盈绌。如乾隆三十三年（1768）芜湖过关簰把621宗，而三十四年（1769）仅242宗，三十五年（1770）为228宗，比三十三年（1768）则少征税银26600两和19200余两"①。档案记载，"芜关工税盈余全赖上游江楚竹木簰筏过关之多寡定税银之盈绌，至簰筏过关又全赖出产处所雨水及时，运送始无阻滞；行销地方年岁丰歉，货物方易销售。"② 即竹木过关数量受到长江上下游的气候条件、年景丰歉、运销状况以及商人资本周转等诸多因素的影响。

如乾隆十四年（1749），"江西产木地方是年雨泽愆期，溪河浅涸，在山之木不能运达江滨"，是以税银减少。③ 乾隆二十九年（1764）五月，"正当商人捆扎簰把时候，江广陡发大水，其木植甫经出山，尚未捆成者均致飘零"，以至"较上届少到簰六宗，把一百五十九宗"④。粮价的上涨也会影响竹木过关数量，因"做造簰把需夫众多，食用浩繁。如米平工贱则成本轻而贩运多，米昂工贵则成本重而贩运少"。乾隆十七年（1752）"江楚地方米粮价贵"，"商贩皆以工饭倍重，不能获利，贩运者少"，以至税收较上届减少18600余两。⑤

竹木的销售状况也会在很大程度上影响税收。乾隆五十二年（1787）

---

① 中国第一历史档案馆档案：乾隆三十五年六月二十五日、乾隆三十六年五月初七日两江总督高晋折。
② 台湾"故宫博物院"档案：乾隆十五年五月二十七日安徽巡抚卫哲治折。
③ 《宫中档乾隆朝奏折》第1辑，第822页，乾隆十六年九月三十日两江总督尹继善折。
④ 《宫中档乾隆朝奏折》第25辑，第767—768页，乾隆三十年八月二十二日两江总督尹继善折。
⑤ 《宫中档乾隆朝奏折》第8辑，第247页，乾隆十九年闰四月十二日安徽巡抚卫哲治折。

是工关税收最低的年份之一，仅征银75154两，比五十一年（1786）短少34100余两，比五十年（1785）短少44600余两。"究其短绌之故，……乾隆五十年被灾较广，民力艰于兴作，客商旧贩木植堆积难销，无本再行转运，比较上届少到簰把一百二十八宗。"①道光十三年（1833）也是工关税收较低的年份，仅征收税银79412两，较"钦定盈余"短少37734两。其短征原因：一是连年岁歉，"江南一带民力拮据，不但无力兴造，且多拆屋卖料"，木材销售困难，诸多木商歇业；二是"湖广产木之山又因从前过于砍伐，现植之木尚须培养成材，始可采取，是以大簰更少。"②

将乾隆、道光年间过关簰把数量作一比较，可更清楚地了解竹木过关量对工关税收的影响。表6是乾隆、道光年间过关簰把与工关税银对照表，由该表可见，乾隆三十三年（1768）及之前过关簰把在七八百、五六百宗，三十三年（1768）后降至二百多宗，而道光年间过关簰把多在一百余宗，甚至更少，故工关税收往往征不足额。

表6　　　　乾隆、道光年间到关竹木簰把与工关税银对照

乾隆年间	竹木簰把	工关税银（两）	道光年间	竹木簰把	工关税银（两）
乾隆二十四年（1759）	808宗	136553	道光七年（1827）	一百数十宗	92571
乾隆二十五年（1760）	710宗	119483	道光十二年（1832）	一百余宗	98770
乾隆二十八年（1763）	695宗	136296	道光十三年（1833）	？宗	79412
乾隆二十九年（1764）	530宗	131576	道光十四年（1834）	80余宗	91093
乾隆三十三年（1768）	621宗	133064	道光十五年（1835）	102宗	87249
乾隆三十四年（1769）	242宗	113759			
乾隆三十五年（1770）	228宗	113862			

资料来源：据中国第一历史档案馆和台湾故宫博物院所藏档案以及中国社会科院经济所藏《钞档》中该关档案统计。

夹带偷漏也是影响工关税额的原因之一。如道光十六年（1836）湖

---

① 《宫中档乾隆朝奏折》第64辑，第685页，乾隆五十二年六月十五日安徽巡抚书麟折。
② 中国第一历史档案馆档案：道光十四年三月初一日安徽巡抚邓廷桢折。

南头、二、三帮漕船 125 只，被查出"例外多带大小木仔二百九十七宗"，照例科算，应征税银 23118 两零；十七年（1837），查出湖南漕船例外多带木植，追征税银 1.5 万两。①

以上我们考察分析了影响工关税收波动的主要因素，至于乾隆、道光年间该关税额的持续下降，来自贵州、四川等地老林大木的减少当也是重要因素。明代《芜关榷志》所载抽分税则包括江簰，杉木簰捆、竹簰、川板、楠杂木板等九款。其中，"江簰俱出荆州、辰州，木有楠、杂、青柳不等"；楠木出自湘西之"永顺、保靖二夷司"，青柳木出贵州铜仁府、湖南辰州府。杉木簰，"外江簰来自（江西）饶河或池州"，内河簰系"由徽、宁、池三府各县小河出者"，汇至鲁港、东河；川板，出自贵州镇远，四川綦江、建昌、泸州、夔州等处。②皖南山区所产木材系顺"小河"而下，没有大簰，经由芜湖关的大宗木材主要来自长江上游各省。万历年间抵关报税者多为"楚蜀之木"，不过，刘洪谟也记载了不少木材产地因采伐过度而"绝产"："丙子志云，史称巴蜀沃野，地饶竹木，又曰南楚卑湿，多竹木，故今称板枋多曰川楚云。王义乌《旧志》载有桃花洞板、茅滩溪板，钱桐乡公抄本新则载有马湖、永宁、金峒、叙宁、大渡河、彭水……等板，皆蜀楚产也。询之贾人，今俱绝产，故不复载。"丙子为万历四年（1576），距《芜关榷志》刊刻相隔不过 20 余年，已是"名山章材十去五六"了。③

清代中叶芜湖关木材来源进一步缩小。嘉庆《工部则例》只开列了江楚往江宁木簰、徽绍往江宁木簰，江西往江宁苗竹簰和江楚竹木簰筏在芜湖售卖等四项木竹税则。④即清代来自上游的木竹簰筏主要出自湖广、江西，而江西更多于湖广。如乾隆七年（1742）芜湖关收湖广簰把税银 26376 两，江西簰把税银 95601 两，江西为湖广的 3.6 倍；乾隆八年（1743）收湖广簰把税银 28965 两，江西簰把税银 59984 两，江西为湖广的 2 倍。⑤四川输出木材数量不多，这从表 5 所列渝关实征木税只有

---

① 中国第一历史档案馆档案：道光十七年八月初五日安徽巡抚色卜星额折。
② （明）刘洪谟：《芜关榷志》卷下，第 30—37 页。
③ 同上书，第 37 页。
④ 嘉庆《工部则例》卷九十九，《关税》，《故宫珍本丛刊》第 294 册，海南出版社 2000 年版，第 380 页。
⑤ 中国第一历史档案馆档案：乾隆九年七月初七日安庆巡抚范璨奏折。

5000—7000两即可确认。贵州所产木植顺沅江而下过辰关入长江者，应归入湖广簰把。嘉庆年间已有"木植向多采自黔楚，本年该处木植过关甚少"的奏报；① 道光年间，更出现湖广木植"从前过于砍伐，现植之木尚须培养成材始可采取"的现象。② 砍伐过度造成的森林资源减少当也是工关税收下降的重要原因。

（二）粮食

粮食也是经由芜湖关东下的重要商品，包括大豆和稻米两大类。

大豆是芜湖户关的主要税源之一。大豆可榨油磨腐，豆饼用作肥料，江南地区对其需求量很大。雍正年间的奏报称："查自江西沿江一路来有九江、芜湖、龙江三关，俱收江广及川江之运到货税，而芜湖之税额最多，所赖者湖广豆舡之纷集，以益课税"；③ 乾隆时的记载如："芜湖关户税油、豆二项约资其半。"④

据安徽巡抚卫哲治奏报："乾隆十六年分户关共收正税盈余二十七万一千三十三两，内有豆税银八万九千三百三十六两五钱六分；今十七年分共收正税盈余银二十五万四千三百七十八两二钱七分，内豆税银六万三千八百六两三钱二分。较上年计少收银二万五千五百三十两二钱四分。其短少缘由实因上年湖广产豆地方收成之时雨水欠匀，豆粒浆水不足，兼多霉烂，商人贩往下江每多折本，是以到关稀少。"⑤ 乾隆十六年（1751）征收豆税银89337两，占户税总额的33%；十七年（1752）豆税银63806两，占比25%。芜湖户关《食物税则》中列有，"黄豆、黑豆每担各税四分五厘"，⑥ 依此折算，乾隆十六年份（1761）芜湖过关大豆198万余担，十七年（1752）为135万担。表7所列是乾隆前期豆税银占户关税收比例和依据税则折算的豆担。

---

① 台湾故宫博物院档案：嘉庆元年四月二十一日安徽巡抚张诚基折。
② 中国第一历史档案馆档案：道光十四年三月初一日安徽巡抚邓廷桢折。
③ 《雍正朝汉文朱批奏折汇编》第11册，第62页，雍正五年十一月十九日安徽巡抚魏廷珍折。
④ 《宫中档乾隆朝奏折》第7辑，第667页，乾隆十九年二月二十八日安徽巡抚卫哲治折。
⑤ 同上。
⑥ 乾隆《户部则例》卷七十七，《税则·芜湖关》，《故宫珍本丛刊》第285册，第268页。

表7　　乾隆年间芜湖户关实征、免征豆税银及其折合豆担示例

年份	豆税银（两）	户税总额（两）	豆税占比（%）	折合豆担（担）
乾隆七年（1742）	免征 50331	227681	22.1	1118467
乾隆八年（1743）	免征 123035	316189	38.9	2734111
乾隆九年（1744）	免征 95963	278687	34.4	2132511
乾隆十年（1745）	免征 68172	249327	27.3	1514933
乾隆十一年（1746）	免征 107205	308833	34.7	2382333
乾隆十四年（1749）	实征 75448	258098	29.2	1676622
乾隆十五年（1750）	实征 88851	256138	34.7	1974467
乾隆十六年（1751）	实征 89337	271033	33.0	1985267
乾隆十七年（1752）	实征 63806	254378	25.1	1351244
平均	84683	268929	31.5	1881844

资料来源：据中国第一历史档案馆和台湾故宫博物院所藏该关税收档案统计。

由表7可见，豆税在户关税银中所占比例为20%—40%，是户税的主要来源之一；大豆过关数量则在110万—280万担，平均为188万担，免税年份相对多些。其中以乾隆八年（1743）为最高，一方面，"楚蜀豆收丰稔，出产既多，价值平减，商贾之贩运者倍增"，"一年之中间有往而销售，复还而再贩者"；另一方面，江南对豆饼肥料需求量大，"霉变之豆亦可应用"，"向以各关征税，霉豆无人贩运，今因免征税银竟有贩来行销，以致过关豆数复倍于昔"。① 该年免征豆税银123000余两，以每担税银四分五厘计，折合大豆273万担。不过，芜湖户关税则："凡商船货物，满载者分加料、平料、下料三等，按梁头丈尺征收。……不满载者按担科税。"② 即按担科税者只是"不满载者"，满载豆船系按照"平料货物减尺科税"。③ 一般来说，整船征税比按担计征税率要低，故该年实际过关大豆至少超过300万担，常年过关量当也在二三百万担之谱。

芜湖关不征米税，仅工关征收米麦船料，"凡米麦过关止（只）按装

---

① 中国第一历史档案馆档案：乾隆十年三月二十五日两江总督尹继善折。
② 嘉庆《大清会典事例》卷一八八，《户部·关税》，《近代中国史料丛刊三编》第66辑第656册，第8667、8672页。
③ 乾隆《户部则例》卷七十七，《税则·芜湖关》，《故宫珍本丛刊》第285册，第274页。

载之船身丈尺征收船料银，而并不计石收税。"① 表 8 所列是我们在该关档案中收集到的实征、免征米麦船料税银的记载，请参见。

表 8　　乾隆年间芜湖工关实征、免征米麦船料税银示例

年份	工税总额（两）	米麦船料银（两）	占工税比（%）	备注
乾隆六年（1741）	161827	免征 5141	3.2	
乾隆七年（1742）	127117	免征 3124	2.5	
乾隆八年（1743）	119708	免征 2084	1.7	
乾隆九年（1744）	143353	免征 2286	1.6	
乾隆十年（1745）	144279	免征 615	0.4	
乾隆十一年（1746）	141193	免征 953	0.7	
乾隆十三年（1748）	126378	实征 3261	2.6	两季 16 日实征米税银
乾隆十四年（1749）	126506	实征 2881	2.3	
乾隆十五年（1750）	141286	实征 1137	0.8	
乾隆十六年（1751）	141994	实征 2335	1.6	
乾隆二十年（1755）	133737	免征 6139	4.6	79 日免征税额
乾隆二十一年（1756）	101887	免征 6134	6.0	一季 29 日免征税额
乾隆二十六年（1761）	133959	实征 2894①	2.2	过关米麦船 1855 只
乾隆二十七年（1762）	133261	实征 2104①	1.6	过关米麦船 1349 只

资料来源：同表 7。①乾隆二十六年、二十七年船料银系折算数字。

表 8 显示，乾隆年间芜湖工关所征米麦船料银最高不过数千两，在工关税收中占比不大，最高不过 6.0%。至于过关米粮数量没有具体记载，能做些估算。档案记载，乾隆五十二年（1787）冬"拨运闽米五十万石"经由芜关"船只几近盈千"，② 据此推论，二十六年（1761）过关米麦船 1855 只，载粮当在一百万石左右；该年所征船料银为 2890 余两，③ 依此折算，征收船料银最多的二十年、二十一年（1755、1756）过关米粮也不过二百余万石。不过，这两个关期免征税银各三四个月，实

---

① 中国第一历史档案馆档案：乾隆十六年五月十三日安徽巡抚张师载折。
② 《宫中档乾隆朝奏折》第 68 辑，第 657 页，乾隆五十三年六月二十五日安徽巡抚陈用敷折。
③ 《宫中档乾隆朝奏折》第 18 辑，第 828 页，乾隆二十八年九月初三日两江总督尹继善折。二十七年比二十六年少过米麦船 506 只，少收船料银 789.921 两，平均每船征银 1.56 两，以此折算，1855 只船征银 2894 两，1349 只船征银 2104 两。

际集中在乾隆二十一年（1756）二月中旬至八月底，① 若将其合并计算，乾隆二十一年（1756）全年过关米粮数量可达四五百万担，或者更多些。即便如此，与以往学者估计的从长江中上游输入江南的稻米每年在 1000 万—1500 万石的数量仍有很大差距。②

九江关位于芜湖上游，也是长江中上游米谷输往江南的转运枢纽。一般来说，由九江东下的米粮须经过芜湖才能抵达江南。九江关也不征米税，只征船料。据该关档案，乾隆三年（1738）江广岁熟，"米价不过九钱、一两不等"，而江浙等省歉收，米价每石售至一两五六钱，商人"贩米一石可获利三四钱"，故贩卖者多，自乾隆三年（1738）八月十七日起至四年（1739）四月二十六日止，八个月零十日过关船只达 53032 只，征收船料银 312934 两零。③ 表 9 所列为乾隆中叶九江关过关船只及其征收船料银示例，请参见。

表 9　　乾隆年间九江关过关船只及征收船料银示例

年份	过关船只（只）	征收船料银（两）	船料占该关税额的占比（%）
二十二年（1757）	49491	230099	53.3
二十三年（1758）	51350	212783	50.7
二十五年（1760）	61485	225176	54.6
二十六年（1761）	44833	151167	38.4
三十年（1765）	48968	163044	40.9
三十一年（1766）	47989	155848	40.0

资料来源：许檀《清代前期的九江关及其商品流通》。

由表 9 可见，乾隆中叶九江关每年过关船只在 4 万—6 万只，这些船

---

① 乾隆二十年江浙二省歉收，二十一年二月十三日乾隆皇帝下旨暂免米豆征税，至九月一日停止；免征的六个多月跨二十年、二十一年两个米期，分别免征 79 日和一季 29 日。
② 全汉升：《清朝中叶苏州的米粮贸易》，《中国经济史论丛》第二册，香港：新亚研究所 1972 年，第 573 页；吴承明：《中国资本主义与国内市场》，中国社会科学出版社 1985 年版，第 256—258 页；范金民：《明清江南商业的发展》，南京大学出版社 1998 年版，第 66 页；王业键："Secular Trends of Rice Prices in the Yang zi Delta. 1638—1935"，《清代经济史论文集（三）》，稻香出版社 2003 年版，第 287 页；李伯重：《江南的早期工业化》，社科文献出版社 2000 年版，第 348—349 页。
③ 中国社会科学院经济研究所藏《钞档·江西各关》：乾隆七年九月二十五日户部尚书徐本等题本；中国第一历史档案馆档案：乾隆七年六月十八日江西巡抚陈弘谋折。

只即便不是全都运米，但其占比很大是可以肯定的。而芜湖过关米船不过数千，经由九江关东下的大量米船似并未经过芜湖关，那么这些粮食到哪里去了呢？我们从文献资料中找到了一些踪迹：

如雍正五年（1727）安徽巡抚奏报："今年夏秋江水长（涨）发，港汊处处相通，商船自上流由曲汊小河多直抵庐、凤，可以不由芜湖，……所以芜湖（收税）甚少，而凤阳独多。"① 看来，从九江东下的米船有一部分经由支流水道转往皖北的凤阳等府。又如，乾隆十四年（1749）安徽巡抚卫哲治奏称，"芜湖一关滨临大江，支河岐路甚属繁多，客货易于私运偷越"；② 嘉庆二十年（1815）江苏巡抚张师载奏称："所有川、楚米船自长江直下者，或即于安徽一路就近销售。"③ 皖南的池州、宁国、徽州等府均有部分州县缺粮，由长江东下的米粮当会有一部分转销这一地区。即便如此，仍不足以解释芜湖过关米船与九江关的悬殊差距，只能暂且存疑。

（三）棉布

棉布是经由芜湖户关西行的大宗商品，主要来自江南。明代的记载称，江南布匹"溯淮而北走齐鲁之郊，仰给京师，达于九边，以清源为绾毂；出长江之口，经楚蜀而散于闽粤秦晋滇黔诸郡国，以芜关为绾毂"。④ 芜湖是江南棉布输往长江中上游湖广、四川以及滇、黔等地的转运枢纽。清代依然如此，档案记载，"芜湖户关全赖上江油、豆、杂货，下江布疋、棉花等税"。乾隆三十五年（1770）因"黄豆、棉花、布疋到关稀少"，以致户税较三十三年（1768）短少税银26800余两。⑤ 道光十三年（1833）是户关税收最少的一年，仅征银155500两，不仅"钦定盈余"73000两全数无征，且短缺"正额"1400余两。安徽巡抚邓廷桢奏报其原因称："该关户税以木棉、布疋为大宗"，"近年以来频遭歉岁，小民艰于糊口，无暇谋及衣襦，棉布因而滞销，商贾无从转运"，以致税收

---

① 《雍正朝汉文朱批奏折汇编》第11册，第61—62页，雍正五年十一月十九日安徽巡抚魏廷珍折。
② 中国第一历史档案馆档案：乾隆十四年八月十六日安徽巡抚卫哲治折。
③ 中国第一历史档案馆档案：嘉庆二十年十月十四日江苏巡抚张师载折，转引自廖声丰《清代常关与区域经济研究》，人民出版社2010年版，第239页。
④ （明）陈继儒：《陈眉公全集》卷五十九，《布税议》，北京大学图书馆藏崇祯刻本，第21页。
⑤ 中国第一历史档案馆档案：乾隆三十六年五月初七日两江总督高晋折。

缺额甚多。① 该年工关税银也因"岁歉民贫，商绌货稀"缺额37700余两，户、工二关共短征税银112100余两，为乾嘉道三朝税收最低的一年。

苏州洞庭商人是活跃在长江中游的重要布商之一。明末清初顾炎武有言：洞庭人"稍有资蓄则商贩荆襄，涉水不避险阻②"。康熙年间《林屋民风》记载：洞庭民俗"商贩谋生不远千里，荆湖之地竟为吾乡之都会，而川蜀、两广之间往来亦不乏人"。其经营行业以米粮、绸布为主，"上水则绸缎布定，下水惟米而已"。③ 据范金民先生研究，洞庭东山万氏、西山秦氏、徐氏、邓氏、蒋氏、沈氏、孙氏等商人家族都曾活跃在长江中游地区。如万氏家族，明代景泰年间即已"客游荆襄""赀累饶裕"，其子孙辈也多贸易于"楚湘泽间"，以嘉万时为最盛；徐氏家族在明代中叶到清代中叶的数百年间，世代有人经商往来于长沙、汉口、荆襄一带，以乾隆年间为鼎盛。这些商人将苏松绸布经由芜湖、汉口销往长江中上游地区，而由湖广贩粮东下。汉口的布店大多高揭苏松布匹的市招，以招徕客商。④

芜湖不仅是棉布转运枢纽，也是棉布的加工中心，所谓"织造尚松江，浆染尚芜湖"⑤。宋应星《天工开物》记载："布青初尚芜湖，千百年矣，以其浆碾成青光，边方外国皆贵重之"；"毛青乃出近代，其法取松江美布染成深青，……此布一时重用。"⑥ 嘉靖年间徽商阮弼抓住这一商机，在芜湖开设染局，"召染人曹治之"，以至"五方购者益集，其所转毂遍于吴越、荆梁、燕豫、齐鲁之间，则又分局而贾要津"⑦，商业规模日益扩大。

芜湖周边各县也产棉布，如当涂县"女红多事纺绩，……初夏种木

---

① 中国第一历史档案馆档案：道光十四年三月初一日安徽巡抚邓廷桢折。
② （明）顾炎武：《天下郡国利病书》卷十九。
③ （清）王维德：《林屋民风》卷七，《民风》，康熙五十二年刻本，《四库存目丛书》史部，第239册，第444页。
④ 范金民：《明清洞庭商人家族》，《中国社会历史评论》第五卷，商务印书馆2007年版，第222—230页。
⑤ （明）宋应星：《天工开物》卷上，《乃服第二·布衣》，岳麓书社2002年，管巧灵、谭属春点校本，第63页。
⑥ （明）宋应星：《天工开物》卷上，《彰施第三·诸色质料》，岳麓书社2002年点校本，第96—97页。
⑦ （明）汪道昆：《太函集》卷三十五，《明赐级阮长公传》，黄山书社2004年，胡益民、于国庆点校本，第763页。

棉，秋撷其花，纺纱织布"①；繁昌布"幅阔而厚，虽不及苏松之精密，而裁为袍服，亦颇耐久；冻绿，尤广行他省"②；无为州"乡之南多植木棉，纺绩成布，较他邑为差佳";③ 合肥县"布，西乡者佳"。④ 芜湖关《税则》中，梭布、紫花布、松江颜色细布、崇明布等来自江南，而"本关土著色布"⑤ 当系周边各州县所产。此外，汉口市场上有"来自苏州、松江"的布匹，来自"江宁、苏州、杭州、湖州"的各色丝织品，⑥ 当也是经由芜湖关而至。

（四）其他

桐油、纸张、棉花、烟叶、瓷器、铁器等也是经由芜湖户关流通的较大宗的商品。乾隆年间的档案记有："芜湖一关每年户税全赖江楚出产之油、豆、纸、铁及瓷器、铅、锡等货"⑦；道光年间的奏报言"芜湖关户税以油、豆、木棉、布定为大宗，烟叶、纸张次之⑧"。

芜湖户关"油、豆二项约资其半"，这里的油当指桐油，亦或也包括茶油、菜油。江西、湖广均产桐油，方志记载："茶、桐二油惟赣产佳，每岁贾人贩之他省，不可胜计，故两关之舟载运者络绎不绝⑨。"湖南郴州"沿河一带设立大店、栈户十数间……九十月间取茶、桐油，行旅客商络绎不绝"。⑩ 档案记载："赣南所属各邑山场多栽桐、梓二木，秋成收取其实榨出油斤，系赣关上游土产，每年江浙客商前来贩买⑪。"乾隆二年份（1737）芜湖关因"上游所产油、豆丰稔，下江市价稍昂，商贾乐于趋贩"，共征收税银425900余两，较上届多收78400余两，⑫ 乾隆十三年（1748）则比上届少收税银26600余两，其短收原因，"该年产油地方

---

① 乾隆《当涂县志》卷七，《风俗》，国家图书馆藏本，第2页。
② 康熙《繁昌县志》卷五，《物产》，康熙十四年刻本，第33页。
③ 嘉庆《无为州志》卷八，《食货志·物产》，国家图书馆藏本，第23页。
④ 嘉庆《合肥县志》卷八，《风土志·土产》，国家图书馆藏本，第6页。
⑤ 乾隆《户部则例》卷七十七，《税则·芜湖关》，《故宫珍本丛刊》第285册，第269页。
⑥ （清）章学诚：《湖北通志检存稿》卷一，《食货考》，湖北教育出版社2002年郭康松点校本，第35—36页。
⑦ 中国第一历史档案馆档案：乾隆八年十一月二十二日安庆巡抚范璨折。
⑧ 台湾故宫博物院档案：道光十九年十二月初七日安徽巡抚程楙采折。
⑨ 乾隆《赣州府志》卷二，《物产》，国家图书馆藏本，第50页。
⑩ 嘉庆《郴州总志》卷二十一，《风俗》，江苏古籍出版社2002年版，第605页。
⑪ 中国第一历史档案馆档案：乾隆九年七月初五日两江总督尹继善折。
⑫ 中国第一历史档案馆档案：乾隆三年五月初九日安徽巡抚赵国麟折。

油子收成歉薄，价值高昂，往年货本可置油千担者，该年仅可置五六百担，是以过关油税倍少于上届。及查芜邑并下江各处香、桐油价比昔倍增，可为出产歉少之明验。"①

钢铁为芜湖名产，《芜湖县志》记载："芜工人素朴拙，无他技巧，……惟铁工为异于他县。居市廛冶钢业者数十家，每日须工作，不啻数百人"，其产品"橐束而授之客，走天下不訾也"②。又，"钢有数种，寸钢为最"，又有铁花灯、铁花屏风等。③嘉庆初年芜湖经营钢铁的铺户有葛永泰、马万盛、程道盛、吴豫泰、程立泰、陈奎泰、程时金、邢怡泰、濮万兴、王时和、陈元泰、程顺兴、葛通顺、陈祥泰、吴源全、陈京祥、吴启发、陈茂源等18家。④

在芜湖关《税则》"原册"中，铁货类商品列有生铁、生铁盆、铁罐、铁铪、红土、熟铁、钉钚、钢、铁砂、土砂、红土、废铁、铁渣等12项，所谓"原册"可能是崇祯年间设立户关之时或清初所定。乾隆年间修订的《税则》对铁货进行了细分，在《用物税则》的"铁器"项下列有：石耳锅、锯铁条、熟铁器、铁针、铁锚、生铁锅、生铁铊、生铁盆、铁铪、铁锅、铁火炉、铁罐、铁暖锅等，在《杂货税则》的"铜铅铁锡杂货"项下列有：钢丝、铁丝、铁砂、铁钚、熟铁、废铁、生铁、铁渣等项，⑤增加了不少品种。显然，乾隆年间经由芜湖关流通的铁制品比明末清初有较大增长，其中当有一部分为芜湖所产。

茶叶是安徽重要的经济作物，也是徽商经营的四大行业之一，徽州、宁国、六安、太平等府州都是茶叶产区。顺治年间户部主事唐稷在当涂县设立金柱税口，即是为防止宣城所产茶叶等货由黄池出采石，而"不赴芜（关）报税"⑥。他如瓷器、纸张、棉花、烟、酒等也是经由芜湖关的重要商品。如乾隆十三年（1748），芜湖户关不仅"油税倍少于上届"，而且"瓷器、纸、铁等货"也少于上年，以至户关仅征银201900余两，

---

① 台湾故宫博物院档案：乾隆十五年五月二十七日安徽巡抚卫哲治折。
② 嘉庆《芜湖县志》卷一，《地理志·风俗》，国家图书馆藏本，第18页。
③ 嘉庆《芜湖县志》卷五，《物产志》，国家图书馆藏本，第5—6页。
④ 嘉庆《芜湖县志》卷二十一，《艺文志》，宋镕《贩运铜觔章程》，国家图书馆藏本，第21页。
⑤ 乾隆《户部则例》卷七十七，《税则·芜湖关》，《故宫珍本丛刊》第285册，第267页。
⑥ 康熙《太平府志》卷十二，《田赋下·关税》，国家图书馆藏光绪二十九年重印本，第21页。

为乾隆朝之最低额。① 乾隆三十五年（1770），芜湖户税中"花、豆、布疋、杂货、瓷器等项"较三十三年（1768）少收银32000余两，而"纸张、烟、酒等税则较三十三年尚多银一万五千四百余两"，故税收不至缺额。② 乾隆五十一年（1786），因"上年下江棉花、上江烟叶、桐油出产地方收成歉薄，到关稀少"，征收盈余银较上年短少17900余两。③

结　语

以上考察我们看到，芜湖关包括户、工二关，户关征收百货税，工关征收竹木税。工关设于成化七年（1471），税额最初仅4000两，正德十年（1515）突破4万两，嘉靖、万历年间实征税银多在2万—4万两，最高曾达5万余两；清代工关税额不断增长，乾隆、道光年间实征为10万—14万两，最高达17万两。户关于崇祯三年（1630）正式设立，定税额3万两，清初增至8万余两，清代中叶实征为22万—25万两，最高曾达31万余两。

清代芜湖关税额以乾隆十一年（1746）为最高，曾达到45万两，此后逐渐下降。乾隆前期的三十年实征税额在35万—45万两之间；乾隆后期至嘉庆末的五十余年相对平稳，大体保持在35万两左右；道光年间又有下降，但仍在30万两以上。芜湖关税额在长江沿线各关中仅次于九江关，位居第二，远高于其他各关。

经由芜湖关流通的商品以竹木、粮食为最大宗，其次为棉布、棉花、桐油、纸张、烟叶、茶叶、瓷器、铁器等。

来自长江中上游各省的竹木簰把是工关税源之最大宗，竹木税在工关税收中所占比例达60%—80%。不过，清代中叶的百余年间，竹木簰把到关数量持续下降，从乾隆前期的七八百、五六百宗降至道光年间的一二百宗，其税额也呈下降趋势。除气候条件、年景丰歉、运销状况等短期因素的影响之外，因砍伐过度导致的上游各省森林资源的减少当也

---

① 台湾故宫博物院档案：乾隆十五年五月二十七日安徽巡抚卫哲治折。
② 中国第一历史档案馆档案：乾隆三十六年三月初九日安徽巡抚臣裴宗锡折。
③ 《宫中档乾隆朝奏折》第64辑，第685页，乾隆五十二年六月十五日安徽巡抚书麟折。

是重要原因。

粮食也是经由芜湖关东下的大宗商品,其中大豆占有很大比重。依据芜湖户关实征、免征豆税银折算,每年过关大豆至少有二三百万担,在户关税收中占比达20%—40%,这是我们以往未予充分注意的。[①] 另一方面,依据工关米船料税银折算,每年经由芜湖关输往江南的米粮数量最多不过四五百万石,远不及以往的估计;从九江过关的大量米船似并未经由芜湖关东下,关于这一点还有待进一步的考察。

[①] 笔者仅见日本学者香坂昌纪《清代における大运河の物货流通》一文估计乾隆前期芜湖关每年过关豆货200万石,其中一部分经浒墅关抵达苏州。《东北学院大学论集·历史学地理学》1985年第15号。

从"因寺名镇"到"因寺成镇"

——南翔镇"三大古刹"的布局与聚落历史[*]

吴 滔

  有关明中叶以降市镇日趋普及原因的讨论,一向是江南市镇研究中的重要话题之一。陈晓燕、包伟民曾将市镇出现的直接原因归纳为农村聚落因商品经济发达所促成、官吏世家聚居和从军镇演化而来三种类型,[①]基本上可以涵盖以往学界的主要观点。然而,越来越多的学者意识到,明代中叶并非市镇形成的逻辑起点。如果完全不了解"成镇"之前更早的聚落形态,则很难厘清市镇作为一种新兴的聚落层级是如何选址并取得相对于周边聚落的区位优势的。虽然有学者尝试从水系、地形的变迁、土壤构造等角度考察明清江南市镇形成的自然地理基础,[②]或者从交通角度强调一些市镇的"区位"优势,[③]但是,除了突出商业聚落多倚河而建的特征外,并未给我们提供更多的富有价值的信息。一个市场的"区位"优势并非简单地用交通便利就能涵盖,经济、习俗和行政制度等

---

[*] 本文得到中山大学高校基本科研业务费青年教师培育项目的资助。在修改过程中,承蒙两位匿名评审专家提出宝贵意见,谨表谢忱。

[①] 陈晓燕、包伟民:《江南市镇——传统历史文化聚焦》,同济大学出版社2003年版,第20页;另可参见吴仁安《明清江南望族与社会经济文化》,上海人民出版社2001年版,第125—149页。

[②] 宋家泰、庄林德:《江南地区小城镇形成发展的历史地理基础》,《南京大学学报》1990年第4期;海津正倫:《中國江南デルタの地形形成と市鎮の立地》,森正夫编:《江南デルタ市鎮研究—歷史學と地理學からの接近—》,名古屋大學出版會,1992年,第27—56页。

[③] [日]川勝守:《長江デルタにおける鎮市の發達と水利》,中国水利史研究會编:《佐藤博士還曆記念中国水利史論集》,東京国书刊行會,1981年,第219—248页;林和生:《中國近世の地方都市の一面—太湖平原の鎮市と交通路について—》,京都大學文學部地理學教室编:《空間?景觀?イメージ》,京都地人書房,1983年,第135—159页;范毅军:《市镇分布与地域的开发——明中叶以来苏南地区的一个鸟瞰》,《大陆杂志》(台北)第102卷第4期,2001年。

要素的合理配置同样非常重要，交通原则不过是区位理论所需要考虑的诸多因素之一。除非我们以具体的市镇为例，通盘考察所有这些要素在其中所起作用，并结合更大的区域背景，否则单单关注市镇设立和缘起与水路交通之间的关联，不仅无法从中看出时间序列，而且多少会显现出一些循环论证的意味。

探讨市镇兴起的原因，除了空间视角，时间上的溯源亦不容忽略。一般认为，宋代是江南社会经济高速发展的关键时期，然而，自日本学者加藤繁的开创性研究以后，有关宋元时代市镇起源的探讨，一直处于扑朔迷离的状态。① 台湾学者梁庚尧曾将宋代新兴市镇的起源归纳为三类，分别是：乡村中定期聚集交易的墟集、邻近城郭与交通要道的草市和人口密集的聚落，然由于资料的限制，并未作进一步的申论。② 笔者以为，在既有的研究基础上，选取部分市镇作为研究个案，追溯乡村聚落在"成镇"之前的早期历史，对于理解市镇起源的一般形态而言，或不失为一种有益的尝试。

遍检现存各类地方文献尤其是在江南地区收藏特别丰富的乡镇志，关于乡村聚落和市镇早期历史的直接记录相对匮乏，即便有也仅零星地存在于寺庙类地标性建筑的石刻碑记中。或许正是寺庙的建立与聚落初期历史的纠缠不清，使部分学者热衷于论证所谓"因寺成镇"现象的合理性。③ 推测寺庙和商业聚落的孰先孰后，就像讨论鸡与蛋的关系一样扑朔迷离，这其中不仅涉及究竟是"因寺庙成镇"还是"因庙会成镇"抑或是"因香市成镇"这样的概念偷换，更无法回避的是"成镇"之前的聚落与寺庙之间的时间顺序和空间关联。如果不能解决这两个问题，任何对于"因寺成镇"的讨论均或成为空中楼阁。全汉昇早在 20 世纪 30 年代就注意到唐宋以降的定期市与寺庙类建筑之间的关联，④ 这种关联更多地体现为定期市之"集期"（或墟期）与"庙会"周期时间上的耦合。至于那些非定期市性质的市镇，则很难在此逻辑下与寺庙扯上直接关系。

---

① ［日］加藤繁：《唐宋时代的草市及其发展》，加藤繁：《中国经济史考证》第 1 卷，吴杰译，商务印书馆 1962 年版，第 310—336 页。

② 梁庚尧：《南宋的市镇》，宋史座谈会编：《宋史研究集》第 20 辑，台北"国立"编译馆 1990 年版，第 53—119 页。

③ 魏嵩山：《太湖流域开发探源》，江西教育出版社 1993 年版，第 249 页；［日］本田治：《宋代の地方流通組織と鎮市》，《立命館文學創刊 500 號紀念論集》，1987 年，第 382—404 页。

④ 全汉昇：《中国庙市之史的考察》，《食货》1934 年第 1 卷第 2 期，第 28—29 页。

诚如前辈学者的研究所揭示,明清时期江南地区的市镇,早已摆脱了几日一集的定期集市的模式,自兴起之初,就呈现出"常市""日市"的形态。① 在这种情境之下,如何弄清市镇发展与寺庙之间千丝万缕的关系进而解释所谓"因寺成镇"的现象,仍是横亘在研究者面前的一道难题。竺暨元把"因寺成镇"的现象区分为旧聚落位移至寺院形成市镇和寺院主导形成市镇的两种形式,进而强调"文化驱动力"乃是传统市场发育的关键因素,② 或多或少触及了上述难题,但却忽略传统社会经济运行的机制,具有"文化决定论"的嫌疑。本文在前人的基础上,选取在清中叶就明确宣称是"因寺成镇"的嘉定县南翔镇为个案,通过追溯聚落历史的变迁与镇中三大寺庙的兴废,揭示其从"因寺名镇"到"因寺成镇"的空间型塑过程,希冀对市镇起源和市镇空间格局形成诸问题做出些许回应。

一 南翔镇概况与相关文献介绍

南翔位于嘉定县东南,南临吴淞江,附近有上中下三条槎浦,别名"槎溪"。镇中为十字港,横沥、上槎浦、走马塘、封家浜四条河道交接于镇中心的太平桥南。横沥塘北经马陆通嘉定县城,上槎浦南通孙基港入吴淞江,封家浜沿"隆兴桥下西去,由井亭桥折而南,贯月河,入吴淞江",走马塘由蕴草浜西达江湾、宝山。③ 四河在吴淞江下游水系中均属主干河道,其中横沥最为重要,且太平桥横跨其上,当地人俗称"市心横沥"。④ 除了四大干河以外,镇之周围东南西北四向各有河湾:东为五圣庙湾,西为侯家湾,南为薛家湾,北为鹤颈湾,颇似佛教中的"卍"字状。这种布局配合镇中南翔寺、大德万寿寺和万安寺三大古刹,将当地人心目中的聚落布局与佛教的不解之缘发挥得淋漓尽致。至清中叶,

---

① 樊树志:《江南市镇:传统的变革》,复旦大学出版社 2005 年版,第 66、97 页。
② 竺暨元:《太湖以东地区"因寺成镇"现象研究》,硕士学位论文,复旦大学历史地理研究所,2010 年,第 41—45 页。
③ 嘉庆《南翔镇志》卷一《疆域·水道》,上海古籍出版社 2003 年版,第 10 页。
④ 民国《嘉定县续志》卷四《水利志·治迹》,《中国方志丛书》,台北成文出版社 1975 年版,华中地方第 170 号,第 249 页。

镇人已将市镇的历史追溯到了传说中南翔寺建立的"萧梁"时代，并提出"因寺成镇"的说法：

> 槎溪，古疁地，萧梁时建白鹤南翔寺于此，因寺成镇，遂以名寺……其地在邑治之南，水脉分流，回环渟蓄，四郊有湾，形如卍字。商贾辐辏，民物殷繁，为诸镇之冠。①

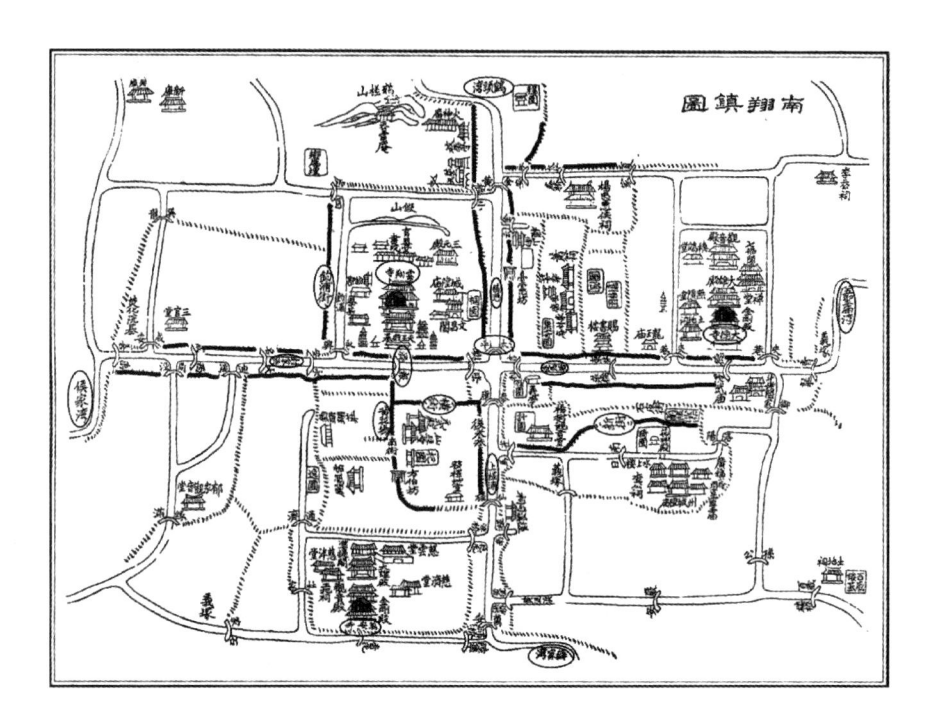

图1 清中叶南翔镇地图

说明：黑色实线表示商业街。
资料来源：据嘉庆《南翔镇志》改绘。

一些学者对这种说法深表怀疑，认为南翔作为一个聚落或许历史悠久，但聚落不一定就是市镇。② 从农村聚落成长为市镇尚需相当长一段时

---

① 嘉庆《南翔镇志》卷一《疆里·沿革》，第1—2页。
② 樊树志：《江南市镇：传统的变革》，第543页。

间。最早的关于南翔镇的记载出现在正德《姑苏志》和正德《练川图记》中,① 然而,二志除了标明方位外,没有提供更多的信息。嘉靖《嘉定县志》首次将南翔镇的历史前推到宋元时代:

> 南翔镇,在县南二十里,因寺而名,创设于宋元间,莫考其所始。其地东西五里,南北三里,百货填集,甲于诸镇。②

南翔镇的历史早于正德也许不难推断,但除了后人的追忆,目前还没有直接资料显示宋元时代的南翔就已经发展成为市镇。南翔镇像许多在明中叶逐渐粉墨登场的江南市镇一样,一直陷于"出身不明"的尴尬境地。由此,所谓"因寺成镇",并非仅指寺庙与市镇的同步发展或者次第出现,同时也应涉及人们是如何认知寺庙与市镇之间的关系的。有关这一点,详见后文的讨论。

本文所利用的主要材料,除了由乾嘉时期镇人张承先和程攸熙编纂的《南翔镇志》外,③ 还综合参考了正德、嘉靖、万历、康熙、乾隆、嘉庆、光绪和民国八个版本的《嘉定县志》。虽然县志里有关南翔镇的材料只存一鳞半爪,但却有不少三大古刹的碑记,甚至不乏宋元时期的文字,《南翔镇志》里也收录了一些如宋代康复古的《建山门并桥记》、元代释宏济的《南翔寺重兴记》和贯云石的《大德万寿讲寺记》之类的珍贵材料,可为我们了解南翔的早期聚落历史提供一些有益的线索。

嘉庆《南翔镇志》卷九《艺文·书目》曾经著录了明正德间僧文寀所辑《南翔寺文录》和清乾隆间筠斋所编《续南翔寺文录》,二书现均已亡佚。从都穆为文寀所题的序看来,《南翔寺文录》一书主要收录了宋元两代名流所遗"寺之诗文"。④ 清康熙间,嘉定知县陆陇其和苏松常镇粮道王懩先后途经南翔寺,在寺中浏览过寺记、寺志,里面均录有"寺创

---

① 正德《姑苏志》卷十八《乡都·市镇村附》,正德刻嘉靖续修本,第23页;正德《练川图记》卷上《乡都·市镇附》,民国十七年徐光五先生校正本,第12页。
② 嘉靖《嘉定县志》卷一《疆域志·市镇》,嘉靖三十六年刻本,第16页。
③ 按:现今存世的清《南翔镇志》是由乾隆四十一年张承先纂、嘉庆十一年程攸熙续纂而成。
④ 都穆:《题南翔文录》,嘉庆《南翔镇志》卷九《艺文·书目》,第122页。

于梁天监,盛于唐祥符"等关于寺院沿革的文字,① 从中可推知历史上还存有一部被称作《南翔寺志》或者《南翔寺记》的文献,惜乎该书已经散佚,未知与《南翔寺文录》是不是为同一本书。至乾隆间,《南翔寺文录》已不在本地流传,不仅县志未见著录,"编练川(指嘉定——引者注)宋元诗者,亦未见臻录",乡人汪照在宁波天一阁见到一抄本,"书共二十番十行十九字格,纸墨颇古雅",将之按原来格式抄录带回。② 筠斋在见到此书后,有感于"明代诗文尚多遗漏","爰就所见元、明及国朝诗文,并寺中沿革,厘为二卷,以补其阙"。虽然以上关于南翔寺的专书今已不见,"寺僧皆不能守,即藏书家亦无存焉",③ 但这些书籍在历史上的流传与使用,或多或少影响着人们对于南翔寺乃至南翔镇历史的书写或表达,更进一步说,所谓"因寺成镇,遂以名寺"的说法,在一定程度上,正与这些文本的不断"层累"直接相关。

二 "自属地名"的出现和聚落格局的奠定

如前所述,按照清人的说法,南翔寺创建于萧梁,然而,至少在唐宋时期,这种说法尚未出现。南翔寺的得名,与一则有关白鹤助缘的传说有关。传说最早的记录者为南宋初年昆山人龚明之(1091—1182),他在《中吴纪闻》中记载:

> 昆山县临江乡,有南翔寺。初寺基出片石,方径丈余,常有二白鹤飞集其上,人皆以为异。有僧号齐法师者,谓此地可立伽蓝,即鸠财募众,不日而成,因聚其徒居焉。二鹤之飞,或自东来,必有东人施其财;自西来,则施者亦自西至。其它皆随方而应,无一不验。久之,鹤去不返,僧号泣甚切,忽于石上得一诗,云:"白鹤南翔去不归,惟留真迹在名基。可怜后代空王子,不绝熏修享二

---

① 陆陇其:《嘉定白鹤寺记》,《三鱼堂文集》卷十《记》,清康熙刻本,第12页;王懀:《白鹤南翔寺蠲赋碑记》,嘉庆《南翔镇志》卷十《杂志·寺观》,第151页。
② 汪照:《文录后跋》,嘉庆《南翔镇志》卷九《艺文·书目》,第122页。
③ 筠斋:《续南翔寺文录跋》,嘉庆《南翔镇志》卷九《艺文·书目》,第132页。

时。"因名其寺曰南翔,寺之西又有村,名白鹤。①

比《中吴纪闻》成书略晚的《吴郡志》也记录了这一传说,除了文字略有出入外,意思上并无二致。② 其时,嘉定县尚未从昆山县析出,南翔寺的创立者"齐法师"亦不知为何代高人。单从这则传说所描绘的历史情境看来,创寺之初,不仅寺址所在地人烟寥寥,周边地区也鲜有聚落,施主需从四面八方远道而来,而齐法师聚徒而居,或是南翔成聚之始。"寺之西又有村,名白鹤"之句中的"又"字,透露出南翔自身已成为一村落,否则恐不会表述为"又有村"而只需说"有村"即可。虽然在古汉语的某些文例上,"又"字还可作补充叙述解,但从此段材料中至少可以认定,南翔寺所在的聚落应非白鹤村,而是另外一个村落,至于这个村落当时是否叫作"南翔",尚可存疑。离《中吴纪闻》年代不太久远的一篇碑记,直接透露了"南翔"地名的来历:

> 姑苏属邑,粤惟昆山,境土衍沃,俗淳家富。距县百里,乡名曰临江;乡富之聚,地曰南翔。聚有佛祠,祠由地名。③

虽然我们无从了解这篇碑记作者康复古的个人履历,更不清楚他所生活的具体时代,但从这段碑记仍将"南翔"归属在昆山县可知,其撰写时间当在嘉定析县之前。材料中明确指出有乡聚名曰"南翔",并进而将南翔寺的得名归咎于南翔村,与龚明之和范成大的说法有较大出入,反映出地名解释中"多系并存"的特点。不过,这并不影响我们作进一步的判断:至少在南宋初期,南翔已开始具有属于自己的"自属地名",且地名的由来与南翔寺难脱干系。依据台湾学者施添福的观点,在某地拓垦之初,并无聚落存在,亦即缺乏一个明确的地名可以使用,而不得不借用现有的邻近地区的名称,随着开发的深入和聚落的逐渐成形,这

---

① 龚明之:《中吴纪闻》卷三,王稼句编纂:《苏州文献丛钞初编》,苏州古吴轩出版社2005年版,第59页。
② 范成大:《吴郡志》卷四十六《异闻》,江苏古籍出版社1999年版,第611页。
③ 康复古:《建山门并桥记》,嘉庆《南翔镇志》卷十《杂志·寺观》,第146页。

一地方需要一个专有的名称，以彰显其特别意义。① 于是出现地名的分化，其标志是新兴的地方拥有了"自属地名"，南翔聚落早期的历史恰好见证了这一过程。

如果想将南翔聚落早期的历史继续向前推，有一件相当有力的实物证据或许可供佐证，那就是唐咸通八年（867）动工、乾符二年（875）竣工的南翔寺尊胜经幢。经幢共两根，原立于大雄宝殿前，一直流传至今，1959年移至古猗园，分立于南厅和微声阁前。据清人孙星衍的《寰宇访碑录》载，经幢正书"乾符二年八月"，后题"建幢主莫少卿"名。② 明人都穆在《题南翔文录》中也曾提及他目睹过经幢石。这两根经幢最大的价值在于，为我们提供了两条非常重要的信息：第一，南翔寺在唐咸通、乾符即已存在；第二，有位名叫"莫少卿"的善士曾经捐助过一对经幢给南翔寺。对于如此重要的物证，后人当然不会视而不见。明清时期不断有人将莫少卿与齐法师扯上关系，并企图和白鹤助捐的传说对接起来。例如姚广孝的《南翔寺修造疏并序》中曾云："……有齐禅师者，庀止于此。日有双鹤侍，行人知其为异人。莫少卿首为舍财，创寺当槎浦之上。"③ 赵洪范的《南翔寺免役记》亦称："唐乾符间，僧行齐重修，亦感白鹤导募之异，而有莫少卿者，尽捐宅，以拓基址，方广一顷八十亩有奇，四水为围，四梁为界，寮舍六十二，僧徒七百余。"④ 在这些文本里，只字不提捐助经幢之事，而是强调莫少卿为建寺院舍财捐宅的事迹。按照常理，有能力捐自宅建寺，自然应为住在南翔寺周边的人士，似乎表明晚唐时期南翔已经发展成聚落，然而，这毕竟是后人的追忆，难免有不少添油加醋的成分。在莫少卿的居址完全不明的情况下，单凭其个人行为，很难推断出任何有关南翔早期历史的片段。几乎可以肯定，当时即使存在规模较小的居民点，却远没达到形成具有"自属地名"的聚落阶段。

咸通、乾符离唐武宗会昌年间不远，武宗灭佛一度给江南佛教带来

---

① 施添福：《清代台湾的地域社会：竹堑地区的历史地理研究》，新竹县文化局，2000年，第264—270页。
② 孙星衍：《寰宇访碑录》卷四，嘉庆七年刻本，第28页。
③ 姚广孝：《南翔寺修造疏并序》，《逃虚子集·类稿》卷五《独庵稿·书题跋》，清钞本，第21页。
④ 赵洪范：《南翔寺免役记》，嘉庆《南翔镇志》卷十《杂志·寺观》，第150页。

重创，大量寺院被拆除，与南翔寺同属昆山县的慧聚寺即是其中之一，"兹寺当在毁间"，到宣宗大中五年（851）才得以恢复。①尽管元明以后，不断有人将南翔镇的历史追溯到萧梁，但除了将白鹤建寺的传说前推至那个时代，尚没发现比莫少卿施舍经幢更早的任何历史记载。更有意思的现象是，终宋一世，并没人有兴趣追问南翔寺的前代事迹，反倒是到了元明时代，萧梁创寺的说法才逐渐流行起来。从这个意义上，唐武宗之前南翔寺的"历史"多半为后人所建构。嘉庆《南翔镇志》将唐代诗人戴叔伦（732—789）的一首诗《赠慧上人》改名作《白鹤寺访慧上人诗》后，试图把南翔寺的历史延伸到中唐，也是这一思路下的副产品：

> 仙槎江口槎溪寺，几度停舟访惟能。自恨频年为远客，喜从异郡识高僧。云霞色酽禅房衲，星月光涵古殿灯。何日却飞真锡返，故人邱木翳寒藤。②

诗中的"仙槎江"并非南翔附近的槎浦，而是在江西泰和县境内的赣江支流，③戴叔伦曾有在抚州任刺史的经历，这首诗完全有可能是在其任期内所作。南翔寺在历史上的确曾叫过"白鹤寺"，但从没有称"槎溪寺"，将戴叔伦的诗移花接木到南翔，显然是由于南翔亦别名"槎溪"的缘故。一旦戴叔伦的诗被人们接受，对于推断南翔寺创于萧梁无疑亦会更加有利。

槎浦是作为吴淞江北岸的"旱田塘浦"之一，首次出现在北宋郏亶的《治田利害七论》中。所谓"旱田塘浦"，系"畎引江水以灌溉高田"者，为五代吴越国时期太湖以东农田水利开发的遗迹。④与槎浦南北相接的横沥塘，比槎浦的历史可能还要早些，郏亶称：

---

① 辩端：《慧聚寺圣迹记》，淳祐《玉峰志》卷下《寺观》，光绪三十四年太仓旧志汇刻本，第11页。
② 嘉庆《南翔镇志》卷十《杂志·寺观》，第142页。
③ 据李贤《明一统志》卷五十六《吉安府》："仙槎江，在泰和县，东南流入赣江。"（景印文渊阁《四库全书》，史部，第231册，第136页）
④ 范成大：《吴郡志》卷十九，第277页。

今昆山之东,地名太仓,俗号"冈身"。冈身之东,有一塘焉,西彻松江,北过常熟,谓之"横沥"。又有小塘,或二里,或三里,贯横沥而东西流者,多谓之"门"。……古者堰水于冈身之东,灌溉高田;而又为堰门者,恐水之或壅则决之,而横沥所以分其流也。①

从中可知,太仓冈身以东的旱田塘浦水利系统,乃由南北走向的横沥及与之垂直的众多堰门构成。尽管封家浜和走马塘至元代以后才正式具有专名,但它们在宋代或许就是那些小塘,没有自属称呼,均被笼统地称作"门"或"堰门",明清时期南翔镇"十字港"的雏形正是在这一格局上逐渐形成的。南宋和元代是南翔早期聚落历史发展的关键时期,不仅小塘开始具有专名,槎浦也被细分为上中下三条。② 与水利工程细密化相伴随的,是南翔寺的进一步拓展和大德万寿寺、万安寺的修建。

南宋嘉定七年(1214),平江知府赵彦橚和提刑按察使王袤上疏,拟割昆山县东安亭、春申、临江、平乐、醋塘五乡二十七都置嘉定县。疏中认为昆山县东乡有三大害,必须加以根治:

> 争竞斗殴,烧劫杀伤,罪涉刑名,事干人命,合行追会,不伏赴官,至有经年而不可决者,此狱讼淹延之害;滨江傍海,地势僻绝,无忌惮之民相率而为寇,公肆剽掠,退即窝藏,殆成渊薮,此劫盗出没之害;豪民慢令,役次难差,间有二十余年无保正之都,两税官物,积年不纳,只秋苗一色言之,岁常欠四万余石,其他类是,此赋役扞挌之害。有此三害,昆山遂为难治之邑。③

姑且不论以上三害是否是地方官为设立新县而刻意编造的托词,王朝欲强化对昆山东乡的管理当是不争的事实。南翔属临江乡,赵、王的上疏或能从一个侧面印证当地开发的进度。嘉定十年(1217),《创县疏》得到批准,嘉定正式立县。就在设县前一年,南翔寺也面临着难得的发展机遇,九品观堂和僧堂先后落成。临济宗南派宗师北磵居简专门为两

---

① 范成大:《吴郡志》卷十九,第266—267页。
② 任仁发:《水利集》卷七,第25页。
③ 《宋知府赵彦橚提刑王袤请创县疏》,万历《嘉定县志》卷一《疆域考·建置》,《四库全书存目丛书》,齐鲁书社1997年版,史部,第208册,第679页。

堂撰写碑记,其《南翔寺僧堂记》曰:

> 连长榻,剸广座,容数千指开单钵,必搜梁栋,选柱石,然后可以骈幪震风陵雨。虽然,非古也。古之人,一生打彻于塚间树下。古已往矣。若今食息于塚树,鲜不颎洞观听,曰怪,曰诞,曰奸偷。鬼物啸族呼类,水洒挺逐,使不在吾竟乃已,而奸偷之徒,往往托以沮吾法。……此堂之建,于以见前辈虑后世者若是,作五观法,俾食于堂者作如是观。①

从碑记中可见,南翔寺原来可能是没有僧堂的,僧众居无定所,寺的规模也不会很大,到了嘉定九年(1216),建成了能容纳僧人数百的僧堂;而九品观堂自嘉定三年(1210)始建,历时近七年方才告竣,② 规模也当不会太小,由此可推断当时南翔寺之兴旺。作为有数百僧人的寺院,本身就达到了一个中等聚落的规模,无论从何种角度,都应视为一个聚落而不能仅仅理解为一个寺庙。如果是这样的话,讨论寺庙和聚落孰先孰后,事先就假定了两者之间是充满异质性的,然而,越来越多的证据表明,聚落的形成乃至人口的聚居与寺庙的建立、拓展完全有可能是同步的。如果我们认定有一类"寺庙型聚落"的存在,以上困惑或可迎刃而解。

在宋代,寺院的合法性视有无敕额而定,否则随时可能被政府拆毁或移作他用。除了这一途径外,在寺院规模的"达标"和古迹的冒充上用心思,也可通过所谓"异途"取得合法地位。③ 如果说南宋初期的南翔寺,更多的是通过扩大规模取得安身立命的位置,而到了嘉定建县以后,则学会了在敕额和冒充古迹上做文章。在元朝释宏济的《南翔寺重兴记》中,首次完整梳理了南翔寺的"辉煌历史":

> 直嘉定署南一舍,距江五里所,南翔寺在焉。梁天监间,比丘德齐法师开山,时二鹤至止,若有所感然。寺成,鹤乃翩跹而南,

---

① 居简:《南翔寺僧堂记》,《北磵文集》卷二《记》,宋刻本,第11页。
② 居简:《南翔寺九品观堂记》,《北磵文集》卷二《记》,第12页。
③ 刘长东:《宋代佛教政策论稿》,巴蜀书社2005年版,第154、160页。

地以南翔称，郡志异闻记之为审。旧隶昆山县。案《图经》，光化二年，行齐法师复庵于兵烬旧址。岂两齐公异世同文者欤！唐开成间，锡今额。宋端平，丞相郑公清之为大书其扁。众恒数千指，宫室侈丽，犹石梁方广应真之居。①

宏济首先将白鹤助缘的传说断代于梁天监年间，接着把"齐法师"一分为二，一个名"德齐"，一个名"行齐"，分别生活在萧梁和晚唐，德齐乃开山创寺之僧，而行齐是复庵中兴之僧，这不仅解决了南翔因寺名聚的出身问题，而且巧妙地处理了从萧梁到晚唐之间寺庙历史的断裂。不仅如此，强调开成间正式敕额，时间恰好定格在武宗会昌灭佛之前，相信亦绝对不仅仅是巧合。宏济是杭州路天竺集庆教寺的住持，对于南翔寺的历史不会如此熟悉，相信碑记中的情况应是南翔寺僧所提供。相比这些有附会虚饰嫌疑的做法，端平间由郑清之书写匾额之事，倒有可能是最靠谱的事。一来离宏济撰写碑记的时间后至元三年（1337）仅100年左右；另一方面，伴随着嘉定设县后社会秩序的逐步确立，朝廷赐额给新县的寺庙完全符合逻辑。姚广孝干脆直接讲："宋端平间，赐'南翔'额，丞相郑清之书……赐额虽从赵宋造，端乃出萧梁。"② 或可印证端平赐额之说。自《南翔寺重兴记》撰成之后，有关南翔寺的历史溯源再也没有出现新的"层累"，明清时代的各种地方文献，几乎毫无例外地承袭了宏济的说法。③

伴随着南翔寺的"跨越式"发展，其附近聚落也渐呈繁荣之象。据嘉定十三年（1220）某臣僚上书言：位于嘉定县东北部的黄姚税场，"南擅澉浦、华亭、青龙、江湾牙客之利，北兼顾迳、双浜、王家桥、南大场、三槎浦、沙泾、沙头、掘港、萧迳、新塘、薛港、陶港沿海之税，

---

① 释宏济：《南翔寺重兴记》，嘉庆《南翔镇志》卷十《杂志·寺观》，第138页。
② 姚广孝：《南翔寺修造疏并序》，《逃虚子集·类稿》卷五《独庵稿·书题跋》，第21页。
③ 参见正德《练川图记》卷下《寺观》（第2页）、嘉靖《嘉定县志》卷九《杂志·寺观附》（第12页）、万历《嘉定县志》卷十八《杂记考下·寺观》（《四库全书存目丛书》史部，第209册，第131页）、康熙《嘉定县志》卷十三《寺观》（康熙十二年刻本，第10页）、乾隆《嘉定县志》卷十二《杂类志·寺观》（乾隆七年刻本，第30页）。其中康熙志和乾隆志将赐额的时间定在北宋绍圣年间，恐为南宋绍定之误，绍定为端平前一个年号，同在宋理宗朝，年代相近，嘉庆《南翔镇志》和王世贞的《重修南翔寺记》均将赐寺额的时间定在绍定年间。

每月南货商税动以万计。"① 其中之"三槎浦",当指上、中、下槎浦,应涵盖了南翔一带,能够成为黄姚税场的下属之一,其重要性或可见一斑。南宋一朝,在嘉定县境设立的税场只有黄姚、顾迳、江湾三处,将这三场视为"市镇",学界毫无争议。② 至于这段材料提及的其他地方,是否可算作"草市",则不甚明确。即便勉强忝列草市之列,"三槎浦"也不专指代南翔一地,更可能对应的是位于槎浦两岸的聚落带。

元代是南翔聚落发展史上最为关键的时代之一。不仅南翔寺的规模在南宋的基础上继续扩大,大德万寿寺和万安寺也相继创立。经历设县后100多年的发展,嘉定已成人烟稠密之区,南翔一带,"民居与绀院琳宫离,立江浒,据要津",一派繁荣景象;由于十字港河道已初具雏形,南翔成为沟通县城与吴淞江的重要交通节点,往来商旅常常会经过此地,"视〔南翔寺〕廊庑为康庄",③ 频繁在那里歇脚。

尽管如此,改朝换代引发的战乱还是对南翔寺产生了不小的冲击:

> 宋末造,兵饥相蹑,甲第豪门勒于施,室庐圮毁,振复为艰,产殖不能以赡其众,营供务者病焉。等薙染之籍,必输粟若干,补饘粥之不足;又不足,则乞诸乡党邻里。④

南翔寺的日常经费原来主要是依靠施舍所得的"常住"财产,宋末元初,其经济来源已无法得到保障,转而仰仗僧侣的私财和邻里的周济。从邻里乡亲那里获取周济,多少透露出南翔寺周边已经聚居着数量不少的普通居民,其聚落的规模可能伴随着宋代农田水利的开发而不断扩大。正是凭借既有的物质基础,南翔寺在至元间重新获得了极大的发展空间。至元二十八年(1291),大浮屠良珣"疏沦其断港绝湟,以宣潮汐之壅,夷其曲径旁溪,以便轮蹄之役。不数年,生意津然也。乃谋诸大弟子即翁宗具出橐金,倡于众,市膏腴以增岁入,更输粟之制以输上田,较昔之费什之一,力实倍之。于是阡陌日辟,仓库日充,僧堂聚斋,熙熙若众香之国"。通过疏浚河道,广募资金,购置田产,南翔寺得以振兴。至

---

① 《宋会要辑稿·食货十八》,中华书局1997年版,第6册,第5122页。
② 傅宗文:《宋代草市镇研究》,福建人民出版社1989年版,第452—453页。
③ 释宏济:《南翔寺重兴记》,嘉庆《南翔镇志》卷十《杂志·寺观》,第138页。
④ 同上。

顺末，良珣之徒孙昙证开始出任住持。经过良珣以下三代僧人的努力，南翔寺积累了大笔财富，这其中很大一部分用在了寺院的维修重建上。仅至顺二年至四年（1331—1333）重修大雄宝殿，就花费了 30 万缗之谱。① 明代人赵洪范虽然将南翔寺"方广一顷八十亩有奇，四水为围，四梁为界，寮舍六十二，僧徒七百余"的盛况套用到莫少卿时代，但从寺院的实际规模上看，恐怕是依据元朝时的情形作为其蓝本的。

由良珣所创立的"控产机构"，并不只经营南翔一寺便罢，而是将手伸向周边地区，不断扩大其势力范围。大德初，良珣于南翔寺东一里左右，"以一顷为基，环而池之"，另创一寺院，以"已囊土地、年粒入寺，永备营缮之产"，大德十一年（1307），该寺敕额为"大德万寿寺"。② 时隔 20 年，泰定年间，其徒孙义荣又在西南觅得一块地，创立万安寺，"作法华道场、弥陀、观音之殿、说法之堂"等，与南翔寺和大德万寿寺形成三足鼎立之势。③

元代已不像宋代那样固守十方寺和甲乙寺的分别，④ 寺院具有独立处置私产和住持承替的权力。《大德万寿讲寺记》中称："寺之永焉，甲乙传焉，子孙保焉。师（指良珣——引者注）开山祖焉，其嗣嫡圆明、妙智、真觉、即翁大师宗具膺师之心，以宣相力。"讲的就是这种情况。法眷在住持承续优先权上的次序，已与世俗社会无异，寺产亦可以随着承嗣者被继承，经营寺院与做其他"生意"完全没有什么不同。这就为俗家插手寺院的"生意"打开了方便之门。良珣本人"俗姓朱⋯⋯少祝发南翔寺"，⑤ 宏济的《南翔寺重兴记》中透露，比良珣早一代的紫衣僧了融出身自"里之大姓朱氏"，很可能就是他的亲生父亲，而几十年间先后参与南翔寺修建的宗具、昙证、普现、普基、普传诸僧，分别是良珣的"子"、"孙"和"曾孙"。⑥ 在一定意义上，南翔寺已成为良珣一家的家

---

① 释宏济：《南翔寺重兴记》，嘉庆《南翔镇志》卷十《杂志·寺观》，第 138—139 页。
② 贯云石：《大德万寿讲寺记》，嘉庆《南翔镇志》卷十《杂志·寺观》，第 152 页。
③ 虞集：《万安寺记》，嘉庆《南翔镇志》卷十《杂志·寺观》，第 154 页。
④ 按：甲乙寺和十方寺的差别，主要体现在住持承替和寺产继承制度的差别上，在甲乙寺制下，住持承替乃寺内之事，优先权按血胤亲疏或嫡庶长幼定其次第，寺产的私有权收到官方的承认和保护，而在十方制下，寺院住持由官府或朝廷决定，创寺僧对财产的私有权也变为公有。（参见刘长东《宋代佛教政策论稿》，第 270—273 页）
⑤ 嘉庆《南翔镇志》卷八《人物·方外》，第 118 页。
⑥ 释宏济：《南翔寺重兴记》，嘉庆《南翔镇志》卷十《杂志·寺观》，第 139 页。

族产业,大德万寿寺和万安寺的创立,则类似于家族的"分房"。

三座寺庙在修建之时,均对周围的河道进行了整治,初步形成"四水为围"的格局。这不仅整饬了宋代当地原有的"堽门"水利系统,同时也以三者为"坐标"奠定了明清时期南翔聚落的基本格局,明初这里的地理景观正如姚广孝所看到的:"川原平衍,民物丰庶,寺居其间,为彼植福",① 南翔已发展成为具有相当规模的大聚落。甚至可以这么认为,嘉靖《嘉定县志》中所云南翔镇"东西五里,南北三里"的市镇范围即发端于元代。尽管尚没有材料直接显示南翔一带在宋元时期已形成"草市",但作为重要的商贸交通节点,不仅南翔寺中的廊庑成为商旅歇脚之所,大德万寿寺之南也曾"列屋以朝寺,备茗以润行旅"。② 这些卖茶的小店铺或就是南翔初级市场的雏形。果真如此的话,嘉靖《嘉定县志》略显武断地将设立南翔镇的历史追溯到宋元时代,恐也不是捕风捉影。然而,即使南翔在宋元时代已经发展成为类似于"草市"的商业性聚落,其性质和产生的机制也与明清时期的市镇有着很大的不同。越来越多的迹象表明,明清时代中长距离贸易背景下涌现的市镇,相对于宋元时代的商业聚落更像是脱胎换骨,而非简单的延续。③

三 南翔成镇,寺据镇中

有关明初南翔的情况,因材料所限,我们只能了解少许片段。明王朝曾在嘉定县分设吴塘、江湾、顾泾三个巡检司,南翔墩为江湾巡检司

---

① 姚广孝:《南翔寺修造疏并序》,《逃虚子集·类稿》卷五《独庵稿·书题跋》,第21页。
② 贯云石:《大德万寿讲寺记》,嘉庆《南翔镇志》卷十《杂志·寺观》,第152页。
③ 按:此处并非质疑江南市镇发展历程中从南宋至元代到明初的历史承续性,而是想强调明初朱元璋在江南所建立的以小农为主体的"画地为牢"的社会经济结构在经历了永乐都城北迁和周忱主持的财政货币化改革以后所遭受的巨大冲击,明代中叶江南地区出现的农产商品化、中长距离贸易的兴起和本地市场的发育等诸多新气象,均与此相关。虽然在某种程度上,两宋时期财政货币化程度超过了明前期,但对于尚在开发中的江南地区而言,当时的赋税压力仍比不上以"重赋"著称的明初,加上宋代没有面临永乐北迁以后"加耗"剧增的局面,即使存在类似的"改折财政"机制,亦因"财政基数"(原额)远逊于明代,对于中长距离的财赋转输以及当地市场发育所起的刺激作用相对有限。(参见吴滔《清代江南市镇与农村关系的空间透视——以苏州地区为中心》,上海古籍出版社2010年版,第41—76页)

所属的 16 个烽堠之一,①可见当时其战略地位并不十分突出。洪武三年（1370），明太祖召集各地僧眾，将天下寺院分为禅、讲、教三类，要求僧众分别专业修习。禅指禅宗，讲指禅宗之外的其他宗派，教则包括从事祈福弥灾、追荐亡灵等各类法事活动的僧人群体。据后人追忆，南翔寺和大德万寿寺被归入讲寺，没有敕额经历的万安寺则被算作教寺。②然而，洪武《苏州府志》中却只记录了南翔一寺，而未记另外两寺，在对南翔寺的描述中，提到了白鹤助缘的传说，将传说发生的年代定在唐开成四年（839），并以此作为寺院改称"南翔"之始。③姚广孝在《南翔寺修造疏并序》中曾透露："洪武初，〔南翔寺〕为欠粮事抄籍官，续奉上旨，拨还僧居，为国祈福"，④前朝对待寺院丛林的诸多礼遇政策，在明初得以大幅度的回缩，想维持原有的寺产不受严苛的赋役之累，绝对不是件容易的事。考虑到明初"归并丛林"的力度，大德万寿寺和万安寺的命运也好不到哪去。洪武二十七年（1394），僧庆余重修大德万寿寺，⑤而在所谓"重修"的背后，或可想见修整之前的破败。三大古刹的衰败，多少延缓了宋元以来以寺庙为主导的聚落发展进程。或许可以认为，即便宋元时期的南翔已有成为商业聚落的迹象，至明初也在画地为牢的"洪武型生产关系"⑥的宏观调控下，变得与一般农村聚落无异。

嘉定现存的第一部县志正德《练川图记》，是我们认识明代当地历史的最早且最完整的地方文献。该志首次记载了嘉定县的五市七镇，虽寥寥数语，却指明了正德间嘉定主要市镇的具体坐落，其中也包括南翔镇，该镇位于"县南二十四里十二、十三都"。⑦由于没有交代确切的"成镇"时间，使我们一时难以判断明代南翔市场发育的起点。从大的制度背景看，宣德正统间，应天巡抚周忱曾在苏州府的嘉定、昆山二县推行过折征官布的改革，实施这一政策的主要目的虽是减轻苏松地区的漕粮加耗，但间接促发了当地实物财政向货币财政的转换，并带动起一批棉

---

① 正德《练川图记》卷上《防卫》，第 10 页。
② 正德《练川图记》卷下《寺观》，第 2 页。
③ 洪武《苏州府志》卷四十三《寺观》，《中国方志丛书》，台北成文出版社 1983 年版，华中地方 432 号，第 1756—1757 页。
④ 姚广孝：《南翔寺修造疏并序》，《逃虚子集·类稿》卷五《独庵稿·书题跋》，第 21 页。
⑤ 嘉靖《嘉定县志》卷九《杂志·寺观附》，第 12 页。
⑥ 参阅梁方仲《明代粮长制度》，上海人民出版社 2001 年版，第 4 章。
⑦ 正德《练川图记》卷上《乡都·市镇附》，第 12 页。

布交易市场,① 嘉定县的南翔、安亭和昆山县的陆家浜等市镇即是这时兴起的棉业市镇中的一分子。姑且不论南翔镇的兴起或者复兴与宋元时代商业聚落的初级形式有无直接关联,单从折征棉布所带来的中长距离贸易的商机而言,已足以令南翔镇另起炉灶。② 从时间上判断,南翔镇在明代出现的上下限,应在宣德至正德之间,与该镇在同一机制下产生的昆山县陆家浜市即号称"创于宣德初"。③ 南翔成镇的时间虽然不如陆家浜明晰,但正统间,南翔寺和大德万寿寺先后得到不同程度的整修,或可从中看出聚落重振的某些迹象:

> 正统中,而〔南翔寺〕大圮,司空周忱氏过而慨之,以邑赋之羡粟倡,而诸善知识和焉,其观遂复故。④
> 〔大德万寿寺〕创于故元沙门良珣,基拘满顷,号为雄敞,逮今二百余年。正统初,虽尝一改新之,顾材久益圮,费浩不可支。⑤

虽然修整规模如此宏大的寺院或会感到物力维艰,但如果附近没有积聚足够多的人气和财力,这类"善举"恐怕永远得不到实践。从这个角度说,正统间的南翔多少有了些起复之象。经历了100多年的积累之后,到了嘉靖年间,南翔已发展成"地东西五里,南北三里,百货填集"的大镇。富商巨贾纷纷前来嘉定购置棉布,将之贩运到运河沿线和九边地区,尤以徽商居多。在徽州布商的心目中,南翔的地位相当之重要,隆庆间徽州人黄汴所著商用类书《一统路程图记》中曾专门介绍了"苏、松二府至各处水路","松江府由南翔至上海县"的线路在其中非常醒目:

> 松江府,三十里砖桥,四十里陆家阁,四十里南翔,廿里江桥,

---

① 吴滔:《赋役、水利与"专业市镇"的兴起——以安亭、陆家浜为例》,《中山大学学报》2009年第5期。
② 据嘉靖《嘉定县志》卷三《田赋志·物产》:"邑之货莫大于布帛,平布则户织之。富商巨贾积贮贩鬻,近自杭歙清济,远至辽蓟山陕,动计数万。"第31页。
③ 正德《姑苏志》卷十八《乡都·市镇村附》,第10页。
④ 王世贞:《(万历八年)重修南翔寺记》,《弇州山人四部续编》卷六十一《文部》,明刻本,第9页。
⑤ 徐学谟:《重修大德讲寺记》,康熙《嘉定县志》卷二十二《碑记》,第49页。

即吴淞江，三十里至上海县。①

从松江府到上海县，本来可走直线距离更短的浦汇塘，之所以沿砖桥进入横沥塘，绕道位于吴淞江以北的南翔，再南折回吴淞江至上海县，是为了涵盖更多的棉织业市镇，"路须多迁，布商不可少也"。② 另外，同书中"松江府由太仓州至苏州府"的线路也经过南翔镇，功能和性质与"松江府由南翔至上海县"略同，均可视为布商收购棉布的"专用"航道。在某种程度上，与其说是市镇多倚干河而建，不如说航道亦因市镇之固有格局而凸显其重要性。

如前所述，南翔"因寺而名"及起源于宋元的说法均始自从嘉靖《嘉定县志》。嘉庆《南翔镇志》承袭了这一说法，进而认为，宋元时代的南翔不仅已经成镇，而且那时市镇的中心也不在清代最繁华的十字港一带，而是大大地偏向西南，"万安寺前至王家桥俱列肆"。③ 万安寺"坐按三槎之浦，前接淞江"，④ 的确比南翔寺和大德万寿寺所在的封家浜和走马塘以北的地区更接近交通孔道吴淞江。如果当年义荣具有这样的"区位"意识，则选址建寺或有"生意"上的考虑，然而，"自是（指元代义荣建寺之时——引者注）以后又历七甲子，至国朝乾隆九年（1744）中，更元明易代之变"，万安寺几乎荒废了四百多年之久，⑤ 这似乎与万安寺附近曾经的繁华景象有所矛盾。嘉庆《南翔镇志》将明中叶以后万安寺南颓败的状况归为倭乱所引起的火灾，其直接后果是镇中心的东移：

后以吴淞江多盗，西南受侵，居民渐渐东徙。明正嘉间，倭寇叠至，乡邨多被火，万安寺南居民屋宇多燔。⑥

---

① 黄汴：《一统路程图记》卷七《江南水路》，载杨正泰：《明代驿站考》，上海古籍出版社2006年版，第266页。
② 同上。
③ 嘉庆《南翔镇志》卷一《疆里·沿革》，第2页。
④ 虞集：《万安寺记》，嘉庆《南翔镇志》卷十《杂志·寺观》，第154页。
⑤ 沈元禄：《重修万安寺记》，嘉庆《南翔镇志》卷十《杂志·寺观》，第154—155页。另按：嘉庆《南翔镇志》卷十《杂志·寺观》（第153页）虽记载了明永乐间有僧人法永重建万安寺，但康熙以前各个版本的方志均没有提及该寺的任何一次重修。
⑥ 嘉庆《南翔镇志》卷一《疆里·沿革》，第2页。

正德嘉靖之际倭乱对于嘉定所产生的影响的确不小，据时人回忆，"惟罗店、月浦、真如、清浦残毁为甚，其余皆次之，然穷乡僻壤，靡有孑遗矣"，[1] 万安寺一带遭受重大毁坏，绝非没有可能。然而，对照嘉靖间南翔镇"东西五里，南北三里"的格局，无论如何，其南界都达不到离大德万寿寺五里之遥[2]的万安寺。从地名学的角度，聚落的自属地名，得名自"南翔寺"而不是"万安寺"，明中叶，市镇的商业中心也的确集中在南翔寺一带，"寺据镇之中，镇以寺重，亦以寺名，其间□□栉比，商贾猥集"；[3] 如果之前万安寺附近确实存在街市的话，那么它到底是在南翔镇范围之内，还是与十字港附近的街市不相连属，分属于两个不同的商业聚落，就变成一个难以回避的问题。若是后一种情况，则所谓市镇中心的东迁，根本就是子虚乌有之事，更可能是清中期的人们立足于整合当时的市镇区域所精心编造的"空间故事"。尽管嘉靖间万安寺已与南翔、大德二寺合称为"三大刹"，[4] 似乎表明了聚落的整合度，然而，这更多的是立足于三个佛寺渊源角度的表达，并未直接涉及聚落的完整性。即便退一步说，万安寺的确早已处在南翔镇的范围内，全镇的发展亦非是均质的。直至清中叶以前，万安寺南面的河道尚称作新华浦，[5] 其后该河道不知何故更名为陆华浦。[6] 原来的新华浦，逐渐变成陆华浦以南的另一条河道，[7] 这种地名的分化和改变，意味着聚落景观纹理的细致化，[8] 其背后对应着地区开发的进展。这一现象不早不晚地出现在清乾隆朝，也就是清《南翔镇志》成书前后，时间上虽配合了所谓市镇的东移，但从空间上看，万安寺前河道的最终成形，似乎要大大晚于宋元时期就已初现雏形的南翔寺东侧的"十字港"。既然如此，南翔镇从西南向东北迁移的说法，多少有些经不起推敲。如果真的存在所谓南翔镇本镇街市

---

[1] 嘉靖《嘉定县志》卷一《疆域志·市镇》，第18页。
[2] 嘉靖《嘉定县志》卷九《杂志·寺观附》，第12页。
[3] 冯梦祯：《重修白鹤南翔寺大雄殿记》，柴志光：《上海佛教碑刻文献集》，上海古籍出版社2004年版，第140—141页。
[4] 嘉靖《嘉定县志》卷九《杂志·寺观附》，第12页。
[5] 嘉靖《嘉定县志》卷四《水利志·运河》，第9页，康熙《嘉定县志》卷十三《寺观》，第10页。
[6] 嘉庆《南翔镇志》卷二《营建·桥梁》，第23页。
[7] 嘉庆《南翔镇志》卷一《疆域·水道》，第10页。
[8] 施添福：《清代台湾的地域社会：竹堑地区的历史地理研究》，第268页。

的东徙，则原本偏向西边的繁华街道很可能并不是万安寺前街，而是位于南翔寺西的钓浦街，钓浦街虽稍稍偏离十字港，但"明时为大街，直达镇北冈身路"，①且紧贴南翔寺，完全符合时人所描述的"寺据镇之中，镇以寺重"的景观形态。

万历初年，随着南翔镇棉布生意的名气越做越响，各地客商纷至沓来，其中"歙之公乘里士，行贾不可指数"。②他们长期驻镇，与由当地人开设的布行布庄进行棉布交易；布行布庄之间为争取布商，也争斗激烈，有如两军对垒。③另有一群市井无赖之徒，俗称"白拉"，他们"私开牙行，客货经过，百计诱致，诡托发贩，悉罄其资，否亦什偿三四而已"。④在商利的争夺中，由于布行布庄垄断了棉布的批发环节，客商首先败下阵来，万历《嘉定县志》载：

> 南翔镇……往多徽商侨寓，百货填集，甲于诸镇。比为无赖蚕食，稍有迁徙，而镇遂衰落。⑤

客商不仅在棉布的价格上受土著商人的挟制，若遇漕粮阙兑或赋税拖欠，还时常有被地方权势转嫁赋税责任的可能，万历九年（1581）嘉定县的漕粮就是靠着"借商民"才得以完成。⑥面对诸多重负，部分客商不得不选择暂时退出利益的角逐。万历初，南翔寺大圮，寺僧拟大力倡修，其时虽商贾云集，却应者寥寥，"若某某辈然，不能十之一"，仅有徽商任良佑"独弁髦之，悉竭其精力"，捐资白银二千余两，才勉力修好大雄宝殿。⑦而供僧人居住的禅堂，直到天启元年（1621）方告落成。⑧通过此事，一方面表明，以徽商为主体的行商群体，因户籍不在本地，

---

① 嘉庆《南翔镇志》卷二《营建·街巷》，第21页。
② 王世贞：《重修南翔寺记》，《弇州山人四部续编》卷六十一《文部》，第10页。
③ 西嶋定生：《中国经济史研究》，冯佐哲等译，农业出版社1984年版，第640—643页。
④ 乾隆《嘉定县志》卷十二《杂类志·风俗》，第8页。
⑤ 万历《嘉定县志》卷一《疆域考上·市镇》，《四库全书存目丛书》史部，第208册，第690页。
⑥ 徐学谟代：《（万历十一年）吁部请折状》，程钰辑：《折漕汇编》卷一，光绪九年刻本，第1—2页。
⑦ 王世贞：《重修南翔寺记》，《弇州山人四部续编》卷六十一《文部》，第10页。
⑧ 唐时升：《白鹤南翔寺新建禅堂记》，《三易集》卷十二，明崇祯刻清康熙补修嘉定四先生集本，第3—4页。

对地方事务的兴趣非常有限,在当地人的心目中,"徽俗以赀为命"① 的形象已根深蒂固;另一方面也显示出部分客商的无奈,为了生存,或者分出一杯羹,或者捐出一笔善财,如果不选择和当地人士合作,将会继续受到排挤。南翔镇在万历中期的一度衰落,在一定程度上正是因为行商与土著之间在很多利益分配上难以达成一致。除了万历《嘉定县志》所概括的,其时"北方自出花布,而南方织作几弃于地",② 由于北方有了自产布,南翔附近所产的棉布对于客商的吸引力不再像之前那样大,恐怕也是市镇衰败的主要原因之一。不过,时隔不久,徽商重新确定了棉布的标准,改贩"标布"为"中机",③ 南翔镇再度兴盛,至康熙初,又恢复到"多徽商侨寓"的状况。④ 南翔与罗店镇一道,成为清代嘉定县经济最发达的两个市镇,有"金罗店,银南翔"之名。⑤

四 市镇的"内涵式发展"与"因寺成镇"说的出炉

明清鼎革,并未过多影响南翔镇的繁荣。经过近两百年的发展,至清中叶,该镇"生齿日繁,里舍日扩,镇东附近新街南,黄花场北、金黄桥外,渐次成市"。⑥ 黄花场正好位于南翔寺南面,由于市廛日益兴旺,大大抬高了这一带的地价。南翔寺附近自成镇以后一直都是商业中心,自明后期始,寺基不断遭受各方势力的蚕食。先是寺之东北隅,"不知何时鞠为园蔬",后又改作三官殿。⑦ 嘉靖十四年(1535),知县李资坤分南翔寺址建槎溪小学。⑧ 除了官用和民用,寺基挪作商用的更不在少数。崇祯间人赵洪范为恢复往日之寺产僧舍,曾仔细核算过唐宋以来南翔寺"所捐之域",可无论他怎样努力,还是无法说服俗众退还已占的寺产,

---

① 王世贞:《重修南翔寺记》,《弇州山人四部续编》卷六十一《文部》,第11页。
② 徐学谟代:《(万历十一年)吁部请折状》,程钰辑:《折漕汇编》卷一,第1页。
③ 西嶋定生:《中国经济史研究》,第646页。
④ 康熙《嘉定县志》卷一《市镇》,第6页。
⑤ 光绪《罗店镇志》卷一《风俗》,上海社会科学院出版社2006年版,第6页。
⑥ 嘉庆《南翔镇志》卷 《疆里·沿革》,第2页。
⑦ 徐时勉:《南翔寺七佛阁记》,康熙《嘉定县志》卷二十二《碑记》,第58页。
⑧ 嘉庆《南翔镇志》卷三《小学》,第26页。

最终不得不接受"除俗占而外，非殿址则僧居也"的既成事实。[1]

入清以后，南翔寺的原有地盘越变越小。顺治年间，寺僧慧心欲选取云卧楼旧址建七佛阁，"但其地向属西房，因将寺前廛屋相易，而且称贷倍价以得之"，[2] 寺院的沿街房屋正是通过类似这样的方式逐渐沦由市井割据。至康熙朝，南翔寺虽获赐御书"云翔寺"的匾额，[3] 各色人等对寺产的敬畏之心却未随之增强。康熙二十六年（1687）和四十一年（1702），寺院的核心区域先后被惠民书院和留婴堂侵占，而且均建在大雄宝殿的中轴线附近。[4] 由于寺前的房屋早已被占殆尽，人们于是开始尝试在建筑的密度上做文章，"山门前后左右及报济桥面皆民居，直逼天王殿前"。[5] 报济桥正对南翔寺的山门，又名"香花桥"。[6] 在狭窄的桥面上，竟然能挤出一些空间容纳违章搭建，可以想见南翔寺附近聚集了多少人气。乾隆三十一年（1766），桥面民居失火，延烧至天王殿，从此地面廓清，"民房基址各捐于寺"。[7] 南翔寺虽多少收回一些失地，但与宋元时期的强势已不可同日而语。

在巨大的商业利益的驱使下，经过不断的拓展，南翔镇的商业街市逐渐突破十字港的限制，东有走马塘南岸街、北岸街、新街，西有封家浜南岸街、北岸街，南有白鹤寺南街、太平桥南（西岸米巷街）、横街、黄花场街，北有横沥西岸街、东岸街、钓浦街，另有41条弄堂与大街和十字港相通，[8] 共同构成了南翔镇的基本格局（详见图1）。除此而外，连接街道弄堂的还有70座左右的桥梁。乾隆中，镇人程虔五以己之力，修建桥梁50余所，几乎横跨了整个镇子的所有水道。[9] 除了完善镇内交通，从万历至乾隆，为加强周边河道的通航能力，地方官和镇人还多次组织疏浚走马塘和封家浜，横沥和槎浦虽也时有疏浚，但频率远不如前

---

[1] 赵洪范：《南翔寺免役记》，嘉庆《南翔镇志》卷十《杂志·寺观》，第150—151页。
[2] 徐时勉：《南翔寺七佛阁记》，康熙《嘉定县志》卷二十二《碑记》，第58页。
[3] 嘉庆《南翔镇志》卷十《杂志·寺观》，第138页。
[4] 参见石松《公建抚宪赵公长生书院碑记》、王鸣盛《重修惠民书院记》，嘉庆《南翔镇志》卷二《营建·书院》，第15—16页。
[5] 嘉庆《南翔镇志》卷十《杂志·寺观》，第147页。
[6] 嘉庆《南翔镇志》卷二《营建·桥梁》，第24页。
[7] 嘉庆《南翔镇志》卷十《杂志·寺观》，第147页。
[8] 嘉庆《南翔镇志》卷二《营建·街巷》，第21页。
[9] 嘉庆《南翔镇志》卷二《营建·桥梁》，第22—25页。

两者。① 这主要是由于吴淞江挟带黄浦口的浑潮，时常从蕰草浜自东向西倒灌进入嘉定南部各内河，容易使走马塘和封家浜淤浅，南北走向的横沥和槎浦相对少受影响。

虽然康熙间的南翔镇已"市井鳞比，舟车纷繁，民殷物庶，甲于诸镇"，② 但从嘉靖到光绪，南翔镇"东西五里，南北三里"的格局却始终没有发生根本性改变，这并非意味着市镇经济的长期停滞。实际情况应是，在基本格局大体奠定之初，市镇内部的民居当有疏密之别，其后随着住宅密度的增长和桥梁的修建，越来越多的聚落缝隙被填充，市镇内涵式发展才逐步完成。在这一过程中，不仅聚落原来特征非常鲜明的"寺庙"空间内涵逐渐被"市镇"的空间内涵所取代，市镇与周围四乡的景观"异质性"也越发凸显。南翔镇人由此更加坚信南翔寺和南翔镇唇齿相依的关系："寺居镇之中，镇以寺始，一寺兴废，系一镇盛衰"，③ 随着街市的稠密化，又在这种关系中移植进三大古刹的要素：

> 嘉定为吴下邑，邑之南二十余里曰南翔镇，川原平衍，民物殷庶，甲于嘉邑。然地滨海，近吴淞，受东西南三面潮汐之汇，无高山大麓障蔽其间，形家以镇之佛寺，鼎立三方，谓能襟带群流，控压巨浸，为萃秀钟灵之所，非祇浮屠氏精蓝栖息处也。原三寺，白鹤创于梁，大德、万安两寺递建于元，其规制宏远，庄严华丽，实成一镇巨观。④

配合时人对全镇景观的诠释与塑造，"因寺成镇"的说法开始取代"因寺名镇"并逐渐深入人心。我们与其将之视为市镇历史的"无限"延长，不如理解为是对现实空间尺度的合理解释和适度构建。

清代的南翔镇，仍是客商采购的首选地之一，"四方商贾辐辏，廛市蝉联，村落丛聚，为花豆米麦百货之所骈集其间"。⑤ 在诸多货物中，以

---

① 嘉庆《南翔镇志》卷一《疆里·开浚》，第11—12页。
② 彭定求：《留婴堂序》，嘉庆《南翔镇志》卷二《营建·坛庙》，第18页。
③ 钱大昕：《重修敕赐云翔寺大雄殿记》，嘉庆《南翔镇志》卷十《杂志·寺观》，第141页。
④ 叶昱：《修建万安禅寺殿阁记》，嘉庆《南翔镇志》卷十《杂志·寺观》，第155页。
⑤ 参见石松《公建抚宪赵公长生书院碑记》，嘉庆《南翔镇志》卷二《营建·书院》，第15页。

棉布最为出名：

> 棉布，有浆纱、刷线二种。槎里只刷线，名扣布，光洁而厚，制衣被耐久，远方珍之。布商各字号俱在镇，鉴择尤精，故里中所织甲一邑。①

据西嶋定生的研究，清代徽商不仅在贩布的客商群体中占据压倒性优势，而且通过直接开设布号，雇用专人负责收购和会计等环节，逐渐突破了以往布庄布行在交易市场上对利润的垄断。② 南翔镇出产的棉布因品质优异，吸引了大量的徽州客商。除了棉布业，稻米也是南翔镇日常交易的大宗。自明中叶以降，"以棉织布，以布易银，以银籴米"③ 乃嘉定县棉织类市镇最基本的商业形态，南翔镇也不例外，"东西南北，除杂货外，米之上下，动以万计"。④ 正是在棉织业和米粮业为主体的商贸活动的驱动下，南翔镇的持续繁荣才得以保证。随着人口的大量聚集，治安问题愈发重要。"脚夫、乐人聚伙结党，私画地界，搬运索重直，婚丧勒厚犒，莫甚于南翔。"⑤ 有鉴于此，雍正中，设南翔巡检司，并置把总一员，专任南翔防务，分巡封家浜、黄渡、纪王庙等地防务。⑥ 乾隆三十四年（1769），又以"地当繁杂，窵远治城"，移驻县丞分防南翔。⑦

除了自上而下的行政组织，南翔镇各种"半自治性"的机构也在清中叶陆续建立起来。先是康熙四十一年（1702），南翔阖镇士商建留婴堂，"铺户暨各镇量输，以足其费"，"收送里中弃儿"，后改称"育婴堂"。⑧ 嘉庆十三年（1808），朱抡英等又在文昌阁设振德堂，施棺代葬，并收养过路孤苦老人。⑨ 直至民国初年，两堂均是南翔镇权力运作的中

---

① 嘉庆《南翔镇志》卷一《疆域·物产》，第12页。
② ［日］西嶋定生：《中国经济史研究》，第649—650页。
③ 徐行奏、殷都代：《（万历二十三年）永折民疏》，《折漕汇编》卷二，第2页。
④ 参见石松《公建抚宪赵公长生书院碑记》，嘉庆《南翔镇志》卷二《营建·书院》，第16页。
⑤ 嘉庆《南翔镇志》卷十二《杂志·纪事》，第186页。
⑥ 光绪《嘉定县志》卷十《兵防志·兵制沿革》，光绪八年刻本，第2页。
⑦ 嘉庆《南翔镇志》卷四《职官》，第29页。
⑧ 张鹏翀：《育婴堂序》，嘉庆《南翔镇志》卷二《营建·坛庙》，第18—19页。
⑨ 光绪《嘉定县志》卷二《营建志·公廨》，第11页。

心。从嘉庆镇志的《南翔镇图》中，我们可以清晰地辨析出分防署、文昌阁和育婴堂均建在南翔寺的基址上。在寺庙及其周边地区已经受到严重蚕食的情况下，南翔寺的空间性质发生了巨大变化。并非南翔寺本身而是南翔寺原来所占据的地点，真正扮演着市镇的商业中心和展示官方权威的舞台角色，这与该处有无寺庙并无直接关联。

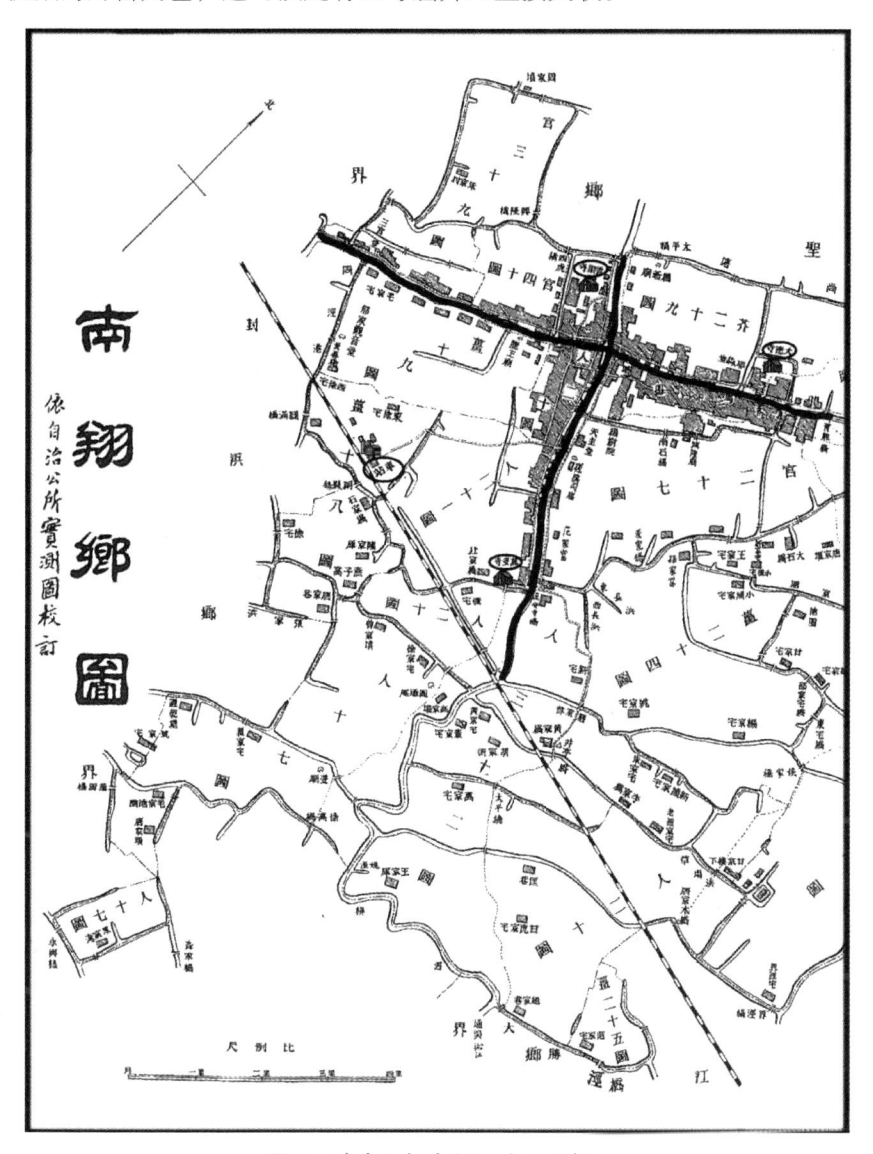

图 2　清末民初南翔区域（局部）

资料来源：据民国《嘉定县续志》改绘。

南翔寺唯一遗留的宗教之外的重要功能,只剩下举办公益活动了。崇祯十二年(1639)岁歉,羌世隆父子三人"以麦八百石磨麪作饼",在南翔寺前鸣钟集众分发;① 康熙四十四年(1705)和雍正十一年(1733),南翔镇施粥的场所均在南翔寺内。②

清政府降低了商人入籍的门槛,使徽商增强了对南翔镇的认同,③ 更多地参与到地方事务中来,这与明代的情况大相径庭。前述的程虔五即是其中的一员,他除了修建桥梁外,还担任过育婴堂的董事,④ 出任两堂董事的徽州人绝不在少数,据《南翔陈氏宗谱》载:休宁人陈燧也曾任育婴堂的堂董。⑤ 除此而外,徽商对其他公益事务亦颇为留心。歙县人罗采在镇开设有踹坊,雍正十一年(1732)岁祲,"同人奉文公捐煮赈,采独力设厂广福禅院,赈至三月余而止"。⑥

在一定程度上,正是因为徽商的全面参与,南翔镇至民国初已成为"纵跨横沥,横跨走马塘,街衢南北五里,东西六里"⑦ 的嘉定县第一大镇。自光绪三十一年(1905)沪宁铁路开通后,车站距镇仅二里左右,有专门的马路与火车站相贯通,交通极其便利,大大促进了南翔寺前商铺的进一步发展:

> 南翔寺前东街、南街最繁盛,大小商铺四百数十家,晨间午后,集市两次。往昔布市绝早,黎明出庄,日出收庄,营业甲于全邑。近年贸布多在昼市,销路又为洋布所夺,此业遂不如前。大宗贸易为棉花蚕豆米麦土布,鲜茧竹木油饼纱鱼腥虾蟹蔬笋之属亦饶,自翔沪通轨,贩客往来尤捷。士商之侨寓者又麇至,户口激增,地价房价日贵,日用品价亦转昂,市况较曩时殷盛。⑧

---

① 嘉庆《南翔镇志》卷六《人物·孝义》,第50页。
② 嘉庆《南翔镇志》卷十二《杂志·纪事》,第185页。
③ 据《紫阳朱氏家乘·序文》:"紫阳一脉,系出安徽休宁,白鹿传经,前徽具在。清乾隆中叶,第世高祖玉鸣公迁居嘉定之南翔镇,服贾于斯,入籍于斯,绵瓜瓞于斯,厥后继继绳绳,分而成族。"(民国6年曙南紫阳恒敬堂石印本,第15页)
④ 嘉庆《南翔镇志》卷七《人物·耆德》,第78页。
⑤ 李赓芸:《松岩公墓志铭》,《南翔陈氏宗谱》卷一《墓志铭》,民国二十三年刻本,第1页。
⑥ 嘉庆《南翔镇志》卷七《人物·流寓》,第89页。
⑦ 民国《嘉定县续志》卷一《疆域志·市镇》,第87页。
⑧ 同上书,第87—88页。

伴随着铁路对水路交通的冲击，南翔镇终于突破了明中叶以来内涵式的发展模式，街市开始大幅度地向位于南部的火车站靠拢。"镇以寺始"和"因寺成镇"的古老故事从此翻开了新的一页。

五 结论

探讨市镇形成之前聚落的早期历史，对于认识江南市镇起源以及街市布局的成型，具有非常重要的意义。由于材料所限，前人基本上忽略了对市镇聚落的历史回溯，即便有也多拘泥于明清以后人们的种种猜测。如果我们将不断"层累"的文献放回到具体的历史场景中，或可发现一些聚落形成初期的蛛丝马迹。以南翔为例，聚落的发展一直与南翔、大德、万安三大古刹纠缠不清，其中年代最久远的南翔寺更是成为当地人构建聚落历史的"晴雨表"。唐宋时期，有关南翔的主要信息几乎全被南翔寺所填充。从保存至今的唐代经幢来看，当地有人居住的历史至少可追溯至唐武宗灭佛之后，然而，当时聚落的专称还没有出现。南翔首次拥有"自属地名"始自南宋初年，这在很大程度上要归功于当地旱田塘浦的开发。在聚落早期开发的过程中，僧人的聚集和寺产的拓展本身就是聚落从起源直至达到一定规模的重要指标之一。如果为了迎合不同时代的人们对"自属地名"不同版本的解释，而将孰先孰后的论证强加于寺庙和聚落之间，则显得苍白乏陈。元代南翔寺的兴盛和大德、万安两寺的创立，一方面使南翔演变成具有相当规模的大聚落，一举奠定了明清两代市镇"东西五里，南北三里"的基本格局；另一方面催生了南翔寺始建于萧梁时代的说法，并逐渐得到后人的广泛认可。纵观宋元时期南翔的历史，十字港格局虽在北宋就已显现端倪，但在商业聚落未正式形成之前，无论三大古刹修建得多么宏伟铺张，其区位优势亦无从充分展现。南翔一带至多不过是行旅商贾的茶歇之所。

明初对佛寺的打压，大大延缓了原本以寺庙为主导的聚落发展进程，甚至导致聚落的分崩离析。直到正德前后南翔正式成为嘉定县七大镇之一，十字港的区位优势才开始显现出来，南翔、大德等寺也稍许恢复了些元气。明中叶以后，当市镇空间达到一定规模，平面式扩展渐趋停止，商业中心始终不离南翔寺及其周边的十字港一带，这并非出于南翔寺的主导作用，恰恰相反，伴随着南翔镇的日益发达，南翔寺的原有寺基不断遭受各方势力的侵蚀，这块方圆不足两顷的地方，因地理位置的优越，建筑之稠密已达到令人无法想象的程度，逐渐由单纯的宗教中心发展成集宗教、商业和行政等职能于一体的重要场所。直至晚清，南翔镇的范围也没有突破明代的既有格局，从这一意义上，其发展路线或可概括为"内涵式"的发展类型。这种发展类型并非意味着市镇实体空间近乎不变，而是体现为聚落景观纹理的细密化和十字港四周的空间垄断倾向。与之相应，市镇与周围四乡的空间"异质性"越发突出起来。

配合"内涵式"的发展线路，南翔镇和南翔寺唇齿相依的关系一直被当地人置于非常突出的地位，先是强调"因寺名镇"，意在彰显地名的独特个性，在内涵式发展告一段落后，又出于解释现实空间尺度的需要，制造出"因寺成镇"的历史误会。无论怎样，清人眼中的"因寺成镇"，与我们今天所讨论的市镇起源问题并不处在同一话语系统之下。明中叶以降，在江南特别是太湖以东地区涌现出大量以经营棉业和米业为主的"专业市镇"，它们在贡赋体系中"改折财政"的带动下不断壮大，同时为满足中长距离贸易的需要，已逐渐摆脱了传统意义上的"定期市"的模式。这些市镇每日开市，既不受集期限制，也不迎合庙会或者香市的周期。所谓"因寺成镇"，更大程度上是在聚落景观纹理细密化的背景下对"自属地名"加以过度诠释的产物。

在太湖以东市镇兴起之初，有一种"主姓创市"的现象特别值得关注，具体说来，就是一些市镇由某一大姓创立，并由该大姓掌控市镇的支配权。例如，同位于正德间嘉定县七大镇之列的娄塘、罗店二镇，即分别由王璿和罗升所创。[①] 这类市镇多以创市之日作为聚落形成的起点，从罗店镇的命名上或可窥见些许痕迹，它们不像南翔镇有更早的聚落历史可以追溯。从形成的机制上看，这两类市镇或许并无本质的不同，但是，如果我们不明白明清以前南翔聚落的发展脉络，将注定无从理解南翔镇从"因寺名镇"到"因寺成镇"的历史形塑过程，进而会在探讨市镇起源乃至市镇空间构成的时候陷入"顾名思义"的错觉之中。明清时代，人们之所以会留下"寺据镇中，镇以寺重"的印象，不单是出于表达南翔寺周边认知环境的强烈愿望，更具有标明市镇中心相对位置的功

---

① 嘉靖《嘉定县志》卷一《疆域志·市镇》，第16页。

用。寺庙固然参与或见证了市镇兴起到日趋繁荣的历史过程，但绝非形成市镇的主导力量，这具体表现在，十字港的区位优势在南翔寺最为兴旺的年代并不突出，反倒是在其日呈式微之际才渐露峥嵘。探索市镇的缘起、动力和性质等问题，应在充分了解传统市场运作机制的前提下，在具体的制度环境中理解经济现象，若是不假思索地以"文化驱动力"或"宗教驱动力"等概念去想象和解释传统时代市场的发育形态，就难免会导致削足适履的简单化错误。

第三编

元明江南科举、士大夫及宗教文化

元中后期科举与南方儒士之习学

——以延祐复科为中心

周 鑫

在元和明前期南北差异的博弈和整合中，保留南制因素最多并最能体现南制优长的是科举与儒学。① 而元和明前期科举政策与南方儒士习学的各自发展、彼此互动又构成其重要内容。学者们不仅已注意到元初科举长期停废，南方儒士不再为科举时文所系，出现改习诗文、转攻性理的新学问取向②；而且深入讨论到延祐复科，新科举导致南方儒士间程朱理学、古赋的兴盛③。这些研究大都只注意元代中前期科举行废带来的学问新取向，既没有更广泛地踏勘某一地域内史料所见的绝大多数儒士的习学言行，也没有从更长的时段观察南方儒士学风变动的内在理路与多元走向，自然无法揭示科举与南方儒士习学之间的丰富内容。笔者曾通过江西抚州（下文皆简称"抚州"）儒士的案例研究指出，元初科废，实际仅有少数儒者专攻诗文与性理，多数南方儒士在现实的习学环境、生

---

① 参见李治安师《元和明前期南北差异的博弈和整合发展》，《历史研究》2011年第5期。
② 参见姚大力《元朝科举制度的行废及其社会背景》，《元史及北方民族史研究集刊》1982年第6期；王瑞来《科举停废的历史：立足于元代的考察》，刘海峰主编《科举制的终结与科举学的兴起》，华中师范大学出版社2006年版，第161—163页；黄仁生《论元代科举的行废与词赋的演变》，上海嘉定博物馆编《科举文化与科举学（下）》，海风出版社2007年版，第168—182页；余来明等《科举废而诗愈昌：科举废黜与元前期江南士人生存方式的转变》，《学术研究》2011年第12期。
③ 姚大力：《元朝科举制度的行废及其社会背景》；马积高：《宋明理学与文学》，湖南师范大学出版社1989年版；黄仁生：《论元代的科举与辞赋》，《文学评论》1995年第3期；李新宇：《元代辞赋研究》，中国社会科学出版社2008年版；吴志坚：《元代科举与士人文风研究》，南京大学，博士学位论文，2009年；李新宇：《元明辞赋专题研究》，中国社会科学出版社2011年版；萧启庆：《元代进士辑考》导论，台北中研院史语所，2012年，第38—40页；余来明：《元代科举与文学》，武汉大学出版社2013年版；许家星《"称雄科场"抑或"强学待问"？——以〈四书疑节〉为中心论元代四书"科举"与"研究"的一体化》，《南昌大学学报》（人文社会科学版）2014年第5期。

存状态、社会氛围甚至未来重开科举的期盼下，或同时兼习诗文、性理与举业，或犹守科举时文。① 本文仍以抚州儒士为中心，通过观察他们对延祐复科的观感及其在科举复行时的习学生活，继续对此问题展开探讨。

一

较早对科举复行明确表达意见的抚州儒士是理学名儒吴澄（抚州崇仁人，1249—1333）。皇庆二年（1313）十月初八日，养病家居的他在给北上赴吏部选的门人虞槃（抚州崇仁人，1274—1327）的赠序中写道：

> 盛时方行贡举。贡举者，所以兴斯文也。而文之敝往往由之，何也？文也者，垂之千万世，与天地日月同其久者也。贡举之文，则决得失于一夫之目，为一时苟利禄之计而已矣，暇为千万世计哉？贡举莫盛于宋。朱子虽少年登科，而心实陋之。尝作《学校贡举私议》，直以举子所习之经、所业之文为经之贼、文之妖。今将以尊经右文也，而适以贼之、妖之，可乎？斯敝也，惟得如欧阳公者知贡举，庶其有瘳乎？闲之于未然，拯之于将然，俾不至于为贼为妖，而为朱子所陋，则善矣。傥有今之欧阳公，试问所以闲之、拯之之道。皇庆二年十月甲子。②

吴澄注意到科举制度本身的吊诡：科举本意是兴"垂之千万世，与天地日月同其久"的斯文，却因制度本身"决得失于一夫之目，为一时苟利禄之计"的偶然性、功利性而成为文之敝。他还援引朱子《学校贡举私议》这篇元儒讨论科举行废的重要文献为自己张本。但吴澄也看到科举势在必行，"盛时方行贡举"，便冀望于"惟得如欧阳公者知贡举"。"欧阳公者知贡举"是指欧阳修知嘉祐二年（1057）贡举时，提倡古文，

---

① 周鑫：《乡国之士与天下之士：宋末元初江西抚州儒士研究》第四章《科举停废与儒士学风》，天津古籍出版社 2014 年版，第 78—99 页。
② 吴澄：《吴文正公集》卷十五《送虞叔常北上序》，元人文集珍本丛刊影印明成化二十年刊本，第 22 页下—23 页上。

痛抑"太学体",令场屋之习丕变的故事。① "今之欧阳公"当指李孟(上党人,1255—1321)。

延祐复科的想法最初便是在皇庆二年(1313)夏由李孟灌输给仁宗的。② 随后得到另一潜邸重臣、翰林学士承旨、知制诰兼修国史、大都留守兼少府监、武卫亲军都指挥使伯帖木儿(1282—1326)的支持。③ 它是仁宗核心集团在国子监改革失败后推行文治的新尝试。④ 李孟一早就定下新科举"必先德行经术而后文辞"的基调。故在九月十八日之后,他受诏同参知政事许师敬〔河内人,1255(?)—1340〕、翰林学士程钜夫(建昌人,1249—1318)两位分职中书省与翰林院的南北理学名臣共同议行贡举法。⑤ 程钜夫是吴澄的挚友,但科举复行的消息却不可能传自他。因为秋季大都与崇仁之间的路程需三月左右时日。如吴澄大德五年(1301)诏授应奉翰林文字、登仕郎、同知制诰、国史院编修。大德六年(1302),他在"有司奉旨朝命趣行督迫,邑里具驿舟敦遣"的情形下,"八月壬戌(初一)戒行,十月丁亥(二十七日)至京师"⑥。费时八十七日。吴澄只可能从同其相识相知的李孟或与李孟过从甚密、复任国子博士的门人虞集(抚州崇仁人,1272—1348)处获闻。⑦ 他深知李孟是科举复行的关键人物,虞槃乃虞集之弟,入都当会经其兄持此序拜会李孟。故以"惟得如欧阳公者知贡举"的"今之欧阳公"期之,"试问所以闲之、拯之之道"。

---

① (元)脱脱等:《宋史》卷三百一十九《欧阳修传》,第10378页。
② 黄溍:《金华黄先生文集》卷二十三《元故翰林学士承旨中书平章政事赠旧学同德翊戴辅治功臣太保仪同三司上柱国追封魏国公谥文忠李公行状》,四部丛刊初编影印梁溪孙氏小绿天藏景元写本,第10页上;宋濂等:《元史》卷一百七十五《李孟传》,第4089页。
③ 黄溍:《金华黄先生文集》卷四十三《太傅文安忠宪王家传》,第9页下。
④ 可参周鑫《从一节科举文书看元仁宗朝科举复行及其背后的学术与政治关系》(未刊稿)。
⑤ 宋濂等:《元史》卷二十四《仁宗一》、卷一百七十二《程钜夫传》,第558、4017页;程钜夫:《程雪楼文集》卷首《楚国文宪公雪楼程公年谱》(程世京撰),元代珍本文集汇刊影印涉园陶氏影刊明洪武本,第44页。参程钜夫著,张文澍校点:《程钜夫集》,吉林文史出版社2009年版,第486页。
⑥ 危素:《临川吴文正公年谱》,载吴澄《吴文正公集》卷首,第11页上。
⑦ 有关吴澄与李孟的相识相知,可参方旭东《吴澄传记资料纂证》,《吴澄评传》附录一,南京大学出版社2005年版,第362—363页。有关当时虞集与李孟过从之密,可参罗鹭《虞集年谱》,凤凰出版社2010年版,第43—46页。

李孟并没有令吴澄失望,延祐首科知贡举。① 更为重要的是,吴澄先后充任延祐元年(1314)首科、四年(1315)次科的江西乡试考试官,亲身体认到李孟主持设计的科举程序之严与良:

> 往年予考乡试程文,备见群士之作。初场在通经而明理,次场在通古而善辞,末场在通今而知务。长于此或短于彼,得其一或失其二,其间兼全而俱优者不多见也。②

他亦以"惟得如欧阳公者知贡举"自任。延祐四年(1315),吴澄出经疑一问,有同考官怪其平易,他回答道:"于此有真知,则言不差。"最后江西乡试二十二名贡士中,吴澄认为言不差者才得三四卷。③ 如此严密的程序与标准,在吴澄看来,恰是为从制度上防范"决得失于一夫之目,为一时苟利禄之计","国朝贡举率因前代,而拳拳欲取经明行修之士,意欲烛其弊而防之者。夫经苟明,则知、仁、圣、义、中、和六者之德无一不知。行苟修,则孝、友、睦、姻、任、恤六者之行无一不能"④。更何况所通、所明之经又是以《四书》为先,"况进士所业,在《论语》《大学》《中庸》《孟子》,是皆往圣先贤传道之书。书之奥旨,岂徒擢高科取美仕而已,盖欲其义理明于心,德行修于身,政事治于官,功业昭于时,无少瑕疵有大成立,卓卓焉天下第一流"⑤。

虞集对复行科举的观感正是落脚在以经学为重、以程朱为尊、以《四书》为先,"今天子以独断黜吏言,贬虚文,一以经学取士。士大夫言学者,非程子、朱子之说不道也","近时以进士取士,犹以难疑答问,于《四书》为先务"⑥;并由此出发评价其严与良,"我国家表章圣经,以兴文化,至于《论语》《大学》《中庸》《孟子》,定以周子、二程子、

---

① 宋濂等:《元史》卷一百七十五《李孟传》,第4089页;李孟:《初科知贡举》,顾嗣立编《元诗选二集》乙集《李平章孟》,中华书局1987年版,第199页。
② 吴澄:《吴文正公集》卷三十二《跋吴君正程文后》,第6页下—7页上。
③ 虞集:《道园类稿》卷五十《故翰林学士吴公行状》,元人文集珍本丛刊影印明初覆刻元抚州路学刊本,第22页下—23页上。
④ 吴澄:《吴文正公集》卷十五《送崔德明如京师序》,第3页上—3页下。
⑤ 吴澄:《吴文正公集》卷十九《都运尚书高昌侯祠堂记》,第21上—21页下。
⑥ 虞集:《道园类稿》卷二十五《师氏尊经阁记》,第7页下;虞集:《道园类稿》卷二十三《临江路新喻州重修宣圣庙学记》,第7页上。

张子、朱子及其师友之说以为国是，非斯言也，罢而黜之，其正乎道统之传，可谓严矣"，"国家科目之法，诸经传注合有所主，将以一道德、同风俗者"①。他也先后于泰定四年（1327）、至顺元年（1330）被命为会试考试官、廷试读卷官。②但与乃师吴澄勇猛地"惟得如欧阳公者知贡举"不同，虞集采取平和地防"决得失于一夫之目"。他初考会试，即提出"圣经深远，恐非一人之见可尽。试艺之人，惟其高者取之，不必先有主意，使求贤之见狭而差自此始也"③，"后再为考官，率持是论，故所取每称得人"④。

当然，作为以理学为宗旨的大儒，吴澄、虞集尽管都高度评价复行科举的程式并尝试居中指导、引导士子向学，但因科举之学固有的功利性、世俗性及其与性理之学的争竞而对其始终抱持警醒的态度。吴澄自承曾先后指导李岳（河间人）、舒庆远（靖安人）以《易》义，李思温（益都人，1294—1317）以《书》义应举。李岳更是得中延祐五年（1316）进士。⑤他在《送舒庆远南归序》中对指导其备考有所描述：

予试之难题，剖析密微，敷畅明白，得经之旨，合得之格。⑥

这种经义习题的疑难训练既能培本"得经之旨"，又能养末"合得之格"，达致举业与理学合一。但吴澄更提醒舒庆远注意举业的功利性、世俗性，谆谆告诫他：

---

① 虞集：《道园类稿》卷二十四《蓝山书院记》，第17页下；欧阳玄：《圭斋集》卷九《元故奎章阁侍书学士翰林侍讲学士通奉大夫虞雍公神道碑》，四部丛刊影印明成化本，第28页下—29页上。阳玄著，汤锐整理：《欧阳玄全集》之《圭斋文集》卷九《元故奎章阁侍书学士翰林侍讲学士通奉大夫虞雍公神道碑》，四川大学出版社2010年版，第222页。
② 罗鹭：《虞集年谱》，第88—89、114—115页。
③ 欧阳玄：《圭斋集》卷九《元故奎章阁侍书学士翰林侍讲学士通奉大夫虞雍公神道碑》，第29页上；欧阳玄著，汤锐整理：《欧阳玄全集》，第222页。
④ 赵汸：《东山存稿》卷六《邵庵先生虞公行状》，文渊阁四库全书本，第12页上；参校国图明钞本《东山赵先生文集》，见李修生主编《全元文》第54册卷一六六二《赵汸五·邵庵先生虞公行状》，凤凰出版社2004年版，第357页。
⑤ 吴澄：《吴文正公集》卷十六《送舒庆远南归序》，第32页下；吴澄：《吴文正公集》卷三十《题李思温举业稿后》，第11页上。
⑥ 吴澄：《吴文正公集》卷十六《送舒庆远南归序》，第32页下。

> 儒之学，不止能决科之文而已。为利达而学者，滔滔皆是也。它日既遂时俗之所求，傥或过予，又当有以告。

虞集留意到，治《春秋》义的举子大多只从考试的角度专门研习胡安国《春秋传》，"国家设进士科以取人，治《春秋》者，三传之外，独以胡氏为说……而治举子业者，掇拾绪余以应有司之格，既无以得据事直书之旨，又无以得命讨罪之严，无以答圣朝取士明经之意"。① 这并非向壁虚构。其友人方仲约在写给他的信中便直接提出，学《春秋》当以应举为要，在程式规定的"《春秋》许用三传及胡氏传"中舍三传、独攻胡传，"专主进取，而不及穷经"。虞集回信对此强烈反对：

> 朝廷设科取士，正求实学，今徒以施平日之谈论，固已非所谓经学。及用之场屋，又别为一说，不亦末之又末者乎？②

他主张，儒士应当以性理之学而非科举之学应举，勿论科举成败，"大抵区区之意，切先要知圣人旨意，得其说者，可以措诸行事而无疑。应举之时，直以所学言之，有司识不识，科举得不得，则付之义命"。但诚如后文将讨论的，习举业的儒士普遍陷溺其中，真正开始捐弃科举之学，往往是在科举失败之后或是吴澄等大儒教导之下。

叶瑞（抚州金溪人，1247—1331）虽然没有出任考试官，却也直接影响辽阳行省的延祐首科乡试。叶瑞大约在元贞二年（1296）出游求仕，大德十年（1306）馆授辽阳洪氏，至大元年（1308）得荐辽阳路儒学教授。③ 延祐开科，辽阳行省科举条制皆由其一手赞画。据参加辽阳延祐首科乡试的许有壬为其书写的墓志言：

> 先生实主文辽阳，科制废久，内地有所不悉。辽阳在东僻，有司一切昧于奉行，先生纤悉教之。盖江南内附时，年已三十余矣，习于场屋条制者也。监试宪佥田时佐曰：'微先生，几不能奉诏。'

---

① 虞集：《道园类稿》卷十七《春秋胡氏传纂疏序》，第 12 页上。
② 虞集：《道园类稿》卷二十一《答方仲约论春秋书》，第 39 页下—39 页上。
③ 叶瑞生平的考订，可参周鑫《乡国之士与天下之士：宋末元初江西抚州儒士研究》，第 158—162 页。

有壬既获荐礼部，经问之奥、策问之切，见者莫不骇异。①

而从许有壬叙述自己的会试表现看，辽阳首科乡试的考题甚至还可能出自叶瑞之手。这不仅归因于其"习于场屋条制"。更为重要的是他早年的习学经历，"幼尚气节，致力经学以及百家，皆得旨要。其为举子业，不蹈时习。或戒以希有司旨，先生曰：'吾为是区区而悖吾师说乎？'益笃志为己之学"。叶瑞致力的经学主要放在《四书》和《易》经义上。所著的经学著作有《庸学提要》六卷、《周易释疑》十卷。这使得他能够把捉住新科举制以经学为重的精髓，在考试设计上做到理学与举业贯一。

二

皇庆二年（1313）科举诏下，对渴望科举重开的儒士而言，"如阳春布濩，阴崖冰谷荄粒无不翘达"②；"圣上嗣登大宝之初，诏天下议行贡举，南北士子无不喜"③。赵文（庐陵人，1239—1315）、陈大有（宁海人，1243—?）、陈栎（休宁人，1251—1334）、陆文圭（江阴人，1256（?）—1340（?））等白头儒生应试，自为明证。④ 抚州儒士亦有与之相仿者，"守其故业以自娱嬉"的陈仕贵（抚州乐安人，1246—1323），"皇元延祐，儒科复于时，旧学者已忘其步武，新学者未得其门庭，而君独擅所长。年虽老，犹挟其艺一再试有司"⑤。但大多数笃意科举故业的中老年儒士并没有亲身上阵，而是将亲授举业的子孙送上考场。宋太学生董德（抚州乐安人），"科举之文甚精，宋祚讫，课其孙肄业犹不辍。比及贡举复，其孙天衢至治癸亥预江西乡试贡"⑥；郑居谊（抚州临川人，

---

① 许有壬：《至正集》卷五十《故承务郎江西等处儒学副提举叶先生墓碑》，第240页。
② 徐明善：《芳谷集》卷二《送汪子中序》，豫章丛书影印江南本，第10页上；陶福履、胡思敬原编，江西省高校古籍整理领导小组整理《豫章丛书》集部七《芳谷集》，江西教育出版社2006年版，第585页。
③ 张之翰：《西岩集》卷十六《贡举堂记》，四库全书珍本初集，第9页上。
④ 姚大力：《元朝科举制度的行废及其社会背景》，第43页；余来明：《元代科举与文学》，第175页。
⑤ 吴澄：《吴文正公集》卷四十一《故桂溪逸士陈君墓碣铭》，第1页上。
⑥ 吴澄：《吴文正公集》卷十四《送乡贡进士董方达赴吏部选序》，第11页上。

1250—1326），"贡举已废，君教子明经不辍，或笑其迂。及儒科复，而君之子孙克副时需，始服君远识"①；吴德夫（抚州崇仁人，1250—1329），"宋祚讫，儒科废，犹以旧举业训子。逮延祐复行取士制，子若孙皆能试艺若前知"②；黄逵（抚州乐安人，1267—1338），"代易而科废，尚有守其业者……天历庚午赐同进士出身者昭也，推其所自，则其上世克守家学而其父教之善焉"③。

南宋后期进士科，诗赋与经义分立两科考试，"于是士始有定向，而得专所习矣"。④ 上述抚州儒士习授的举业当即经义。如郑居谊"教子明经不辍"，黄逵的家学乃《书》义。而新科举首场经疑所考的《四书》在宋末已是基础的科举文本⑤，且在元初成宗朝又成为江南地方儒学小学生员日常课业、坐斋生员朔望默说的最主要的典籍⑥；经义尽管"诗以朱氏为主，尚书以蔡氏为主，周易以程氏、朱氏为主"，但无论从"已上三经，兼用古注疏，春秋许用三传及胡氏传，礼记用古注疏"的程序还是举子应试的程文看，仍有相当的自由空间⑦。因此，他们及其子孙能在元中期复行的以经学为重、以程朱为尊的科举中，"如种待获，适惟其时"⑧。那些犹守进士诗赋的儒士就没有如此顺利了。吴泰连（抚州金溪人，1284—1348）：

> 入国朝，科举虽废，而尝自从诸老宿游。读书一过，即记忆成诵，词赋援笔而成。乡校季考，每居前列。经传子史靡不周览。延祐间，科举复兴，叹曰：吾荒落已久且老，惟勖诸子以继先业耳。

---

① 吴澄：《吴文正公集》卷四十一《故临川郑君宏叔墓志铭》，第12页下。
② 吴澄：《吴文正公集》卷四十二《故处士季德吴君墓志铭》，第14页下。
③ 虞集：《道园类稿》卷四十七《黄县尹墓志铭》，第49页上—49页下。
④ 脱脱等：《宋史》卷一百五十六《选举二》，第3631页。
⑤ 可参余英时《试说科举在中国史上的功能与意义》，《二十一世纪》2005年6月号。
⑥ 王颋点校：《庙学典礼（外两种）》卷五"行台坐下宪司讲究学校便宜"条、"行省坐下监察御史申明学校规式"条，卷六"宪司举明学校规式"条、"成宗设立小学书塾"条，浙江古籍出版社1992年版，第101、110、120、134页。
⑦ 可参吴志坚《元代科举与士人文风研究》，第27—28页；许家星《"称雄科场"抑或"强学待问"？——以〈四书疑节〉为中心论元代四书"科举"与"研究"的一体化》，《南昌大学学报》（人文社会科学版）2014年第5期。
⑧ 黄溍：《金华黄先生文集》卷八《诸暨州乡贡进士题名记》，第17页上。

于是岁遣求从名师。①

吴泰连科举停废后专擅进士词赋，故能在沿用南宋科举旧例的学校考试中名列前茅。延祐复科时，他正值而立之年，却既不自行应举，也不亲授诸子，而是"岁遣（诸子）求从名师"。个中原因当是所学的进士词赋无法适应新科举的要求。所谓"吾荒落已久且老"不过是托词而已。其遣诸子求从的名师，据其次子吴仪（抚州金溪人，1307—1371）的传记所载，其中就有泰定四年（1327）以《礼》登科的江存礼（建昌人）、以《诗》登科的谢升孙（建昌人），"幼以缵承家学为事，鸡初号辄起，秉火挟册而读之。时建昌江公存礼、谢公升孙皆前进士，先生负笈从之游，继登乡先达虞文靖公之门"②。又如熊本（抚州临川人，1288—1353）"幼颖悟，经史一览辄成诵"，与父宋乡贡进士熊绍祖父子自为师友，"年十五入乡校，习科目之文"③。

科废治家的儒士也迫切求聘举业精熟的明师教授子孙。吴辰子（抚州金溪人，1267—1338）出身南宋金溪有名的科第之家，与吴泰连系出同宗。④ 他自幼转徙多师，进士业成。但宋亡科废，不得不"膺门户、理家务"。加上伯兄、仲弟早逝，要抚养诸侄，无暇向学。延祐开科后即延聘明师教子，陪子应试，"科目之兴也，延明师以淑诸子，子就试则欣然携之以往，而督其勤惰工拙焉"⑤。王企（抚州金溪人，1304—1350）的祖父"以文学行于乡"，但其父似乎没有克绍家学，便把他送入县学，"少与群儿从师乡校，独不好弄。稍长，读《春秋》，下笔为经义，已能

---

① 李存：《鄱阳仲公李先生文集》卷二十三《厚峰先生吴公行述》，北京图书馆古籍珍本丛刊影印明永乐三年李光刻本，第638页。

② 宋濂：《宋学士文集》卷四《故东吴先生吴公墓碣铭》，四部丛刊初编影印明正德刊本，第13页下；罗月霞主编：《宋濂全集》之《宋学士集》之《銮坡前集》卷四《故东吴先生吴公墓碣铭》，浙江古籍出版社1999年版，第416页。江存礼、谢升孙的科考生平，可参萧启庆：《元代进士辑考》，第253页；余来明：《元代科举与文学》，第384—385页。

③ 罗月霞主编：《宋濂全集》之《宋学士集》之《銮坡前集》卷六《故熊府君墓志铭》，第419页。

④ 有关吴辰子、吴泰连出身的金溪吴氏，可参刘晓《宋元金溪吴氏研究》，载《中国社会科学院历史研究所学刊（第一集）》，商务印书馆2001年版，第320—341页。

⑤ 李存：《鄱阳仲公李先生文集》卷二十三《吴公君明行述》，第636页。

出其侪辈"①。由此可见，师授同家学一般成为抚州儒士学习科举经义的重要来源。这在以经义授徒的抚州师儒的事迹中也能得到证实。

前文已经例举吴澄指导学子应举，而延祐复科后传授科举经义的主体当是精通科举之学的进士师，尤其是学校系统之外的民间师儒。唐浚（抚州临川人，1242—1331）专治《春秋》义，"吾郡治《春秋》者，自前进士李宗叔先生殁，惟唐仲清先生为专绍其学。宋亡科废，犹有及门从学之人。贡举既行，其徒浸盛"②。邹次陈（抚州宜黄人，1251—1324）少驰俊誉，"年二十三，以《书》经义第一贡礼部。明年赐同进士出身"，可"未及受官，宋祚已讫，遂隐不仕"。元初被里中大姓谭氏礼聘为塾师，"天朝贡举制下，来学之士益众。一经指画，文悉中程"③。李庭玉（抚州乐安人）家是抚州《书》义的大宗，其教授《书》义的历史从南宋科举、元初科废一直贯穿至延祐复科：

> 李庭玉之曾大父以上世，以书义为进士师，受业者弥数郡。为己为人，春科秋荐，指数未易悉也。国朝贡举未行时，人竞延致庭玉之父以淑子弟。贡举既复，抚之擢科者二人，并以书义中高甲。推其师友渊源所渐，咸曰自李氏。④

此以《书》义擢科的二人即延祐五年（1318）进士黄常（抚州乐安人）和泰定元年（1324）进士张观（抚州临川人）。⑤他们擢科后分别在岳州路、天临路湘阴州为官，故李庭玉前往游历，"庭玉将往岳州路、湘阴州见黄、张二贵官，养原（即黄常）、国宾（即张观）之贵，俱得取之之术者"。《书》义其实也是黄常家世的学问。他还与里中好友曾塾、曾钦、萧泉，"皆及草庐之门"⑥。上文提及授子举业的黄遴即是黄常的族

---

① 危素：《危太朴文续集》卷六《王仲善墓志铭》，元人文集珍本丛刊影印嘉业堂刊本，第551页。
② 吴澄：《吴文正公集》卷十三《唐仲清先生遗文序》，第26页上。
③ 吴澄：《吴文正公集》卷四十《故咸淳进士邹君墓志铭》，第21页上—21页下。
④ 吴澄：《吴文正公集》卷十六《赠李庭玉往岳州序》，第21页上。
⑤ 黄常、张观的科考生平，可参萧启庆《元代进士辑考》，第171、228页；余来明：《元代科举与文学》，第341、372页。
⑥ 王梓材、冯云濠编撰，沈芝盈等点校：《宋元学案补遗》九十二《草庐学案补遗》，中华书局2012年版，第5545页。

兄。他同样以其书教授乡里，"昭等既长而能学，朝夕讲习，父子自为师友，乡人子弟学者，多出其门"①。

延祐复科前后如此多的抚州儒士习授《书》义，显然是植根于抚州当地的科举经义与经学传统。而这种传统与现实很可能促成《书》义注疏著作在抚州的流行。于广（抚州金溪人，1283—1348）正是通过自学蔡沈的《书集传》治举子业。于广的父亲于应雷（抚州金溪人，1242—1331）少治举子诗赋论策，超越辈流，同吴澄同中咸淳六年（1270）乡贡，宋亡隐居五云山下讲学。②他自幼"受学于贡士君"，所习当以进士诗赋为主。稍长后：

> 博通书史，慕唐李协律长吉、李博士商隐，所为诗而效之，然务为雄奇险劲，不苟同于众。延祐初，设科目取士。君年三十余岁，取蔡沈氏《书传》读之，因自奋曰："显亲立身，庶其此乎？"穷日夜，励志为举子业。③

他钦慕仿效李贺、李商隐之诗，追求"雄奇险劲"的诗风，虽然"不苟于众"，但明显是受科废时部分抚州儒士放弃时文诗赋、转攻"奇险工巧"诗文的影响。④而延祐一开科，于广即依照科举程式找到并选取其规定的蔡沈《书集传》，读后发觉可凭此书应举，"显亲立身"，便励志研读，又为举业。他一波三折的习学历程不仅能够证实元中期南方儒士在以人缘为主的师授、家学之外还能通过以书缘为主的自学模式习得科举经义，而且能够证明科举复行的确在一定程度上推动程朱经学甚至理学的传播与普及，就连当初科废转攻诗文的儒士都投身研治以程朱经学为主的科举经义。

投身新科举的抚州儒士还有科废时攻习性理经义者。饶太来（抚州金溪人，1279—1343）自少依靠先世留下的数千卷藏书自修经学，"于《诗》《春秋》尤致意焉"。所作经义、文章颇为虞槃之父虞汲（1246—1319）、其师吴澄及乡先进龚孟夔（抚州临川人，1240—1315）所赞赏，"虞公汲校君所为经义，书其后曰：'比事引证，深得圣人书法'，谓所拟

---

① 虞集：《道园类稿》卷四十七《黄县尹墓志铭》，第50页下。
② 吴澄：《吴文正公集》卷四十三《故宋乡贡士金溪于君墓碣铭》，第5页上—6页下。
③ 危素：《危太朴文续集》卷六《故金潭先生于君墓志铭》，第554—555页。
④ 可参拙著《乡国之士与天下之士：宋末元初江西抚州儒士研究》，第85—88页。

制诰，他日当润色皇猷。吴文正公，亦称其淹贯四书，深得经旨。龚公孟夔跋其文稿曰：'根著理道，凿凿精实'。"延祐复科后，他即以习授的《春秋》义应试，"延祐初，科目法行，君即以《春秋》教授一再试有司"①。虞槃更是性理经义精深。他既有良好的家学，五岁便由母口授《论语》《孟子》《诗》《书》，七岁已尽诵诸经，略通其义，又有良好的师授，先后从学于谢从一［抚州崇仁人，1235（？）—1318］、黄丙炎（抚州崇仁人，1236—1286）、吴澄等有会合朱陆学问背景的儒者。② 吴澄更是经学大家，虞槃"每与吴公论其所学，必为所许可，读吴公所著诸经说，他人或未足尽知之，而仲常辄得其旨趣所在"。与兄虞集属意诗文不同，他深究经学，于《诗》《书》《春秋》皆有著述，尤粹于《春秋》。前文已经论及，虞槃皇庆二年（1313）赴礼部选。得授辰州路儒学教授，但他并未到任：

> 辰州未上，而延祐科诏行。岁丁巳，以蜀远，就试江西。明年延试，赐同进士出身。③

虞槃至少在同吴澄的话别时应已得知科举复行。有意思的是，虞集所撰的墓志铭却直接跳至延祐四年（1317）乡试，"岁丁巳，以蜀远，就试江西"。仿佛他没有参加延祐首科的江西乡试。但虞槃未赴任辰州路教授，当为科考计。且吴澄一早就被礼聘为延祐首科江西乡试考试官。他没有理由弃而不考。最大的可能便是虞槃在乡试中名落孙山。延祐首科，理学之乡和科举重镇的抚州竟无一人通过乡试。④ 身负盛名的虞槃承受的压力可想

---

① 危素：《危太朴文续集》卷三《故临川处士饶君大可墓碣铭》，第534页。
② 虞集：《道园类稿》卷十八《黄纯宗遗诗序》，第28页下；卷四十七《亡弟嘉鱼大夫仲常墓志铭》，第31页上—31页下；卷四十九《玉溪谢先生墓表》，第40页下。相关考订，可参周鑫《乡国之士与天下之士：宋末元初江西抚州儒士研究》，第89、91页。
③ 虞集：《道园类稿》卷四十七《亡弟嘉鱼大夫仲常墓志铭》，第32上。
④ 胡孝、吕杰修，黎哲纂：《弘治抚州府志》卷十九《科第二·进士》，天一阁藏明代方志选刊续编影印本第307页。康熙《抚州府志》采康熙三年《宜黄县志》所载，列宜黄人邹友成（次陈子）、邹思俊中延祐元年（1314）乡试。但元人文集中并无二人中乡贡的记载。而据吴澄泰定元年（1324）书写的邹次陈墓志铭，邹次陈子仅有"男成大，前卲武路建宁县儒学教谕"，且若成大中乡试，断无不言之理。故当系后人杜撰。见江殷道等修、张秉铉等纂康熙《抚州府志》卷十四《选举考》，康熙十二年刊本，第18页下；尤稚章编纂康熙《宜黄县志》卷五《人物志·科第题名》，康熙十八年增刻本，第29页上。

而知。袁桷（庆元人，1266—1327）在《书虞伯生从子丰、登字说后》写道："延祐五年，其弟德常登进士第。故家之消，将于是乎息。"① 这不仅能部分证实他参加过延祐首科，而且揭明其应举确有立身显亲之望。

三

从整体上，元代抚州的科举成绩实际仍名列前茅，甚至更加出众。据萧启庆先生统计，元代抚州进士数居江南诸路的第2名，比南宋时期的第13名足足提升11个位次。可数量上，宋代抚州进士高达445名，元代可考者却只有17名，元中期即延祐首科至科废前最后一科天历三年（1330）科总共七科进士更是寥寥5人。② 这固然同元代科举规模小，人数少且依族群、行省配额等特点密切相关。③ 但也反映出元中期抚州儒士登第之艰难，遑论决科立身显亲，理学与举业贯一。时儒也都不约而同地发出"士之得与是选者，厥惟难哉"的感叹。④ 落第举子部分如不服老的陈仕贵那般终生赴考，不偶而终，"亦常至棘闱，而不偶以卒"⑤。部分在盛行的游士之风的熏染下出游求仕。如朱夏（抚州金溪人，？—1352）与虞槃同为吴澄门人，也以《春秋》同中延祐四年（1317）江西乡贡，"赴春官不合，又两游京师，皆无所就而归"。在两种仕进之途都无望的情形下，"益穷研理学，涪湛乡里不复出"。其学问是性理与文辞合一，"元会之学，精敏闳博，以明理为本原，讲辨论议之际，悉尊信其师说，故其著于文也，敷畅而渊厚"⑥。《弘治抚州府志》则径书为："数举进士

---

① 袁桷著，杨亮校注：《袁桷集校注》卷四十九《书虞伯生从子丰、登字说后》，中华书局2012年版，第2160页。

② 萧启庆：《元代南人进士分布与近世区域人才升沉》，收入《元代的族群与科举》，台北联经出版有限公司2008年版，第193页；萧启庆：《元代进士辑考》，第171、206、228、281页。

③ 可参萧启庆《元代南人进士分布与近世区域人才升沉》；萧启庆《元代进士辑考》，第28—37页。

④ 可参余来明《元代科举与文学》，第167—174页。

⑤ 何中：《知非堂稿》卷十一《陈桂溪行述》，北京图书馆古籍珍本丛刊影印清钞本，第538页。

⑥ 王祎：《王忠文公文集》卷五《朱元会文集序》，北京图书馆古籍珍本丛刊影印嘉靖元年刊本，第96页。

不第，益杜门泊经史，为文不及于古不止。"① 这也揭示出第三条道路：捐弃举业，研习性理经义与诗文。前文提及的王企、于广、熊本、饶太来，他们的科考经历都指向于此。以《春秋》义应举的王企，一科不中绝然放弃科举：

> 尝试有司不中，君曰："国家设科目取士，士之欲仕者，何可外是而他求？然谓此可以足吾之学，亦非也。古之人言足以达其道，行足以明其言，使天下知其志之所存而不穷于后世者，吾窃慕其人焉。若夫科名之利不利者，时也，吾何可必乎？"于是尽取六经，日诵夜读，数年遂通其旨。②

王企对科举与科举之学的自省与虞集对习《春秋》义的举子的期望极其契合。只不过他的自省不是虞集期待的应举之时而是科举不中之后。王企进而抛弃"专主进取，而不及穷经"的习学路径，转向"尽取六经，日诵夜读，数年遂通其旨"。他还有志诗文，"志欲作为文章，以考辨古今人物得失、国家事为成败"，甚至手抄"《两汉文类》若干卷、《唐宋备要》若干卷、《唐人诗》若干卷"。

于广、熊本、饶太来等人研习性理经义与诗文则是在多次落第之后。于广"屡试有司不偶"，"自叹曰：'夫学岂专以为利禄计哉？'乃益究前圣之遗言于传注，多所异同去取矣"③。他自修的性理经义不同于举子的科举经义，"君以其意与人论说，而士方尚同以资进取，反多非君，君亦不为之动"。所著经学著作有《尚书补传》《皇极说》《周礼考定》（未完稿）。他亦雅好诗文，"其诗文有《广成娱志》若干卷，《木阜集》若干卷"及未完稿的《杜诗集说》。熊本以《书》贡于乡，"再不利，乃叹曰：'场屋失得，是有命焉。我不敢必也。苟穷经以饬诸躬。其有不在我者乎？'"当时吴澄正在崇仁山中提倡道学，他"负笈徒步往从，摘经中

---

① 胡孝、吕杰修，黎哲纂：《弘治抚州府志》卷二十三《人物三·乡贤》"朱夏"条，第530页。《宋元学案》"徽君朱先生"条剪裁《弘治抚州府志》，省掉"数举进士不第"，殊失其真，见黄宗羲原著、全祖望补修，陈金生等点校：《宋元学案》卷九十二《草庐学案》，中华书局1986年版，第3076页。
② 危素：《危太朴文续集》卷六《王仲善墓志铭》，第551页。
③ 危素：《危太朴文续集》卷六《故金潭先生于君墓志铭》，第555页。

所疑七十二条，反复诘难，文正一一答之，中其肯綮，先生为之喜而不寐。闲论《古文尚书》，亹亹数千言，援据精切，文正器之"①。后同虞集就刘辰翁的文辞讨论文章之道，受益良多。虞集在《答熊本初论文启》中真切教导："古者学文，贵乎端本。涵养未至，出虑多生于血气之私；辩问弗精，立论或违乎礼律之当。"② 熊本"自此以讲学摘文为务"。其著述有"《读书记》二十五卷、《经问》四十卷、《读史衍义》若干卷，《旧雨集》五十卷……外有《朝野诗集》五百卷、《吴山录》三十卷、《仁寿录》一百卷"③。《旧雨集》更被虞集赞为"杂著本理而剸刨，诗赋亦雅而不阿"④。

饶太来屡试不中，"乃叹曰：'命也'。遂退隐不求闻达。至是州里之学者日归之"⑤。至顺三年（1332），先为抚州路学教授吴京礼聘为路学学职，后为吴京迎至郡城就养的父亲吴澄延入家塾，"君日亲炙而所造益深"。此时吴澄眼见自己年高体弱，汲汲于道学之传，"府学者无不得见焉。进而教之，靡间晨夕，虽偶病少间，未尝辍其问答。居久之，则又问明善（即袁明善）曰：'得无有未见者'。"⑥ 九月，他在应习授举业的于珪（抚州临川人）之亲请为其母撰写的墓志铭中甚至大发议论：

> 余愿珪深思母训，行圣贤之道，立身扬名以显其亲，勿徒以进士之经学为学也。进士之治经，吾朱子以为经之贼、文之妖。今之文格，虽比宋末微异，然亦卑卑浅陋之甚，曾是之谓明经乎？群试有司，攫取一官，曾是之谓显亲乎？⑦

吴澄承认延祐复科带来的学风较诸宋末有所不同，但也只是"微异"，且同样"卑卑浅陋之甚"。他认为，性理经义与科举经义始终是云泥之别，

---

① 罗月霞主编：《宋濂全集》之《宋学士集》之《銮坡前集》卷六《故熊府君墓志铭》，第419页。
② 虞集：《道园类稿》卷二十一《答熊万初论文启》，第47页下。
③ 罗月霞主编：《宋濂全集》之《宋学士集》之《銮坡前集》卷六《故熊府君墓志铭》，第420页。
④ 虞集：《道园类稿》卷十八《熊万初旧雨集序》，第22页下。
⑤ 危素：《危太朴文续集》卷二《故临川处士饶君人可墓碣铭》，第534页。
⑥ 虞集：《道园类稿》卷五十《故翰林学士吴公行状》，第27页下。
⑦ 吴澄：《吴文正公集》卷四十二《故临川逸士于君玉汝甫妻张氏墓志铭》，第32页下。

凭科举立身显亲也始终是庸俗之举。尤其是再次援引二十年前《送虞叔常北上序》中引过的朱子言论，更加证实他重性理、轻科举的态度一以贯之。在此情形下，饶太来"日亲炙而所造益深"的学问只可能是性理经义。吴澄至顺三年（1330）所见的抚州儒士中，受其教由科举之学转向性理之学者则有李本［抚州临川人，1300（？）—（？）］。李本至顺三年（1330）初见吴澄，次年吴澄去世，便同归告山林的虞集游学。数年后即后至元四年（1338），虞集觉察到"其不自安于众人之习"①，更具体的说是：

> 盖闻伯宗（即李本）之学也，取《论语》《孟子》《大学》《中庸》章句集注，句句而诵之，字字而索之，不敢有间也；于《易》《书》《诗》《春秋》《礼记》，取先儒训义以通之，循环读诵，率数月一周。其后专取《程氏遗书》，昼诵夜惟，旁及诸儒之文字、言语，参考密究，如是者又数年矣。②

李本首先训读的《四书》《五经》，明显依照科举程式选定。换言之，其习学当自举业始。随吴澄受学后，他采用穷经的方法训读《四书》《五经》，再专取《程氏遗书》，展开性理经义的研习。细绎延祐复科后抚州儒士习举业和弃举业的文字片段，可发现都突出强调所习为《五经》经义。这在一定程度上反映出他们习学重点是《五经》经义，不同也主要是在研习《五经》经义的方法与旨趣上。但还应值得重视的是，儒士弃举业后的性理之学不只是经义，而是拓展至诗文。

依照新科举程式，习举业的儒士本就应当精习"古赋、诏诰、章表"。所谓"科举复行导致古赋的盛行"，不过是题中之意而已。何况早在科举停废之际，不少儒士改攻古文，"天开皇元，由无科举，士多专心古文"③。新科举以古赋代替律赋，当初便有文以载道的寓意。正如龚孟夔跋饶太来文稿的"根著理道，凿凿精实"，虞集告知熊本的"古者学文，贵乎端本。涵养未至，出虑多生于血气之私；辩引弗精，立论或违乎礼律之当"及序其《旧雨集》"杂著本理而剽剟"所彰显的，无论是

---

① 虞集：《道园类稿》卷二十一《君子堂记》，第 29 页下。
② 虞集：《道园类稿》卷二十一《赠李本序》，第 26 页下。
③ 张养浩著，李鸣等点校：《张养浩集》第二十卷《故翰林学士资善大夫知制诰同修国史赠具官谥文敏元公神道碑铭》，吉林文史出版社 2008 年版，第 172 页。

乡里文儒还是翰苑领袖，无论是面对考科举还是弃科举的儒士，始终强调的都是性理之学与文章之道的合一。因此，古文已成为经学之外儒士践习性理之学的另一学术场域。对弃科举儒士习学的肯定自然就不只是《五经》经义，而是拓展至文辞。

可拓展的文辞不只是古文，还有诗。元初科废，诗风大盛，"自进士业废，而才华之士无所寓于其巧，往往于古今二体之诗"①。就连讲授性理的抚州儒者们也大都以诗名世。② 此风并未随"罢诗赋"的新科举而消退。尤其是抚州，"吾乡诗人如赵成叔、甘泳之他处所无也，流风余韵之所霑溉，往往能诗"③。不仅科废时作诗的儒士坚持不辍。攻进士诗赋的吴泰连，"遇有感兴，辄赋一曲。其辞气率雄壮慷慨，尝自编集所撰诗词若干卷"④。跟甘泳（抚州崇仁人）学诗的何中（抚州乐安人，1265—1332），"以高世之才，抗俗之行，而竟弗屑于一试，卒而寄志于文字间"⑤；同学诗的理学之士吴定翁（抚州临川人，1263—1339），"尤得其音节气岸，久而造于冲雅，则其自得也。故翰林学士同郡吴公以为有盛唐之风"⑥。改习性理的黄复之（抚州金溪人，1251—1334），"先生之诗，正而不俚，严而不苦。先生之文，赡给而不冗，纡徐而不弱，句有奇，思有巧"⑦。教授科举经义的邹次陈，"日从事于文。若古近诗，若长短句，若骈俪语，固时文之支绪，其工也宜。余力间作古文，浸浸逼古之人。盖其才气优裕，义理明习，故文有根柢，非徒长于辞而已"⑧。而且新生代的抚州儒士也多习作诗。如诗人吴廷兰（抚州金溪人，1243—1322）的儿子、讲授乡里的吴德明（抚州金溪人，1281—1349），"有著述三十余卷，先正评之曰：文则端削刻厉，无山林枯槁之气。诗则声辨而闳，节幽而适。长短句则辞丽而音婉，咸以为然"⑨。高中进士的黄常，

---

① 吴澄：《吴文正公集》卷十《周立中诗序》，第21页下。
② 可参周鑫《乡国之士与天下之士》，第88—89页。
③ 吴澄：《吴文正公集》卷九《邓性可删稿序》，第13页下。
④ 李存：《鄱阳仲公李先生文集》卷二十三《厚峰先生吴公行述》，第639页。
⑤ 何中：《知非堂稿》卷七《元故聘君高·先生何公隐士世系行述》，北京图书馆古籍珍本丛刊影印清钞本，第507页。
⑥ 虞集：《道园类稿》卷四十八《吴仲谷墓志铭》，第9页下。
⑦ 李存：《鄱阳仲公李先生文集》卷二十四《黄晋昭墓志铭》，第643页。
⑧ 吴澄：《吴文正公集》卷十三《遗安集序》，第5页下。
⑨ 李存：《鄱阳仲公李先生文集》卷二十四《樟南吴山人墓铭》，第646页。

"诗清以淳,进进而上"①。精通科举经义的吴应子(抚州金溪人),"不特程文然也,于文能俪语,又能散语;于诗能近体,亦能古体"②。受乡儒孙辙(抚州临川人,1262—1334)奖勉的裴显(抚州人),"资可教,志肯学,才思清俊而劬于诗"③。幼从吴澄学的陈以礼(抚州人),"亦未尝教之作诗。随所感触而写其情,皆冲淡有味"④。吴肃(抚州临川人)尤其得到吴澄称道:

> 伯恭方且研经务学以培其本,他日本亦深,理亦明,则其心声所发,理为之主,气为之辅,虽古之大诗人,何以尚兹?虽然学以充其才,理以长其气,必有事焉。⑤

诗关乎才与气,却又根于学与理。元中期名儒们尽管对诗与文的关系和各自创作有不同的理解,却普遍认同这一看法,由此形成引领士人的明理雅正的诗文之风。⑥ 正因为诗与古文同样兴盛,又寄寓性理,弃举业的儒士在精研经义的同时,能够而且愿意肆力于诗文。

科废之际抚州流行的举业、诗文两种学问风尚都能延续并注入性理的元素,科废时坚守的性理之学自然更得到进一步地流布。前文论及的吴仪、熊本、黄常、虞槃、朱夏、饶太来、李本等自不待言。除饶太来外,他们都已名登《宋元学案》《宋元学案补遗》。两书收录的元中期抚州儒士有曾子良(抚州金溪人)一系6名、吴澄一系30名、孙辙(抚州临川人,1262—1334)一系4名、陈苑(贵溪人,1256—1330)一系9名,亦无需胪举。⑦ 实际两书还遗漏了诸多游于理学名儒门下的抚州儒

---

① 吴澄:《吴文正公集》卷十《黄养源诗序》,第20页下。
② 吴澄:《吴文正公集》卷三十二《跋吴君正程文后》,第7页上。
③ 吴澄:《吴文正公集》卷三十一《裴朗然诗跋》,第2页下。
④ 吴澄:《吴文正公集》卷十三《陈景和诗序》,第18页上。
⑤ 吴澄:《吴文正公集》卷十三《吴伯恭诗序》,第16页下。
⑥ 可参余来明《元代科举与文学》,第182—209页。
⑦ 黄宗羲原著,全祖望补修,陈金生等点校:《宋元学案》卷八十四《存斋晦静息庵学案》、卷九十二《草庐学案》、卷九十三《静明宝峰学案》,第2851—2853、3072—3073、3075—3077、3079—3082、3090、3118—3121页;王梓材、冯云濠编撰,沈芝盈等点校:《宋元学案补遗》卷八十四《存斋晦静息庵学案补遗》、卷九十二《草庐学案补遗》、卷九十三《静明宝峰学案补遗》,第5069—5071、5535—5538、5541—5545、5548、5551—5552、5574、5576—5578、5582、5587、5614—5615、5622—5623、5625—5628、5630—5631页。

士。如泰定四年（1327）将吴澄《道学基统》付梓的欧阳毅（抚州临川人），"毅往年学于吴先生，即得此书，伏而读之"①；徐昭（抚州乐安人，1283—1326），"比长，从诗师学诗，吟咏可传。贡举新制行，亦能其业，而寿不永。暨从弟尚，俱及吾门"②；吴斐（抚州金溪人，1301—1332），"进士业既通，及吾门，问古大学之道。志在为善士"③。又如王企早在县学习举业时，便同负笈吴澄、虞集之门的黄昺（抚州金溪人，1308—1368）不远数百里，去安仁县拜访倡明陆学的陈立大门人祝蕃（贵溪人，1286—1346）④，且在弃科举之后，"里中曾恭贞先生、鄱阳李先生存、上饶祝先生蕃、豫章杨先生鉴，皆当世道德君子，君无不学于其间者"⑤。再如颜善膺（抚州临川人，1305—1335）：

> 大父延名师以教之，稍长应门，颇已废学。一旦忽尔自奋曰："古今贤哲亦人耳，莫不由学而至。况吾诗礼之门学，其可废乎？"自是委家事其弟，崇志诗书，且习为文词。早暮请受业于从祖某，旬日则就正于饶先生宗鲁。历数岁，又复自叹曰："圣训有为人为己、古今之学。"乃深味先儒"敬者，圣学所以成始成终"之语……它日至郡城，纳谒孙先生辙、吴先生定翁，二公深爱重之。子初（即饶旭，抚州金溪人）复与君见李先生于安仁，又见浔州路总管府经历祝先生蕃，则又皆奇其才，而以为可进于道。⑥

饶宗鲁（抚州临川人）是曾子良的亲传弟子，颜善膺在其教导下由当以科举为目标的"崇志诗书，且习为文词"转向以"为己之古学"。而其入郡城谒见的吴定翁亦为曾子良门人，孙辙则是吴的讲友。"李先生"即李存（安仁人，1281—1354），同祝蕃都是陈立大的门人。这种请益多师的情形在王企、黄昺身上皆能看到。《宋元学案》《宋元学案补遗》收

---

① 吴澄：《临川吴文正公集》之《道学基统》欧阳毅跋，明成化二十年方中、陈辉刻本，转引自方旭东《吴澄评传》，第449页。
② 吴澄：《吴文正公集》卷四十一《乐安徐明可墓志铭》，第12页上。
③ 吴澄：《吴文正公集》卷四十一《金溪吴昌文墓志铭》，第17页下。
④ 罗月霞主编：《宋濂全集》之《宋学士文粹辑补》之《元故翰林待制黄殿士墓碑》，第1894页。
⑤ 危素：《危太朴文续集》卷六《王仲善墓志铭》，第551页。
⑥ 危素：《危太朴文续集》卷四《颜一初墓碣铭》，第534—535页。

录的元中期抚州儒士如曾坚（抚州金溪人）、危素（抚州金溪人，1303—1372）、饶敬仲（抚州临川人）、陈庸（抚州临川人）暨弟陈闻等都是如此。他们之所以能够出入诸家之门，很大程度上是因为曾子良、孙辙、陈立大三系都以陆学为宗。吴澄虽以程朱道统自任，以纂注诸经为宏愿，但自皇庆二年（1313）在国子学明确倡言"朱子道问学工夫多，陆子静却以尊德性爲主，问学不本于德性，则其弊偏于言语。训释之末，果如陆子静所言矣。今学者当以尊德性爲本，庶几得之"①，八十岁时《答田副使第三书》仍主张"不肖一生切切然，惟恐堕此窠臼。学者来此讲问，每先令其主一持敬以尊德性，然后令其读书穷理以道问学"②，至死前一年就养郡城时对陆学念兹在兹，明显走向朱陆会合。如此看来，尽管新科举总体上推动了程朱理学的普及与独尊，在抚州最流行的性理之学却是与之竞争的陆学。由此可以反映出儒学对科举的反动。

当然，元中期抚州儒士中自始至终明确专意性理之学、不应科举的终究不多。孙辙、陈立大两系门人先后或参加科举，或出游求仕。吴澄一系似乎仅有黄极，"师事草庐，元统中，南台荐其穷操理义之学，恪守贫素之风，廉介不阿，不求闻达。而极不起"③。与之相比，曾子良一系最为超脱。嫡子曾正吉，"安贫自守，讲授乡里"④。门人吴定翁，"端居讲授乡里……荐辟相望，终身不为之动"⑤；饶宗鲁，"隐居不仕"⑥，"所著有《易传》《庸言》及杂文若干篇。又尝辑其所闻于平山曾子良语为《周易辑说》若干卷"⑦。嫡孙曾严卿（抚州金溪人，1276—1328），"读书日有常程，务求知圣贤微言大旨，而不徒事记览。为文主于理，未始与人较其短长……同里以士名者，无不受业焉。君接之色温而庄，恒以

---

① 虞集：《道园类稿》卷五十《故翰林学士吴公行状》，第22页上—22页下。
② 吴澄：《吴文正公集》卷三《答田副使第三书》，第22页下—23页上。
③ 胡孝、吕杰修，黎哲纂：《弘治抚州府志》卷二十三《人物三·乡贤》"黄极"条，第526页。
④ 吴澄：《吴文正公集》卷十六《送曾德厚序》，第31页下；揭傒斯著、李梦生注：《揭傒斯全集》诗集卷一《题曾观颐文集后》，上海古籍出版社2012年版，第10页。
⑤ 虞集：《道园类稿》卷四十八《吴仲谷墓志铭》，第8下—9页下。
⑥ 黄宗羲原著、全祖望补修，陈金生等点校：《宋元学案》卷八十四《存斋晦静息庵学案》，第2852页。
⑦ 胡孝、吕杰修，黎哲纂：《弘治抚州府志》卷二十三《人物三·乡贤》"饶宗鲁"条，第519页。

经术教授诵说"①。曾孙曾坚既克承家学，又随吴澄精研经学，"自是达之于文，奋迅驰骋，皆足以如其志"②。但在其父死后，母何氏教诲他："而父赍志无所成，盍勉之？汝曷不远游，勿以吾为念，自汩没也。"③ 曾坚由此踏上科举之途。显然在母亲何氏看来，考取科举功名远比沉潜性理之学更为有成。科举的世俗性与功利性对性理之学的争竞及其对儒士习学的塑造由此可见一斑。

结　语

延祐复科是仁宗统治集团厉行文治的重要政策。它不仅满足大多数儒士科举入仕的热望，而且获得无意恢复科举的理学之士的认同，极大地影响元中期南方儒士的习学。无论是科废时犹守科举旧业还是转攻诗文性理的南方儒士，大都通过家传、师授或自学的方式投身以程朱经学为中心的新科举经义的研习中。不过，他们并非被动地接受程朱经学，而是植根地方的科举经义与经学传统。加上复行的科举登第率太低，诸多儒士在科举失利及大儒引导下后展开更自由的性理经义的研究。正是在元中期科举的积极与消极影响下，程朱经学一方面逐渐完成自身经学的体系化与科举化，至明初以《五经大全》《四书大全》编纂与八股取士为标志；另一方面逐渐融入地方儒学传统，构成元中期至明初南方儒士的学问底色。

科废时兴起的诗文之风也并未随科举复行消退，而是在儒士共同体的创造下注入性理的因素，成为经学之外其践习性理之学的另一学术场域。性理之学更得到进一步地流布。可程朱理学并未随科举等国家政策的推行而定于一尊，甚至因地方理学传统及对科举的反动，元中期南方儒士间出现陆学复兴与朱陆会合的新情势。但也正是在理学内部及整体的理学与科举之间的争竞与调和中，元中期至明初南方儒士的习学生活在多样化的同时逐渐迈向理学化。

---

① 黄溍：《金华黄先生文集》卷三十二《金溪曾君墓志铭》，第14页上。
② 罗月霞主编：《宋濂全集》之《宋学士文集》之《銮坡后集》卷二《曾学士文集序》，第598页。
③ 危素：《危太朴文续集》卷四《曾夫人何氏墓碣铭》，第536页。

科举的"在地"：科举史的地方脉络[*]

——以明代常熟为中心

丁修真

引 言

  近年来，随着科举文献的不断整理与出版，科举专经这一现象越来越得到学界的关注。例如，艾尔曼对明代登科录、会试录的统计发现，在明代早期科举录取中，《春秋》经占据有相当高的比例，直至明代中后期，这一优势地位才逐渐为《尚书》取代。日本学者鹤城久章则通过对明代乡试录的统计，发现各省中式举子在本经的选择上，具有鲜明的地域特征，例如余姚地区对《礼》学专精，而将该现象命以"专经"的概念。吴宣德则以明代会试录为基础，分析了明代国家科考五经的录取情况，认为分经取士是明代科举考试的一个基本理念，从而为明代专经的产生提供了制度上的解释。在科举家族的研究中，学者注意到，经书的选择与世代研习，是科举家族形成的重要前提。陈时龙进一步综合前人的发现，以明代江西安福县《春秋》经为例，详细梳理了地域专经的具体表现，分析了该现象与地方科举之间的内在联系。丁修真则对唐宋以来的专经科举现象进行了梳理，进而指出了专经与科举人才地理分布之

---

[*] 资金项目：国家社科基金青年项目"明代科考配额体系研究"（13CZS018）。

间的关联。①

上述研究区别于以往，尤其是地方科举史的相关讨论，将旨在分析地方科举群体数量与时空的静态考察转为关注科举群体专经活动的动态分析，摆脱了单纯依赖籍贯分析的基本框架，②把更多的注意力投放于围绕专经而展开的师友、学承、家族等要素的分析。这样一种取向，既是在回答人才地理研究提出的"最主要的还是要确定对一个人之成为某一方面的人才主要因素来自何方，产生在何地"这一关键问题③，同时也使得一些原本并不为我们注意的问题得以显现。例如，地方科举成功的关键何在？作为国家制度的科举，是如何嵌入地方社会的？而在其植入地方之后，又是如何绵延展开的？如果我们将科举制度不仅仅视为一种人才选拔方式，而是视作国家对社会资源的一种调控机制，那么对科举开展地方取向的讨论，在操作上，便会涉及对"国家—社会""国家—地方"分析模式的借鉴。现有的科举研究中，相关讨论并不乏见，例如钱茂伟将科举置于"国家—制度—社会"间互动关系的论述。④ 此外，在对宋代以后地方精英崛起的考察中，科举制度也是作为解释这一发展趋势

---

① Benjamin A. Elman. *A Cultural History of Civil Examinations in Late Imperial China*. University of California Press（2000）：701－703. 鹤城久章：《〈礼记〉を選んだ人達の事情——明代科舉と礼学》，《福岡教育大學紀要》，第50號第1分冊文科编，2001年；又见氏著《明代余姚的〈礼记〉学与王守仁——关于阳明学成立的一个背景》，载吴震、吾妻重二主编《思想与文献：日本学者宋明儒学研究》，华东师范大学出版社2010年版，第356—367页。吴宣德、王红春：《明代会试试经考略》，《教育学报》2011年第1期。钱茂伟：《明代的家族文化积累与科举中式率》，《社会科学》2011年第6期。陈时龙：《明代科举之地域专经——以江西安福县的〈春秋〉经为例》，《中研院历史语言研究所集刊》2015年，第85本第3分。丁修真：《决科之利：科举时代专经现象述论——兼论科举人才地理分布问题》，《华东师范大学学报》（教育科学版）2015年第4期。

② 关于这一研究框架的检讨与反思，可参看丁修真《明代科举地理现象的再认识——以徽州府科举群体为例》，《安徽师范大学学报》2014年第6期。

③ 葛剑雄：《历史人才分布研究中值得注意的三个问题》，《中国东南地区人才问题国际研讨会论文集》，浙江大学出版社1993年版。

④ 钱茂伟：《国家、科举与社会：以明代为中心的考察》，北京图书馆出版社2004年版；新近研究可参见氏著《明代的科举家族：以宁波杨氏为中心的考察》，中华书局2014年版。

的重要背景而存在。① 只是在本文中，所要展开的"在地化"讨论，不再将科举制度作为既存的要素，而是将其作为尚未"在地"的分析对象，目的就在于观察作为国家制度，科举如何被地方社会所接受，以及其嵌入地方社会后的演进问题。

考虑到文献的支撑，本文选择明代科举史上具有突出地位的常熟地区为例。具体的研究，将分为以下三个方面：一是通过对科举名录及地方文献的整理，以明确科举"在地化"的模式；二是以人系事，梳理常熟地方科举"在地化"的脉络；三是考察科举"在地化"后的演变，以揭示地方科举史的不同面向。在此基础上，本文也将重新检视明代科举发达地区的成功之路，以期能够为地方科举史的书写提供另一条进路。不当之处，尚祈方家就正。

一　明代常熟地区的科举特征

明清以来，江南地区"不识大魁为天下公器，竟视巍科乃我家故物"的科举盛况虽早已成为共识，但具体表征仍有赖于学人对史料的整理。② 大体而言，包括江南在内的科举群体研究，分析重点在于科举人物籍贯的时空分布，本文虽旨在讨论常熟地区的科举现象，但不再以籍贯为中心，而是量化统计地区士子的五经中式状况，以得出该地区科举群体专经的整体特征与具体表现。

---

① 较为代表性的作品，当属 Robert P. Hymes, *Statesmen and Gentlemen: The Elite of Fu-chou, Chiang-his, in Northern and Southern Sung*, Cambridge and New York: Cambridge University Press, 1986. 相关研究，则有柏文莉：《权力关系：宋代中国的家族、地位与国家》，江苏人民出版社2015年版。对这一研究范式的反思，可参看包伟民《精英们地方化了吗？——试论韩明士〈政治家与绅士〉与地方史研究方法》（《唐研究》第十一卷，北京大学出版社2005年版）中的讨论；而关于"国家—社会"这一框架反思后的进一步实践，可见陈雯怡：《"吾婺文献之懿"——元代一个乡里传统的建构及其意义》，《新史学》二〇卷第2期，台北《新史学》杂志社，2009年。

② 范金民：《明清江南进士数量、地域分布及特色分析》，《南京大学学报》1997年第2期，《明清江南进士研究之二——人数众多的原因分析》，《历史档案》1997年第4期，洪璞：《明清江南进士地域分布趋势的社会与经济考察——以吴江为典型》，《江海学刊》2001年第4期；周慧：《明代的科举与社会流动——以苏州地区为核心的一个地域考察》，东北师范大学硕士学位论文，2002年；唐力行等：《苏州与徽州——16—20世纪两地互动与社会变迁的比较研究》，商务印书馆2007年版。

明代常熟地区共考中进士 171 名，在江南地区县级区域中位列第八，[①] 举人 385 名，在县级区域中排名第三。[②] 这样一种表现，足以说明常熟在明代江南地区乃至全国科举考试中的优势地位。根据《南国贤书》等资料，本文进一步对明代常熟科举优势地位所内含的专经情况进行了统计，并将结果绘制成图1[③]。

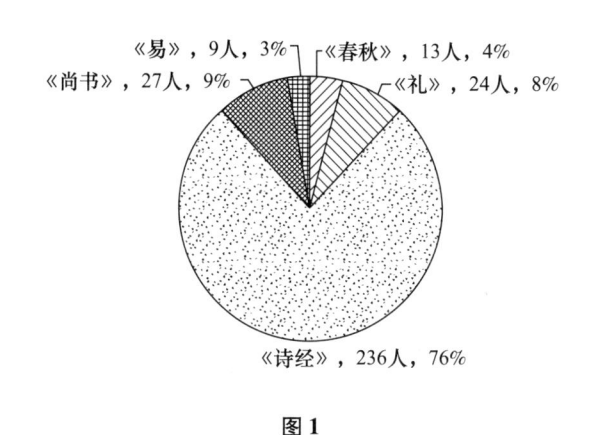

《易》，9人，3%　《春秋》，13人，4%
《尚书》，27人，9%　《礼》，24人，8%

《诗经》，236人，76%

图 1

图 1 是对明代常熟县学中式 309 名举人五经中式情况的分析。我们发现，《诗》经中式比例高达 76%，其次是《尚书》和《礼》，各占 9% 和 8%，《春秋》和《易》只占 4% 和 3%。换言之，常熟地区科考的优势地位，主要体现该地区士子极高的《诗经》中式录取率上。明代常熟籍文人孙楼在论及本地科考的盛况时，这样说道："余邑士以善说《诗》名于吴，其解人颐也，不让西京之匡生。"[④] 西汉匡衡，以善解《诗经》而闻名于时，孙楼以此相较，显示出对本土《诗经》学相当的自信。而在与常熟毗邻的太仓人张溥看来，常熟在《诗经》研习上，俨然以执牛耳者

---

① 范金民：《明清江南进士数量、地域分布及特色分析》，《南京大学学报》1997 年第 2 期。
② 丁蓉：《明代南直隶各县举人地理分布的考察》，《西南石油大学学报》2012 年第 3 期。
③ 本文统计数据主要采辑于明代乡试录汇编《南国贤书》（台湾"中央图书馆"藏清抄本），该书收载了明代南直隶七十余科乡试录，其中成化甲午科至崇祯壬午科连续 58 科试录取名单在其中得以保存，较完整地呈现了明代南直隶地区乡试科考的历史面貌。现南京出版社《金陵全书》系列，已将南京图书馆所藏的崇祯本影印出版。下文涉及的类似统计，若无特殊说明，均采辑自《南国贤书》。
④ 孙楼：《百川先生集》卷一《钱经元窗稿序》，《四库全书存目丛书》集部 112 册，齐鲁社 1996 年影印本，第 617 页。

自居,其谓:"海虞学士,家世传《诗经》,海内以《诗经》显者,皆不免诋呵。"① 文献与科举史料的相互印证,均反映出常熟是当时公认以《诗经》见长的科举发达地区。

科举专经同样体现在与常熟相邻、科举人才不相上下的昆山地区,只不过从统计的昆山 272 名中式举人习经情况来看,《易》经的比例高达 67%,共有 186 人,而《诗经》的比例则下跌至 13%,只有 34 人(见图 2)。这样一种状况,反映的正是昆山人杨循吉道出的"吾乡多《易》"② 的科举模式。

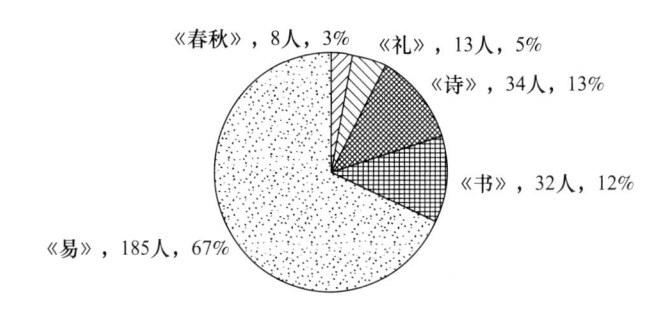

图 2

相邻两地,同为科举发达地区而具有不同的专经特征,这样的科举现象表明,江南富庶的社会环境固然易为科举滋生的沃壤,但要解释地域特征鲜明的专经现象,仍有待于进一步的探讨。

为此,根据《海虞科第家世考》③ 以及明代会试录、乡试录等科举文献,笔者进一步整理了明代常熟地区近 60 个家族的科举及其中式情况,并将结果制成表 1。

表 1 反映了明代常熟共 232 名举人及以上功名获得者及其家族的中式情况,其中本经可考者共有 204 人。《诗》经中式 144 人,《尚书》22 人,《礼》27 人,《易》为 5 人,《春秋》15 人。这样一个结果,清晰地

---

① 张溥:《皇明诗经文选》,《七录斋诗文合集·文集近稿》卷三,《续修四库全书》第 1387 册,上海古籍出版社 2002 年影印本,第 316 页。
② 杨循吉:《松筹堂集》卷八《明故汝南袁君墓志碣铭》,上海古籍出版社 2013 年点校本,第 580 页。
③ 冯武:《海虞科第世家考》,南京图书馆藏清抄本。

体现出常熟地区家族的专经特征：凡是科名较盛的家族，在《诗》经中式上往往有较成功的表现。如县前周氏，其家族共有 10 人取得举人以上功名，其中 7 人以《诗》经中第。山塘、庙巷、南门王氏家族的 13 人中，全部为《诗》经中第。河东陈、河西陈、西门陈、西庄缪、山北桑、西北区钱等科名鼎盛的家族，均有着相同的科举特征。

表1　　　　　　明代常熟地区家族中式情况统计

族属	取得科名人数	《诗》	《书》	《礼》	《易》	《春秋》
步道巷张氏	9	2	1	2		
西门孙氏	7		7			
珍门泾孙	2	2				
子游巷吴	2	1	1			
县前周氏	10	7			1	
西门李氏	2	2				
山塘王氏	5	5				
庙巷王氏	5	5				
仓巷王氏	2				2	
南门王氏	3	3				
南门冯氏	2					2
县前陈氏	3	2				
河东陈氏	4	3				
河西陈氏	4	4				1
西门陈氏	4	4				
福山褚氏	5	3				
青菓巷蒋氏	5	2	1			
子游巷蒋氏	4	3				
南门沈氏	6	1		4		
杨家桥杨	3	2		1		
陆泾朱氏	2	1		1		
东唐市许	3	1	1	1		
何家市何	3	3				

续表

族属	取得科名人数	《诗》	《书》	《礼》	《易》	《春秋》
县前施氏	3	2	1			
寺前张氏	2	2				
坞丘山严氏	4	2				1
芦墩金氏	2		1			
南门金氏	2		2			
北门章氏	7	4	3			
小山邹氏	2	2				
北门魏氏	2	2				
葛家街葛氏	2			2		
顶山袁氏	2	2				
北门邵氏	3	1				2
太平巷汤	2	2				
西庄缪氏	7	6				
菜园时氏	4				1	1
迎恩桥顾氏	2	2				
新巷郁氏	4	4				
庙巷程氏	7	6				
大东门陆	6	2		4		
舍上陆氏	2	2				
庙桥翁氏	5	2				3
南门闻氏	5	5				
南门祝氏	2	2				
大东门连	3	2				
西塘市盛	2	2				
老徐墅徐	3	2		1		
管家市管	2	2				
丁家港丁	2	2				
划船滨丁	2	1	1			
归家堡市归	3	3				
五渠瞿氏	7	7				
山北桑氏	8	5				

续表

族属	取得科名人数	《诗》	《书》	《礼》	《易》	《春秋》
西泾岸赵氏	4	1		2		
东湖赵氏	2	2				
西北区钱氏	14	7	1			5
钱家仓钱氏	8	2	2		1	
总计	232	144	22	27	5	15

经典的专门研习，有助于提升地区士子科考中的竞争力，而以家学传承的方式延续举业，便在强化家族地方科举整体竞争力的同时，形成了地域鲜明的"在地化"特征。这样一种专经传家的科举脉络，在《诗》之外的科目中也有明显的体现。如西北区钱氏，先后有5人以《春秋》中式。西门孙氏共有7人中式，全部以《尚书》取中。大东门陆氏、南门沈氏、葛家衖葛氏则专精于《礼》。

之前的相关研究，其实已经注意到了江南地区科举成功与个别世代世宦簪缨望族之间的关系。[①] 常熟科举群体所呈现的这一地域特征，正是基于士子本人及其家族对《诗》经科举取向的承袭。而常熟、昆山二者间迥然不同的专经模式，则说明了不同地域对科举制度接受的方式互有差异，"在地化"具有鲜明的地域特征。

二 宋明以来常熟科举史的脉络

以往地方科举史的研究，对于地方科举群体的消长演变，尤其是地方科举兴起与发展的过程着墨不多。上文揭示的以《诗》为特征的举业模式是常熟地区长盛不衰的主要因素，但这样一种地方模式产生自何时？其专经模式兴起的过程又当如何认识？本节当中，试图通过对家族专经模式形成过程的考察，梳理科举"在地化"前后的发展脉络。

[①] 吴仁安《明清江南著姓望族史》（上海人民出版社2009年版），对江南地区的科举家族进行了统计与讨论，认为家族的家风、学风等是延续家族科考生命的重要原因之一，但并未就具体的内容展开论述。

在常熟乡邦文献中，科名鼎盛无疑被视为地方文化的重要表征之一，并且渊源有自。大致而言，这是一条由孔门弟子子游发端而直至明初的文化脉络，具体表述如：

> 吾夫子出始立教以振之，时则有吴公迈迹句吴，北学于中国，笃信不懈，遂能以文学上齿颜冉为高第弟子，率开东南文献之源，其有功于乡邑甚大。①

又如：

> 夫句吴自泰伯端委以治，而尚仍文身之陋，惟子游北学中国，传仲尼之道以归，而大江以南，学者莫不得其精华，由是称文献之邦者。②

不过，这种千年相传、一缕不绝的文化构建似乎过于久远，因为在实际操作上，要将这一脉络延续至当下并非易事。常熟人管一德在整理乡邦文献时便遇到了类似的问题：

> 然则开吾吴者常熟也，而开常熟者文献也。历两汉六朝三唐两宋以逮胜国，罕见有闻人，文献稍稍诎焉……夫汉唐宋吾无论，明兴以来其世治乱人忠邪可指数也。独高皇帝刈群雄，而我常熟柔脆不与于武功耳。③

在管氏看来，子游之后，实在找不出可以代表常熟一地文脉的后继者，只好"汉唐宋吾无论"一笔带过。而在国初定鼎的过程中，也因"柔脆不与于武功"之故罕有闻人。本为阐释常熟文脉的言论，实际却道

---

① 杨一清：《子游祠记》，《常熟县儒学志》卷八，《北京图书馆古籍珍本丛刊》史部第51册，北京图书馆出版社2000年影印本，第450页。
② 王叔杲：《叙建院始末》，《常熟县儒学志》卷八，第451页。
③ 管一德：《常熟文献志·序》，《中国华东文献丛书·稀见方志文献》第9册，学苑出版社2010年影印本，第202页。

出了这样一种人为建构中存在着的断裂。①

揆诸史实，明代以前科举人才高产之地主要在江西与福建，甚至宁绍平原的科举竞争力也要明显强于太湖流域。② 而由宋入元及至明的地方家族史也验证着一个事实，即由科举制造的世族，在易代之际，很难形成一个持续的影响。在明代常熟人姚宗仪编撰的《常熟县私志》中专门辟有叙族一类，其中不乏宋元明时期地方大族的记载，总其印象，似乎并未见有能够横跨两朝而不衰的家族。③ 而在明初专制皇权的政治高压下，江南文人更是视宦途为畏途，不愿科举成为一时现象。④ 故科举对于江南地区而言，"在地化"的进路并不顺畅。即使偶有拾取青紫者，其遭际上的艰难，也往往使地方科举陷入断弦难续的局面。如明初常熟人黄

---

① 江南人士对于"子游传统"的文化建构，李卓颖有详细的分析，见《地方性与跨地方性——从"子游传统"之论述与实践看苏州在地文化与理学之竞合》（《中研院历史语言研究所集刊》，2011年，第82本），其认为"子游传统"建构的背后，包含着理学"在地化"过程中与苏州本土文化产生的竞争与融合关系。本文则从科举"在地化"的角度，同样注意到了这一文化现象。

② 这并不意味着包括苏、常地区在内的太湖流域不属于两宋时期的科举人才集中地，但较之文中所提到的地区，即使在进入明初的相当一段时间内，在数量上仍有一定的差距。具体的数据可参见下列诸书：何炳棣：《明清社会史论》，台北联经出版事业股份有限公司2013年版，第301—214页；贾志扬：《宋代科举》，东大图书股份有限公司1995年版，第179—230页；吴宣德：《明代进士的地理分布》，香港中文大学出版社2009年版，第80页。

③ 从常熟地区几个科举大族的情况来看（具体可参见下文表2），能够在宋元易代之际保持科第蝉联的几乎未见。如早期的虹桥叶氏，元代有名叶永茂者，为海漕万户，虹桥叶氏之虹桥便为其所建。但此人与宣德年间获隽经魁的叶诜间的关系已十分疏远。又如大东门连氏，族有连朴者，其父为江浙元帅府万户，洪武初徙凤阳而殁，朴曾受诏征史馆，有文名于地方，但与永乐年间中举之连恭亦非直属亲系。再如明中后期科举兴旺之钱家仓钱氏与西北区钱氏，尽管地方文献将钱氏上溯至宋吴越钱氏一支，曾经科第蝉联，但入明后也只能以裔族目之，且族人屡陷牢狱之灾，直至正德年间方才有名钱学、钱籍者开启家族真正科第之运。以上分别见姚宗仪《常熟县私志》卷十六《叙族》，《中国华东文献丛书·稀见方志文献》第10册，学苑出版社2010年影印本，第505、476、348—350页。

④ 关于明初对江南士人的打压政策，可参见郑克晟《明初政争探源》第1编，天津古籍出版社1988年版；郑克晟《明初江南地主的衰落与北方地主的兴起》，《北京师范大学学报》2001年第5期；谈家胜《江浙地主与建文新政关系的关系试探》，《安徽大学学报》2000年第1期。又明初江南文人心态与明太祖朝政治关系的个案研究可参阅钱穆《中国学术思想史论丛》第6册《读明初开国诸臣诗文集》（九州出版社2011年版）中的论述。而有关常熟地方社会的直接影响，尚湖金氏的事例无疑可见明廷对于江南富户的打击。尚湖金氏为宋人金履祥之后，根据史料记载，入元至明应为地方富户，明初族人金尚曾游于武林，因梦出家中群媵妾。其子金校、金尉自幼剔古笃学，后校贾淮扬间，尉力拓湖田，一时家业大兴。正统年间，兄弟二人遭乡里构陷而死，家道顿衰。当时有十万之家，一朝风卷之谓。姚宗仪：《常熟县私志》卷十六《叙族》，第340—341页。

钺的例子：

> 是时天下新定，重法绳下，士不乐仕，人文散逸，诏求贤才，悉集京师。钺父见其子好学，甚恐为郡县所知，数惩之不能止。家有田数十亩，在葛泽陂，因令其督耕其中。①

显然，黄父更愿意其子将精力放在土地经营方面，尤其是当时低地水田的开发，而不愿家族踏入宦途。然而，黄氏最终未能听其父言，经科举而踏入仕途，却因靖难之变自沉于河。所以黄氏科举一脉，至永乐时便已中断。

又如洪武二十四年（1391）辛未科探花常熟人陆子高之事：

> 先生生而奇秀……年十一师事金华宋学士。……寻魁礼部至辛未殿试，赐进士一甲第三，俄以荣。中权要诬冒籍，奏欲加刑……先生从子翔君同除籍锢家。②

陆子高以探花身份，仍难免因冒籍一事而遭牢狱之灾，其子连坐，这一变故，遂使陆氏后继无人。以致万历时邑人陈禹谟在了解这段历史之后，恍如隔世：

> 吾邑二伯祀来，策名鼎甲者恍如晨星，比得观鱼刺史遗笔，始知子高陆先生曾为吾虞作破天荒也，虽然鼎甲而湮没者何可胜数！③

"鼎甲而湮没者何可胜数"一语，道出了常熟早期科举脉络延续的艰难。同样的情况，亦反映在与陆氏同期，被后人视为有开常熟风气之先的施氏家族史中：

> 迨言游氏北学于洙泗，以得孔氏之传，盖彬彬以文学称矣。国

---

① 李诩：《戒庵老人漫笔》卷三《黄叔扬传》，中华书局1982年版，第106页。
② 鱼侃：《陆子高先生志》，《海虞文苑》卷二十二，《四库全书存目丛书》集部，第382册，齐鲁书社1996年影印本，第625—626页。
③ 见鱼侃《陆子高先生志》一文的后跋，第627页。

家崇科目之选，正直忠厚之士多由是出，而吾邑之抡大魁者，先生其首也……然以博雅之识，应文明之运，俾多士斐然向风，则先生之功在后学者多矣。①

在后辈眼中，洪武丁卯乡试中摘得解元，并夺得戊辰会元的施显，是一位能够代表常熟文脉的地方先贤。只不过，施氏所本之经，并非《诗经》，而是在常熟地区研习甚少的《尚书》，其子施绪也并未延续父业，只是"以医名其后"②，并且又因无嗣而继桑氏之子。由此看来，尽管施显科名显赫，但后人在科举上的中断，使得该家族于后来的地方举业中并未产生实质性的影响。而当桑氏族人冒施氏之名传衍三代之后，才由施雨方获取科第，此时已远在嘉靖年间，本业也改为了《诗》。③

上述事例表明，在明代常熟的早期科举史中，成功者们由于种种原因，并没有在地方上形成可观的气候，更遑论专经的模式了。所以要探寻常熟专经"在地化"的发端，仍需依赖于相关史料的整理。鉴于前文已经提及地方家族在举业模式中的突出表现，本文在此选择13个地方科举世家的中举情况进行分析。

表2所选取的13个科举家族，共产生了举人及以上功名者90人，数量约占整个明代常熟科举功名人数的四分之一。其中，连氏、叶氏、钱家仓钱氏发迹较早，永乐年间便有科举中式者，只是后继乏人，可归为"鼎甲而湮没"一类。④ 而在稍晚的正统、天顺年间，有10个家族共17人陆续考取功名，人数之多，唯后来的嘉靖、万历年间可比。尤其值得注意的是，山北桑氏、西庄缪氏、南门闻氏、县前周氏、五渠瞿氏、福山褚氏这些家族均是在此时以《诗》起家，并在此后开始了以《诗》相

---

① 瞿景淳：《瞿文懿公集》卷七《两元书堂记》，《四库全书存目丛书》集部，第109册，齐鲁书社1996年影印本，第567页。
② 管一德：《皇明常熟文献志》卷九，第238页。
③ 姚宗仪：《常熟县私志》卷十六《叙族》，第486页。
④ 虹桥叶氏先后中举者为宣德己酉乡试经魁叶诜、天顺举人叶珍、成化辛卯举人、辛丑进士叶预、成化甲午举人、辛丑进士叶峦。其中叶预为叶珍族弟，叶峦为叶珍族侄，族属关系并不相近。见《常熟县私志》卷一六《叙族》，第505页上，又见《海虞科第世家考》。这似乎也表明，专经传家在明代早期的常熟地方家族中体现并不明显。

传的专经科举之路。① 这表明，正统至天顺时期，应该是常熟地区科举模式奠基的重要阶段。为此我们以北门章氏家族的科举活动为例，以便观察此时期科举"在地化"的情况。

表2　　　　　　　　　　明代常熟科举家族中式时间

	洪武	永乐	洪熙—宣德	正统—天顺	成化	弘治	正德	嘉靖—隆庆	万历	天启—崇祯
虹桥叶氏		1		1	1					
大东门连氏	1					1	1			
步道巷张氏				1	1	2		1	3	1
北门章氏				5		1		1		
福山褚氏				2	1					
西庄缪氏				1	1		1	3	1	
山北桑氏				3	1	1		2		1
南门闻氏				1	2	1	1			
五渠瞿氏				1	1			1	3	
县前周氏					3	2	3	1		
西北钱氏							2	6	4	
钱家仓钱氏			1	1	2	2				
西门孙氏				1		1	1		2	2
总计	0	1	2	17	13	11	10	18	13	6

---

① 县前周氏：周木（《诗》，成化甲午举人，联捷进士）、彬（《诗》，木之弟，成化丁酉举人）、楷（《诗》，木之弟，成化甲午举人）、炯（《诗》，木之子，弘治己酉举人，联捷进士）、涤（《诗》，木族弟，弘治己酉举人辛未进士）、懋（《诗》，楷之子，正德庚午举人、嘉靖丙戌进士）、光廷（《诗》，楷侄孙，嘉靖辛卯举人）。山北桑氏：桑瓊（本经待考，景泰癸酉顺天中式）、瑾（本经待考，景泰丙子顺天中式）、瑜（《诗》，瑾之弟，天顺己卯举人）、悦（《诗》，瑾之姪，成化乙酉举人）、翘（《诗》，瑾之子，弘治乙卯举人）、介（《诗》，瑾之子，嘉靖辛卯举人）、大协（《诗》，介之子，嘉靖乙卯举人）；南门闻氏：闻鉴（《诗》，天顺壬午举人）、钊（《诗》，鉴之弟，成化丁酉举人，辛丑进士）、韶（《诗》，鉴长子，弘治辛酉举人）、武（《诗》，鉴次子，成化丙午举人）、东昌（《诗》，武之子，正德丁卯举人，甲戌进士）；福山褚氏：褚玘（本经待考，正统甲子举人）、祚（《诗》，玘族侄，天顺己卯举人，成化壬辰进士）、垠（《诗》，玘之子，成化丁酉举人）、圻（《诗》，垠之弟，弘治己酉举人，癸丑进士）；五渠瞿氏：瞿俊（《诗》，天顺壬午举人，成化己丑进士）、明（《诗》，俊从弟，成化戊子举人，壬辰进士）、景淳（《诗》，俊从孙，嘉靖癸卯举人，联捷一甲第二）、汝说（《诗》，景淳子，万历丁酉举人，辛丑进士）、允孚（《诗》，汝说族孙，万历己酉举人）、式耜（《诗》，汝说子，万历乙卯举人，联捷进士）、玄锡（《诗》，式耜子，崇祯壬午举人）。以上依《南国贤书》《海虞科第世家考》《明代登科录汇编》（台湾学生书局1969年版）等整理而成。

章氏其先本为浙人，高祖时迁入常熟，其后皆隐德弗显。三代后有名珪者，宣德初，应求贤诏授广东按察司知事，荐擢监察御史。至此，章氏一族开始显赫于地方。正统八年章珪罢归，杜门教子。其子章格"承家教，治《毛诗》，攻举业，日与诸昆仲自相切磋"，与兄章仪同举正统甲子乡荐。① 上述事迹表明，先祖历代的家业积累，章珪本人的仕宦经历，以及家学的受授，可以视为家族科举成功的前提。同时，据章珪自述，其子能够先后中式，亦有地方经师赵永言的功劳。② 不过值得注意的是，此时章氏家族的科举本业，似乎尚未进入专经阶段：

表3显示，章氏家族中，章格、章度、章律均以《诗》起家，而章表、章仪、章洗则是以《尚书》起家。考虑到上文提及的常熟人施显便是以《尚书》取第、世业《尚书》的西门孙氏也正是于正统年间发迹，可以推测此时期常熟地区至少存在《尚书》与《诗》两种传经模式。③ 而随着习《诗》家族的不断崛起，《诗》经才逐渐成为专途。而家族之间的联姻互通，又进一步促进了专经风气的形成。当时先后以《诗》起家的青菓巷蒋氏、北山桑氏，便与章氏存有姻亲关系。④ 因此，正统、天顺时期，可以视为常熟专经风气演进的一个分水岭，而章氏家族恰好处于这样一个转变时期。

表3　　　　　　　　　　常熟北门章氏家族科举履历

人名	本经	族属	科年
章仪	《尚书》	珪长子	正统甲子举人
章格	《诗》	仪之弟	正统甲子、景泰辛未进士
章表	《尚书》	仪之弟	景泰庚午解元联捷进士
章度	《诗》	表从弟	景泰庚午举人

---

① 焦竑：《国朝献徵录》卷六十九《南京大理寺卿章公格墓志铭》，《明代传记资料丛刊》综录类26，台北明文书局1991年版，第492页。
② 章珪：《送浚仪赵先生秩满去任序》谓"予三子从先生游，被训迪，长少已同忝科名，仲子学尚未就"。见《海虞文征》卷三，安徽师范大学藏清光绪三十一年石印本。
③ 按，章珪四子，章仪为长，章表为仲、章格、章律次之。章氏言三子从赵永言学，长少已忝科名，当是谓章仪、章格，其中章格以《诗》显，章仪、章表先后以《尚书》中，故赵氏所授，当以《尚书》见长，可见常熟此时《尚书》传授之有自。
④ 青菓巷的蒋绂为景泰庚午举人，甲戌进士，山北的桑悦为成化乙酉举人，与章表号称三杰。见《常熟县私志》卷十《叙族》，第366页。

续表

人名	本经	族属	科年
章律	《诗》	仪之弟	景泰癸酉举人联捷进士
章洗	《尚书》	仪之子	弘治壬子举人
章启	《诗》	格之孙	嘉靖辛卯举人

家族之间的相互砥砺、互为奥援局面的形成，使得那些在举业上有过成功的家族与个人，遂成为地方举业的典范。万历年间中举的常熟人陆化淳，尽管未负笈名师，但在旁人眼中，其举业所本依然清晰可识：

> 嘉靖中予师瞿文懿公以《诗》魁天下，为时名臣。后四十余年，陆子化淳亦以《诗》举南畿第二人，一时文名几埒文懿。然陆子学所渊源，大抵出其父吴山君，而吴山君又本之瞿文懿公云。①

文中所提到的瞿文懿，便是出自五渠瞿氏的瞿景淳。发迹于天顺年间的瞿氏，世以习《诗》见长，至嘉靖中，受家学熏染的瞿景淳以《诗》名闻天下。在其中举四十年后，仍有如陆化淳这样蹈其章法而获隽者。

由此我们也可以判断，常熟地区的科考脉络，即以《诗》为科举取径局面的形成，大概不是一二历史人物的流风遗韵，地方家族代不乏人的治经传统应该是关键。单个的科举家族往往会随着时间的流逝而兴衰不一，而专经模式的确立则犹如科举接力棒一般，在你方唱罢我登场的不断接递中，地方科举才能保持长期的兴旺。而路径一旦形成，"经义"也就开始转向"时艺"，成为科举"在地化"的固定模式。如下所揭示的科举现象：

> 至于今，家读户诵，庠校之所养，恒余五百，应童子试，尝千三百人，显为名宦，处亦不失名士……时义有记至千百首者，目不知《老》《庄》《左》《国》为何书，子弟案头有一古书，父师辄禁

---

① 赵用贤：《松石斋集》卷二十《陆征君暨配高孺人墓志铭》，《四库禁毁书丛刊》集部，第41册，北京出版社1997年影印本，第307页。

止日，非所以媒青紫也。①

"非所以媒青紫也"一句，恰如其分地道出科举"在地化"后地方举业的发展模式。虽然在早期的常熟科举史中，情形并非如此，但随着正统、天顺以后以《诗》传家专经模式的确立与绵延，常熟最终成为海内以《诗》而闻名的地区。

三 明代常熟科举史的演进

我们注意到，在常熟科考专经的大环境下，《礼》《春秋》《尚书》这样的小众科目，亦有如葛衙葛氏、西门孙氏这样专经传授的家族。这表明，科举"在地化"后的专经模式，依然有演进变化的可能。

首先来看《春秋》经的情况。我们以嘉靖时人邵圭洁为例展开讨论。在乡邦文献中，邵氏有着相当高的评价："予邑自嘉靖中始多以文名世者，当是时，大学士严文靖公、少宗伯瞿文懿公、北虞邵先生三人者鼎足而立。"文中所提的严文靖为严讷，为嘉靖丁酉科举人，辛丑科进士，是坞丘山严氏家族的科举发家者，以《诗》中第。瞿文懿景淳，是常熟研《诗》世家五渠瞿氏的代表，以《诗》中嘉靖癸卯科举人，第二年春闱又名列一甲第二。此二人一位是白手起家，一位是绍承家学，均以《诗》获登金紫之途，"历馆阁至卿相"，时人视之为典范。邵圭洁早年与二人齐名，"为制义匠心独妙，参执名家。尤工古文词"，"一时吴中士争避"，瞿景淳曾断言"先吾鸣者必邵子也"。然而事实却是，邵氏先后七试应天方才考中举人，此后五上公车仍然不第，"独偃蹇弗遇，晚岁仅一荐应天官博士，卒以穷死"，境遇与严、瞿二人不啻天壤。② 其中原因，恐怕与邵氏研习本经为《春秋》有关：

我虞虽彬彬文学哉，明兴则未闻有以麟经起家者，自先生起，而是经遂炳然于学官。勿论我虞，即当年海内称名家如赵特峰、王

---

① 姚宗仪：《常熟县私志》卷三《叙俗》，第107页。
② 赵用贤：《松石斋集》卷十九《北虞邵先生暨元配张孺人墓志铭》，第285页。

224 / 第三编　元明江南科举、士大夫及宗教文化

> 元驭诸君子，有不从先生造请相印可者乎？……先生始攻毛氏诗，既而慨然以孤经不传为己责，特为披翳霾，使日中天，人得施离明而展手足……先生上厄于国制，下未伸于乡评，使世远言湮与肤浅陋儒同归无述，吾侪其何以见文中子之门人乎？①

邵氏原本所走的科举之途与瞿、严无异，但随后便在常熟"未闻有以麟经起家者"的情况下改为研习《春秋》。在一无师承、二无学友的情况下，科举难度必然增加。又加之明代乡试、会试均以《诗》《易》录取为大宗，故在这样一种"国制"的困厄之下，② 邵氏才华虽不输严、瞿二人，但科考之途显然要坎坷许多。常熟士子多不愿习其他经典的原因或许也在于此。不过，在其门人看来，邵氏遭际犹如隋唐间的大儒文中子王通，③ 虽未获于当时，却有谏于来者。邵氏对《春秋》的研习，不仅开常熟风气之先，使得如王锡爵等人也要造请印可。④ 并且在其影响下，常熟地区遂兴起了一条《春秋》科举的进路。

表4中，我们可以看到邵氏之前，常熟的《春秋》科举并不突出，直至邵氏中举后，情况才有所改观。其中邵氏子邵鏊以《春秋》中式，⑤ 翁应祥、翁宪祥、钱时俊、陈星枢等人均出自邵氏门下，⑥ 先后以《春秋》中式。尤为值得注意的是，钱时俊之父钱岱，陈星枢之父陈国华均

---

① 钱时俊：《文远先生谥议并讳》，《北虞先生遗文》卷首，《四库全书存目丛书》集部第119册，齐鲁书社1996年影印本，第424—425页。
② 笔者利用《南国贤书》，对明代南直隶的情况进行了统计，五经的平均录取比例分别为《春秋》7%、《礼》6%、《尚书》22%、《易》28%、《诗》36%。这一结果与吴宣德对会试的统计大致相同，见吴宣德《明代会试试经考略》一文。
③ 王通，字仲淹，生于隋初，讲学河汾，以孔子自居，以儒学道统自任，不获于当时，但其门人弟子于唐代政治、文学、学术等领域有较大影响，后人目为河汾学派。具体研究可参见张新民《文中子事迹考辨》，《文献》1995年第2期。
④ 王锡爵，字元驭，南直隶太仓人，嘉靖三十七年以《春秋》中南直隶乡试经魁，四十一年会试会元，廷试第二。其为"举子业，程式之文，天下诵之"。李维祯：《王文肃公传》，《王文肃公荣哀录》卷十四，《四库全书存目丛书》第136册，齐鲁书社1996年影印本，第480页。
⑤ 邵鏊《三先生传》："先是府君课儿家塾，时余兄凤文从袁先生事占毕，而余始受章句，先府君以为非袁先生孰使小子无嬉者。盖少而睹袁先生肃肃如也，翼翼如也。府君殁而余益习……先生身长七尺伟然，早岁颖敏，攻《春秋》，因北面先府君。"《海虞文苑》卷十八，第558—559页。
⑥ 邵圭洁的门人谱系，可见《北虞先生遗文》，第427页。

是以《诗》获得科举功名，但二人并未继承家学，而是师承邵氏改以《春秋》中式。而与钱时俊同属西北区钱氏的钱顺时、钱顺德等人，也先后以《春秋》显。至于钱谦益、翁汉麟之类后辈，则俨然是在继承《春秋》的家学了。故邵氏在宦途上虽无显赫之处，却为常熟科举开辟出一条《春秋》的专经道路。

表4　　　　　　　　常熟地区《春秋》中式人物表

成化戊子	正德庚午	嘉靖己酉	嘉靖乙卯	万历己卯	万历辛卯	万历丁酉	万历庚子	万历庚子	崇祯庚午	崇祯庚午	崇祯壬午
董彝	冯冠	邵圭洁	钱顺时	邵鏊	翁宪祥	陈星枢	翁应祥	钱时俊	时敏	严栻	翁汉麟

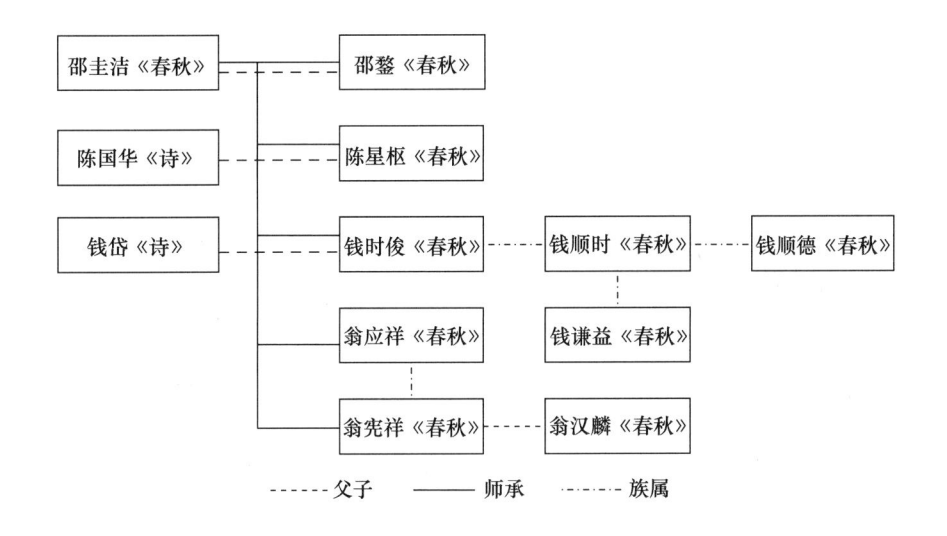

图3　明嘉万时期常熟《春秋》科举谱系

除《春秋》经外，习《礼》经者在常熟亦属小众，故其专经的由来便更显特殊：

　　嘉靖中，吾邑以《曲台礼》专门都讲者盖有二葛先生，予尝执经受业于南宁贰守养予先生。①

文中二葛所指为葛邦典、葛邦弼兄弟二人，先后均以《礼》经考中嘉靖乙卯、隆庆庚午举人。文字作者赵用贤师从葛邦习《礼》，并以此考中嘉靖戊子科举人，戊戌科进士。用贤孙赵士春也以《礼》经考中天启丁卯举人。由此来看，二葛实为常熟地区为数不多的授《礼》经师。而根据文献记载，二葛之所以会以《礼》经起家，更多是基于"现实"的考虑：

> 先生素业《毛诗》，会当揆以礼经肄习稀少，罔可为天子议礼之资，乃命子邦典、邦弼习《礼》经。二子各秀敏，为邑博士高第，岁乙卯典遂擢《礼》魁。②

文中所称"先生"为二葛之父葛覃，嘉靖丙申贡生，历任兰溪训导、嘉兴府学教授。作为常熟籍士子，葛覃习诸《毛诗》，但敏锐地察觉到朝廷动向下的科举风向，在"大礼议"兴起的背景下，果断让其二子习《礼》以配合政治之需要，最终使得二葛在习《诗》云集的常熟地区脱颖而出，开辟出一条《礼》经的传授系统。

最后我们再来讨论一下西门孙氏与所专之《尚书》。孙氏是常熟地区典型以《尚书》科举传家的家族。单从中式上看，从正统辛酉科举人孙纪开始，直至崇祯壬午科举人、顺治辛酉科进士孙鲁，孙氏家族先后产生三位举人、四位进士，由明入清，均是以《尚书》取中，可谓代有闻人。但若仔细梳理其家族科举史，亦可见其中的艰难。如孙氏族人孙艾自述：

> 祖讳文敬，生吾父讳纪，由乡贡进士授吏部考功司主事，升刑部浙江司员外郎，致仕乃徙居于山塘泾范公桥之西，是生艾。不肖仰荷先泽，颇警颖，家藏遗书皆通焉。累试场屋，既弗利，乃谢去。

---

① 赵用贤：《松石斋集》卷十五，《中宁大夫汝宁太守葛公墓志铭》，第 276 页。
② 瞿景淳：《瞿文懿公集》卷十三《明封承德郎工部虞衡司主事前嘉兴府学教授虞谷葛先生墓表》，第 628 页。

然不喜事家人生理而雅意于词墨。家遂中落，徙居宝庆桥北……有子曰舟，曰未，授之以家学。舟至四旬，始中正德丙子乡举，明年丁丑登进士……有孙曰一元二仪三才四象五常六艺七政八士。①

孙艾为孙纪子，因家富藏书，年幼耳濡目染，虽醉心科举而未曾获第，且不喜治家营生之事，以致家道中落。可见即使有家学渊源，举业对于孙艾仍非易事。其子孙舟虽继承家学，但仍直至四旬方才中第。若无此专门学问，恐怕孙氏在科举道路上也便后继无人。孙艾文中所提及孙七政，"七岁能作五言诗，治《尚书》，淹晓旁经"，"比屡试应天，不第。游太学应试，复不第"，"遂老诸生间"。② 又如长孙一元事例，据其子回忆，一元故业《尚书》，在一次与友人交谈中，知"学人鲜业《曲台礼》者，业之易第"，于是转换习业，"凌晓执《礼》经"。③ 后因早卒而未中，至其子孙楼才重新以《尚书》取中。

上述专经家族的事例表明，在以《诗》为大宗的常熟地区，仍然有不少士子开辟出了其他的科举道路。只不过过程往往要艰难得多，如邵氏之《春秋》；而在很多情况下，专经的出现，更是需要借助特定的机缘才能成功，如葛氏之《礼》；至于小众科目的家族专经，族人更换本业的概率更大，如孙氏之《尚书》。

结　语

科举的"在地化"，可以视为作为国家制度的科举嵌入地方社会的过程。这样一个过程，在与地方史交织的脉络中，便会呈现出明显的地域特征。以常熟地区为例，我们看到，该地区科举的成功，一定程度上有赖于地区士子在《诗》经专经上的优势。由此推及，但凡明代的科举凸显之地，大概均会出现类似的特征。明人吴宽有云："士之明于经者或专于一邑，若莆田之《书》、常熟之《诗》、安福之《春秋》、余姚之《礼

---

① 孙艾：《西川居士生志》，《海虞文苑》卷二十二，第640页。
② 管一德：《孙齐之先生传》，《常熟乡镇旧志集成》，广陵书社2004年版，第488页。
③ 孙楼：《百川先生集》卷十《先考混之府君行状》，第697页。

记》皆著称天下者，《易》则吾苏而已"[1]，上述诸地，均为当时科甲鼎盛之地。

有绵延，也会有中断，常熟早期科举史往往会步入断弦难续的境地，这样一种局面，却也暗含着新的演进的可能。邵圭洁之《春秋》，揆诸史实，在常熟的《春秋》科举史上，并非真正意义上的开天荒之人。只是时间久远，再加之"鼎甲而湮没"的存在，才造成了后人"未闻有以麟经起家"的认识。同样的例子还体现在地区间的"在地"差异之中：

> 吴郡以制举义奔走寓内，其专门，《易》最多，《书》次之，而《毛诗》曾不得与两孤经齿。余尝疑焉，岂末学之失传，抑前修之未肄？不知诗之鼻祖亦无盛吴郡也者，震泽先生制义为我朝第一人，实以《毛诗》起家。其嗣起为毗陵、海虞，顾毗陵、海虞几于家户弦诵，独吴郡作此寂寂也。[2]

文字作者为明末长洲人张世伟，按照其观点，吴县、长洲地区的专经特征在于《易》与《尚书》，习《诗》之人甚少，几乎与《春秋》《礼》经相类。对此现象，作者虽未究其原因，但也指出了，吴地历史上曾产生过如震泽先生王鏊这样"制艺为我朝第一"，且以《诗》起家的人物。然而王鏊也如常熟早期科举史上的施显、陆子高等人，终究未成为延续本地举业脉络的关键人物，使得后来的吴郡，失去了一条专经的通路，并形成了截然不同的"在地化"模式。地方科举史的面貌与脉络，也正体现于专经"在地化"的此消彼长之中。

---

[1] 吴宽：《家藏集》卷三十四《三辰堂记》，文渊阁《四库全书》，第1255册，第286页。
[2] 张世伟：《自广斋集》卷五《蒋士衡诗经兰藻序》，《四库禁毁书丛刊》集部，第162册，北京出版社1997年影印本，第236—237页。

江南士人与元末政治走向

展 龙

元明嬗替之际，政治格局日益复杂，政治势力趋于多元，除蒙元政权之外，先后出现了朱元璋、张士诚、陈友谅等割据政权。处此情势，江南士人基于不同的价值取向和道德考量，对各方政治势力的态度迥然异趣，或秉持忠节，效忠元廷，或另寻出路，归附群雄。毫无疑问，这种政治态度决定了他们与各方势力的复杂关系，亦影响了元末政治格局的变动趋势，无论是朱元璋的最后胜利还是其他政治势力的最终覆亡，皆与江南士人的离合休戚相关。

一 江南士人与蒙元政权的纠结

元顺帝在位期间，图治日切，召用士人，尤其是农民战争期间，更是思贤如渴，企图"进天下贤才以辅中兴之业"①，通过延揽江南汉族士人缓和社会矛盾。为此，元廷进一步调整用人政策。在中央，规定"南人有才学者，依世祖旧制，中书省、枢密院、御史台皆用之"②。自是累科南方进士始有"御史、为宪司官、为尚书者"③。在地方，举荐贤士，"朝廷慎选守令，思革前日之敝，而不拘以常法，俾才干之士得罄展布识治体矣"④。此外还规定：士子会试京师，"优其蹈海而来者，即奉大对伦

---

① 宋禧：《庸庵集》卷一一《送龙子高序》，文渊阁《四库全书》，第1222册，第469页。
② 宋濂：《元史》卷四二《顺帝纪五》，中华书局1976年版，第896页；同书卷九二《百官志八》亦载：至正十二年（1352）三月，诏："省院台不用南人，似有偏负。天下四海之内，莫非吾民，宜依世祖时用之法，南人有才学者，皆令用之。"中华书局1976年版，第2345页。
③ 宋濂：《元史》卷九二《百官志八》，中华书局1976年版，第2345页。
④ 李继本：《一山文集》卷四《送内史金院董公景宁赴河间路总管序》，《北京图书馆珍本古籍丛刊》本，第94册，第734页。

魁，又不限南士"①；"仕者弗由中出，多由外便宜版授"②；推行纳粟补官之令。元廷向来重视武人，"藩翰守臣多以武人为之"③，但在战乱之际，士人不仅可以担任守臣，甚至可以握有兵权，"凡守疆场绾兵柄者，始参用儒服之人，使以仁义为干戈，礼乐为甲胄，法令为矢石，见则安危大柄其遂倚重于儒臣矣乎"④。上述政策，为江南士人参与社会政治提供了契机。但在农民战争期间，元运将尽之势已毕露无遗。

1. 朝政失坠

至正十五年（1355）丞相脱脱被杀。继之，顺帝任命哈麻为中书左丞相，哈麻之弟雪雪为御史大夫，国家大权尽归哈麻兄弟。哈麻等人阴谋废除顺帝，立皇太子爱猷识理达腊，事泄，被杀。而后，顺帝更加"怠于政事，荒于游宴"⑤，皇太子掌握了军政大权，"中书省、枢密院、御史台，凡奏事先启皇太子"⑥。与此同时，宫廷内部斗争也更加激烈，斗争主要在皇太子、扩廓帖木儿等人与御史老的沙、孛罗帖木儿等人之间展开，而斗争的结果是孛罗帖木儿被杀，扩廓帖木儿被任命为中书左丞相。⑦ 在此情况下，顺帝的独尊权威也受到挑战和威胁，如至正二十年（1360）阳翟王阿鲁辉帖木儿拥兵数十万，屯于木儿古彻兀之地，将犯大都，扬言："祖宗以天下付汝，汝已失其太半；若以国玺付我，我当自为之。"顺帝无奈，遣人报之曰："天命有在，汝欲为则为之。"⑧

2. 军备寝弛

至元末，蒙古军队已丧失战斗力，"自平南宋以后，太平日久，民不知兵。将家之子，累世承袭，骄奢淫佚，自奉而已。至于武事，略不之讲，兵政于是不修也久矣"⑨。由此，在与义军对抗时，元军多不堪一击。

---

① 杨维桢：《东维子文集》卷三《送倪进士中会试京师序》，《四部丛刊初编》本，第1494册，第10页。
② 杨维桢：《东维子文集》卷九《送王熙易客南湖序》，《四部丛刊初编》本，第1495册，第2页。
③ 戴良：《九灵山房集》卷一三《送钱参政诗序》，《四部丛刊初编》本，第1487册，第5页。
④ 同上。
⑤ 宋濂：《元史》卷四三《顺帝纪六》，中华书局1976年版，第918页。
⑥ 同上书，第916页。
⑦ 陈邦瞻：《元史纪事本末》卷二七《诸帅之争》，中华书局1979年版，第215—222页。
⑧ 宋濂：《元史》卷四五《顺帝纪八》，中华书局1976年版，第953页。
⑨ 叶子奇：《草木子》卷三上《克谨篇》，中华书局1959年版，第48页。

就带兵将领而言，元廷所用非人，"自盗贼梗化以来，有年于兹矣。吾观夫将之贤者，千百人中不获一二焉。其不贤者，肩背相摩，踵趾相接也"①；"内外之臣，有能提卒总戎，出奇制胜，以为王室之干城，四郊之保障者，盖不多见"②。由此，每当遭逢起义军，他们或"望风而遁，听其陷没，甚者举城以降"③；或"以酒色为务，军士但以剽掠为务"④；或互相推委，"将帅之权不相统一"⑤，甚而有"拥兵抗命之徒"⑥。故时人言："故城邑之陷，壤地之失，皆由乎将之不得其人焉耳"⑦；"五载江淮百战场，乾坤举目总堪伤。已闻盗贼多于蚁，无奈官军暴似狼"⑧；"见贼不须多，奔溃土瓦解。旌旗委屈野，鸟雀噪空营"⑨……此皆元军衰落的真实写照，元廷由此丧失了强有力的国家机器，覆亡之势已成必然。

3. 吏治腐败

"国家之败，由官邪也"⑩，元末战乱之际，许多官员置朝廷危亡于不顾，乘机贪图私利，"官曹各有营身计，将帅何曾为国谋"⑪，"诸处所在权摄官员，专务渔猎百姓"⑫；"王官皆重禄，大厦许谁扶"⑬。一些地方官员还利用权力之便，或"以私天子之赋税者比比皆是"⑭，或"惟务丰其子女玉帛，君臣大义曾不经心，一旦盗贼临之，望风迎拜，献妻纳女，

---

① 陈高：《不系舟渔集》卷一一《赠周元帅序》，上海古籍出版社2005年版，第125页。
② 陈高：《不系舟渔集》卷一五《与索镈金院书》，第186页。
③ 戴良：《九灵山房集》卷一二《送丁郎中赴京师诗序》，《四部丛刊初编》本，第1487册，第5页。
④ 权衡：《庚申外史》卷《辛卯》，中华书局1985年版，第15页。
⑤ 王祎：《王忠文集》卷七《送胡仲渊参谋序》，文渊阁《四库全书》，第1226册，第135页。
⑥ 李继本：《一山文集》卷七《代乞封故太师中书右丞相脱脱文》，《北京图书馆珍本古籍丛刊》本，第94册，第753页。
⑦ 陈高：《不系舟渔集》卷一一《赠周元帅序》，第125页。
⑧ 刘基：《刘基集》卷二三《次韵和孟伯真感兴四首》，浙江古籍出版社1999年版，第449页。
⑨ 刘基：《诚意伯文集》卷三《感时述事十首》，文渊阁《四库全书》，第1225册，第84页。
⑩ 周霆震：《石初集》卷八《戴氏济美志》，《丛书集成续编》本，第137册，第564页。
⑪ 刘基：《刘基集》卷二三《忧怀》，浙江古籍出版社1999年版，第439页。
⑫ 宋濂：《元史》卷四五《顺帝纪八》，中华书局1976年版，第951页。
⑬ 张宪：《玉笥集》卷八《戎马》，文渊阁《四库全书》，第1217册，第449页。
⑭ 贡师泰：《玩斋集》卷六《送曾仲衍之平阳州同知序》，文渊阁《四库全书》，第1215册，第608页。

忍耻乞怜"①。这些行为，进一步加剧了元朝官僚系统的土崩瓦解。

4. 赋税沉重

为了满足巨额军事支出，元廷横征暴敛，搜括江南，江南士人的经济利益也受到损害。如在浙西地区，元廷不时以官籴、纳粟补官等名目，强迫江南士人缴纳赋税，"补官使者招入粟，一纸白麻三万斛。频年官籴廪为空，数月举家朝食粥"②。松江在推行入粟补官时，因为"无有愿之者"，致用"拘集属县巨室，……辄施拷掠，抑使承伏"的办法。③ 元末沉重的赋税，严重损害了江南士人的经济利益，激起了他们的极大反感。

在此情况下，江南士人与元廷关系日趋复杂，一些人疏离元廷，投身群雄；一些人忠于元廷，或伏节死难，或组织义兵；一些人则直接参与政务，效命元廷；一些人虽有救世济时之志，但迫于时势，壮志难酬，转而通过批判朝政等方式来表达自身与元廷的关系。其中，前两部分江南士人的行为一定程度上延缓了元亡之势。后两部分江南士人，则基于阶级身份，将自己的命运与蒙元政权联结在一起，他们对元朝怒其不争，哀其不幸，当看到"至今盗贼辈，啸众如蜂蚁。长戈耀白雪，健马突封了"④ 之况，油然"愁心如汶水，荡漾绕青徐"⑤，进而升腾起匡时济世的愿望。在其看来，"君子何为而仕也，仕何为而急也，畏天命、悯人穷而已耳。天生众民，非徒生之，必有以治之；天生我材，非徒材之，必有以用之"⑥。基于此，江南士人主动向元廷建言献策，试图借此达到训诫元廷，拯溺扶危的目的。如循吏陈文昭，至正十四年（1354）廷试对策时，直斥时事云："今天下多故，使吾言得达上听，虽得罪死，无憾也。"⑦ 这些言论，都是针对时弊开出的治世良方，有助于王道的推行。

与此同时，一些江南士人虽不愿或不能参与政务，却坚守尽忠辅弼

---

① 周霆震：《石初集》卷八《戴氏济美志》，《丛书集成续编》本，第137册，第564页。
② 顾瑛：《玉山璞稿·长歌寄孟天暐都事》，中华书局1985年版，第29页。
③ 陶宗仪：《南村辍耕录》卷七《鹭爵》，中华书局1959年版，第93页。
④ 刘基：《刘基集》卷二〇《北上感怀》，浙江古籍出版社1999年版，第333页。
⑤ 刘基：《诚意伯文集》卷四《过南望时守闸不得行》，文渊阁《四库全书》，第1225册，第110页。
⑥ 殷奎：《强斋集》卷二《赠杭州同守梅侯考满序》，文渊阁《四库全书》，第1231册，第399页。
⑦ 戴良：《九灵山房集》卷二三《元中顺大夫秘书监丞陈君墓志铭》，《四部丛刊初编》本，第1489册，第2页。

之志，借此，他们仕进不遂的郁闷心情得以宣泄，政治抱负不得伸展的失落得以弥补。如孙作，至正末避兵于吴，在《上松江崔则明太守书》中提出锄奸强、恤民隐、均贱役、急贤士等建议，认为"舍是而以政言则危政矣，乱国矣"①。龙泉人王祎，针对"纲纪凌迟，用度匮乏"，提出解决策略为固结人心和总揽政权，而要实现这一点，就须认识到"开诚布公者，固结人心之本也；信赏必罚者，总揽政权之要也"②。徽州人郑玉，四方多故，"条列治安之策，极言时弊，通为一书"，时人称其"无负于君相矣"。③ 杭州人李介石，在"风尘须东南，衣冠就衰隤"之际，"以书见省臣"，得到器重，"征兵复三州，疾如破山雷"④。徽州人赵汸，曾协助汪同组织义兵，至正十五年（1355），指责元廷："不求智勇之士真可任将兵者"，"郡县之间繁征横敛"，"赏罚不明"。⑤ 高启痛斥元廷筑城云："去年筑城卒，霜压城下骨。今年筑城人，汗洒城下尘。大家举杵莫住手，城高不用官军守。"⑥ 江南士人自觉揭示元末社会危机的努力，流露出他们振颓起衰的愿望，一定程度上代表了多数江南士人忠于元廷的基本立场。

然而，在兵连祸结，元鼎将移之际，江南士人维护元朝统治的努力时常困难重重。尽管元廷采取了许多措施以笼络和争取江南士人，但在元政权中，汉族江南士人仍然受到歧视和排斥。如元廷虽有汉人、南人入省、台之令，但实际不过贡师泰、周伯琦数人，而且贡、周二人也很快被遣外任。⑦ 在重大军事、政治问题上，汉人、南人仍被轻视。如刘基

---

① 孙作：《沧螺集》卷四《上松江崔则明太守书》，《丛书集成续编》本，第137册，第753页。

② 王祎：《王忠文集》卷一六《上丞相康思公书》，文渊阁《四库全书》，第1226册，第340页。

③ 赵汸：《东山存稿》卷三《贺郑师山先生受诏命书》，文渊阁《四库全书》，第1221册，第240页。

④ 王逢：《梧溪集》卷三《寄李守道》，《北京图书馆珍本古籍丛刊》本，第95册，第475页。

⑤ 赵汸：《东山存稿》卷二《送郑征君应诏入翰林诗序》，文渊阁《四库全书》，第1221册，第214页。

⑥ 高启：《高青丘集·大全集》卷一《筑城词》，上海古籍出版社1985年版，第59页。

⑦ 宋濂：《元史》卷一八七《贡师泰传》《周伯琦传》，中华书局1976年版，第4295、4297页。

在协助元军镇压浙东农民起义中有功，结果是既"置公军功不录"①，又反对招抚方国珍，结果以"伤朝廷好生之仁，且擅作威福"②的罪名，被罢职羁管于绍兴。③龙泉人胡深，举义兵以勤王，但"治兵殆十年，勤劳亦至矣，而朝廷无一命锡"④。王毅，曾组织龙泉义兵近万人抗御起义军，屡有战绩，却为元廷所杀。江西人萧晋、萧履兄弟，对元忠心耿耿，"诸有警，第承州府命，朝至夕行，军赏饷需并出己"，但仍遭到色目官员的猜忌，"将夺晋产而杀之，晋先几遁去。逮捕履及晋二子，杀而有其财，卖其孥"⑤。"倾家事守御，反以结嫌猜"⑥，道尽了江南士人的悲哀和不幸！

不仅如此，一些江南士人甚至因为直言时政而遭到排陷。如南京人端木复初，四方兵动，策言时政，"上官闻之，皆落落不合"，仰天叹曰："彼以吾发狂言耶，时事从可知矣。"于是怅然有乡土之思，侨居金华。⑦上虞人谢肃，张士诚据吴，慨然献偃兵息民之策，"卒无所遇，归隐于越"⑧。方克勤，习性命道德之学，至正二十四年（1364）试科举，言国家利害，峭直无所忌，有司不敢取，飘然而归。⑨这些情况，沉重打击了江南士人忧时痛国、救时济世的积极性，一种有志难伸的苦闷与忧郁溢于言表。如成廷珪，遭世乱避地吴中，云："驿程万里入皇都，还过梁城取别途。天下军需何日了，淮南民瘼几时苏。求田问舍非良策，忧国忘家是壮图。黄阁相君应有问，愿闻一语赞嘉谟。"⑩吴兴人沈梦麟，官武康令，至正中解官归隐。云："越上官军未解围，江船连日羽书违。台城

---

① 刘基：《诚意伯文集》卷二〇黄伯生撰《故诚意伯刘公行状》，文渊阁《四库全书》，第1225册，第480页。
② 刘基：《诚意伯文集》卷二〇黄伯生撰《诚意伯刘公行状》，文渊阁《四库全书》，第1225册，第480页。
③ 谷应泰：《明史纪事本末》卷二《平定东南》，中华书局1977年版，第23页。
④ 宋濂：《宋濂全集·銮坡前集》卷三《大明故王府参军追封缙云郡伯胡公神道碑铭》，浙江古籍出版社1999年版，第372页。
⑤ 陈谟：《海桑集》卷八《萧晋兄弟哀辞》，文渊阁《四库全书》，第1232册，第681页。
⑥ 刘基：《刘基集》卷二〇《感时述事十首》，浙江古籍出版社1999年版，第366页。
⑦ 宋濂：《宋濂全集·翰苑别集》卷五，浙江古籍出版社1999年版，第1047页。
⑧ 永瑢：《四库全书总目》卷一六九《密庵集》提要，中华书局1965年版，第1468页。
⑨ 宋濂：《宋濂全集·芝园前集》卷七《故愚庵先生方公墓版文》，浙江古籍出版社1999年版，第1282页。
⑩ 成廷珪：《居竹轩诗集》卷三《送霍仲皋还京》，文渊阁《四库全书》，第1216册，第329页。

有恨忠良死，藩翰无谋将帅稀。风雨满城蛙鼓合，乾坤日夜鬼灯微。腐儒忧国惭无补，北望神州泪满衣。"① 高启亦云："阿伯迁官之五羊，严尊习隐水南庄。人生出处故有分，世道如斯徒自忙。笑我漂流双鬓雪，羡君奔走满靴霜。功名固是男儿志，何日归来绿野堂。"② 上述诗篇，江南士人虽抱忠贞之心，匡济之姿，期待元朝有中兴之日，"坐令王纲复大正"③，"正是诸君报国时"④。但君昏臣虐，民生涂炭，世路艰难，国运倾危的现实状况，让他们跋前踬后，进退维谷，心中笔下时时流露出纷杂的人生感受，心灵的动荡不宁和济世无策的忧郁心境。经过对时势的观察与体认，一些江南士人深知时事难为，中兴无望，"兵兴十年，民劳孔棘，抚字久旷，泽不下流，兼之郡县毁败，守令之职，人每不乐为之，盖非不为，实不能为，亦不可为也"⑤。由此，他们逐渐失去了对元廷的信心，"天下之士不复以功名自期"⑥，"世道如斯徒自忙"。从此不再愿意支持蒙元政权，转而怀着一种更为复杂、矛盾的心情另寻出路。但必须承认：这些江南士人虽然对元廷心存不满，但他们并未从根本上悖逆整个封建地主阶级。

元祚倾移之际，江南士人的价值信条受到了严峻考验，经历了思想上的震动和嬗变，对天下一统的信念，对蒙元政权的认同，以及对政治参与的热忱，此时都成为有条件的价值期许和行为抉择。一方面，强烈的入世情怀、正统意识和忠义观念，促使一些江南士人仍心系天下，情系元廷，为实现王道政治，拯救元朝命运而努力。在此，他们虽然顾惜的是道德名誉、修养操守和社会良知，但对巩固和维护蒙元统治产生了一定作用。另一方面，个人的现实遭际，粉碎了许多江南士人对元廷中兴的期盼，迫于此，他们淡化了与元廷的政治关系，做出了性情上的恬

---

① 沈梦麟：《花溪集》卷三《戊辰岁在杭简曾先生》，《丛书集成续编》本，第168册，第664页。
② 王冕：《竹斋集》卷上《与王德强》，文渊阁《四库全书》，第1233册，第14页。
③ 高启：《高青丘集·大全集》卷一〇《送张贡士祥会京师》，上海古籍出版社1985年版，第411页。
④ 成廷珪：《居竹轩诗集》卷三《寄李子洁宪副时湖北残破却于太平开司》，文渊阁《四库全书》，第1216册，第329页。
⑤ 李继本：《一山文集》卷四《送内史金院董公景宁赴河间路总管序》，《北京图书馆珍本古籍丛刊》本，第94册，第734页。
⑥ 赵汸：《东山存稿》卷二《送郑征君应诏入翰林诗序》，文渊阁《四库全书》，第1221册，第214页。

淡，言行上的退守和事业上的抉择。这些江南士人以疏离政治的姿态处理与元廷的关系，其间他们虽无奈于仕途，却往往困扰于舆论，不希望被人视为潦倒的失意者，所以他们不惮絮烦地为自己的困境做出辩解。对于元廷来说，江南士人的这种选择客观上使其失去了部分社会精英的支持，这在天下分裂，群雄纷争之秋，自然给蒙元统治带来了诸多负面影响。

二　江南士人与朱元璋的崛起

元至正十五年（1355）初，郭子兴死，朱元璋代领其军。次年，朱元璋占领南京，走向自我发展道路。在此过程中，随着朱氏军事势力的发展，朱明王朝的建立越来越成为可以预见的趋势。于是，许多江南士人审时度势，纷纷归朱，"或以功业定乱"，"或以文章赞化"[①]。正是借助江南士人的辅翼和赞襄，朱元璋最终获得天下，建立明朝。

（一）参咨时政，贡献筹谋

朱元璋在结束纷争，统一寰宇的过程中，江南士人侍从左右，贡献筹谋，一定程度上成为朱氏的"智囊团"。

1. 建议定鼎南京

占领南京是朱元璋夺取政权，建立帝业的重要步骤，这一决策的提出应归功于江南士人。至正十三年（1353），正当朱元璋南略定远后，尚无战略目标之时，定远儒士冯国用等诣军求见，并向朱元璋面陈之计："金陵龙盘虎踞，帝王之都，先拔之以为根本。然后四出征伐，倡仁义，收人心，勿贪子女玉帛，天下不足定也。"朱元璋听后"大悦"，使留居幕府。[②] 至正十五年（1355），朱元璋克太平，儒士陶安力主夺取南京："金陵帝王之都，龙盘虎踞，限以长江之险。若据其形胜，出兵以临四

[①] 方孝孺：《逊志斋文集》卷一九《待制华川王先生画像序赞》，宁波出版社2000年版，第636页。

[②] 张廷玉：《明史》卷一二九《冯胜传》，中华书局1974年版，第3795页。

方，何向不克！此天所以资明公也。"① 据此，朱元璋于次年二月集合所部，攻克南京，置江南行省，自总省事，以李善长、宋思颜为参谋，李梦庚、郭景祥、侯元善、杨元杲、孔克仁、陶安、阮弘道、王恺、栾凤、夏煜等数十人为左右司郎中、员外、都事、令史等官。南京在地理上是形胜之地，北限长江，南控江左，战略地位十分重要，加及物阜民丰，财力雄厚，取其资财可以支持长期战争。因此，攻占南京是朱元璋由弱到强的转折点，为吞并群雄，坐战东南，建立基业奠定了基础。

2. 建议不嗜杀人

元末群雄中，掳掠、杀戮现象普遍，"群雄并起，惟事子女玉帛，荼毒生灵"②，"皆不知修法度以明军政"，"皆纵令其下夺人妻女，掠人财物"③。即使朱元璋，起义之初其部下也有剽掠现象，"诸将破城，暴横多杀人，城中人民夫妇不相保"④。鉴于此，江南士人积极规劝朱元璋"勿妄杀戮"。最早，朱元璋途经滁阳，定远耆儒李善长军门求谒，以汉高祖"不嗜杀人，五载成帝业"相说教，劝朱元璋"法其所为"。⑤ 此后，朱元璋以汉高祖为标范，制定政策，谋划方略，"有一汉高在胸中，而行事多仿之"⑥。至正十五年（1355），滁州人范常劝朱元璋说："得一城而使人肝脑涂地，何以成大事。"据此，朱元璋"切责诸将，悉收军中所掠妇女还其家"⑦，并命李善长制定了严禁士卒剽掠的"戒辑军士榜"；城下

---

① 夏燮：《明通鉴》前编卷一，岳麓书社 1999 年版，第 14 页。焦竑《玉堂丛语》卷二《筹策》载："太祖自和州渡江至采石，陶安首先来见。太祖问曰：'有何道以教之？'安曰：'即今群雄并起，不过子女玉帛。将军若能反群雄之志，不杀人，不掳掠，不烧房屋，首取金陵，以图王业，愿以身许之。'后太祖得建康等处，全有江西，安功居多。"中华书局 1981 年版，第 53 页。

② 赵翼：《廿二史札记》卷三六"明祖以不嗜杀得天下"条，中华书局 1984 年版，第 836 页。

③ 《明太祖实录》卷二〇"至正二十六年四月庚申"条，台北中研院史语所影印本，1962 年，第 285 页。

④ 《明太祖实录》卷二"至正十五年正月戊午"条，台北中研院史语所影印本，1962 年，第 23 页。

⑤ 张廷玉：《明史》卷一二七《李善长传》，第 3769 页。

⑥ 赵翼：《廿二史札记》卷三二"明祖行事多仿汉高"条，中华书局 1984 年版，第 737 页。

⑦ 张廷玉：《明史》卷一三五《范常传》，第 3917 页。

之日，将士"鄂然不敢动"，"城中肃然"①。同年，鉴于"豪杰并争，攻城屠邑，互相雄长"②，陶安向朱元璋献以治道，"反群雄之志，不杀人，不掳掠，不烧房屋"③。根据这些建议，朱元璋整饬军纪，"禁戢士卒，不许剽掠，务以安辑为心"④。这不仅使所攻之地人心安堵，秩序稳定，而且使军威大振，"仁声义闻，所到降附"⑤，成为"神武不杀"⑥之师。

3. 草拟征伐檄文

在农民战争期间，朱元璋发布的许多"檄文"出自江南士人。如至正二十五年（1365），朱元璋声讨张士诚的檄文就是出自刘基、宋濂等人之手。⑦ 至正二十七年（1367），朱元璋挥师北伐，为争取社会支持并在政治上瓦解蒙元政权，宋濂草就檄文："驱逐胡虏，恢复中华，立纲陈纪，救济斯民"，并重申纪律："兵到，民人勿避，予号令严肃，无秋毫之犯。"同时，对于蒙古、色目等少数民族，也提出正确的政策："如蒙古、色目，虽非华夏族类，然同生天地之间，有能知礼义，愿为臣民者，与中夏之人抚养无异。"⑧ 这些极具时代意义的政治檄文，无疑是江南士人对朱明统一事业所做的历史性贡献。

4. 贡献制胜良策

如至正二十五年（1365），句容士人孔克仁建议朱元璋："方今天下用兵，豪杰非一，皆为劲敌，我守江左，任贤抚民，伺时而动，若徒与

---

① 《明太祖实录》卷三"至正十五年四月壬寅"条，台北中研院史语所影印本，1962年，第33页。
② 《明太祖实录》卷三"至正十五年四月丁巳"条，台北中研院史语所影印本，1962年，第33页。
③ 谷应泰：《明史纪事本末》卷一《太祖起兵》，中华书局1977年版，第9页。
④ 《明太祖实录》卷二〇"至正二十六年四月庚申"条，台北中研院史语所影印本，1962年，第285页。
⑤ 赵翼：《廿二史札记》卷三六"明祖以不嗜杀得天下"条，中华书局1984年版，第836页。
⑥ 《明太祖实录》卷三"至正十五年四月丁巳"条，台北中研院史语所影印本，1962年，第33页。
⑦ 吴晗：《朱元璋传》，载《吴晗史学论著选集》（第四卷），人民出版社1985年版，第297页。
⑧ 《明太祖实录》卷二六"吴元年十月丙寅"条，台北中研院史语所影印本，1962年，第404页。

之角力，则猝然难定。"① 刘基是朱元璋麾下谋士，至正二十年（1360），刘基初诣南京，即向朱元璋陈述时势。从此，刘基运筹帷幄，佐命之功甚巨，对此朱元璋有言："御史中丞刘基，世居括苍，怀先圣道。天下初乱，闻朕亲将金华，旋师建业，尔曾别闾里，忘丘垄，弃妻子，从朕于群雄未定之秋，居则每匡治道，动则仰观干象，察列宿之经纬，验日月之何光，发踪指示，三军往无不克。曩者攻皖城，拔九江，抚饶郡，降洪都，取武昌，平处城之内变，尔多辅焉"②；又谓刘基为"吾之子房，谋无不用，用无不效，卒成天下大业，厥功伟哉"③。诸如此类，江南士人为朱元璋指明了政治目标，也坚定了他"拨乱救民安天下"④ 的决心。

（二）运筹帷幄，克敌制胜

朱元璋起兵之初，处境艰难。一方面，要解决与蒙元政权之间带有全局性矛盾；另一方面，至正十九年（1359），反元起义转入割据状态，朱元璋又要解决与其他集团的局部性矛盾。当时，残元实力尚存，坚守城池，"百战之余，未肯遽下"⑤；张士诚、陈友谅等地广势众，无时不觊觎朱氏地盘。鉴于这种情势，只有制定正确的战略方针和斗争策略，才能完成统一大业。于此，江南士人颇有赞襄之功。

1. 立足长远，制定方略

如刘基提出"先陈后张、先南后北、先划削群雄、后北伐元蒙"⑥ 的战略方针，合乎客观形势：一是正确地回答了全局与局部的矛盾，使得朱元璋得以在北上讨元之前，首先消除"后院起火"之忧；二是在张、陈之间，由于陈氏兵强，无日忘我，张氏器小，实无远图，所以只要灭了陈氏，张氏就不足为虑了；三是北方元军势炽，有红巾军在奋力征战，朱元璋后图可以避其锋芒。刘基这一建议为朱元璋平定江南、统一中国，

---

① 《明太祖实录》卷一六"至正二十五年四月庚子"条，台北中研院史语所影印本，1962年，第225页。
② 刘基：《诚意伯文集》卷二〇《御宝诏书》，文渊阁《四库全书》，第1225册，第468页。
③ 刘基：《诚意伯文集》卷二〇《敕建诚意伯刘公祠堂记》，文渊阁《四库全书》，第1225册，第486页。
④ 《明太祖实录》卷三"至正十五年四月丁巳"条，台北中研院史语所影印本，1962年，第33页。
⑤ 张廷玉：《明史》卷三《太祖纪》，第55页。
⑥ 张廷玉：《明史》卷一二八《刘基传》，第3778页。

制定了切实可行的战略总方针，此后朱氏败友谅，取士诚，北伐中原，遂成帝业，"略如基谋"①。

2. 贡献筹谋，亲临战阵

当陈友谅攻陷太平，率兵东下时，"势甚张，诸将或议降，或议奔据钟山"，刘基力排众议，向朱元璋说明骄兵必败和打胜这一仗的重要性："贼骄矣，待其深入，伏兵邀取之，易耳。天道后举者胜，取威制敌以成王业，在此举矣。"②朱元璋用刘基之计，至正二十三年（1363）与陈友谅决战于鄱阳湖。激战数日后，刘基又审时度势，及时建议朱元璋"移军湖口扼之，以金木相犯日决胜"，结果"友谅走死"③。这是朱元璋统一天下的关键性一仗，诚如他自己所说："友谅亡，天下不难定也。"④ 充分肯定了刘基军事策略的重要性。宁海人叶兑，精通天文、地理、卜筮之书⑤，曾纵谈天下："今之规模，宜北绝李察罕，南并张九四，抚温、台，取闽、越，定都建康，拓地江、广，进则越两淮以北征，退则划长江而自守。夫金陵古称龙盘虎踞，帝王之都，借其兵力资财，以攻则克，以守则固，百察罕能如吾何哉。"⑥ 建议朱元璋立足南京，拒绝诱降，先平江南，后定中原，推翻元朝。朱元璋接受其建议，并循此完成统一大业。龙泉人章溢、胡深，不仅长于谋略，且能亲临战阵，独当一面。朱元璋进攻闽浙，二人不负厚望，屡挫方国珍、陈友定，立下赫赫功勋，朱元璋称赞胡深"浙东一障，吾方赖之"⑦，而章溢"虽儒臣，父子宣力一方，寇盗尽平，功不在诸将后"⑧。

3. 运筹帷幄，保障军需

在此方面，李善长事功最著，凡朱元璋出师，必以李善长留守，而李"转调兵饷无乏"⑨。尤其是朱元璋称吴王之后，政治军事活动空前增多。为保障军需国用，李善长在西吴地区奖励垦植，推行屯田，兴修水

---

① 张廷玉：《明史》卷一二八《刘基传》，第 3779 页。
② 同上书，第 3778 页。
③ 同上书，第 3779 页。
④ 张廷玉：《明史》卷一《太祖纪一》，第 12 页。
⑤ 张廷玉：《明史》卷一三五《叶兑传》，第 3915 页。
⑥ 同上。
⑦ 张廷玉：《明史》卷一三三《胡深传》，第 3891 页。
⑧ 张廷玉：《明史》卷一二八《章溢传》，第 3790 页。
⑨ 张廷玉：《明史》卷一二七《李善长传》，第 3770 页。

利。他还斟酌元制，改革弊政，提出了一系列建议，"请榷两淮盐，立茶法"，"复制钱法，开铁冶，定鱼税"，开辟了财源，使"国用益饶，而民不困"①。洪武三年（1370），朱元璋大封功臣，以李善长为功臣之首，赞其"给足军食，其功甚大"②。

（三）稳定社会，发展生产

元季政治腐败，加之连年战争，户口锐减，田地荒芜。因此，安定社会，发展生产成为争取人心，赢得胜利的重要条件之一。于此，朱元璋阵营的江南士人治功颇著。

1. 重视民生，施行德政

如朱元璋定鼎南京后，歙县人唐仲实提出："然以今日观之，民虽得所归而未遂生息。"朱元璋颇有感触："此言是也，我积少而费多，取给于民，甚非得已，恒思所以休息之。"③ 至正二十四年（1364），朱元璋与孔克仁论天下形势，鉴于"连年战争，饥馑疾疫"的窘境，孔氏建议："积粮训兵，待时而动，此长策也。"④ 受江南士人的熏陶，朱元璋以安定民心为急务，认为要取得最后胜利，不能单凭军事势力，还要靠政治的稳定，社会的安定和生产的发展，"今豪杰非一，我守江左，任贤抚民，以观天下之变，若徒与角力，则猝难定也"⑤。

2. 安定社会，发展生产

如太平儒士李习，以古稀之年任太平知府，"精于治体，均平摇役"，使"民受其惠，吏不敢欺"⑥。陶安知黄州时，"宽租赋，省徭役，民悦服之"⑦；知饶州时，鼓励垦荒，田野日辟，政绩斐然。他离任时百姓歌

---

① 张廷玉：《明史》卷一二七《李善长传》，第3770页。
② 朱国桢：《皇明史概·皇明开国臣传》卷二《韩国李公》，《续修四库全书》，第431册，第294页。
③ 《明太祖实录》卷六"至正十八年十二月庚辰"条，台北中研院史语所影印本，1962年，第71页。
④ 《明太祖实录》卷一四"至正二十四年正月庚午"条，台北中研院史语所影印本，1962年，第177页。
⑤ 张廷玉：《明史》卷一三五《孔克仁传》，第3923页。
⑥ 朱国桢：《皇明史概·皇明开国臣传》卷六《太守李公》，《续修四库全书》，第431册，第378页。
⑦ 《明太祖实录》卷三五"洪武元年九月癸卯"条，台北中研院史语所影印本，1962年，第628页。

颂他说:"千里榛芜,侯来之初,万姓耕辟,侯去之日。"① 范常知太平府时,兴办学校,货种与民,使生产得到发展,史称"常以简易为治,官廪有谷数千石,请给民乏种者,秋稔输官,公私皆足"②。章溢任营田司事时,"巡行江东、两淮田,分籍定税,民甚便之";在守处州时,通过李善长上达"自兵兴以来加征颇重,民病之"的情况,朱元璋当即"诏复其旧"③。章溢任金营田司事时,巡抚江东、两淮,分籍定税,老百姓感到方便。由于江南士人的帮助,朱元璋成功地进行了根据地的建设,减轻了百姓的负担,较好地解决了军需造作、转输城守、地方治安等重大问题,保证了统一战争的胜利进行。

3. "得地坚守"④,"寓兵于农"

如至正十四年(1354)克滁阳,范常建议朱元璋,每得一地,务必使安顿百姓,并从中"拣精锐之士,半从军,半乘城,且择宽厚长者牧守之",唯其如此,方可"使得耕守,不为他盗攻劫"⑤。在攻克和阳时,范常又建议从百姓中选拔"材勇","简阅为伍,各设长贰典司之,耕作隙则习肄无懈,事平之日听其为农",如此则"不烦坐食,可得精兵数万;以战则胜,以守则固"⑥。根据这些建议,朱元璋实行屯田,设置"管理民兵万户府",推行"民各于近城耕种,练则为兵,耕则为农,兵农兼资,进可以取,退可以守"⑦,并收到了"民无坐食之弊,国无不练之兵"⑧的实效,大大加强了朱元璋的军事力量。

4. 兴学施教,育养人才

如范常在任太平府知府时,"兴学校,延师儒"⑨。至正十九年

---

① 项笃寿:《今献备遗》卷二《陶安》,《北京图书馆珍本古籍丛刊》,第19册,第393页。
② 张廷玉:《明史》卷一三五《范常传》,第3917页。
③ 《明太祖实录》卷四二"洪武二年五月辛酉"条,台北中研院史语所影印本,1962年,第837页。
④ 张廷玉:《明史》卷一二二《韩林儿传》,第3683页。
⑤ 朱国桢:《皇明史概·皇明开国臣传》卷六《起居注范公》,《续修四库全书》,第431册,第377页。
⑥ 同上。
⑦ 《明太祖实录》卷一四"至正二十四年正月庚午"条,台北中研院史语所影印本,1962年,第177页。
⑧ 谷应泰:《明史纪事本末》卷二《平定东南》,第19页。
⑨ 《明太祖实录》卷三一"洪武元年四月癸亥"条,台北中研院史语所影印本,1962年,第556页。

(1359)二月,宁越知府王宗显兴办郡学,礼聘江南名士宋濂、叶仪为五经师,戴良为学正,吴沉等为训导,"始闻弦诵之声"①。丧乱之余,江南士人仍坚持兴学施教,不仅有利于培养人才,满足一时之需,且有利于文化的传播和社会秩序的安定,以吸引更多的江南士人。

(四)进讲经史,敷陈治道

朱元璋起身布衣,当干戈扰攘之时,征召江南耆儒,讲论道德,修明治术,兴起教化,"焕乎成一代之宏规"②。早在至正十五年(1355)建立太平兴国翼元帅府时,军中就设有教授。至正十八年(1358),朱元璋克婺州,征辟江南儒士许元、叶瓒玉、胡翰、吴沉、汪仲山、李公常、金信、徐孳、童冀、戴良、吴履、张起敬、孙履凡十三人,"皆会食省中,日令二人进讲经史,敷陈治道"③。此外,陶安、刘基、宋濂、陈遇、李习、范祖干、许瑗、孔克仁、许存仁、毛骐、宋思颜、王祎、王天锡、叶仪、詹同等名士硕儒亦相继来归,奉朱元璋为"真命天子",向他灌输儒家治国经邦济世之道,"太祖起义兵,虽军中,尝令儒者陈说古人书义,资其智识,此明经筵所自始也"④。如至正十八年(1358)十二月,范祖干持《大学》拜见朱元璋,元璋问他:"治道何先?"对曰:"不出此书",并剖陈其义,讲陈"帝王之道",朱元璋深加礼貌。⑤ 至正二十年(1360),刘基、宋濂等至南京,朱元璋甚喜,"与论经史,咨以时事"⑥。同年,置儒学提举,以宋濂为提举,讲授经学。⑦ 期间,宋濂为朱元璋讲解《春秋左氏传》《黄石公三略》《尚书》等,并说:"《春秋》乃孔子褒善贬恶之书,苟能遵行,则赏罚适中,天下可定也"⑧;"《尚

---

① 查继佐:《罪惟录》纪卷一《太祖高皇帝纪》,北京图书馆出版社2006年版,第24页。
② 张廷玉:《明史》卷二八二《儒林传叙》,第7221页。
③ 《明太祖实录》卷六"至正十八年十二月辛卯"条,台北中研院史语所影印本,1962年,第75页。
④ 查继佐:《罪惟录》志卷一七《经筵志总论》,第557页。
⑤ 《明太祖实录》卷六"至正十八年十二月辛卯"条,台北中研院史语所影印本,1962年,第74页。
⑥ 《明太祖实录》卷一二"至正二十三年五月癸酉"条,台北中研院史语所影印本,1962年,第153页。
⑦ 《明太祖实录》卷一八"至正二十年五月丁卯"条,台北中研院史语所影印本,1962年,第106页。
⑧ 刘基:《国初礼贤录》上,中华书局1991年版,第3页。

书》二《典》三《谟》,帝王大经大法毕具,愿留意讲明之"①。至正二十四年(1364),朱元璋阅《汉书》,与宋濂、孔克仁等论汉代之得失,批评汉代学术不纯,杂王霸之道。② 至正二十五年(1365),朱元璋问孔克仁:"汉高祖起自徒步,终为万乘,何也?"克仁对曰:"由其知人善任使。"③ 同年,朱元璋命起居注滕毅、杨训文裒集历代无道之君夏桀、商纣、秦始皇、隋炀帝等所行之事以进,并说"吾观此者,正欲知其丧乱之由以为之戒耳"。④ 至正二十六年(1366),朱元璋与国子博士许存仁、起居注詹同等论用人之道,二人释疑解惑,向朱元璋阐述了乱世用人的重要性。⑤ 又与太史令刘基、起居注王祎议论治道,刘基建议战乱之后,"治道必当有所更革也";王祎亦认为"修人纪,叙彝伦",皆合时势。⑥ 吴元年(1367),朱元璋问宋濂:"帝王之学,何书为要?"宋濂请读宋人真德秀《大学衍义》⑦。遂命儒臣讲可以鉴戒的古人行事及《大学衍义》,书写在新宫的两庑间,"以借此朝夕观览"⑧。

在江南士人的启迪和辅导下,朱元璋不仅通达儒学,深思治道,且"能操笔成文章"⑨,"手撰书檄"⑩,俨然博雅儒者。应该说,朱元璋之所以成为一代名君,与其长期尊礼儒士,虚心向学有着密切关系。

(五)开省置府,初建政权

元末民兵以来,多数义军只知攻城略邑,食尽弃去,未建立牢固的

---

① 张廷玉:《明史》卷一二八《宋濂传》,第3786页。
② 《明太祖实录》卷一五"至正二十四年五月丙子"条,台北中研院史语所影印本,1962年,第195页。
③ 《明太祖实录》卷一六"至正二十五年四月庚子"条,台北中研院史语所影印本,1962年,第224—225页。
④ 《明太祖实录》卷一七"至正二十五年六月乙卯"条,台北中研院史语所影印本,1962年,第233页。
⑤ 《明太祖实录》卷一九"至正二十六年三月戊戌"条,台北中研院史语所影印本,1962年,第272—273页。
⑥ 《明太祖实录》卷一九"至正二十六年三月甲辰"条,台北中研院史语所影印本,1962年,第273页。
⑦ 刘基:《国初礼贤录》上,第4页。
⑧ 《明太祖实录》卷二五"吴元年九月癸卯"条,台北中研院史语所影印本,1962年,第379页。
⑨ 徐祯卿:《翦胜野闻》,《四库全书存目丛书·子部》本,第240册,齐鲁书社1995年版,第131页。
⑩ 谈迁:《国榷》卷二"至正二十六年五月庚寅"条,中华书局1958年版,第325页。

根据地，常常是旋起旋落，"数攻下城邑，元兵亦数从其后复之，不能守"①。朱元璋自渡江以后，即认识到建立根据地的重要性。在江南士人的协助下，他开省置府，建立政权，逐步走向统一宇内的历史道路。

早在至正十五年（1355），朱元璋率部渡江，攻占太平，改太平路为太平府，以李习知府事。置太平兴国元帅府，朱元璋自领大元帅，李善长为帅府都事，潘庭坚为帅府教授，汪广洋为帅府令史，陶安为参幕府事。②依靠江南士人，朱元璋建立了渡江后的第一个实体政权。

至正十六年（1356）三月，朱元璋攻占南京，改集庆路为应天府。七月，置江南行中书省，朱元璋自总省事，置僚佐，以江南士人李善长、宋思颜为参议，李梦庚、郭景祥为左右司郎中，侯原善、杨原杲、陶安、阮弘道为员外郎，孔克仁、陈养吾、王恺为都事，王璹为照磨，栾凤为管勾，夏煜、韩子鲁为博士③。又置理问所，以刘祯、秦裕为理问；置提刑按察使司，以王习古、王德芳为佥事④；寻以单安仁为副使⑤。至此，由更多江南士人参加的政治实体初步形成。

至正十八年（1358）十二月，朱军克婺州，置中书分省，调中书省左右司郎中李梦庚、郭景祥为分省左右司郎中，中书省都事王恺为分省都事，中书省博士夏煜为分省博士，中书省管勾栾凤为分省管勾，以汪广洋为照磨，儒士王祎、韩留、杨遵、赵明可、萧尧章、史炳、宋冕为掾史。寻改婺州路为宁越府。⑥可见，在中书分省这一更为完备的政权机构中，江南士人仍是掌管政治、军事、经济的要员。至正二十二年（1362）二月，改中书分省为浙东等处行中书省，处州人胡深为左右司郎中，照磨史炳、丹徒知县刘肃为都事。⑦

---

① 张廷玉：《明史》卷一二二《韩林儿传》，第3683页。
② 《明太祖实录》卷三"至正十五年四月丁巳"条，台北中研院史语所影印本，1962年，第33—34页。
③ 《明太祖实录》卷四"至正十六年七月己卯"条，台北中研院史语所影印本，1962年，第45—46页。
④ 同上书，第46页。
⑤ 《明太祖实录》卷六"至正十八年二月乙亥"条，台北中研院史语所影印本，1962年，第63页。
⑥ 《明太祖实录》卷六"至正十八年二月丙戌"条，台北中研院史语所影印本，1962年，第73页。
⑦ 《明太祖实录》卷一〇"至正二十二年二月丙申"条，台北中研院史语所影印本，1962年，第135页。

此后，随着战事的节节胜利，朱元璋进一步建立、完善统治机构，其间江南士人被委以重任。如至正二十四年（1364）正月，朱元璋称吴王，置中书省，以李善长为右相国①，"事无巨细，悉委善长与诸儒臣谋议行之"②。至正二十五年（1365）九月，置国子学，设博士、助教、学正、学录、典乐、典书、典膳等官，以许存仁为博士。③ 次年二月，以刘承直为国子博士，李晔、张济、潘时英为助教，完誓为学正，郑贯、杜环为学录，张以诚为典膳④。七月，以苏伯衡为国子学录。⑤ 吴元年（1367）十月，定国子学官制，以许存仁为祭酒，刘承直为司业，苏伯衡为学正，以陈世昌署典簿，陈宗义署博士，高晖署助教，张溥为学录⑥。同月，置御史台各道按察司御史台，以汤和为左御史大夫，邓愈为右御史大夫，刘基、章溢为御史中丞。文原吉、范显祖为治书侍御史，安庆为殿中侍御史，钱用壬为经历，何士弘、吴去疾等为监察御史。其中汤和、邓愈虽出身武将，但朱元璋仍要求其注意请教江南儒臣："卿以武臣而位处文职，当求儒者讲论。"⑦ 又置翰林院学士，召饶州知府陶安为学士。⑧ 同时，命中书省定律令，以左丞相李善长为总裁官，参知政事杨宪、傅瓛、御史中丞刘基、翰林学士陶安、右司郎中徐本、治书侍御史文原吉、范显祖、经历钱用壬、监察御史盛原辅、吴去疾、赵麟、崔永泰、张纯诚、谢如心，大理卿周祯、少卿刘惟敬、大理丞周浈、评事陈敏、孙忠、按察使李详、潘黼、滕毅、佥事程孔昭、傅敏学、王藻、逯

---

① 《明太祖实录》卷一四"至正二十四正月丙寅"条，台北中研院史语所影印本，1962年，第175—176页。
② 张廷玉：《明史》卷一二七《李善长传》，第3770—3771页。
③ 《明太祖实录》卷一七"至正二十五年九月丙辰"条，台北中研院史语所影印本，1962年，第239页。
④ 《明太祖实录》卷一九"至正二十六年二月庚午"条，台北中研院史语所影印本，1962年，第262—263页。
⑤ 《明太祖实录》卷二〇"至正二十六年七月甲申"条，台北中研院史语所影印本，1962年，第291页。
⑥ 《明太祖实录》卷二六"吴元年十月丙午"条，台北中研院史语所影印本，1962年，第384页。
⑦ 《明太祖实录》卷二六"吴元年十月壬子"条，台北中研院史语所影印本，1962年，第387页。
⑧ 《明太祖实录》卷二三"吴元年五月己亥"条，台北中研院史语所影印本，1962年，第338—339页。

永贞、张引、吴彤为议律官。①

占领南京后，朱元璋连克广德、长兴、常州、宁国、江阴、龙兴、常熟、徽州、信州、池州、扬州、建德、婺州、衢州、诸暨、衢州、处州等地。随着疆土的不断拓展，地方机构逐渐建立，江南士人担任主要官职。如各府知府，以李习、许瑗、范常为太平府知府，王宗显为宁越知府，杨苟为龙游知府，王道同为安南知府、叚伯文为广信知府，侯原善、陈景仁为金华知府，高复为长春知府，李德成为淮海知府，吴去疾为宁江知府，刘行任为池州知府，陶安为黄州府知府、饶州知府，叶琛为洪都知府，朱叔华为吉安知府，何质为苏州知府等。

总之，江南士人参与朱元璋集团，为其最终获胜奠定了社会人心、物质财富、思想意识、政治观念的基础；更重要的是，朱元璋集团最后向封建制转化，以刘基等为代表的江南士人颇有推助之功，如朱元璋帝王思想、正统意识的形成，斗争方向由镇压地主阶级向保护地主阶级的转变，与北方红巾军的决裂，等等，皆与江南士人有关。但真正促使朱元璋政权蜕变的原因，还要从当时的社会经济、政治格局、民族矛盾、阶级矛盾等现实因素中去寻找。唯其如此，才能对反元江南士人的历史作用做出全面客观的评价。

当然，在群雄纷争，干戈扰攘之际，江南士人之所以能够与朱元璋走到一起，并得以发挥自身价值和功能，绝非盲目行事，也非偶然现象，而是元末社会矛盾及朱元璋所推行的各种政策所产生的必然结果，一如时人林弼所言："自昔帝王之兴，豪杰之士能识真主，云从景附，勇者效力，智者效谋，以战则克，以守则安，用能懋著殊勋，弼成大业，盖天生贤才以为真主之辅，非偶然之故也。"② 当时，江南士人表现出鲜明的"待时而动""择主而事"的思想动向。在此情况下，谁具备了"明君""真主"条件，谁就会赢得江南士人的拥戴。而要成为"明君""真主"，在江南士人看来，就须做到"神武不杀"，"勿贪子女玉帛"③，"知人善

---

① 《明太祖实录》卷二六"吴元年十月甲寅"条，台北中研院史语所影印本，1962年，第388—389页。

② 林弼：《林登州集》卷二一《故开国辅运推诚宣力武臣荣禄大夫柱国东平侯加封郓国公谥义安韩公神道碑》，《北京图书馆珍本古籍丛刊》本，第99册，第614页。

③ 张廷玉：《明史》卷一二九《冯胜传》，第3795页。

任"，"顺天应人"①，"复先王礼乐"②……只有符合这些条件者，才能成大事、立大业；而江南士人只有遇上可为之主，才能施展抱负，建立功勋。历史表明：当时只有朱元璋具备了"明君"条件，他所推行的一系列政策，成为争取、笼络江南士人积极归附，竭诚效力的重要原因。

1. 拨乱救民

这是时代赋予各路群雄的重大历史任务。生逢衰乱之世，江南士人虽然为时代潮流所裹挟，但对农民起义并非无条件地拥护和支持，在尖锐的阶级斗争中，江南士人的思想意识、政治态度具有鲜明的地主阶级属性，如刘基反对招抚方国珍③，章溢不降起义军④等皆为明证。但在江南士人的内心深处，有一点是可以超越阶级界限的，即心系天下的经世之志和拯民于水火的忧世之情。因此，当他们看到元廷无力拯救民生，广大民众决心推翻蒙元统治时，便乘时而起，投身义军，为争取济苍生、安社稷的政治理想而努力。如刘基由遁世到用世、由卫元到反元的转变，就是以有感于生民困苦、社稷安危为契机。他途经东晋名将祖逖故里，作《吊祖豫州赋》，感佩其"系生民之休戚"的品节，哀叹祖逖生不逢时，壮志难酬，"男儿抱志气，宁肯甘衰朽！松枏在深谷，枝叶拂星斗。虽无般匠顾，势自凌培塿"⑤。而就在此时，朱元璋顺应民心，拨乱救民，正好切合江南士人的心境。

此后，朱元璋每逢克城略地，必开仓赈济⑥，赦囚禁酒⑦，"存恤鳏寡孤独"⑧。如至正十六年（1356）三月，朱元璋克集庆，召官吏父老，谕之曰："元失其政，所在纷扰，兵戈并起，生民涂炭，汝等处危城之

---

① 《明太祖实录》卷三"至正十五年四月丁巳"条，台北中研院史语所影印本，1962年，第33页。
② 张廷玉：《明史》卷一三五《陈遇传》，第3914页。
③ 张廷玉：《明史》卷一二三《方国珍传》，第3697—3698页。
④ 张廷玉：《明史》卷一二八《章溢传》，第3789页。
⑤ 刘基：《刘基集》卷二八《题陆放翁晚兴诗后》，浙江古籍出版社1999年版，第361页。
⑥ 刘辰《国初事迹》载："勿杀人，勿掳女妇，勿烧房屋，违者依军法斩。兵不离伍，市不易肆，开仓以济贫民。"《四库全书存目丛书·史部》，第46册，齐鲁书社1995年版，第14页。
⑦ 《明太祖实录》卷六"至正十八年十二月辛卯"条，台北中研院史语所影印本，1962年，第74页。
⑧ 《明太祖实录》卷一〇"至正二十二年正月辛酉"条，台北中研院史语所影印本，1962年，第125页。

中，朝夕惴惴不能自保，吾率众至此，为民除乱耳。汝宜各安职业，毋怀疑惧，居官者慎毋暴横以殃吾民，旧政有不便者，吾为汝除之。"① 至正十八年（1358）正月，朱元璋命提刑按察司佥事分巡郡县录囚，并说："用法如用药，药本以济人，不以毙人，服之或误，必致戕生。法本以卫人，不以杀人，用之太过，则必致伤物。百姓自兵乱以来，初离创残，今归于我，正当抚绥之。"② 同年末，朱元璋克婺州，又谕诸将："今新克婺城，民始获苏，政当抚恤，使民乐于归附。"③ 至正二十一年（1361），朱元璋对新任太平知府范常说："太平吾股肱郡，其民数罹兵革，疲劳甚矣。今命尔往，当有以安辑之，使各得其所，庶几尽职。"④ 至正二十五年（1365）十月，举兵征张士诚，下令："王者征伐，应天顺人，所以平祸乱而安生民也。"⑤ 至正二十六年（1366），又对太史令刘基、起居注王祎曰："天下兵争，民物创残，今土地渐广，战守有备，治道未究，甚切于心。"⑥ 凡此，朱元璋推行的一系列仁政措施，与江南士人一贯恪守的民本思想相一致，由此朱元璋被江南士人确定为实现自己理想的"真主""明君"，所谓："方今四海鼎沸，豪杰并争，攻城屠邑，互相雄长，然其志在子女玉帛，非有拨乱安民，救天下之心。明公率众渡江，神武不杀，以此顺天应人而行吊伐，天下不足平也。"⑦

2. 治军有方

关于朱元璋严禁杀掠、严肃军纪的事例，史料所载颇富。如至正十六年（1356）初，朱元璋命徐达为大将率诸将征江东，临行前戒之曰："吾自起兵，未尝妄杀，今尔等当体吾心，戒戢士卒，城下之日，毋焚掠

---

① 《明太祖实录》卷四"至正十六年三月庚寅"条，台北中研院史语所影印本，1962年，第42—43页。
② 《明太祖实录》卷六"至正十八年二月己酉"条，台北中研院史语所影印本，1962年，第63—64页。
③ 《明太祖实录》卷七"至正十九年正月乙巳"条，台北中研院史语所影印本，1962年，第77页。
④ 《明太祖实录》卷九"至正二十一年七月甲子"条，台北中研院史语所影印本，1962年，第115页。
⑤ 《明太祖实录》卷一八"至正二十五年十月戊戌"条，台北中研院史语所影印本，1962年，第244页。
⑥ 《明太祖实录》卷一九"至正二十六年三月甲辰"条，台北中研院史语所影印本，1962年，第273页。
⑦ 谷应泰：《明史纪事本末》卷一《太祖起兵》，第9页。

杀戮，有犯令者，处以军法，纵者罚毋赦。"① 至正十九年（1359）正月，朱元璋谋取浙东诸路，晓谕诸将士说："仁义足以得天下，而威武不足以服人心，夫克城虽以武，而安民必以仁……吾每闻诸将下一城，得一郡，不妄杀人，辄喜不自胜。②" 二十四年（1364），常遇春、汪广洋等围赣州，朱元璋谕之曰："当以保全生民为心，一则可为国家用，一则为未附者……不妄诛杀，得享高爵，子孙昌盛，此可为法向者。"③ 吴元年（1367）八月，命徐达、常遇春等征张士诚，亦谕之曰：卿等讨张士诚，戒饬士卒，勿肆房掠，勿妄杀戮，勿发丘垅，勿毁庐舍，闻士诚母葬姑苏城外，慎无侵毁其墓，汝等勿忘吾言。"④ 在这一思想的支配下，朱元璋诸将亦遵纪守法。如"善用兵"的名将胡大海就曾说："吾武人，不知书，惟知三事而已：不杀人，不掠妇女，不焚毁庐舍。"⑤ 可见，与其他群雄及衰败的元军相比，朱军的确是一支军纪严明的仁义之师。这种政策的推行一定程度上保护了江南士人的利益，赢得了他们的信任，达到了收拾人心的目的。而朱元璋的远见卓识、雄才大略，也正好与江南士人渴望仁政的价值期许节应拍合，"主公英明神武，驱除祸乱，未尝妄杀，出民膏火，措之于衽席之上，开创之功，超于前代"⑥。

3. 礼贤下士

朱元璋"初不知书，而好近儒生"⑦，自冯国用、李善长投靠起，朱元璋日益认识到文人学士的文韬武略在统一大业中的作用，认为"为天下者，譬如作大厦，非一木所成，必聚材而后成，天下非一人独理，必选贤而后治"⑧。因此，克南京后，即宣布："贤人君子有能相从立功业

---

① 《明太祖实录》卷四"至正十六年三月辛卯"条，台北中研院史语所影印本，1962年，第43页。
② 《明太祖实录》卷七"至正十九年正月乙巳"条，台北中研院史语所影印本，1962年，第77页。
③ 《明太祖实录》卷一五"至正二十四年八月庚子"条，台北中研院史语所影印本，1962年，第201—202页。
④ 皇甫录：《皇明纪略》，《续修四库全书》，第1167册，第658页。
⑤ 张廷玉：《明史》卷一三三《胡大海传》，第3879页。
⑥ 《明太祖实录》卷六"至正十八年十二月庚辰"条，台北中研院史语所影印本，1962年，第71页。
⑦ 赵翼：《廿二史札记》卷三六"明祖重儒"条，中华书局1984年版，第837条。
⑧ 《明太祖实录》卷一二八"洪武十二年十二月壬辰"条，台北中研院史语所影印本，1962年，第2040页。

者，吾礼用之。"① 克婺州时，又说："予用英豪有如饥渴耳"②；"方今有事四方，所需者人才"③。建吴称王后，重申"立国之初，致贤为急"④，并令："府、县每岁举贤才及武勇谋略、通晓天文之士，其有兼通书律廉吏亦得荐举。"⑤ 可以说，在整个统一战争中，朱元璋无时不以收罗儒士贤才为要务，并于至正二十三年（1363）建成礼贤馆以处之。⑥ 而江南士人之所以愿意投靠朱元璋，与其推行的用人政策有着直接关系。

朱元璋收录儒士，绝非只为了博个礼贤下士的名声，而是统一天下大业之所需，正如他在聘得刘基等浙东儒士时所言："我为天下屈四先生。"⑦ 所以对于儒士的任用，朱元璋更是据其所能，用其所长，因才授职，因人授事，如"以濂为江西等处儒学提举司提举，遣世子受经，以溢、琛为营田司佥事，基留帷幄，预机密谋议"⑧。而且，朱元璋注意争取张士诚、陈友谅及元朝将官，一旦他们真心归附，即既往不咎，按照"恩均义一，无有所间"⑨的原则予以聘用。如朱元璋平定浙西后，"元室大官贵人之縻于张氏者，相率旅见于廷，上既优待"⑩。此后的历史表明：这些江南士人确实能恪尽职守、效忠朱氏。应该说，朱元璋知人善任、任人唯贤的作风，为江南士人提供了参与时事，实现理想的契机。同时，朱元璋注重搜罗硕彦名儒，利用其声望来获取人心，吸引人才。如刘基是青田望族，也是浙东名士，自其投附朱元璋后，一批浙东士人接踵而至。藉此，朱元璋扩大了统治基础，稳定了浙东秩序，这也是朱

---

① 《明太祖实录》卷四"至正十六年三月庚寅"条，台北中研院史语所影印本，1962年，第41页。
② 高岱：《鸿猷录》卷二《延揽群英》，上海古籍出版社1992年版，第19页。
③ 张廷玉：《明史》卷一《太祖纪》，第9页。
④ 《明太祖实录》卷一五"至正二十四年十一月辛酉"条，台北中研院史语所影印本，1962年，第207页。
⑤ 《明太祖实录》卷一九"至正二十六年三月丙申"条，台北中研院史语所影印本，1962年，第271页。
⑥ 《明太祖实录》卷一二"至正二十三年五月癸酉"条，台北中研院史语所影印本，1962年，第153—154页。
⑦ 张廷玉：《明史》卷一二八《章溢传》，第3790页。
⑧ 谷应泰：《明史纪事本末》卷二《平定东南》，第23页。
⑨ 《明太祖实录》卷九"至正二十一年十二月己亥"条，台北中研院史语所影印本，1962年，第124页。
⑩ 徐一夔：《始丰稿》卷五《送都勒斡平章还燕序》，浙江古籍出版社2008年版，第108页。

元璋较之其他群雄的高明之处。

4. 维护士权

为了笼络江南士人，朱元璋实行了一系列保护江南士人权益的政策。如至正十八年（1358）克婺州，令保护"浙东第一义门"浦江郑氏，"禁兵士毋侵犯"①；招募富民子弟充当宿卫，名曰"御中军"②；镇压小股农民起义，维护江南士人权益③，如在讨伐张士诚的檄文中，朱元璋命令保护江南士人利益："凡尔百姓，果能安业不动，即我良民。旧有田产房屋，仍前为主，依额纳粮，余无科取。"④ 而对于那些被俘而不愿受降的江南士人，朱元璋认为："为人臣者，各为其主"⑤，或礼遇出境，或纵走不追，这与其他群雄不降即杀的做法形成鲜明对比。⑥ 这些措施对于缓和社会矛盾，分化敌对势力，壮大自身力量产生了重要作用，许多江南士人纷纷前来投降，为之效死。

5. 尊孔崇儒

元季巨变，使深浸儒学的江南士人陷入窘境，他们在失去可以依附的政治势力后，对儒学精神性力量的期许显得愈发强烈。在此情况下，各方政治势力能否举起崇儒大旗，成为赢得江南士人的重要举措。朱元璋虽出身草莽，但他崇尚孔儒，这主要表现在祭拜孔庙和建立学校两个方面：就前者而言，朱元璋每占领一处，多要拜谒孔庙。至正十五年（1355）六月克太平，次年三月克集庆，皆"首谒夫子庙，行舍菜礼"⑦。

---

① 《明太祖实录》卷六"至正十八年六月癸酉"条，台北中研院史语所影印本，1962年，第66页。

② 《明太祖实录》卷六"至正十八年十二月辛卯"条，台北中研院史语所影印本，1962年，第75页。

③ 《万历严州府志》卷一八《寇盗》载："梁万户，于潜人。元末率众乱，乌合至数千人，皆以红巾缠头，号红巾军。自杭至徽，转掠淳安、建德地方……未几，少保常遇春自新城来，李同签（即李文忠）自严州下，会师大战，尽剿红巾之众。"《日本藏中国罕见地方志丛刊》，书目文献出版社1990年版，第402页。

④ 王世贞：《弇山堂别集》卷八五《高帝平伪周榜》，中华书局1985年版，第1616页。

⑤ 《明太祖实录》卷三"至正十五年十二月壬子"条，台北中研院史语所影印本，1962年，第39页。

⑥ 陈高华：《元末浙东地主与朱元璋》，载《元史研究论稿》，中华书局1991年版，第298页。

⑦ 唐桂芳：《白云集》卷六《重修兴安府孔子庙记》，文渊阁《四库全书》，第1226册，第165页。

九月，入江淮府，"先谒孔子庙"。① 至正二十二年（1362）正月，入龙兴城，"谒孔子庙"。② 就后者而言，至正十九年（1359），朱元璋开始兴办学校，至至正二十五年（1365）臻至顶峰。如至正十六年（1356）立三老堂，"以尊遗佚、博士院以蓄英才，凡讲明治道，悉资匡弼；郡县署知府知县员领庙学事，凛弗敢坠"③；至正二十年（1360）置儒学提举司④；至正二十五年（1365）正月设宁越郡学⑤、九月置国子学⑥。作为一项文治政策，兴建学校"既是吸收儒士的手段，又是吸收儒士的结果"⑦。

可见，在天下纷争，鹿死谁手尚难预料的情况下，江南士人离经叛道，投奔朱氏，并非随波逐流，也非一时冲动，而是基于"治国平天下"的夙愿。江南士人从效忠于元到投靠朱氏，有人怀疑他们的真实感情和道德品格，对此，游潜在《梦蕉诗话》为刘基辩护时说："青田刘伯温，论者称其乘时佐命之功，甚与汉子房相似。然或谓子房乃为韩报仇，伯温则尝委事于元，其出处不免有訾，是盖未深论也。夫伯温生元世，岂能超出天地外，不为元人也哉？忧时痛国，每形于色。"与刘基相仿，许多江南士人曾渴望元朝中兴，改变积贫、积弱、积弊的局面，但元运将尽，中兴无望。于是，他们考量社会形势、各方实力及自身利益，最终肯定了朱元璋的优势所在，"我主上（朱元璋）宽仁神武，录人之功，忘人之过"，但相形之下，"元君昏弱，奸孽擅政，强将跋扈，百姓荼毒，

---

① 《明太祖实录》卷四"至正十六年九月戊寅"条，台北中研院史语所影印本，1962年，第48页。
② 《明太祖实录》卷一〇"至正二十二年正月壬戌"条，台北中研院史语所影印本，1962年，第125页。
③ 唐桂芳：《白云集》卷六《重修兴安府孔子庙记》，文渊阁《四库全书》，第1226册，第165页。
④ 《明太祖实录》卷八"至正二十年五月丁卯"条，台北中研院史语所影印本，1962年，第106页。
⑤ 《明太祖实录》卷七"至正二十五年正月庚申"条，台北中研院史语所影印本，1962年，第80页。
⑥ 《明太祖实录》卷一七"至正二十五年九月丙辰"条，台北中研院史语所影印本，1962年，第239页。
⑦ 杨讷：《龙凤年间的朱元璋》，《元史论丛》（第四辑），中华书局1992年版，第169—229页。

天绝其命久矣",张士诚、陈友谅等"骄淫悖道,亡在旦夕"①。准此,江南士人视朱元璋为"真主",并"委身归之"②,"相需鱼水"③,为统一天下,重建封建秩序协力战斗。

三 江南士人与张士诚等的离合

元末农民起义初,张士诚、陈友谅等发展迅速,势力强劲,朱元璋与之相比,"论兵强,莫如友谅;论财富,莫如士诚"④。其中,陈友谅先后占有安徽、江西、福建、湖广等地区,"拥众数十万"⑤;张士诚则跨有淮东浙右,"民物蕃盛,储积殷富"⑥,且有"甲士数十万"⑦,"实江南一劲敌"⑧。但争战的结果却是朱元璋获得了最终胜利,其中原因固然是多方面的,用朱元璋的话说:"曩者群雄并起,东西角立,孰不欲成大业?然不数年,徐氏以柔懦灭,陈氏以刚暴亡。今惟张氏存,来者咸谓政事废弛,亲昵奸回,上下蒙蔽,民心离怨,而费用无经,士卒困败,而征调不息,此将亡之时也。"⑨ 但有一点不容忽视,即张士诚、陈友谅等未能得到江南士人的有力支持。

一如前述,在农民战争期间,在张士诚、陈友谅、方国珍身边,也曾有江南士人为其效命。当时,这些人之所以愿意将自己托付于张、陈诸人,原因大体有二:

---

① 《明太祖实录》卷一八"至正二十五年十一月乙未"条,台北中研院史语所影印本,1962年,第254页。

② 同上书,第253页。

③ 谷应泰:《明史纪事本末》卷一《太祖起兵》,第13页。

④ 高岱:《鸿猷录》卷四《克张士诚》,上海古籍出版社1992年版,第71页。

⑤ 《明太祖实录》卷二一"至正二十六年八月辛亥"条,台北中研院史语所影印本,1962年,第296页。

⑥ 《明太祖实录》卷二五"吴元年九月己丑"条,台北中研院史语所影印本,1962年,第370页。

⑦ 《明太祖实录》卷二四"吴元年六月己酉"条,台北中研院史语所影印本,1962年,第342页。

⑧ 焦竑:《献徵录》卷八,吴伯宗撰《江阴侯赠江国公谥襄烈吴良神道碑》,《续修四库全书》,第525册,第265页。

⑨ 《明太祖实录》卷二〇"至正二十六年六月癸亥"条,台北中研院史语所影印本,1962年,第287—288页。

一是各方群雄多注重招揽宾客，优渥江南士人，尤其是张士诚，"颇好士"①，为"招纳四方贤俊"及"才识文艺之士"②，曾开弘文馆③，筑景贤楼；且于至正十九年（1359）开科取士，儒士马世杰、郭良弼、董绶等都被罗致麾下。对此，戴良赞云："十数年来，四方多故，时方尚武，中外选举之制遂格不行。今相国开藩中吴，文武并用，虽当干戈倥扰之际，不废治朝崇儒之典。"④

二是江南士人与张士诚、方国珍结合，与他们曾投靠元廷有着直接关系。以张士诚身边的江南士人为例，有人劝张氏投降元廷，其中参军俞思齐尤其卖力，"初士诚之臣服于元也，其参军俞思齐实劝之"⑤。另如周伯温，张士诚据吴时，"公单骑而往，直抵城中，喻以逆顺祸福，士诚大悟，即称臣入贡"⑥。至正十七年（1357），张士诚接受元廷招安，受封太尉，江南士人对其颇有好感，高启赞云："太尉镇吴之七年，政化内洽，仁声旁流，不烦一兵，强远自格，天人咸和，岁用屡登，厥德懋矣。然犹不自满而图治弥厉，尚惧听览之尚阙，而思僚佐之相裨也，乃承制以淮南条政临川饶公领咨议参军事。公辞以非材，即躬临其家，谕之至意，公感激，遂起视事。呜呼盛哉！此岂偶然也耶？盖天将兴人之国，则必赉以聪明奇特之士，与之左提右挈，以就大事，故其相合之深，相信之笃，冥契默谕，有莫知其所以然者。"⑦又评论道："今天下板荡，十年之间，诸侯不能保其国，大夫士之不能保其家，奔走离散于四方者多矣，而我与诸君蒙在上者之力（指张士诚），得安于田里，抚佳节之来临，登名山以眺望，举觞一醉，岂易得哉！"⑧可见，诸如高启一样的有能之士对张士诚是有过期望的。盖因如此，一时间归附张士诚的江南士人骤增。但这些江南士人出仕张士诚，并非意在扶持张氏，而是要借其

---

① 钱谦益：《国初群雄事略》卷六《周张士诚》，中华书局1982年版，第154页。
② 戴良：《九灵山房集》卷一三《送董郎中序》，《四部丛刊初编》，第1487册，第1页。
③ 王鏊《姑苏志》卷三六载："至正十六年，为天祐三年，国号大周。历日明时，设学士员，开弘文馆。"《北京图书馆珍本古籍丛刊》，第26册，第546页。
④ 戴良：《九灵山房集》卷一三《赠叶生诗序》，《四部丛刊初编》，第1487册，第10页。
⑤ 杨可学：《平吴录》，"至正十九年己亥"条，中华书局1985年版，第11页。
⑥ 贝琼：《清江文集》卷二三《跋坚白先生传后》，文渊阁《四库全书》，第1228册，第442页。
⑦ 高启：《高青丘集·凫藻集》卷三《代送饶参政还省序》，第898页。
⑧ 高启：《高青丘集·凫藻集》卷一《游天平山记》，上海古籍出版社1985年版，第852页。

力量消灭其他势力，以期维护元朝统治。如陈基，张士诚据吴时，被引为学士，"书檄多出其手"①，曾作诗云："南斗星移天使下，东吴兵振岛夷惊。君须早决平妖策，杖节归朝奉圣明。"② 无独有偶，山阴人张宪，出仕张士诚为枢密院都事，但亦"非其本愿"，他在《枕上感兴诗》中将自己比为"王粲之依刘晚，韦庄之仕蜀"，亦"自知所托非人"③。正是基于上述目的，江南士人对张士诚的好感大体持续到其自称吴王之际，张氏的叛而复变使江南士人的希望化为泡影，于是不少人相继离去，或隐居不仕，或归附朱氏。同样，一些江南士人归附方国珍，但仍与眷怀元廷，如刘仁本，方国珍据有温、台诸郡，仁本入其幕中，参预谋议，但仍"眷怀王室，其从国珍，盖欲借其力以有为，徐图兴复"④，对王纲解纽的浓郁忧患和对元廷复兴的热切盼望纯然未改。

当然，此时多数江南士人从一开始就不愿出仕张士诚、陈友谅、方国珍诸部，即使那些原本投靠的江南士人，也纷纷疏离而去。究其原因，大体如下五点。

一是不善用人，不问良莠。张士诚虽有好士之名，一度"僚友官以百数"⑤。从表面上看，一时间"江南士人咸声随影附，争游其门以自效"⑥，大有成就一番事业之希望，但其实不然。张士诚用人实为沽名钓誉，附庸风雅，"士有至者，不问贤不肖，辄重赠遗，舆马居室无不充足"⑦，只要愿意游其门下者，便来者不拒，并大加赏赐，"动以金帛啖诱将士"⑧，让其"身衣天下至美，口甘天下至味"⑨。这种用人政策实际难

---

① 永瑢：《四库全书总目》卷一六八《夷白斋稿》提要，中华书局1965年版，第1463页。
② 陈基：《夷白斋稿》卷八《次韵钱都事诚夫海上书事》，《四部丛刊三编》，第461册，第13页。
③ 永瑢：《四库全书总目》卷一六八《玉笥集》提要，第1455页。
④ 永瑢：《四库全书总目》卷一六八《羽庭集》提要，第1452页。
⑤ 杨维桢：《东维子文集》卷八《送李志学还吴序》，《四部丛刊初编》，第1495册，第8页。
⑥ 戴良：《九灵山房集》卷一三《送董郎中序》，《四部丛刊初编》，第1487册，第1页。
⑦ 《明太祖实录》卷二五"吴元年九月己酉"条，台北中研院史语所影印本，1962年，第370页。
⑧ 焦竑：《献徵录》卷八，吴伯宗撰《江阴侯赠江国公谥襄烈吴良神道碑》，《续修四库全书》，第525册，第265页。
⑨ 《明太祖实录》卷二四"吴元年六月己酉"条，台北中研院史语所影印本，1962年，第342页。

以起到积极作用:一方面,造成了"士之嗜利者,多往趋之"①的局面;另一方面,导致江南士人腐化堕落,"或卧不起,邀求官爵,美田宅"②。受此影响,贤者"见士诚不足与有为"③,不屑与之为伍,如张士诚征召杨维桢,杨氏坚辞不赴,且遗书士诚,批评他所用之人"有生之心,无死之志";所用守令"有奉上之道,无恤下之政";甚至把假伪当作忠臣,把狡猾当作耿直,把贪虐当作廉洁,搞得"是非一谬,黑白俱紊,天下何自而治乎"④。又如高邮人马俊,仕张士诚为浙东道宣慰使司,深感其不能有为,抱负难以实现,遂归附朱元璋,感叹:"蝇不附骥,不能致千里;人不得所依,独能发名成业乎!"⑤同时,张士诚心胸狭隘,不能虚心纳谏。如昆山人郭翼,献策张士诚,若想成就霸业,须"反其政休劳之,率以乘时进取"⑥,若一味贪图享乐,待到四方豪杰并起之日,即使关门自守恐怕也来不及了。所言切中时势,然张氏竟"不能用",郭翼遂"归耕娄上"⑦。俞齐贤,张士诚称吴王时,累犯颜谏止,不听,遂杜门谢病,时人王逢作诗云:"太尉称王号,郎中谢病躯,孤猿霜月泪,群雁稻梁图。初志宗周鼎,余生待蜀镂。全归至正末,足愧楚钳徒。"⑧

与张士诚相仿,陈友谅虽然"把争取和依靠地主阶级知识分子及元故官的支持,作为政权建设的一个重要目标"⑨,但他"性雄猜,好以权术驭下"⑩,妄自尊大,刚愎自用,致使众叛亲离,沦为孤家寡人。方国珍开府庆元后,置官属人,急需贤才,时人建议他"欲举大谋,当用天下贤士,一心守法"⑪。但方氏不善用人,不从即杀的事情经常发生,"凡

---

① 钱谦益:《国初群雄事略》卷七《周张士诚》,中华书局1982年版,第184页。
② 同上。
③ 同上书,第179页。
④ 同上。
⑤ 苏伯衡:《苏平仲文集》卷一二《温州卫中左所千户马公墓碑》,《四部丛刊初编》,第1535册,第5页。
⑥ 刘凤:《续吴先贤赞》卷九《文学·郭翼》,《四库全书存目丛书》,第95册,第190页。
⑦ 永瑢:《四库全书总目》卷一六八《林外野言》提要,中华书局1965年版,第1453—1454页。
⑧ 王逢:《梧溪集》卷四《哀故淮省郎中海陵俞忠夫》有引,《北京图书馆珍本古籍丛刊》,第95册,第514页。
⑨ 杨讷:《天完大汉红巾军史论述》,《元史论丛》第1辑,中华书局1982年版,第129页。
⑩ 张廷玉:《明史》卷一二三《陈友谅传》,3689页。
⑪ 方孝孺:《逊志斋集》卷二一《詹鼎传》,第697页。

士居其地者，不为所用，则为所祸"①。如宁海人詹鼎，国珍闻其有才，"以计获之，鼎为所获，无奈因为之尽力，为其府都事"②。他又不能纳谏，如儒士张善曾劝其"以师泝江窥江东，北略青、徐、辽海"，方氏固执不从，曰："吾志不及此。"③

二是法度不明，滥杀无辜。朱元璋曾言："今群雄蜂起，皆不知修法度以明军政，此其所以无成也。"④ 如张士诚安于淫乐、颓废消沉，对将士管束不严，放任自流，恣情掳掠。如取平江，"劫掠奸杀，惨不忍言"；破杭州，"检刮房掠"⑤，于此，"士诚概置不问……以至于亡"⑥。陈友谅部也"上下骄矜，法令纵弛"⑦，如部将邓克明兄弟"御众无纪律，所过荼毒，人以邓贼称之"⑧；饶鼎臣也"所至毒害"⑨；甚至有人领兵"发冢行劫"⑩。加及陈友谅经常屠杀战俘，使自己陷于孤立，更被反对滥杀的江南士人所斥责。尤其是杀倪文俊、赵普胜、徐寿辉诸人，不仅促使将士离心，"多不服而叛"⑪，而且导致了明玉珍部的分裂。刘桢曾对明玉珍说："陈友谅弑主自立，明公必不可听命也。"⑫ 所以朱元璋分析陈友谅失败的原因说："陈氏之败，非无勇将健卒，由其上下骄矜，法令纵驰，不能坚忍，恃众寡谋，故至于此"，"举措一失，逐致土崩"⑬。方国珍部势

---

① 苏伯衡：《苏平仲文集》卷一三《故元温州路同知平阳州事孔公墓志铭》，《四部丛刊初编》，第1536册，第5页。
② 方孝孺：《逊志斋集》卷二一《詹鼎传》，宁波出版社2000年版，第697页。
③ 张廷玉：《明史》卷一二三《方国珍传》，第3698页。
④ 张廷玉：《明史》卷一三五《孔克仁传》，第3922页。
⑤ 陶宗仪：《南村辍耕录》卷二九《纪隆平》，中华书局1959年版，第358页。
⑥ 张廷玉：《明史》卷一二三《张士诚传》，第3694—3695页。
⑦ 《明太祖实录》卷一四"至正二十四年三月戊辰"条，台北中研院史语所影印本，1962年，第182页。
⑧ 《明太祖实录》卷一五"至正二十四年八月壬辰"条，台北中研院史语所影印本，1962年，第200页。
⑨ 《明太祖实录》卷一一"至正二十二年八月癸巳"条，台北中研院史语所影印本，1962年，第142页。
⑩ 孔迩述：《云蕉馆纪录》，《丛书集成新编》本，第89册，台北新文丰出版公司1986年版，第60页。
⑪ 《明太祖实录》卷一三"至正二十三年八月壬戌"条，台北中研院史语所影印本，1962年，第167页。
⑫ 黄标：《平夏录》，《续修四库全书》，第432册，第546页。
⑬ 《明太祖实录》卷一四"至正二十四年三月戊辰"条，台北中研院史语所影印本，1962年，第182页。

力横暴，经常焚掠沿海，如至正十二年（1352）春，国珍"率海岛贫民千余艘突入刘家河，烧运船无算，遂抵太仓，大肆焚掠"①；五月，"寇台州，纵火焚郭外民舍，楼并毁"②。像这种军纪涣散，如一盘散沙的队伍，自然难以得到民众的支持，一些江南士人亦深感失望，觉得"势不可久"③，纷纷倒向朱元璋一边。

三是立场不明，叛服靡常。在农民战争期间，如何对待元朝，"对于各支起义军及其领袖来说，都是一个根本的政治态度问题"④。总体上，元末各方群雄在不同的历史时期对元朝的态度有所不同。其中，朱元璋部与元廷的关系大体经历了准备投降—友好往来—招降—对抗四个阶段⑤，一度表现出"暧昧态度"。⑥ 陈友谅部对元朝则始终持敌对态度，反元斗争极为坚决，其定国号为"汉"，就是以民族斗争为号召，目的是要取元而代之。至正二十年（1360），元廷派礼部员外郎姜硕南下招安陈友谅，结果被杀。⑦ 后又拘留了元朝招安官员迭里迷失。⑧ 陈友谅的做法，使许多江南士人视其为敌人，不愿仕之，已经出仕者也相继转投朱元璋。

相形之下，张士诚、方国珍对元朝的态度显得较为复杂多变。一方面，他们都曾向元称臣入贡，这一行为一度深受忠于元廷的江南士人的赞赏，但同时也为一些江南士人所不齿，在其看来，张、方降元表明其立场不定，胸无大志，不可依附。如至正二十一年（1361）九月，杨维桢应张士诚之招，勉行至姑苏，适逢张士诚降元，遂赋诗曰："江南岁岁烽烟起，海上年年御酒来。如此烽烟如此酒，老夫怀抱几时开？"寻辞

---

① 钱谦益：《国初群雄事略》卷九《台州方谷真》，第215页。
② 同上。
③ 解缙：《文毅集》卷一一《显考笃洞公传赞》，影印文渊阁《四库全书》，第1236册，第757页。
④ 陈高华：《论朱元璋与元朝的关系》，《学术月刊》1980年第4期。
⑤ 张德信先生《略论朱元璋与元朝的关系》（《江淮论坛》1990年第3期）分准备投降—友好往来—招降三个阶段。
⑥ 陈高华：《论朱元璋与元朝的关系》，《学术月刊》1980年第4期。
⑦ 杨渊：《光绪抚州府志》卷六一《人物志》，《中国方志丛书》，台北成文出版社1975年版，第1037页。
⑧ 苏伯衡：《苏平仲文集》卷一三《吴府君墓表》，《四部丛刊初编》，第1536册，第21页。

归。① 另一方面，他们又对元朝阳奉阴违。期间，张、方虽与元军时有战斗，但从根本上说，只是割地自保，"徒拥兵众为富贵之娱耳"②，并无反元之志。尤其是方国珍于至正十四年（1354）称王建国③；张士诚先于至正十四年称诚王，后于至正二十三年（1363）称吴王。这使他们过早地与元政权走向了对立，致使人心涣散，原本投靠的江南士人愤然离去，另谋出路。至正二十七年（1367）九月，平江城破。高启乱后踏寻吴城废墟，写下这首伤时感怀的七律："城苑秋风蔓草深，豪华都向此销沉。赵佗空有称尊计，刘表初无弭乱心。半夜危楼俄纵火，十年高坞漫藏金。废兴一梦谁能问？回首青山落日阴。"④ 诗咏张士诚"废兴一梦"，批评他拥地自重，不图进取，最终落得个空城难守的下场。

　　四是生活奢靡，不顾民生。张士诚固守江浙一隅，"上下逸豫，遂忘远图"⑤，"终岁不出门，不理政事"⑥，将一切军政大事委于其弟张士信。士信身为江浙丞相，奢侈淫逸，利用职权，大肆兴建楼台亭榭，第宅园池，广蓄歌伎舞女；行军作战又携婢带妾，朝夕酣宴不绝。⑦ 上行而下效，文官武将亦竞相兼并土地，贪求财富，一时"买献之产遍于平江"⑧，甚至"用吏术以括田租"⑨，"掳巨室甥女"⑩，不断加重百姓的负担。朱元璋曾言："张氏骄横、暴殄、奢侈，此天亡之时也。"⑪ 同样，陈友谅生活豪侈，"尝造镂金床甚工，宫中器物类是"⑫；又横征暴敛，史载："江

---

① 徐乾学：《资治通鉴后编》卷一八○"至正二十一年九月壬申"条，文渊阁《四库全书》，第 345 册，第 534 页。
② 《明太祖实录》卷二○"至正二十六年七月丁未"条，台北中研院史语所影印本，1962 年，第 282 页。
③ 丁伋先生《方国珍有否建国称王？》和《方国珍建国称王再证》两文，肯定了方国珍至正十四年（1354）攻下台州后称王的事实。
④ 高启：《高青丘集·大全集》卷十四《吴城感旧》，第 597—598 页。
⑤ 钱谦益：《国初群雄事略》卷八《周张士诚》，第 207 页。
⑥ 钱谦益：《国初群雄事略》卷七《周张士诚》，第 184 页。
⑦ 长谷真逸：《农田余话》卷上载："诸公经国为务，自谓化家为国，以底小康，天起第宅，饰园池，蓄声伎，购图画，唯酒色耽乐是从。"《四库全书存目丛书》，第 239 册，齐鲁书社 1995 年版，第 317 页。
⑧ 顾炎武：《日知录》卷一○《苏松二府田赋之重》，甘肃民族出版社 1997 年版，第 497 页。
⑨ 贝琼：《清江贝先生文集》卷二《铁崖先生传》，《四部丛刊初编》，第 1526 册，第 8 页。
⑩ 王逢：《梧溪集》卷四《怀唐伯刚》有引，《北京图书馆珍本古籍丛刊》本，第 95 册，第 514 页。
⑪ 谷应泰：《明史纪事本末》卷四《太祖平吴》，第 66 页。
⑫ 张廷玉：《明史》卷一二三《陈友谅传》，第 3690 页。

西巡抚张朝璘言,南昌府属浮粮系陈友谅横行征派,明季相沿。"① 凡此,都使江南士人对张、陈诸人大失所望。

五是所用非人,奸佞任事。以张士诚为例,他"信佞为忠","信诈为直"②。初期,张士诚用兵专靠张士德及史椿出谋划策,后来张士德被俘,史椿因遭谗被杀,遂委政于张士信,用为丞相。此人贪污无能,又嫉妒贤才,"疏间旧将",搞得"上下乖疑,不肯用命"③,如参谋史椿就是因为士信听信谗言而被杀害的。时人认为"张氏亡国,亡于其弟士信"④。其实,张士诚之亡,何止亡于其弟士信,也与他所用非人不无关系,如只知高谈阔论,舞文弄墨,而"不知大计"⑤ 的迂腐书生黄敬夫、蔡彦文、叶德新等人,竟是张氏的重要参谋。他们操控国政,"惟事蒙蔽,故其国政日非"⑥,正如当时流传的一首民谣所云:"丞相做事业,专靠黄、菜、叶,一夜西风起,乾瘪!"⑦ 这是对张士诚所用士人的绝妙讽刺,怨愤和指责之情溢于言表。同样,方国珍身边的江南士人亦多平庸之辈,"时佐其谋议者,同邑刘仁本、张本仁、郑永思,永嘉丘楠辈。惟丘楠颇廉慎,余皆由州县胥吏进用,贪贿营私,无深虑远略……而兄国璋、弟国瑛居台,惟以买田、造舟、殖货,为富家计"⑧。

综上,张士诚、陈友谅、方国珍等人在政治态度、政治行为、用人政策等方面的表现,远逊于朱元璋,也正是这种差异,成为能否获得江南士人拥戴的关键。历史表明:战争的胜负固然取决于双方政治、经济、军事力量的对比,但要使这些条件充分发挥作用,在很大程度上还取决于在智士资源上胜出一筹。若能胜过对方,则即使原来处于劣势,也会转变为优势;反之,原来虽处于优势,亦会转化为劣势。张士诚、陈友

---

① 《清朝文献通考》卷二《田赋之制》,文渊阁《四库全书》,第632册,第26页。
② 钱谦益:《国初群雄事略》卷七《周张士诚》,第174页。
③ 《明太祖实录》卷二五"吴元年九月己丑"条,台北中研院史语所影印本,1962年,第370页。
④ 杨维桢:《铁崖古乐府》补卷六《周铁星》,文渊阁《四库全书》,第1222册,第115页。
⑤ 谷应泰:《明史纪事本末》卷四《太祖平吴》,第62页。
⑥ 同上。
⑦ 同上。
⑧ 《明太祖实录》卷八八"洪武七年三月壬辰"条,台北中研院史语所影印本,1962年,第1564页。

谅等人之所以失败，其中一个重要原因就在于他们没有真正得到江南士人的有力支持和辅佐，使自己由优势转化为劣势，最终不可避免地落得丧身亡命的下场。

元季雅集与江南士人群体

展 龙 徐 进

交游讲学是中国历史上重要的文化现象，也是传统士人生活世俗化的重要表现。但在不同的历史时期，士人交游讲学的活跃程度又大相径庭。元末，一大批文人学士逐渐以集体形式融入世俗社会，以风雅相尚，联诗结社，题咏唱和，讲论道义，心相孚，行相契，在结雅集、问友学、求仕进的交游活动中逐渐形成了浙东、浙西、吴中等独具品格的地域性士人群体。各地区成员之间又彼此交游，互相呼应，使区域性士人群体进一步扩大为一个更大的社会网络，领袖文坛，主宰风气，从而实现了边缘士人在元末社会文化界的中心地位。这种交游活动以空前浩大的声势，从一个侧面反映了元末士人在沉沦民间时的心理动向和价值选择，展现了传统士人的文化功能之所在，并对元末社会的发展和江南"文化圈"产生了广泛而深远的影响。但长期以来，学界对此问题的研究主要集中在吴中玉山草堂的雅集活动，且停留在文学层面的考察。鉴于此，以下拟从结雅集、问友学、求仕进等方面对元末江南士人雅集交游的方式、特征及影响等予以整体探讨，以期全面认识元末士人日渐强化的群体意识、多样的心理动向和价值选择及其蕴含的丰富文化奥蕴和时代意义。

一　元末士人雅集交游

（一）结雅集："文墨相尚，必联诗社"

在中国历史上，一般意义上的士人雅集肇端于汉末魏晋，[1] 唐代趋于

---

[1] 东汉末年"邺下文人"，即以三曹、七子为代表的建安文学集团。魏晋时，如阮籍等"竹林七贤"、王羲之等兰亭修禊、孙绰等永嘉集团、潘岳等太康作家群，以及释慧远与刘遗民、雷次宗等在庐山所结的白莲社、贾谧门下"二十四友"雅集、石崇金谷园雅集等。

频繁,① 降及两宋,雅集(主要指诗社)之风尤盛。② 至元代,商品经济日渐繁荣,文化政策更趋宽松,漂浮在民间社会的士人群体亦日益增多,城市文化蔚然勃兴。受此影响,各种雅集层出不穷,仅杭州一处,就出现了西湖诗社、杭清吟社、白云社、孤山社、武林社、武林九友会等诗会;另如浙东的越中诗社,山阴诗社,浙西浦江的月泉诗社,江西的明远诗社、香林诗社及熊刚申、陈尧峰等人在龙泽山创办的诗社。这些诗社活动的时间主要集中在元初。同时还出现了一些书会,较著名的如关汉卿主持的玉京书会、马致远主持的元贞书会、肖德祥主持的武林书会,以及古杭书会、九山书会等。继之,元末士人雅集再起高潮,《明史·文苑传》云:"当元季浙东西士人以文墨相尚,每岁必联诗社,聘一二文章巨公主之。"清人赵翼亦说:"元季士人雅集,四方名士毕集,燕赏穷日夜,诗胜者辄有厚赠。"③ 大体来看,元末士人雅集主要包括"雅集""书会""诗社""诗会""文会"等名目,代表性的如表1所示。

表1　　　　　　　　　元末士人主要雅集一览

雅集名称	主要成员	史料来源
玉山雅集	顾瑛、杨维桢、柯九思、倪瓒、张雨等	顾瑛《玉山名胜集》卷二《雅集志》
北郭诗社	高启、杨基、张羽、徐贲、王行、吕敏、陈则等	高启《凫藻集》卷二《送唐处敬序》
耕渔轩雅集	徐达左、高启、谢应芳、王逢、高启、杨基、徐贲、张羽、杨维桢、许有壬、释道衍等	张雨《句曲外史集》补遗卷中《耕渔轩》
聚桂文会	濮允中、杨维桢、江翰、周棐、吴毅等	杨维桢《东维子集》卷六《聚桂文集序》;《聚桂轩记》卷十七;沈季友《檇李诗系》卷五

---

① 如白居易等在洛阳组织的九老会,颜真卿、陆羽等人组织的吴兴诗会,已初具诗社雏形。
② 最早,有景德年间昭庆寺僧常师组织的西湖结社。此后,出现了徐俯等豫章诗社,叶梦得等许昌诗社,韩驹等临川诗社,范成大等昆山诗社,文彦博、富弼和司马光等组织的洛阳耆英会,文彦博组织的同甲会,司马光组织的真率会,等等。
③ 赵翼:《廿二史札记》卷三〇"元季风雅相尚"条,中华书局1984年版,第705页。

续表

雅集名称	主要成员	史料来源
应奎文会	吕良弼	杨维桢《东维子集》卷二十四《故义士吕公墓志铭》；何良俊《四友斋丛说》卷十六
醉樵歌文会	饶介、高启、杨基、张羽、王行、宋克等	《明史》卷二八五《张简传》
景德诗会	曹睿之	沈季友《檇李诗系》卷六
壶山文会	宋贵诚、方朴、朱德善、蔡景诚、陈本初、杨元吉、陈观、陈必大、吴元善、黄性初等	乾隆《福建通志》卷六十六《杂记》
南湖诗会	缪思恭	沈季友《檇李诗系》卷六
续兰亭会	刘仁本、赵俶、谢理、朱右等	刘仁本《羽庭集》卷六《送物元阜上人序》；《元明事类钞》卷三；姚之骃《元明事类钞》卷三
东山赏梅诗会	戴良、桂彦良、王彦贞、沈师程、刘庸道等	戴良《九灵山房集》卷二十一《东山赏梅诗序》
云间诗社	杨维桢	杨维桢《复古诗集》卷五《香奁集》序
狮子林雅集	释惟则、倪瓒、高启等	朱德润《狮子林图》；释道恂《师子林纪胜集》
圭塘雅集	许有壬、许有孚、许桢、马煦等	纪昀《四库全书总目》卷一六七《圭塘欸乃集》提要；许有壬《圭塘小稿》等
江村诗会	吴先生	唐桂芳《白云集》卷七《江村诗会跋》
总管诗会	朱克用	唐元《筠轩集》卷九《朱克用总管诗会序》
月泉社	吴清老、谢翱等	赵翼《廿二史札记》卷三十"元季风雅相尚"条；雍正《浙江通志》卷二七九《杂记》
白莲诗会	舒頔	舒頔《贞素斋集》卷七《月下白莲诗会》
鹤亭雅集	吕诚、郭羲仲、陆良贵、郭翼、陆仁、袁华等	顾嗣立《元诗选》三集卷十五《吕诚》
野航轩雅集	袁华	袁华《耕学斋诗集》卷三《野航轩雅集分韵得秋字》

续表

雅集名称	主要成员	史料来源
义兴雅集	周砥、马孝常等	顾嗣立《元诗选》三集卷十三
虎丘燕集	马麟	顾嗣立《元诗选》三集卷十五
梅雪斋雅集	张雨	张雨《句曲外史集》补遗卷上《梅雪斋雅集分题得酒香》

除了上述规模较大、影响较大的雅集活动外，一些临时性的聚会交游更是不胜枚举，如芳桥宴集、南山宴集、石门宴集、云林堂宴集、东山宴集、池亭雅集、鳌溪宴集、桐江宴集、西湖雅集、林泉雅集、道馆雅集、翠涛轩雅集、南园宴集等；而其他以名园、别墅、书画、古玩相尚者，更是"不一而足"①。总体来看，与前代相比，此期士人雅集呈现出如下显著特点。

（1）从活动区域看，元末雅集主要集中在江南地区。自元统一以后，江南经济发展迅速，城市规模不断扩大，尤其是苏州、松江、昆山、无锡、长洲、杭州、嘉兴、绍兴等处，至元末已成为江南经济文化中心。生活在其中的文人学士，大都与官绅商贾、市井艺人有密切交往，流连于城市的繁华生活，甚至像顾瑛、徐达左、倪瓒等自身即为富商。由此，江南地区成为雅集最为集中的地区，如昆山的玉山雅集，苏州的北郭雅集，松江的应奎文会，东吴的醉樵歌文会，等等。应该说，江南士人雅集的活跃，与元末江南城市经济的发展密切相关。

（2）参加雅集者身份复杂，主要由四部分组成：一是民间艺人；一是科场、仕途失意的文人；一是宗教人士；一是在任的官员。以玉山雅集为例，"诸君子者乃复出处不齐"②，"今之名卿大夫，高人韵士与夫仙人、释氏之流，尽一时之选"③。其中，在任官员如柯九思、张翥、杨维桢、贡师泰、许有壬等。宗教士人中，僧人有释良琦、元本、子贤、宝月、广宣、释道衍等；道士有张雨、于立、张简、余善等。此

---

① 赵翼：《廿二史札记》卷三〇"元季风雅相尚"条，中华书局1984年版，第705页。
② 陈基：《夷白斋稿》外集卷下《玉山草堂分韵书序》，《四部丛刊三编》，第464册，第21页。
③ 顾瑛：《玉山名胜集》卷一《延陵吴克恭寅夫序》，文渊阁《四库全书》，第1369册，第7页。

外，则多为民间艺人和失意文人，这是参加雅集的主体成员。从地域来看，由于雅集主要集中在江南地区，故参加者多来自江浙、江西等处，其他各省也有寓居江南者，如陆仁①、高逊志（一作高巽志）②为河南人，元末寓居江南，并参与文人雅集。殊堪一提的是，部分士人还参加了两个或两个以上雅集诗会，如表1所列杨维桢、高启、杨基、张雨等即是如此。要之，元末士人在交游过程中，已打破地域界限，在江南这一较大的区域内进行频繁交游，这种风气表明此期士人的群体意识开始增强。

（3）雅集次数多、规模大。如玉山雅集，这是元末参与士人最多、活动最频繁、规模最大、历时最久的文人雅集。自建成后，举办各种文宴诗会达50多次，仅至正十年（1350）一年就达26次，创最高纪录；而一般的觞咏之会，玉山草堂几乎每月皆有，先后参与者达140余人，可谓群贤毕至，胜流如云。又如聚桂文会，"以文卷赴其会者，凡五百余人"③。再如北郭诗社，一般认为由10人组成，但在具体在交游过程中，10人到底为谁，高启《青丘集·送唐处敬序》、焦竑《玉堂丛语》卷一、黄昕《蓬轩类记·著作记》、王鸿绪《明史稿·高启传》、朱彝尊《静志居诗话》卷三、陈衍《石遗室诗话》等所载相左，总括起来，可以入"十子者"有：王行、徐贲、高逊志、唐肃、余尧臣、张羽、高启、杨基、张适、方彝、钱复、梁时、浦源、杜寅、宋克、吕敏、陈则、王彝、释道衍等。此外，壶山文会，据乾隆《福建通志》卷六六载：初入会者9人：宋贵诚、方朴、朱德善、邱伯安、蔡景诚、陈本初、杨元吉、刘晟、陈观；后入会者13人：陈惟鼎、李苾、郭完、陈必大、吴元善、方焖、郑德孚、黄性初、黄安、陈熙、方担、叶原中、清源方外士，共23人，"月必一会"④。应奎文会，"一时文士毕至，倾动三吴"⑤。醉樵歌文会，

---

① 顾嗣立：《元诗选》三集辛集《陆问南仁》载："陆仁，字良贵，河南人，寓居昆山……与郭翼羲仲、吕诚敬夫相唱和。"中华书局1987年版，第635页。
② 沈季友：《檇李诗系》卷六《高太常巽志》载："高巽志，一作逊志，字士敏，号啬庵。河南人。元末侨居郡中，尝受业于宣城贡师泰、鄱阳周伯琦、遂昌郑元祐。"文渊阁《四库全书》，第1475册，第123页。
③ 杨维桢：《东维子集》卷六《聚桂文集序》，文渊阁《四库全书》，第1221册，第429页。
④ 乾隆《福建通志》卷六六《杂记》，文渊阁《四库全书》，第530册，第374册。
⑤ 何良俊：《四友斋丛说》卷一六《史十二》，中华书局1983年版，第136页。

"四方名士毕至，宴赏穷日夜"①。如此浩大的交游声势，造就了元末文坛的繁荣景象。

（4）雅集组织相对正规、严密。宋代以前，文人诗社的组织较为松散，与一般分韵赋诗的文人雅集并无二致。至元末，雅集组织相对正规、严密。以诗社为例，明人李东阳《怀麓堂诗话》卷一记载，诗社活动的程序一般为：由一人或数人召集主持；向各地发出征诗启事，定出诗题、写作要求及提交时间；聘请有名望的硕彦名儒担任考官，主持评裁；选出优胜，排定名次，写出评语，予以奖赏。这俨然是一个组织有序的文学社团了。而在一般的雅集中，也有一些奖励规定，如饶介主持的醉樵歌文会，"尝大集诸名士赋《醉樵歌》，（张）简诗第一，赠黄金一饼；高启次之，得白金三斤；杨基又次之，犹赠白金一镒"②。吕良弼主持的应奎文会，"聘四方能诗之士，请杨铁崖为主考，第其甲乙，厚有赠遗"③。

（5）雅集以诗赋唱和为主，大多不出寄兴闲情、诗酒唱和、迎来送往、切磋诗艺的范围。如《玉山名胜集》描述了玉山雅集一个情景：至正八年（1348）二月十九日，"杨侯铁崖宴于顾君玉山，赋咏叠笔……余后半月与吴兴郯九成至，玉山顾君张乐置酒，清歌雅论，人言不减杨侯。雅集时，既酣畅，顾君征予赋诗，然予于声乐诗咏何有哉？适其所遇而不违耳"④。袁华在《可传集》记道：至正十年（1350）秋七月廿九日，"予与龙门山人良琦、会稽外史于立、金华王祎、东平赵元宴于顾瑛氏芝云堂。酒半，以古乐府分题，以纪一时之雅集，诗不成者，罚酒二觥"。在此过程中，产生了杨维桢《同郯九成过玉山舟中联句》、顾瑛《湖光山色楼联句》和《书画舫联句》、张雨《灯花联句》等一系列唱和联句。不仅如此，雅集中还产生了《草堂雅集》⑤《玉山名胜集》《玉山名胜外

---

① 张廷玉：《明史》卷二八五《张简传》，第 7321 页。
② 同上。
③ 赵翼：《廿二史札记》卷三〇"元季风雅相尚"条，中华书局 1984 年版，第 705 页。
④ 顾瑛：《玉山名胜集》卷二《吴龙门山释良琦元璞》，文渊阁《四库全书》，第 1369 册，第 19 页。
⑤ 杨维桢《东维子集》卷七《玉山草堂雅集序》载，是集乃"昆山顾仲瑛衰其所尝与游者，往还唱和及杂赋之诗，悉锓诸梓，编帙既成，求余一言以引诸首……此草堂雅集之出于家，而布于外也。集自余而次，凡五十余家，诗凡七百余首，其工拙浅深自有定品，观者有不待余之评裁也"。影印文渊阁《四库全书》，第 1221 册，第 440 页。

集》《玉山纪游》《西湖竹枝词》①《群英诗会》②《东皋唱和卷》③《初阳台唱和卷》等诗词汇编。这些作品生动记录了元末士人雅集的真实画面，具有重要的文学价值与史学价值。很明显，元末雅集不再是前代文人消闲生活的点缀，而成了他们重要的生活内容。

（二）问友学："朋友以道艺、文学相切磋"

元末士林对朋友之伦特别重视，所谓"天下之大伦五，友居其一，人不可以无友也"④。以期通过友伦以求学问道，进德修业，"朋友以道艺、文学相切磋者，天下之至乐也。是故合志同方，营道同术，并立则乐，相下不厌者，儒行之所美"⑤。所以"问友学"成为元末士人交游的一个重要方式。

1. 元末许多士人有着较强的亲师取友热情

在时人看来，要"为学求道"⑥，就须"广于取友"。由此，遍访各地俊贤能人，寻得志同道合的良师益友成为许多士人日常生活的重要组成部分。他们负笈担簦，游走四方，问友求师。如浙东不少士人流寓苏松，和吴中士人交游酬唱，像杨维桢、谢应芳、王逢、余尧臣、张雨、钱维善、陈基、徐贲、张羽、孙作、高逊志等即是玉山雅集的主要成员。曹知白，晚年以诗酒自娱，"醉即漫歌，掀髯长啸，人莫窥其际也"，四方士人闻其风者，争相与其交游。⑦甚至有些士人为了求得挚友，甘愿承

---

① 杨维桢在《西湖竹枝词》中介绍创作情况云："予闲居西湖者七八年，与茅山外史张贞居、苕溪郯九成辈为唱和交。水光山色，浸沈胸次，洗一时尊俎粉黛之习，于是乎有《竹枝》之声。好事者流布南北，名人韵士属和者无虑百家，道扬讽谕，古人之教广矣。"《元诗选》初集辛集《西湖竹枝歌九首并序》，中华书局1987年版，第1997页。
② 舒頔《贞素斋集》卷二《群英诗会序》云："吾乡诸友遭群凶攘窃之余，复形诸咏歌，发其铿锵之音，宣其湮郁之气，和其性情之美，或登高临深，或良辰美景，或悲忧愉逸，一于诗是寄诗其将兴乎，然而诗之义有六，比、兴、赋、风、雅、颂是已；诗之格有四，清、奇、古、怪是已，此举其大略耳。"文渊阁《四库全书》，第1217册，第569页。
③ 王行《半轩集》卷八《跋东皋唱和卷》载："右诗一卷，渤海高启季迪、蜀山徐贲幼文、访梁溪吕敏志、学甫于东皋所唱和也。初吴城文物，北郭为最盛，诸君子相与无虚日，凡论议笑谈，登览游适，以至于琴尊之晨，茗之夕，无不见诸笔墨间，盖卷帙既富矣。"影印文渊阁《四库全书》，第1231册，第393页。
④ 刘基：《刘基集》卷三《尚友斋记》，浙江古籍出版社1999年版，第100页。
⑤ 陈谟：《海桑集》卷六《送王子敬诗序》，文渊阁《四库全书》，第1232册，第615页。
⑥ 徐一夔：《始丰稿》卷一《尚友说》，浙江古籍出版社2008年版，第7页。
⑦ 贡师泰：《玩斋集》卷一〇《贞素先生墓志铭》，文渊阁《四库全书》，第1215册，第696页。

受奔驰之苦。如郑玉，安徽歙县人，雅好登临，曾"南游浙左右，北上燕蓟，跨齐鲁之墟"①。在壮游大都时，他曾向虞集、揭傒斯、欧阳玄等请教诗文；后又与余阙、危素最为相知，由此"文名大振"②。陈焕翁，崇尚科目，屡被摈斥，遂泛舟大江秦淮，历览名城古都，与当时名卿贤士，纵情议论，"倾倒纶至"③。周正道，侨寓吴下，"求友从师，不惮千里"④。这种长途漫游、求友四方的生存状态，有意识地突破了乡里界限，展现了一种"大天下"的异样气象；而这种气象的出现与当时便利的交通网络、日益盛行的旅游风气有着密切关系。

同时，在观念上，元末士人强调朋友之于成德的必要性，"世乌有不因其友以成其德者"⑤，"夫友者，度其德则齐，比其义则叶，以相交益为道者也"⑥，意谓只有通过朋友之间相互商榷辩难，才能在成德的道路上不断精进，实现修身养性、进德修业的目的。又注重在言论和行动上展现以友为重的精神，"平生喜求友，结托尽名士"⑦，希望通过朋友之间的交游唱和，分享彼此的心灵世界，寻求彼此的共鸣点，一定程度上形成一个独具特征、自我认同的"圈子"。

2. 元末士人在交友之时不忘求学问道

这主要包括两种方式。一是拜师学艺。当时的鸿儒俊贤往往是士人们追慕的对象，像虞集、黄溍、贡师泰、柯九思、杨维桢、顾瑛、张雨等，许多士人翕然从之。如戴良、宋濂、王祎、傅藻、李唐、郑涛、杨蒞、蒋允达等从黄溍游；金信、薛伦、任晖、卫仁近、郭翼、卢彦昭、吴毅、忻忄、色目人宝宝等从杨维桢游。这中间，顾瑛更是一个好文喜客、热衷于讲学接友的学者，其超脱豪迈的情志为东南士人所激赏，许多文人名士投于玉山门下，形成了独树一帜的"玉山学派"。同时，一些

---

① 汪克宽：《环谷集》卷八《师山先生郑公行状》，文渊阁《四库全书》，第1220册，第727页。
② 同上。
③ 李祁：《云阳李先生集》卷四《陈古春诗序》，《北京图书馆珍本古籍丛刊》，第96册，第210页。
④ 倪瓒：《清閟阁全集》卷一〇《拙逸斋诗稿序》，《丛书集成续编》，第168册，第543页。
⑤ 杨翮：《佩玉斋类稿》卷一《尚友斋记》，文渊阁《四库全书》，第1220册，第60页。
⑥ 赵汸：《东山存稿》卷七《尚友斋铭并序》，文渊阁《四库全书》，第1221册，第363页。
⑦ 王祎：《王忠公文集》卷一《赠别彭仲愈分得水字》，《北京图书馆珍本古籍丛刊》，第98册，第26页。

士人为了拜师求学，甚至不远数千里，"盖子弟之欲就其业者，不可以不游也"①。如高以敬，"学科举业，将从师于闽"，刘基赞曰："生年甫弱冠，去乡里，违家室，以求师于千里之外，其志可谓勤矣。"② 作为文人之师，门下有若干俊杰之士确乎是一种荣耀。

二是与友游学。这是士人最基本、最常见的交游方式。元末士人重视友伦的风尚与其游学聚会相伴随，许多人借助雅集、宴集等形式相聚一起，商榷学问，赋诗助兴，感慨人生，在不断的交游中逐渐形成某些共同的人文追求和心理趋向。这一点，在前述雅集活动中表现得尤为突出。此外，如王冕在至正初年（1341）漫游南北名郡，除了观山览水，体察社会，填补仕途失意的空虚外，另一重要目的就是欲在游历之中与各地名贤切磋学问。如在大都时，他与秘书卿泰不华等交往甚笃，商榷画艺，名动京师。高启在吴中与四方士人饮酒赋诗、次韵酬和，如《大全集》卷一四载有《与会稽张宪夜饮观铜台季壮士舞剑而作》《与张宪、金起、王隅同赋》《与青城杜寅、郯郡徐贲游白莲寺见病柏而作》《与浔阳张羽、太原王行、郯郡徐贲游虎阜用壁间颜鲁公韵作》《与金华宋璲、张孟兼作》等联句唱和之作。杨基曾梦见元末时与高启论学的场景，谓："夜梦与季迪论诗，已而各出诗稿，互相商榷。季迪在吴时，每得一诗必走以见示，得意处辄自诧不已。"③ 胡翰，字仲申，金华人，尝游寓金陵，"从先生长老考德问道"④。潘纯，字子素，博古通今，壮游大都，"名公大人无不与文"⑤。在交游过程中，这些士人之间追求的是一种文化层面的接触和交流，侧重于对自身文化功能的构建和完善，所谓"游而学焉，可以成其德"⑥，客观上有利于活跃元末的文化氛围，推动文化事业的发展。

（三）求仕进："游而仕焉，可以行其道"

在通过科举等正常途径难以入仕的情况下，元末不少士人将出游看

---

① 陈高：《不系舟渔集》卷一一《送章氏二生游国学序》，上海古籍出版社2005年版，第130—131页。
② 刘基：《刘基集》卷二《送高生序》，浙江古籍出版社1999年版，第64页。
③ 杨基：《眉庵集》卷一一《梦故人高季迪三首》，《四部丛刊三编》，第475册，第14页。
④ 胡翰：《胡仲子集》卷五《送吴思道归金陵序》，《丛书集成新编》，第66册，第754页。
⑤ 顾瑛：《草堂雅集》中册，卷八《潘纯》，中华书局2008年版，第676页。
⑥ 陶安：《陶学士先生文集》卷一一《送刘仲修远游序》，《北京图书馆珍本古籍丛刊》，第97册，第161页。

作成就功名的一条出路。他们以为："游而仕焉，可以行其道"①，"士不好游，则名不扬"②，名不扬则不能为时人、朝廷所知，也就难能获得一官半职。如儒士刘天吉，江西永新人。初教授乡里，叹曰："嗟乎！予之不遇也。予岂能郁郁居此哉？"于是慨然远游。离别时，好友李祁赠言："夫士之遇于时也，非徒安坐此室以俟。夫人之知也，必其学问之充，闻见之广，而又加之以交游之多，援引之重，然后足以得名誉而成事功。"③李祁所言，肯定了刘天吉的行为，亦道出了士人出游求仕的心声。周彦升，安徽宣城人。游寓金陵数年，"久而未禄"，幡然有远游之念，感叹："求显荣于时，乃郁郁处乡里，又安所得乎？吾当浮大江，逾长淮，溯黄河而上之，过齐鲁之邦，览观岱岳之雄，北抵燕畿，观光于阙庭，与天下豪士结交，吐吾术以臧否人物，震撼公卿，其或吾志可伸矣。"④倪骥，字子举，浙江吴兴人。尝游京师，以其所学自荐，不合，即绝仕宦志。⑤杨敬修，金陵人，尝游京师，出入缙绅之间，"礼乐衣冠文物之习。日接乎耳目"⑥。王祎，至正初年（1341）以布衣游大都，上书平章扎拉尔"以自见"。⑦

无可否认，元末士人出游求仕，确实有不少人获得功名。如李裕，字公饶，曾游京师，撰《至治圣德颂》一篇，"诣丞相府上之，丞相以闻英宗，召见玉德殿，令宿卫禁中"⑧。戴仲庸，负跌宕不羁之才，浪游湖海之间，"所遇王公大人皆朝廷重臣，为一时知己交"；后翰林承旨埜里

---

① 陶安：《陶学士先生集》卷一一《送刘仲修远游序》，《北京图书馆珍本古籍丛刊》，第97册，第161页。
② 乌斯道：《春草斋集》卷八《送刘庸道游闽中序》，《丛书集成续编》，第138册，第186页。
③ 李祁：《云阳李先生文集》卷五《赠刘天吉序》，《北京图书馆珍本古籍丛刊》，第96册，第227页。
④ 陶安：《陶学士先生集》卷一二《送周彦升北上序》，《北京图书馆珍本古籍丛刊》，第97册，第171页。
⑤ 杨维桢：《东维子集》卷二六《故处士倪君墓志铭》，文渊阁《四库全书》，第1221册，第664页。
⑥ 刘仁本：《羽庭集》卷五《送杨敬修赴都序》，文渊阁《四库全书》第1216册，第75页。
⑦ 王祎：《王忠文集》卷一六《上平章扎拉尔公书》，文渊阁《四库全书》，第1226册，第336页。
⑧ 宋濂：《宋濂全集·銮坡前集》卷四《元故承务郎道州路总管府推官李府君墓志铭》，浙江古籍出版社1999年版，第405页。

公以茂才举,"始遂初志"①。李士赡,字彦闻。至正初年（1341）,以布衣游大都,平章政事悟良合台等荐之,用为知印。② 傅若金,字与砺,自幼工诗,受业范梈之门。至顺三年（1332）北游大都,虞集、宋褧以异材推荐。顺帝即位,授官参佐,出仕安南（今越南）。③ 卞深,河北大名人,至正初年（1341）游学京师,补国子生。④ 杨铸,字季子,江西南昌人。游京师,逢修三史,入史馆为校勘史事。⑤ 李序,字仲伦,浙江东阳人。游京师,因许有壬举荐授浙江学官。当然,通过出游而获得官职者仅是少数,更多的士人并不能在游仕过程中求得一官半职,一如陶安所说:"今之世南士志于名爵者,率往求乎北;北士志于文学者,率来求乎南。求名爵有命,得不得未可期也,求文学委心穷理,必期于得也。"⑥

元末士人在游仕过程中,一般注重两个问题。一是出游的地点。士人心目中最理想的出游地点自然是政治中心大都,用他们的话说就是:"人有艺能术智者,莫不辐集京师,务以自售,展其四体,光大其业"⑦;"士有学周孔之艺者,不幸不荐于有司,而其志不甘与齐民共耕稼,则思自致于京师"⑧。一是重视人际关系的建立,尤其重视和名公巨卿进行交往,希望通过他们的举荐以获取功名,"当世进取之士,必幸遇夫知己,而后庶几可以成名"⑨,"百年身世归歌咏,一代交游在缙绅"⑩。对于元末士人的游仕行为,尚不能单纯以沽名钓誉、显亲扬名来评价;相反,在仕途壅滞的困境中,他们仍能以一种迫切的热诚致力于远游求仕,表现出强烈的政治思虑和经世意识。而且,游仕

---

① 舒頔:《贞素斋集》卷二《送戴山长之清忠书院序》,文渊阁《四库全书》,第1217册,第566页。
② 柯劭忞:《新元史》卷二一六《李士赡传》,吉林人民出版社1995年版,第3202页。
③ 柯劭忞:《新元史》卷二三八《傅若金传》,吉林人民出版社1995年版,第3434页。
④ 柯劭忞:《新元史》卷二三〇《卞深传》,吉林人民出版社1995年版,第3344页。
⑤ 王祎:《王忠文集》卷五《杨季子诗序》,文渊阁《四库全书》,第1226册,第104页。
⑥ 陶安:《陶学士先生文集》卷一二《送易生序》,《北京图书馆珍本古籍丛刊》,第97册,第171页。
⑦ 吴海:《闻过斋集》卷四《心远堂记》,《元人文集珍本丛刊》,第8册,第266页。
⑧ 杨维桢:《东维子集》卷八《送于师尹游京师序》,文渊阁《四库全书》,第1221册,第454页。
⑨ 杨翮:《佩玉斋类稿》卷六《送曹元章之金陵序》,文渊阁《四库全书》,第1220册,第103页。
⑩ 张昱:《可闲老人集》卷二《伯雨画像》,文渊阁《四库全书》,第1222册,第559页。

行为也体现了元末士人多维的价值趋向和开放的价值视野，身处宽松的统治环境中，他们能够及时调整自己的价值观念以适应社会上出现的各种挑战。

实际上，元末交游之风的盛行，是士人与国家、社会内在关系紧张的一种体现。以科举制度为例，时人有言："自宋科举废而游仕多，自延祐科复而游仕少。数年科暂废而游士复起矣。盖士负才气，必欲见用于世，不用于科则欲用于游，此人情之所同。"① 明确指出了科举废设与游仕多少之间的关系。顺帝年间，虽持续推行了科举制度，但通过此途进入政治中心者毕竟少数，由此多数士人不得不在仕途之外寻求其他生存方式；而交游作为一种既可以展现文化功能，又可以一定程度上实现政治功能的生存方式，自然被士人所热衷。从文化功能上看，他们可以在交游酬唱、求学问道的过程中创作诗文，获得知识，修身成德；也可以在遍游大江南北之时，观览古迹名胜，体察社会民情，创作大量怀古言志、揭露现实、抒发情怀的文化成果。从政治功能上看，他们可以通过游仕幸运地获得一官半职，有了直接参与国家事务的机会；也可以在交游时向名公巨卿提出一些治国安邦的建议，一定程度上践履了自身的政治功能。

总之，元末士人的各种交游方式表现出鲜明的特点。一是区域特征鲜明，主要集中在吴中、浙东、浙西及大都等地区。这种具有方向性、自觉向文化发达地区的流动，加速了士大夫的区域性会聚。由于他们趣味相同、意气相投，所以自易形成具有一定规模且独具特色的区域性士大夫群体。二是各种交游相对自由，诸如交游方式、交游地区及交游环境都有较大的自由度，甚至交游中的言论行为也很少受到各种外来的干预和限制。正因如此，当时许多士人虽然在政治上是失意的，但在雅集交游中总体表现出一种悠然自适，纵情放逸的情趣，"澄心以逍遥，坻流任行止"②。

---

① 刘诜：《桂隐文集》卷二《送欧阳可玉》，《元人文集珍本丛刊》，第5册，第29页。
② 刘基：《诚意伯文集》卷三《九日舟行至桐庐》，文渊阁《四库全书》，第1221册，第68页。

二 江南地域性士人群体的形成

元末士人群体的交游不仅是学术性的，同时也是地域性的。一如前述，他们的交游区域主要集中在江南、东南及大都地区，这种具有方向性、自觉向文化发达地区的流动，加速了士人的区域性会聚。由于他们趣味相同、意气相投，所以自易在交游中形成若干具有一定规模且独具特色的区域性士人群体和流派。进而言之，这些士人群体和学术流派的不断发展壮大，据实展现了元末士人学术活动的热闹场景，客观上推动了宋代以来江南、东南区域文化的发展繁荣，使士人的聚点随之亦成为文化的中心，从而促成了浙东、吴中等相对独立又相互联系的"文化圈"。从这个意义上说，宋元以来江南区域"文化圈"的形成和发展与士人群体向这一地区的流动有着密切联系。

（一）浙东士人群体

历史上的浙江，文化昌盛，俊杰辈出，号为人文渊薮，尤其是宋室南渡后，浙江一度成为政治文化的中心，学者云集，思想迭起，蔚为文化史上之壮观。承南宋之余绪，浙江在元代仍为"理学之统会"[1]，"东南文献之邦"[2]。至元末，以婺州[3]、绍兴、台州、温州、处州为中心的浙东地区进而成为浙江乃至全国的文化重镇，大量士人聚集于此，形成了独具特色的浙东士人群体。于此，欧阳光《论元代婺州文学集团的传承现象》一文和徐永明《元代至明初婺州作家群研究》的第一章，已对元末婺州士人做了较详细的分析研究，后者还开列出元代婺州文人群体的名单。[4] 以此为基础，本文拟以师友关系为切入点，进一步对元末浙东

---

[1] 陶安：《陶学士先生文集》卷一一《送金梅窗序》，《北京图书馆珍本古籍丛刊》，第97册，第160页。

[2] 宋濂：《宋濂全集·黄誉刻辑补》卷二〇《唐思诚墓铭》，浙江古籍出版社1999年版，第2117页。

[3] 据《元史·地理志》载：婺州路唐初为婺州，又改东阳郡。宋为保宁军。元至元十三年（1276），改婺州路。有二十二万一千一百一十八户，一百七万七千五百四十人。领浙东海右道肃政廉访司，金华、东阳、义乌、永康、武义、浦江六县和兰溪州。

[4] 欧阳光：《论元代婺州文学集团的传承现象》，载《文史》第49辑，中华书局1999年版；徐永明：《元代至明初婺州作家群研究》，中国社会科学出版社2005年版。

士人群体的构成及特征予以考察。

1. 浙东士人群体的构成

以婺州地区为例,时人苏伯衡说:"吾婺以学术称者,在至元中则金公吉甫(金履祥)、胡公汲仲(胡长孺)为之倡,汲仲之后则许公益之(许谦)、柳公道传(柳贯)、黄公晋卿(黄溍)、吴公正传(吴师道)、胡公古愚(胡助),卓立并起;而张公子长(张枢)、陈公君采(陈樵)、王公叔善(王余庆),又皆彬彬和附于下。当南北混一,方地数万里,人物非可亿计,而言文献之绪者,以婺为称首,则是数君子实表砺焉。"① 这些人皆为名重一时的鸿儒硕士,也是浙东士人之先导,在他们的引领下,元末形成一大批"师承有自、矩矱秩然"② 的贤良俊才。如浦江吴莱,弟子有金华胡翰(仲申)、宋濂和浦江郑涛(字仲舒)、郑铭(字景彝)、郑深(字仲几)等;浦江柳贯,弟子有金华宋濂、浦江戴良、义乌王祎、绍兴路余姚杨璲(字元度)等。兰溪吴师道,弟子有徐原(字均善)、董思曾(字心传)、吴沉(字浚仲)、赵良恭(字敬德)、严天瑞(字景辉)、童梓(字良仲)等;义乌黄溍,弟子有金华宋濂、浦江戴良、郑涛,义乌朱廉(字伯清)、金涓(字德原)、杨荋(字仲彰)、傅藻(字伯长)、王祎,东阳蒋允达(字季高)、李唐等;许谦,在其隐居东阳八华山期间,学者翕然而至,从学者千余人,其中声名较著者仅金华就有范祖干(字景先)、叶仪(字景翰)、汪祀(字元明)、许元(字存礼)、唐怀德(字思诚)等。除婺州士人外,元末浙东地区的知名士人尚有:处州刘基、章溢(字三益)、胡深(字景渊),温州洪钦(字元成),绍兴申屠澂(字敬仲,黄溍门人)、陈大伦(字彦理),台州潘伯修(字省中)、陈基(字敬初,黄溍门人),等等。总体上,元末浙东士人群体基本出自本土,具有较强的地缘关系;同时,群体的形成主要是通过师生、同门关系确立起来的。

2. 浙东士人群体的特征

一是承宋代以来金华、永嘉、永康学派的经世精神,元末浙东士人群体将经世致用、济世救民、明王道、行仁政作为共同的志向。一方面,他们倡导不事游谈、讲求笃实之学,强调学术的社会功用,即要"救当

---

① 胡翰:《胡仲子集》卷五《华川集序》,《丛书集成新编》,第66册,第752页。
② 张廷玉:《明史》卷二八二《儒林传》,中华书局1974年版,第7222页。

时之失，垂戒警于后世"①，"凡有关民用及一切弥纶范围之具，悉囿于文，非文之外，别有其他也"②。在学术生活中，他们"或谈性命道德之奥，或论古今人事之得失，民生之利害，或雅歌投壶，弹棋击筑，以尽其欢忻"③，所著诗文多"和易平实，无纤丽之态"④。同时，他们批评学界流行的空疏纤巧之辞说："今世之以诗鸣者，蜂起而泉涌，其视唐宋又似有所未逮，姑置之勿论。间有倡为江南体者，轻儇浅躁，殆类闾阎小人骤习雅谈而杂以亵语"⑤，"文章舍六经弗讲，而事浮词绮语，何哉?"⑥另一方面，他们具有较强的人世意识和建功立业的志向。如柳贯官至翰林待制、黄溍官至翰林侍讲学学士、胡助官至太常博士、吴师道官至礼部郎中等；王祎曾以布衣向时宰上书"自荐"；宋濂、刘基屡试科举；在元末农民战争中，刘基、宋濂、王祎、章溢、胡翰、吴沉、范祖干等浙东士人纷纷投身于政治斗争，一些人最终位至通显，成为明初风云人物。凡此，皆表现出浙东士人强烈的社会责任感和参与政治生活的热情。

二是在理学方面，得朱学之正统。元代浙江朱子之学最昌盛的一支是以何基、王柏、金履祥、许谦等"金华四先生"为代表的朱子学派，其学术直接源自朱熹高弟黄榦。在元末，许多士人又通过师从许谦承续了朱学遗韵，以"理一分殊"为学术宗旨，推崇《四书》及《集注》，在修养论上强调以涵养本原为主，戒浮躁之气。如范祖干"以诚意为主，而严之慎独持守之功"⑦。叶仪说："圣贤言行尽于六经、四书。"⑧ 唐怀

---

① 刘基：《刘基集》卷二《唱和集序》，浙江古籍出版社1999年版，第92页。
② 程敏政：《明文衡》卷一六宋濂撰《文原》，文渊阁《四库全书》，第1373册，第695页。
③ 戴良：《九灵山房集》卷五《乐善堂记》，《四部丛刊初编》，第1485册，第4页。
④ 徐象梅：《两浙名贤录》卷二《瑞安州同知叶审言谨翁》，《北京图书馆珍本古籍丛刊》，第17—18册，第65页。
⑤ 宋濂：《宋濂全集·黄誉刻辑补》卷九《樗散杂言序》，浙江古籍出版社1999年版，第2026页。
⑥ 徐象梅：《两浙名贤录》卷二《鹿皮子陈君采樵》，《北京图书馆珍本古籍丛刊》，第17—18册，第64页。
⑦ 徐象梅：《两浙名贤录》卷四《纯孝范景先先生》，《北京图书馆珍本古籍丛刊》，第17—18册，第127页。
⑧ 徐象梅：《两浙名贤录》卷四《叶景翰先生》，《北京图书馆珍本古籍丛刊》，第17—18册，第127页。

德,"其学以濂洛为宗,粹然一出于正"①。戚仲咸,"潜心性理之学"②。马道贯,字德珍,金华人,师事许谦,"得濂洛之学"③。宋濂、王祎等人,亦以程朱为宗,融会理学诸派,提倡修身与治国的结合,注重心法,讲求持敬。④ 上述学者的建树,对于元末理学的发展及明初理学"述朱"⑤ 局面的形成产生了重要影响。

三是崇尚节义。浙东士人历来注重操行节守,故自唐宋以来,先后涌现出骆宾王、宗泽、梅执礼、滕茂实、黄中辅等一大批节义之士。⑥ 至元初,有方凤、吴思齐、谢翱创立,由南宋遗民组成的月泉吟社,"以风节行义相高"⑦;吴师道、柳贯、黄溍、吴莱、张枢等人则对岳飞、文天祥、陆秀夫的忠义事迹大加表彰。元末浙东士人承先贤之精神,也看重"风节行义"。如宋濂著《浦阳人物记》,将《忠义篇》置诸卷首,认为"忠义孝友"为"人之大节"⑧。王祎撰《文丞相画象记》,尤拳拳于文天祥的死节,而他自己在明初出使云南时也抗节而死,以实际行动践行了节烈之义。洪钦,温州人,"平居议论不依名节",后农民起义期间,张士诚欲用之,抗节不屈。⑨

四是在文学创作上,浙东士人虽亦创作诗歌、散文,⑩ 但更擅长作文。如元末"文章四大家"中,浙东地区就有柳贯、黄溍两人。宋濂、王祎在明初总裁《元史》,参修的浙东士人还有朱廉、张孟兼、苏伯衡等,皆以文章名噪一时。其中宋、王二人,钱谦益称之:"国初之文,以

---

① 徐象梅:《两浙名贤录》卷四《唐思诚先生》,《北京图书馆珍本古籍丛刊》,第17—18册,第128页。
② 徐象梅:《两浙名贤录》卷四《戚朝阳先生》,《北京图书馆珍本古籍丛刊》,第17—18册,第125页。
③ 徐象梅:《两浙名贤录》卷二《马德珍道贯》,《北京图书馆珍本古籍丛刊》,第17—18册,第67页。
④ 关于宋濂的理学思想,王春南在其《宋濂评传》(南京大学出版社1998年版)第十章有深入研究,可资参考。
⑤ 黄宗羲:《明儒学案》卷一○《姚江学案》,中华书局1985年版,第179页。
⑥ 徐永明:《元代至明初婺州作家群研究》,中国社会科学出版社2005年版,第11—13页。
⑦ 黄溍:《金华黄先生文集》卷三○《翰林待制柳公墓表》,《续修四库全书》,第1323册,第394页。
⑧ 宋濂:《宋濂全集·浦阳人物记》卷首"凡例",浙江古籍出版社1999年版,第1819页。
⑨ 徐象梅:《两浙名贤录》卷二《儒学提举洪元成钦》,《北京图书馆珍本古籍丛刊》本,第17—18册,第68页。
⑩ 参见前揭徐永明《元代至明初婺州作家群研究》第三、第四章。

金华（宋濂）、乌伤（王祎）为宗。"其中王祎之文"独心醉神融，若饮醇酎"①，宋濂更有明初"开国文章之首臣"的美誉。在文论上，浙东士人大体以"宗经""宗圣"为准则，以理明辞达为指归，"文以载道"的口号几乎成为其文论中的共同基调。如宋濂云："文者，治具也，非指乎辞章"②；"文之所存，道之所存"③。王祎云："君子之于文，止于理而已矣。"④ 应该说，浙东士人重视作文的创作倾向与其主张文章致用、不尚华藻的思想若出一辙。

五是在生活中，浙东士人大多不喜声名酒色。如杨维桢评价黄溍说："先生位至法从，萧然不异布衣时，又寡嗜欲，年四十即独榻于外，给侍左右者，两黄头而已。"⑤ 胡助，"生平诚实，素薄势利"⑥。陈樵，"生平未尝言利，家虽素饶，终其身恶衣菲食，澹如也"⑦。宋濂也不喜"声色之乐"，"独潜阁庐，五官内守，形若櫱株"⑧。同样，他们的这种生活作风与其思想中敦厚稳健、正心修身的理学旨趣有着密切联系。

（二）吴中士人群体

吴中乃"东南文献之地"⑨，地理范围大概在以苏州为中心的苏南和浙西一带，主要包括苏州、昆山、无锡、松江、常州、长兴、江阴、湖州、嘉兴等地。吴中地区自宋代以来是全国的经济、文化中心，城市商业经济发展迅速，城市文化郁勃繁兴，文人学士交游密集。至元末农民

---

① 王祎：《王忠文集》卷首宋濂《原序》，文渊阁《四库全书》，第1226册，第9页。
② 宋濂：《宋濂全集·黄誉刻辑补》卷六《讷斋集序》，浙江古籍出版社1999年版，第2032页。
③ 宋濂：《宋濂全集·浦阳人物记》卷下《文学篇》，浙江古籍出版社1999年版，第1838页。
④ 王祎：《王忠文集》卷五《朱元会文集序》，文渊阁《四库全书》，第1226册，第105页。
⑤ 杨维桢：《东维子集》卷二四《故翰林侍讲学士金华先生墓志铭》，文渊阁《四库全书》，第1221册，第634页。
⑥ 徐象梅：《两浙名贤录》卷二《国子编修胡履信助》，《北京图书馆珍本古籍丛刊》，第17—18册，第63页。
⑦ 徐象梅：《两浙名贤录》卷二《鹿皮子陈君采樵》，《北京图书馆珍本古籍丛刊》本，第17—18册，第64页。
⑧ 宋濂：《宋濂全集·潜溪前集》卷三《太乙玄征记》，浙江古籍出版社1999年版，第28页。
⑨ 嘉定人云都穆在《王常宗集原序》中言："惟吴为东南文献之地，自汉唐以来名人魁士踵武相望。"

战争前后，已初步形成了玉山草堂和以杨维桢为首的铁崖诗派两大士人群体，二者自成一派，又相互交游，共同构成了元末独具特色的吴中士人群。

1. 玉山草堂士人群

对此，学界已有较为深入的研究，尤其是王忠阁《元末吴中诗派论考》[1] 一书对吴中诗人的形成、创作活动及文学风格等进行了较系统的考究，但限于篇幅，书中尚未明确玉山草堂的成员构成及群体特征。鉴于此，以下摭拾相关史料，对玉山草堂士人试做统计，并在此基础上对其构成、地域来源等予以分析。

玉山草堂乃顾瑛所筑园林群。[2] 顾瑛（1310—1369），一名阿瑛，又名德辉，字仲瑛，晚号金粟道人，昆山人。他出身豪门，不乐仕进，"轻财结客，豪宕自喜"[3]，好治园池，年三十时（约后至元六年，即1340年），筑玉山佳处（玉山草堂），与高人俊流，置酒赋诗，觞咏唱和，"风流文雅，著称东南"[4]，"中吴多宴游之胜，而顾君仲瑛之玉山佳处其一也"[5]。

据顾瑛《草堂雅集》载，玉山雅集活动集中于至正八年（1348）至至正十二年（1352）之间，此即玉山之会的"黄金时期"[6]。其间，顾宅内外的燕集和宴游共约60次[7]，许多士人受顾瑛之邀，接踵而至，成为玉山常客。清四库馆臣云："其所居池馆之盛，甲于东南，一时胜流，多从之游宴。……元季知名之士，列其间者十之八九。"[8] 那么，当时参与

---

[1] 王忠阁：《元末吴中诗派论考》，广西师范大学出版社1998年版，第644页。
[2] 陈衍《元诗纪事》卷二七《顾谈》云："顾阿瑛在元末为昆山大家，其亭馆盖有三十六处"，明人郎瑛《七修类稿》卷四〇《顾陆李三子》："顾有三十六亭馆。"但据《玉山名胜集》《光绪昆、新两县续修合志》统计，三十六馆分别是：玉山草堂、玉山堂、种玉亭、小蓬莱、碧梧翠竹堂、湖光山色楼、读书舍、可诗斋、醉雪斋、白云海、来龟轩、雪巢、春草池、绿波亭、绛雪亭、浣华馆、柳塘春、渔庄、书画舫、春晖楼、秋华亭、淡香亭、君子亭、钓月轩、拜石坛、寒翠所、芝云堂、金粟影、百花坊、嘉树轩、听雪斋、芙蓉馆、小东山、桃溪、菊田、芝室，总名玉山佳处。
[3] 张廷玉：《明史》卷二八五《顾瑛传》，第7326页。
[4] 王鏊：《姑苏志》卷五四《人物·顾阿瑛》，文渊阁《四库全书》，第493册，第1027页。
[5] 陈基：《夷白斋稿》卷一三《玉山名胜集序》，《四部丛刊三编》，第461册，第11页。
[6] 邓绍基：《元代文学史》，人民出版社1991年版，第520页。
[7] 黄仁生：《论顾瑛在元末文坛的作为与贡献》，《湖南文理学院学报》2005年第1期。
[8] 纪昀：《四库全书总目》卷一八八《玉山名胜集》提要，中华书局1965年版，第1710页。

玉山雅集的士人到底有多少呢？钱谦益《列朝诗集小传》甲集仅列出37人[1]，遗漏颇多。今笔者据顾瑛所编《草堂雅集》《玉山名胜集》《玉山名胜集外集》《玉山璞稿》及相关史料，初步统计出在农民战争爆发前后[主要指至正十二年（1352）之前]，参与集会的士人有210名，因其活动中心在玉山草堂，姑且称之为"玉山草堂士人群"。具体名单见表2。

表2　　　　　　　　　　"玉山草堂"成员一览

姓名	籍贯	字号	史料来源
黄溍	今浙江金华人	字晋卿	《草堂雅集》卷二
胡助	今浙江金华人	字古愚	《草堂雅集》卷十二《玉山名胜集》卷一
虞集	今江西崇仁人	字伯生	《玉山名胜集》卷八
柯九思	今浙江台州人	字敬仲，号丹丘生	《玉山名胜集》卷二《明史》卷二八五《顾瑛传》
张翥	今山西晋宁[2]人	字仲举	《草堂雅集》卷四《明史》卷二八五《顾瑛传》
危素	今江西多溪人	字太朴	《草堂雅集》卷一、八、卷十
李孝光	今浙江永嘉人	字季和	《明史》卷二八五《顾瑛传》
顾瑛	今江苏昆山人	字仲瑛	《明史》卷二八五《顾瑛传》
顾元臣	今江苏昆山人	字国衡	《玉山名胜集》卷四；陆容《菽园杂记》卷十三

---

[1] 37人分别指：柯九思、张翥、黄公望、倪瓒、熊梦祥、杨维桢、顾瑛、于立、张天英、张田、郯韶、刘西村、张简、沈明远、俞明德、周砥、瞿荣智、殷奎、卢昭、金翼、陈聚、陈基、张师贤、顾敬、郭翼、秦约、陆仁、王巽、卫仁近、吕恒、吴克恭、文质、聂镛、张渥、李廷臣、袁华、琦元璞。

[2] 按：关于张翥的籍贯，《元史》卷一八六《张翥传》载为"晋宁人"。《辞海》（1999年）"张翥"条，据此说是"晋宁（今属云南）人"。《辞海》云"今属云南"，误。实际上，元朝有两处"晋宁"：一个是"晋宁路"，原称平阳路，大德九年（1305）改为晋宁路，治在今山西省临汾市，"领司一、县六、府一、州九。府领六县，州领四十县"。一个是"晋宁州"，领二县，治所在今云南晋宁县。可见，晋宁路和晋宁州并非一处。《元史·张翥传》的"晋宁"是指今属山西的"晋宁路"，又以张翥同时代人的著作为证。一是释来复在为张翥《蜕庵集》所作序言（见《襄陵县志·艺文》）中，称张为"河东仲举（张翥字）张公"。一是顾瑛在《草堂雅集》卷一○称"余写湖山清晓图，河东张仲举题诗于上"。一是《明史》卷二八五《顾瑛传》载：顾氏"与客置酒赋诗其中，四方文学士河东张翥、会稽杨维桢辈结主其家"。元代晋宁路属河东山西道提刑按察司管辖，故此"河东人"即为"晋宁路人"，而绝非云南的"晋宁州人"。另外，在明清《山西通志》、《平阳府志》、《襄陵县志》和民国《襄陵县新志》等皆载张翥为元代山西晋宁人。

续表

姓名	籍贯	字号	史料来源
杨维桢	今浙江会稽人	字铁崖	钱谦益《列朝诗集小传》甲集
张天英	今浙江温州人	字南渠	《草堂雅集》卷三《玉山名胜集》卷一
郑文学	今浙江吴兴人	字同夫	《夷白斋稿》卷十四《送郑同夫归豫章分题诗序》
郑元祐	今江西遂昌人	字明德	《草堂雅集》卷三、《玉山纪游·游天平山》
郑 韶	今浙江吴兴人	字九成	《草堂雅集》卷十《列朝诗集小传》甲集
于 立	今江西匡庐人	字彦成	《草堂雅集》卷十一《明史》卷二八五《顾瑛传》
瞿 智	今江苏昆山人	字荣智，一字慧夫	《草堂雅集》卷十二、《元诗选》三集卷十五
吴克恭	今江苏常州人	字寅夫	《元诗选》三集卷十一《玉山名胜集》卷二
陈 方	未详	字子贞	《草堂雅集》卷三
彭罙 一作彭案	今江苏扬州人	字仲愈，一作宗愈	《草堂雅集》卷十二
涂 颖	今江西豫章人	字叔良	《草堂雅集》卷十二《玩斋集》原序
马 麟	今江苏昆山人	字公振	《草堂雅集》卷十二
卢 昭	今江苏昆山人	字伯融	《草堂雅集》卷十二《列朝诗集小传》甲集
张 逊	今江苏苏州人	字仲敏	《草堂雅集》卷十二
李 简	今江西庐陵人	字士廉	《草堂雅集》卷十二
张 简	今江苏苏州人	字仲简	《草堂雅集》卷十二《列朝诗集小传》甲集
袁 泰	今江苏吴县人	字仲长	《草堂雅集》卷十二
唐 元	今江苏苏州人	字本初	《草堂雅集》卷十二
文 质	今浙江甬东人	字学古	《草堂雅集》卷十二《列朝诗集小传》甲集
顾 盟	今浙江甬东人	字仲赟	《草堂雅集》卷十二《元诗选》三集卷十二

续表

姓名	籍贯	字号	史料来源
倪瓒	今江苏常州人	字符镇	《草堂雅集》卷六、《列朝诗集小传》甲集
卞思义	今江苏淮阴人	字宜之	《草堂雅集》卷十三《元诗选》三集卷九
陈秀民	今浙江温州人	字庶子	《草堂雅集》卷十三《元诗选》三集卷十
王鉴	今河北真定人	字明卿	《草堂雅集》卷十三
张善渊	未详	字炼师	《龟巢稿》卷十七《赠张炼师》
王冕	今浙江会稽人	字元章	《草堂雅集》卷十三
余日强	今江苏昆山人	字伯庄	《草堂雅集》卷十三
李廷臣	今浙江台州人	字仲虞	《草堂雅集》卷十三
宗本元	今江苏京口人	字景明	《草堂雅集》卷十三
沈明远	今浙江吴兴人	字自诚	《玉山名胜集》卷一《列朝诗集小传》甲集
陆仁	今江苏昆山人	字良贵	《草堂雅集》卷十三《列朝诗集小传》甲集
王濡之	今江苏山阴人	字德辅	《玉山名胜集》卷一
张雨	今浙江钱塘人	字伯雨	《草堂雅集》卷五
陆德源	今江苏吴县人	字静远	《草堂雅集》卷六
张舜咨	今浙江钱塘人	字师夔	《草堂雅集》卷六
熊梦祥	今江西丰城人	字自得,号松雪道人	《草堂雅集》卷六《元诗选》三集卷九
赵奕	今浙江吴兴人	字仲光	《草堂雅集》卷六、卷十、卷十四
僧可传	今浙江吴兴人	未详	《草堂雅集》卷六
王祎	今浙江金华人	字子充	《草堂雅集》卷十
陈基	今浙江临海人	字敬初	《草堂雅集》卷一《列朝诗集小传》甲集
潘纯	今安徽人	字子素	《草堂雅集》卷六
郑东	今浙江温州人	字季明	《草堂雅集》卷六
李元珪	今山西河东人	字廷璧	《元诗选》三集卷十一《草堂雅集》卷六
萧元泰	未详	未详	《玉山纪游·游天平山》
李瓒	今江苏苏州人	字子粲	《草堂雅集》卷七《元诗选》三集卷十二
唐棣	今浙江吴兴人	字子华	《草堂雅集》卷八

续表

姓名	籍贯	字号	史料来源
丁 复	今浙江天台人	字仲容	《草堂雅集》卷八
项 炯	今浙江天台人	字可立	《草堂雅集》卷八
高 明	今浙江永嘉人	字则诚	《草堂雅集》卷八
陈 贞	今浙江钱塘人	字履元	《佩文斋书画谱》卷五十四
赵 涣	今浙江人	字季文	《草堂雅集》卷八
宋 沂	今江苏清江人	字子与	《草堂雅集》卷八
郭 翼	今江苏昆山人	字熙仲	《草堂雅集》卷九
吕 诚	今江苏昆山人	字敬夫	《草堂雅集》卷九《元诗选》三集卷十五
姚文奂	今江苏昆山人	字子章	《草堂雅集》卷十
陆 友	今江苏苏州人	字友仁	《草堂雅集》卷十
郑守仁	今浙江天台人	号蒙泉	《草堂雅集》卷十
屠 性	今浙江会稽人	字彦德	《草堂雅集》卷十三
释余泽	今江苏苏州人	字天泉	《草堂雅集》卷十四
那希颜	今浙江四明人	字悦堂	《草堂雅集》卷十四
释祖栢	今浙江四明人	字子庭	《草堂雅集》卷十四
释文信	今浙江永嘉人	字道元	《草堂雅集》卷十四
释来复	今江西豫章人	字见心	《草堂雅集》卷十四
释子贤	今浙江天台人	字一愚	《草堂雅集》卷十四
释良琦	今江苏苏州人	字符璞	《草堂雅集》卷十四《列朝诗集小传》甲集
释自恢	今江西豫章人	字复元,一作复初	《草堂雅集》卷十四
宣无言	今江苏吴中人	未详	《玉山名胜集》卷二
释福初	今江苏吴淞人	字本元	《玉山名胜集》卷二
栢子庭	今上海人	未详	《玉山名胜外集》乾隆《江南通志》卷一七四
释元瀞	未详	字天镜	《玉山名胜集》卷三
僧宝月	今江苏苏州人	字伯明	《玉山名胜集》卷二《草堂雅集》卷十四
释至奂	今浙江天台人	未详	《玉山名胜集》卷五《玉山名胜外集》
释法坚	今浙江会稽人	未详	《玉山名胜集》卷五
释泉澄	未详	号水长老见	《玉山名胜集》卷一
释良圭	未详	字善住	《玉山名胜外集》

续表

姓名	籍贯	字号	史料来源
释 照	今浙江甬东人	字觉元	《玉山名胜集》卷二
冯 浚	今上海人	字渊如	《玉山名胜集》卷一
华 矞	今浙江吴兴人	字伯翔	《玉山名胜集》卷一
束宗庚 一作宗束庚	今江苏吴县人	字章孟	《玉山名胜集》卷一
束宗癸 一作宗束癸	今江苏吴县人	未详	《玉山名胜集》卷一
陆居仁	今上海人	字宅之	《玉山名胜集》卷一
袁 凯	今上海人	字景文	《玉山名胜集》卷一
朱 熙	今上海人	未详	《玉山名胜集》卷一
元 本	今海南琼台人	未详	《玉山名胜集》卷一
张 玉	今河北邢台人	未详	《玉山名胜集》卷一
黄 玠	今浙江金华人	字伯成	《玉山名胜集》卷一；《樵李诗系》卷五
顾 晋	今江苏昆山人	字进道	《玉山名胜集》卷二
刘 肃	今河南开封人	字子威	《玉山名胜集》卷二
杨祖成	今江苏长洲人	字伯震，一作伯振	《玉山名胜集》卷二
马 琬	今江苏南京人	字文璧	《玉山名胜集》卷三
李 祁	今河南茶陵人	字一初，别号希蘧	《玉山名胜集》卷三
顾 达 一作顾迭	今江苏吴县人	字周道	《玉山名胜集》卷三、卷五
卢 熊	今北京人	字公武	《玉山名胜集》卷三
钱惟善	今浙江钱塘人	字思复	《玉山名胜集》卷三乾隆《江南通志》卷一七二
高 晋	今山东聊城人	未详	《玉山名胜集》卷三
张 云	今江苏吴县人	未详	《玉山名胜集》卷三
刘 起	未详	未详	《玉山名胜集》卷三
顾 衡	今昆山江苏人	未详	《玉山名胜集》卷三
卢 震	未详	未详	《玉山名胜集》卷三
岳 榆	今江苏义兴人	字季坚，黄鹤山人	《玉山名胜集》卷三、卷七
赵 珍	未详	未详	《玉山名胜集》卷三
吕 恂	今上海人	字德厚，自号铁砚生	《玉山名胜集》卷三

续表

姓名	籍贯	字号	史料来源
吴世显	未详	未详	《玉山名胜集》卷四
俞明德	今浙江钱塘人	字明在	《玉山名胜集》卷四《列朝诗集小传》甲集
刘西村	未详	未详	《玉山名胜集》卷四、《列朝诗集小传》甲集
夏溥	今浙江淳安人	字大之，一字大光	《玉山名胜集》卷四《元诗选》二集卷二十四
李孝光	今浙江温州人	字季和	《玉山名胜集》卷四
陈汝言	今江苏吴县人	字惟允	《玉山名胜集》卷四
殷奎	今上海华亭人	字孝章	《玉山名胜集》卷四、卷七钱谦益《列朝诗集小传》甲集
金翼	今浙江天台人	字敬德	《玉山名胜集》卷四《列朝诗集小传》甲集
顾敬	今江苏吴县人	字思恭，自号灌园翁	《玉山名胜集》卷四《列朝诗集小传》甲集
张田	今河南开封人	字芸已	《列朝诗集小传》甲集
全思诚	今上海人	字希贤	《玉山名胜集》卷一《明诗综》卷四
冯文仲	未详	未详	《玉山名胜集》卷一
卫仁近	今上海人	字叔刚，一字子刚	《草堂雅集》卷十《元诗选》三集卷十二
昂吉	今宁夏人（回族）	字启文	《草堂雅集》卷十《元诗选》三集卷十
周砥	今山东兰陵人	字履道	《草堂雅集》卷十二《列朝诗集小传》甲集
周棐	今浙江四明人	字致尧	《元诗选》三集卷十四《次韵顾玉山见寄》
陆仁乾	今河南人	字良贵	《元诗选》三集卷十五《玉山佳处赋得山中好长日》
僧祖柏	今浙江四明人	号子庭	《元诗选》三集卷十五《题玉山主人壁》
僧一贤	今浙江天台人	字一愚	《元诗选》三集卷十六《题顾仲瑛玉山佳处》

续表

姓名	籍贯	字号	史料来源
王蒙	今浙江吴兴人	字叔明号黄鹤山人	《草堂雅集》卷十；《清閟阁全集》卷十二
袁华	今江苏昆山人	字子英	《草堂雅集》卷十三《玉山纪游·游昆山联句诗并序》
秦约	今江苏盐城人	字文仲	《草堂雅集》卷十三《列朝诗集小传》甲集
姚文焕	今江苏娄江人	字子章	《玉山名胜集》卷七；《玉山纪游·游昆山联句诗并序》
张渥	今江苏淮海人	字叔厚	《草堂雅集》卷七《元诗选》三集卷十三
袁冔	今河南汝阳人	字子明	《玉山名胜集》卷四
缪侃 一作缪偘	今江苏常熟人	字叔正	《玉山名胜集》卷四、卷五
王楷	今山西太原人	字叔正	《玉山名胜集》卷五
张逊	今河南南阳人	字仲敏，自号溪云	《玉山名胜集》卷六
陈聚	今浙江天台人	字敬德	《玉山名胜集》卷六
高智	今河南卫辉人	未详	《玉山名胜集》卷六
张师贤	今山东清河人	未详	《玉山名胜集》卷四、卷六；《列朝诗集小传》甲集
葛元素	今浙江吴兴人	字天民	《玉山名胜集》卷六
李续	今江苏勾吴人	字子粲	《玉山名胜集》卷六
李比珪	未详	未详	《玉山名胜集》卷七
谢应芳	今江苏常州人	字子兰	《玉山名胜集》卷七
陆麒	未详	字符祥，一字元祥	《玉山名胜集》卷七
朱珪	今江苏昆山人	字伯盛	《玉山名胜集》卷七；《姑苏志》卷五十六
张高锡	未详	未详	《玉山名胜集》卷七
沈石	今浙江吴兴人	未详	《玉山名胜集》卷七
翟份	今河北临漳县	字文中	《玉山名胜集》卷七
张皞	今河北河朔人	未详	《玉山名胜集》卷七
余善	今江苏昆山人	字复初	《玉山名胜集》卷七
张士坚	今浙江四明人	未详	《玉山名胜集》卷七
张守中	今江苏吴县人	字大本	《玉山名胜集》卷四、卷七

续表

姓名	籍贯	字号	史料来源
范 基	未详	字君本	《玉山名胜集》卷四
钱 敏	今江苏徐州人	字好学	《玉山名胜集》卷四
赵 原	今山东荣城人	字善长，号丹林	《玉山名胜集》卷四；《姑苏志》卷五十六
马 晋	今陕西扶风人	字孟昭	《玉山名胜集》卷四
曹 睿	今浙江永嘉人	字新民	《玉山名胜集》卷五
吴国良	今江苏义兴人	桐花道人	《玉山名胜集》卷四、卷五
陈惟义	未详	未详	《玉山名胜集》卷五
虞 祥	未详	未详	《玉山名胜集》卷五
章 桂	未详	未详	《玉山名胜集》卷五
王元理	未详	未详	《玉山名胜集》卷五
陈 让	今山西涑水人	字汝吉	《玉山名胜集》卷五
柴 荣	未详	字智和	《玉山名胜集》卷五
诸葛端	今江苏吕城人	未详	《玉山名胜集》卷五
韩 性	今河南安阳人	字明善	《玉山名胜集》卷八
顾 权	今江苏昆山人	字用衡	《玉山名胜集》卷八；《姑苏志》卷五十四
张九可	未详	字小山	《玉山名胜集》卷八
顾 进	未详	未详	《玉山名胜集》卷八
徐 彝	未详	未详	《玉山名胜集》卷八
张舜咨	今浙江钱塘人	字师夔	《玉山名胜集》卷六《玉山名胜外集》
黄文德	今河南开封人	号尚文	《玉山名胜集》卷十二《玉山名胜外集》
张希颜	今江苏昆山人	未详	《玉山名胜外集》；《菽园杂记》卷十三
杨庆源	今山东泗水人	字宗善	《玉山名胜外集》
顾思敬	未详	未详	《玉山名胜外集》
茅 贞	未详	未详	《玉山名胜外集》
王 巽	未详	未详	《玉山名胜外集》
吕 恒	今陕西宝鸡人	字德常	《玉山名胜外集》；《列朝诗集小传》甲集
聂 镛	蒙古人	字茂宣，自号太拙生	《玉山名胜外集》；《列朝诗集小传》甲集
黄公望	今浙江永嘉人	字子久，号大痴道人	《玉山名胜外集》；《列朝诗集小传》甲集

续表

姓名	籍贯	字号	史料来源
徐缅	未详	未详	《玉山名胜外集》
郏经	今浙江杭州人	字仲谊	《玉山名胜外集》
孙作	今上海人	字大雅	《嘉庆松江府志》
王逢	今江苏江阴人	字原吉	《明史》卷二八五《戴良使》附《王逢传》
余尧臣	今浙江永嘉人	字唐卿	《曝书亭集》卷六十三《徐贲传》
徐贲	今江苏昆山人	字幼文	《明史》卷《徐贲传》《曝书亭集》卷六十三《徐贲传》
高逊志	今江苏萧县人	字士敏	《列朝诗集小传》甲集
李孝光	今浙江温州人	字季和	《列朝诗集小传》甲集
张羽	今湖北浔阳人	字伯雨 号句曲外史	《草堂雅集》卷五
徐显	今浙江绍兴人	字福溪	《四库全书总目》卷六十一《稗传》提要
鲍兴	今山东邹平人	字熊飞	乾隆《山东通志》卷二十八
汤公雨	今江苏江阴人	字均泽	乾隆《江南通志》卷一六八
张著	今浙江永嘉人	字则明	光绪《苏州府志》
邵亨贞	今上海人	字复儒	乾隆《江南通志》卷一六六
申屠衡	今江苏长洲人	字仲权	《姑苏志》卷五四
陈元朗	未详	未详	《玉山璞稿》
曹德昭	未详	未详	《草堂雅集》卷三、卷六
徐元度	未详	未详	《草堂雅集》卷六
陆友仁	今江苏昆山人	字辅之	《草堂雅集》卷六、卷十
段天祐	今山东兰陵人	字吉甫	《草堂雅集》卷四、卷六
金敬德	今河北赤城人	未详	《玉山名胜集》卷六
俞在明	今浙江钱塘人	未详	《玉山名胜集》卷六
夏仲信	未详	未详	《玉山璞稿》
刘季章	未详	未详	《玉山璞稿》
孟昉	今北京人	字天晖	《玉山璞稿》
朱贤	今浙江天台人	字君伯	《羽庭集》卷首刘仁本《自序》《玉山名胜集》卷七《饯谢子兰分韵诗》

据表可知，玉山草堂士人群在成员构成上表现出以下特征。

一是打破了地域界线。表中共列士人210人，可知籍贯者182人。总体来看，多数人来自江浙地区，其中吴中（主要包括今江苏、上海）者共71人，来自浙东、浙西者共59人，来自北方山东、山西、河北、河南、陕西及南方江西、福建者仅42人。

二是打破了出身界限。史载："名卿大夫、高人韵士与夫仙人、释氏之流尽一时之选者，莫不与之游"①，其中多数是非官员的文人学士，也有少数在任的官员、宗教人士。在任官员如黄溍、虞集、柯九思、张翥、危素、孟昉、段天祐、赵㴋、高明、杨祖成、夏溥、昂吉等；宗教人士如释良琦、释子贤、释自恢、释福初、释元瀞、释至奂、僧宝月等18人。

三是打破了民族界限。除了汉族士人之外，其中也有一些少数民族士人。如：孟昉，西域人；聂镛，蒙古人；昂吉，西夏人。这些士人同声相应、同气相求，共同组成了庞大的玉山士人群，进一步反映了元末士人强烈的趋群意识，在元代后期文学演进和文化繁荣过程中发挥了重要的作用。

2. 铁崖诗派

杨维桢（1296—1370），字廉夫，号铁崖、铁笛道人，晚号东维子。浙江会稽人。泰定四年（1327）进士。在农民战争爆发前，任天台尹，改钱清场盐司令，升调江西等处儒学提举。至迟在至正八年（1348）②，杨维桢受顾瑛、倪瓒之邀，游寓吴中，经常参与玉山雅集，并逐渐成为该群体的实际领袖，明人王世贞《艺苑卮言》云："吾昆山顾瑛、无锡倪瓒，俱以猗卓之姿，更挟才藻，风流豪赏，为东南之冠，而杨廉夫实主斯盟。"与此同时，由于其倡导的古乐府诗追摄唐人风格，以务求新奇为特点，号称"铁体"或"铁崖体"。其门人众多，维桢自称："吾铁门称

---

① 顾瑛：《玉山名胜集》卷一《延陵吴克恭寅夫序》，文渊阁《四库全书》，第1369册，第7页。

② 关于杨维桢入吴时间，诸书无确切记载，但据杨氏诗文及相关史料，可以断定至迟在至正八年。如杨维桢《西湖竹枝词》乃至正八年作于玉山草堂，其序云："至正八年秋七月，会稽杨维桢书于玉山草堂。"又所著《团溪乐隐园记》："至正八年，岁在戊子，二月十有九日，铁笛道人杨维桢过昆山顾仲瑛氏桃园之所。"另，顾瑛《书画坊和铁崖韵》诗题下注云："至正八年三月，玉山主人于杨铁崖饮于书画坊。"而在玉山草堂雅集中，杨维桢首次参加也是至正八年（1348）。

能诗者，南北凡百余人。"① 顾瑛《玉山草堂雅集》更夸张地说：杨维桢"江南弟子受业者以万数"。由此形成在元末文学界影响巨大、自成一家的"铁崖诗派"或"铁崖流派"②。

关于铁门成员的具体数量，黄仁生先生在其《杨维桢与元末明初文学思潮》附录《铁雅诗派成员考》中统计为145人，其中能诗者78人，实际有诗传于世者48人③，成就较著者有张宪、袁华、郭翼、吴复、贝琼、马文璧、张雨、殷奎、申屠衡等人。如：殷奎，字孝章，号强斋。受业于杨维桢之门，"学行纯正，为当时所重"④。袁华，字子英。工诗，尤长于乐府，与吕诚（字敬夫）齐名，时称"袁吕"⑤，杨维桢极称之。郭翼，字羲中，号东郭先生。至正元年（1341）从维桢游，所作《望夫石》《精卫词》诸篇，"皆用铁崖乐府体，尤为酷似"⑥。吴复，字子中，从铁崖游，"学古文歌诗"⑦。贝琼，字廷琚。至正元年（1341）于钱塘从维桢学，其所著《清江诗集》十卷，存古乐府诗十余首。杨基，字孟载，号眉庵。少负诗名，以效法铁体作《铁笛歌》而为维桢所称赏，遂偕之游。⑧

总体来看，铁崖诗派主要是通过师徒关系而形成的，这一点不同于玉山草堂。当然，也有少数士人虽与杨维桢无师徒关系，但在与杨氏的交游唱和中，其所作古乐府诗也表现出"铁门诗"的特征，如张雨、陈樵、李孝光、顾瑛、倪瓒、陈基、袁凯、于立等。张雨，著《句曲外史》七卷，收古乐府十余首。陈樵，著《鹿皮子集》四卷，其卷二有古乐府十多首。顾瑛，著诗集《玉山璞稿》二卷、《玉山逸稿》四卷，收乐府诗二百余首。陈基，著《夷白斋集》三十五卷，其中外集一卷、补遗一卷，基本全为古乐府。袁凯，著《海叟集》四卷，今存古乐府三十首。从地

---

① 顾嗣立：《元诗选》初集卷五四《张都事宪》，文渊阁《四库全书》，第1469册，第409页。
② 朱彝尊：《静志居诗话》卷二《王彝》，人民文学出版社1990年版，第55页。
③ 黄仁生：《杨维桢与元末明初文学思潮》，东方出版中心2005年版，第398—409页。
④ 纪昀：《四库全书总目》卷一六九《强斋集》提要，中华书局1965年版，第1476页。
⑤ 乾隆《江南通志》卷一六五《兴修元史终潞州知府》，文渊阁《四库全书》，第511册，第732页。
⑥ 纪昀：《四库全书总目》卷一六八《林外野言》提要，中华书局1965年版，第1453页。
⑦ 杨维桢：《东维子集》卷二五《吴君见心墓铭》，文渊阁《四库全书》，第1221册，第647页。
⑧ 王鏊：《姑苏志》卷五二《杨基》，文渊阁《四库全书》，第493册，第971页。

域来源上看，据前揭黄仁生《铁雅诗派成员考》所列 145 人，作者已考出有籍贯者 132 人，而来自江浙地区（主要指吴中地区）者就有 109 人，占绝对比例。

3. 在玉山草堂、铁崖诗派频频集会之时，以高启为首的"北郭社"得以创立，并逐渐活跃起来其成员最初为杨基、张羽、徐贲、王行、王彝、金尧臣、宋克、吕敏、陈则、释道衍（即姚广孝）等十人，后屡有增补，如高逊志、周砥、张适等先后为北郭社的成员。在这些人当中，以高启、杨基、张羽、徐贲成就最高，时有"吴中四杰"之称①。但由于此时高启年纪不大，声名不响，故"北郭十子"影响尚远逊于玉山草堂和铁崖诗派。

4. 相较浙东士人群体，吴中士人群体表现出以下主要特征。

一是从成员地域来源看，吴中士人群体主要由两部分组成：一部分是吴中本土士人；另一部分是来自浙东、浙西等地的游寓士人。这一点不同于浙东士人群体以本土士人为主的特征。

二是吴中士人多不乐仕进，传统的经世意识较为淡薄。其中，一部分士人本来也有意仕进，但由于与世多忤，故绝意不仕。如陈基，游宦大都时，被授予经筵检讨，因得罪顺帝，不得不避祸归里。后又流寓吴中，悠游度日，成为玉山草堂的常客。杨维桢虽进士出身，但仕途坎坷，遂辞官"浪迹浙西山水间"②。而更多的士人则从一开始就无意入世，如顾瑛，"不学干禄，投老于林泉"③，屡辞各方征辟。倪瓒溺于诗画，张雨为道士，释良琦、于立为释道，皆是不问时事，远离政治的吴中文人。同时，元末吴中士人追求闲适淡远的情趣，表现出对隐逸生活的向往；甚至在农民战争期间和明初，吴中士人对政治的热情也较为漠然，虽有少数人参与了明初政权，但因其与张士诚曾有瓜葛，故命运多厄。

三是在文学创作上，吴中士人多以诗显，时有"吴人多好示诗篇"④的说法。在玉山草堂中，顾瑛"嗜诗如饥渴，每冥心古初，哦诗草堂之

---

① 焦竑：《玉堂丛语》卷七"任达"条，中华书局 1981 年版，第 243 页。
② 董斯张：《吴兴备志》卷一三《杨维桢》，《丛书集成续编》，第 230 册，第 464 页。
③ 朱珪：《名迹录》卷四《金粟道人顾君墓志铭》，文渊阁《四库全书》，第 683 册，第 66 页。
④ 谢应芳：《龟巢稿》卷三《八月十六日，颠沛中见顾玉山，蒙置酒嘉树轩，相与剧谈痛饮，欢如平生，且有来夕草堂之约。既醉而别，赋此以赠》，《四部丛刊三编》，第 447 册，第 8 页。

下，既以成篇什，又彩绘以为之图"①。其他成员也"能诗好礼乐"②，如倪瓒、于立、郯韶、张雨、释良琦等大都致力于诗歌的创作。"铁门学派"成员则更以复兴乐府诗而名噪一时。从诗歌的表达方式和内容上言之，吴中士人强调诗要"发于性情之自然"③，"诗本情性。有性，此有情；有情，此有诗也"④，视诗歌为表情达意的工具，而非圣人载道之体；诗中多漠视社会问题和政治问题，多为宴饮唱和之作。⑤ 同时，吴中士人的诗歌创作，一定程度上反映了其追求个性张扬、自由奔放的人格特征，"诗者，人之情性也，人各有情性则人有各诗"⑥，强调通过诗歌来抒发自己的精神情怀，表达自己的喜怒哀乐。

四是从交游形式上看，吴中士人活动方式多样，诸如文酒之会上的即席赋诗、题画、歌舞及外出游览等，他们"或辩理诘义以资其学，或赓歌酬诗以通其志，或鼓琴瑟以宣堙滞之怀，或陈几筵以合宴乐之好，优游怡愉，莫不自有所得也"⑦。除即席赋诗外，吴中士人多集书画、音律于一身，因而作画、赏画、题画、歌舞也是其交游的重要内容。像玉山草堂的倪瓒、黄公望、王蒙、郯韶等就是名重一时的画家，"能诗者必知画，而能画者多知诗"⑧。同时，吴中士人还常常游览山水名胜，陶冶情操，在观赏自然景观之余，赋诗唱和，此在顾瑛《草堂雅集》、《玉山名胜集》、《玉山名胜外集》及袁华《玉山纪游》中多有记载。正是这种自由超然、不拘一格、不同流俗的交游方式吸引了元末无数向慕风雅、自命不凡的文人骚客，他们在交游过程中，切磋诗意、交流思想、相互提携，无形中长进了知识、活跃了文化氛围，推进了文化的传播，这在元末动荡不安的社会环境中显得弥足珍贵。

除浙东、吴中士人群体外，在大都、闽中、江西等处也有不少士人

---

① 郑元祐：《侨吴集》卷一〇《玉山草堂记》，《元人文集珍本丛刊》，第95册，第805页。
② 陈基：《夷白斋稿》卷一三《玉山名胜集序》，《四部丛刊三编》，第461册，第11页。
③ 王行：《半轩集》卷八《题陈邦度诗后》，文渊阁《四库全书》，第1231册，第392页。
④ 杨维桢：《东维子集》卷七《郯韶诗序》，文渊阁《四库全书》，第1221册，第438页。
⑤ 纪昀：《四库全书总目》卷一六九《可传集》提要，中华书局1965年版，第1475页。
⑥ 杨维桢：《东维子集》卷七《李仲虞诗序》，文渊阁《四库全书》，第1221册，第437页。
⑦ 高启：《高青丘集·凫藻集》卷二《送唐处敬序》，上海古籍出版社1985年版，第871页。
⑧ 杨维桢：《东维子集》卷一一《无声诗意序》，文渊阁《四库全书》，第1221册，第481页。

活跃于元末学界，但由于诸种因素，这些地区的士人尚未形成独具特色的群体，故影响不大。以大都士人而言，当时会聚了大批时贤俊彦，"集四方衣冠、礼乐、人物、文献之懿"①，"四方贤士人之所时集也"②。这些人中间，除了在朝为官的名公巨卿外，也包括许多游寓大都的文人学士。他们聚集京师的主要意图在于仕进，所谓"凡游都会之地者，非有析圭儋爵之想，则必贸迁废举之徒，否则挟其一技一能以自售，舍是三者，亦无因而至矣"③，但其相互之间的交游却并不限于政治生活。如贡师泰，字泰甫。安徽宣城人。泰定四年（1327）进士，官至户部尚书。在京任官期间，"天下名贤硕师悉与之游"，其中与欧阳玄有"师生之分"，与黄溍有"兄弟之义"，与张翥、危素等则有"朋友之厚爱"④。王祎，至正七年（1347）至大都，先后与进士吴宗弼⑤、叶子中⑥、刘志伊⑦等以文字相交。郑玉，"主于明正道，扶世教"，初入京师，"文名大振"，得到虞集、揭傒斯、欧阳玄等的称赏，又与余阙、危素等最为相知。⑧ 但由于大都士人流动性强，在任官员的经常调动，外来士人也多是暂时游寓，故他们在交往过程中，虽可以成为挚友，但由于交往不深，难以形成风格鲜明的士人群体。另外，在明初活跃的以孙蕡为首的南园诗派、以刘崧为首的江右诗派、以林鸿为首的闽中诗派等士人群体，在元末也已逐渐成长起来，但萌生之初，特色不明，影响不大，限于篇幅，不遑详叙。

---

① 刘仁本：《羽庭集》卷五《送杨敬修赴都序》，文渊阁《四库全书》，第1216册，第75页。
② 郑玉：《师山集》卷四三《送张伯玉北上序》，文渊阁《四库全书》，第1217册，第69页。
③ 王礼：《麟原文集》前集卷五《送杨子牧九江谒吴廉使序》，文渊阁《四库全书》，第1220册，第404页。
④ 贡师泰：《玩斋集》卷八《跋诸公所遗马编修书札》，文渊阁《四库全书》，第1215册，第154页。
⑤ 王祎：《王忠文集》卷一一《崆峒山房记》，文渊阁《四库全书》，第1226册，第237页。
⑥ 王祎：《王忠文集》卷六《送叶子中序》，文渊阁《四库全书》，第1226册，第123页。
⑦ 王祎：《王忠文集》卷六《送刘志伊序》，文渊阁《四库全书》，第1226册，第116页。
⑧ 汪克宽：《环谷集》卷八《师山先生郑公行状》，文渊阁《四库全书》，第1220册，第727页。

结　语

　　从元末士人交游情形而言，无论齐聚一堂的大型雅集，抑或士人之间的书信往复、子弟教育和师友网络，都可以看到当时各地士人既有一定的群体意识，又具有跨地域联属的性质。他们在本地交游之时，又能自觉打破区域界限，相互介入彼此的学术阵营，互相交流，互相影响。各区域士人群体之间不存在对立，但存在对话，没有门户之见和地域之见，只有你来我往的交错交游。如浙东士人黄溍、胡助、王祎、陈基等曾光顾玉山草堂，顾瑛《草堂雅集》中收有他们的诗作。黄溍曾为顾瑛《玉山名胜集》作序。王祎至正十年（1350）自大都南归，经过吴中时，为玉山草堂写下了《绿波亭词》《可诗斋记》等，"吴中习举业者多从之"①。陈基，是黄溍在杭州任江浙儒学提举时的弟子，后流寓吴中，成为玉山草堂的常客。此外，张雨、郑元祐、钱惟善等也是寓居吴中的浙籍人士。同样，在玉山草堂与铁崖诗派中的许多士人，亦相互介入，如卫仁近、郭翼、吕诚、卢熊、吕恒、申屠衡、余善、殷奎、马琬、吕恂等既是杨维桢的门生，也是玉山草堂的常客。而彼此介入最典型者当属杨维桢，他是铁崖诗派的领袖，同时又是玉山草堂的盟主。北郭社的不少成员，亦与杨维桢、顾瑛等人相交甚笃，如周砥《荆南倡和诗集》中就有诗《怀玉山子》《至正壬辰九月十二日过玉山草堂留别山中诸公》等；张羽、杨基、高逊志等深得杨维桢激赏，如他称杨基为"又一铁"②。

　　可见，元末区域性士人群体的地缘特征是相对的，它们彼此之间并不存在不可逾越的界限，尤其是在士人雅集交游多是以学术文化为媒介的情形下，由于地域因素并不能充分涵盖学术文化的内在倾向，所以各地士人唯有通过跨区域的交游和流动，才能一定程度上实现某种文化、学术或道德的志向。应该说，这种自由、开放的学术交游，在元末学术文化中具有相当重要的地位。一方面，它加强了士人群体之间的联系，

---

① 顾瑛：《草堂雅集》下册，卷一〇《王祎》，中华书局2008年版，第840页。
② 王鏊：《姑苏志》卷五二《杨基》，文渊阁《四库全书》，第493册，第971页。

通过感染精神、传播时尚、促进思想，为元末士风的勃然兴起提供了充分的人文环境和肥沃土壤；另一方面，士人之间密切而广泛的交流，加强了地方社会之间的联系，促进了各区域之间学术文化的发展繁荣，加速了宋代以来江南"文化圈"的形成和发展进程。

从顾瑛草堂雅集看元末士人行乐心态

杨印民

聚会宴饮，原本是文人士大夫阶层一种司空见惯的休闲方式，元代此风亦盛。翰林学士王恽曾对这种宴集活动有过较为详尽的描述："用是约二三知友，燕集林氏花圃，所有事宜，略具真率。旧例各人备酒一壶，花一握，楮币若干，细柳圈一，春服以色衣为上。其余所需，尽约圃主供具。"可见预宴者通常要自备酒、花、钱钞等物，衣服也要穿得靓丽一些，其余供需大都由聚会主人筹备。活动内容亦十分丰富，"秉兰续咏，辨追洧水欢游，禊饮赋诗，修复兰亭故事"。① 饮酒赋诗，品茗赏乐，往往尽情而欢。

元代文人士大夫这种私人性质的聚会宴饮，以茶酒为媒，以诗词歌赋为内容，多有固定场所，或为庆贺，或为游玩，考量文章，研磨学问，其主体宗旨在于娱乐性和休闲性。两宋时期，此风即相当兴盛，"渡江兵休久，名家文人渐渐修还承平馆阁故事，而循王孙张功父使君以好客闻天下。当是时，遇佳风日，花时月夕，功父必开玉照堂置酒乐客。其客庐陵杨廷秀、山阴陆务观、浮梁姜尧章之徒以十数。至辄欢饮浩歌，穷昼夜忘去。明日，醉中唱酬，诗或乐府词累累传都下，都下人门抄户诵，以为盛事"。② 杨廷秀即大诗人杨万里、陆务观即陆游、姜尧章即姜夔，皆是文坛领袖，一代文豪。这些名士的与会，无疑大大增加了宴集的品位和质量。

前面王恽参加的那次只有"二三知友"的宴集活动当然只能算是最小规模了。事实上，元代文人士大夫的宴集活动常常是动辄都要十几人，甚至几十人。当然，能够领袖这种宴集的人物，通常都是具有较强经济

---

① 王恽：《秋涧集》卷七十《禊约》，《四部丛刊初编》本。
② 戴表元：《剡源集》卷十《牡丹宴席诗序》，《四部丛刊初编》本。

实力和较高社会地位的当地名流。词客马文友别墅在大都彰义门内,有春香亭,每百花开时,置酒亭下,大会都之文人吟士赏花赋诗,谓之"锦绣会"。与会者,各轮一席。"又有饮山亭,夏日避暑于此;又有婆娑亭,玩月之所,并聚诗人作会,如春香故事,因号其墅曰长乐园。"①

然而,相比于昆山顾阿瑛的玉山草堂,大都马氏的长乐园别墅又显见是小巫见大巫。况且与会者要轮席,较之玉山主人的"轻财结客""晨夕与客置酒赋诗"②也更显寒碜了不少。

玉山草堂规模堪称宏大,"园池亭榭之盛,图史之富,暨饩馆声伎,并冠绝一时"③。"亭馆凡二十有四,其扁书卷,皆名公巨卿、高人韵士口咏手书以赠。"④不仅有春晖楼以迎春,芙蓉馆能消夏,秋华亭可赏秋,听雪斋堪暖冬,而且有"前之轩曰钓月,中之室曰芝云,东曰可诗斋,西曰读书舍,后累石为山,山前之亭曰种玉,登山而憩注者曰小蓬莱,山边之楼曰小游仙,最后之堂曰碧梧翠竹。又见湖光山色之楼,过浣花之溪而草堂在焉,所谓柳堂春渔庄者。又其东偏之景也,临池之轩曰金粟影"⑤。所有这些亭馆楼台,都可以是玉山草堂主人顾瑛接待四时嘉宾、饮宴唱和之所。

玉山草堂主人顾瑛,又名顾德辉,阿瑛,字仲瑛,平江昆山人。祖父以上皆宋世衣冠,祖父仕元,为"卫辉、怀孟路总管",至其父乃隐德不仕。顾瑛自言本人青年时"性结客,常乘肥衣轻,驰逐于少年之场,故达官时贵,靡不交识"⑥。只道出自己喜好交游,遍结名士的秉性,其他方面自不好自吹自擂。好在有好友杨维桢对他的称扬,有助于我们对这个人的全面了解:"青年好学,通文史,好音律,钟鼎古器、法书名画品格之辨,性尤轻财喜客,海内文士未尝不造玉山所。"⑦可见除了广泛

---

① 李材:《解醒语》,(明)冯可宾编:《广百川学海》本。
② 《明史》卷二百八十五《文苑传一·陶宗仪传附顾德辉传》,中华书局点校本。
③ 同上。
④ 顾瑛编:《玉山名胜集》卷五《顾瑛:绿波亭记》,文渊阁《四库全书》,第1369册,第91页。
⑤ 顾瑛编:《玉山名胜集》卷二《杨维桢:玉山佳处记》,文渊阁《四库全书》第1369册,第14页。
⑥ (清)朱珪编:《名迹录》卷四《顾瑛:金粟道人顾君墓志铭》,清抄本。
⑦ 顾瑛编:《玉山名胜集》卷二《杨维桢:雅集志》,文渊阁《四库全书》,第1369册,第17页。

交游外，顾瑛还是个艺术修养极高的人，于文史、音乐、书法、美术、文物收藏与鉴赏等方面无不通晓。

顾瑛三十岁始折节读书，"日与文人儒士为诗酒友"，风流文采出乎流辈。四十刚过，便将田业、家事交付给儿子、女婿打理，自己于故居旧第以西，筑玉山草堂，开始了"不学干禄，欲谢尘事，投老于林泉"①的神仙般快活自在的生活，高谢多方征辟不就，专意迎来送往，接纳四方宾客，终日胜友如云，高朋满座，"名卿大夫、高人韵士，与夫仙人释氏之流尽一时之选者，莫不与之游从。雅歌投壶，觞酒赋诗无虚日"。②

这种诗酒唱和，饮宴无辍的狂欢生活，一直持续了近二十年的光阴。玉山草堂成了当时文人雅士人人向往的乐土和伊甸园，闻名遐迩，趋之若鹜。

一

据不完全统计，从至正八年（1348）到至正二十年（1360），在玉山草堂举行的大小聚会共五十余次，先后做客玉山草堂的士人有一百四十人左右。宾客不仅是尽"东南之美"，还有千里之外从北方闻名而来的名士。先是会稽杨维桢、吴兴郯九成、钱塘俞在明、匡庐于彦成等南方儒雅，后来长期游处于京师的熊梦祥等人也望风相从。一时名士如柯九思、陈旅、李孝光、黄溍、郑元祐、张翥、高明、倪瓒、王祎、昂吉、王蒙、王冕等辈皆有参加过玉山草堂集会。他们中有世俗生相，也有方外僧道；有南人、汉人，也有蒙古人、色目人；有仕宦，有平民；有诗人墨客，有书画名家……常常是远道而来相逢一处的宾客"未暇问姓氏邑里，行李所从来，辄举酒相与，献酬杂沓。亦不计年齿，貌苍苍者上坐，饮酣歌舞，各以所长自适"③。

"各以所长自适"，正是玉山草堂雅集宴饮的一个突出特色。这从至

---

① 朱珪编：《名迹录》卷四《顾瑛：金粟道人顾君墓志铭》。
② 顾瑛：《玉山名胜集》卷一《吴克恭：玉山草堂序》，文渊阁《四库全书》，第1369册，第7页。
③ 顾瑛：《玉山名胜集》卷四《陈基：送郑同夫归豫章分题诗序》，文渊阁《四库全书》第1369册，第58页。

正十年（1350）冬的一次较小规模宴集可窥见一斑。时"积雪遍林野。适郯云台自吴门、张云槎自茂苑、吴国良自义兴不期而集，相与痛饮湖光山色楼上，以'冻合玉楼寒起粟'分韵赋诗。国良以吹箫、陈惟允以弹琴、赵善长以画序首各免诗。张云台兴尽而返，时诗不成者命佐酒女奴小瑶池、小蟠桃、金缕衣各罚酒二觥"[1]。

预宴者能诗者诗，能画者画，能乐者乐，能舞者舞，每个人都能使自己的才华得到充分的展现和发挥，同时还引入一定的竞争机制，不能按时完成任务的要罚酒示惩，既增强了宴集的纪律性，又增加了宴集的趣味性。这一切使得每次草堂雅集的性质更接近于一场场庞大的"文艺沙龙"，而绝非仅仅停留在只关注于吃喝玩乐的简单低级层面。一句话，品位高雅，这才正是玉山草堂得以吸引大批文士纷纷前来、终日宾客如云的重要原因所在。故而有学者指出，"这些集会在时间的延续性、地域的广袤性、文化的多层性、艺术的综合性以及审美的世俗性等方面都是空前的，历史上一些以风流文采为人称道的文人雅集……都无法比拟"[2]。

至正八年（1348）二月十九日的宴集，是当时一场规模很大的宴会，"极其衣冠人物之盛"，唐兀氏昂吉起文有诗赞道："玉山草堂花满烟，青春张乐宴群贤。美人蹋舞艳于月，学士赋诗清比泉。人物已同禽鸟乐，衣冠并入画图传。兰亭胜事不可见，赖有此会如当年。"[3] 事后，与会的画家张渥依照宴会的情景用白描体作了一卷《玉山雅集图》，杨维桢为之做志云：

> 冠鹿皮衣紫绮坐案而伸卷者，铁笛道人会稽杨维桢也。执笛而侍者，姬为翡翠屏也。岸香几而雄辩者，野航道人姚文奂也。沉吟而痴坐，搜句于景象之外者，苕溪渔者郯韶也。琴书左右捉玉麈从容而色笑者，即玉山主者也。姬之侍者为天香秀，展卷而作画者为吴门李立，旁侍而指画即张渥也。席皋比曲肱而枕石者，玉山之仲晋也。冠黄冠坐蟠根之上者，匡庐山人于立也。美衣巾束带而立颐

---

[1] 顾瑛编：《玉山名胜集》卷三《于立：湖光山色楼燕集序》，文渊阁《四库全书》，第1369册，第52页。

[2] 陈建华：《元末东南沿海城市文化特征初探》，《复旦学报》1988年第1期。

[3] 顾瑛编：《玉山名胜集》卷二《昂吉起文：玉山雅集图》，文渊阁《四库全书》，第1369册，第22页。

指仆从治酒者，玉山之子元臣也。奉肴核者丁香秀也，持觞而听令者小璚英也。

一时人品疏通隽朗，侍姝执伎皆妍整，奔走童隶亦皆驯雅，安于矩矱之内。觞政流行，乐部皆畅。碧梧翠竹与清扬争秀，落花芳草与才情俱飞。矢口成句，落毫成文。花月不妖，湖山有发。是宜斯图一出，为一时名流所慕艳也。①

出现在这幅雅集图中有名姓的人物就有13人之多，场面之雅致确令人艳羡。玉山草堂在彼时彼地对于各地文士吸引力之强大，完全可以想象。至正九年（1349）六月，延陵吴克恭为"碧梧翠竹堂燕集"所写的序，记载了另一次宴会的全过程：

己丑之岁，六月徂暑，余问津桃源，溯流玉山之下。玉山主人馆余于草堂芝云之间，日饮无不佳适。有客自郡城至者，移于碧梧翠竹之阴。盖堂构之清美，玉山之最佳处也。集者会稽外史于立、吴龙门山僧琦、疡医刘起、吴郡张云、画史从序。后至之客则聊城高晋、吴兴郯韶、玉山主人及其子衡，暨余凡十人，以杜甫氏"暗水流花径，春星带草堂"之韵分阄，各咏言纪实，不能诗者罚酒二觥。罚者二人，明日其一人逸去，虽败乃公事，亦兰亭之遗意也。从序以画事免诗而为图。

时炎雨既霁，凉阴如秋，琴姬小璚英、翠屏、素真三人侍坐，与立趋歈俱雅音。是集也，人不知暑，坐无杂言，信曰雅哉。②

从以上两次宴集可见，"雅"就是玉山草堂文人士大夫饮宴所追求的主旨基调。有良辰美景、赏心乐事，有诗酒画图、弦乐清歌，更有佳人曼舞以助豪兴。偶尔的醉酒之后的狂吟清啸，亦不失彬彬可爱。所谓主人贤而宾客嘉，玉山草堂的宾主们将元代文人士大夫宴饮中"雅"的意境发挥到了极致。

---

① 顾瑛编：《玉山名胜集》卷二《杨维桢：雅集志》，文渊阁《四库全书》，第1369册，第17—18页。
② 顾瑛编：《玉山名胜集》卷三《吴克恭：碧梧翠竹堂燕集分题诗序》，文渊阁《四库全书》，第1369册，第42页。

玉山草堂的黄金时期为至正八年（1348）到至正十四年（1354）前后，其间又以至正十年（1350）为最盛。南方义军和张士诚起事，影响了玉山草堂的正常活动，之后一直到至正二十五年（1365），虽然还有聚会，但时移境迁，盛况难再，顾瑛本人也进入垂暮之年，玉山雅集也就渐渐曲终人散了。

二

　　玉山草堂雅集还有另一大看点，就是歌伎佐酒。这几乎是在每一场饮宴中都会出现的情景。

　　"百斛葡萄新酿熟，歌童莫放酒杯停。"[1] 元代文人士大夫宴客用酒伎、歌童、优伶佐酒的现象十分普遍，这些佐酒的歌伎来源，主要是文人士大夫家蓄、姬妾、娈童，以及杂剧优伶、青楼女子，甚至还有教坊乐伎。

　　元末文人士大夫蓄妾风气十分盛行。如在《玉山名胜集》里面出场的顾瑛姬妾就有十几人之多，丁香秀、小璚英、翠屏、素真、琼花、珠月、素云、小瑶池、小蟠桃、金缕衣、猩猩、宝笙、兰陵美人等玉山草堂的座上常客杨维桢也有"桃叶、柳枝、琼花、翠羽为歌欤伎"，这位七十多岁以风流自命的古稀老翁还厚着脸皮，自鸣得意地向人炫耀说："小素小蛮休比似，桃根桃叶尚宜男。"[2]

　　这些家蓄、姬妾、娈童有家生奴婢，也有外买而得，或以容貌为胜，或以技艺见长。杂剧优伶、青楼女子和教坊乐伎属于专业伎人，职业化特征更明显一些，与宴的伎人都会得到一定报酬或额外赏赐。歌伎佐酒助兴能够浓厚饮宴气氛更加和谐热烈，达到宾主尽欢的效果。至正十一年（1351）三月二十日，名士陈浩然招顾瑛等游吴县观音山，暮宴张氏楼，徐姬楚兰佐酒，楚兰"以琵琶度曲"，宾客为之心醉不已。[3]

　　由于这些歌伎常常陪伴文人雅士、名卿显宦佐樽献技，所以许多人不仅歌舞器乐方面技高一筹，身怀绝技，而且谙通文墨，能够当场吟诗

---

[1] 谢应芳：《龟巢稿》卷四《贺之》，《四部丛刊》三编本。
[2] 杨维桢：《东维子文集》卷九《风月福人序》，《四部丛刊》三编本。
[3] 袁华：《玉山纪游》全一卷《顾瑛：次韵观音山·序》，文渊阁《四库全书》，第1369册，第508页。

赋词。如杂剧名伶张怡云"能诗词，善谈笑，艺绝流辈，名重京师"。士大夫姚燧、阎复常于其家小酌。① 杨买奴，杂剧作家杨驹儿之女，性嗜酒，美姿容，善讴唱。"公卿士夫，翕然加爱。"②

名士风流，历来不可少声伎助兴，有年轻美貌、能歌善舞的女子在场，可以启发诗人灵感。红袖劝酒，群姬狎坐，调笑不禁，轻薄无忌，女乐杂沓，使文人雅士的饮宴兴致弥久而不衰。

> 至正龙集壬辰之九月，玉山主人宴客于金粟影亭。时天宇澄穆，丹桂再花，水光与月色相荡，芳香共逸思俱飘。众客饮酒乐甚，适钱塘桂天香氏来，靓妆素服，有林下风，遂歌淮南招隐之词。玉山于是执盏起而言曰：夫桂盛于秋不凋于冬，又不与桃李竞秀，或者以为月中所植，信有之矣。今桂再花，天香氏至，岂非诸君子躡云梯占鳌头之征乎？请为我赋之。汝阳袁华子英乃口占水调俾歌以复，主人率座客咸赋焉。③

"为君燕坐列绮席，吴歌赵舞双娉婷。"④ 这种游乐无虚日、宴饮无节制的生活情景，实际上正是顾阿瑛、杨维桢之流以及那些趋之若鹜的友朋宾客们在风雨飘摇时代变态行为的具体体现。在元末动荡不安的社会背景下，文士们寻求出路，寻找精神寄托的方式是多样的，半隐半俗的方式是一种手段；面对个人和社会吉凶祸福难定的状况，恣意享乐以忘却现实烦忧，又是另外一种手段。

如果说元初文人士大夫主要致力于力争，渴望寻找到一条可以沟通他们与现政权合作的通路，中期文人士大夫是在挣扎，动摇于希望与失望之间，不无天真地仍然冀望于一代又一代的蒙古帝王。那么到了元末，文人士大夫们便大多数处于绝望和虚无了。这种求生不得、虽生犹死的内心痛苦，使他们成为纵欲的崇拜者和践行者。⑤

---

① 夏庭芝著、孙崇涛注：《青楼集笺注》，张怡云条，中国戏剧出版社1990年版。
② 夏庭芝著、孙崇涛注：《青楼集笺注》，杨买奴条。
③ 顾瑛编：《玉山名胜集》卷八《袁华·天香词序》，文渊阁《四库全书》，第1369册，第144—145页。
④ 顾瑛：《玉山璞稿》全一卷《碧梧翠竹堂炎雨既霁凉阴如秋与客醉赋得星字》，清嘉庆宛委别藏本。
⑤ 参阅幺书仪《元代文人心态》，文化艺术出版社1993年版，第266—267页。

三

在元末社会动荡的时局中，以顾瑛为首的一群文人士大夫们躲进玉山草堂里面，终日以樽酒文赋为弗迁之乐，不问时事，这实在是个值得深思的现象。

在乱世之中，一切都显得无足轻重的时候，他们在这里寻到一块乐土，一个灵魂得到救治与抚慰的处所。从某种意义上说，玉山草堂更像是传说中的世外桃源，玉山草堂主人和他们的宾客像是在做一种逃避。顾瑛等人"以中材而涉乱世之末流"，①"有仕才，而素无仕志"。② 上不能安邦定国，经世济民，下不能扶危救困，赡济乡邻。虽不甘心坐以待毙，又无力挣扎，便只能选择逃避。

表面上看，玉山草堂热闹而欢畅。但是，元人，尤其是元末人，对世事无常和生命短暂有着普遍而广泛的深刻感受，这是动乱时代的特殊赐予，敏感的文人特别意识到生命的脆弱和短暂。他们正是怀着这种对生命、对未来的恐惧而相互倡引及时行乐的。且看顾瑛类似于醉酒后喃喃呓语般的沉吟诗句：

> 人生良会不可遇，况复聚散如浮萍。分明感此眼前事，鬓边白发皆星星。华亭夜鹤怨明月，何如荷锸随刘伶。中山有酒十日醉，汨罗羁人千古醒。蒲萄酒，玻璃瓶，可以驻君之色延君龄。脱吾帽，忘吾形，美人听我重丁宁。更借白玉手，进酒且莫停，酒中之趣通仙灵，玉笙吹月声玲玲，与尔同蹑双凤翎。③

在玉山草堂的诗文中，我们看到的几乎都是自得其乐的轻歌曼舞，浅酌低唱的优雅情结，难以寻到在动乱年代表现传统文人家国责任感的文字。淮海秦约为《可诗斋夜集联句》所写序文，可具一定代表性。

---

① 《史记》卷一二四《游侠列传第六四》，中华书局点校本1974年版。
② 顾瑛编：《玉山名胜集》卷二《杨维桢：玉山佳处记》，文渊阁《四库全书》，第1369册，第15页。
③ 顾瑛：《玉山璞稿》不分卷《碧梧翠竹堂炎雨既霁凉阴如秋与客醉赋得星字》。

至正十四年冬十二月二十二日，予游吴中。属时寇攘相接，君有南征之命，川涂修阻，舟楫艰难，遂假馆于仲瑛顾君之草堂。而雪霰交作，寒气薄人。翌日夜分，集于可诗斋。客有匡庐于彦成、汝阳袁子英、吴郡张大本相与笑谈樽俎，情谊浃洽。酒半，诸君咸曰：今四郊多垒，膺厚禄者则当致身报效。吾辈无与于世，得从文酒之乐，岂非幸哉！①

试想当时正值寇乱之时，国难当头，而这些人自以"无与于世"，只作壁上观，以为报效国家是肉食者谋之的事情，与己无关。诗酒照旧，弦歌不废。

这是一个非常惹人深思的变化。因为传统中国文人士大夫最不能释怀的就是深存内心对国家、百姓的拳拳忧患与责任，即所谓的修身、齐家、治国、平天下是也。但在元末，一些文人却主动放弃了这种崇高。

他们似乎忽然得到了自我解脱，主动或者被动地抛弃了那种自我折磨般的责任感，而靡然风尚于狂饮滥醉，于战乱的缝隙间尽情地享乐，把文人的吟诗、饮酒、游山玩水扩张到最大限度，变成一种自我发泄的手段。元末诗人张翥有一首《独酌谣》，最能表现这种心态。

有酒且一醉，有歌且一谣。杯尽当再酌，瑟罢须重调。生足意自适，身荣心苦焦。所以黎首人，多在于渔樵。一谣仍一酌，且复永今朝。明朝未可料，况乃百岁遥。所愿花长开，美酒长满瓢。静疑太古调，散觉神理超。近识南郭叟，得酒时见招。尽醉即高卧，谁能慕松乔。②

这种心态在萧景微参加的玉山草堂又一次宴集中也有所反映：

至正辛卯，余自勾吴还会稽，饮酒玉山而别。当是时，已有行

---

① 顾瑛编：《玉山名胜集》卷四《奉约：可诗斋夜集联句诗序》，文渊阁《四库全书》，第1369册，第72页。
② 张翥：《张蜕庵诗集》卷一《独酌谣》，《四部丛刊》续编本。

路难之叹矣，继而荆蛮淮夷山戎海寇警呼并起，赤白囊旁午道路，驱驰锋镝间。又复相见，因相与道寒温，慰劳良苦。玉山为设宴，高会梧竹堂上，在座皆俊彦，能文章，歌舞尽妙选。客有置酒而叹者，予笑曰：子何为是拘拘也？夫天下之理，未有往而不复，器无久不用者。迨国家至隆极治，几及百年，当圣明之世而不靖于四方，或者天将以武德祸乱大启有元无疆之休，诸君有文武才，将乘风云之会，依日月之光，且有日予也，尚拭目以观太平之盛，何暇作愁叹语耶！玉山扬觯而起曰：子诚知言哉！于是饮酒乐甚。明当重九，遂以"满城风雨近重阳"为韵分赋。①

那么，到底是究于一种什么样的根源，而使元末的一部分文人放弃了千百年来最能体现文人士大夫精神骨髓的家国责任感而自溺于酒精之中呢？

学者么书仪曾在《元代文人心态》一书中剖析说：哀莫大于心死，元代汉文人士大夫在经历了长时期的挫折和痛苦之后，才认清了这个蒙元政权不容他们置喙，他们被彻底边缘化的现实。这个时代不需要他们去驾驭，他们既无法拯救国家和民众，也拯救不了自己。这种无可救药的绝望，导致了玉山草堂式的享乐思潮的诞生和蔓延，导致了文人士大夫对政事关切程度极大地减弱，离心倾向大大地增强。②

然而，如果把玉山草堂式享乐行为的诞生与蔓延，完全归结为汉文人士大夫被蒙元政权长期边缘化，导致离心倾向大为增强的结果，其结论是有失偏颇的。

我们不否认，元末一些文人内心确实产生出对于元廷统治者长期歧视南人政策的心灰意冷，于是在断绝了"致君尧舜"的干政之路后，转身投入朱元璋等人的反元队伍。

数十年来，南人不得仕省台院部，仅补远道宪史……向使累朝股肱耳目之臣祇率世祖旧章，南北人才视之无间，俾其君子汇进，

---

① 顾瑛编：《玉山名胜集》卷三《萧景微：梧竹堂燕集序》，文渊阁《四库全书》，第1369册，第45页。
② 参阅么书仪《元代文人心态》，第262页，文化艺术出版社1993年版。

小人爱戴，而致治之美垂衍无疆，夫何妄生区别于一统之朝，日益猜忌怀愤。诸人亦以摈弃不录，构衅引类，发于长淮数千里间，蔓延江左，干戈烂漫，亦有以致之也。①

但是更不乏在遗书中直言"生为元朝臣，死作元朝鬼。忠节既无惭，清风自千古"②的刘鹗辈人物。元末李士瞻有言："本朝自立国以来，仁义忠孝之道陶濡百年，士大夫以名节自立者风满天下。兵兴十年余，仗节死义之人，固为不少。"③

元末，虽然多数士人对于本朝的腐败统治感到痛惜愤恨，但是在思想感情上始终不能轻易与之决裂。同时对于下层民众发起的反抗运动，抱有仇视和抵制态度。一些人从维护"纲常名教"的角度出发，拒绝与反元势力合作，甚至不惜为元朝殉节。一些人虽为形势所迫，暂时栖身于一些地方割据集团，仍念念不忘元廷，甚至是明朝开国的佐命文臣，加入新朝也多有不得已之处，始终对元朝怀有眷恋之情。④

从元末整个社会来看，士人的经济生活条件并不是处于社会底层，甚至有相当一部分人居于中上水平。历史学家钱穆就曾指出："元虽不贵士，然其时为士者之物业生活，则超出编户齐氓远甚……故元代之士，上不在廊庙台省，下不在闾阎畎亩，而别自有其渊薮窟穴，可以藏身。""元廷虽不用士，而士生活之宽裕优游，从容风雅，上不在天，下不在地，而自有山林江湖可安，歌咏觞宴可逃，彼辈心理上之不愿骤见有动乱，亦宜然矣。"⑤

清人赵翼曾言："元季士大夫好以文墨相尚，每岁必联诗社，四方名士毕集，燕赏穷日夜，诗胜者辄有厚赠……独怪有元之世，文学甚轻，当时有'九儒十丐'之谣，科举亦屡兴屡废，宜乎风雅之事弃如弁髦，乃缙绅之徒风流相尚如此，盖自南宋遗民故老，相与唱叹于荒江寂寞之

---

① 陶安：《陶学士集》卷十四《送许经历·序》，《北京图书馆古籍珍本丛刊》，文渊阁《四库全书》，第1206册，第373页。
② 刘鹗：《惟实集》附录《刘鹗墓志铭》，文渊阁《四库全书》本。
③ 李士瞻：《经济文集》卷四《题王彦方小传后》，《湖北先正遗书》本。
④ 参阅陈高华、张帆、刘晓《元代文化史》，广东教育出版社2009年版，第341页。
⑤ 钱穆：《读明初开国诸臣诗文集》，《中国学术思想史论丛（六）》，台北东大图书有限公司1978年版。

滨，流风遗韵，久而弗替，遂成风会，固不系乎朝廷令甲之轻重也欤！"①可见元代文人士大夫喜好聚会宴饮的渊薮，还在于承继了宋季遗民故老的流风遗韵，与元廷轻儒政策实在关系不大。

其实，元代文人士大夫的纵情享乐之风，不单单是元季有，即使在元初也有。至元二十三年（1286）三月五日，戴表元参加了杭州杨氏私宅一个只有八人的文人聚会，聚会由周密组织发起，周密出所蓄古器物享客为好，"或膝琴而弦，或手矢而壶，或目图与书，而口歌以呼，醉醒庄谐，骈哗竞狎，各不知人世之有盛衰今古，而穷达壮老之历乎其身也。酒半，有作而叹曰：兹游乐哉，其有思乎？……于是坐中之壮者茫然以思，长者愀然以悲，向之叹者欲幡然以辞。既而欢曰：事适有所寄也，今日之事，知饮酒而已，非叹所也"。最后，"各为辞以达其志"。②

至元后期任山东东西提刑按察使的胡祗遹曾在一篇文章中一针见血地指出："今之为士者，志在富贵声色而已耳！"③ 接着，又在另一篇文章中毫不留情地针砭时弊，直骂这些不能"上以光祖考下以成子孙，居乡里则化，居州郡则为民具瞻，处朝廷则福泽天下，以及后世而垂无穷"，偏离了传统儒家道义责任的士大夫是万世罪人：

> 今之士大夫，居闲处独，怨天尤人，曰不吾知也。及其居高位、食厚禄，怙宠患失，依阿缄默，荷眷顾、蒙宠渥，始终二十余年之久，而未尝建白一言，开陈一事，树立一政。皇皇汲汲，日夜营办者，广田宅，多妻妾，殖货财，美车马，聚玩好，媚权贵，援私党，来贿赂，衮职有阙而弗补，纲纪坏弊而弗救，人民涂炭而弗恤。方且偃然自得，以为通方达变，轻暖肥甘，夭淫艳质。自娱之外，而又欺世盗名，翻经阅史，鼓琴焚香，吟诗写字以为高雅，以示闲暇。使一时后学无执守者钦仰踵效，而恨不能及唇吻。攘夺者得以为谤讪沮毁名教之口实，洁身特立之士语塞而不敢辨。吁，真万世之罪人也！④

---

① （清）赵翼著，王树民校证：《廿二史劄记校证》卷二十九《元季风雅相尚》，中华书局1984年版。
② 戴表元：《剡源集》卷十《杨氏池堂宴集诗序》。
③ 胡祗遹：《紫山大全集》卷二十《士辩》，三怡堂丛书本。
④ 胡祗遹：《紫山大全集》卷二十《悲士风》。

骂固然有骂的理由，但是文人士大夫纵情享乐的社会存在现实，是任何人都无能力改变的，无论是在盛世的和平时期还是在乱世的动荡时期，他们总是那么轻而易举地举盏相欢，这也许是根源于文人血液中流淌的与生俱来的浪漫气质吧。这种气质使他们轻而易举地与诗酒结缘，诗酒仿佛是附丽在他们身体上的一双翅膀，缺一而不可，诗以展其才气，酒以交朋识友，由此形成士人网络集团。我们当然不能完全苛责传统文人士大夫必须时刻怀抱着"治国平天下"的雄心大志，说到底，诗酒是生长在文人士大夫肌体上的一个细胞，流淌在文人士大夫的血液里面，是文人士大夫的品牌和标志，永远不会随时代的变更而流逝。

　　一言之，玉山草堂一幕幕盛宴的开办，最重要的根源还是在于以顾瑛为代表的元代文士们自身好重诗酒的性格情趣使然，而与元代文人因在政治上长期被边缘化产生离心倾向所导致的变态放诞行为关系不大。

元代江南社会研究的现状和展望

——以知识人问题为中心

于 磊

1206 年成吉思汗所创建的大蒙古国（Yeke Mongol Ulus）迅速地扩大为横贯欧亚大陆的草原帝国。至第五代忽必烈时期的至元十三年（1276），灭亡南宋，将江南地区置于其统治之下。同时，忽必烈又降服高丽王室，继而跨越海洋对日本和东南亚各地实施军事征伐。以此，蒙古帝国即逐步演变成控制陆地和海洋的世界帝国。[①]

而江南地区，自魏晋南北朝以来在经济、文化方面取得了较大的发展。在蒙古帝国之前的隋、唐、宋朝，通过对江南版图的整合，其王朝自身的性质也发生了重要的转变。特别是随着大运河的开通及其与此相伴的经济、物流系统的发展，科举的实施所导致的大量知识人阶层的出现，等等皆是明证。如此一来，元朝所实施的江南政策便也毫无疑问成为左右其王朝性质的重要因素。

20 世纪 80 年代以来，随着新研究视角的导入及史料的充分利用日本蒙古帝国史、元代史研究获得较大发展。杉山正明曾对此新的研究潮流加以概括，并提示了今后的研究动向。[②] 他在介绍竺沙雅章关于中国史研究中北宋—金—元（北流）、北宋—南宋—元（南流）两种视角[③]的基础

---

① ［日］杉山正明：《大モンゴルの世界 陸と海の巨大帝国》，东京角川书店 1992 年版，第 245—256 页。

② ［日］杉山正明：《日本におけるモンゴル（Mongol）時代史研究》，《中国史学》1，1991 年；同氏：《モンゴル時代史研究の現状と課題》，宋元时代史基本问题编集委员会（编）《宋元時代史の基本問題》汲古书院 1996 年版；同氏《日本における遼金元時代史研究》，《中国——社会と文化》12，1997 年。

③ ［日］竺沙雅章：《征服王朝の時代》，东京讲谈社 1977 年版。

上，指出了华北社会研究中的空白及南宋至元代江南研究的薄弱性问题。①

其中，关于华北社会的研究，近年来由于石刻史料的发掘、利用，以及新的研究视角和问题意识的探索，相关研究成果引人注目。例如饭山知保在对金元时代华北社会研究成果汇集整理的基础上，进一步提出该领域研究的问题展望，②就科举社会变迁条件下地方知识人及其家族的发展发表了系列研究成果。③

而关于江南社会，长期以来对于南宋遗民以及"征服王朝"框架下的具体研究较为关注④。前者的研究仅止于南宋遗民对旧王朝的忠诚以及对"异民族王朝"的反感等问题。而后者尽管明确了"征服王朝"对于江南统治的某些特质，但亦如杉山正明所指出，"基于对北方的关注所产生的'半蒙半汉'式的研究"仍是主流，真正以中国史的立场来对元代社会所进行的研究其实并不多见。

如后文所述，尽管近年来在江南社会研究中已开始逐渐出现较新的

---

① ［日］杉山正明：《モンゴル時代史研究の現状と課題》，第505—506页；同氏：《日本における遼金元時代史研究》，第333、341—342页。

② ［日］饭山知保：《金元代華北社会研究の現状と展望》，《史滴》23，2001年。

③ 其相关研究结集为：饭山知保《金元時代の華北社会と科挙制度——もう一つの「士人層」——》，早稻田大学出版部2011年版。

④ 爱宕松男曾指出，与华北社会相异，对江南社会来说，蒙元政权是他们所初次经历的异民族统治。对此，爱宕松男形容道，"毫无疑问，江南士人、民众所体验到的违和感是金朝的遗民所无法想象的"（爱宕松男、寺田隆信：《モンゴルと大明帝国》，讲谈社1998年版，第141—142页）。可以说，这种认识其实仍不过是"征服王朝"论基础上的发挥。长期以来，元代江南社会相关的研究多半是在此理论框架下展开的（如藤枝晃《征服王朝》大阪：秋田屋，1948年；田村实造：《中国征服王朝的研究上》，东洋史研究会1964年版；同氏：《中国征服王朝的研究中》，京都东洋史研究会1971年版；同氏：《中国征服王朝的研究下》，同朋社1985年版；大岛立子：《モンゴルの征服王朝》，东京大东出版社1992年版；等等）。杉山正明所指出，"征服王朝"的研究框架仍带有强烈的"中华主义"色彩（杉山正明：《日本における遼金元時代史研究》，《中国——社会と文化》12，1997年，第332页），近年来，克服单纯的征服—被征服二元对立的框架，从地方官民关系视角来检讨元代江南社会的研究引起了学界的重视（植松正：《元代江南政治社会史研究》，汲古书院1997年版；同氏：《元末浙西の地方民と富民——江浙行省検校官王艮の議案をめぐって　　》，《史窓》56，1999年；同氏：《元代浙西地方の税糧管轄と海運との関係について》，《史窓》58，2001年；同氏：《元代の海運万户府と海運世家》，《京都女子大学大学院文学研究科研究紀要》3，2004年；等等）。

研究倾向,① 但整体上研究的片面性和不够深入的状况仍未有大的变化。在此背景下,"为贯通同明代中国连续性,必须开展兼及南宋和元代的江南研究",② 杉山正明的这一提示,至今仍有其积极意义。对此,欧美学界以"宋元明变革"的视角关注宋、元、明的连续性问题。③ 尽管相关研究成果所呈现出的面貌特征较为含糊,仍处于问题提出的阶段,④ 但其问题意识本身仍值得注意。

据此,笔者认为,考量江南社会由宋至元而后向明代演进的过程中,知识人的问题是不可忽视的关键一环。同时,在考察元朝江南政策方面,知识人的政策也极为重要。关于元代知识人问题,森田宪司通过考察儒户、科举等知识人政策以及地方社会中知识人地位等问题,亦曾对知识人研究的相关课题加以汇集、整理。⑤ 亦如本文所介绍,其后,利用新的科举资料的相关研究也逐次展开。⑥

关于科举同知识人社会的关系,毫无疑问,科举造成了大量落第者的出现,而正是他们在地方社会中所发挥的作用,某种程度上说,才使得传统社会体制的继续维持得以实现。近藤一成将这一历史状况定义为

---

① 特别是以宫纪子为代表的学者对元朝文化政策相关研究中所展示的新的倾向(宫纪子:《モンゴル時代の出版文化》,名古屋大学出版会 2006 年版),值得关注。相关研究介绍参见樱井智美《日本における最近の元代史研究——文化政策をめぐる研究を中心に——》,《中国史学》12,2002 年,中文版:櫻井智美:《近年来日本的元史研究——以"文化政策"为中心——》,《中国史研究动态》2004 年第 3 期。

② 杉山正明:《モンゴル時代史研究の現状と課題》,宋元时代史基本问题编集委员会编:《宋元時代史の基本問題》,汲古书院 1996 年版,第 507 页。

③ "宋元明过渡期"的提法源自 1997 年 6 月于美国加州大学洛杉矶分校召开的 The Song-Yuan-Ming Transition: A Turning Point of Chinese History 国际会议,而后由 PaulJakov Smith(史乐民)和 Richardvon Glahn(万志英)编辑成 The Song-Yuan-Ming Transition in Chinese History, Cambridge: Harvard University Asia Center, 2003。另参见中岛乐章《宋元明移行期論をめぐって》,《中国——社会と文化》20,2005 年。

④ 相关评论及批评参见近藤一成《宋代中国科举社会の研究》前言,汲古书院 2009 年版;李治安:《元和明前期南北差异的博弈与整合发展》,《历史研究》2011 年第 5 期。

⑤ 森田宪司:《元代漢人知識人研究の課題二、三》,《中国——社会と文化》5,1990 年,后收入氏著《元代知識人と地域社会》,汲古书院 2004 年版。

⑥ 关于近年来元代科举研究状况的整理,参见渡边健哉《近年の元代科举研究について》,《集刊東洋学》95,2006 年。

"科举社会"。① 从脱胎于宋代的科举社会来看，长期以来科举并未实施的元朝所实施的一系列江南政策，无疑对江南社会产生了较大的影响。而在整个宋代饱受优遇的知识人群体在元代社会中所处地位，向来被视作"冷遇""低下"等负面形象。尽管近年来这一看法逐渐被否定，② 但这并不意味着元朝统治下江南知识人的具体面貌已然完全清晰。故而，本文作为深入、具体研究元代江南知识人群体的基础工作，以此问题为中心，在汇集前人关于元代江南社会研究，特别是前述森田宪司、樱井智美、渡边健哉诸位学者所提示的问题意识基础上，就笔者所关注的问题展开论述。

一 宋元交替期的知识人问题

元代江南社会研究中，宋元交替期的知识人问题较早即为学界所关注，积累极为丰夥。③ 但自20世纪前半叶抗日战争大局势的影响以来，由于他们大多亲历时局的艰辛，其研究亦有意无意中将自身的经历同王朝交替之际知识人命运的变化连接在一起。而至20世纪后半叶以后，研究者们多尽可能自觉排除研究中的主观因素，基于严格的数据及史实分析，进一步拓宽研究视野。特别是通过博搜史料，重点关注宋末元初时期进士出身者，根据他们在王朝交替期的不同选择区分为"出仕""隐

---

① 近藤一成：《シンポジウム「科挙からみた東アジア——科挙社会と科挙文化——」企画趣旨》，《中国——社会と文化》22，2007年，第3—5页，后收入同氏：《宋代中国科挙社会の研究》，汲古书院2009年版。并参见同氏《宋代士大夫政治の特色》，《岩波講座世界歴史九 中華の分裂と再生》，岩波书店1999年版。

② 参见萧启庆《元代的儒户：儒士地位演进史上的一章》，《东方文化》16-1、2，1979年，后收入氏著《元代史新探》，台北新文丰出版公司1983年版；森田宪司：《碑記の撰述から見た宋元交替期の慶元における士大夫》，《奈良史学》17，1999年，后收入氏著《元代知識人と地域社会》，汲古书院2004年版。

③ 如周祖谟《宋亡后仕元之儒学教授》，《辅仁杂志》14-12，1946年；孙克宽：《元初南宋遗民初述——不和蒙古人合作的南方儒士》，《东海学报》15，1964年；姚从吾：《忽必烈平宋以后的南人问题》，《"国立政治大学"边政研究所年报》1，1970年，后收入同氏《姚从吾先生全集七：辽金元史论文（下）》，正中书局1981年版；劳延煊：《元初南方知识分子》，《中国文化研究所学报》10，1979年。

居""殉国"三大类别，具体而详细地进行了考察。① 据其研究，选择"隐居"的进士出身者占据绝大多数。而他们大多经过忽必烈时代，开始逐渐担任书院山长或者地方学官的教授、教谕等职位。考虑到当时具体的社会环境，尽管难以遽断他们就是真正地"出仕"了元朝，但可以明确的是，经过数十年的变化，他们对于元朝的态度已然发生了较大的变化。

与此相关，森田宪司更多关注"不仕"元朝声名卓著的宋遗民王应麟屡屡为地方官府的建筑撰写碑记行为，对王应麟同地方官府间的关系作了详细考察。② 近藤一成和钱茂伟则论述了王应麟子孙参与元朝科举，以及依靠地方官府出版王应麟《玉海》的过程。③ 这些研究与整体上考察宋元交替期知识人动向的研究不同，更多着墨于活跃在地方社会中的知识人群体及其所在知识人社会的样态，以此具体而微地揭示出宋元交替时期知识人动向的复杂性。在此研究视角下，近藤一成还具体考察了庆元路王应麟同黄震的关系以及湖州路赵孟頫同周密的关系。④

另外，作为出仕元朝的知识人代表，赵孟頫较具典型，亦为学界关注较多。樱井智美将其活动分成四期，并对每一时期同他交往的知识人做了详细的研究。某种程度上改变了长期以来将赵孟頫的活动仅置于美术史、文学史脉络研究的现状，从而以政治史和地方社会史的视角重新对赵孟頫在元朝初期的活动加以审视。⑤ 此外，颇受争议的徽州人方回也

---

① ［日］植松正：《元代江南の地方官任用について》，《法制史研究》38，1989年，后收入氏著《元代江南政治社会史研究》，汲古书院1997年版；萧启庆：《宋元之际的遗民与贰臣》，《历史月刊》99，1996年，后收入氏著《元朝史新论》，允晨文化实业股份有限公司1999年版；陈得芝：《论宋元之际江南士人的思想和政治动向》，《南京大学学报》1997—2，1997年，后收入氏著《蒙元史研究丛稿》，人民出版社2005年版；等等。

② ［日］森田宪司：《碑记の撰述から見た宋元交替期の慶元における士大夫》。

③ ［日］近藤一成：《黄震墓誌と王応麟墓道の語ること——宋元交替期の慶元士人社会——》，《史滴》30，2008年；钱茂伟：《由隐居而出仕：王应麟及其后裔在元代的人生轨迹》，《宁波大学学报》（人文科学版）2009年第2期。

④ 近藤一成：《宋末元初湖州呉らの士人社会》，《福井重雅先生古稀·退職記念論集 古代東アジアの社会と文化》，汲古书院2007年版，后收入同氏《宋代中国科学社会の研究》，汲古书院2009年版；同氏：《黄震墓誌と王応麟墓道の語ること——宋元交替期の慶元士人社会——》。

⑤ ［日］樱井智美：《趙孟頫の活動とその背景》，《东洋史研究》56—4，1998年。其后关于赵孟頫的研究参见邓淑兰《关于赵孟頫生平几个问题的考论》，《船山学刊》2007—3；王韶华：《元初画家题画诗论——以赵孟頫、邓文原、鲜于枢为例——》，《中国文化研究》2008—1。

是广为学界关注者。孙克宽、潘柏澄的研究更多强调他对南宋的忠诚,①而如笔者曾指出,方回在从仕元朝的同时,亦同南宋遗民保有良好的关系,其自身立场其实颇为复杂,难以一言而概括之。某种程度上说,这也是宋元交替时期知识人的一个重要的侧面。② 关于以方回为代表的积极从仕元朝知识人群体,村上哲见曾专门讨论他们后世评价问题,并指出同时代的知识人群体对他们的认识并非如后世普遍视之为"失节""变节"的"贰臣"。而这一认识的产生更多是由于《四库全书》纂修之际四库馆臣的"定论"。其背景则是有意强化"贰臣思想"的乾隆帝本人的政治意图对清朝知识人的影响。③

二 元代中期的知识人问题

活跃于元代中期④的知识人多成长于元朝统治之下,也可以说,他们是真正的元朝人。在此意义上看,他们已不同于同那些出生于南宋统治下青年时期经历异民族侵攻并亲受亡国之哀的元代初期知识人,元代中期的知识人因王朝交替所带给他们的影响已较为淡薄。

这一时期,最为值得注意者为虞集。他作为元代的诗歌、散文文学大家,被称作"一代文宗"。故而,长期以来即为中国文学研究者所关注。⑤ 在历史研究中,作为江南知识人,他同元代中后期政治史,特别是元文宗图帖木儿和顺帝脱欢帖木儿时期的政治瓜葛已有专论。⑥ 此外,金文京则注意到他同高丽国王的近臣李齐贤的关系,并对他赴成都代祀山

---

① 孙克宽:《癸辛杂识记方回事疏证》,《蒙古汉军及汉文化研究》,台北文星书店1958年版;潘柏澄:《方虚谷研究》,新文丰出版公司1978年版。
② 于磊:《〈癸辛杂识〉之贺诗风波——论方回的人品及其他——》,《元史及民族与边疆研究集刊》2008年第20期。
③ [日]村上哲见:《弐臣と遺民——宋末元初江南文人の亡国体験——》,《东北大学文学部研究年报》43,1993年,后收入氏著《中国文人论》,汲古书院1994年版。
④ 本文所谓元代中期主要是指,成宗铁穆儿至宁宗懿璘质班的37年间(1295—1332)。
⑤ 姬沈育:《20世纪以来虞集研究综述》,《郑州大学学报》(哲学社会版)37-2,2004年;同氏:《一代文宗虞集》,中国社会出版社2008年版。
⑥ Langlois, John D. Yu Chi and His Mongol Sovereign, *Journal of Asian Studies* 38-1, 1978. 郑忠:《"决去岂我志、知止亦所谙"——略论元代虞集的政治生涯——》,《徐州师范学院学报》1994年第1期。

川等事迹进行了详细考察。① 同时，如所周知，他在《宋元学案》的《草庐学案》中被视为重要的理学家，又同江南道教保持着密切的关系，故而从其理学思想以及道教的视角加以研究亦极为重要。但是既往研究中仅止于他继承并发展了吴澄的学术思想方面，② 尽管关于他对其出生地四川蜀学的影响亦有所涉及，但他在宋代以来蜀学谱系中处于何种地位，仍未有清晰而明确的讨论。③

此外，关于其他较为活跃的江南知识人袁桷、倪瓒、欧阳玄、宋本、陈基等亦有所涉及。④ 从虞集开始，他们作为中国传统的儒家知识人，积极参与元朝政治，主持并参与了元中期重要的政书及史书的纂修工作。

同时，特定地域的知识人集团相关的研究亦不在少数。特别是以柳贯、黄溍等为中心的金华学派较为引人注目。⑤ 其中，对该学派的形成、学术特征、学术影响以及学派内知识人之间的相互关系等基本得以明确。但对于同样有着地域影响力和文化特色而史料状况亦较良好的徽州知识

---

① 金文京：《李齐贤在元事跡考（其の一）？第一次入元から峨眉山奉使行まで》，吉田宏志编：《朝鲜儒林文化の形成と展开に关する综合的研究》平成十一年度—十四年度科学研究费补助金基盘研究（A）（1）研究成果报告书（课题番号11309011），2003年；同氏：《高麗の文人官僚・李齐贤の元朝における活动——その峨眉山行を中心に——》，夫马进编：《中国東アジア外交交流史の研究》，京都大学学术出版会2007年版。

② 孙克宽：《元虞集与南方道教》，《大陆杂志》53—6，1976年；查洪德：《虞集的学术渊源与学术主张》，《殷都学刊》1999年第4期；姬沈育：《虞集与南方道教的密切关系及其原因》，《郑州大学学报》（哲学社会版）2007年第6期，后收入氏著《一代文宗虞集》，中国社会出版社2008年版。

③ 胡昭曦尽管将虞集视作宋代"蜀学"衰退期的代表人物，但并未深论其思想的具体内容。参见胡昭曦《宋代蜀学的转移与衰落》，张其凡、陆勇强编《宋代历史文化研究》，人民出版社2000年版，后收入氏著《宋代蜀学论集》，四川人民出版社2004年版。

④ 福本雅一：《元朝文人传（5）耶律楚材・袁桷》，《帝塚山学院短期大学研究年报》30，1982年；同氏：《元朝文人传（7）倪瓒》，《帝塚山学院短期大学研究年报》32，1984年；同氏：《元朝文人传（8）欧阳玄》，《帝塚山学院短期大学研究年报》33，1985年；稻叶一郎：《袁桷と〈延祐四明志〉》，《人文论究》52—2，2002年；许守泯：《吴下衣冠尽楚材——元代苏州寓居士人陈基——》，《成大历史学报》30，2006年；杨育镁：《元儒宋本生平考述》，《淡江史学》21，2009年。

⑤ 孙克宽：《元代金华学述》，台中东海大学1975年版；欧阳光：《论元代婺州文学集团的传承现象》，北京师范大学古籍所编：《元代文化研究》第1辑，北京师范大学出版社2001年版；同氏：《从文人群落到文人集团——元代婺州文人集团再研究——》，《文史》2001年第1辑；徐永明：《元代至明初婺州作家群研究》，中国社会科学出版社2005年版。

人群体的研究则不甚充分。对此,宫纪子的研究便极为值得重视。① 她以徽州人程复心为中心,对其著作《四书章图》的出版过程,围绕该书出版所反映出的地方知识人获得推荐、任官的过程以及上层知识人在其中所具体发挥的作用等问题做了具体而多面的研究。对于全面地理解元朝统治下元代江南知识人群体的真实状态意义重大。此外,赵华富也具体分析了胡一桂、陈栎、汪克宽等人的经学著作,强调其中"经世致用"的一面。②

第四,简单提及该时期知识人同书塾、书院、官学间的关系。江南知识人,特别是地方知识人大多从事书塾、书院及地方官学的教育工作。这些地方并非仅仅是他们从事教育的场所,其实对于知识人网络的形成也具有重要意义。片山共夫即明确揭示出吴澄、虞集等,作为有名知识人所开设的馆塾教师,获得同元朝达官交往的机会,进而被推荐至中央政府的过程。③ 这种情况,在元朝的政治、文化环境中其实较为普遍。此外,大量北方知识人南下担任江南书院的山长、路学教授、县学教谕等职务的同时,同南方知识人广泛交际,形成了南北知识人群体相互交流的知识网络。④ 这在某种意义上也是元朝"混一"背景下的一个重要方面。

三 元明交替期的知识人问题

关于元明交替时期的知识人,⑤ 赵翼在《廿二史札记》卷三十《元末殉难者多进士》及卷三十二《明初文人多不仕》中,指出了该时期知

---

① 宫纪子:《程復心〈四書章図〉出版始末攷——大元ウルス治下における江南文人の保挙——》,《内陸アジア言語の研究》16,2001 年,后收入氏著《モンゴル時代の出版文化》,名古屋大学出版会 2006 年版。
② 赵华富:《元代的新安理学家》,《学术界》,1999—3,后收入氏著《两驿集》,黄山书社 1999 年版。
③ 片山共夫:《元代の家塾について》,《九州大学东洋史论集》29,2001 年;同氏:《元代の家塾について(続)》,《九州大学东洋史论集》30,2001 年。
④ 徐梓:《元代书院研究》,社会科学文献出版社 2000 年版;申万里:《元代教育研究》,武汉大学出版社 2007 年版。
⑤ 关于元明交替期知识人研究的系统整理参见展龙《元明之际士大夫研究综述》,《中国史研究动态》2010 年第 4 期。

识人对元朝的忠节及对明王朝的不信任问题。而钱穆则详细分析了宋濂、高启等元明交替时期知识人的文集后，提出了元明交替期知识人对元朝的认同及遗民意识等问题。① 此外，对宋濂、杨维桢等人的研究，要木纯一和三浦秀一亦有精到的论述。②

近年来，展龙全面讨论了元代末期江南知识人对元朝认同的形成以及他们同余阙等非汉民族知识人网络的构建等问题。③ 亦如所周知，与此问题意识相近，萧启庆则对整个元代知识人群体，特别是知识人群体所构建的"多族网络"问题深加探讨。④ 而面对元末社会动乱，元末知识人则在江西、徽州等地方社会中积极组织"义兵""乡兵"，同元朝军队合作维持并保全一方的安宁。⑤ 对此问题，刘祥光则从知识人群体的理念上加以研究。他以徽州极具代表性的知识人郑玉为例，具体分析了郑玉同时拒绝元朝和明朝的任官，以及最终被拘禁而自杀的时代背景。其中，他认为，这同宋代至元代中期"道统"观念与"隐居"观念融合后所产生的新的隐居观念密切相关。亦即，当时的知识人主动同政权保持距离，而更为看重儒家"道统"的继承问题。⑥

随着20世纪90年代以后蒙古帝国时代、元代史研究的进展，长期以来将蒙元时代视作黑暗时代的观念已逐渐被澄清。近年来，学界更多从民族、文化等多维度来重新检讨元代在中国史研究整体中所发挥的作用，据此，逐步形成了重新理解蒙元时代多元文化的潮流。在此背景之下，对于元明交替之际知识人问题的重新探讨渐次展开。但是，尽管如此，元明社会变迁中江南知识人群体的整体动向仍未真正明晰，相关问题的整理及具体的实证研究仍需加强。

---

① 钱穆：《读明初开国诸臣诗文集》，《新亚学报》6—2，1964年，后收入氏著《钱宾四先生全集20 中国学术思想史论丛（三）》，联经出版事业公司1994年版；同氏：《读明初开国诸臣诗文集续篇》，《钱宾四先生全集20 中国学术思想史论丛（三）》，联经出版事业公司1994年版。

② 要木纯一：《元末文人に関する一試論》，《岛根大学法文学部纪要文学科编》18，1992年；同氏：《杨维桢》，《岛根大学法文学部纪要文学科编》17，1992年；三浦秀一：《元末の宋濂と儒道仏三教思想》，《东洋古典学研究》6，1998年；同氏：《中国心学の稜線——元朝の知識人と儒仏道三教》，东京研文出版2003年版。

③ 展龙：《试论元末汉族士大夫的民族认同意识》，《内蒙古社会科学》2008年第6期。

④ 萧启庆：《元代的族群文化与科举》，联经出版事业公司2008年版。

⑤ 展龙：《元末士大夫组织"义兵"问题探析》，《河南大学学报》（社会科学版）2010年第3期。

⑥ 刘祥光：《从徽州文人的隐与仕看元末明初的忠节与隐逸》，《大陆杂志》，94—1。

其中，从国家—社会关系的连续性上着眼的研究便极为值得重视。伊藤正彦具体分析了元末庆元路的陆学名家赵偕向慈溪县尹提出的地方政治改革方案，并进一步考察了该方案同明初朱元璋所施行的地方政治改革间的关联性问题。他认为，由于明初朱元璋对赵偕门人的信赖，无疑朱元璋的改革中明确受到了元末赵偕当年地方政治方案的影响。①

四　元代知识人同科举

前文分别以宋元交替、元代中期、元明交替三个时段对江南知识人问题相关研究简单加以整理。下文将围绕科举和宗族研究介绍同江南知识人密切相关的问题。

长期以来，围绕元代科举的实施，学界在制度史、社会史以及文化史、文学史等方面皆展开了深入的研究。与之相关的基本史料问题及研究综述整理，已有森田宪司、陈高华、樱井智美、渡边健哉诸学者详加整理、介绍。② 本文以此为基础，仅就同元代知识人密切关联的问题加以概述。

随着科举制度研究的深化，将科举置于元代江南社会之中深入考察者首推萧启庆先生的系列研究成果。他将江南进士的地域分布置于宋、元、明三个时代中加以具体分析考察，指出了科举及第家族的连续性以及地域分布的演进和变化诸问题，明确了元代科举在近世江南社会中的地位。同时还详细考察了元代所特有的蒙古、色目进士及其谱系和婚姻

---

① 伊藤正彦：《元末一地方政治改革案——明初地方政治改革の先駆——》，《东洋史研究》56—1，1997 年，后收入氏著《宋元乡村社会史论》，汲古书院 2010 年版。
② 森田宪司：《元朝の科举资料について——钱大昕の编著を中心に——》，《东方学报》京都 73，2001 年，后收入氏著《元代知识人と地域社会》，汲古书院 2004 年版；陈高华：《〈二十世纪的中国科举制度史研究〉的一点补充》，《历史研究》，2001—3；樱井智美：《元代科举受验持达许可书をめぐって——〈文场备用排字礼部韵注〉を中心に——》，岩井茂树：《中国近世社会の秩序形成》，京都大学人文科学研究所 2004 年版；渡边健哉：《近年の元代科举研究について》，《集刊东洋学》95，2006 年。关于近年来元朝进士的重构，参见萧启庆《元代进士辑考》，台北中研院，2012 年；沈仁国：《元朝进士集证》，中华书局 2016 年版。

关系等问题。① 与此相关，樱井智美则具体针对移居庆元路的哈喇鲁人，具体分期其仕官和科举的经历，并进一步追溯了他们由河南移居庆元的过程及其背景。②

元代科举再开之后，围绕科举相关的出版业也逐步兴盛。铃木弘一郎讨论了程端礼所撰《程氏家塾读书分年日程》的目的，认为这是为培养"经世济民"之士而精心设计的课程训练。同时，该书亦由元朝官方下令刊刻、颁行于全国各地。这背后又同程端礼和江南知识人群体的网络密切关联。③ 此外，宫纪子又对科举再开之初江南知识人所阅读的书籍资料群加以整体考察，认为这些书籍的最终出版其实是元朝官方主导下的出版事业的一部分。④

关于宋元以来逐渐官学化的书院同科举的关系，梁庚尧认为，宋代开始既已在民间书院教授科举相关的科目，故而书院同科举其实是密不可分的。继而，尽管元代长期以来科举未曾施行，但江南书院的科举化倾向却在持续，元代书院中依然持续教授科举相关的内容。以此，他进一步认为江南知识人其实一直在企盼科举的重新开始。⑤ 同时，关于科举再开之前的一段时期，自宋代以来的知识人社会到底发生了何种变化的问题，奥野新太郎以金、南宋以来知识人的科举应试和作诗的关系为切入点加以考察，认为元代前期"科举的停止"反而促成了作诗热潮的出现，某种意义上说，对文学、诗歌的发展却起到了促进作用。⑥ 由此来看，在宋代以来科举社会发展的基础上，进一步检讨科举（包括再开以后）元代江南知识人社会的影响问题值得深入研究。

故而，笔者认为今后元代科举社会研究中，基于近年来逐步广泛利

---

① 并参见萧启庆《元代的族群文化与科举》，联经出版事业公司2008年版。

② ［日］樱井智美：《元代科挙受験持込許可書をめぐって——〈文場備用排字礼部韻註〉を中心に——》。

③ ［日］铃木弘一郎：《〈程氏家塾読書分年日程〉をめぐって》，《中国哲学研究》15，2000年。

④ 宫纪子：《"対策"の対策——大元ウルス治下における科挙と出版——》，木田章义编：《古典学の現在》，文部科学省科学研究費特定領域研究"古典学の再構築"総括班，2003年，后收入氏著《モンゴル時代の出版文化》，名古屋大学出版会2006年版。

⑤ 梁庚尧：《宋元书院与科举》，中国史学会编：《第一回中国史学国际会议研究报告集：中国の歴史世界——統合のシステムと多元的発展》，东京都立大学出版会2002年版。

⑥ ［日］奥野新太郎：《挙子熱における詩——元初の科挙停止と江南における作詩熱の勃興》，《中国文学論集》39，2010年。

用的科举新史料、石刻史料，具体地深入分析元代科举家族，特别是这些家族通过科举而获得的地位上升，以及同地方社会的关系等问题尤为重要。对此，前述樱井智美对哈喇鲁人的研究及朱开宇对徽州休宁程氏家族的研究①便极具借鉴意义。

五 元代知识人同宗族

如所周知，地域社会及知识人研究中，宗族是无法回避的重要问题。一般来说，江南地区是南宋及明代前期政权的基础所在，故而，江南的宗族研究亦多从宋、明间连续性的立场加以讨论。② 而关于宋、元间的联系，远藤隆俊在既往研究的基础上，对宋元宗族的历史特性以及知识人同地域社会的关系进行了汇集、整理。总括为以下五点：第一，宋元的宗族规模较小，多限定于祖先祭祀的范围之内；第二，决定宋元宗族祭祀、礼仪的朱熹《家礼》在当时未必起到统一的规范作用；第三，对于宗族势力形成中起到核心作用的仍是当时被称作"士大夫"的知识人阶层，在宗族形成过程中一般民众的影响力有限；第四，宗族的分布多偏在于长江流域及其以南地区，而在中国南方地区宗族发达的地区和阶层也极为有限；第五，对宋、元政权来讲，宗族以及族产尚未被视作当时社会的普遍存在，往往还是对应于家族及家产的延伸或者就是"家"和"户"的范畴之内。③ 近年的研究中，作为宗族主体的知识人所从事的编纂宗谱、设立祠堂、经营族产等问题，以及宋元交替之际宗族对政权更迭的应对等问题被广泛涉及。④

---

① 朱开宇：《科举社会·地域秩序与宗族发展》，台湾大学文史丛刊 2004 年版。
② ［日］井上彻、远藤隆俊：《宋—明宗族の研究》，汲古书院 2005 年版。
③ ［日］远藤隆俊：《宋—明宗族の研究：総論——宋元の部——》，井上彻、远藤隆俊：《宋—明宗族の研究》，汲古书院 2005 年版。
④ 森田宪司：《宋元時代における修譜》，《东洋史研究》37-4，1978 年；远藤隆俊：《宋末元初の范氏について——江南士人層の一類型——》，《历史》74，1990 年；刘晓：《宋元金溪吴氏研究》，《中国社会科学院历史研究所学刊》1，2001 年；青木敦：《宋元代江西撫州におけるある一族の生存戦略》，井上彻、远藤隆俊：《宋—明宗族の研究》，汲古书院 2005 年版；万安玲：《宋元转变的汉人精英家族：儒户身份、家学传统与书院》，常建华编：《中国社会历史评论》，第九卷，天津古籍出版社 2008 年版；等等。

关于元、明间的联系,学界普遍认同元明之际的剧烈变革对宗族的形成和发展产生了重大的影响。① 而檀上宽则具体研究元明交替之际婺州浦江的"义门郑氏"家族出身的知识人,同元朝官方密切联系,获得朝廷的"义门"彰显。而面对元明交替的政局,又迅速同朱元璋政权合作,维系其家族的发展。基于此,檀上宽认为这一方面反映了元明交替的连续性,另一方面这也说明了明政权根基于元代江南地主的性质。②

此外,亦有不少学者围绕理学同宗族形成的关系、族谱的编纂同宗族观念的形成等问题展开了论述。③ 其中较具代表性的地域便是徽州。中岛乐章通过对宋元时期的徽州社会中地方上的名望之家对各类纷争处理的分析,论述了他们对于维持地方社会秩序的作用。并指出这其实即是明代老人制形成的前提。④ 同时,他还关注了皇庆二年(1313)墓地买卖禁令的记载,并认为,徽州宗族以此为契机实现了同族的再统合,而长期以来徽州地方社会中由于移居外地所产生的宗族分离倾向已颇为显

---

① Dardess, John W., "The Cheng Communal Family: Social Organization and Neo-Confucianism in Yuan and Early Ming China", *Harvard Journal of Asiatic Studies*, 34, 1974. 漆侠:《宋元时期浦阳郑氏家族之研究》,《刘子健博士颂寿纪念宋史研究论集》,京都:同朋舍1989年版;井上彻:《元末明初における宗族形成の风潮》,《文经论丛》27年—31992年,后收入氏著《中国の宗族と国家の礼制:宗法主义の视点からの分析》,研文出版2000年版;同氏:《宗族形成の动因について——元末明初の浙东・浙西を对照として——》,《明清时代の法と社会》编集委员会编:《明清时代の法と社会:和田博德教授古稀纪念》,汲古书院,后收入氏著《中国の宗族と国家の礼制:宗法主义の视点からの分析》,研文出版2000年版;汤开建:《元明之际广东政局演变与东莞何氏家族》,《中国史研究》2001—1;章毅:《元明之际徽州地方信仰的宗族转向:以婺源大畈知本堂为例》,《中国文化研究所学报》47,2007年;同氏:《理学、士绅和宗族——宋明时期徽州的文化与社会——》,香港中文大学出版社2013年版;等等。

② 檀上宽:《义门郑氏と元末の社会》,《东洋学报》63—3、4,1982年,后收入氏著《明朝专制支配の史的构造》,汲古书院1995年版;同氏:《元・明交替の理念と现实——义门郑氏を手挂かりとして——》,《史林》65—2,1982年,后收入氏著《明朝专制支配の史的构造》,汲古书院1995年版。

③ 许守泯:《元代金华士人的宗族观——从修谱谈起》,《元代文化研究》第1辑,北京师范大学出版社2001年版;申万里:《元代的浦江郑氏——中国古代同居共财家族的一个个案考察》,冯天瑜编:《人文论丛》2005年卷,武汉大学出版社2006年版;章毅:《理学社会化与元代徽州宗族观念的兴起》,常建华编:《中国社会历史评论》第九卷,天津古籍出版社2008年版。

④ 中岛乐章:《徽州の地域名望家と明代の老人制》,《东方学》90,1995年,后收入氏著《明代乡村の纷争と秩序——徽州文书を史料として》,汲古书院2002年版。

著。① 另外，赵华富则更多关注族谱的编纂，他认为不同于明清时代，宋元时期徽州族谱的编纂并未记载"祠堂""祠产"的情况，而更为集中在"世系""支派"的传承方面。其原因在于这一时期徽州宗族较为重视族谱的"收族功能"所致。②

最后，移居江南的蒙古、色目等外来集团的出现——这一元代较为显著的特征也为学界所注目。张沛之详细讨论了江南平定以来寓居江西的唐兀族将领李氏一族的政治、军事经历及其社会网络、婚姻关系等问题。③ 与此相类，潘清更多关注由此带来的江南民族重组、文化融合等问题。④ 对此，陈得芝先生将其视作元代江南的民族融合及中华文明的多样性特征的具体反映。⑤

六　代结语
——今后的展望

上文中，笔者在自身所关注的问题基础上，以知识人问题为中心对近年来元代江南社会研究的主要成果进行了汇集、整理。⑥ 通过分析上述整理所揭示的研究课题，本节就今后元代江南社会史研究的相关课题简单总结如下。

第一，同华北社会的关系。特别是江南知识人同华北社会间的交流须重点留意。如所周知，北宋时代知识人的活动范围更多限定在中原地

---

① 中岛乐章：《墓地を売ってはいけないか？——唐—清代における墓地売却禁令》，《九州大学东洋史论集》32，2004年；同氏：《元朝統治と宗族形成——東南山間部の墳墓問題をめぐって论》，井上彻、远藤隆俊：《宋—明宗族の研究》，汲古书院2005年版。
② 赵华富：《宋元时期徽州族谱研究》，《元史论丛》7，1999年，后收入氏著《徽州宗族研究》，安徽大学出版社2004年版。
③ 张沛之：《元代色目人家族及其文化倾向研究》，天津古籍出版社2009年版。
④ 潘清：《元代江南民族重组与文化交融》，凤凰出版社2006年版。
⑤ 陈得芝：《从元代江南文化看民族融合与中华民族的多样性》，《江苏文史研究》，2010—1，后收入氏著《蒙元史与中华多元文化论集》，上海古籍出版社2013年版。
⑥ 本稿所述及相关研究之外，利用文学作品所展开的知识人研究，也值得重视。例如金文京曾详细分析《三国志平话》的文本，探究元代知识人的"华夷观"和"正统观"的问题。参见金文京《〈三国志平话〉の结末についての试论》，三国志学会编：《狩野直祯先生傘寿记念　三国志论集》，汲古书院2008年版。

区，而南宋以后，大部分江南知识人甚至越过淮河前往北方的机会都很少。但是，元代江南知识人的情况却大为不同。他们多数都曾远赴大都，甚至有机会同大汗随行前往上都。① 这种经历和体验，很显然对他们的世界观产生了较大的影响。例如，据劳延煊的研究，长期生活在江西的吴澄，在同北方的知识人广为交流之后，对忽必烈政权的态度发生了明显的改变。② 其实，近年来关注当时赴建康、大都等"通都大邑"谋求官职或者求学的江南知识人"游士"活动的研究已然出现，特别对"游士"在华北的求官以及他们同华北知识人群体间的交流所论甚深。③ 但是，从事这些活动之际，江南知识人对蒙元政权的认识及其世界观的改变到底产生了何种影响，仍有进一步探讨的余地。

第二，大多数的中下层知识人的动向值得关注。亦如本文所论，当前研究的重点仍在于吴澄、虞集等声明较著的知识人，而对于大多数的中下层知识人群体在元朝以及地方社会的活动仍缺少足够的关注。而只有对他们的动向加以整体的了解，方能真正理解元代江南知识人社会的面貌，进而明确把握元朝的江南统治以及元朝在宋、明间的地位等问题。对此，中岛乐章曾指出，"地域社会论几乎未曾对元代史研究产生影响，缺少同宋代史、明清史研究的对话"。④ 而宋代史、明清史研究中，对于宋元交替和明清交替的问题，近年来多以"地域社会论"的视角展开讨论。⑤

第三，本文开头所提及的维系传统社会长期延续发展的"科举社会"问题，在元代到底发生了何种变化仍须深入探讨。尽管元代仁宗以后科举得以重新实施，但就科举及第者在官僚总数中所占人数来看，元代科

---

① 例如，江西人周伯琦曾于至正十二年（1352）随顺帝脱欢帖木儿至上都，并存留诗歌一卷。参见周伯琦《扈从诗》，文渊阁《四库全书》本。
② 劳延煊：《元初南方知识分子》，《中国文化研究所学报》10，1979年。
③ 申万里：《元代游学初探》，《中国史研究》2006—2；同氏：《元代江南儒士游京师考述》，《史学月刊》2008年第10期；丁崑健：《从仕宦途径看元代的游士之风》，萧启庆编：《蒙元的历史与文化：蒙元史学术研讨会论文集》，学生书局2001年版。
④ 中岛乐章：《宋元明移行期論をめぐって》，《中国——社会と文化》20，2005年，第482页。
⑤ 关于宋代、明清时代史的地域社会研究，参见岸本美绪《二一世紀へ向けての東方学の展望　宋代から清代中期を中心に》，《東方学》100，2000年；伊藤正彦：《中国史研究の"地域社会論"——方法的特質と意義——》，《歴史評論》56—1，后收入氏著《宋元郷村社会史論》，汲古書院2010年版；冈元司：《2010"地域社会史研究"》，远藤隆俊、平田茂树、浅见洋二编：《日本宋史研究の現状と課題——1980年代以降を中心に——》，汲古書院2010年版。

举所实际发挥的作用其实是十分有限的。而这同南宋以来知识人的地域化倾向、知识人社会的形成以及地方社会秩序的维持①等方面有着何种联系，皆须在大量个案基础上做进一步的深入分析研究。②

第四，简单述及史料的情况。20世纪80年代以来，在金元时代的华北社会研究中，石刻史料的利用令人瞩目。③当前，华北石刻史料的整理、刊布更是令人目不暇接，而反观江南地区，甚至连大概的残存程度都不甚清楚。所以今后在充分把握方志、各类金石文献所载信息的基础上，对江南石刻史料的调查便极有必要。此外，对文集、地方志等基本史料的全面利用、深入解读也仍有充分的余地。同时，对明代编纂史料中所存元代史料的整理、利用也不可忽视。④

附识：本文据于磊《元代江南社会研究の现状と展望—知识人の问题を中心に》（《九州大学東洋史論集》第40号，2012年）翻译、修改而成，较多地参照了日本学界的研究成果，对于中国学界

---

① 例如，美国学者韩明士（Robert P. Hymes）通过对江西抚州的研究认为，南宋知识人多通过婚姻来维系"科举家族"，担当地方社会的防卫以及主动从事地方社会的福祉等事业，从而维护着构建起地方社会的秩序。知识人群体的这一倾向被称为"知识人的地方化"。参见 Hymes, Robert P. Statesmen and Gentlemen: the Elite of Fu-Chou, Chiang-His, in Northern and Southern Sun, London: Cambridge University Press, 1986。同时，黄宽重亦着眼于福建的"万桂社"等互助团体以及苏州的"吴学义廪"等"乡曲义庄"对贫困的知识人阶层参加科举考试的救助等问题，以此考察知识人的地方社会认同等问题。参见黄宽重《两宋政策与士风的变化》，《基调与变奏：七至二十世纪的中国》，台湾政治大学历史学系、中研院历史语言研究所、《新史学》杂志社2008年版。关于知识人活动的地方化等问题，参见冈元司《宋代の地域社会と知——学際的視点からみた課題——》，伊原弘、小岛毅编：《知識人の諸相——中国宋代を基点として》，东京：勉诚出版2003年版。

② 关于此问题的初步探索，参见于磊《江南知让人にとっての宋元交替——徽州における地域の保全と社会秩序の構筑——》，《东洋学报》94—2，2012年。

③ 相关成果及研究价值批判、介绍参见杉山正明《モンゴル時代史研究の現状と課題》；同氏：《日本における遼金元時代史研究》；森田宪司：《元代知識人と地域社会》，汲古书院2004年版，第53—58页；同氏：《"石刻热"から二〇年》，《アジア遊学》91，2006年；船田善之：《石刻史料が拓くモンゴル帝国史研究——华北地域を中心として——》，吉田顺一监修、早稻田大学モンゴル研究所编：《モンゴル史研究——現状と展望——》，明石书店2011年版等。

④ 对明代编纂史料中所收元代史料的利用及研究，参见宫纪子《徽州文书新探——〈新安忠烈庙神纪实〉より——》，《东方学报》京都77，2005年；同氏：《徽州文书にのこる衍聖公の命令书》，《史林》88—6，2005年。笔者前揭《江南知識人にとっての宋元交替——徽州における地域の保全と社会秩序の構筑——》一文，亦充分利用了明代编纂的《济美录》。

的研究未能一一尽述。同时，近年来，关于元代江南知识人群体及江南社会的研究成果不断涌现，为保持当时发表的原状，故此次中译版亦未能反映最新的研究动态。对本文的不足之处，笔者将另撰文补充、介述。

宋元时期龙虎山道士对民间信仰的利用和扶持

——以贵溪自鸣山神为例

吴小红

宋元时期,龙虎山在官方、民间和道教中的地位全面提升,个中原因,学界已有所探讨。以外部环境言之,主要有如下因素:官方对道教的大力扶持[1];唐后期以来张天师信仰之盛行[2];新符箓派积极主动地向龙虎山正一派靠拢,以期获得道德正统和仪式正统[3]。从龙虎山观之,这一时期,山中高道继继不绝,张继先(1092—1127)、留用光、张可大(1218—1262)、张留孙(1248—1322)、吴全节(1269—1346)等都是卓有影响的道流,此为其一;其二,龙虎山道流很注重为朝廷献力,宋代,张天师不时应召觐见,高道留用光、易如刚(?—1231)等久驻京师,

---

[1] 宋代对道教的扶持,汪圣铎所著《宋代政教关系研究》堪称翔实,请参阅。人民出版社 2010 年版,第 1—260 页。

[2] 张天师信仰中,官方和自称为张陵后裔的各地张氏(尤其是以巫、道为职者)应是主要推动力量。参阅 Timothy H. Barrett "The Emergence of the Taoist Papacy in the T'ang Dyansty", *Asia Major* 3rd series 1,1994,pp. 89 - 106;王见川:《龙虎山张天师的兴起与其在宋代的发展》,《光武通识学报》创刊号(2004 年);张泽洪:《早期天师世系与龙虎山张天师嗣教》,《社会科学研究》2012 年第 6 期。松本浩一(高致华译)《张天师与南宋的道教》详论了宋代张陵被民间视为超强驱邪师的情况,见高致华编《探寻民间诸神与信仰文化》,黄山书社 2006 年版,第 69—86 页。孙克宽认为张继先的故事广为流传,其崇拜之盛亦促使张天师成为南方道教领袖,见孙克宽《元代道教之发展》,台中:私立东海大学出版社,1968 年版,第 34 页。宋元时期,民间的张天师祠并非都供奉首任天师张陵,如福州福清的张天师祠,当地人认为所供天师为张存。宋元之际的莆田人黄仲元认为此张存是北宋初名道张守真后裔,或龙虎山第 23 代天师诸孙行。该张天师于熙宁十年(1077)封保禧真人,绍兴八年(1138)正月获赐庙额"昭灵",祠中兼祭宁海镇顺济神女庙灵惠夫人和罗山土地神。参阅徐松辑《宋会要辑稿》礼 20 之 51《张天师祠》(中华书局 1957 年影印本,第 790 页)、黄仲元:《张天师正殿记》,《四如集》卷二,文渊阁《四库全书》,第 1188 册,第 627 628 页等。

[3] [日] 松本浩一:《张天师与南宋的道教》,高致华译,高致华编:《探寻民间诸神与信仰文化》,黄山书社 2006 年版,第 69—86 页。

元代则形成天师定期朝觐、高道常驻京城的制度①；其三，山中道士善于融汇佛教、民间崇拜及其他道派②；其四，他们颇注重与士大夫的沟通联络③。

同时，宋代以来，由于传统的社稷祭祀不能满足百姓需求，民间信仰大盛④，佛、道二教民间化的趋势亦日益明显，且三者相互交融。其中，道教很注重改造和收编民间神祇，并将其仪式渗入民间⑤；民间信仰又反向渗透于道教，二者互有"回响"⑥。在现实生活中，道士参与的民间信仰活动主要有修建和管理祠宇、主持各种仪式、解释神祇隐语、助申廷赐封号、编写神祇圣传、请名人撰记立碑等。

在这种道教与民间信仰相互影响的趋势中，龙虎山道流怎样顺应时变，其对待民间信仰的方式和特点如何，对这一时期龙虎山的发展具有何种影响，对道教与民间信仰的关系又起到怎样的作用，这是本文要探究的问题之一。其次，日本学者水越知曾粗略论及在元代民间信仰政策总体"宽松弛缓"的背景下，张天师介入此前一直由国家控制的赐额和额号，是"地方祠庙难以获取国家赐号之际，拉出了张天师的权威以另寻出路"⑦，这涉及元代龙虎山代替朝廷行使封赐之权的问题，对元代民间信仰作用之发挥和明初的礼制改革亦具重要影响，本文拟将就此再加深入探讨。探究以上问题时，本文借以切入的途径是宋元时期龙虎山道

---

① 吴小红：《元代龙虎山道士在两都的活动及其影响》，刘迎胜主编：《元史论丛》第12辑，内蒙古教育出版社2010年版，第82—104页。

② 二阶堂善弘：《有关天师张虚靖的形象》，《台湾宗教研究通讯》第3号（2002年），第4—48页；松本浩一：《宋代の道教と民間信仰》，汲古书院2006年版。

③ 孙克宽：《元代道教之发展》，第156—232页；胡荣明、周茶仙：《地域空间与社会网络：宋明理学与道教的交融——以陆学士人与龙虎山道士的交游为中心》，《南昌大学学报》（人文社会科学版）2011年第3期。

④ [日]金井德幸：《南宋祭祀社會の展開》，立正大学史学会创立五十周年纪念事业实行委员会编：《宗教社会史研究：立正大学史学会创立五十周年纪念》，雄山阁出版社1977年版，第591—610页；《宋代の村社と社神》，《東洋史研究》第38卷第2号（1979年9月）。

⑤ [日]松本浩一：《宋代の道教と民間信仰》第二章《宋代の葬送儀禮と黄籙斎》（第139—248页）尤其谈到宋代民间葬礼中的道教仪礼之影响，而这一葬仪同时又混合了佛教和儒教的思想与礼仪，儒、道、佛兼容并蓄的送葬仪礼型态在宋代已经成形。

⑥ [美]康豹（Paul R. Katz）：《道教与地方信仰——以温元帅信仰为个例》，赵昕毅译，高致华编：《探寻民间诸神与信仰文化》，第116—148页。

⑦ [日]水越知：《元代的祠庙祭祀与江南地域社会——三皇庙与赐额赐号》，石立善译，姜锡东主编：《宋史研究论丛》第8辑，河北大学出版社2007年版，第523—549页。

士对贵溪民间神祇自鸣山神信仰的利用和扶持。不当之处，敬祈方家匡正。

一 自鸣山神信仰概述

自鸣山原名明府山，亦称神山、神台山，又简作"鸣山"，位于今江西省贵溪市北乡周坊镇，系怀玉山南麓向信江河谷延伸处较为高峻的一座山，被视为贵溪的镇山，距位于南乡的龙虎山70多公里。宋代邑人郑淡将其与洞天鬼谷洞、福地龙虎山、儒宗象山书院并视为贵溪的象征之一[1]。

此山名"自鸣"，最初是因山势"巍然高出，群峰丛萃，时出云雨。晦冥之际，风雷挟瀑泉，作澎湃訇轰声"[2]。"时出云雨"的自然特性可满足农业社会对雨旸的需求和期待。该信仰的早期形态只是山川崇拜，后加入晋代孝子石敬纯戮父仇于山麓，殁而为神，配享自鸣山神的情节[3]。在这个阶段，具有山川神崇拜性质的自鸣山神与人格神石敬纯为主神与配享的关系。再往后衍变，石敬纯直接化身为自鸣山神，实现了自鸣山神的完全人格化。笔者估计这一过程在唐后期已经完成。其后，石敬纯的故事有多种异文，反映了民间信仰不断建构和失忆的特征，可或隐或显地呈现时代特征、地域特点和地方势力的变化。限于篇幅，笔者将另撰文详述。至迟在清代前期，贵溪县民已撰成《鸣山志》。笔者多方搜寻，未能找到该志，但其基本情节被康熙《贵溪县志》所引《鸣山行实》摭述[4]，不仅石敬纯的籍贯、世系、家族成员等信息齐备，且情节跌宕，神异非常，兹不详引。

明人陈塏称贵溪自鸣山祖祠始建于石敬纯死而成神的晋代，系由神

---

[1] 郑淡：《雄石镇记》，道光《贵溪县志》卷三十一之二《艺文·记上》，道光四年（1824）刻本，第5页b—6页b。
[2] 嘉靖《广信府志》卷二《地舆志·山川》，《天一阁藏明代方志选刊续编》，上海书店1990年影印本，第45册，第102—103页。
[3] 嘉靖《广信府志》卷二《地舆志·山川》，第102—103页。
[4] 康熙《贵溪县志》卷三《职官志·祀典》，《中国方志丛书》，成文出版社1989年影印本，第363—365页。

力徙山中居人洪匡业（一作洪匡邺）宅而建①。此说殊不可信。据南宋王象之（1163—1230）《舆地碑记目》，安仁（今江西省余江县）有唐咸通十年（869）欧阳证所撰《自鸣山记》碑②。贵溪建县于唐永泰元年（765），此前，自鸣山地属安仁。此碑的出现，说明自鸣山在唐后期已具一定影响。如此，则嘉靖《广信府志》称自鸣山祖祠建于唐天宝年间（742—755）③，似属可信。

　　自鸣山神的灵迹以求雨祈晴为重点，这是其赢取农业社会信众的最重要原因。此外，自鸣山神还有各类灵迹以适应民众需求，且呈现不断扩展的趋势。宋代，"水旱、螟霜、疠疫之灾，祷而应者屡矣"，"弭盗靖民"④，"漕运转输，亦赖以济"⑤；至清代，则"里有老而无嗣者，则子之；有贫而病累者，则药之；旱魃为虐也，忽腾云而布雨；瘟疫将至也，即消患而弭灾，诸如此类，皆无所求而自告于人之梦寐也。而或有作恶，则报应亦不爽"⑥。在江南受女真威胁的南宋，以及受满族统治的清代，当"夷夏之辨"思想凸显时，自鸣山神还因其率部曲北上复仇的事迹而被赋予兴复山河之义⑦。自鸣山神之所以灵迹屡著，南宋学者官僚杨简（1141—1225）认为是孝道精诚所至："神何修而得此？神心至孝，痛切勇决，宁死无生，必杀昌隐，不顾利害，一心无他，斯乃道心，斯即天地之心。《孝经》曰：'孝弟之至，通于神明，光于四海，无所不通。'顺用而无差，顺行而无为，可以范围天地，可以发育万物，神之所自有

---

　　①　陈埒：《西隅鸣山庙记》，道光《宜黄县志》卷三十一之二《艺文志·记》，《中国方志丛书》，成文出版社1970年影印本，第434下栏—435页上栏。
　　②　王象之：《饶州碑记》，《舆地碑记目》卷一，《石刻史料新编》第1辑，新文丰出版公司1982年影印本，第24册，第18536页上栏。
　　③　嘉靖《广信府志》卷九《职官志·祀典附祀典神祠》，第543页。
　　④　袁甫：《信州自鸣山孚惠庙记》，《蒙斋集》卷十四，影印文渊阁《四库全书》，第1175册，第505页上栏—506页上栏。
　　⑤　林钎：《漳州嘉济庙碑》，福建省地方志编纂委员会编：《福建省志·文物志》，方志出版社2002年版，第162—163页。
　　⑥　陈朝员：《蟢子冈庙记》，同治《万年县志》卷十《文征·记下》，《中国方志丛书》，成文出版社1975年影印本，第1666—1667页。
　　⑦　同治《贵溪县志》卷十之四《杂类·轶事》，《中国方志丛书》，成文出版社1989年影印本，第2182页。

也。"① 清代，广信府广丰县还在城内专为石敬纯设立忠孝祠②，鄱阳县城的行祠也改称"忠孝行祠"③，而《南城县志》甚至将石敬纯这一虚幻人物列入《孝友传》④。

宋元时期，自鸣山神屡获褒封。方志称该神在东晋义熙（405—418）之末载于祀典⑤，唐天宝六年（747），其祠获"自鸣山九郎庙"赐号⑥，似均属无稽。据《宋会要辑稿》，元符三年（1100），贵溪自鸣山神祠获赐"孚惠"庙额⑦，此后至宋末，又获16次廷赐封号，至八字"王"封⑧，平均每十年一次，堪称频繁。考虑到宋代为诸神请封要历经呈请、核验、部拟、批准等烦琐程序⑨，则自鸣山神的信众几乎在每次获封之后不久即启动新一轮请封，热情始终未减。

元代，自鸣山神信仰继续受到官方支持，获"明仁广孝翊化真君"

---

① 杨简：《乐平孚惠庙记》，《慈湖遗书》卷二，四明张氏约园《四明丛书》本，第15页b—16页b。
② 同治《广丰县志》卷二《建置志·坛庙》，《中国方志丛书》，成文出版社1975年影印本，第329—330页。
③ 同治《饶州府志》卷四《建置志·坛庙》，《中国方志丛书》，成文出版社1975年影印本，第560页。
④ 康熙《南城县志》卷十一《人物·孝友》，《中国方志丛书》，成文出版社1989年影印本，第739页。
⑤ 陈埋：《西隅鸣山庙记》，道光《宜黄县志》卷三十一之二《艺文志·记》，第434下栏—435页上栏。
⑥ 康熙《贵溪县志》卷三《职官志·祀典》，第363—365页。
⑦ 明代林钎《漳州嘉济庙碑》（福建省地方志编纂委员会编：《福建省志·文物志》，第162—163页）称："至元，遣使降香，敕额号'嘉济'，则庙貌益隆矣。"遣使降香一事，并见于元代袁桷《信州自鸣山加封记》（《清容居士集》卷二十，《四部丛刊初编》，上海书店1989年影印本，第30页a—31页b），但改庙号"嘉济"，袁桷未及。如果此事属实，袁桷不应漏记。且除漳州外，其余自鸣山祠未见有称"嘉济"者，故此改庙额一事，颇可疑。笔者疑林钎碑文将自鸣山神石敬纯与宋元以来颇有影响另一石姓神祇——石固相混淆。石固神信仰源于江西赣州，宋代赐庙额"嘉济"，宋代五封至"崇惠显庆昭烈忠佑王"，元代继续受到廷封。相关篇章主要有南宋洪适《嘉济庙碑》（《盘洲文集》卷十三，《四部丛刊初编》，上海书店1989年影印本，第1页a—3页b）、文天祥《赣州重修嘉济庙记》（《文山集》卷十二，《四部丛刊初编》，上海书店1989年影印本，第17页b—18页b）、明初宋濂《赣州圣济庙灵迹碑》（《宋学士文集》卷五，《四部丛刊初编》，上海书店1989年影印本，第1页a—3页b）等。
⑧ 徐松辑：《宋会要辑稿》，卷二十之九十五，第812页上栏；杨简：《乐平孚惠庙记》，《慈湖遗书》卷二，第15页b—16页b；袁桷：《信州自鸣山加封记》，《清容居士集》卷二十，第30页a—31页b。
⑨ 韩森（Valerie Hansen）：《变迁之神：南宋时期的民间信仰》，包伟民译，浙江人民出版社1999年版，第97—100页。

赐号①。明洪武三年（1370）礼制改革，取消山水之神的王侯爵号②，此后的明清两代，贵溪县长吏均在每岁中秋日，以山川祭祀之仪和少牢之礼致祭于山灵③，在官方层面恢复其自然属性。但是，自鸣山神的"真君"封号仍被民间沿用，百姓除继续称其为"鸣山真君""翊化真君"外，尚有"石孝子""鸣山大帝""鸣山公公"等多种称呼④。

关于自鸣山神信仰的传布，至迟在北宋后期，该信仰已传播于贵溪之外，其旁邑饶州乐平在宣和四年（1122）前已建有行祠⑤。南宋中后期，则发展为较有影响的区域性信仰，传播于信州、饶州⑥、抚州⑦、徽州⑧以及浙东的部分地区⑨。进入元代，继续向外传播至福建漳州和邵武光泽⑩。明代，据林钎《嘉济庙碑》，"上自清河，下及武陵、长沙、西蜀、宛陵，无不饫神（自鸣山神——引者）功者，叠置庙祀。惟信州自鸣山，则肉身在焉"⑪，则自鸣山神信仰已及于东起安

---

① 袁桷：《信州自鸣山加封记》，《清容居士集》卷二十，第30页a—31页b。
② 明初礼制改革的洪武三年（1370）"新制"，请参阅滨岛敦俊《明清江南农村社会与民间信仰》，朱海滨译，厦门大学出版社2008年版，第6章"明朝的祭祀政策与乡村社会"第1节"祭祀体系的整备"，第104—107页。
③ 嘉靖《广信府志》卷二《地舆志·山川》，第102—103页。
④ 南昌一带称自鸣山神为"三圣威烈灵王"，不知所据。乾隆《南昌府志》卷二十一《祠祀·坛庙》，《中国方志丛书》，成文出版社1989年影印本，第1741—1742页。
⑤ 杨简：《乐平孚惠庙记》，《慈湖遗书》卷一，第15页b—16页b。
⑥ 袁甫：《自鸣山庙告修造祝文》，《蒙斋集》卷十七，第530页上栏。
⑦ 马蓉等点校：《永乐大典方志辑佚》，中华书局2004年版，第3册，第1930—1931页。据黎传纪、易平：《江西方志通考》卷七（黄山书社1998年版，第538页），"宋修府志之可考者，有《祥符（抚州）图经》、淳熙《临汀志》《临汝志》《抚州志》、嘉泰《临汝图志》、嘉定《临川图志》、咸淳《临川志》诸种"。元代抚州路未修志，书中记自鸣山孚惠行庙事，晚至淳祐戊申（1248），则《永乐大典》所存《临川志》，当为家坤翁所修咸淳志，故可推定临川于宋末已有自鸣山神行祠。
⑧ 赵不悔修，罗愿纂：淳熙《新安志》卷1《祠庙》，《宋元方志丛刊》，中华书局1990年版，第8册，第7614页下栏—7615页上栏："近岁民间又祀孚惠庙，本出于信州。传云神石敬纯，东晋时人，前赵之从子，为父报仇，山为震鸣，故信州人祀之。本朝封至八字王焉。"
⑨ 袁甫：《信州自鸣山孚惠庙记》，《蒙斋集》卷十四，第505页上栏—506页上栏。
⑩ 林钎：《漳州嘉济庙碑》，福建省地方志编纂委员会编：《福建省志·文物志》，第162—163页：大德四年（1300），"有录事姜石瑛者，奉神香火，莅任我漳（州）"。光绪《邵武府志》，《中国方志丛书》，成文出版社1967年影印本，第192页下栏：天历二年（1329）出现全国性大旱，光泽"迎（自鸣山）神祷雨而得雨，故立行祠"。
⑪ 林钎：《漳州嘉济庙碑》，福建省地方志编纂委员会编：《福建省志·文物志》，第162—163页。前文已述，林钎碑文似将信州自鸣山神与赣州石固神相混，此处所载自鸣山信仰的传播地域中，或包括石固神信仰，但已难究考。

徽南部，西至西蜀的广大地域。此外，浙东的青田县亦有自鸣山神庙，传"嘉靖，倭寇攻城，（自鸣山神）显翊卫功"①。清代，自鸣山神继续"大著于江东"②，"江西湖东及福建诸郡皆祀之"③，每岁中秋前往贵溪祖庙祷祀者"走数郡之人，自郡县守，下至负贩荷钼，靡不奔走趋承，春秋报赛，中道后先络绎，可谓盛矣"④。至今，贵溪市周坊镇神前村仍存鸣山庙，正对自鸣山，主体的前、后两殿系道光年间（1821—1851）的建筑，为鹰潭市重点文物保护单位。因其具有道教宫观色彩，民间亦称为"鸣山宫"⑤。鄱阳县亦存清代所筑供奉自鸣山神的忠孝行祠，而赣东北地区与该信仰相关的其他遗迹和地名还有许多，如乐平的神剑井、鄱阳的磨刀石、余江的扫帚岭、万年的蟢子冈、都昌的鸣山乡等。

综上所述，自鸣山神信仰起于贵溪，唐中后期渐盛，宋以后一直受到官方支持，是进入祀典的"正神"，南宋益彰，其民间影响持续至今；其内涵以孝道为核心，符合官方倡导的价值标准和道德规范；灵迹多样，而以求雨祈晴为重点，易满足农业社会民众的心理需求；传布地域广泛，而以江西东部、安徽南部、福建西南和浙江西南部为主，这也是宋元时期龙虎山道士活动的核心区域。

二 龙虎山道士对自鸣山神信仰的利用和扶持

宋元时期，民人有求于神祇时，既可自己直接祈请，亦可求助于巫觋、僧、道等宗教人士，这一时期的龙虎山道士即大量参与这类活动。如南宋时期的三十二代天师张守真，"毘陵有妖凭树，诏劾之，一夜，风

---

① 熊子臣、何锽纂修：《栝苍汇纪》卷九《禋祀纪》，《四库全书存目丛书》，齐鲁书社1997年影印本，第610页上栏。该志称"神姓萧，即信州鸣山神"，与江西、福建诸郡传说相异。
② 康熙《贵溪县志》卷三《职官志·祀典》，第363—365页。
③ 乾隆《建昌府志》卷十五《坛庙考》，《故宫珍本丛刊》，海南出版社2001年影印本，第130页上栏。
④ 汪司厚：《劝捐修造鸣山庙小引》，同治《贵溪县志》卷二之二《建置·坛庙》，第423—424页。
⑤ 李寅生主编：《贵溪县志》，中国科学技术出版社1996年版，第1121页。

雷拔去。后江涛冲决，复定之"①。三十五代天师张可大奉旨赴临安，"退潮，祷雨，禳蝗，保边，咸有感格"②。

宋代龙虎山道士行法事，禳灾患，最著者莫过于三十代天师张继先平息山西解州（今山西运城）盐池妖祟。此故事在南宋时期已然流传，成书于南宋至元代③的《宣和遗事·前集》载：

> 崇宁五年夏，解州有蛟在盐池作祟，布气十余里，人畜在气中者，辄皆嚼啮，伤人甚众。诏命嗣汉三十代天师张继先治之。不旬日间，蛟祟已平。继先入见，帝抚劳再三，且问曰："卿此翦除是何妖魅？"继先答曰："昔轩辕斩蚩尤，后人立祠于池侧以祀焉。今其祠宇顿弊，故变为蛟，以妖是境，欲求祀典。臣赖圣威，幸已除灭。"帝曰："卿用何神，愿获一见，少劳神麻。"继先曰："神即当起居圣驾。"忽有二神现于殿庭：一神绛衣，金甲青巾，美须髯；一神乃介胄之士。继先指示金甲者曰："此即蜀将关羽也。"又指介胄者曰："此乃信上自鸣山神石氏也。"言讫不见。帝遂褒加封赠，仍赐张继先为视秩大夫、虚靖真人。④

这则故事看似荒诞，其实并非全然虚构，背景是北宋哲宗元符年间（1098—1100）至徽宗崇宁四年（1105）解州盐池因被水冲灌而基本停产的事实⑤。这一事件致使盐课大减，影响政府财政；动摇了解盐传统销售区神圣不可侵犯的观念，并直接导致北宋末期的盐法改革，影响深远。

---

① 宋濂：《汉天师世家叙》，《宋学士文集》卷三十六，第2页b—6页b。
② 赵道一：《历世真仙体道通鉴》卷十九《张可大》，《道藏》，文物出版社、上海书店、天津古籍出版社1988年版，第5册，第213页上栏—中栏。
③ 熊筱玉：《宋元讲史话本研究》，中国社会科学出版社2001年版，第106—116页：关于《大宋宣和遗事》的成书年代，学界有三种说法：宋人旧刊，明清时代多持此说；宋人旧编，元人增益，鲁迅《中国小说史略》最早提出；元代的南宋遗民编写，且在元代刊印。
④ 佚名：《宣和遗事·前集·解州盐池蛟祟》，《士礼居丛书》本，第11页a。
⑤ 郭正忠：《宋代盐业经济史》，人民出版社1990年版，第630页。

据王见川的研究，该故事蓝本最早出于王禹锡所撰《海陵三仙传》①。此书编成于南宋绍兴七年（1137）之后，下限不详②。其后，这一故事依附于张继先和关羽的相关文献被反复演绎③，少数则将其中的天师视作北宋仁宗时期的第二十五代天师张乾曜。相较于此前的版本，《宣和遗事》主要增加了关羽和"信上自鸣山神石氏"，这"意味着民间对张天师角色认知的转变，即百姓相信张继先天师不只能驱妖杀鬼，还可以役使神明"④。这也是宋元时期道士行法事时大量役使民间神祇的写照，约成书于元末明前期的道书《道法会元》对此有充分反映。

笔者广罗该故事的各种文本，唯《宣和遗事》载张继先驱用的是关羽和"信上自鸣山神石氏"两位神将，其余均只载关羽一将或缺省所用何神。二将中，前者系解州当地人氏，南宋初期起，道士已在努力推动关羽崇拜，关羽被称作"清元真君""崇宁真君"而受到崇祀。其与张继先共同出现在《宣和遗事》中，是道士推动关羽崇拜的反映。后者即上文论及的自鸣山神石敬纯⑤，系张继先家乡的民间神祇。该神在《宣和遗事》中出现，不仅说明当时自鸣山神信仰之盛，亦是道士努力推动该信仰的反映，或还有助于说明该书作者可能就出于自鸣山神信仰影响较大的区域。

史料显示，宋元时期，龙虎山道士确在积极扶持自鸣山神信仰。宋末元初赵道一《历世真仙体道通鉴·张可大传》载："嘉熙二年，加封

---

① 王见川：《龙虎山张天师的兴起与其在宋代的发展》，《光武通识学报》创刊号（2004年），第243—283页。《海陵三仙传·徐神翁》，陆楫编：《古今说海》巳集《说渊》，集成图书公司1909年版，第3编，第5页。《海陵三仙传》载该事发生于崇宁四年，与《宋史》《续资治通鉴长编》等所载一致，《大宋宣和遗事》将此事后移至崇宁五年，系时有误，但其为文学作品，不必苛求。

② 李剑国：《宋代志怪传奇叙录·海陵三仙传》，南开大学出版社1997年版，第269—270页。

③ 王见川：《"关公大战蚩尤"传说之考察》，《汉人宗教、民间信仰与预言书的探索》，博扬文化事业有限公司2008年版，第395—410页，梳理了以关羽为主角的该故事从宋代到明清的演变情况。胡小伟：《关公崇拜溯源》，北岳文艺出版社2009年版，第209—225页，也大体梳理了以关羽为主角的该故事。日本学者二阶堂善弘认为，《道法会元》中与关羽有关的法术以张继先为主，即以此故事为依据，见氏撰《有关天师张虚靖的形象》，《台湾宗教研究通讯》第3号（2002年），第4—48页。

④ 王见川：《龙虎山张天师的兴起与其在宋代的发展》，《光武通识学报》创刊号（2004年）。

⑤ 胡小伟认为该石姓神为江西赣州民间神祇石固，误，详见氏著《关公崇拜溯源》，第211页。

(张陵)正一静应显佑真君,助法鸣山、玉泉、龙井之神咸加封焉……(三年)七月召见……先生(张可大——引者)又为助法鸣山、玉泉、龙井之神请于朝,咸加封爵。"① 据元修《龙虎山志》和明修《汉天师世家》,张可大的请封对象中,还有关羽②。由此可知,张可大屡次致力于为自鸣山神和关羽请封,《宣和遗事》中自鸣山神与关羽并现,正是现实中张天师推动二神信仰的反映。

南宋时期,龙虎山道士驱用自鸣山神作为助法神,笔者未见史料直陈其事,但可通过第三十五代天师张可大的一些行事予以推测。

首先,绍定三年(1230)十月至次年七月,袁甫任江东提刑兼提举常平,驻司鄱阳。四年(1231)春夏间,"鄱阳水溢,坏民室庐无数"③,袁甫先后撰著多篇祝文④,向自鸣山神祈晴,并请平息水患,还允诺一旦得遂所愿,"当力请于朝,增崇封爵"⑤。同时,袁甫还礼请张可大以法术平复水位,"(张可大)以符投江,雷震,殛死大白蛇,水遂复故"⑥。笔者推测,张可大行法事时,袁甫很可能作为地方官介入仪式,而那些祝文中,或就有袁甫在张可大所行法事中念颂的祝文,自鸣山神则是张可大驱用的神将之一;自鸣山神在南宋中后期所获的10次加封中,即有袁甫允诺的那一次,而请封成功,则有张可大之力。

其次,嘉熙三年(1239),张可大应召赴临安平息一系列灾患:"钱

---

① 赵道一:《历世真仙体道通鉴》卷十九《张可大》,《道藏》第5册,第213页上栏—中栏。

② 元明善修,周召续修:《龙虎山志》卷上《人物上·天师·张可大》,王卡、汪桂平主编:《三洞拾遗》,黄山书社2005年版,第13册,第17页上栏—18页上栏;张正常修,张国祥续修:《汉天师世家》卷三《张可大》,《道藏》,第34册,第829页中栏。《道藏》第34册,第829页。张可大任天师期间(1230—1262),关羽受廷赐封号一事未见诸官方史料记载。从南宋至元代关羽所获封号的变化情况分析,这一时期,关羽似未获廷赐爵位封号,那么,其"清元真君""崇宁真君"的道教系列封号缘何获得,不得而知;或许,只是道士和民间所称。成书年代更早的《历世真仙体道通鉴》未载张可大为关羽请封,晚出的元修《龙虎山志》和明修《汉天师世家》却记载张可大为关羽请封一事,或出自龙虎山道士的虚构。

③ 元明善修,周召续修:《龙虎山志》卷上《人物上·天师·张可大》,《三洞拾遗》第13册,第17页上栏—18页上栏。

④ 均收于袁甫文集《蒙斋集》卷十七,包括《自鸣山庙祈晴祝文》(第529下栏—530上栏)、《自鸣山祖殿修造祝文》(第530上栏—530页下栏)、《自鸣山庙祝文》(第531页下栏)、《自鸣山庙谢晴文》(第531页上栏)、《自鸣山庙告修造祝文》(第530页上栏)。

⑤ 袁甫:《自鸣山庙告修造祝文》,《蒙斋集》卷十七,第530页上栏。

⑥ (元)明善修,周召续修:《龙虎山志》卷上《人物上·天师·张可大》,第17页上栏—18页上栏。

塘潮决，水及艮山间，民庐尽漂。诏治之。投铁符潮中，潮随退。寻又大旱蝗，命醮于太乙宫。雨作，蝗殪。七月，召见……上玉册，加封祖天师及关、石二帅，龙井等神。"① 笔者推测，张可大平息这些灾患，很可能驱用了自鸣山神等神祇，禳灾成功则是其为这些神祇请封的基础。

元代，龙虎山道士继续利用和扶持自鸣山神。"至元十四年，玄教大宗师张留孙扈从世祖皇帝于两京，言信州自鸣山神有灵状，敢诣阙下，敕礼官崇显之。是岁，皇帝命侍臣李众、刘子中降香实银奁，旗以金锦，显其神。"② 张留孙是元代龙虎山最重要的道士之一，为人谨言慎行，其向忽必烈讲述自鸣山神的灵迹，绝非贸然，一定有足以引起忽必烈重视的原因。考张氏在至元十四年（1277）的行事，有三次活动使其见重于忽必烈。袁桷的《张公家传》载：

世祖祠幄殿，裕宗（皇太子真金——引者）入侍，风雨卒至。召见于上，见其貌异常士，而奏对简异，益器之。风雨随止，遂赐廪给、裘服，俾岁从北巡。上与昭睿顺圣皇后驻日月山，后疾甚，召至，命愈其疾。若有神人献梦于后，遂愈。③

赵孟頫（1254—1322）的《上卿真人张留孙碑》则如是记载：

裕宗在东宫，寝疾，上以为忧，诏公往护视，疾寻瘳，上悦。上幸日月山，昭睿顺圣皇后又寝疾，上命贵臣趣公祷祈以其法。中宫夜梦髯神绛衣朱毂，行青草间，介士、白兽拥导，以问公，公曰："青草，生意也，明疾以春愈。"果然。后从公求所祷神象礼之，见画者与梦契，益以为神。④

《元史·释老传》亦详载至元十四年（1277）张留孙的这两件事：

---

① （元）明善修，周召续修：《龙虎山志》卷上《人物上·天师·张可大》，第17页上栏—18页上栏。
② 袁桷：《信州自鸣山加封记》，《清容居士集》卷二十，第30页a—31页b。
③ 袁桷：《玄教大宗师张公家传》，《清容居士集》卷三十四，第14页b—22页a。
④ 赵孟頫：《上卿真人张留孙碑》，陈垣编纂，陈智超、曾庆瑛校补：《道家金石略》，文物出版社1988年版，第910—913页。

世祖尝亲祠幄殿，皇太子侍。忽风雨暴至，众骇惧，留孙祷之，立止。又尝次日月山，昭睿顺圣皇后得疾危甚，亟召留孙请祷。既而后梦有朱衣长髯，从甲士，导朱辇白兽行草间者。觉而异之，以问留孙，对曰："甲士导辇兽者，臣所佩法箓中将吏也；朱衣长髯者，汉祖天师也；行草间者，春时也。殿下之疾，其及春而瘳乎！"后命取所事画像以进，视之，果梦中所见者。帝后大悦。①

三则史料所载张留孙的三次活动，一是止风雨，二为疗皇太子真金之疾，三是治疗忽必烈皇后察必之病。阎复还记载，至元十四年（1277），"方春，京畿不雨，民以病告。师（张留孙——引者）洁斋致祷，喜澍立至。上及中宫数有禬禳，罔不响应。由是天眷日隆，太子、元妃犹加敬礼，为制重锦法衣一袭"②。则张留孙还于春季祈雨得验，"上及中宫数有禬禳"则指上述三事而言。张留孙在这年向忽必烈陈说自鸣山神之灵异，促使忽必烈遣侍臣降御香于自鸣山，显然与这几次赢得忽必烈信任的活动有关。那么，张留孙在这些活动中很可能驱用了自鸣山神，即为"朱衣长髯"的张陵导引朱辇的甲士，很可能就是自鸣山神。

成宗继位后，"至元三十一年（1294），成宗皇帝有诏，遣使致祭岳渎，在昔登载者如式崇奉。大德三年？三十八代天师张（与材）平钱塘潮，言神（自鸣山神——引者）以云雨昭著，自鸣山事见郡乘，宋元符始有庙号，由宣和迄咸淳，制书凡十五下，乞如今皇帝诏令。于是符于州，考证无异辞"③。

所谓"成宗皇帝有诏，遣使致祭岳渎，在昔登载者如式崇奉"，即至元三十一年（1294）四月的成宗诏令："其名山大川、圣帝明王烈士载在祀典者，所在长吏，除常祀外，择日致祭。庙宇损坏，官为修理。"④ 这

---

① 《元史》卷二〇二《释老传》，中华书局1976年版，第4527页。
② 阎复：《龙虎山大上清正一宫重建三清殿坛楼三门碑》，元明善修，周召续修：《龙虎山志》卷下《碑刻》，《三洞拾遗》第13册，第72页下栏—74页上栏。
③ 袁桷：《信州自鸣山加封记》，《清容居士集》卷二十，第30页a—31页b。
④ 陈高华等点校：《元典章》卷三《圣政二·崇祭祀》，天津古籍出版社、中华书局2011年版，第109页。

是成宗延续世祖以来的承认和接受旧有祭祀传统的政策,其意义在于将官方祭祀的名山大川由五岳四渎扩展至经过资格审核之后的众多山川。于是张与材抓住这次机会,为自鸣山神获得元代官方的承认而努力。

平钱塘江潮是三十八代天师张与材(?—1316)最广为人知的事迹,载于《元史·释老传》及诸多道书,以南丰人刘壎(1240—1319)所载最为翔实,兹节录如下:

> 今大德二年戊戌岁,春,潮犯盐官州,漫溢百余里,所损不可胜记。渐逼城市,久之不退。父老援宋事,请于江浙行省,宜迎天师退潮,今三十八代天师则凝神广教真人与材也。省命父老来迎,且奏闻于朝。使者至,真人以其礼聘不庄,汔不为动,卒辞行,而遣宫中道士持铁符往治之。既至盐官州,行李丛杂,姑以铁符插水滨。忽波涛汹涌,若有神护之者。道士喜,乃易法服,持符登舟。众人群拥聚观,簇立堤岸,遥见仿佛有金甲神者立于空中。道士行法,擿铁符,符跃波面者数回而后沉没。顷之,天色晦冥,霹雳一声。越数日,乃见于别处拥起沙堆十数里,于其上得一物,似鼋,大如车轮,介而三足,盖所谓能也。取而剖其半入朝,以其半入上清宫,表显其事。方道士行后,朝命奉御偕某官来,真人以君命乃行,亦四月十三日。人皆异之。真人至行省而妖已除,乃作醮事。又筑堤,建祖师正一真君殿以镇之。①

引文显示,张与材因江浙行省"礼聘不庄",先遣上清宫某道士前往钱塘江口平潮;当他奉朝命至杭州时,妖祟"能"已被除灭,张与材只在事后做了一场醮事。虽然各类史料均并未明揭某道士平潮驱用了自鸣山神,但刘壎记文中有"遥见仿佛有金甲神者立于空中"之语,而张与材又借此平潮之功陈说自鸣山神之灵异,故有理由推想,此"金甲神"很可能就是自鸣山神,否则,平潮之功无以成为张与材为自鸣山神请命的基础。

张与材密切关注元代祭祀政策的变化,促使官方启动自鸣山神灵迹和褒封情况的核实程序,使自鸣山神得到元代官方的承认和地方官员的

---

① 刘壎:《鬼神·天师退潮》,《隐居通议》卷三十,《读书斋丛书》本,第10页a—11页a。

常祀。由于元代的诸神封赐制度基本囿于宋代旧典，没有前朝封赐基础的民间神祇很难获得元朝的加封，张与材此举还为自鸣山神获取新朝加封奠定了基础。

此后，龙虎山道士继续为此努力。武宗时期，"至大三年（1310），玄教嗣师、崇文弘道真人吴全节乃言曰：'吾徒食兹山（自鸣山——引者）有年矣，阖辟摩荡，絷阴阳是资，变以行神，神由以兴。今天子禋奉祠祭，吾教益昌，自鸣于龙虎封畛相入，舍是，其何言！'遂复请于朝，得加封为'明仁广孝翊化真君'"①。在此，吴全节强调三点：其一，"吾徒食兹山有年"，即龙虎山道士长期利用自鸣山神；其二，"絷阴阳是资，变以行神，神由以兴"，肯定了自鸣山神由阴阳之气变化而成，与道教神祇有相通之处，这是为其获取道教类封号申明缘由；其三，"自鸣于龙虎封畛相入"，凸显二山在地理上的密切关系，强调自鸣山神之气流于龙虎山，则龙虎山道士驱用时易于灵验。

至大三年（1310），吴全节正处圣眷隆厚之时，他借机提携自鸣山神，终于使后者获得了最后一次廷赐封号。回顾自鸣山神在元代的获封过程，获降御香始于至元十四年（1277）张留孙初受世祖眷顾之时，此后的世祖时期，诸神加封制度长期未受元廷重视，至元十八年（1281）始，道教又受到严重压制，龙虎山道流为自鸣山神请封一事遂至搁置。成宗继位以后，汉地神祇受到进一步重视，道教亦得以恢复，张与材遂促使官方启动自鸣山神的确认程序，而其获封，又得力于吴全节的努力。因此，在自鸣山神获得元朝廷封的每个关键环节，都有龙虎山道流的促动。

关于元代自鸣山神的获封时间，史料没有明确记载，当在吴全节提议加封的至大三年（1310）和袁桷撰著记文的延祐三年（1316）之间。如果自鸣山神在至大三年（1310）获封，则意义不凡，因为元朝加封民间神祇的制度性规定始于至大三年（1310）十一月的南郊诏书，次年正月正式颁行，此前频次不多的对妈祖、解州盐池神、盐官州海神等民间神祇的加封均是源于特定目的的酌情赐予②。相较之下，自鸣山神缺乏这

---

① 袁桷：《信州自鸣山加封记》，《清容居士集》卷二十，第30页a—31页b。
② 吴小红：《苛征、祠祀与地方利益：元代金溪二孝女祠祀研究》，《中国史研究》2012年第1期。

些神灵所具有的重要意义和广泛影响,如果其能于此时获封,反映的则是龙虎山道流的强大影响力。

唐宋以来,官方和道教均认为道教高于民间信仰,甚至高于国家祭祀,道教类封号亦高于爵位类封号①,自鸣山神由八字"王"封转为六字"真君"号,是其地位上升的表现,也是其进入道教神谱的重要标志。这是龙虎山道士长期利用和扶持自鸣山神的结果。此后,经历明初礼制改革以后,其人格神形象被官方强制恢复为山川自然神,但在民间,其道教神祇的形象已然稳固。明清文献中,自鸣山神自述"昔杀牛昌隐于此,归谢泰山,上功于帝,命为乾坤煞将,握风雷符"②,全然是一位道教神将的形象,而贵溪的自鸣山神庙亦颇似道宫。

综上所述,南宋中后期至元代,龙虎山道流不仅在禳灾除患时频繁驱用自鸣山神,还持续地致力于扶持这一民间神祇。这一时期,自鸣山神崇拜在民间的日渐兴盛、官方的不断褒封和该神向道教神祇转化,龙虎山道流都居功甚伟。成书于这一时期的《宣和遗事》中,张继先驱遣自鸣山神作为助法神,正是现实中龙虎山道士不断利用和扶持自鸣山神的反映。此后,由于自鸣山神始终只是区域性神祇,关羽崇拜却日益走向全国,自鸣山神遂逐渐湮没,关羽则成为诸多道书和传奇中供张继先驱遣的唯一神将。

三 龙虎山道士利用和扶持民间信仰之方式

道教在形成之初,即与民间信仰联系密切。张陵所创天师道,最初

---

① 周秉绣辑,周宪敬重编:《祠山志》卷二《诰命·正祐圣烈真君告词》,《中国道观志丛刊续编》,广陵书社2004年版,第8册,第156—158页;Kristofer Schipper(施舟人),"Taoist Rirual and Local Cults of the Tang Dynasty", in *Tantric and Taoist Studies in Honour of R. A. Stein*. edited by Strickmann, M., Vol. 3, Brussels:Institut Belge des Hautes Etudes Chinoises, 1985, pp. 812 - 834;雷闻:《五岳真君祠与唐代国家祭祀》,荣新江主编:《唐代宗教信仰与社会》,上海辞书出版社2003年版,第35—83页。虽然官方和道教均认为道教封号高于爵位封号,道教科仪中,道教真仙也高于源自民间的神祇,但民间对爵位封号的重视程度仍高于道教封号,这在《夷坚志》中多有反映。

② 林钎:《漳州嘉济庙碑》,福建省地方志编纂委员会编:《福建省志·文物志》,第162—163页。

就"建立在四川地区民族宗教的文化传统的基础之上"①。其后，道教不断对民间信仰进行收容和改造，晚唐北宋以后，这一趋势更加明显。

在此趋势之下，宋元时期的龙虎山道流承续其与民间信仰的天然联系，积极利用和扶持民间信仰。除自鸣山神外，德兴的董全桢、安仁的柳敬德、鄱阳的吴芮、雩都的张公兄弟、东阳的赵炳等民间神祇亦受到龙虎山道士的重视，但利用和扶持的方式不尽相同。主要有如下几种。

第一，将民间神祇吸纳为道教法术中的神将。前述第三十五代天师张可大称"鸣山、玉泉、龙井之神"为助法神，则这些民间神祇都是其驱用过的神将。对一些以民间神祇为主要祈请对象的法事，龙虎山道士亦予支持。如端平元年（1234），福建邵武建黄箓醮祈求太平，所迎主神为当地颇有影响的民间神祇欧阳祐②，邵武太守金华人王野和当地名宦杜杲同主醮事，道士林逍遥负责拜章。张可大时年十七岁，受邀至醮场③，体现了对这一醮事的支持。

第二，将龙虎山道士神化为民间神祇。典型的例子是把南宋中期的高道留用光神化为黑龙，而龙神是宋代唯一未被人格化的民间神祇。考《宋冲靖先生留君传》，留氏生平最突出的业绩是求雨祈晴，宋帝径称其为"雨师"。尽管留氏认为法术"谲诡幻怪，迷误眩惑，非也"④，但元代官修《龙虎山志》却如是记载："宋庆元间，衢州旱甚。郡守沈作砺夜梦黑龙蟠于城隍庙门，旦视之，乃用光醉卧也。即延命祷雨，而雨。郡上其事。后复祷雨，亦雨。"⑤《龙虎山志》郑重其事地记载此事，说明龙虎山是着意将留氏神化为黑龙。在留用光弟子蒋叔舆（约1156—1217）据乃师所授编纂的《无上黄箓大斋立成仪》中，确有龙神被列入科仪⑥，而龙与民间广泛崇奉的泉神、井神、江神、湖神等水神相通，是农业社

---

① ［英］傅飞岚（Franciscus Verellen）：《张陵与陵井之传说》，陈鼓应主编：《道家文化研究》第16辑，生活·读书·新知三联书店1999年版，第217—240页。
② 张侃、朱新屋：《正统的层累及流动：以唐宋闽北地方神欧阳祐为例》，《学术月刊》2013年第5期。
③ 刘壎：《鬼神·大乾梦录》，《隐居通议》卷三十，第7页a。
④ 高文虎：《宋冲靖先生留君传》，蒋叔舆编纂：《无上黄箓大斋立成仪》卷五十七，《道藏》第9册，第728页下栏—729页下栏。
⑤ 元明善修，周召续修：《龙虎山志》卷上《人物下·高士·留用光》，《三洞拾遗》第13册，第31页下栏。
⑥ 蒋叔舆编纂：《无上黄箓大斋立成仪》卷五十六《神位门·右三班》，《道藏》第9册，第719页下栏—720页中栏。

会最重要的神祇。将留用光神化为黑龙，不仅旨在说明其祈雨求晴之灵异，更可为道士频繁利用一系列龙神架起沟通的桥梁。

第三，为民间神祇请求廷封，并力促部分神祇获取道教封号。除力促自鸣山神获封外，可知者还有贵溪圣井山的龙井神、安仁柳敬德神。圣井原系当地巫者祈雨之所，《舆地纪胜》载："圣井山在贵溪县南六十里。山有三井，其二在绝顶，人迹罕到；下一井泓澄不可测，岁旱祷之，多应。"① 张可大在南宋理宗时赴阙求雨，"檄（圣井山）井龙致雨，大验，遂言于朝，封为广润侯"②。元代龙虎山名道吴全节则积极为家乡安仁的民间神祇柳敬德请封。吴全节自述："昔为孩提，党禜族酺，从我父兄觞而祝之，繄神是赖。神之阐微，肇唐咸通，至宋宣和以来，由侯以王，胼蠁休嘉，乡大夫汤巾炳志于祠下矣。今岁时阜康，神灵熙熙，祥风甘雨，莫穷其微，犬牙接壤，咸称神效。愿上其事于礼部，全节敢稽首集贤，敷奏天子，以昭神惠。"③ 柳敬德于淳祐年间（1241—1252）获封"灵显忠烈惠泽王"④，至大二年（1309），又因吴全节之提携而获赐"显灵溥惠冲祐真君"号。史料还显示，民间神祇由爵位封号转为道教封号时，须经过张天师。如常州路录事司城内有忠佑庙，"延祐三年（1316），郡民蔡居敬等具以感应实迹经天师教所告呈省府，下儒学提举司考验得：神，常州晋陵人，陈泰康元年射策甲科，隋大业五年（609）平寇有功，拜大司徒。唐乾符四年（877）封忠烈公，后梁开平四年（910）进加福顺王，南唐保大十三年（955）册赠武烈帝，宋咸淳六年（1270）加封显灵昭德王。延祐五年（1318），加封仁惠孚祐真君"⑤。在此，显灵昭德王进封为仁惠孚祐真君，中间有个环节是"经天师教所告呈省府"，这应是张天师管理江南道教事务的职权之一。力促部分民间神祇获取道教封号，赋予其道教正统性，利于道教在与佛教的竞争中获取

---

① 王象之：《舆地纪胜》卷二十一《江南东路·信州·景物下》，江苏广陵古籍刻印社1991年影印本，第259页下栏。
② （元）明善修，周召续修：《龙虎山志》卷上《山水·井》，第8页下栏。
③ 袁桷：《饶州安仁县柳侯庙碑》，《清容居士集》卷二十五，第8页a—10页a。
④ 同治《安仁县志》卷十一《坛庙》，《中国方志丛书》，成文出版社1989年影印本，第356—358页。
⑤ 杨印民辑校：《大德毗陵志辑佚（外四种）·泰定毗陵志辑佚·宫室·庙》，凤凰出版社2013年版，第55—56页。

优势①。

　　第四，廷赐封号不可得时，为民间神祇私加封号。元人林似祖称，"皇元混一，命正一真人留国公得以符诰封鬼神"②。笔者目前未曾见到元廷授予龙虎山张天师诰封鬼神之权的官方记载，世祖、成宗以来，诰封鬼神也一直由元廷实行，元廷应该不会再将此权力授予张天师。笔者认为，这应该是基于张天师的强大影响力而形成的民间认可。史料显示，张天师确实屡为民间神祇加封。如德兴民间神祇董全祯，传"唐爵御史，天佑中，为八将首"，"里人念保疆奠民功不细也，庙神于藕池，旱潦札瘥，祷辄应"。董神未有宋代廷赐封号，在元代难以获封，三十八代天师张与材遂"私谥"其为"威烈神君"③。直至清代，董全祯之祠仍称"威烈祠"④，足见民间对这一私谥的认可。再如赣州路雩都神祇张公兄弟，系由山川神转化而来，宋代未获封号，"延祐改元，岁在甲寅，邑有前学谕巫法昌，职领阴阳，法行正教，为见二公有助国除凶之功，有收瘟摄毒之力，代天宣化，利国济人，飞申正一元坛灵宝领教嗣师，转闻嗣汉三十八代天师留国公（张与材——引者）门下，保奏天庭。给敕，赐以显灵将军、张十八太尉，威灵将军、张十九太尉为职，特颁仙秩，以奖神功"⑤。徽州神祇胡发，张天师封为检察将军⑥。浙东处州丽水神祇叶侯，"宋淳祐二年，进士潘君桧始创庙宇，雨阳疫疾，谒告如响……皇庆壬子，乡之人状神功惠以闻（张与材），封广福威烈侯，长子助灵将军，次昭显将军，庙号'灵应'"⑦。

---

①　袁甫《信州自鸣山孚惠庙记》（《蒙斋集》卷十四，第505页上栏—506页上栏）显示，在龙虎山道士利用自鸣山神的同时，僧人也在利用自鸣山神。淳祐六年（1246）夏，"匠丞懋斋章侯著到郡，未几，郡（信州——引者）以不雨告，首迎兹山神（自鸣山神——引者），作梵事。随获甘澍，岁事以登"。
②　林似祖：《重建灵应庙记》，李遇孙辑：《括苍金石志》卷十一，《石刻史料新编》第1辑，新文丰出版公司1982年影印本，第15册，第11428页。
③　徐明善：《威烈祠记》（原标题作《威武祠记》，误，据目录改），《芳谷集》卷三，《豫章丛书》本，第13页b—15页a。
④　康熙《德兴县志》卷二《建置志·祠庙·民祠》，《中国方志丛书》，成文出版社1989年影印本，第210页。
⑤　刘同普：《南乡畚岭井塘庙碑记》，同治《雩都县志》卷十四《艺文·记》，《中国方志丛书》，成文出版社1989年影印本，第1577—1580页。
⑥　弘治《徽州府志》卷五《祀典·祠庙·婺源县》，《天一阁藏明代方志选刊》，上海古籍书店1982年影印本，第29册，第44页a。
⑦　林似祖：《重建灵应庙记》，李遇孙辑：《括苍金石志》卷十一，第11428页。

第五，将源于民间信仰的法术整合进正一派的法术之中。如浙东缙云、青田、永康、临海一带盛行赵炳信仰。赵炳见诸《后汉书·方术列传》①，东阳人，为东汉时期活跃于浙东、闽北的著名术士，长期受到民间崇奉，宋元时期累封为"灵顺显佑广惠威烈王"。赵炳"能为越方"，"以东流水为酌，削桑皮为脯，疗病皆除"，民间久传"赵侯禁法以疗疾"。元代陈性定《仙都志》载，"今（龙虎山）正一宗坛给'赵侯禁气箓'，即此所谓赵侯禁师者是"②。这说明宋元时期龙虎山已吸纳了源于赵炳的法术，并特颁"赵侯禁气箓"。当然，龙虎山更多的还是通过吸纳诸新符箓派的方式，将源于民间信仰的法术加以整合。

第六，看护民间祠庙。以饶州鄱阳吴芮祠为例。吴芮在汉初被封为"长沙王"，事迹见诸《汉书》③，后被民间奉为神祇。延祐四年（1317），饶州路总管王都中（1278—1341）新修祠宇，吴全节在其旁筑芝山道院，以道士守祠。后至元三年（1337），邑人袁仁庆迁建吴芮祠和芝山道院，吴全节请求廷赐，将吴芮的旧称"番君"升格为"文惠王"，芝山道院改名文惠观④，继续遣得力弟子常驻文惠观。可以想见，在祠中举行的各种法事，当由文惠观道士主持。至于在宋元时期渐布全国的城隍神，此时已归于张天师管辖⑤，包括大都路城隍庙在内的许多城隍庙则由道士兼管⑥。

第七，将民间祠庙收为道观，并任命管理者。据弘治《徽州府志》，当地影响颇广的五显信仰中有从神胡德胜，"三十八代天师张与材赐号'忠靖灵远大师''胡提点'，赐七星剑"⑦。这两种赐号，前者通常授予

---

① 《后汉书》卷八十二下《方术列传·徐登传》，中华书局1965年点校本，第2741—2742页。

② 徐松辑：《宋会要辑稿》礼20之51《方士赵炳祠》，第790页上栏；陈性定编：《仙都志》卷上《祠宇·赵侯庙》，《道藏》第11册，第80页下栏—81页上栏。

③ 《汉书》卷三十四《吴芮传》，中华书局1962年版，第1894页。

④ 虞集：《道园学古录》卷二十二《大元敕赐饶州路番君庙文惠观碑铭》，《四部丛刊初编》，上海书店1989年影印本，第17页a—19页a。

⑤ 松本浩一：《张天师与南宋的道教》，高致华译，高致华编：《探寻民间诸神与信仰文化》，第81页。

⑥ 虞集：《大都路城隍庙碑》，《道园类稿》卷三十七，《元人文集珍本丛刊》，新文丰出版公司1985年影印本，第6册，第183页上栏—184页下栏。至元七年（1270），大都路建城隍庙，"道士段志祥筑宫其傍，世守护之"。段志祥所属道派不明。

⑦ 弘治《徽州府志》卷五《祀典·祠庙·婺源县》，第44页a。

高道，后者则为宫观管理职位之一。其父胡发亦为五显从神，"张天师封为检察将军"。胡氏世居徽州城内，笔者推测，胡氏父子很可能是相继掌管五显祠者，正是在胡德胜时期，该祠由民间神祠转为道教宫观，胡德胜则由龙虎山任命为宫观提点。这有利于龙虎山增加本派道观的数量，扩充教团组织，增强经济实力。

第八，利用自身的地位和影响，以请人撰文、求赐物件等方式宣传和提携民间神祇。如前述吴全节在提携鄱阳神祇吴芮时，不仅建道观，派弟子看护祠宇，请求廷赐"文惠王"之封，还先后礼请翰林学士元明善（1269—1322）和虞集（1272—1348）撰写记文，作祭祀用迎送神曲①。后至元三年（1337）迁建吴芮祠后，吴全节又"言于朝，天子遣使者封奁香，织金文之币为之衣以赐"②，使该祠获赐御香和神衣。

有史料显示，龙虎山张天师甚至对民间巫术亦予接纳和学习。《隐居通议》载，元前期的张天师某曾应浙西豪民朱清之请建醮，"且请召神降笔，以卜休咎。张令设黄帏帐，县鸾笔，俾朱默祷。久之，笔坠。启视，书云：'积福如山，造业如坑，推倒福山，填不得业坑。'朱大骇惧，人以为名言"③。后，朱清果被元成宗镇压。此事之真妄，难下定论，但至少可说明，民间认为张天师擅长扶乩之术。

刘仲宇将道教整合民间信仰的方式归纳为排定座次型、编写经书型、编制科仪型、召役型、接管型、受管型、请进宫观型七种，其中请求封赠是"排定座次型"的变通方式④。据上文，宋元时期的龙虎山道士明确利用了排定座次、召役、编制科仪、接管等方式整合民间信仰。至于百姓将民间神祇抬进宫观，久而久之，其神便被视作道教神祇的"受管型"和道士将影响较大的民间神祇请进宫观的"请进宫观型"，笔者尚未见到相关史料，不敢妄议龙虎山道士是否采用了这两种形式，但宋元时期，百姓在民间祠宇隳败后将神像寄托于僧舍道观，或道士觊觎民间祠宇的香火之盛而将其神祇请进宫观，以及在道观中摆置民间神祇以利百姓祈

---

① （元）明善：《汉番君庙碑》，苏天爵编：《国朝文类》卷二十，《四部丛刊初编》，上海书店1989年影印本，第4页a—5页a。

② 虞集：《大元敕赐饶州路番君庙文惠观碑铭》，《道园学古录》卷二十二，第17页a—19页a。

③ 刘埙：《隐居通议》卷三十《鬼神·朱张福业》，第11页b—12页a。朱清于元成宗统治中期被镇压，该张天师当为三十六代张宗演、三十七代张与棣、三十八代张与材中的一位。

④ 刘仲宇：《中国民间信仰与道教》，东大图书股份有限公司2003年版，第55—72页。

祷一类的事情并不罕见①，龙虎山道士也许不会置身事外。

由此，在宋元时期道教与民间信仰日益交融的趋势之下，龙虎山道士采用了多种方式利用和扶持民间信仰，且由于其在南宋后期主管"江南三山"符箓，元代进一步主管江南道教，同时与朝廷保持常态的密切联系，这种种优势地位又为其扶持民间信仰提供了更大便利，以至于民间认为张天师甚至可以代替朝廷行使诰封鬼神之权。

四　龙虎山道士利用和扶持民间信仰之特点

宋元时期，龙虎山道士利用和扶持民间信仰具有诸多鲜明特点，并对这一时期龙虎山的发展产生积极影响。

第一，具有"正祀性"特点，即倾向于选择已获国家褒封的在典神祇，前述贵溪自鸣山神、饶州柳敬德、徽州五显②均是。关于这一点，《道法会元》亦有相关规定："诸行法官出入民间，私祀邪神淫鬼者，仰即时行遣神吏擒缚，依律断罪。如或见闻而不根治者，徒三年。"③ 正祀神祇蕴含着国家倡导的道德规范和价值标准，而且，一些应官方之邀而举行的祈禳科仪，官员会被纳入仪式之中，则所驱神祇更需取得官方认可。

第二，重视具有深广地方影响的神祇，而不拘泥于其是不是在典之

---

① 前者如抚州金溪的二孝女像在宋末乱世被寄于僧舍，详见吴小红《苛征、祠祀与地方利益：元代金溪二孝女祠祀研究》，《中国史研究》2012年第1期。后者如皮庆生对宋代广德军（治今安徽省广德县）张王信仰的研究显示，当时道教宫观如常熟乾元宫、余杭洞霄宫中均有张王祠，湖州长兴的张王庙由道士所辖；道士还宣扬张王曾礼参北斗，且有醮斗法相传；信众必诵《老子》等；同时，在南宋蒋叔舆所编《无上黄箓大斋立成仪》中，张王还是道教科仪中的神将之一。见皮庆生《宋代民众神信仰研究》，上海古籍出版社2008年版，第76页。

② 宋代，五显多次受廷赐封号，见徐松辑《宋会要辑稿》礼二十之五十七《五显灵观祠》，第843页上栏。宋元时期，五显有正邪不同的多种面相，且与佛、道二教关系密切，详见Ursula-Angelika Cedzich（蔡雾溪），"The Cult of Wu-t'ung/Wu-hsien in History and Fiction: Religious Roots of the Journey to the South"，edited by David Johnson ed., *Ritual and Scripture in Chinese Popular Religion*, Berkeley: University of California Press, 1995, pp. 137-218；万志英（Richard von Glahn）：《财富的法术：江南社会史上的五通神》，陈仲丹译，刘永华主编：《中国社会文化史读本》，北京大学出版社2011年版，第65—107页。

③ 未著撰人：《道法会元》卷二五二《太上混洞赤文女青诏书天律·法官》，《道藏》，第30册，第551页下栏。

神,具有灵活性特点。前文所述德兴民间神祇董全祯,宋代未获加封,但董氏为德兴著姓,董全祯实是一位亦神亦祖的神祇。而其兄董全福,据传系除蛟而死,受祀于德兴银港。其七世孙董端忠于南宋初任湖北提举常平时,死于职事,庙祀于鼎州(治今湖南常德)桃源。天师张与材有鉴于董氏的地方影响和董氏家族忠于君、福于乡的正面形象,遂私谥董全祯为"威烈神君"。吴全节扶持鄱阳神祇吴芮,虞集解释为"远推本于宗家"①,实则此举不仅利于获取广布于饶、信一带的吴姓大族拥戴,还因吴芮是名列正史的前贤,亦受官方支持。而对一些具有邪性而影响较广的民间神祇,龙虎山正一派则通过收编其他新符箓派的方式,间接收容于麾下②。

第三,选择助法神具有"当地性"特点,即倾向于选择在法事举行地具有较大影响的神祇。《宣和遗事》中,解州平妖驱用关羽即是这一观念的反映。有鉴于宋元时期跨区域性神祇还不是太多③,龙虎山道士更倾向于选择源出当地的民间神祇,或与传统的"祭不越望"观念有关。此举有利于拉近龙虎山与各地信众的距离。

第四,利用和扶助民间神祇的方式多样,深度介入民间信仰活动。上文已详论了宋元时期龙虎山道士利用和扶助民间信仰的七八种方式,其中,请文人撰著记文,可对民间神祇进行儒家建构;促使民间神祇获取道教封号,将民间神祇请为助法神,则是对其进行道教改造;主持民间祠庙的仪式,可将道教仪式整合进民间信仰活动之中;为民间神祇请封或私加封号,看护民间祠庙等,则有利于扩大民间信仰的影响,诸如此类,无不显示着宋元时期的龙虎山道士介入民间信仰活动之深之广。

第五,对贵溪当地神祇予以特殊重视,甚至在外地举行法事时,亦驱用贵溪神祇,前述张可大在临安求雨时檄用圣井山龙井神即是如此,其时龙井神还只是一种尚未进入官方祀典的地方性神祇。

---

① 虞集:《大元敕赐饶州路番君庙文惠观碑铭》,《道园学古录》卷二十二,第17页a—19页a。
② 康豹(Paul R. Katz):《道教与地方信仰——以温元帅信仰为个例》,赵昕毅译,高致华诸编:《探寻民间诸神与信仰文化》,第116—148页。
③ 宋元时期影响较大的跨区域神祇主要有妈祖、五显、梓潼、仰山、张王等,其他已经实现跨区域传播但影响不及前述几位的民间神祇也很多,自鸣山神是其中一种。请参阅韩森(Valerie Hansen)《变迁之神:南宋时期的民间信仰》,第126—159页;皮庆生《宋代民众祠神信仰研究》,第204—271页。

宋元时期龙虎山道士利用和扶持民间神祇具有"正祀性"特点,体现了其维护国家祭祀体系的努力,易于获取官方和囿于正统的地方精英的支持;重视具有深广地方影响的神祇使其易于赢得地方大族的支持;选择助法神的"当地性"特点有助于其借民间神祇之影响拉近与地方民众的距离,扩大其民间基础;介入民间信仰的方式多样而深入,利于其与民间信仰的交融,以及与佛教争夺信众;而重视和提携贵溪本地神祇则利于其协调与贵溪地方社会的关系,这是龙虎山道教势力在贵溪地方社会得以持续稳固发展,甚至称霸一方的基础,元人郑介夫即称张天师"纵情姬爱,广置田庄,招揽权势,凌烁官府,乃江南一大豪霸也"①。

结　语

龙虎山道教在南宋时期的官方地位明显上升,重要原因之一即在于其民间影响日益增强。其在南宋灭亡之初便迅速进入元廷视野,先于"江南符箓三山"的茅山和阁皂山取得对江南道教的主管权,更是基于广泛深入的民间影响。从这个角度看,龙虎山道士注重利用和扶持民间信仰,对其在这一时期官方地位的上升功不可没。而其官方地位的不断上升,又有利于其进一步利用和扶助民间信仰,扩大其在民间的影响,终致形成明代龙虎山主管全国道教,正一教影响远超全真教的局面。其在官方地位的上升和民间影响的增强,二者实是相互促进。

其次需要强调的是,元代各地的官方祭祀只有宣圣、社稷、三皇、风师雨师雷师、八思巴帝师以及少数名山大川和圣帝明王②,诸神封赐制度在总体上延续自宋代,对民间神祇的加封基本限于宋代已有廷赐封号的在典神祇,致使许多民间神祇缺乏上升的渠道和获取官方认可的途

---

① 郑介夫:《上奏一纲二十目·僧道》,邱树森、何兆吉辑点:《元代奏议集录(下)》,浙江古籍出版社1998年版,第110页。

② 池内功:《异民族支配与国家祭祀——谈元朝郡县祭祀》,郝时远、罗贤佑主编:《蒙元史暨民族史论集　纪念翁独健先生诞辰　百周年》,社会科学文献出版社2006年版,第149—167页;马晓林:《元代八思巴帝师祭祀研究》,北京大学历史学系主编:《北大史学》第18辑,北京大学出版社2013年版,第81—103页。

径①，同时因政策的"宽松弛缓"，易于出现与国家观念和秩序不相协调的"淫祠"。龙虎山道士通过私谥神祇的方式，在一定程度上弥补了官方力量的不足，利于持续发挥民间信仰整合和稳定地方社会的功能。而龙虎山的官方地位又促使其在选择民间神祇时，倾向于采取与官方一致的立场，这就有利于规范民间信仰活动，同样是在弥补国家力量的不足。

但是，诸神封赐不出于朝廷，诸神封号繁杂冗乱的状况在明初整肃元代乱政时，必定成为整顿的对象。这是明初礼制改革的重要原因之一。更为重要的是，龙虎山张天师通过一系列利用和扶助民间信仰的方式，积累了强大的民间影响，这是意图加强集权的明初统治者不愿意看到的。虽然朱元璋给予龙虎山张天师主管全国道教的权力，但同时采取了削弱张天师民间影响的举措，即强制去除难以计数的城隍神和大量源于山水崇拜的神祇的人格神形象，恢复其自然属性，改由地方官员祭祀。此举实是将原来处于张天师影响和控制之下的诸多民间神祇改置于官方的控制之下。目前看来，这些举措对民间信仰活动的实际影响有限，官方无法实现对这些神祇信仰的垄断，民间也不会因地方官员的祭祀而中断对这些神祇的信仰，但这些举措对明代龙虎山张天师的民间基础究竟产生何种影响，则需进一步关注②。

---

① 吴小红：《苛征、祠祀与地方利益：元代金溪二孝女祠祀研究》，《中国史研究》2012年第1期。

② 滨岛敦俊：《明清江南农村社会与民间信仰》，第217页，认为张天师对诸神的"敕封"，在城隍神之外的其他神灵中也广泛见到，从正统理念来看，这好像是最大的僭越。同时，论及明代伪造前代诸神封爵时，引用《（正德）江阴县志》，显示明代普通僧人也在敕封神祇，见第35、256页；又引道光《黄溪志》，显示清代嘉庆九年（1804），五十九代天师敕封苏州府吴江县范阳乡二十五都西依字圩北方金神庙神为护国佑民威灵王，见第221、303页，则明代私封诸神的情形或更甚于元代，清代私封仍在延续，但详情如何，亦有待今后关注。

从一代枭雄到地方神灵

——元明清之际的陈友谅及其后裔

申万里

陈友谅（1320—1363），沔阳（今湖北仙桃市）人，元末农民战争的重要领导人之一，他于至正二十年（1360）在采石五通庙称帝，建元大义，国号汉。此后，这只农民起义军队伍的影响遍及湖南、湖北、江西、安徽等地，成为元末长江中游实力最强的一支农民军武装。至正二十三年（1363）陈友谅与明太祖朱元璋大战于鄱阳湖，中流矢而死。陈友谅四十四岁的一生，在长江中游一带的历史上写下了浓重的一笔，在明清之际产生了重要影响。明朝学者吴国伦记载："伦先世从嘉禾（浙江嘉兴）徙居鄂渚（湖北武昌），每闻祖父言国初陈友谅、张士诚事甚悉。"[①]说明陈友谅在明朝时期的浙江和湖北一带，被民间百姓广泛谈论，影响巨大。在清朝的文献中，关于陈友谅的记载也是比比皆是，同样反映了陈友谅的影响。

陈友谅以及他建立的大汉农民政权，是以往农民战争史研究的重要内容。前人主要是在元末红巾大起义的背景下，研究陈友谅农民战争的发起、过程和大汉农民政权的性质、失败原因等问题，积累了丰厚的研究成果，[②] 本文在前人研究的基础上，探讨陈友谅的形象、个性、历史影响以及陈友谅后裔的一些情况，请学界同人批评指正。

[①] 吴国伦：《陈张事略·陈友谅本末略》，学海类编本，《学海类编》第三册，第1259页，广陵书社2007年版。

[②] 关于陈友谅的研究成果主要有：杨讷：《天完、大汉红巾军史述论》，见《元史论丛》第1辑，中华书局1982年版；舒焚：《试论陈友谅》，载《光明日报》1963年8月14日；工宁义：《关于朱元璋的队伍和政权的性质》，《人民日报》1964年6月19日；朱清泽、刘伯涵：《试论朱元璋在鄱阳湖大战中获胜的原因》，《元史及北方民族史研究集刊》1985年版第9期；等等。

一　陈友谅的形象与个性

作为元末农民战争最重要的领导人之一，陈友谅是一个什么形象，是我们颇为关注的问题，只是由于史料记载零散，想说明这个问题比较困难。关于陈友谅最权威的材料《明太祖实录》记载：

> 友谅者，沔阳玉沙县人，世业渔，姿貌丰伟，尝为县吏，不乐。①

其他史料对这个问题也有记载，《明史》曰：

> 陈友谅，沔阳渔家子也。本谢氏，祖赘于陈，因从其姓。少读书，略通文义。有术者相其先世墓地，曰："法当贵。"友谅心窃喜。尝为县小吏，非其好也。②

雍正《湖广通志》记载：

> 陈友谅者，沔阳人，本姓谢，祖千一，赘于陈，遂冒其姓。父普才，黄蓬渔子也。友谅臂力过人，娴于武艺。③

从以上记载可以看出，陈友谅虽然是一个普通的渔家子，但其形象有三点与一般渔民不同：一是外表"姿貌丰伟"，气宇不凡；二是少读书，略通文义，作为渔家子能读书识字，在中国古代不多见；三是他还"臂力过人，娴于武艺"。陈友谅的这三个特点给我们展示出一个威武、高大、健壮并能读书识字的农民军领袖的形象。

对于陈友谅的形象，清人王应奎有一些夸张的记载，他在《柳南随

---
① 《明太祖实录》卷十三，台湾中研院历史语言研究所影印本，1962年，第167页。
② 张廷玉：《明史》卷一百二十三《陈友谅传》，第3687页。
③ 雍正《湖广通志》卷一百二十《杂记》，文渊阁《四库全书》，第534册，第960页。

笔》一书中写道：

> 宋文宪公濂尝馆吾邑富家，一日，有丈夫从二童子来谒，自称卖文。谈论出入经史，至兵机尤长。宋公不能答，请其诗，曰："吾一诗直二十金。"主人许之，诗成，甚俊拔。宋公以文请，曰："吾文非白金不可。"主人又与之，援笔立成，文不加点。宴毕，请观宋公书室，出前金赠，曰："仆非受此，为先生地耳。"遂辞去，使人送至海滨，舟师数千，军容甚盛，乃陈友谅也。以宋公有才名，欲礼聘为军师，听其论无武略而去，一邑大惊。①

上述史料记载了陈友谅到其家乡常熟（王应奎为江苏常熟人）聘请名士宋濂的情况。在王氏的记载中，陈友谅成了一个能诗能文、才华横溢的大丈夫，反映了陈友谅在民间百姓心目中的形象。

陈友谅这种不凡的形象，为他以后领导农民军成就霸业创造了条件。当然，陈友谅的成功与其个性更有关系，下面根据史料记载，探讨陈友谅的性格特征。

陈友谅个性的相关记载较多，主要表现在下面几个方面。

第一，坚毅、果断是陈友谅最典型的性格特征之一。陈友谅性格坚毅、果断，在关键时刻当机立断。至正十七年（1357）九月，倪文俊谋杀徐寿辉失败，逃到黄州。当时，陈友谅虽然"隶文俊麾下……为领兵元帅"，他马上"乘衅杀文俊，并其兵，自称宣慰使，寻称平章政事"。②这一行动使陈友谅成为这支红巾军中实力最强的人物。陈友谅在处理他与徐寿辉关系时的表现同样非常果断，《明史》记载：

> 始友谅破龙兴，寿辉欲徙都之，友谅不可，未几，寿辉遽发汉阳，次江州。江州，友谅治所也，伏兵郭外，迎寿辉入，即闭城门，悉杀其所部，即江州为都，奉寿辉以居，而自称汉王，置王府官属。遂挟寿辉东下攻太平，太平城坚不可拔，乃引巨舟薄城西南，士卒缘舟尾攀堞而登，遂克之。志益骄，进驻采石矶，遣部将阳白事寿

---

① 王应奎：《柳南随笔》卷六，《续修四库全书》，第1147册，第397页。
② 张廷玉：《明史》卷一百二十三《陈友谅传》，第3688页。

辉前，戒壮士挟铁挝击碎其首，寿辉既死，以采石五通庙为行殿即皇帝位，国号汉，改元大义。①

徐寿辉作为天完农民政权的皇帝，本人"木强无他能"，只是凭着"体貌魁岸"和"相貌异众，乃推以为主"。② 陈友谅处在徐寿辉统辖之下自然很难发展，于是他果断将其推翻，自己宣布即位，建立大义政权。

第二，勇武、强悍。作为农民军的领袖，陈友谅凶狠强悍、骁勇善战，这是他成就霸业的重要保证。关于他的这一个性的记载很多，明太祖朱元璋在谈到他与两个主要对手陈友谅和张士诚的不同时说：

> 观群雄所为，徒为生民之患，而张士诚、陈友谅尤为巨蠹。士诚恃富，友谅恃强，朕独无所恃，惟不嗜杀人，布信义，行节俭，与卿等同心共济。初与二寇相恃，士诚尤逼近，或谓宜先击之，朕以友谅志骄，士诚器小，志骄则好生事，器小则无远图。故先攻友谅，鄱阳之役，士诚卒不能出姑苏一步，以为之援，向使先攻士诚，浙西负固坚守，友谅必空国而来，吾腹背受敌矣。③

明太祖的这段分析，道出了陈友谅勇武强悍的特点，类似记载还有不少，明人吴国伦记载：

> 陈友谅，沔阳鱼人子也，与其弟友仁、友贵至正中聚众剽掠于村落，官军累讨不能平。④

这则记载反映的是陈友谅起义早期与其弟剽掠村落的情况，清人周昂记载：

---

① 张廷玉：《明史》卷一百二十三《陈友谅传》，第3688—3689页。
② 钱谦益：《国初群雄事略》卷三《天完徐寿辉》，中华书局1982年版，第64—65页。
③ 张廷玉：《明史》卷三《太祖纪三》，第55—56页。
④ 吴国伦：《陈张事略·陈友谅本末略》，学海类编，《学海类编》第三册，第1259页。

> 陈友谅元季之枭雄也,彼其犷悍之性,兵食俱足,所向无前。①

此外,明人董斯张也认为:"国初,伪汉陈友谅为劲敌,伪吴张士诚次之。"②这些记载都说明了陈友谅性格方面的凶狠强悍、骁勇善战的特点。

第三,猜忌心强,好权术。陈友谅生于元朝沔阳府的玉沙县,属于沔阳府治所所在地(倚郭县),做过当地官府的吏员,对元朝官场权术比较熟悉,因此也养成了猜忌、好权术的特点。《明史》记载:"友谅性雄猜,好以权术驭下。"③《明实录》也记载:"友谅有权术,兵强一时。"④陈友谅的这种个性多次被朱元璋利用,实施反间计,大将赵普胜被杀就是朱元璋利用陈友谅好猜忌的个性实施反间计的成功例子,《明史》记载:

> 赵普胜者,故骁将,号双刀赵。初与俞通海等屯巢湖,同归太祖,叛去,归寿辉,至是为友谅守安庆,数引兵争池州、太平,往来掠境上,太祖患之。啖普胜客,使潜入友谅军间普胜。普胜不之觉,见友谅使者,辄诉功,悻悻有德色。友谅衔之,疑其贰于已,以会师为名,自江州猝至,普胜以烧羊逆于雁汊,甫登舟,友谅即杀普胜,并其军。⑤

陈友谅这种好猜忌、好权术的个性还表现在相信身边人,疏远或戒备非亲信下属,朱元璋利用其弱点,成功化解了陈友谅与张士诚的联合,《明史》记载:

> 太祖患友谅与张士诚合,乃设计令其故人康茂才为书,诱之令速来,友谅果引舟师东下,至江东桥,呼茂才不应,始知为所绐,

---

① 周昂:《元季伏莽志》卷四《盗臣传·陈友谅》,《续修四库全书》第520册,第51页,上海古籍出版社2003年版。
② 董斯张:《吴兴备志》卷十九,文渊阁《四库全书》,第494册,第482页。
③ 张廷玉:《明史》卷一百二十三《陈友谅传》,第3689页。
④ 钱谦益:《国初群雄事略》卷四《汉陈友谅》,第106页。
⑤ 张廷玉:《明史》卷一百二十三《陈友谅传》,第3688页。

战于龙湾,大败。潮落舟胶,死者无算,亡战舰数百,乘轻舸走。①

中国古代军事将领对待下属的方式,或以信义待下属,或以恩惠待下属,或以法纪待下属,这些方式各有优劣,但对维持上下之间的亲密关系,形成一个牢固的战斗群体至关重要。陈友谅的这种以权术待下属的方式,使他在与朱元璋的较量中屡屡处于下风,最后为其所败。《明实录》就认为:"友谅有权术……及弑主称帝,群下多不服而叛,遂至灭亡。"② 可以说,陈友谅的失败,与其个性有关。

第四,骄傲自大,目中无人。陈友谅盲目自大的个性主要表现在三个方面。一是自认为自己实力最强,盲目轻敌。至正二十三年(1363),陈友谅东征,《明史》记载:

> 友谅忿疆土日蹙,乃大治楼船数百艘,皆高数丈,饰以丹漆,每船三重,置走马棚,上下人语声不相闻,橹箱皆裹以铁,载家属百官,尽锐攻南昌,飞梯冲车,百道并进。③

从这次东征的记载来看,陈友谅几乎是倾国而出,除了所有军队以外,家属、太子(陈善儿)、次子陈理均在东征之列,简直是不可一世,这样冒险的结果对陈友谅来说则是灾难性的,东征失败意味着大汉政权几乎覆灭。

二是陈友谅在战争过程中过分相信战船和军队,不懂得策略和争取舆论支持。陈友谅果断杀掉徐寿辉称帝,有利于这支农民军的发展,但弑主毕竟是大逆不道的行为,需要合适的时机和借口,陈友谅过分相信自己的统治力,导致在道义上处于劣势,内部团结受到影响。当他攻下安庆准备进攻南京时,朱元璋大将徐达说:"师直为壮,今我直而彼曲,焉有不克?"翰林学士刘基曰:"取威制敌,以成王业,在此时也。"④ 徐达和刘基的胜利信心当然来自陈友谅的失误。在至正二十三年(1363)七月的湖口之战的关键时刻,朱元璋武力和攻心战术并用,对骄傲的陈

---

① 张廷玉:《明史》卷一百二十三《陈友谅传》,第3689页。
② 钱谦益:《国初群雄事略》卷四《汉陈友谅》,第106页。
③ 张廷玉:《明史》卷一百二十三《陈友谅传》,第3689页。
④ 吴国伦:《陈张事略·陈友谅本末略》,学海类编本,《学海类编》第三册,第1259页。

友谅造成了很大打击。决战之前,朱元璋两次给陈友谅写信曰:

> 昨兵对泊潴矶,尝遣使赍往事,不睹使回,公肚量何浅浅哉!大丈夫谋天下,何有深仇。自辛卯以来,天下豪杰纷然并起,英雄兴问罪之师,挟天子以令诸侯,今淫虐之徒一扫而亡之,湘阴刘氏亦惧而往,此公心腹人也,部下诸将自此而夸,江淮英雄惟存吾与君尔,何乃自相吞并?公今又将舟骑与吾较胜,公之土地吾以得之,纵使力驱骑兵来死城下,不可再得也。设使公侥幸外逃,亦宜修德,勿作欺人之寇,却帝名而待主可也,不然,丧家灭姓,悔之晚矣。①

当朱元璋用火攻的办法重创陈友谅,朱元璋又给陈友谅写信说:

> 方今取天下之势,同讨元人,以安中国,是为上策。结怨中国而后元人是为无策。曩者公犯池州,吾不以为嫌,生还俘虏,将欲与公为约从之举,各安一方,以俟天命,此吾之本心也。公失此计乃与我为仇,我是以破公江州,遂蹂蕲黄汉沔之地,因举龙兴十一郡奄为我有。又不悔,复起兵端,既困于洪都,两败于康山,杀其弟侄,残其兵将,捐数万之命,无尺寸之功,此逆天理、悖人心之所致也。今乘尾大不掉之舟,损兵弊甲,迟迟与吾相持,以公平日之暴,正当亲决一战,何徐徐随后若听吾指挥者?无乃非丈夫也乎?公早决之。②

陈友谅收到信后,"忿恚,不报"③。自信心和战斗意志自然受到明显的打击。

三是表现在陈友谅过分相信自己的军事才能和自己的军队将领,不注意收罗士人、谋士。朱元璋的成功与他身边谋士周密的策划有关,而陈友谅身边的谋士几乎没有在他的政权中起到什么影响。陈友谅也曾收罗各地的儒士,前引《柳南随笔》所记他欲聘请宋濂为军师的记载就是

---

① 吴国伦:《陈张事略·陈友谅本末略》,学海类编本,《学海类编》第三册,第1259—1260页。
② 同上书,第1260页。
③ 张廷玉:《明史》卷一百二十三《陈友谅传》,第3690页。

一例，只可惜他看到宋濂并没有军事方面的才能而放弃。陈友谅还聘请了乡贡进士熊鼎（字伯颍，江西临川人）①、乡贡进士黄异（字民同，南康都昌人）②和隐士张大九（广济人），都被拒绝。其中，张大九被"刜其两足而去"③。陈友谅身边儒士最有才能的当属吴彻，清人褚人获记载：

> 崇仁吴彻，字文通，雅善吟咏，为陈友谅所得，置诸亲密。屡欲官之，辞曰："愿就宾师之位。"友谅呼以先生。及高皇讨友谅，友谅遣彻间行觇我。有缚以献者，高皇素闻彻名，令题《天闲百马图》，彻上诗云："问渠何日渡江来，百骑如云画鼓催。九十九中皆汗血，当头一个是龙媒。"彻虽为友谅所遣，及瞻天表，知天命有归，故为是言。高皇度其不为我用，欲闲疎其君臣，乃刺"诡谲秀才"四字于彻面，遣还友谅。果恶之，曰："安有如此形容而可为我宾师者乎？"彻遂棹小舟而遁。后友谅败死，子理奔武昌，高皇怒其城不下，将屠之，军门外有自称诡谲秀才求见，召入语，良久，复命题《西山夜雨》，彻复进曰："莫厌西山夜雨多，也应添起洞庭波。东风肯与周郎便，直上金陵奏凯歌。"高皇会其意，即下令还建康，初吴人将乘虚入寇，至是其谋乃寝。④

从上面材料可以看出，吴彻确实是才华横溢并且死心塌地为陈友谅服务，但陈友谅却因为他脸上被刺字而侮辱他，致使他乘小船逃跑。陈友谅身边还有詹同（字同文，徽州婺源人），他做了陈友谅的"学士承旨兼御史"，后投靠朱元璋。⑤罗复仁（江西吉水人）做了陈友谅的"编修"，并且"甚见礼遇"，他在江州投降了朱元璋。⑥这些士人基本上没

---

① 廖道南：《殿阁词林记》卷八《起居注熊鼎》，文渊阁《四库全书》第452册，第259页。
② 冯从吾：《元儒考略》卷四《黄异》，文渊阁《四库全书》第453册，第803页。
③ 《湖广通志》卷六十四《义士志·黄州府》，文渊阁《四库全书》第533册，第474页。
④ 褚人获：《坚瓠集》壬集，卷一《诡谲秀才》，《续修四库全书》，第1261册，第346—347页。清人丁宿章《湖北诗征传略》卷一《吴彻》（《续修四库全书》，第1707册，影印清光绪七年刻本）也有类似的记载。
⑤ 廖道南：《殿阁词林记》卷五《学士承旨兼吏部尚书詹同》，文渊阁《四库全书》第452册。第201页。
⑥ 廖道南：《殿阁词林记》卷六《文馆学士罗复仁》，文渊阁《四库全书》，第452册，第225页。

有得到陈友谅重用，也没有给陈友谅提供有效的帮助。

第五，贪图享乐、生活腐化。陈友谅至正二十年（1360）闰五月在采石五通称帝，① 至正二十三年（1363）七月底战死，在位不到四年，但他贪图享乐、生活腐化的记载却不少。《明史》记载："友谅豪侈，尝造镂金床甚工，宫中器物类是。"② 孔迩《云蕉馆纪谈》记载："陈友谅在江州时，尝以春暮结彩为花树，自府第夹道植至匡山。又鬻绣于道上，与宫人乘肩舆而行。"③ 为了满足宫中妻妾的奢侈生活，陈友谅下令以监利胭脂湖的"渔利"，供养宫中"侍姬"的脂粉费。④ 他在南昌建了鹿囿供其玩乐，清人陈宏绪记载：

> 鹿囿，在（南昌）章江门外，陈友谅聚鹿数百，于此尝自跨"一角苍鹿"。缀琴珠为缨络，挂于角上，缕金为花鞍，群鹿皆饰以锦绣，遨游江上。明初驾（指明太祖）至南昌，宴于滕王阁，上乃命儒臣赋诗，放其所蓄鹿于西山。友谅爱姬苕华夫人，善月琴，友谅出师，必以随，呼为妆驾。鹿囿其游观之地也，友谅既亡，有宫人小春逃于民间，嫁蒲亭彭本清。本清问陈氏宫中事，小春言后庭数百人，皆锦衣玉食，用极奢侈。又友谅喜食玉叶羹，以西山罗汉菜及丰城曲江金花鱼为之，味颇佳。⑤

作为一个出身渔家又做过吏员的农民军领袖，陈友谅的个性中既有刚毅、果断和勇武、强悍的一面，也有猜忌、骄傲自大和贪图享乐的一面。陈友谅的上述个性特征有的是他取得成功的重要原因，也有的成为他最后失败的罪魁祸首。

---

① 钱谦益：《国初群雄事略》卷四《汉陈友谅》，第88页。
② 张廷玉：《明史》卷一百二十三《陈友谅传》，第3690页。
③ 陈田辑：《明诗纪事·甲籤》卷十七《甘瑾·公孙》，《续修四库全书》第1710册，第393页。
④ 姚之骃：《元明事类抄》卷二《地理·湖·胭脂湖》，文渊阁《四库全书》，第884册，第30页。
⑤ 陈宏绪：《江城名迹》卷二《鹿囿》，文渊阁《四库全书》，第588册，第330页。

二　明清时期陈友谅的影响与形象重塑

作为元末农民战争的重要领袖，陈友谅领导的农民战争打击了元朝在湖广、江西和江浙一带的统治，加速了元朝的灭亡和新的王朝——明朝的建立，这一点是毋庸置疑的，前人的研究也指出了这一点，本文没有必要重复。陈友谅在此后的明朝和清朝期间，仍然在江西、湖广等地区产生影响，这一点是前人研究所没有涉及的，下面主要考察这一方面的问题。

陈友谅于至正二十三年（1363）战死，其子陈理于次年投降，陈氏政权完全退出了中国历史舞台。不过，此后的明清两朝，在陈友谅活动过的江西、湖广等地，陈友谅的影响依然阴魂不散，其形象则得到重塑，反映了这位农民军领袖巨大的影响力。

陈友谅在明清时期的影响，首先表现在他在明清时期被神化，成为当地的地方神。陈友谅庙在湖北监利、荆州等地存在，并长期享受官方和民间的香火祭拜，清人袁枚记载道：

> 赵公锡礼，浙之兰溪人。初选竹山令，调繁监利。下车之日，例应谒文庙及城隍神，吏启有某庙者当拈香，公往视，庙有神像三人，雁行坐，俱王者衣冠，状貌颇庄严。问何神，竟无知者。公欲毁其庙，吏不可，曰："神素号显赫，历任官参谒颇肃，毁之，恐触神怒，祸且不测。"公归，搜志乘、祀典，不载此神。乃择日朝吏民于庙，手铁锁系神颈曳之，神像瑰伟，非掊击不能去。公曳之，应手而倒，三像碎于庭中。新其屋宇，改奉关帝。久之，竟无他异。公心终不释，乃行文天师府查之，得报牒云：神系元末伪汉王陈友谅弟兄三人，兵败死鄱阳湖，部曲散去，为立庙荆州，建于元至正某年，毁于国朝雍正某年赵大夫之手，合享血食四百年。[1]

上则记载虽出自野史，却反映了陈友谅在死后近四百年受到祭祀的

---

[1] 袁枚：《新齐谐》卷十《毁陈友谅庙》，第23—24页，《续修四库全书》，第1788册。

情况，令人惊奇的是，明清地方官上任时都要像朝拜孔庙和城隍庙一样到陈友谅庙中烧香，反映了陈友谅在当地已经成为一个地方神灵，受到顶礼膜拜。除了受到祭祀以外，陈友谅的使用过的物品也被赋予超自然的力量，清人俞樾记载：

  湖北沔阳州库藏陈友谅残甲，上缀锈铁六片，各长二寸，广寸，厚不及分，相传观者不可抚弄，违则有灾。杜筱舫观察（使）曰："伙颐窃据久应火灭烟销，而腐朽之余，犹不容触忤，岂以其取精用宏，故厉气亦结而不散乎？"①

史料中陈友谅的一副遗甲被赋予神奇的力量，反映了沔阳当地对陈友谅的神化。需要指出的是，不光陈友谅成为地方神灵，其身边的爱妾也被塑造成神怪，其故事在民间广为流传。清人沈雄记载：

  洪武中，吴江沈韶游九江，闻月下歌声，乃访琵琶亭，见一丽姝、二小姬前导韶拜。问之，曰："汉主陈友谅之婕妤郑婉娥也，年少死，殡此亭旁。"二侍女一名钿蝉，一名金雁，亦当时殉葬者，共饮亭中，歌《念奴娇》以自述云。②

上述材料说明，陈友谅的形象在明清时期已经由元代的搬弄权术、刚愎自用的一代枭雄，被重塑为具有神奇力量的地方神灵。

其次，陈友谅对后世的影响表现在明清时期文人的诗文对他的怀念。明人出于政治方面的考虑，一般通过与陈友谅有关的诗文歌颂太祖朱元璋的武功，明人胡应麟有一首《战鄱阳》的诗写道：

  明日大战战鄱阳，简师料徒百万强。烈风吹沙湖水扬，烟焰涨天焚大航。三十六将死康郎，再战湖口歼余皇。我舟胶沙敌尚强，疾呼奋臂来冲撞。鲸鲵蔽空云日黄，拍江巨浪何茫茫。如血巨鹿尸

---

① 俞樾：《右台仙馆笔记》卷九，《续修四库全书》，第1270册，第534页。按：伙颐，为楚人土语，指惊叹夸大之声。

② 沈雄：《古今词话·词话》卷下，《续修四库全书》，第1733册，第243页。

昆阳,维天命我明车轮。碎螳螂,百矢定边背若芒,一矢贯睛谅死亡,谅死亡,理出降,威加四海,莫不来王。①

清朝以后,学者对陈友谅的言论已经没有顾忌,一些人写诗表达对陈友谅真实的评价或态度。清人严遂成在《明史杂咏》中写道:

渔家子,起沔阳,伙颐沉沉称汉王。橹箱连锁棚走马,乘潮东向吞天下。奈何雁议烧羊反间行,坏汝万里之长城。铁挝击碎寿辉首,义帝沉江战且走。饿鹗一声摩天风,目睛突出箭血红。相士贵墓术不验,沙岸雨立朝班空,虎斗龙争几朝暮。若翁业渔尚如故,不识门前拥彗迎,不逢俎上分羹怒。呜呼!载尸安用镂金床,比之溺器七宝装。龙凤鞍帕真珠光,刘铁孟昶汰已甚,与乱同事无不亡。②

该诗总结了陈友谅的一生,揭示了其失败的原因。清人钱楷写道:

泾江日暮风水寒,金吾左右持降幡。艨艟巨舰烧不尽,三军齐唱出湖滩。当年击碎天完首,班贺纷纷沙岸口。真人出世世无敌,龙兴十一郡奄有。一败江东桥,再败康郎山,宫中镂金床,好在载尸还。吁嗟乎!黄屋左纛不知死,悔不作沔阳江上渔家子。③

这首诗站在明朝的角度,对陈友谅的奢侈腐化导致失败进行批评。还有更多人写诗对陈友谅表示惋惜,清人陈文述写道:"战舰春消一炬红,鄱阳江水恨无穷。萤飞翠钿余荒苑(谓郑婉娥),花堕珠衣泣故宫(谓桑妃),只可兴亡归气数,莫将成败论英雄。孝陵云树啼乌急,一样萧萧白露中。"④ 清人邓旭写道:"伪汉屯兵处,居然选此峰(即妙高

---

① 胡应麟:《少室山房集》卷一《战鄱阳》,文渊阁《四库全书》,第1290册,第10页。
② 严遂成:《明史杂咏》卷一《陈友谅》,《四库全书存目丛书》集部,第274册,第506页,齐鲁书社1997年版。
③ 钱楷:《绿天书舍存草》卷二《读明史偶咏五首》,《续修四库全书》,第1483册,第361页。
④ 陈文述:《颐道堂诗选》卷二十三《武昌廉访署后有古冢,相传是陈友谅葬处》,《续修四库全书》第1505册,第226页。

峰）。旌旗犹在眼，江海欲朝胸。风冷鄱阳火，霜沈建业钟。可怜铜马辈，犹剩将台踪。"① 清人范当世写道："落叶空山吾到此，颓垣废冢尔何人。沉思祇觉天无意，微感应怜盗有尘。东道林亭还寂寂，北征车马日振振。江清日暖聊堪笑，怆立斯须亦夙因。"②

值得注意的是，上引清代学者的诗将陈友谅的失败归为天意，放弃了明朝学者对陈友谅只进行道德审判的态度，同情陈友谅成为大多数学者的态度，清朝学者周昂对这一点表达得比较直接，他认为："鄱阳一战有天幸焉，有天命者不可以力争，项籍（项羽）且然，况友谅哉？"③

从上面的史料记载和清人的诗文来看，陈友谅失败以后，在湖广、江西一带仍然长期保持较大的影响，陈友谅已经被塑造成具有超自然力量的地方神灵，反映了其影响的巨大。在明朝和清朝学者中间，陈友谅常被提及，清朝学者对陈友谅的态度转变为以同情为主，从另一方面反映了陈友谅在清朝士人中的影响。

三　明清时期的陈友谅后裔

陈友谅后裔如何？这是目前民间和学术界都感兴趣的问题，明朝官方文献记载了陈理投降以后，活下来的陈友谅的亲属的情况：

> （陈理）入军门，俯伏不敢视。太祖（朱元璋）见理幼弱，掖之起，握其手曰："吾不汝罪也。"府库财物，恣理取。旋应天，授爵归德侯。
>
> 友谅之从徐寿辉也。其父普才止之，不听。及贵，往迎之，普才曰："汝违吾命，吾不知死所矣。"普才五子：长友富，次友直，又次友谅，又次友仁、友贵。友仁、友贵前死鄱阳，太祖平武昌，

---

① 邓旭：《林屋诗集》卷三《陈友谅将台》，《四库全书未收辑刊》，第7辑，第22册，第229页，北京出版社2000年版。
② 范当世：《范伯子诗集》卷九《湖北按察使署吊陈友谅墓》，《续修四库全书》，第1568册，第56页。
③ 周昂：《元季伏莽志》卷四《盗臣传·陈友谅》，《续修四库全书》，第520册，第51页。

封普才承恩侯，友富归仁伯，友直怀恩伯，赠友仁康山王，命所司立庙祀之，以友贵祔。理居京师，邑邑出怨望语。帝曰："此童孺小过耳，恐细人蛊惑，不克全朕恩，宜处之远方。"洪武五年，理及归义侯明升（明玉珍子）并徙高丽，遣元降臣枢密使延安达理护行，赐高丽王罗绮，俾善视之。亦徙普才等滁阳。①

从上面记载可以看出，除了陈理流放高丽以外，② 陈友谅的父亲和兄弟迁到滁阳（安徽滁州），不过，翻检史籍，我们看不到任何陈氏人物的蛛丝马迹，这些人是否活下来，在明朝得到了什么待遇？目前不得而知。

令人欣慰的是，明朝中期以后的史籍中，开始有关于陈友谅后裔的零星记载，通过这些记载，我们可以大致了解陈友谅后裔的一些情况。明代学者王世贞首先涉及陈友谅的后裔问题，他在《居易录》中记载：

南部门人李侍御（先复）子来说，前知大冶县，见《柯陈氏谱》云：陈友谅子理败亡入蜀，改姓郁，居合江县，子孙繁衍，散在涪州、长寿诸邑。明末，兵部尚书陈新甲，其后也。后理年八十，携一子再入楚，居兴国州，其子姓尤繁衍不下万人，即今柯陈是也。③

从上面记载来看，王世贞是通过其门人（学生）李先复得知的陈友谅后裔的消息，李看过陈友谅后裔的家谱——《柯陈氏谱》，从陈理到陈新甲的具体情况，应是家谱中写的，不是李先复的主观臆说，应该是有根据的。另外，材料中提到的陈新甲，《明史》有传，明确记载他是四川长寿人，这与陈理后裔在四川长寿县分布一致。此后记载陈友谅后裔情况的是明末学者谈迁，他在《枣林杂俎》一书中记载：

---

① 张廷玉：《明史》卷一百二十三《陈友谅传》，第3691页。
② 陈理迁到高丽，受到高丽政权以及后来朝鲜李朝政权的优待，成为归化人，子孙传承至今。
③ 王世贞：《居易录》卷二十九，影印文渊阁《四库全书》，第869册，第677页。

沔阳柯氏、马氏，陈友谅遗裔也。改姓，与部曲谈、王、吴三家（逪）［卜］居兴国、大冶、瑞昌界上，族指蕃犷，崇祯壬午□□□登乡榜。①

谈迁的记载对王世贞的记载有所更正和补充。谈迁没有继续因袭陈理逃到四川的说法，说明他不相信这一说法，但他明确肯定，沔阳以及江西、湖广一带，陈友谅后裔确实存在。只是材料的最后一句考中乡试的人名因漫漶不清而无法查考。此后清朝学者相继记载了陈友谅后裔的情况。清朝顺治年间的一则奏折谈到陈友谅后裔问题：

顺治四年正月，湖广总督白永盛奏："兴国州等处寨寇悉平。"初陈友谅遗孽分为柯、陈二姓，盘距江西武宁、湖广兴国，而兴国尤蕃衍黠悍，迄明世为患将三百年。②

陈友谅后裔出现在清朝的奏折中，印证了前面王世贞、谈迁关于陈友谅后裔的记载。清朝还有其他学者记载陈友谅后裔的情况，查慎行在《人海记》中记载："陈友谅后裔为沔阳柯氏、马氏，与部曲谈、王、吴三家逪居兴国、大冶、瑞昌界中。"③ 清代佚名的《明季烈臣传》也记载："（万历四十四年）九江、南康间有柯、陈二大族，相传陈友谅苗裔，员固强梗。"④ 清代的这些记载，或得自明人，或得自民间传说的材料，这个可以不去管它，但这些记载确实说明一个问题，就是陈友谅后裔确实保留下来，并在四川、江西、湖北一带繁衍至今。

另外，陈友谅失败以后，其下属将领的后裔处境就比较悲惨。清人石韫玉的《钱塘棹歌》写道：

朝游越浦莫吴关，儿女婚姻九姓间（自杭州至衢州，惟九姓渔

---

① 谈迁：《枣林杂俎·智集·逸典·二家遗裔》，元明史料笔记丛刊本，中华书局2006年版，第3页。
② 蒋良骐：《东华录》卷六，《续修四库全书》，第368册，第308页。
③ 查慎行：《人海记》卷下《陈张后裔》，《续修四库全书》，第1177册，第224页。
④ 佚名：《明季烈臣传·李应升》，《孤本明代人物小传》影印本，国家图书馆缩微中心2003年影印本。

船，乃陈友谅及其伪官之后裔，明初编管于此，不使有寸田尺宅也）。莫笑侬家无尺土，一生日日看溪山。①

清人叶名澧有诗《九姓船》写道：

鸳鸯寄浮萍，荡漾清波旁。仰视孤鹤飞，不得相颉颃。木兰为舟楫，紫檀为舟樯。灯烛垂四角，掩映芙蓉妆。青山在窗户，江流与之长。往来七百里，常山达钱塘。画眉夜三五，招邀少年郎。偷生迫水宿，不齿于编氓。九姓自蕃衍，鸩毒犹未央。借问始何代，母乃作法凉。我闻王道行，首在耕与桑。尺土戒游惰，男女皆有常。谁为牧民者，怅望余慨慷？（九姓，相传陈友谅诸将之后）②

从第一首诗中的说明得知，陈友谅失败以后，其将领后裔被禁止拥有土地田宅，流落于杭州和衢州之间的水上，打鱼为生。第二首诗除了表达出对"九姓"的同情之外，也透露出其谋生方式——卖身。从这两则材料来看，这种悲惨的情景，到清朝时还在继续。

结　语

陈友谅是元朝末年著名的农民军领袖，在他四十四岁的短暂一生中，他建立了大汉农民政权，在位三年多，影响遍及湖北、湖南、江西、安徽等长江中下游地区，成为元末最重要的农民军领袖之一。他的个性中既有坚毅、果断、凶悍好战的特征，也有好猜忌、好权术、骄傲自大以及贪图享受的缺点。陈友谅最后的失败，与他的这种个性有密切的关系。

陈友谅在明清时期的江西、湖广地区影响巨大，成为这里百姓和地方官顶礼膜拜的地方神灵。陈友谅的后裔元末在四川、湖北、江西等地

---

① 石韫玉：《独学庐稿·初稿》卷六《钱塘棹歌》，南京图书馆藏清乾隆六十年长沙官舍刻本。
② 叶名澧：《敦夙好斋诗全集·初编》卷五《九姓船》，《续修四库全书》，第1536册，第376页。

定居，仍保持桀骜不驯的遗传个性。其下属将领、官员的后裔则被禁止拥有土地田宅，成为在杭州和衢州之间水上流浪谋生的贱民，直到清朝时期，这种情况仍然继续。他们的后裔为其祖先参加陈友谅的起义付出了沉重的代价。

第四编

元明江南富民、家族与风俗等

元明之际江南市镇农商社会的盛衰之变*

——从明清江南文士的"元季"情结说起

王秀丽

走出"西欧中心论"和"传统—近代"视域的中国史研究，迫切需要对唐宋变革之后传统中国后期的历史发展走向给出具体真实、更加有"历史存在感"的阐释。20世纪末，美国学者史乐民、万志英等提出了"宋元明过渡期"的学术视径，呼吁学界对元代及其前后1100—1400年间"宋元明过渡期"的历史展开深度研究。[①]国内许多一流学者都注意到了史、万等人的学术新论，在之后的十余年中，中国史界同人就元明交替时期的历史"走向"问题又展开了新一轮的思考与讨论。各家在几乎众口一词地肯定元明"延续"的同时，也多注意到了其中不容忽视的诸多"变数"。[②]但这些偏重于"问题阐释"、太过关注历史发展"线索"本身的准理论性质的探讨，似乎总给人一种雾里看花的感觉，显然难在史、万二人预期的"宋元明过渡期"研究路径上取得进一步的深入。在笔者看来，以目前元代经济社会史研究的现状来讲，要对宋元明时期的中国历史发展给出一个令人满意的全面合理的解释，还为时尚早，需要以丰富史料为支撑的具体面相的实证研究为其提供丰厚的"史实"基础。

对蒙元时期一百年左右（北方以蒙古灭金算起，计134年；南方以

---

* 基金项目：国家社会科学基金一般项目"元末江南士商亲融圈及其入明以后的命运研究"（11BZS027）、国家社会科学基金重点项目"元、明前期的江南政策与社会发展脉络"（12AZS006）

① 参见 Richard von Glahn：" Imagining Pre-modern China"，Paul Jakov Smith and Richard von Glahn ed.，The Song-Yuan-Ming Transition in Chinese History，pp. 35-36，Harvard University Asia Center，2003."宋元明过渡期"的最初提出，是在1997年在加利福尼亚召开的题为"Song-Yuan-Ming Transition：A Turning point of Chinese History？"的学术研讨会上。2003年，会议论文集 The Song-Yuan-Ming Transition in Chinese History 一书正式出版。

② 参见李新峰《论元明之间的变革》，《古代文明》2010年第4期。

元下南宋算起，计92年）中国社会历史深度研究的相对匮乏，使得我们对传统中国后期历史发展的许多方面都无法给出令人满意的解释。比如我们在讲明代中叶江南社会的"商业革命"的时候，总是有种"风景旧曾谙"的感觉。为什么在唐宋变革数百年之后，中国社会又经历了一次"似曾相识"的社会变革？一种合理的解释就是，这是"间歇"过后的再上轨道。那么，间歇到底出现在哪里？本文以元明之际江南商业市镇与富民文士生活为研究对象，意在通过对江南社会发展的具体历史面相的连续追索，一窥元明之际江南商业社会的盛衰变化，揭示南宋江南商业社会入元以后的延续发展和元明之际的历史曲折。①

一 明清江南文人叙述中的"元季"情结

阅读明清时期的江南文人著述，经常会与一种撩人的历史记忆不期而遇，这就是江南文人群体对于元代江南经济文化生活的饱含留恋与不舍的集体追忆和对明初江南历史命运的深切痛惜与集体不安。在明清人

---

① 关于元代江南地区的富民与社会，20世纪30年代，蒙思明先生做过非常扎实的基础研究（氏著：《元代社会阶级制度研究》，燕京大学1938年初版），90年代以来，陈高华、植松正、苏力、陈波等新老学者陆续有出色的研究成果问世（陈高华：《元代的航海世家澉浦杨氏——兼说元代其他航海家族》，《海交史研究》1995年第1期。[日]植松正：《元朝支配下の江南地域社会》，《中国史上の基本問題 3・宋元時代史の基本問題》，汲古书院1996年版，第333—359页；《元代江南政治社会史研究》，汲古书院1997年版；《元代の海运万户府と海运世家》，《京都女子大学院文学研究科研究纪要》史学编第3号，2004年3月。苏力：《元代地方精英与基层社会——以江南地区为中心》，天津古籍出版社2009年版。陈波：《元代海运与滨海豪族》，《清华元史》第1辑，第215—249页）。关于江南富民文士的社会文化生活，陈建华、郑克晟、秦新林、孙小力、彭茵、曹清等人的研究都从不同角度有所涉及（陈建华：《元末东南沿海城市文化特征初探》，《复旦学报》（社会科学版）1988年第1期；《中国江浙地区十四至十七世纪社会意识与文学》，学林出版社1992年版。郑克晟：《元末的江南士人与社会》，《东南文化》1990年第4期。秦新林：《元代商人与文士的关系》，载氏著《元代社会生活史》，河南大学出版社2007年版，第126—130页。彭茵：《元末文人雅集论略》，《南京政治学院学报》2004年第6期。孙小力：《元代江浙文人的串联风气和文艺创新》，《中华文史论丛》2005年总第80辑；《元明时期吴地园林兴盛的文化因素》，《上海大学学报》（社会科学版）2008年第1期。曹清：《元末文人绘画状态综述：元代后期的文人画活动群体》，《东南文化》2003年第5期。）这都为本文的写作提供了很好的学术基础。涉及元明鼎革之际江南富民与文士社会生活的变迁，学界已有的研究成果多集中在富民被剥夺的现象本身及政治高压下文风的转变上，对于政治环境的变化对地区社会经济结构及历史发展进程的影响的探讨，多从理论层面的粗线条的分析，真正建立在具体的历史面相实证研究基础上的趋势探讨和研究目前还很缺乏。

的心目中，元代的江南政治宽松、经济繁盛，富人慷慨、文士优游，令人无比向往；入明以后，江南富民受到了前所未有的打击，经济凋落，社会萧条；抑商、禁海、强迁、重税之下，江南地区陷入漫长的历史衰竭期。正统间，明代的江南政策开始出现长线调整，江南社会才开始复苏；直到弘治、正德以后，元末的富民优游、士子风流才再度出现在江南地区的社会舞台上。界于元末与明中叶的近百年间，江南社会经历了由动荡不安到沉寂喑哑的历史流转。

15世纪后期（明成弘间），长洲人王锜（1432—1499）讲述"吴中近年之盛"：

> 吴中素号繁华，自张氏之据，天兵所临，虽不被屠戮，人民迁徙，实三都，戍远方者相继，至营籍亦隶教坊。邑里潇然，生计鲜薄，过者增感。正统、天顺间，余尝入城，咸谓稍复其旧，然犹未盛也。迨成化间，余恒三、四年一入，则见其迥若异境，以至于今，愈亦繁荣。闾檐辐辏，万瓦甃鳞，城隅濠股，亭馆布列，略无隙地。舆马从盖，壶觞垒盒，交驰于通衢水巷中，光彩耀目。游山之舫，载妓之舟，鱼贯于绿波朱阁之间，丝竹讴舞与市声相杂……至于人才辈出，尤为冠绝。①

在王锜及其祖辈的集体记忆中，宋元时期一贯为人素知的繁华的苏州，元明鼎革之后城市萧然，直到正统、天顺之后，才开始缓慢恢复，到成化以后才再度滋盛起来，中间经历了长达百年的历史消歇。

晚些时候，华亭人何良俊（1506—1573）追忆元代松江私家园林文物之盛：

> 吾松不但文物之盛可与苏州并称，虽富繁亦不减于苏。胜国时，在青龙则又任水监家，小贞有曹云西家，下沙有瞿霆发家，张堰有杨竹西家，陶宅有陶与权家，吕巷有吕璜溪家，祥泽有张家，干巷又有一侯家。吕璜溪即开应奎文会者是也。走金币，聘四方能诗之

---

① 王锜：《寓圃杂记》卷五《吴中近年之盛》，《明代笔记小说大观》，上海古籍出版社2005年版，第325—326页。

士,请杨铁崖为主考。试毕,铁崖第甲乙,一时文士毕至,倾动三吴。瞿氏即志中所谓"浙西园苑之盛,惟下沙瞿氏为最"者是也。曹云西即所谓"东吴富家唯松江曹云西、无锡倪云林、昆山顾玉山,声华文物,可以并称,余不得与其列"者是也。杨竹西即有不碍云山楼者是也。余尝见其像,吴绎写像,倪云林布景,元时诸名胜题赞皆满。干巷侯家亦好古,所藏甚富……张氏即有三味轩者是也。①

入明以后,强徙重压之下,松江地区出现了长时期的萧条。直到 16 世纪中叶,似乎还没有恢复往日的繁华气象,何良俊对比昔日松江私家园苑之盛与入明之后松江经济文化的萧索,万分感慨:"想吾松昔日之盛如此,则苏州亦岂敢裂眼争耶?今则萧索之甚,较之苏州,盖十不逮一矣。"②

明成化年间,李杰述及父祖记忆中璜泾镇[元属常熟,弘治十年(1497)划归太仓]的盛衰变化:

> 元季兵燹,民始荡析离居,而昔时繁华之地鞠为草莽之区矣。国朝混一以来百有余年,无有能兴复之者。承事郎赵君仲辉世居其地,慨然以为己任,乃捐家资,鸠工僦材,构屋数百楹以处流寓。建桥梁,修道路,以便往来。于是,商贾骈集,货财辐辏,若土地所产与夫他方水陆之物靡不悉具。凡近市二十余区之民,有而求售焉者,无而求市焉者,盖不俟赢粮负囊,操舟驰驱,远赴都邑。而不日之间,已遂其所求矣。阅三十余年,聚居益盛,远近之人,皆以赵市名之。③

"璜泾僻近海滨,墟落阔远",但在海运和海上贸易的拉动下,元代发展为大镇,商业繁荣,生意盎然。经过元末的战争洗礼,繁荣的商业中心一旦化为荒芜之地,在历史上消失了百余年。直到 15 世纪 70 年代,

---

① 何良俊:《四友斋丛说》卷十六,《明代笔记小说大观》,上海古籍出版社 2005 年版,第 984—985 页。
② 何良俊:《四友斋丛说》卷十六,《明代笔记小说大观》,第 984—985 页。
③ 李杰:《璜泾赵市碑记》,桑悦《太仓州志》卷十下《文》,汇刻太仓州志五种本,第 30 页下—32 页上。

江南地区经济再度复苏之后,这一繁荣的民间市场才再度出现在江南地区的商业地图上。①

弘治间(1488—1505),桑悦《太仓州志》记太仓海商家族钱氏元明间的盛衰经历:

> 钱氏,新安乡巨姓,有名贵者,读书雄赀,在元时为海道运粮千户。子景春,字元卿,隐居好施,独建咸浦塘桥以便往来,人德其尚义,名其桥曰尚桥。孙琼,字孟玉,倜傥有胆气,时有勾军千户舞威虐民,众莫敢抗,琼挺身系其人,亲面太祖高皇帝,应对称旨,枭其人于市,赐琼衣钞而还,乡邦荣之。七世孙璞亦豁达有为,因其乡陆公堰旧有小市,遂捐赀修葺,更其市名曰新安,有无贸易,货物流通,乡民便焉。②

钱氏,在元时是"雄赀"巨姓,钱贵曾任海道运粮千户,是在海运机构任职的富有船户及海商无疑。子景春、孙琼在元明交替之际都以好善乐义著名于当时,三代人在新安很有影响和人脉。入明之后,长期沉寂,直到七世孙璞,才再度在新安活跃起来,若以一代二十年计算,孙璞生活的时代约是入明后百年的时间。

清吴江人杨复吉(1747—1820)读华亭黄之隽《路氏族谱序》,在感慨明初松江富民被剥夺的同时,忆及吴江同里镇元明之际的遭际与命运:

> 夫明祖之籍富民,岂独路氏,就松属言,若曹、瞿、吕、陶、金、倪诸家,非有叛逆反乱谋也,徒以拥厚赀而罹极祸,覆宗湛族,三世不宥。当时纂实录,隐其猜忌残忍之迹不载,往往见诸野纪家乘,然后知谱之可以苴史漏也。按我邑富土镇有沈万三之塔顾学文,通某序班之妻。序班之兄讦其为胡蓝党,遂灭沈顾二族,并尽洗富土之民而夷其室庐。余祖母叶氏,其家亦罹斯难,族有一人窜匿金华,冒姓为刘,万历末始归吴江,族谱亦详其事。富土至成宏间迁

---

① 李杰:《璜泾赵市碑记》,桑悦《太仓州志》卷十下《文》,第30页下—32页上。
② 桑悦:《太仓州志》卷七《义行·国朝·钱贵/钱景春》,第16页下—17页上。

居者日盛，以富土之名贾祸也，离合其文，改为同［里］。①

在明初的暴风骤雨中，吴江富土镇经历了历史性的浩劫，时隔百年之后，直到成化、弘治间，才重新恢复了往日的繁荣，更名"同里"。

在对元后期江南社会的历史追溯中，文人士子的优游生活尤其让人醉心和向往。16世纪的明代中晚期，太仓人王世贞（1526—1590）追忆：

> 当胜国时，法网宽，人不必仕宦。浙中每岁有诗社，一二名宿如廉夫辈主之，刻其尤者为式。饶介之仕伪吴，求诸彦作《醉樵歌》，以张仲简第一，季迪次之。赠仲简黄金十两，季迪白金三斤。后承平久，张洪②修撰每为人作一文，仅得五百钱。③

在明代中叶以后的各类文人著述中，类似的叙述俯拾皆是，追忆"胜国"自由宽松的文化氛围和文士优渥的经济待遇，歆羡之情，溢于言表。睹今思昔，感慨万千。

时隔二百年后，清人张惠言（1761—1802）为徐达左的后人序《金兰集》，对元末江南富民文士的优游生活向慕不已：

> 昆山顾仲瑛、无锡倪元镇、吴县徐良夫，皆以儒雅文藻，乐施予、喜宾客，有名于元之叔世，鼎峙二百里间。海内贤士大夫闻风景附，一时高人胜流、佚民遗老、迁客寓公、缁衣黄冠，与于斯文者，靡不望三家以为归焉。至今披其遗文，揽其轶事，令人远想慨然。思睹其人于数百年之上，与之周旋文酒之间，而叹其风之不可追也。……元世政宽民富，习俗好文，江浙间岁举诗社，风流弘长，燕赂优渥。兵兴之后，临川饶介之羁旅吴门，居采莲径上，犹能引

---

① 杨复吉：《梦阑琐笔·丛谈》，《昭代丛书》癸集，卷三十八，世楷堂藏版，吴江：沈氏世楷堂，清道光十三年（1833），第29页下—30页上。
② 张洪（1362—1445），字宗海，号止庵。常熟人。因通晓经义，被推荐为云南靖江王府教授。后被荐入文渊阁，修《永乐大典》，任副总裁官。洪熙时，任翰林院修撰。宣德初，修太宗、仁宗《实录》，五年（1430）致仕归里。
③ 王世贞：《艺苑卮言》卷六，罗仲鼎校注本（《艺苑卮言校注》），齐鲁书社1992年版，第292页。

集名士，醉舞狂歌……岂特倜傥挥斥、雄骏可喜哉。其品第裁量，藻赏蕴藉，足以大服乎人之足贵也。三家之宾客日进，亦犹是耳。嗟乎，今之人厚自丰殖，目不知书，仇视文士，落一毛而蹙额，损半菽而攒眉，家累千金，刺促忧贫，若不终日者，比比也。[1]

今昔对比，心理落差跃然纸上。在明清时期的文人叙述中，元季的江南生活富足奢华而又不失文雅，俨然是当下人难以企及的"美好时代"。

面对明清江南文人群体的这种颇具怀旧色彩的集体历史记忆或说印象，我们不禁要问，是什么使得这种集体记忆持续数百年清晰刻骨？在14—15世纪江南社会的发展进程中，是否真的存在这样明显的历史落差，或者换句话说，是否存在"元明之变"？

二 元代江南市镇的繁荣和农商社会的延续与发展

（一）宋元鼎革与江南富民阶层的延续与变革

赵宋立国"不抑兼并"，开启了传统中国后期商人社会力量日见增长的历史发展进程[2]。入宋以后，商业成为精英阶层谋求家族经济发展的重要途径，士大夫兼营商业成为普遍现象[3]。南宋行将灭国的一二十年间，

---

[1] 东海一老柯：《金兰集序》，《金兰集》卷首，中华书局2013年版，第13页。
[2] 关于宋元以降商业在精英层经济生活中的重要地位，清人沈垚的论述，经过傅衣凌、何炳棣、余英时等著名学者的发掘，早已耳熟能详。参见沈垚《落帆楼文集》卷二十四《费希山先生六十双寿序》，《续修四库全书》，第1525册，上海古籍出版社2002年版，第663页下—664页下。
[3] 关于宋代士阶层的普遍经商，可参见郭学信的系列论文。见氏著《论宋代士商关系的变化》，《文史哲》2006年第2期；《宋代士大夫货殖经营之风探源》，《天津社会科学》2008年第3期；《试论宋代士大夫本末观的转变》，《山东师范大学学报》（人文社会科学版）2006年第6期；《宋代俗文化发展探源》，《西北师大学报》（社会科学版）2005年第3期；《宋代士大夫生活世俗化探析》，《历史教学》（高校版）2007年第1期；《商业文化的发展与宋代士林风气》，《齐鲁学刊》2008年第4期。

国势日蹙，经济压榨升级，富民阶层受到极大的政治压迫和经济盘剥。[1] 元革宋命，在自愿半自愿的归顺之后[2]，江南富民阶层得到了非常优厚的经济待遇，原有社会经济结构得到了比较完整的保持。许多江南巨室顺利地渡过了政权更迭的危机，继续保持经济优势与社会地位[3]。相关的文字记载在元人文集及方志中可以说是俯拾皆是[4]，甚至一些在南宋末年的黑暗政治环境中遭遇剥夺的富民之家在入元以后反而获得复苏与发展。如世居湖州路南浔镇西栅朱坞的大族褚氏，南宋末遭遇严重衰落。贾似道强买公田，褚家私产大削，又遭阎府（阎贵妃父良臣）抢夺坟地。褚氏身任隅官，"因捕贼不获被官军焚毁室庐，仅以身免"。元移宋鼎，成为褚氏家族复兴的历史契机。"丙（午）〔子〕之岁，盗贼蜂起，家资

---

[1] 理宗后期，政治腐败，皇权与相权失去限制，肆意对民间资产强取豪取。尤其是景定四年（1263）贾似道在江南六郡强买公田，引起极大的社会惶恐。如南浔褚氏、东阳横城蒋氏均因贾似道的强取豪夺而资产大削。见（清）王曰桢纂《南浔镇志》卷二十七《碑刻三·元·褚天祐祠碣》，《中国地方志集成·乡镇志专辑》第22册，上海书店1992年版，第304—305页；黄溍《谷城县尉蒋君墓志铭》，《金华黄先生文集》卷三十七，四部丛刊初编本，上海商务印书馆1936年版，第3页上—5页下。

[2] 襄樊之战后，元军势如破竹，并未遭遇多少抵抗。在前方将士纷纷纳地归诚的情况下，出于维护自身经济利益的考虑，多数江南大族都采取了迅速与元政府合作的政治态度。如华亭巨富任氏，元兵南下，任仁发率众归诚，"大帅见而器之，委招安海岛，迁贰都水监"。浙西势富之家、上海下沙场的盐业巨头的瞿氏，"元兵次临安，（瞿霆发）率众归附，境赖以全。擢进义校尉，授两浙运司副使。海潮坏盐场，死者万计，倾力救之，流亡复还，盐事以集，拜քך转运使"（赵宏恩修：《江南通志》卷一四一《人物志·宦迹三·松江府·元》，文津阁《四库全书》，第173册，商务印书馆2005年版，第258页上）。关于元代江南的宋遗民，根据萧启庆先生的研究，真正激烈反元的遗民比例并不大，且这批遗民也只能坚持二十多年的时间，到1300年前后，已很难再见到南宋遗民的身影。见氏著《宋元之际的遗民与贰臣》，《内北国而外中国》，中华书局2007年版，第147—156页。元革宋命，是北方少数民族入主中原的结果，自然会有较大的民族反抗，《宋史·忠义传》记载的忠义及移民达174人，超出新旧《唐书》五倍。但是，在南宋政权大势已去的情况下，对于绝大多数的普通百姓来说，生存和经济利益的维持才是他们最先考虑的事情。

[3] 元有江南，富民阶层没有遭受大的触动，且有日渐增长之势。关于此，蒙思明已有研究，见氏著《元代社会阶级制度研究》，上海人民出版社2006年版，第33—36、81—130页。

[4] 元人文字中这样的记述极多，如顾瑛的祖父顾闻传（《顾氏大宗世谱》卷五，见谷春侠《顾氏家族与玉山雅集》，《青岛大学师范学院学报》2007年第3期）、常熟周氏（《吴下冢墓遗文》卷一《故宋沿江制机检察水步兵周君（才）墓志铭》，历代碑志丛书影清鲍氏知不足斋本，江苏古籍出版社1998年版，第18册，第725—726页）、漱浦杨氏（《金华黄先生文集》卷三十五《松江嘉定等处海运千户杨君墓志铭》，第15页下—17页上）、福山曹氏（《金华黄先生文集》卷三十五《武略将军海道漕运副万户曹公墓志铭》，第8页上—10页上）等。限于篇幅，不再一一列举。

荡尽。及大军临境，（褚天祐）领众投拜，就管地面。"归附后，褚天祐（1253—1319）"卜居城府以图久远安佚之计"，担任坊里正，包买路城酒课、和雇和买、夫役之征，"家日增，田业坟茔庵宇无不葺治"，先后创建真庆施水庵，捨田入出尘寺、莲社院、郡安寺，"病而无医者施药以济之，死而无归者给棺以殡之"，"捐货买山以为义冢""力行好事，岁以为常。积善之誉流传口碑"。①

元有江南之后，大多数时间里实行的是自由放纵的统治政策。根据陈高华先生对上虞县水利赋税材料的研究，元有江南之后，江南地区的赋役征收确实比南宋还要低。②清人沈以澄《论程安圩田不可多置及坟茔不宜》为我们提供了宋元明时期湖州赋役征收的详细准确的前后对比材料：

> （湖州）汉唐以来，薄赋轻徭。迨宋末景定间，偏安日蹙，贾似道行买公田法，每亩重租三斗一升，民不聊生而国亦寻灭。元兴，耶律楚材定天下田赋，上田三升，中田二升半，下田二升。至正间乌程止加至额征米九万二千余石，并无折色条银。今额粮十三万五千七百八十余石，已加三分之一矣。而折色条银又十万余两。盖因元末张士诚窃踞苏州，明太祖兴兵略地……乌程、归安德清与苏松两府相距十载，湖州大战四阅月，苏州围困九月，始获归顺。故明祖忿怒，抄没士诚功臣及义兵头目田为官田，以租作赋，每亩有七八斗至一石以上者。③

可见，与前宋及后明相比，元代江南富民的赋役负担是非常轻省的。然而，与经济负担的轻省同时并存的，是有元一代广大南人仕宦道路的

---

① 见（清）王曰桢纂《南浔镇志》卷二十七《碑刻三·元·褚天祐祠碣》，第304—305页。
② 参见氏著《元代江南税粮制度新证——读〈上虞县五乡水利本末〉》，《元史研究新论》，上海社会科学院出版社2005年版，第49—64页。原载《中国社会科学院研究生院学报》1998年第3期。
③ 沈以澄：《论程安圩田不可多置及坟茔不宜》，（清）蔡蓉升原纂，蔡蒙续纂：同治《双林镇志》卷三十一《文存》，《中国地方志集成·乡镇志专辑》22下，上海书店1992年版，第699页。

艰难，"豪商薄宦"①成为元代江南各社会群体的普遍认知。由于宦途不乐观，许多仕宦之后转而经商。如无锡徐元度，"起家儒林，为时名卿，擢司农为都事，身显而家益贫"。后来他的儿子徐仲刚放弃仕宦，转而经营家业（短期发家，极有可能是投资商业），"勉焉能以干蛊克家自奋，田畴之荒者治之，室屋之敝者葺之"，生业富裕之余，开始着手私家园林之建，结交文化名士，陈基就曾为园中的风林亭作记。②江南地区的政治边缘化，使得商人的社会影响力愈见增长。商业精英在地方社会中的影响空前凸显，造就了中国历史上少有的商业社会氛围和富可敌国的农商一体的江南富民阶层③。这个群体直承南宋精英群的俗世事功传统，驰骋商海，优游素封，绅商色彩明显淡化。晚明嘉兴人李日华说："元季，士君子不乐仕，而法网宽，田赋三十税一，故野处者，得以赀雄，而乐其志如此。"④明末华亭吕巷人吴履震记元季松江富民生活："法网疏阔，征税极微。吾松僻处海上，颇称乐土。富民以豪奢相尚，云肩通裒之衣，足穿嵌金皂靴。而宫室用度，往往逾制……名士逸民，都无心于仕进，终元之世，江南登进士者，止十九人而已。"⑤绅权淡化，商业精英的社会中心地位得以建立。逸离传统宗法政治社会体系⑥之外的江南富民，成为江南市镇商业社会建设的主导力量。

代表绅权的士大夫社会控制力的弱化，使得元代江南士农工商的界限进一步模糊。现存元代文人笔下，为江南"处士"⑦所写的碑传文字占

---

① 朱右：《震泽赋》，《白云稿》卷一，四库明人文集丛刊本，上海古籍出版社1991年版，第17页。
② 陈基：《夷白斋稿》卷二十八《风林亭记》，四部丛刊三编本，上海书店1985年版，第1页下—2页下。
③ 在元代的江南，商业经营成为最普遍的致富模式。传统的士夫之家土地经营之外多兼涉商业，商人致富后同样热衷于土地投资，农商一体的特征非常明显。关于此，可参见 [韩] 李介奭《从郭界〈云山日记〉看14世纪初江浙行省的社会状况》，《元史论丛》第9辑，第188—206页；及王秀丽《元末明初的海商与江南社会》，《南开学报》（哲学社会科版）2016年第2期。
④ 李日华：《紫桃轩杂缀》卷三，丛书集成续编本，上海书店1994年版，第373页。
⑤ 吴履震：《五茸志逸随笔》卷七，《四库未收书辑刊》第10辑，第12册，北京出版社2000年版，第202页下。
⑥ 关于中国传统社会的"宗法"共同体体系，请参见秦晖《田园诗与狂想曲：关中模式与前近代社会的再认识》一书的相关论述，尤其是该书序言《"前近代"研究的当代意义》，语文出版社2010年版，第1—22页。
⑦ 他们没有任何仕宦、官学身份，以平民的身份隐居乡里，因其在地方社会中卓越的贡献与地位，被称为"士"。

有相当的比重。在元代的江南，名儒巨擘笔下的许多"处士"都是"干蛊"起家，热心市场与市政建设，社会捐赠慷慨[1]，成为经济中心地（多数已有市镇的设置）经济文化的核心建设力量。

（二）元代江南市镇农商社会的繁荣发展

中唐五代以后，江南地区的经济优势逐渐显见，北方大族大量南迁。这其中有战乱时期的举族南迁，也有和平时期因仕宦的原因而"爱其山川，乐其风俗"的"宦游忘归"人士。据元代江阴大儒陆文圭的观察，中世以后士大夫宦游江南，"留居之者十率八九"[2]。江南地区的各色集镇，许多是大族移民的产物。如嘉兴县南三十六里的王店镇，后晋工部尚书王逵"构屋于梅溪，聚货贸易，因名王店"，宋元以后"日见殷庶，遂成巨镇"[3]。

宋室南迁，伴随着中原大族的南迁与江南农业的深度开发，江南商业市镇也迎来了吴越南唐之后的又一次大发展[4]。南宋时期的江南市镇，许多是以大族为中心的移民聚落商品经济发展的产物[5]。入元以后，随着中原大族的继续南迁和商业贸易的进一步发展，江南市镇商业经济与文

---

[1] 他们中相当比例的人早年有读书经历，成年以后弃学从商，经商致富后转而醉心文艺，一些人还颇擅文辞。

[2] 陆文圭：《墙东类稿》卷八《本竹山房记》，新文丰出版公司1985年版，第563页下。

[3] （清）杨谦纂，李富孙补辑：《梅里志》卷一《沿革》，《中国地方志集成·乡镇志专辑》19，江苏古籍出版社1992年版，第8页。

[4] 关于南宋时期江南市镇的发展与繁荣，可参见陈国灿的研究成果，见氏著《论宋代两浙路的城镇发展形态及其等级体系》（《浙江学刊》2001年第1期）、《略论南宋时期江南市镇的社会形态》（《学术月刊》2001年第2期）、《论宋代太湖流域的市镇经济》（《许昌学院学报》2003年第6期）、《论南宋江南地区市民阶层的社会形态》（《史学月刊》2008年第4期）等文。

[5] 如嘉兴凤鸣市的繁荣，就是徐氏家族聚居的结果，因而"市居徐族为多"。洲钱市，"宋南渡初士大夫来寓者殆二十家"，其中尤以余于赵家为盛，"迭主诗盟，即祇园精舍为簪盍之所"（《至元嘉禾志》卷三《镇市》，宋元方志丛刊本，中华书局1990年版，第12页上—12页下）。归安菱湖镇、东林镇，嘉定杨行镇的繁荣发展，都是大家移居、商业贸易发展的结果。见同治《湖州府志》卷二十二《舆地略·村镇》，中国方志丛书本，成文出版社1970年版，第434页上；光绪《归安县志》卷六《舆地略·区庄村镇》，中国方志丛书本，成文出版社，1970年版，第43页上—44页上；（清）黄程云编辑（嘉庆）《杨行志·凡例》（不分卷），上海市地方志办公室编《上海乡镇旧志丛书》第10册，上海社会科学院出版社2006年版，第1页。濮院镇的繁荣与兴盛也是濮氏家族扈从宋室南迁、定居、经营的结果，详见下文。南宋时期，江南地区密迩京师，江南市镇商业经济发展的同时，也因为广大官宦阶层的集聚而具有了某种绅商合一的社会结构倾向。

化继续繁荣。①

由宋历元，许多工商业市镇的发展与繁荣，与富民家族的商业经营与经济文化活动关系十分密切。元有江南，世家巨室的政治失意与蒙元政权的重商政策成为推动江南商业市镇繁荣的奇妙历史合力，许多江南市镇的繁荣得益于巨族大姓的商业与文化经营。嘉兴濮院镇，南宋建炎前，仅为"御儿"一草市，南宋初，濮凤"扈驾而南，卜居兹土。六子俱膺显爵。而孙玄辈继起者蝉联。及少宰公斗南，见重于理宗朝，诏称其第曰濮院"。南宋末年，濮家被排挤出政权核心层，开始大力经营桑蚕丝织业：

> 淳景以后，宋室渐衰，凡我子姓，皆裹迹仕途，经营家业。藏获千丁，俱督树桑蚕织，轻（纯）[纨]素锦，日工日盛，濮院之名，遂达天下。②

宋元鼎革，濮院的商业繁荣并没有因为政权的更迭而遭受影响，在蒙元王朝宽松的江南政策之下，濮家转而兼营丝绸集散贸易，由缃素世家一变而为名满天下的豪商巨姓。

> 元世祖己卯（1279）袭统，大德丁未（1307），明之公鉴，出粟赈饥，辟为淮安路屯田打捕同提举。输万金，立四大牙行，收积机产，俟远商大贾，旋至旋行，□无羁泊之苦，固有永乐市之名。嗣后市业日盛。从皇庆、延祐以及天历至顺间，寺观崇隆，园庄

---

① 关于宋元时期江南市镇的持续发展，参见王秀丽《元代江南市镇的初步研究》，《元史及民族史研究集刊》第 15 辑，南方出版社 2002 年版，第 125—146 页；及 Richard von Glahn（万志英）："Towns and Temples: Urban Growth and Decline in the Yanzi Delta, 1100—1400", Paul Jakov Smith and Richard von Glahn ed., *The Song–Yuan–Ming Transition in Chinese History*, pp. 176–211, Harvard University Asia Center, 2003。王秀丽主要立足市镇在江南城市经济发展中的地位与影响展开论述，本文主要从宋元明过渡期的视角对元代江南市镇的整体发展状况进行研究，尤其是对元代海运与江南市镇分布变迁、元代市镇宗教文化的发展及其对城市经济的拉动进行了出色的研究。本文对江南市镇的探讨，着重于富民阶层对江南市镇发展的巨大贡献，意在探讨以市镇等城乡结合部经济体中富民阶层的存在状态及其经济文化贡献。

② （清）濮孟清纂：《濮川志略》卷一《开镇说》，《中国地方志集成·乡镇志专辑》21，上海书店 1992 年版，第 42 页上—44 页上。

环绕。□□□正宅，四面皆市廛。①

濮鉴，字明之，濮凤十世孙。濮鉴同辈"兄弟共三十七人，富各钜万，为东南望族"②。商业经营成功之后，濮家几代先后斥资投资市镇建设及宗教文化事业，在濮鉴（字明之）、濮允中（号乐闲）、濮彦仁（字仲温）三代人的经营下，濮院镇日益成长为商业繁荣、文化发达的江南名镇。③

湖州路为南宋大族聚居之所："宋徙钱塘，湖为近辅，宗英戚畹，邸第相望，淮蜀闽广彦仕于朝，迩行都而居者尤多。"④ 许多市镇的兴盛得力于资产雄厚的大家豪族的定居。位于湖杭嘉三路交通中心带的归安县东南六十里的东林镇（又称商林镇，明代改称双林镇），当山水之会，风景秀丽，"为形胜之区，宋时多置园亭，街途宽衍，景德（1004—1007）初，吴兴管镇十二，东林与焉"。⑤ 宋元时期是重要发展期，桥梁、寺庙之建蔚有大观。⑥ 宋元时期倪、吴、沈等大族在东林镇持续活跃，各家的经济活动与社会文化举措成为市镇经济与文化建设的重要内容。⑦ "元时

---

① 《濮川志略》卷一《开镇说》，第42页上—44页上。部分脱字据《濮川所闻记》卷一《开阵源流》（《中国地方志集成·乡镇志专辑》21，上海书店1992年版，第1页上—2页下）补。
② 《濮川志略》卷一《谱略》，第48页下—54页上。
③ 元代濮院镇的经济文化繁荣与濮家成功的商业经营与公共设施捐建密切相关。关于此，见《濮川志略》卷一《谱略》，第48页下—54页上；《濮川志略》卷二《建置》（第55页上—59页下）；《濮川志略》卷二《遗迹》（第59页下—63页上）大德中濮鉴捐资建义塾。"讲堂、直舍、庖湢、库庾，无不具备。环以幽篁，覆以丛桂。岁延名师主教事。而文行兼崇，学徒日盛。濮氏义塾时与凤泾戴氏、盐官冯氏并称。"（《濮川志略》卷二《遗迹》，第60页下）濮氏慷慨的经济赞助及濮院优雅别致的城市景观与文化氛围吸引了赵孟頫、杨维桢、江汉等一大批文化知名人士，在镇上流连寓居。
④ 陆文圭：《送唐子华序》，《墙东类稿》卷六，第553页下。
⑤ 光绪《归安县志》卷六《舆地略·区庄村镇》，第44页上。
⑥ 见（清）蔡蓉升原纂，蔡蒙续纂：同治《双林镇志》卷五《桥梁》，第506—509页；卷九《庙宇》，第518—520页。
⑦ 同治《双林镇志》卷二十二《寓贤·倪思》，第613页；卷二十《人物·元·吴宪卿/沈野先/沈梦麟》，第578—579页；卷二十七《仕宦·元·吴宪卿/吴自善/吴壮图》，第648页。沈野先，"元至顺辛未（1301）捐义塾田五百亩，延师训族子弟及乡党俊秀。至正乙酉（1355）又捐义庄田五百亩贮所入粟以待贫乏之不能婚葬者，量厚薄予焉。择族之长而贤者司出纳，一时宗族乡党教养兼资"（同治《双林镇志》卷二十《人物·元·沈野先》，第578—579页）沈子诚，由千金迁镇之花溪。至元己卯（1339）子沈梦麟以明经领乡荐，至正间由婺源州学正迁武康县令，时天下多故，乞归，与赵孟頫、刘基相砥砺唱和，刘尝主其家。又与同郡莘叔耕、王叔明、章同、曹子文、胡元素、孟天泽、沈士诚联吟社，称吴兴八子（同治《双林镇志》卷二十《人物·元·沈梦麟》，第579页）。

镇在东林，响铃、普光两桥前后皆市。"① 太湖南岸的南浔镇，本名浔溪，又名南林。宋室南迁，世家大族多卜居，宋理宗淳祐末立为南浔镇。② 由宋历元，南栅一带"阛阓骈集，货物充盈"，市场繁荣。③ 宋元时期，许多富民家族如华氏、姚氏④、褚氏⑤等聚居南浔，在南浔镇的经济、文化建设中，承担着重要角色。以华氏为例。华氏始迁之祖华天保南宋时自无锡徙南林，到孙辈华文胜时在南浔已是豪右大家，"家素丰，好施予。临安大祲，文胜运粟千斛为赈者倡，尝施财建报国寺钟楼佛阁，又架石梁于南市，本名通利，居民德之，因名华家桥，并所居之兜衖，亦以华名焉"。文胜子元实，"贾似道奏买公田于浙西，浙中大扰，破家者众。元实慨然以田之半输官，似道举为著作郎，辞不受"⑥。南宋末，华文胜、华元实先后捐资续建报国寺、嘉应庙。⑦ 元实孙华钦，"元初以博学荐授明州教授，又以经术精通荐为国子博士，擢集庆路总管府判官，告归，与社学长集民之秀者讲学无虚日，学者称南阳先生"。华钦子振道，"元宣义郎，主常平坑冶农田水利，以父丧归，（元统间）筑别业于浔北彩虹桥，曰晓山园"。振道子宏纲，"元承事郎，（至正初）更于石溇之阳筑园，名小桃园"。⑧ 华氏富厚著于一时，两园均闻名遐迩，一定程度上发挥着市镇公共空间的功能。⑨ 经济体量的增大和人口的增长，使得南浔镇的建制规模亦渐次得到提升，"元时镇建儒学，设教谕一员主学事"。⑩

　　元代海运的创行，带动了沿江沿海一大批航海商业市镇的兴起与繁荣。常熟沿海李墓塘市（明万历间常熟知县耿橘命为"里睦"）的繁荣发展直接得益于元代海运的盛行，得益于巨商徐氏的家族经营。李墓塘徐

---

① 蔡蓉升原纂，蔡蒙续纂：同治《双林镇志》卷十一《古迹名胜》，第527页。
② 王曰桢纂：《南浔镇志》卷二《疆域》，第8页。
③ 王曰桢纂：《南浔镇志》卷二《疆域》引张鸿寯《南浔文献志》，第9页。
④ 王曰桢纂：《南浔镇志》卷六《古迹一·君子轩》，第64—65页。
⑤ 王曰桢纂：《南浔镇志》卷二十七《碑刻三·元·褚天祐祠碣》，第304—305页。世居镇西栅朱坞的大族褚氏，经过南宋末年的危机，入元以后继续扮演着地方精英的角色。关于褚氏对南浔镇社会维持与发展的贡献，详见前文，不赘述。
⑥ 王曰桢纂：《南浔镇志》卷十二《人物一·华文胜》，第133页。
⑦ 王曰桢纂：《南浔镇志》卷九《寺庙二·嘉应庙/报国寺》，第102、103页。
⑧ 王曰桢纂：《南浔镇志》卷十二《人物一·华裕昆》，第134—135页。
⑨ 直到明季庄允城购得华家园，仍"获藏金无算"。见（清）王曰桢纂《南浔镇志》卷六《古迹一·晓山园/小桃园》，第78页。
⑩ 王曰桢纂：《南浔镇志》卷二《公署·镇学》，第21页。

氏始祖徐立，因入赘当地李氏而定居李墓塘。① 子徐澄，"耕读承家，好礼蹈义，治生尤勤。开拓市衢，矻然为东乡巨镇"②。徐立、徐澄父子定居"海舶骈集，商贾毕集"的庄前街后，致力于商业经营，开拓市衢，创建市廛，人称"徐家市"。③ 商业成功之后，徐氏父子慷慨解囊，捐建各种寺庙文化设施。④ 距常熟县城三十六里、滨江的福山镇的繁荣也直接得益于元代航海大族的商业经营。⑤ 入元后，福山被辟为元代海漕粮的起运点，极大地带动了本地商业经济的发展。凭借海运及海外经营取得成功的福山陆庄桥曹氏，家族中多人在元海漕部门任要职，⑥ 亦官亦商，"富甲一郡"，园亭别墅十分阔绰。⑦ 至顺二年（1331）曹善诚在福山（一名虞山）之麓建文学书院，祠宇、讲堂、斋庐毕备，更置田四千余亩以赡学养士。⑧ 位于白茅河中游的支溪镇，地处联系沿海与常熟的水路要道，宋元以来成为不少农商兼营的富民大户的理想居住地。虞家、顾家，都是与海上运输与贸易经营关系密切的大家族。⑨

---

① "立赘于李，遂为里中徐氏之始祖。勤本肇业，移建佑圣道院，以承先志。"（清）顾崇善纂：《里睦小志》卷上《人物志·笃行》，常熟乡镇旧志集成本，广陵书社2007年版，第597页。
② 顾崇善纂：《里睦小志》卷上《人物志·耆硕》，第600页。
③ 顾崇善纂：《里睦小志》卷上《地理志·方域》："里中徐氏始盛，遂称徐家市。"第575页。《里睦小志》载："庄前街，在保安里门外。元时海舶骈集，商贾毕集。徐氏之祖名立者，卜居于此，立子澄因拓其东而大之。"（《里睦小志》卷上《地理志·村坊》，第575页）
④ 顾崇善纂：《里睦小志》卷上《往迹志·寺观·佑圣道院》，第614页。卷上《往迹志·神庙》（第612—613页）："延祐二年，徐亨给帖庙基二十六亩三。"关于入院后浒浦的淤塞与李墓塘市的兴起及宗教文化设施建设，前引Richard von Glahn（万志英）文有详细的论述，可参见该文第196-18页。
⑤ 高士鸃、杨振藻修，钱陆燦纂：《康熙常熟县志》卷五《市镇》，《中国地方志集成·江苏府县志辑》，江苏古籍出版社1991年版，第83页。
⑥ 黄溍：《金华黄先生文集》卷三十五《武略将军海道漕运副万户曹公墓志铭》，第8页上—10页上；杨维桢：《东维子文集》卷十九《清如许记》，四部丛刊初编本，上海商务印书馆1936年版，第4页上—5页上。
⑦ 姚之骃：《元明事类钞》卷三十六《新水沃桐》，文津阁《四库全书》，第293册，商务印书馆2005年版，第194页；《东维子文集》卷十九《清如许记》。
⑧ 《康熙常熟县志》卷四《学校·书院》，第61—62页。志载，曹善诚"赡田一千六百亩有奇"，更"恐旱乾水溢之不虞""畀以田二千六百亩有畸"。
⑨ 王应奎撰：《柳南随笔》卷三，清代笔记史料丛刊，中华书局1983年版，第52页。另见《支溪小志》卷一《地理志五·村坊桥梁》，常熟乡镇旧志集成本，广陵书社2007年版，第196页；《支溪小志》卷三《人物志七·士林》引龚《志》，第220页；《支溪小志》卷六《艺文志·诗》，第259页。

松江沿海一带，入元以后农业发展迅速，是棉花、蚕桑种植及棉、丝织业的重要集中地，吸引了许多世家大族前来投资。光是杨维桢为其庭园作《记》的农商兼营的巨室豪族就有无数。元代上海设海运千户所，海外贸易迅速赶超青龙镇，经济移民迅速增加，至元二十八年（1291）设县，明显地带动了周围商业市镇的发展。月浦镇练祁，宋元时为出海孔道，许多富民巨商来到这里。练祁强氏、黄姚里谭氏都是富裕向文、乐善好施的大家族，杨维桢等文坛名士时常光顾。[①] 璜溪市吕氏的成功经营极大地带动了该地市镇的发展，至正九年（1349），吕良佐建璜溪义塾，黄溍为之作记。[②] 杨行镇（宋元时属嘉定，乾隆四年析属宝山）也是富民南迁聚族而居的产物。"及宋时，有杨垕从高宗南渡，卜居于斯，工于会计，代客买卖，诚一无伪，商民共信而咸集，就成市焉，因名杨家行。间于沙浦，故又名白沙。"[③] 入元以后，人口增加，经济发展。至顺间，徐达卿在镇东里许、沙浦之阳建有集福庵，为兴圣寺下院。杨九在镇北建积庆庵，为兴圣寺下（上？）院。[④]

　　海盐澉浦镇，晋光熙（306）初"居民贸易，遂成聚落"。唐始置镇，宋设监镇，"人烟极盛，专通番舶"。元时置镇遏达鲁花赤管军中万户府，后改宣慰司。[⑤] 在杨发、杨梓、杨枢三代人的经营下，澉浦一跃而为与泉州、太仓齐名的海外贸易中心。[⑥] 杨枢"以己财造阛阓，招民居之，由是人烟辐辏，番舶归焉"[⑦]。杨氏发家以后，斥巨资投资市镇建设，大搞宗教慈善事业。杨梓曾以日本铜铸成重达5480斤，高达2米的巨钟一口，

---

①　练祁强氏，"伯仲皆清修好学，尊德而尚义，周人之意，高至于捐金粟以助国费，而利禄之心未尝入焉"（杨维桢：《嘉树堂记》，《东维子文集》卷十八，第9页下—10页下）。位于北弄的谭氏园，为谭氏别业，"花卉奇绝，亭馆清丽"。（清）张人镜纂：光绪《月浦志》卷八《名胜志·园林·谭氏园》，上海市地方志办公室编：《上海乡镇旧志丛书》第10册，上海社会科学院出版社2006年版，第179页。

②　嘉庆《松江府志》卷三十一《学校志·金山县》，《中国地方志集成·上海府县志辑》，上海书店2010年版，第674页下。

③　黄程云编辑：嘉庆《杨行志·凡例》（不分卷），第1页。

④　黄程云编辑：嘉庆《杨行志·寺观》（不分卷），第13页。

⑤　董毂纂修：嘉靖《续澉水志》卷一《地理纪·沿革》，《中国地方志集成·乡镇志专辑》20，上海书店1992年版，第537页下。

⑥　《金华黄先生文集》卷三十五《松江嘉定等处海运千户杨君墓志铭》，第15页下—17页上。

⑦　董毂纂修：嘉靖《续澉水志》卷七《人品纪·宦迹·元·杨耐翁》，上海书店1992年版，第548页。

悬于澉浦禅悦寺钟楼，成为澉浦一景——"禅悦疏钟"。① 至元乙亥（1275），高林善寿禅师拓建海门禅寺，"一时善士如宣慰使少中杨公（枢）、大姓顾氏文聪，皆奉宅地以从"。② 至大辛亥（1311）时任海道都漕运万户的杨枢为了给逝去的双亲祈福，独建天宁寺观音殿。③ "计其僧行之众寡，喜捨斋粮为长生夏供，选僧之廉洁者掌之。"④ 杨梓善歌，与贯只哥交往密切，家中蓄有非常专业的戏班，"有楼十楹，向贮歌姬，俗谓之梳妆楼"。⑤ 梓子杨楧、杨枢与曲家鲜于去矜交好。据说昆曲海盐腔就发源于这里。

海盐东偏的乍浦镇，"自吴越置镇遏使，宋季设水军统制，名稍稍著"⑥。至元十三年（1276）正月，董文炳师次乍浦，统制刘英以水军降。⑦ "元通海道，番舶骈集。"⑧ 元在乍浦亦设有市舶司⑨。世居乍浦北里许土家山永福巷的屠氏，旧居遗址"广袤二三里"，"自宋迄元，子姓千余人，联居豪里中"。屠氏是杨枢的亲家，杨枢婿屠曾受书于临川吴草庐澄，至治癸亥（1323）中浙江东榜第一，授建康学正，不就，隐于家。⑩ 经济的发展极大地拉动了乍浦地方社会文化的发展。清人说："乍浦在唐宋以前为穷乡僻壤，其间虽稍有闻著，寥落如晨星，自陆靖献设

---

① 董榖纂修：嘉靖《续澉水志》卷七《人品纪·宦迹·元·杨梓》，第548页；卷九《艺文·文·（丰坊）神钟记》，第569页。
② 董榖纂修：嘉靖《续澉水志》卷九《艺文·（张宁）海门禅寺碑》，第566—567页。
③ 董榖纂修：嘉靖《续澉水志》卷七《人品纪·宦迹·元·杨耐翁》，第548页。
④ 董榖纂修：嘉靖《续澉水志》卷九《艺文·宣慰杨公斋粮记》，第565页。
⑤ 天启《海盐图经》卷三《方域篇第一之三》，成文出版社1983年版，第145页。据姚桐寿《乐郊私语》："（海盐）州少年多善乐府，其传出于澉川杨氏。当康惠公（梓）存时，节侠风流，善音律，与武林阿里海涯之子云石交。云石翩翩公子，无论所制乐府、散套，骏逸为当行之冠，即歌声高引，可彻云汉。而康惠独得其传，今杂剧中有《豫让吞炭》、《霍光鬼谏》、《敬德不伏老》，皆康惠自制，以寓祖父之意，第去其著作姓名耳。其后长公国材、次公少中复与鲜于去矜交好，去矜亦乐府擅扬。以故杨氏家僮千指，无有不善南北歌调者，由是州人往往得其家法，以能歌名于浙右云。"（《历代笔记小说集成》，第28册，河北教育出版社1994年版，第563页）这里的"阿里海涯之子云石"乃贯云石之父贯只哥，参陈定誉《海盐腔创始人考辨》，《艺术百家》1994年第2期。
⑥ 宋景关纂：乾隆《乍浦志》卷一《城市》，《中国地方志集成·乡镇志专辑》20，上海书店1992年版，第7页。
⑦ 《乍浦志》卷三《武备》引《元史·世祖纪》，第25—26页。
⑧ 《乍浦志》卷一《城市》，第7页。
⑨ 《乍浦志》卷六《外纪》，第50页。
⑩ 《乍浦志》卷五《人物·文苑·元·屠曾》，第44页。

教陈山，人始知学，风气渐开。"①陆靖献就是世居乍浦广陈的陆正，"家世宋臣"，程钜夫江南求贤时"称疾不见"，隐居陈山教授，"生徒尝数千人"。②无疑，海外贸易的发展成为元代乍浦镇走向社会文化繁荣的最重要的原发经济动力。

有些城乡交界处经济中心点，虽然没有取得"镇"的建置与行政地位，但从其经济地位、社区建设来看，已俨然可与市镇相比拟。华亭东蟠龙塘，元代钱氏、沈氏③聚居，商品经济发达，元廷设有蟠龙务④。钱氏以桑蚕为业，兵部侍郎周伯琦题名"绫锦墩"，王逢《题钱全衮（1290—1372，字庆余）绫锦墩》诗：

华亭东有蟠龙塘，塘上姓钱人种桑。就阳避湿浅布子，畦分瞳列如针秧。封培爱护长尺许，畚锸争移春社雨……土高过客相指语，千绫万锦登城府。⑤

"千绫万锦登城府"，种植规模相当可观，具有明显的专业化、市场化倾向。沈氏族人依方亭浦而居，名方亭里，俗呼"行前"，其地有市廛，以布行靛行辏集得名。⑥钱氏"累叶富饶甲远迩。（鹤皋）祖及父大伦，皆倜傥仗义，筑梁立庙，不少吝惜，今（紫堤）村东南诸石桥，多其所建也。鹤皋才气过人，承守世业，日益恢大，十里中一切田宇，无他姓掺杂。性好侠，务立功。敬贤礼士，一时知名者多归之"⑦。钱氏建玄寿观、永福禅院、钱家石桥、王湖桥、北石桥、小娘桥，重修净土寺；

---

① 邹璟纂：《乍浦备志》卷二十二《人物·列传》，《中国地方志集成·乡镇志专辑》20，上海书店1992年版，第329页。
② 《乍浦备志》卷四《书院·靖献书院》，第140页。
③ 王永安辑录：（清）《紫堤村小志》卷之前《人物·沈辉祖/钱鹤皋》，上海乡镇旧志丛书，第13册，上海社会科学院出版社2006年版，第45—46页。
④ 《至元嘉禾志》卷六《征榷》，第4457页。
⑤ 王逢：《题钱庆余绫锦墩》，《梧溪集》卷四下，丛书集成初编本，中华书局1985年版，第193页。
⑥ 王永安辑录：（清）《紫堤村小志》卷之前《方亭浦》，第8页。
⑦ 王永安辑录：《紫堤村小志》卷之前《人物·钱鹤皋》，第46页。

沈氏建沈氏义塾、王母庙，修永福讲院①，两家的经济活动对于蟠龙塘的繁荣发展至关重要。

常熟沙头里，"唐宋已有其村，统名塗松。至元时设河泊所，始有沙头之名"②。宋末元朝，巨族瞿氏、周氏、郁氏、曹氏、吕氏③、张氏④的相继迁入，为沙头里的发展带来了活力。瞿氏是最早迁居沙溪的巨族，开辟市廛，兴修水利⑤。瞿智（字惠夫）有南园墨庄⑥，瞿逢节（字月樵）有团溪乐隐园⑦，杨维桢、秦约、姚文焕等名士经常光顾。延祐五年（1318），盛景韩创建延禧万寿观于戚浦之阳，成为沙溪著名的宗教建筑。杨伯麟于泰定二年（1325）"筑室为学舍，置田供租"，捐建义学。"垦田若干，筑舍二十楹，延耆儒以主师席，凡族中之贫者有养，老者有奉，少者得致力于学。"⑧

南宋时期，江南经济核心区乃"王畿"之地，许多有名的江南市镇都是缙绅仕宦阶层的聚集地。由宋入元，南人仕宦前景暗淡，江南市镇的政治色彩也淡薄了很多，许多世家大族转而从事工商业以谋发展，许多市镇经历了明显的结构转型。如地处湖州、嘉兴交界处的乌青镇，宋元交替，德祐丙子岁（1276），"公署酒楼官店悉为民庐"，缙绅冠带之盛不复往昔。⑨ 但终元一代，乌青的民间商业经济、文化建设仍然保持发展

---

① 王永安辑录：《紫堤村小志》卷之前《神庙》，第13—17页；《桥梁》，第22页。沈葵增修：《紫堤村志》卷三《乡塾》，上海乡镇旧志丛书，第13册，上海社会科学院出版社2006年版，第69页。

② 曹一庵纂，陆松龄增订：《沙头里志》卷一《乡域志·地名》，《中国地方志集成·乡镇志专辑》8，江苏古籍出版社1992年版，第535页。

③ 据杨维桢《团溪记》，瞿氏南宋末始迁沙溪（见《沙头里志》卷四《园林·乐隐园》，第564页）。"郁氏，自元中叶由昆山迁至；曹氏，自元至正间由海虞福山迁至；吕氏，亦元末自吴郡荩门瓦砾泾迁至。""周氏，在元时为常熟双凤乡人，一迁于昆山新安乡，今半存本乡及镇，其半又迁于昆城。"（《沙头里志》卷十《稗说》，第521页）

④ 《沙头里志》卷八《耆硕·张炯》："张炯，字鉴翁，元末父庆之郡来徙，家颇饶，亲邻有凶祸事，多赖以济。絮湅脯饥槁死，靡所不为。"（第599页）

⑤ 杨维桢《团溪记》："溪之左枕廛市，障戚水以便商者；右溯畎亩，引沥水以利耕者。"（《沙头里志》卷四《园林·乐隐园》，第564页）

⑥ 《沙头里志》卷四《名迹·墨庄》，第563页。

⑦ 《沙头里志》卷四《园林·乐隐园》，第564页。

⑧ 《康熙常熟县志》卷四《学校·书院·社学附》，第64页。又见《沙头里志》卷三《义庄义田·杨氏义庄义田》载阎復《记》，第557页。

⑨ （明）陈观《乌青志序》，李乐《重修乌青镇志》卷首，《中国地方志集成·乡镇志专辑》23，上海书店1992年版，第138页。

势头，后人谈及元时市河交通稠密景况，由衷赞叹"民物阜繁，所从来矣"①。"元设武臣守戍，设石门税课局于南栅，后局虽迁石门，此处犹未篆节，幅员四达，人文日起，甲于一邑。"② 处于吴、越交通枢纽处的嘉兴枫泾镇，宋元时期获得长足发展，元时置镇，设巡检司、白牛务③，"居民数百家"④，武水塘一带经常有海船经行，海商活跃。⑤ 元末至正间，富民戴氏建有义塾，"为屋总四十有五间"⑥，"生员百五十人，割上腴田五百亩赡之"⑦。邀请高文宿德主教事，发挥着镇学的功能。市镇的发展不仅吸引传统文士来这里教书谋生，与富有市民文化消费密切相关的艺术创作人群也纷纷迁居到富庶市镇中来。如画家张观、项圣谟前后徙居枫泾，求画者"屡满户外"⑧。

三　富民对文士的礼遇与江南市镇的文化生活

元代农商一体的江南富民，仕宦追求普遍淡化，醉心物质和文化生活的享受。科举中挫，失却了传统仕进机会的广大平民文士，经济生活更多地与富民阶层的文化追求联系在一起。富民们纷纷傍宅筑园"以延宾客。多叙时流名辈，相与婆娑嬉游"⑨。经过半个世纪的蕴氲积淀，在

---

① 李乐：《重修乌青镇志》卷一《河渠水利志·镇水》，第146页上。
② 卢学溥修，朱辛彝、张惟骧等纂：(民国)《乌青镇志》卷五《形势》引《桐乡徐志》，《中国地方志集成·乡镇志专辑》23，上海书店1992年版，第394页。
③ 元世祖至元后期，白牛务岁办酒课718锭26两，税课282锭21两，河泊课56锭16两。见《至元嘉禾志》卷六《征榷》，第4458页。
④ 黄溍：《金华黄先生文集》卷十《戴氏义塾记》，第13页下—15页下。
⑤ 王冕《过武塘》："青衫闸转云间路，河水分流过武塘。客路惯经风雨恶，诗情不减少年狂。鱼盐市井三吴俗，番岛舟航十丈樯。杨柳连堤鹅鸭聚，家家茅屋似淮乡。"《竹斋集》卷上，《王冕集》，两浙作家文丛本，浙江古籍出版社1999年版，第16页；(清)《重辑枫泾小志》附录《枫溪竹枝词》："武水塘从堰底探，片帆影掠大湾南。茶亭直至张泾汇，六里庵过九里庵"（原注：堰底、大湾，俱地名。茶亭，以施茶得名）。上海市地方志办公室编：《上海乡镇旧志丛书》第6册，上海社会科学院出版社2005年版，第301页。
⑥ 黄溍：《金华黄先生文集》卷十《戴氏义塾记》，第103页。
⑦ 《重辑枫泾小志》卷二《志建置·义建》，第24—25页。
⑧ 《重辑枫泾小志》卷三《志名迹·古迹·清风角/芙蓉湾》，第64—65页；卷六《志人物·列传下·艺术》，第188页；卷六《志人物·列传下·流寓》，第194页。
⑨ 谢应芳：《龟巢稿》卷十七《王佛子行状》，丛书集成续编本，上海书店1994年版，第591页上。

元后期的江南，追求文雅成为一种时尚与消费习惯，各种形式的文化活动围绕市镇（经济中心地）富民的私家园林朝气蓬勃地开展起来。

（一）具有文艺沙龙性质的经常性文人聚会与诗画交往圈

元代科举不盛，但唐宋科举社会下向学慕雅的风尚依然如故。江南富商大户附庸风雅的生活习尚，为本地和移民文人创造了远离国家权力的优渥生存环境。富庶的江南地区成为各地文人向往的理想生活地，广大的布衣文人围绕提供赞助的富民巨贾及其门下具有号召力的文坛巨擘，结为团体，文化联谊活动日益频繁。

元后期的江南，俗文化空前活跃。顾瑛玉山草堂、倪瓒云林堂、徐良夫耕渔轩，成为享誉全国的学术文化中心，围绕他们的私家园林，来自全国各地的文化名人齐聚一堂，切磋文艺，享受着恣肆自由的物质与文化创作生活。顾瑛从事海上商业经营起家，中年以后醉心文化交流与创作。优渥的物质条件、诱人的世俗文化氛围及元末饮誉全国文坛的一代巨擘杨维桢的入住，使位于昆山茜泾的顾瑛的玉山草堂在元末人气爆棚，成为有全国性文化辐射力的吴中文化中心。来自全国各地的文人学者纷纷应邀或慕名而来，"一时胜流，多从之游宴……元季知名之士，列其间者十之八九"[1]。从至正八年至至正二十年（1348—1360），十余年间，在玉山草堂举行的诗会或他种文化聚会达50多次，有140多位诗人和学者参加了这些聚会。

位于无锡梅里镇祇陀村的倪瓒的清閟阁以其丰富的文物与书画收藏闻名一时。倪家园林，经过倪昭奎、倪瓒的先后营建，玄文馆、清微馆、栖神楼、伟观楼、小蓬莱亭、天渊亭、高风堂、清閟阁、云林堂、朱阳宾馆、箫闲仙馆、雪鹤洞、海岳翁书画轩等胜景棋布。玄文馆、清閟阁，都是倪瓒接待友人举行文化活动的地方。河东李元珪作《冬日平江寄倪元镇》诗："玄文馆里逢君日，剪烛传杯夜话时。寒月半窗亲下榻，幽人满座共吟诗。"[2] 描绘玄文馆内的诗会场面。清閟阁是倪瓒书画收藏之所，张雨、黄公望、王蒙、吴克恭等都是清閟阁的常客，一众文人画家长期在这里诗酒唱和，作画题诗，切磋技艺。元统二年（1334）清閟阁建成

---

[1] 永瑢等撰：《玉山名胜集》提要，《四库全书总目》卷一六八，中华书局1965年版，第1710页。

[2] 李元珪：《冬日平江寄倪元镇》，《草堂雅集》卷十，武进陶湘涉园本，1921—1935年版，第10页下。

后，十余年间，诗文唱和无数，元后期吴中有名的文人，列其中者大半。

位于太湖之滨的吴县光福里，在南宋时代已是个"民灶千余，阡陌交通"的集镇。徐达左的耕渔轩，环境清幽宜人，艺术收藏丰富，不仅苏州地区的文人频繁来访，从外地游历至苏州的文人也慕名而来。从至正十年到至正二十二年间（1350—1362），耕渔轩中举行过大规模的文人聚会多次，先后参与文会的诗人达120位之多。① 元末吴中有名的文士，多数都参与过耕渔轩的文会。

华亭曹知白也以招徕文士、"富文艺，博闻好古，无仕志"著称当时②。位于青浦蒸溪的曹家园池敞阔豪华，清幽雅静，陶宗仪有《曹氏园池行》纪其胜。③ 仅陶宗仪诗中所及，即有堂、斋、室、阁、楼、台、轩、亭、洞、桥37景。享誉元代文坛、诗坛和画坛的巨擘大腕，如赵孟頫、邓文原、虞集、黄溍、陈旅、杜本、李衎等，都为曹家的园林景物"或铭或记或篆颜"，极大地提升了曹氏园林的社会和文化知名度。曹知白喜欢藏书蓄画，又十分好客，在当时文人、艺术界声望很高，"四方士大夫闻其风者争内屦愿交……若文士许应元、李冲、刘世贤、诗僧崇古，生则饮食之，死则为治丧葬，罔不曲尽其情焉"④。曹氏园池是松江文人士子经常光顾的盟会场所，仅邵亨贞《野处集》《蚁术诗选》《蚁术词选》记载的曹氏园林聚会就有12次之多。

江南富民大都喜好书画文物收藏。书画文物的鉴赏品题，成为诗歌创作之外各地文艺沙龙的又一个主要内容。顾瑛的湖光山色楼、倪瓒的清閟阁都以其丰富的文物书画收藏享誉于当时。耕渔轩的艺术藏品也十分丰富，在明清人著述中多有提及。曹知白"所蓄书数千百卷，法书墨迹数十百卷"⑤。元后期苏、松文物之盛，冠称一时，文物书画收藏大家

---

① 祝军：《金兰集》考论，《河南社会科学》2011年第6期；王媛：《元明之际耕渔轩文艺活动考论》，《阴山学刊》2013年第2期。另见《金兰集》，杨镰、张颐青点校本，中华书局2013年版。

② 袁华：《耕学斋诗集》卷六《云西老人〈春山平远图〉》，文津阁《四库全书》，第411册，商务印书馆2005年版，第667页中。

③ 陶宗仪：《南村集》卷一，文津阁《四库全书》，第411册，商务印书馆2005年版，第485页下—486页上。

④ 贡师泰：《玩斋集》卷十《贞素先生墓志铭》，文津阁《四库全书》，第406册，商务印书馆2005年版，第241页上。

⑤ 顾瑛编：《草堂雅集》卷十，第27页上—27页下。

极多。丰富的收藏也成为富民巨贾吸引高人名士的手段，书画文物品赏之余，题跋歌咏，诗画交映。春草堂的主人太仓富有海商陈宝生、彝斋的主人长洲沈万三孙沈伯凝，都是元末数一数二的收藏名家，围绕春草堂、彝斋，形成了元末文物书画鉴赏品题的两大艺术活动中心①。华亭富民夏浚：“筑堂于屋舍西偏，曰'爱闲'，蓄古法书名画周彝汉鼎其中，日从宾朋觞咏以相娱乐。”② 长洲城内听雨楼主人卢山甫的书画收藏亦十分了得，当时活动在苏松一带的名士都是他家的座上客。倪瓒曾多次为他的名藏作题跋③。王蒙为作听雨楼画卷，包括倪瓒、张雨、钱惟善、饶介、高启、张绅等在内的一应吴中名士都为画卷题诗。④

（二）园林主人赞助的大型文会

元代后期，文人群体对地方经济社会的依赖日益加深，文化重心下移。⑤ 地方文会上的诗文品评成为文人士子获取文名的重要途径。通常举办文会的场所就是富民巨贾的私家宅园。前述嘉兴濮院镇富商濮乐闲（讳允中，字乐闲），家有宅园之盛⑥，杨维桢曾为记松月寮、桐香室⑦。杨维桢《聚桂文会序》记濮乐闲举办文会始末：“嘉禾濮君乐闲，为聚桂文会于家塾，东南之士以文卷赴其会者凡五百余人，所取三十人，自魁名吴毅而下，其文皆足以寿诸梓而传于世也。予与豫章李君一初实主评裁，而葛君藏之、鲍君仲孚，又相讨议于其后。故登诸选列者，物论公之，士誉荣之。”⑧

松江璜溪巨商吕良佐、良弼兄弟，馆阁楼台之盛甲于一方，杨维桢

---

① 关于春草堂、彝斋的书画文物品鉴文化圈，参见王秀丽《元末明初的海商与江南社会》，《南开学报》（哲学社会科学版）2014年第5期。
② 贡师泰：《玩斋集》卷十《元故处士夏君墓志铭》，第241页下。
③ 倪瓒：《跋赵松雪诗稿》，《清閟阁集》卷九，西泠印社2012年版，第299页；《题（黄大痴）六君子图》，《清閟阁集》补遗，第356页；《题李营丘（成）作茂林远岫图》，《清閟阁集》补遗，第360页。《听雨楼题咏》，《清閟阁集》附录二，第401—408页。
④ 倪瓒：《清閟阁集》附录二，第401—408页。
⑤ 参见孙小力《元代江浙文人的串联风气和文艺创新》，《中华文史论丛》总第八十辑。
⑥ 《濮川志略》卷一《开镇说》对濮鉴、濮允中两代濮家鼎盛时期的园林之盛有比较详细的记述（第42页上—44页上）。
⑦ 杨维桢：《东维子文集》卷十六《松月寮记》，第8页下—9页下；卷十七《桐香室记》，第12页上—13页上。
⑧ 杨维桢：《东维子文集》卷六，第3页上—4页上。

曾为其家西宾,为铭祖室"宝俭堂"①,记宴客之楼"真赏楼"②、清润堂、宾月轩、桂隐室③等建筑。良弼子恂从杨维桢学,先后辟书室曰铁砚斋、漱芳斋,请杨维桢作志。④ 何良俊记至正年间吕良佐举办的应奎文会:"走金币,聘四方能诗之士,请杨铁崖为主考。试毕,铁崖第甲乙,一时文士毕至,倾动三吴。"⑤ 这次文会,"东南之士以文投者七百余卷,中程者四十卷"⑥。盛况空前,在当时影响很大,极大地提升了吕家的社会知名度,璜溪后被命名为吕巷。⑦

杨维桢《文会轩记》记文会的主持者、寓居嘉定练圻的吴中巨姓强徂(字彦栗)⑧诗酒唱和之余,召集文会品评诗文的事:"祁之大族为嘉树强氏,强氏之秀而杰为彦栗。自蚤岁有奇气,游京国……值兵乱归。归迁先庐于城南、傍孔子庙学,觞豆燕集,日与佳士以唱和为事,至却声乐、继笔答以程之。又不远道里,招致名师儒生文评以课文会……彦栗屡觞余为尊客,觞撤,出所会文诗,请评于西轩。轩未名,请于余,遂命之曰'文会'。"⑨

元代江南富民举办的以民间文艺比赛为主题的大型文会,十分频繁,"乡评里校之会,岁不乏绝"。一些有名的文会,吸引了优秀文人的广泛参与,在地方社会上产生了很大的影响。文会的举行,不仅提高了园林主人的社会知名度,而且因为文会主人及品评者的文学品位而影响到当时的文风,进而影响了江南地区的社会风尚和文化特征。在《聚桂文集

---

① 杨维桢:《东维子文集》卷二十三,第14页下—15页下。
② 杨维桢:《东维子文集》卷十九《吕氏楼真赏记》,第1页上—2页上。
③ 杨维桢:《东维子文集》卷十七《夏氏清润堂记》,第2页下—3页下;《宾月轩记》,第4页上—4页下;《桂隐记》,第15页上—16页上。
④ 杨维桢:《东维子文集》卷二十二《铁砚斋志》,第2页上—3页上;《漱芳斋志》,第8页上—9页上。
⑤ 何良俊:《四友斋丛说》卷十六,第985页。另见杨维桢《东维子文集》卷二十四《故义士吕公墓志铭》,第14页下—16页下。
⑥ 嘉庆《松江府志》卷三十一《学校志》载吕氏撰序文,《中国地方志集成·上海府县志辑》,上海书店2010年版,第675页上。
⑦ 《江南通志》卷二十五《舆地志·关津一(桥梁镇市附)》:"吕巷镇县西南三十五里,元时吕良佐创应奎文会,招来儒彦,故名。一名磺璜溪市。"(第232页下)
⑧ 《姑苏志》卷三十一《第宅·嘉树堂》,文津阁四库全书,第167册,第635页中;杨维桢:《东维子文集》卷十八《嘉树堂记》,第9页下—10页下。
⑨ 杨维桢:《文会轩记》,《铁崖先生文集》卷二,见《全元文》第42册,凤凰出版社2004年版,第510页。

序》中，杨维桢将民间文会作为科举之外，选拔优秀文学人才的社会途径。他说："我朝设科取士，虽沿唐宋而其制则成周，文则追古于唐宋之上，故科文往往有可传者。然有司大比之所选者，又不若师儒义试之所为取为优也。何者？大比之所选，仅一日之长。而义试之所取，则宽以岁月之所得也。"在《文会轩记》中，他进一步阐发民间文会的社会功用："其率作文风，非惟丕变陋俗，而宾贤能者，实于是乎资焉。"元代科举取士名额极少，寄身于豪富之家担任西宾成为大多数读书人的谋生之道，而民间文会，成为地方社会品评文学人才优劣的一种为世人普遍认可的手段；也成为青年学者在地方文化圈中崭露头角、进而谋取职业生活的一种重要途径。因此，凡是由享誉文坛的大腕主持的文会，应试者都络绎不绝，杨维桢主持的几次文会，规模都达到了数百人，足见富民赞助的民间文会在江南社会文化圈中的影响。

（三）以假馆为形式的富民与文士间的社会交往与文化生活

聘请文化名人为塾师，是富民与文士间传统的交往方式。元代的江南富民多不吝重金礼请高士名宿为子弟师。周庄沈万三延吴中名士王行为塾师，"每文成，酬白金镒计"[1]。华亭杨溪邵文博建有规模敞阔的沧洲一曲，邀请海宁名儒贝琼为子弟塾师。[2] 应奎文会的举办者华亭璜溪市吕良佐的兄弟吕良弼，"筑舍馆，招致儒先生，日夜课子弟集宾客为文墨事"。"一时胜人韵士，莫不蔓然与之交，门不停谒，堂无旷筵。"吕良弼十分重视子孙的文化教育，季子吕恂曾师事杨维桢；吕恂的同窗、杨维桢的高弟著名昆山学者殷奎亦曾假馆吕氏，教授吕家的孙辈。[3]

松江夏庭芝，起宋历元，二百年文献故家，闻名遐迩的豪族富庭，"杨廉夫先生，其西宾也"[4]。赵孟𫖯的姻家东林镇花溪沈梦麟，至正间聘请闻名遐迩的大文豪刘基为义塾教师。"朝夕唱酬，相得甚欢。"[5] 甬东人

---

[1] 《明史》卷二八五《王行传》，第7330页；另见《半轩集》附录杜琼《王半轩传》，文津阁《四库全书》，第411册，第445页中。
[2] 贝琼：《清江文集》卷二十六《沧洲一曲志》，文津阁《四库全书》，第410册，第440页下。
[3] 殷奎：《强斋集》卷四《吕德常权厝志》，文津阁《四库全书》，第411册，第709页下。
[4] 钟嗣成等：《录鬼薄（外四种）》，上海古籍出版社1978年版，第106页。
[5] 蔡蓉升原纂，蔡蒙续纂：同治《双林镇志》卷二十二《寓贤·刘基》，第613页。

顾盟，"高才好学"，被吴江甫里镇富民陆德源聘为私塾教师"馆于杞菊轩"。① 常州武进富民王彬，好善乐施，人称王佛子。"晚筑遐观楼以延宾客，多叙时流名辈，相与婆娑嬉游，诸子姓因得磨礲浸润，亦酝藉可爱。"② 元末享誉江南一带的大学者武进人谢应芳曾在王家馆谷多年，王家的许多请柬、祭文等都出自谢应芳之手。③

元季富民雅好交游文士，许多富民的书塾同时充当着接待厅的功能，成为文人雅士聚会的场所，正如林弼笔下华亭曹梦炎的"云溪堂"：

> 云间佳山水而三泖为尤胜，世家望族亦惟泖中为多，曹氏其一也。其族有曰子章者，给事中书礼曹，尝谓弼曰："某世居泖湖，吾父尝即湖曲作堂五楹，以为宴息之所。某兄弟读书其中，每佳宾清友亦于是燕集焉。堂前临于泖，云影溪光，氤氲郁勃，上下交映，于是援琴作水云之曲，溪声泊瀫相和于几席间，尘心俗虑，为之一洒，故名之曰'云溪'。"④

在各个商业市镇中，富家巨室都以优雅的环境和优渥的待遇争相招揽名士。在嘉兴濮院镇，濮鉴（明之）、濮允中（乐闲）、濮彦仁（仲温）礼遇文士，闻名遐迩。赵孟頫、杨维桢、江汉、释克新、琦楚石等一时名士高僧，都是濮家的常客。赵孟頫，"与濮鉴交最善，因来游濮院，绘《幽湖泛月图》，鉴筑园居之，相与飞觞啸咏其中"⑤。凡濮鉴所建造寺观，"书扁题樑，皆出其笔"。⑥ 杨维桢游濮川，"大叹名胜，因馆于濮氏者数年"⑦。"元末天下大乱，维桢避地濮院，时濮氏豪而富，与江朝宗同馆其家，濮仲温集一时名士为聚桂文会，请维桢评其优劣。"⑧ 会

---

① 顾瑛编：《草堂雅集》卷十，第27页下。
② 谢应芳：《龟巢稿》卷十七《王佛子行状》，第591页上。
③ 谢应芳：《龟巢稿》卷十六《王文甫尝卧疾诸亲友探问医祷礼意甚勤疾愈欲置酒叙谢未遑也至是设盛席招之凡十有七人各书以请》，第584页下—585页下；《龟巢稿》卷十九《代王文甫祭兄文》，第606页下；《龟巢稿》卷十九《代王氏祭叔父文》，第607页上。
④ 林弼：《林登州集》卷十七《云溪堂记》，文津阁《四库全书》，第410册，第46页下。
⑤ 民国《濮院志》卷二十二《寓贤·元》，《中国地方志集成·乡镇志专辑》21，上海书店1992年版，第1165页上。
⑥ 《濮川志略》卷五《游寓》，第110页上。
⑦ 《濮川志略》卷五《游寓》，第110页下。
⑧ 民国《濮院志》卷二十二《寓贤·元》，第1165页上。

稽人江汉，字朝宗，元末落魄不羁，游吴中，过濮川，濮氏延为上客，留居数载。① 鄱阳人释克新，字仲铭。"既精内典，复究儒义，能诗善属文。主席于郡水之西，与江朝宗交最善。"过濮院，濮允中"留居化坛讲经。凡三阅载，往来赓唱，皆一时名彦"②。琦楚石"元至正五年（1345），讲法华经于濮院化坛。村夫贩竖，皆得解义。礼拜盈庭。濮司令公（允中）留主福善寺，固辞，建庵化坛而供奉焉，皈依者至倾邨市"③。

其他以富擅名当时的富家巨室，不管是以自擅文墨著称的顾瑛、曹知白，还是以贵富称名于天下的富有海商曹善诚、顾信，他们的逐雅礼士之举都是颇为世人称道的。顾瑛的玉山草堂，长期为文化名士提供生活来源，"四方文学士河东张翥、会稽杨维桢、天台柯九思、永嘉李孝光，方外士张雨、于彦成、琦元璞辈，咸主其家"④。顾瑛还专门为杨维桢建书画舫，作为他在草堂的居止之所，还花巨资为他买伎。曹知白的私家庭院也是著名文士的常年居所，"若文士许应元、李冲、刘世贤、诗僧崇古，生则饮食之，死则为治丧葬，罔不曲尽其情焉"⑤。顾信与赵孟頫之间，既是师徒的关系，同时也是赞助人与艺术家的关系。赵孟頫经常将自家的活动资金交顾信从事海上经营，附舶生财⑥；顾信也借师徒的关系获得数量可观的赵孟頫的墨迹，请人镌刻，建墨妙亭，凡是想得到赵氏真迹又无缘亲受墨宝的追求者，都云集顾信庭院来求拓片。⑦ 福山曹氏的礼士之举极尽奢华，颇为世人称道。同治《苏州府志》引明崇祯间龚立本《常熟志》：

---

① 《濮川志略》卷五《游寓》，第110页下。
② 《濮川志略》卷五《游寓》，第110页下—111页上。
③ 《濮川志略》卷五《游寓》，第111页上。
④ 《明史》卷二八五《陶宗仪附顾德辉传》，第7325页。
⑤ 贡师泰：《玩斋集》卷十《贞素先生墓志铭》，第241页上。
⑥ 赵孟頫《乐善堂帖》中收有赵孟頫写给顾信的四封书札。其中第一札中有"湖州杂造局沈升解纳附余钱物前去，如达，望照觑是幸"之句。第三札中有"外蒙海布之寄，尤切厚意领次，感愧感愧"之句。见赵孟頫《乐善堂帖》，《中国法帖全集》第12册，湖北美术出版社2002年版，第208—219页。
⑦ 顾信自制《元故乐善处士顾公圹志》言："早年好字学，游文敏公赵学士之门，侍笔砚间几二十年。所得昂翁书翰，持归，刻石置于亭下，扁曰'墨妙'。四方士夫广求碑文以传不休。"见《吴中冢墓遗文》，《历代碑志丛书》第18册，江苏古籍出版社1998年版，第759页。

福山曹氏盛时，私租至三十六万石，当时善诚南金辈创院修学，颇务名义，他事亦有近于风流者。尝招云林倪瓒看楼前荷花。倪至，登楼，惟楼旁佳树与真珠帘掩映耳。倪饭别馆，复登楼，则俯瞰方池可半亩，菡萏鲜妍，鸳鸯㶉𪄠，萍藻沦漪，倪大惊。盖预蓄盆荷数百，移置空庭，庭深四五尺，以小渠通别池。花满，方决水灌之。水满，复入珍禽野草，若固有之。复招杨铁崖看海棠，杨欣然造筵，不见花朵，请徙席，意花前矣。至则鼎彝与觞罍错布，寂然无花，杨始怪问，曹曰："夜半移灯看海棠，请须之。"俄而月午，曹复徙席层轩，出红妆一队，约二十四姝，悉茜裙衫，上下一色，类海棠，各执银丝灯，容光相照，环侍绮席，曰："此真解语花邪？"杨极欢，竟夕而罢。[1]

在元代中后期的江南市镇中，富民巨室的慷慨赞助为名士巨擘的文化艺术创作提供了丰厚的物质条件和宽裕的创作时间，这种赞助者与艺术家的关系与文艺复兴和启蒙早期的西方社会颇有几分相像[2]。

元代后期江南市镇中的私家园林，与书画文艺创作、文物收藏、戏曲舞乐等文化活动紧密联系在一起；失却了传统仕宦道路的江南文士，文艺创作、社会活动与个人生活更多地与地方经济精英、农商合一的势豪阶层的文化需求相联系。文人学子们流连于富民巨贾的私家园林之间，教书之余，题画写景赋诗，杯酒在手，娇娃在侧，还有不菲的润笔收入，优游徜徉，好不惬意。生活无忧的文人士子对自己的经济赞助人恭维夸赞，"儒商互济、大俗小雅"[3]，自然顺理成章。

---

[1] 同治《苏州府志》卷一四六《杂记三》，《中国地方志集成·江苏府县志辑》8，江苏古籍出版社1991年版，第699页下。

[2] 关于元末苏州的书画赞助，Claudia Brown 曾有研究，见氏著《元末苏州赞助若干问题之研究》，载［美］李铸晋编《中国画家与赞助人——中国绘画中的社会及经济因素》，石莉、陈传席译，天津人民美术出版社2013年版，第87—96页。

[3] 参见唐朝晖、周小红《儒商互济、大俗小雅——论杨维桢诗文中的商业世界》，《湖南商学院学报》2010年第1期。

四　元明之际江南市镇农商社会的变迁

元代中期以后，天灾人祸不断，至正十一年（1351），发源于淮西的农民起义迅速向全国蔓延，江南地区的富民阶层遭到了前所未有的沉重打击。兵后的江南，繁华不再，市镇凋残，园林尽毁。经过十余年的军事动荡，最终定鼎南京的明太祖，大刀阔斧地抑豪划富，江南富民社会遭遇前所未有的挫折，优游奢雅的富民士子文化圈再难维系。

（一）朱元璋抑豪划富与江南富民阶层的消散

在元明之际的政治动荡中，江南豪富层经历了数百年来少有的挫折。面临突如其来的战祸，许多江南富民开始了流浪半流浪生活。乱后，江南的大家园池毁废大半，陶宗仪所述元代浙西园囿之最，瞿氏、曹氏、顾氏、陈氏园，"荐遭兵燹，今无一存者"[①]。

经过长期的军事争夺而最终定鼎南京的朱元璋，对昔日政敌张士诚的根据地江南地区进行严厉的报复，浙西的富家巨姓纷纷被迁往濠梁、云南、辽阳、西北等地。永乐迁都北京，实京师者，又非江南富民莫属。[②] 明初强迁，数量多，范围广，直接影响到了江南地区的人口结构与分布[③]。洪武间，朱元璋还借几宗政治大案对江南富民大加镇压，无数的江南富民被籍没、屠戮，"豪民巨族，划削殆尽"。[④]

就拿松江来说，经历过丙申（1356）松江之变的松江富民，明初遭遇到的是更为广泛的经济剥夺和政治灾难。洪武二年己酉（1369）四月，"松江里长，以今元年（戊申）没官秋粮，坐移易罪者，百九十二户，徙颍上"。王逢有诗记其惨状："百室余千口，迁淮共惨悽。关山中道恶，

[①] 陶宗仪：《南村辍耕录》卷二十六《浙西园苑》，历代史料笔记丛刊本，中华书局1959年版，第329页。

[②] 吴宽：《家藏集》卷四十二《伊氏重修族谱序》，文津阁《四库全书》，第419册，第465页下。

[③] 如吴中伊氏，先后被强徙凤阳、南京、北京，成化间后代修家谱，即"以居吴中及迁临濠者为姑苏凤阳派，以迁两京者为金陵金台派，又以居南京而被旌表者为金陵旌表派"。《家藏集》卷四十二《伊氏重修族谱序》，第465页下。

[④] 吴宽：《家藏集》卷五十八《莫处士传》，第524页中。

母子万行啼。"① 以富而向雅、礼遇文士著称的璜溪吕氏、蒸溪曹氏都在这次事件中遭到沉重打击。根据殷奎的记述，洪武己酉（1369）"御史首隐粮事，连吕氏，没其产，徙其孥陕西，苍黄流离，困踣道路"。长子恒（字德常）一家徙陕西，"孙男六相踵以毙。既而妻死白下，母亡山阳，德常至长安，遂以毁卒"。两个儿子，长子吕充，谪延安；次子吕復，谪甘肃平凉。季子恂一家，强迁甘肃庆阳。② 一家老小死的死，迁的迁，吕氏家族从此一衰不振，吕巷镇的应奎文会永远地成为供人欣羡与缅怀的一段悲情历史。蒸溪曹家亦在这次事件中遭遇覆灭之灾："废于己酉、庚戌，园林百岁巨木，佳花名果，辄自枯死，鱼鸟皆无复来止。"③ 邵亨贞回忆当年在曹知白家遂生亭中珍馐盛宴过后，人欢情洽，一行人赋诗连句的醉人场景，无限感慨："中经干戈屡变，世道衰微，二翁（指云溪翁曹知白及侄安雅翁曹庆孙）故居悉荡为丘陇，求其遗迹亦复苍莽，虽流涕痛哭莫及矣。"④ 陶宗仪《曹氏园池行》的下半段写经历过明初一系列灾难后的曹氏园林：

> 地脉衰疲草树焦，颓垣断址低昂见。廿年汩没军旅中，王事驰驱西复东。贤郎告代喜赋归，闾里寻邻梦寐同。百感伤心泪横（臆）[颐]，复新基构难为力。⑤

"雄于赀"且"有林壑之趣"的华亭杨溪邵文博氏，亦"徙家临淮之东屯，而圃复湮为荒烟野草矣"。元末曾在邵家任塾师的贝琼洪武八年（1375）到中都府学任职，追忆旧年"文博当全盛时，极耳目之玩，视沧洲之乐不啻也"⑥。对于主宾相聚的园林闲暇时光，无比怀恋：

> 尚思沧洲地，十月花更繁。云随鹤盖合，雪避貂裘温。终筵复

---

① 王逢：《梧溪集》卷六《题刘原正涉难录（有序）》，第335页。
② 殷奎：《强斋集》卷四《吕德常权厝志》，第709页下。
③ 长谷真逸：《农田馀话》卷上，《四库全书存目丛书》，子部第239册，齐鲁书社1995年版，第322页上。
④ 邵亨贞：《蚁术诗选》卷八《编校遂生亭联句（有序）》，宛委别藏本，台北：商务印书馆1981年版，第148—149页。
⑤ 陶宗仪：《南村集》卷一《曹氏园池行》，第486页上。
⑥ 贝琼：《清江文集》卷二十六《沧洲一曲志》，第440页下—441页上。

秉烛,歌吹高堂喧。盈盈二八女,白苎鹤鸰翻。月落犹未归,清夜宿西园。到今题诗处,素壁龙蛇昏。

今昔对比,明初的萧索让人目不忍睹:

  荆扬忽云扰,海内俱星奔。断肠临濠谪,回首颍上屯。昔如鹰脱鞴,竟作驹在辕。凄凉城南路,甲第今空存。萧湘窗下流,三神锁朱门。江险隔秋梦,山寒啼夜魂。①

  杨溪另一豪门邵笕谷之子邵子振亦"徙居临淮之东屯"。邵家"自翠岩至于雪溪,自雪溪至于浦云,而及子振之父笕谷,一门四世,其盛何如邪!及运革事殊,破万金之产,乃从农夫于陇亩"。贝琼感慨:"固知贵贱无恒,犹天之寒暑。"②经历洪武初年的政治动荡与人口强迁后的松江,"四邻访旧多为鬼,三径开荒半是墟"③。"凄迷忘梦鹿,浩荡失盟鸥。"④满眼萧条的松江,自然再难看到富民奢雅,文士优游。

  在江南的其他地方,情形也大略类此。苏州城西阊门外是富商巨贾的聚集地,家住通波坊的商业巨族伊氏,"家喜藏书,多延接郡中儒流"。明初,伊家成员先后被强徙凤阳、南京、北京,家族从此衰落。直到正统初,才有子孙在苏州、南京相继以科举登仕籍,开始家族复苏的历史过程。⑤元代长洲治下的周庄,水运畅通,海商聚集。在周庄从事海上贸易发家的沈万三家族,从洪武初年沈万三被流放辽阳,到洪武后期沈家多数成员被牵连入蓝案而遭受残杀,直至永乐间沈家最后一个富翁——文度被杀,家口田财被籍没。"至此,沈氏家族成员的大多数,或被杀死,或被流放充军戍边,田产家财籍没殆尽。"⑥与吴兴沈万三家族

---

  ① 贝琼:《清江诗集》卷三《对酒怀邵文博拟东野》,文津阁《四库全书》,第410册,第352页下。
  ② 贝琼:《清江文集》卷二十五《瓜田小隐记》,第439页中。
  ③ 董纪:《西郊笑端集》卷上《贺张季自临濠还乡》,文津阁《四库全书》,第411册,第544页下。
  ④ 邵亨贞:《蚁术诗选》卷二《乙卯立秋日客舍纪怀二十韵》,第50页。
  ⑤ 《家藏集》卷四十一《伊氏重修族谱序》,第465页中—465页下。
  ⑥ 王广成:《望族与昆山县域社会的变迁》,苏州大学硕士学位论文,2007年,第43—54页。

一样在周庄以从事海运与海上贸易发家的昆山萧墅张氏，尽管倾尽财力讨好朱元璋，"建仓凤阳府，一出私帑"，但仍没有能够逃脱被镇压的命运。洪武初张伯英被强徙南京上元县，洪武六年（1373）客死上元，年四十五。① 枫泾镇大姓王氏，"明初，镇南务司库被盗劫。时法令严，究及大户不行防护，王乐山长子裕二因而罹害，问徙南京。太祖新服云南，凡徙人悉发云南为戍。裕二以期未满，随配金齿卫右所"②。元时从事海上经营、以豪奢闻名的常熟支溪虞宗藩，"洎洪武中，大理卿熊概抚吴，喜抄没人，一时富家略尽，宗蛮盖其一也"③。

建文登极，江南富民士子迎来了短暂的欢呼雀跃，但很快，靖难之军挥师南下，江南再度陷入恐怖之中。"四载宽政解严霜"④，力图扭转洪武江南政策、在江南士人的群体记忆中成为永远难忘的太平景象的建文统治，昙花一现。靖难之役后，永乐朝的江南政策与洪武朝一脉相承。吴兴花溪沈氏家族的骤衰是永乐朝无数江南富民的命运写照。建文元年（1399）沈梦麟卒后，"子孙遭罹变故，谪戍边鄙"⑤。发生在靖难之役后的花溪沈氏之难，沈梦麟之子沈文贞的三个儿子"长某谪戍被诛，次江逸居平湖石里庄，三伦居双林"⑥。可知在这场变故中，沈梦麟的后代或亡或逸，均已迁离花溪。直到成化间，花溪沈氏族难约半世纪后，沈梦麟的玄孙沈清才东山再起，重新开始了明清时期沈氏科举文学家族的成长之路。⑦ 他如昆山潘日新、太仓陈继宗等，这些个在洪武中勉强躲过一难的江南巨富之家，均在永乐间被选实闾右，强徙北京。⑧

（二）江南市镇的普遍衰敝与农商社会的变迁

江南市镇的凋敝几乎与富民的败落是同步进行的。濮院镇，"至

---

① 袁华：《故张公墓志铭》，《名迹录》卷四，文津阁《四库全书》，第227册，第556页中。
② 《重辑枫泾小志》卷十《志拾遗·拾遗》，第276页。
③ 王应奎纂：《柳南随笔》卷三，第52页。另见《支溪小志》卷一《地理志五·村坊桥梁》，第196页。
④ 朱鹭：《过金陵吊方正学诸臣诗》，《建文书法拟》附编上，《续修四库全书》，上海古籍出版社2002年版，第433册，第96页上。
⑤ 何乔新：《椒邱文集》卷九《花溪集后序》，文津阁《四库全书》，第417册，第273页下。
⑥ 蔡蓉升原纂，蔡蒙续纂：同治《双林镇志》卷二十《人物·元·沈梦麟》，第579页。
⑦ 张蕾、周扬波：《元代湖州花溪沈氏家族概述》，《湖州师范学院学报》2008年第4期。
⑧ 郑文康：《平桥稿》卷六《泗桥潘氏姓源记》，文津阁《四库全书》，第416册，第462页下；《平桥稿》卷十五《陈复初墓志铭》，第489页中。

（元）［正］丁酉（1357），苗帅杨完者，统洞猺答剌罕等屯驻院境，据福善寺为廨舍。近居无赖，投作向导，抄括院境，掳男女老幼皆杀之。壮者曰土乖，驱以为奴。民房之受燔毁者，十之六七。福善仅存一寺，玄明仅留一阁。蹂躏既极，□阛阓机杼，杳然散去者岁余。庚子（1360）秋，平江兵至，我祖□□而除之。离窜之民，招使复还，力艰起业者，□□□□佐。组织遗风，稍稍渐振"①。丙午（1366），张士诚与朱元璋的力量在嘉兴一带开始漫长的军事争夺，"由皂林乌镇直抵平望，屯营百里，剽掠四出，直至元平章丑的长寿见执，而嘉兴始降。市镇乡邨，残毁已甚"。由于濮家曾借粮十万给驻兵乌镇的张士诚婿潘绍元，得以暂保濮院镇安宁。但好景不长，最终在军事争夺中获胜的朱元璋，对濮家自少不了打击报复。"令分迁以散之，而三十七昆弟，去者既去，即存者亦莫敢怡堂安处矣。"② 濮氏后人濮润淞《谱略》载："戊申（1368）登极，潜行至院，谕各分迁。我祖氏始行□□（注：旧谱称太祖驾幸，玉音命迁，太学汤岚元亦郡居世家。时与濮氏遘婚。其宗谱中亦载驾幸一段。）唯明之公早故，不与迁列。"③ 直到"永乐甲申（1404）上从有司请，诏许并还故土"④。靖难之役后，濮家再罹悲剧："永乐七年己丑（1409），陈瑛请穷治革除间方孝孺、杨任等外戚，坐濮氏以杨氏姻亲充云南戍。前此寥寥仅归者，又复匿姓散处。"⑤ 直到明代中叶，濮家及濮院镇才开始复苏。"至弘正间，我祖氏生齿之繁，又及千丁矣。其他姓卜居者，前有贝刘燕朱，后有杨冯施乐，亦皆科第频仍，媲美济盛。机杼之利，日生万金。四方巨商，负赀争委。"⑥ 而朝廷的正式平反，则更至万历以后："万历十二年（1584），吾乡督御史□□以'忠臣已褒奖外亲未宥'恳乞圣恩，……始赦免还籍，族人乃得渐次复归。"⑦

---

① 《濮川志略》卷一《开镇说》，第42页上—44页上。
② 同上。
③ 《濮川志略》卷一《谱略》，第48页下—54页上。
④ 《濮川志略》卷一《谱略》，第51页下。
⑤ 《濮川志略》卷一《谱略》，第52页上。
⑥ 《濮川志略》卷一《开镇说》，第42页上—44页上。
⑦ 《濮川志略》卷一《谱略》，第52页上。

元明之际，东林镇遭罹兵燹，盛刹大慈隐寺、水镜寺、化成庵均毁废。[①] 入明以后以花溪沈氏为代表的双林富民受到极大的冲击。刘基"元至正朝馆于梅花溪沈元昭家，朝夕唱酬，相得甚欢。后佐孝陵为开国元勋，而元昭屡征不起。今有安邑功臣田，盖基以志不忘旧游之意，犹贺知章之乞鉴湖也。有赠元昭诗墨迹，在花溪裔孙家。其庄田、元昭孙以事没入官"[②]。沈梦麟二子：长文贞，次宗本。文贞长子某，谪戍被诛。[③] 捐建贵泾桥的钱氏后代遭遇惨祸，"钱迪，甦之子。洪武初，父以督税愆期当刑，迪慨然诣执政，求以身代。所司上其事，许之死，时年甫十八"[④]。随着大家的离散与凋落，东林一带的商业繁荣一去不返，陷入长期萧条。直到永乐年间，市场在西林一带才再度繁荣起来，镇亦改称"双林"。[⑤]

元末动荡之秋，乌青镇遭受长期的兵燹之残，"民庐寺观书馆举为煨烬矣。其仅存者唯两浮屠之遗迹焉，过者兴叹"[⑥]。与宋元之际的德祐之变[⑦]相比，元末的兵燹之祸尤其惨烈。乌青的祠庙寺观，德祐之变中只有沈氏的家庙月林庵毁于兵火。而元末毁于兵火的寺观达 13 座之多。[⑧] "入国朝洪武以来民庐寺观虽云重兴，亦不尽复，迄成化弘治间，年谷屡登，居民殷富，锐于兴作，……负贩之广，耕桑之勤，又日盛一日，……缙

---

① 蔡蓉升原纂，蔡蒙续纂：同治《双林镇志》卷九《庙宇》，第 519 页；茅应奎纂：《东西林汇考》卷二《建置志·寺院》，《中国地方志集成·乡镇志专辑》22 下，上海书店 1992 年版，第 769 页。
② 蔡蓉升原纂，蔡蒙续纂：同治《双林镇志》卷二十二《寓贤·刘基》，页二上，第 613 页。
③ 蔡蓉升原纂，蔡蒙续纂：同治《双林镇志》卷二十《人物·元·沈梦麟》，页二下，第 579 页。
④ 顾崇善纂：《里睦小志》卷上《人物志·笃行》，第 597 页。徐氏而外，钱氏等大家巨室都对李墓塘的市镇建设有贡献。钱氏曾捐建贵泾桥。桥"跨市心贵泾。元延祐间钱应炎重建，缪岩ући。俗呼大石桥。其后明成化间钱昌重修，亦有记。二碑俱在桥下"。（清）顾崇善纂：《里睦小志》卷上《地理志·桥梁》，第 580 页。
⑤ 参见同治《湖州府志》卷二十二《舆地略·村镇》，第 434 页上—434 页下；光绪《归安县志》卷六《舆地略·区庄村镇》，第 43 页上—44 页上。
⑥ 陈观：《乌青志序》，李乐《重修乌青镇志》卷首，第 138 页。
⑦ "德祐元年蒙古人入境，焚掠尽之。"李乐：《重修乌青镇志》卷二《祥异志》，第 155 页。
⑧ 包括创建于梁武帝天监年间的古寺普静寺、秘印寺，香火极盛的东岳行宫、崇福宫，宝阁寺、广福寺、福田寺、天台广福教院、北利济院、西利济院、嘉会院、慈云寺等。李乐：《重修乌青镇志》卷二《祠庙寺观志》，第 151—154 页。

绅士夫，摩接街市。民风土俗，一变而为富庶礼义矣。"① 明初长期凋敝，直到成弘间，才恢复宋元时期的繁荣局面。②

作为沿江通海的交通要道，常熟各市镇的凋敝更加明显。至正十六年（1356），张士诚兵入福山，曹氏首当其冲，园林被毁③，书院亦废。④史载：曹善诚"世以资雄吴中，岁入租三十六万。闻张士诚将渡江，恐祸及，发江船百艇击牛酾酒犒士诚师。及至，则迎至其家，献竽锦绣以钜万计。抵暮，将士纵掠，积货一夕空，其宅亦毁"⑤。位于常熟、太仓交界处的璜泾镇（元属常熟，入明后划归太仓），"宋元时故巨镇，明初遭兵火，闾里为墟"。直至明中叶，才再度兴盛。"成化间，邑人赵璧盖屋数百间，招来商旅，邑渐以盛，咸称之曰赵市。"⑥ 支溪镇巨族虞氏、顾氏，在明初的严刑峻法下均遭遇挫折。《支溪小志》卷三《人物志六·孝义》引《明史》："虞宗济（邑《志》作宗齐），字思训，常熟人。父兄并有罪，吏将逮治。宗济谓兄曰：'事涉徭役，国法严，往必死。父老矣，兄冢嗣且未有后，我幸产儿，可代死。'乃挺身诣吏，白父兄无所预悉，自引伏。洪武四年斩于市，年二十二。"⑦ 顾细二子顾文聪，"丁元末造，见时事日非，谓子孙曰：'元将讫禄矣，毋广置田园，以招罪戾。'公殁后二十年，邑中富室无免者。孙汝遂，代父远戍"⑧。靖难之役，顾

---

① 陈观《乌青志序》，李乐《重修乌青镇志》卷首，上海书店1992年版，第138页。
② 这从明代乌青镇的桥梁建设也可以明显看得出来。明代的桥梁多建于正德以后。见李乐《重修乌青镇志》卷一《桥梁志》，第147—150页。
③ 姚之骃：《元明事类钞》卷三十六《材木门·桐·新水沃桐》："淮兵入福山，曹氏园亭首被祸。"（第194页中）
④ 《康熙常熟县志》卷四《学校·书院》，第62页。
⑤ 《康熙常熟县志》卷十四《第宅（园林附）·曹善诚宅》，第335页。
⑥ 施若霖纂：《璜泾志稿》卷一《乡域志·沿革》，《中国地方志集成·乡镇志专辑》9，上海书店1992年版，第127页。
⑦ 同卷引龚《志》曰："宗齐世居支溪。在胜国时，祖安泽任德清县尹，故号宦家。入国朝，以乡帅统诸里长，坐法当死。县录其父德良、兄某下狱，宗齐私念父春秋高，兄冢嗣且无子，己幸有子，傥得代父兄，含笑入九泉矣。即诣吏自白。吏按章讯之，一一引伏。狱具斩东市，颜貌不少变。时洪武四年夏六月也。宋学士濂有论赞。"（第218页）
⑧ 顾镇编辑，（清）周昂增订：《支溪小志》卷三《人物志九·耆硕》引《顾氏宗谱》，常熟乡镇旧志集成本，第226页。

氏家族由于参与支持建文帝，再度遭遇厄运。① 大家巨室的沦落，使得元时繁盛一时的李墓塘市市场衰敝，直到15世纪末16世纪初，明成弘以后，徐氏子孙才又重新建市。《里睦小志》载："徐鲲，字景翔，号拙隐，创立徐市。"②

明初禁海，以海外贸易为主要经济增长点的澉浦镇也繁华难在。"明兴，徙杨氏籍其家，罢市舶司不复设，豪商大贾尽散去，二镇城民居为之萧条，非复囊时之盛。"③ 澉浦市河，联通招宝闸与六里堰的重要水道，元代澉浦舶货就是仰靠这条运河而顺利运销江浙各地的。然，"自国初绝海商置城守，此渠遂绝，市河湮塞为民居，惟于西城设水关通流至常积仓前，以便粮运而已。别有一支自东绕过北门，谓之旧城河，出丁家桥，会于仓河，然亦微细，湮没将尽矣"。④ 招宝闸等处舶货入运河的水道，明禁海以后"皆湮塞，不知当时故道何如也"。⑤ 澉浦杨氏明初亦被强徙离开海盐⑥，杨氏旧居废为延真院，昔日莺歌燕舞的梳妆楼人去楼空，成为一座无人问津的鬼楼。⑦ 经济凋落之后，澉浦的民风也发生了翻天覆地的变化："自禁海筑城，官兵守御，利源既绝，往迹俱非，不见异物，亦无外慕。男惟力穑渔樵，女则纑井臼而已。迄于成弘之末，百五十年，虽以贫见摈于诸方，实以拙自成于乐土。"⑧

经历了元明巨变的江南大族心理上普遍不认同新朝，世家子弟普遍

---

① 明人张朝纲《顾处士细二公墓桧歌》："靖难师入金川门，琴川给谏吁殒身。灵柯惨澹忽凋丧，郁郁似殉孤忠魂。（白）[四]百余年诧神异，庆流复兆孙曾瑞。淋漓元气造化扶，再发虬枝勃苍翠。"又邵篪诗："有明二叶龙战野，纷纭忠节遭虔刘。宿昔此树自憔悴，神气惨郁入同仇……八世之后枝复发，蔚然翠干森螭虬。是时顾氏嬗科第，文物继代光前修。"见《支溪小志》卷六《艺文志·诗》，第267—268页。
② 顾崇善纂：《里睦小志》卷上《人物志·耆硕·徐鲲》，第600页。按：鲲，南京工部尚书徐栻之祖。（清）顾崇善纂：《里睦小志》卷上《人物志·科第·明》载："徐栻，字世寅。祖鲲，字拙隐，创立徐市。父天民，字觉甫……栻登嘉靖丁未（1547）进士。"（第588页）
③ 天启《海盐图经》卷六《食货篇第二之下·课程·附市舶》，成文出版社1983年版，第535页。
④ 董穀纂修：（嘉靖）《续澉水志》卷一《地理纪·山川》，上海书店1992年版，第539页。
⑤ 同上书，第538页。
⑥ 天启《海盐图经》卷六《食货篇第二之下·课程·附市舶》："明兴，徙杨氏籍其家，罢市舶司不复设，豪商大贾尽散去，二镇城民居为之萧条，非复囊时之盛。"（第535页）
⑦ 天启《海盐图经》卷三《方域篇第一之三》："宣慰故第即今延真院，是有楼十楹，向贮歌姬，俗谓之梳妆楼。年久楼魅，人无敢登。"（第145页）
⑧ 董穀纂修：嘉靖《续澉水志》卷一《地理纪·风俗》，第537页下。

不愿出仕。《屯村志》载:"明兴,太祖用法刻深,严于吏治,有剥皮楦草之刑;又待下多疑,凡进奏诗章,皆以音声字样揣摹,为犯嫌讳而诛戮者甚众;又数为微行,密察臣民情伪,即按治以法,故为官者虑事累及,多诈疾潜逃。而屯村旧族诗礼子弟,俱不敢出试。至郡邑着令各乡镇举报秀才,拘执充认,致逃避远方,更姓改名,而不肯就。自是屯村士族稀少,而习俗渐以粗陋矣。"①《常熟县志》载有这样一个典型的事例:

> 黄钺,字叔扬,常熟县人。少明敏好学,家无藏书,日游市肆中借观之。是时天下新定,重法绳下,士不乐仕,人文散逸,诏求贤才,悉集京师。钺父见其子好学,甚恐为郡县所知,数惩之不能止。家有田数十亩,在葛泽陂,因令督耕其中,钺至陂,无书读。托市盐酪,率一二日即入城从其友人家借得书,道中披览,比至陂辄尽,每以为恨。杨(溁)[溁]者,元末隐士也。尝避雨泊舟钺舍傍,窥见钺持书倚檐读不辍声,乃就视之曰:"竖子好学至此哉!日能读几何?"钺答曰:"苦无书读耳!过目不能忘也。"溁曰:"我有书在洋海店,去此不远,竖子能从吾游乎?"钺喜,再拜即从溁入舟至其舍……(溁)因令其子福同室而居者三年,遂尽其书。县闻之,并辟福贤良,溁怨之曰:"吾不幸遭世乱,家破族散,今独携一子,耕读远郊以毕余生,以子好学,尽以藏书奉观览,奈何不自韬晦,卒为人知,贻累我家。"钺徐曰:"无患,当为公说尹罢之。"乃妆福,结束如农夫,且曰:"即尹有问,子但操吴音,勿有对。"福尽如钺教,因同诣尹,曰:"钺与福共笔砚数载,知福为深,福才能问学并出钺下,而赋父老身病,不可遣行。即行,不足以应诏,君且得罪。"尹心知其诈也,不得已,乃独遣钺。②

或是出于政治上的反感,或出于心理上的畏惧,入明以后的相当一段时期内,江南世家大族普遍仕宦观念淡薄,表现出"不与新朝合作"的集体行为取向。在朱元璋抑豪刬富的国策之下,许多富豪之家隐姓埋

---

① 曹氏纂:《屯村志·风俗》,广陵书社 2011 年版,第 319 页。
② 康熙《常熟县志》卷二十五《集文·传状赞类·给谏黄公(钺)传》,第 630—631 页。

名，息声敛迹，江南的市镇商业经济与社会文化遭遇前所未有的历史挫折。

宋元时期持续繁荣的吴江同里镇（原名"富土"，明成弘间改名"同里"）、屯村市，明初随着大家的持续被打击，市镇经济一蹶不振。同里镇，宋设巡检司，元始设镇，同里务岁办商税钞一千多锭。[1] 后人回忆同里镇的繁荣发展，多宋元并称："宋元间，民物丰阜，商贩骈集，百工之事咸具。园池亭榭，声技歌舞，冠绝一时。"[2] 明初富民巨室遭受普遍打击，沈万三的女婿陆仲和，元末徙居同里。"走马街，一在南秘圩，一在东秽穊圩。元季，陆仲和为沈万三婿，富甲江左，时值荒乱，隐居于此。亭台、池囿，辉耀桑梓，建疏柳、饮马二桥，造帐子廊，有南北二马路。明初，没为官街。"[3] 据陆氏后嗣回忆："明初，陆仲和富甲吴中，以逾制，为太祖抄没，其子弟诛夷殆尽，止一幼孙仅存，户名陆官奴，家于谢里村。同里陆氏皆胎源于此。"[4] 有陆序班某，因私人恩怨，诬告沈万三婿周庄顾学文为蓝玉党，"诏捕获之，词连父妻姻党，（原注：《莫志》云，父常，弟学礼、学敬，妻族沈旺、沈德全、沈昌年、沈文规、文矩、文衡、文载、文学、沈海，皆万三后。）及其仇七十二家。（原注：《莫志》云，殷子玉等。）转相援引，并及处士张璹、侍郎莫礼、员外郎张瑾、主事李鼎、崔龄、徐衍等，不下千家。党祸大起，至五六年乃息"[5]。镇南叶氏水花园，"明洪武中，俱没入官，遂废为渔丛"。叶盛的先祖为了避祸，明初迁居昆山："叶姓有富名，明初惧祸，迁居昆山。"[6] 随着富家巨室的凋落，同里的市镇经济也陷入长期萧条。直到成弘间，流民渐归，迁居者日盛，市镇才又重新繁荣起来。

距同里镇东十里的屯村市，宋元时商业兴盛、人物繁华。因"其地东西为邑中往松江孔道，南北亦为杭嘉苏往来径路"[7]，唐时已是繁荣的农副产品贸易市场。宋建炎二年（1128），"士民随驾南渡，寄居此地者

---

[1] 嘉庆《同里志》卷八《赋役志·贡赋》，广陵书社2011年版，第83页。原注："按《卢志》：贯作锭，元钞以锭计。"
[2] 嘉庆《同里志》卷一《地舆志上·沿革》，第33页。
[3] 嘉庆《同里志》卷五《建置志下·古迹》，第65页。
[4] 嘉庆《同里志》卷二十一《人物志十二·杂录·明》引陆恒自序，第233页。
[5] 同上。
[6] 嘉庆《同里志》卷五《建置志下·园第》，第67页。
[7] 曹氏纂：《屯村志·形胜》，第313页。

千余家"①。"富商巨贾，千艘万樯，悉懋迁于其间。"② 入元以后，上海、澉浦海外贸易兴盛，处于水路枢纽处的屯村继续繁荣，所以后世谈及屯村的发展，亦宋元并称："屯村自宋元来，徭轻税薄，居民最为稠密。"③"至元季丧乱，军中需索纷纷。至伪吴据占，骚扰尤甚。及明兵入吴④，更相借贷，故此地富家惟思全身远害，悉将家财布散贫民，房屋官中拆毁。中产之家，十存二三。迨靖难兵起，民逾流离，至今不能富。"⑤ 报恩寺西庵洗心堂、东庵济度堂、下院天王殿，均在洪武年间抄废。⑥ 由于明初"差繁法密，居民往往脱籍迁徙，地多闲旷，乃易市为村，有前后二村"。直到明代中后期，"嘉靖间，又称为市。时居民数百家，铁工过半，迄今居民稍增，自成市井"⑦。

富民阶层的分崩离析，商业市镇的普遍萧条，折射出元明之际江南社会的深刻变迁。前引清人沈以澄《论程安圩田不可多置及坟茔不宜》："尝读《双林志》，载有元沈野先先生义田千亩以教养乡里宗族，未尝不高其义，慕其风而深叹。有明以来，太祖加赋厚敛，致我湖民长困，此举不可复行也。"沈以澄对元代沈野先们的社会宗族义举充满敬慕，但朱明之后这样的慕义行善之举很难再见，他以为其中的原因就在于朱元璋建明之后湖州社会结构的变迁："吾乡有田数顷者，时际年丰非不高廪可喜；而水旱频仍，赔粮至累，即急欲求售而薄田又无受主，从来贫富代嬗，虽至德之家不无衰替。苟当中落，纵有房屋市廛，大约美者先尽，追呼孔迫，遭杖责者有之⑧。"元明之际的长期动荡之后，使得宋元以来连续发展的江南农商社会结构经历过了明显的历史挫折。董穀笔下元代的繁华过后的澉浦"迄于成弘之末，百五十年，虽以贫见摈于诸方，实

---

① 曹氏纂：《屯村志·沿革》，第313页。
② 范良龚：《东岳庙碑记》，(清)曹氏纂：《屯村志·寺庙·附录·范良龚·记》，第327页。
③ 曹氏纂：《屯村志·风俗》，第319页。
④ "元至正十六年张士诚遣其弟士德据吴江，分兵谭道济寨守屯市东关，控扼秀州、松江二要冲。二十六年，徐相国达下吴江，随往松江。经屯市，道济迎降，命掣兵屯秀州。"(清)曹氏纂：《屯村志·风俗》，第319页。
⑤ 曹氏纂：《屯村志·风俗》，第319—320页。
⑥ 曹氏纂：《屯村志·寺庙》，第327页。
⑦ 曹氏纂：《屯村志·沿革》，第313页。
⑧ 沈以澄：《论程安圩田不可多置及坟茔不宜》，(清)蔡蓉升原纂，蔡蒙续纂：同治《双林镇志》卷三十一《文存》，第699页。

以拙自成于乐土"①。吴履震笔下的元季富民云集的松江"入国朝来，吾郡元魁继出，文献甲于天下，第民苦赋役，十室九空，无复有往时豪富之风矣"②。不管文字的作者持有怎样的历史观，也不管他们对澉浦、松江的百年萧索作怎么的褒贬之论，但元明之际的转折，"元明之变"，是真实存在的。

随着江南富豪之家的分崩离析，以私家园林为主要活动场所的富民文化圈也失去了存在的基础。洪武初年，享誉太仓文人圈的顾瑛父子、陈宝生先后被谪徙临濠，以玉山草堂、春草堂为中心的妙趣横生的诗画创作鉴赏文化圈随之迅速陨落③。像太仓一样，松江、苏州、吴兴等地，都由元季的繁华优游一变而为明初的荒凉萧索，富民哀矜，士子寥落，宋元以来颇具"近代"特质的商业气息浓厚的江南富民文化整体滑落。

朱元璋父子对豪民的经济褫夺，与对江南文士的政治压制和文化控制是同步进行的。元末吴中才士麻列，名士争寓。经过朱元璋的强徙杀戮，明初的江南，人物凋零，文坛一片死寂。元末享誉吴中的本地与流寓文人，入明后普遍遭遇厄运，不管仕与不仕。除了杨维桢幸运地以一篇老妇谣"白衣宣来白衣还"之外，几无善终者。④"故园凋落，残生茫然"⑤，明初高压政治之下，江南的文人士子再难觅元季之同好雅聚、终日竟夕之娱，由元季的适意优游一变而为明初的寒噤战栗。由元到明的巨大生活与心理落差使得富民文士群体对于元明社会变迁的历史记忆深入骨髓，这种集体记忆经过长期的心理积淀与文化传递便形成了明清时期江南文士普遍的"元季"情结。

---

① 董榖纂修：（嘉靖）《续澉水志》卷一《地理纪·风俗》，第537页下。
② 吴履震：《五茸志逸随笔》卷七，第202页下。
③ 关于此，参见王秀丽《元末明初的海商与江南社会》，《南开学报》2016年第2期。
④ 董文骥：《金兰集序》，《金兰集》卷首，第11—12页。
⑤ 邵亨贞：《蚁术诗选》卷二《乙卯（1375）立秋日客舍纪怀二十韵》，第49页。

方回撰《吕师孟墓志铭》考释

向 珊

1959年1月，在苏州虎丘山北黄桥乡发现了一座元墓。出土的两方墓志，显示此为宋末著名"吕氏军事集团"[1]的成员——吕师孟及其妻束氏的合葬墓。同年11月，江苏省文物管理委员会公布了该墓葬的清理简报，并刊布了其中一方墓志的拓片照片[2]，此后便鲜有人关注。直到1980年出版的《苏州文物资料选编》一书，才对吕师孟墓志铭进行了录文整理，但其中错讹颇多，句读推敲也多有纰漏。[3] 目前关于吕师孟夫妇合葬墓的研究，仅有魏采苹《吕师孟墓金银器考察》一文，重点在于探讨该墓出土的金银器。[4] 鉴于学界对这篇珍贵的出土文献还未予以重视，笔者不揣浅陋，对吕师孟墓志铭进行整理考释。不足之处，祈请方家批评指正。

一 墓志录文及标点

墓志铭题名"故宣慰嘉议吕公墓志铭"，志文33行，满行42字，全文共1200余字。现将录文整理、标点如下：

故宣慰嘉议吕公墓志铭

---

[1] 也有学者称其为"吕氏武将集团"。屈超立：《论吕文德及吕氏军事集团》，邓广铭、漆侠等主编：《宋史研究论文集·一九八七年年会编刊》，河北教育出版社1989年版，第334页。董涛：《宋元之际水军将领范文虎的事迹与相关问题探析》，硕士学位论文，四川师范大学，2008年。

[2] 王德庆：《江苏吴县元墓清理简报》，《文物》1959年第11期。

[3] 苏州地区文化局等编：《苏州文物资料选编》，昆山新光印刷厂1980年印，第135—136页。

[4] 魏采苹：《吕师孟墓金银器考察》，《东南文化》1994年第3期。

通议大夫前建德路总管兼府尹紫阳方回撰
嘉议大夫前平江路总管兼管内劝农事恒山董章书
资德大夫江浙等处行中书省右丞辽阳洪君祥篆盖

天下一统，燕齐周鲁楚越之郊，南北士大夫以旧官称吕端明者三十年，何也？以其虽除淮东道宣慰副使，而/闲居之日久也。汉高祖功臣表皆新列侯，未妨种瓜东陵侯①以旧侯见称于汉世也。公讳师孟，字养浩，号浩/叟，世居安丰路霍丘县。曾祖全，赠太师，妣刘氏，鲁国夫人；祖深，赠太师、相国公，妣马氏，徐国夫人/；父文福，资善大夫、中书左丞，妣（刘氏夫人）刘氏，建安郡夫人。② 公宋端平元年甲午正月二十日丑时生，二/十岁世赏补官保义郎。宝祐（二）〔三〕年③乙卯，二十二岁出官，主管义军都统司机宜文字，历淮西制准，辟两淮宣准/。开庆元年己未，淮西兵马副都监。景定元年庚申，宝应兵钤，除閤门看班祗候，升宣赞舍人、右领卫中郎将。四/年癸亥，右屯卫将军。三十岁作郡，权发遣宝应军。一时人物英妙秀发。伯武忠公文德时开阃荆蜀，父资善时/帅淮西，并不假荐授。咸淳元年乙丑，知高邮军。三年丁卯，知招信军。七年辛未，右领军卫将军。八年壬申，知蕲/州。德祐元年乙亥，带都督府计议官，依旧任。夏入朝，遥郡刺史、带御器械。时四十二岁。换文为朝奉郎、太府寺/丞。十一月，兼右曹郎官、军器监，丐祠，秘阁修撰，主管冲佑观。十二月，擢枢密副都承旨。

混一之师入平江，议遣使，无敢往者，公挺身任责。始除夏公士林刑部尚书，陆公秀夫工部侍郎，公兵部侍郎/，同使平江军前，乞缓师。军前俾公拜，公对："使之往来自有常礼。拜于军前，非礼也。"不拜。从叔父参政文焕时亦/在焉，军前令拜，公毅然正色曰："自有家庭之礼。"众皆韪之。使还，除兵部尚书，辞。寻拜端明殿

---

① 种瓜侯，指召平，也作邵平。秦庄襄王及赵姬死后葬东陵，秦始皇封召平为东陵侯以看护。秦亡汉兴，召平沦为布衣，在长安城东种瓜为生。故称"种瓜侯"。吕师孟本为南宋旧官，入元后不再受重用。方回以此比附秦汉时期的召平。《史记》卷五十三《萧相国世家》，中华书局1959年版，第2017页。

② "刘氏夫人"四字疑为衍文，或为刻碑之时的讹误。元时命妇封号，并无"夫人"。吕文福及吕师孟所任官职，均可使刘氏获封"郡夫人"。

③ 碑文为"二"。宝祐二年为甲寅，三年方为乙卯。且吕师孟生于端平元年（1234），至宝祐三年（1255）正好二十二岁，故"二"为"三"之误。

学士，提领户部财/用，赐同进士出身，与执政恩数，继以签书枢密院事，则力辞不拜矣。右阶至武功大夫，左换至中大夫，两赐绯/银鱼、紫金鱼袋。至元十三年丙子正月，钱塘传檄而定。二月，故官自公卿至三学生，皆以行省命赴北，公与/焉，繇是留大都四年，始授嘉议大夫、漳州路总管、行淮东道宣慰副使。归卧吴中隐处二十有六年，以大德八/年甲辰七月十七日酉时考终命，享年七十有一。娶束氏，大宁郡夫人，都承、宝章元嘉女。子男二人：仪之，承事/郎、封州知州兼劝农事；俨之，登仕郎、英德路同知桂阳州事。女三人：长适将仕郎、必际县尹叶缜；次适将仕郎/、鸭水县尹夏赟孙；次适杨浩之，故行尚书左丞、前驸马都尉镇之子。孙男二人：溥、涛。孙女二人，在幼。将以是年/十二月初八日乙酉，葬于平江路长洲县武丘乡九都壬山之原。公大节不可一书，孝事父母，唯谨友于兄弟/，至如析父财，公一毫不问。待士谦临下恕，好施予，恤孤贫。笃学博记，以五经四书作一签筒，时抽一经，暗诵如/流。风吟骚咏，举眉山苏坡仙诗，首尾贯串。善草书，有《草韵本》行于世。其隐处也，有虎阜、茗溪之二别墅，松菊泉/石，往来娱老，若神仙中人，世皆仰慕。此（大）〔天〕①之所以佑善人也欤？！回依吕氏门塾，窃壬戌第，公领环卫色关，过从/不一。今老七十八未死，得镵文于公之墓道，岂不幸哉！铭曰：

　　初末貂蝉，其冠亦鹖，公之把麾，可谓早达。古者兵交，使在莫闲，公之握节，似乎中艰/。万里言还，经丘寻壑，公之孝盘，成是晚乐。端殿执政，驾言于幽，世称故官，如东陵侯/。人之为人，观其平日，谦不恃势，恕不害物。可以为相，何必将哉，所以赐第，爱易文阶/。周鼎维新，箕微并命，不易初服，归我沂咏。由淮而浙，有田有园，肥不自取，逊于鸰原/。寿富康宁，至于攸好，方寸召兹，天所以报。作是铭诗，有新其阡，孰侪此美，子孙永延。

---

① 碑文为"大"，据文意，当为"天"之误。

二　墓志所见吕师孟生平、宦迹

根据志文，吕师孟，字养浩，号浩叟，安丰路霍丘县人。师孟生于宋端平元年（1234）正月二十日，卒于元大德八年（1304）七月十七日，享年七十一岁。同年十二月初八日葬于平江路长洲县武丘乡（今苏州虎丘）。安丰路霍丘县（今属安徽六安）为元朝建置，隶河南江北行省。宋时为寿春府，领下蔡、安丰、霍丘、寿春四县①。此前关于吕文德的研究成果，只知其为"安丰人"②。此志可将吕氏籍贯具体到霍丘。

吕师孟一生跨宋元两代，在宋朝可谓官运亨通。宝祐元年（1253），年二十岁，以恩荫入官，补保义郎（正九品散官）。两年后出官，主管义军都统司机宜文字，历任淮西制置司和两淮宣抚司的准备将官。景定元年（1260），为宝应军兵马钤辖，除阁门看班祗候。景定四年（1263），权发遣宝应军，时年三十岁。方回强调，虽然此时吕师孟伯父文德执掌荆蜀军务，父文福为淮西招讨使，但师孟能够出任一郡长官，却并非父、伯的缘故。随后知高邮军，改知招信军。咸淳八年（1272），知蕲州。至德祐元年（1275），累迁至枢密副都承旨，且由武职左换为文臣。元军入平江后，以兵部侍郎出使。使还，除兵部尚书，不就。寻拜端明殿学士，提领户部财用，赐同进士出身，与执政恩数，力辞签书枢密院事。在宋朝，武职右阶至武功大夫（正七品），文阶至中大夫（正五品）。两赐绯银鱼、紫金鱼袋。

元朝混一以后，吕师孟以宋故官身份，随幼帝赵㬎、太后全氏和百官及太学诸生赴北。在大都逗留了四年，始授嘉议大夫、漳州路总管、行淮东道宣慰副使，但很快归隐苏州。从至元十六年（1279）授官、辞官，至大德八年（1304）卒，正好二十六年。

从整篇墓志来看，出使元军，可谓吕师孟一生中最重要的事迹。我们可根据正史中的相关记载，将这次出使活动的过程大致复原。据《元史》，伯颜于德祐元年十二月初八（至元十二年十二月甲辰）"次平江

---

① 《元史》卷五十九《地理志二》，第1412页。《宋史》卷八十八《地理志四》，第2183页。
② 屈超立：《论吕文德及吕氏军事集团》，第334页。

府"。同月初十（丙午），宋廷追封吕文德为和义郡王，此前已擢吕师孟为兵部侍郎。十七日（癸丑），宋廷"遣宗正少卿陆秀夫、刑部尚书夏士林、兵部侍郎吕师孟使军前。诏吕文焕、赵孟桂通好"。至二十四日（庚申），陆、夏、吕三人通过囊加歹见到了伯颜，"请尊世祖为伯父，而世修子侄之礼，且约岁币银二十五万两，帛二十五万匹"。二十七日（癸亥），吕师孟等人与囊加歹还临安①。称侄纳币的请求并未被伯颜所接受。

除了"孝事父母"、"友于兄弟"、乐善好施等谀墓之词外，方回还特别描写了吕师孟在隐居之后，修习儒家经典和从事研习文学书法等生活常态。武臣出身的吕师孟，在宋末已改换文职，隐居后更是过上了典型的士人生活，博学笃记、风吟骚咏，与骄矜跋扈已全然无关。而且世人仍以前朝端明殿学士之职称之，似乎还呈现出宋遗民的状态。

三　墓志所见吕师孟之社会关系

人的社会关系，从建立的基础而言，可分为血缘关系、地缘关系和业缘关系三类。出土墓志铭中，也反映出吕师孟的种种社会关系。概而言之，可分为亲属、朋友和同僚三类。当然，这几种关系也有重叠交叉的部分，并非界限分明。

（一）世系和姻亲

志文记录的与吕师孟有亲属关系者凡24人，清楚地呈现了从曾祖至儿孙的世系信息，其中明确可考者6人，即吕文德、吕文焕、吕文福、吕涛、束元嘉及杨镇。

众所周知，"吕氏军事集团"以吕文德为首，文德死后以文焕最为显赫，弟文福、文信及子侄辈的吕师夔、吕师孟等，也多为晚宋军政要员，"吕氏子弟将校，往往典州郡而握兵马者"。② 为行文方便，我们先将吕氏较为重要的成员吕文德、吕文焕、吕文福三人的资料梳理如下。

吕文德，生年不详，"魁悟勇悍"，尝为安丰鬻薪人。宋理宗时，因

---

① 《元史》卷一二七《伯颜传》，第3108页。《宋史》卷四十七《瀛国公纪》"德祐元年十二月"，第936页。

② 宋衟：《与襄阳吕安抚书》，苏天爵编：《元文类》卷三十七《书》，《四部丛刊初编·集部》，第331册，第11b页。

勇武善战被淮东安抚制置使赵葵招致麾下，抗击蒙古，累立战功。开庆元年（1259）三月，受命为四川制置副使兼知重庆府。同年九月率部援鄂，击败蒙古大将拔突儿部，支援鄂州成功解围。宋廷"特赐百万，良田万顷"，以文德为京西湖北安抚制置使、知鄂州兼侍卫马军都指挥使。景定二年（1261），超授太尉、夔路策应使，未几兼四川宣抚使。次年正月以收复泸州之功，进开府仪同三司。景定四年（1263），浚筑鄂州、常德、沣州城池，加强了京湖一线的防务，加宁武保康军节度使。度宗屡赐褒诏，授少傅。蒙军攻襄樊前，降蒙的南宋潼川安抚副使刘整献策，在襄阳城外置榷场，并遣使以"玉带"诱之。文德遂请互市于朝。蒙军外通互市，实内固堡垒，及出兵剽掠，文德始悟中计。后疽发于背，请致仕，授少师、卫国公。寻卒，赠太傅，谥武忠。德祐元年（1275），追封和义郡王。① 文德一生战功累累，虽有贪污军饷等不法行为，但在南宋抵御蒙古的军事进攻中立下了汗马功劳。宋廷对他极为倚重，刘整曾对忽必烈言："南人所恃惟文德。"足见其重要地位。②

吕文焕，生卒年不详。宋咸淳三年（1267）十二月，以功累擢知襄阳府兼京西安抚副使，多次抵御阿术、刘整、史天泽等人的进攻，坚守襄阳达五年之久。咸淳九年（1273）樊城陷后，受阿里海牙招降，以襄阳附元。随后向忽必烈献策攻鄂，并自请为前锋，授昭勇大将军、侍卫亲军都指挥使、襄汉大都督。次年拜参政政事，行省荆湖，为元廷攻破及招降沿江诸州。宋谢太后遣使谕息兵修好，不听，为伯颜东进向导。至元十三年（1276），伯颜受宋降表，文焕受命入临安阅视城堑、抚谕军民。十四年（1277），由参知政事、行江东道宣慰使升中书左丞。十五年（1278）三月，奉诏遣官招故宋生熟券军。五月，江东道按察使阿八赤求"金银器皿及宅舍子女不获"，诬文焕私匿兵仗。行台大夫相威领诏察按，不实，阿八赤免官。九月，升中书右丞。至元二十三年（1286），以江淮

---

① 《元史》卷一六一《刘整传》，第3786—3787页。柯维骐：《宋史新编》，新文丰出版公司1974年版，第739页。屈超立：《论吕文德及吕氏军事集团》，第334—338页。
② 黄震：《古今纪要逸编》，鲍廷博编：《知不足斋丛书》第21集，上海古书流通处石印本，1921年版，第19a页。柯维骐：《宋史新编》，第739页。

行省右丞告老，其子仍为宣慰使。①

吕文焕降元，大大影响了宋蒙双方的军事力量对比，被认为是宋蒙战争中最具决定意义的大事之一。元军攻克襄樊，破坏了南宋在长江中游的军事防御体系，使之丧失了苟安东南的军事屏障，大大加快了忽必烈统一南北的步伐。②

吕文福，文焕从弟。《宋史新编》言其"历典方州"。③ 这一说法为《宋史》所印证，但其任职之所大体不出淮南东、西路的范围。④ 吕文焕降元后，文福自认"为其玷辱"，主动请辞。后又与李庭芝当庭辩论，极言文焕降元"非由己心"。虽然李庭芝"证据确凿"，宋廷仍下诏令其"勉力捍御，毋坠家声"⑤，并未受牵连。次年四月，宋廷以文福为常德、辰、沅、澧、靖五郡镇抚使，知沅州。⑥ 德祐元年（1275），元军兵临城下之时，文福遣所部淮军入卫。但其途经饶州之时，却杀掉了宋廷派来的使者，入江州降元。⑦ 文福入元以后的事迹失载，吕师孟墓志铭称文福为"资善大夫、中书左丞"，当为其在元朝的任官，或为死后追赠。

《宋史新编》言师孟为文德之子，后出《蒙兀儿史记》及《新元史》

---

① 《宋史》卷四十六《度宗纪》"咸淳三年十二月""咸淳九年二月"，第899、911页。《元史》卷八《世祖纪五》"至元十年二月""至元十年四月""至元十一年三月"，《元史》卷九《世祖纪六》"至元十三年正月""至元十四年七月"，卷十《世祖纪七》"至元十五年三月""至元十五年五月""至元十五年九月"，卷十四《世祖纪十一》"至元二十三年正月"，第148、149、154、177、192、199、201、205、285页。《元史》卷一二七《伯颜传》卷一二八《阿里海牙传》，第3109、3125页。屠寄：《蒙兀儿史记》卷一一一《吕文焕传》，上海古籍出版社、上海书店《元史二种》，1989年版，第689页。吕文焕被诬一事，《蒙兀儿史记》载阿八赤诬其"私匿兵仗及宋宗室"。

② 屈超立：《论吕文德及吕氏军事集团》，第342页。李治安：《忽必烈传》，人民出版社2004年版，第227页。

③ 柯维骐：《宋史新编》，第739页。

④ 《宋史》卷四十三《理宗纪三》"淳祐五年五月""淳祐五年十二月""淳祐十一年八月"，《宋史》卷四十四《理宗纪四》"开庆元年十一月"，卷四十五《理宗纪五》"景定二年四月""景定三年三月"，卷四十六《度宗纪》"咸淳五年六月""咸淳六年二月"，第832、834、844、868、877、880、903、904页。

⑤ 《宋史》卷四十六《度宗纪》"咸淳九年五月""咸淳九年六月""咸淳九年十一月"，第913、914页。

⑥ 《宋史》卷四十六《度宗纪》"咸淳十年四月"，第918页。

⑦ 《宋史》卷四十七《瀛国公纪》，"德祐元年二月""德祐元年三月"，第925、927、928页。《元史》卷八《世祖纪五》"至元十二年四月""至元十二年五月"，第165、167页。

均袭此说。① 出土墓志明确记载师孟为文福之子，称武忠公文德为"伯"。墓志作者方回"依吕氏门塾"，与吕氏家族的几代成员均有交往，所言当为可靠。传世文献一般以文焕为文德之弟，但师孟称文德为"伯"，而非"从伯""从父"，文焕为"从叔父"②，可见文福为文德胞弟，文焕与文德、文福则为堂兄弟关系。

师孟曾祖为吕全，赠太师，曾祖母刘氏为鲁国夫人。祖父吕深赠太师、相国公，祖母马氏为徐国夫人。吕氏兄弟起自寒微，以上封号显然来自封赠。那么，吕全、吕深及刘氏、马氏的封号，究竟是因谁而得呢？

元朝正、从一品的官员，可封赠父母、祖父母及曾祖父母三代，从三品至正二品官员可封赠父母和祖父母两代，从七品至正四品官员只封赠父母。且当被封赠对象符合多个封赠条件时，以等级高者为准。③ 文福官至资善大夫、中书左丞，为正二品属官，可封赠父、祖二代，但按照规定，其父仅能封郡公，其母妻仅可封郡夫人。吕师孟入元后任嘉议大夫（正三品）、漳州路总管（下路，从三品）、行淮东道宣慰副使（正四品），可封赠二代。若吕深和马氏因其受封，则至多封"郡侯"和"郡夫人"。④ 而吕深受封"相国公"，及刘氏所封"鲁国夫人"、马氏所封"徐国夫人"在元并为正、从一品封爵。故可断定吕全、吕深等人并非因文福和师孟受封。文焕与文福并非同胞兄弟，吕深不太可能因其受封。且吕文焕以江淮行省右丞（正二品）告老，入元后所任最高职也无有逾正二品者，故其父祖不可能在元朝获得"国公"的封爵。

如此一来，则吕全等人只能是在宋朝受封，且能使吕全和吕深追赠太师的，只可能是赠太傅吕文德。

师孟母刘氏为建安郡夫人。如前所述，其夫文福和子师孟均可致其受此封爵。师孟妻为束氏，有子二人，女三人，孙二人，孙女二人。总

---

① 柯维骐：《宋史新编》，第739页。屠寄：《蒙兀儿史记》卷一一一《吕文焕传》，第689页。柯劭忞：《新元史》卷一七七《吕文焕传》，上海古籍出版社、上海书店《元史二种》，1989年版，第728—729页。

② 吕文福自称文焕为"从兄"，可能方回将文福与文焕的年齿颠倒。《宋史》卷四十六《度宗纪》，第913页。

③ 陈高华等点校：《元典章》卷一一《吏部卷之五·职制二·封赠》，中华书局、天津古籍出版社2011年版，第418、419页。

④ 陈高华等点校：《元典章》卷十一《吏部卷之五·职制二·封赠》"流官封赠通例"条，第418页。

体而言，称得上儿孙满堂。

儿孙辈成员的资料不多，目前仅见师孟孙吕涛与画家诗人朱德润有交往。朱氏自称"以先大父淮西之役"，与师孟为世契，而吕涛又与其游，还曾为师孟的寿乐堂写景、铭诗。①

师孟妻为南宋枢密院都承旨束元嘉女。束氏墓志已出土，惜至今未能公布，我们无法了解更多的信息，却可在史料中看到其父元嘉的模糊影像。

束元嘉与吕师孟同为淮西人，历任通城县主簿、县令、泰州知州，累官至枢密院都承旨。② 吕师孟墓志所言"都承、宝章"为枢密院都承旨和宝章阁属官的省称。宝章阁建于理宗宝庆二年（1226），藏宁宗御制，设学士、直学士、待制等职，实为贴职。③ 此外，德祐元年（1275）正月，贾似道曾令束元嘉、阮思聪赴元营请和，但史料中，次月出使者仅阮思聪一人，束氏或未领命。④ 入元以后，束元嘉被认定为平江路儒户⑤。可推知他晚年寓居苏州。

吕师孟的三位东床，在文献中并没有留下太多的痕迹，仅知二女所适夏赟孙为南宋著名降将夏贵之孙⑥；而他的亲家翁杨镇——三女婿杨浩之的父亲，却是晚宋不折不扣的风流人物。

杨镇，字子仁，号中斋，严陵人，节度使蕃孙之子，慈明太后⑦侄孙。景定二年（1261），授左领军卫将军、驸马都尉，尚理宗和贾妃之女

---

① 朱德润：《存复斋文集》卷一《寿乐堂铭》，《四库全书存目丛书》，集部第22册，齐鲁书社1997年版，第571—572页。

② 《癸辛杂识》所记为束元嘉，知"泰州"，《明一统志》言其"知秦州"。"嘉"与"嘉"字形相近，或为刊刻中的讹误。秦州在今甘肃天水，至南宋时已由金人管辖，元嘉不可能任此地知州。李贤等纂：《明一统志》卷十四《庐州府》"人物"，三秦出版社1990年版，第226页。周密撰、吴启明点校：《癸辛杂识续集》卷下，中华书局1988年版，第192页。

③ 《宋史》卷一六二《职官志二·诸阁学士》，第3821页。

④ 刘一清：《钱塘遗事》卷七《遣使请和》，上海古籍出版社1985年版，第146页。《宋史》卷四十七《瀛国公纪》，第925页。

⑤ 佚名撰，王颋点校：《庙学典礼》卷六，浙江古籍出版社1992年版，第128页。

⑥ 刘岳申：《申斋刘先生文集》卷八《大元开府仪同三司行中书省左丞夏公神道碑铭》，《元代珍本文集汇刊》，台北"国立中央图书馆"1970年版，第355页。

⑦ 慈明太后，宋宁宗赵扩的皇后，理宗即位后尊为太后，因其常住慈明殿，故称"慈明太后"。《宋史》卷二四三《后妃传下》，第8658页。

周、汉国公主。喜观图史，工书法丹青。① 德祐二年（至元十三年），在宋廷向伯颜投降的同时，杨镇与杨亮节等奉益、广二王出奔婺州。范文虎受命追击，杨镇被执还临安，随宋主、太后、福王与芮、沂王乃猷等北上入觐。②

南宋公主多早夭，周、汉国公主是唯一"及嫁"者，且为宋理宗的独生女，宠异甚渥。杨镇也屡次加官，其"宗族娣姒皆推官加封"。但婚后仅八月，公主便因病薨逝，无子。宋亡后，杨镇被掳北上，想是辗转飘零，不唯理宗恩赏的宅第被改建成道教开元宫，皇家御赐的《神龙兰亭》也厄运难逃，旁落他手。③

《吕师孟墓志铭》载其为"故行尚书左丞、前驸马都尉"，"行尚书左丞"为杨镇在元朝的任官。杨镇曾为大都著名的天庆寺僧雪堂作文，时为"左丞"，姚燧对其有"好礼"的印象。④ 元初汉人文士魏初任职江南之时与之相交，杨镇为"江西行省左丞"⑤，故墓志铭中的"行尚书左丞"实为"江西等处行尚书省左丞"的简称。元朝混一后，尚书省曾两立，与此相关的是世祖至元二十四年至二十八年（1287—1291）之尚书省⑥。杨镇终官"行尚书左丞"，可推知他在入元以后，与吕文焕等降臣一样，授"中书左丞"，后又南还，任职江西。他被称为"行尚书左丞"而非"行中书左丞"，可见他卒于至元二十四年至二十八年（1287—1291）尚书省存在期间。

文献中有关杨镇的家庭信息甚少，吕师孟墓志铭为我们提供了这位南宋唯一的驸马，在周、汉国公主死后，复娶妻生子，并与吕氏结秦晋之好。

---

① 夏文彦：《图绘宝鉴》卷四，上海世界书局 1937 年版，第 56 页。《宋史》卷四十五《理宗五》"景定二年四月"，第 877、879 页。

② 《宋史》卷四十七《瀛国公纪》"德祐二年正月"，第 939 页。《元史》卷一二七《伯颜传》，第 3112 页。

③ 周密：《武林旧事》卷二、卷三，《知不足斋丛书》第 16 集，第 8、4 页。袁桷纂、杨亮校注：《袁桷集校注》卷四十七《秘阁续帖刘无言双钩开皇兰亭》，中华书局 2012 年版，第 2063 页。柳贯：《柳待制文集》卷十六《开元宫图后序》，《四部丛刊初编·集部》，第 241 册，第 11b 页—第 12b 页。《宋史》卷二四八《公主传》，第 8790 页。

④ 姚燧：《牧庵集》卷三十一《跋雪堂雅集后》，《四部丛刊初编·集部》，第 234 册，第 10a 页。

⑤ 魏初：《青崖集》卷一《奉答杨左丞诗并序》，影印文渊阁《四库全书》，第 1198 册，第 690 页。

⑥ 《元史》卷八十五《百官志一》，第 2121 页。

吕氏与杨氏同为晚宋显贵，宋亡后又同赴大都，二者联姻也算门当户对。

(二) 朋友

吕师孟墓志铭文中并无谈及友人的信息，我们仅能推断，撰文、篆盖和书丹者当与其有交往。这三位分别是方回、洪君祥和董章。

方回，字万里，一字囝甫，号虚谷，别号紫阳山人。徽州歙县（今安徽歙县）人。父琢以太学上舍登第，仕至承直郎、广西经干，谪死封州。方回幼孤，从叔父学。宋景定三年（1262）进士。任随州教授、江东提举司等职，宋亡前夕知严州（今浙江建德）。至元十三年（1276）正月二十二日，降元，改授知建德府事、兼管内安抚使，遥授衢婺招讨使，次年改授建德路总管兼府尹。至元十八年（1281）离任。晚寓钱唐，卖文为生。大德十一年（1307）卒。①

方回自称，年逾三十，见知于"尚书吕公师夔、制帅吕公文德"，也曾为二人推举②，正与吕师孟墓志中"回依吕氏门塾，窃壬戌弟，公领环卫色关，过从不一"相印证。壬戌为景定三年（1262），方回中进士前后，吕师孟先后升右领卫中郎将、右屯卫将军，皆为环卫官，故言"领环卫色关"。方回还与吕文德子师说（字肖卿）唱和③，可见其与吕氏的确算得上"过从不一"。

洪君祥，小字双叔，高丽人。洪氏在元为世官。君祥祖父大宣为高丽麟州都领，父福源为神骑都领，太祖十三年（1218）归附，助蒙古攻高丽，后驻兵西京（今朝鲜平壤）。窝阔台时，福源受金符，管领归附高丽军民。君祥兄俊奇（字茶丘）是忽必烈征日本的著名将领之一，参与平定弘吉剌部只鲁瓦台和昔里吉叛乱，累官至辽阳行省右丞。君祥年十四，随兄茶丘见世祖于上京。后随伯颜伐宋，入临安安谕太皇谢氏，取宋降表。至元十五年（1278），受命佥江南民兵。二十四年（1287），扈从征乃颜。二十八年（1291），奉使高丽，还，改佥书枢密院事。成宗即位后，向丞相完泽建言罢东征。大德三年（1299），奉使江浙。使还，退

---

① 《宋史》卷四十七《瀛国公纪》"德佑二年正月戊子"，第938页。方回：《桐江集》卷八《先君事状》，《宛委别藏》第105册，江苏古籍出版社1988年版，第493—507页。戴表元：《剡源集》卷八《方使君诗序》、卷十一《紫阳方使君文集序》，李军、辛梦霞点校：《戴表元集》，吉林文史出版社2008年版，第107、147页。

② 方回：《桐江集》卷八《先君事状》，第514页。

③ 方回：《桐江续集》卷二十《赠吕肖卿三首》《次韵吕肖卿讲学三首》，影印文渊阁《四库全书》，第1193册，第471页。

居昌平（今属北京），"绝口不论时事者五年"。九年，拜中书右丞。十年春，改江浙行省右丞。同年秋，改辽阳右丞。武宗即位，入为同知枢密院事，进平章政事，商议辽阳行省事。至大二年（1309）卒。①

从洪君祥的人生轨迹来看，吕师孟与他的交集，可能始于德祐元年（至元十二年）君祥入临安。后续的交往，或完成于吕师孟北赴大都和君祥任奉使南下问民疾苦之时。

董章，真定路灵寿（秦汉时属恒山郡）县人。父董珪，字君实，自称董仲舒后裔，遂专经《春秋》，善治生。母为乡先生宗讷之女。董章幼与弟奇、彦受学于私塾，后"由卑官积至太平路总管"，可能由吏途入官，迁平江路总管，转临江路总管。②

（三）同僚

吕师孟墓志中涉及的同僚，是刑部尚书夏士林和工部侍郎陆秀夫。

夏士林，事迹不详，文献中也以此次出使著称。使还，次年正月丁丑，拜佥书枢密院事，但仅两天便遁去。③

陆秀夫，楚州盐城人，字君实。宝祐进士。初为两淮制置使李庭芝幕僚，累迁宗正少卿兼权起居舍人。德祐二年（1276）正月，元兵迫临安，以礼部侍郎奉命使元营请和。后从益王赵昰、广王赵昺走温州，五月，在福州与陈宜中、张世杰等立赵昰为帝。景炎三年（1278）赵昰死，复与张世杰等立赵昺为帝，徙驻厓山，坚持抗元。次年二月，厓山破，自负赵昺投海死。④

余 论

通过上述考察，我们可以确定师孟为吕文福，而非文德之子。吕文

---

① 《元史》卷一五四《洪君祥传》卷九《世祖纪六》"至元十三年正月"，第3632—3633、177页。郑麟趾：《高丽史》卷三十一《忠烈王世家四》（忠烈王）二十年春正月，首尔：奎章阁藏书，第18册，第1页。

② 姚燧：《牧庵集》卷二十五《灵山先生董君实坟道碑》，《四部丛刊初编·集部》，第234册，第7a页—10a页。

③ 《宋史》卷四十七《瀛国公纪》"德祐元年十二月癸丑""德祐二年正月丁丑、庚辰"，第936、937页。《元史》卷八《世祖纪五》"至元十二年十二月庚子"，第171页。

④ 《宋史》卷四五一《忠义传·陆秀夫传》，第13275—13277页。

福为文德胞弟，和文焕为从兄弟关系。吕师孟在入元以后，除了与南方故交（如方回）继续保持交往外，还与北方的大官僚（如洪君祥）和新兴士人（如董章）建立起新的关系。

吕文焕降元之时，阿里海牙曾代忽必烈许以"尊官厚禄"①。文焕入元后拜参知政事、行江东道宣慰使，官至中书右丞，以江淮行省右丞致仕，其子仍为宣慰使。吕文德子吕师夔，降元后拜兵部尚书，后任江东江西大都督、江州知州，升参知政事。② 吕氏子弟"珠玉锦绣之习，舆马声伎之奉"，直至元末犹为人所称羡。③ 至元间，吕师夔将江州的家私分作十四份："本家一分，朝廷一分，省官一分，尊长吕平章文焕一分，亲戚、馆客一分。每分金二万两、银十万两、玉带十八条、玉器百余件、布二十万匹、胆矾五瓮"，被认为富逾石崇。④ 此事或有夸张，但足见元初吕氏家赀之厚。吕师孟入元后也除漳州路总管、行淮东道宣慰副使。如此看来，吕氏降元之后，忽必烈的确兑现了承诺，给予他们"妥善"的安置。

但身为南宋降臣的吕氏，毕竟不同于立朝之初的汉世侯。吕文焕父子及吕师夔、吕师孟授官，似乎仅及其本身，下一代的子弟并未有恩荫福泽。师孟子仪之为封州（今广东封开）知州、俨之为英德路（今广东英德）同知桂阳州（今广东连州）事，任职之所均在南方烟瘴之地，且为微官。⑤ 他的两个女婿，叶缱和夏赟孙任职的必际县和鸭水县（均属今贵州毕节），在元朝更是未开化的蛮荒之地。从出土陪葬品的情况来看，吕师孟一支至元中期仍饶有余财。只是在政治特权上，与一般富室无异。至元末，吕氏"皆沦落倾谢"，吕文焕重孙吕惟清自称"家有薄田在芜湖，而老父以隐约居湖上"，需"归耕以养父，读书以明理"，如寒士一般澡身浴德。⑥

---

① 《元史》卷一二八《阿里海牙传》，第3125页。
② 《元史》卷八《世祖纪五》"至元十二年七月"、卷九《世祖纪六》"至元十三年七月"，第169、184页。
③ 郑元祐：《侨吴集》卷八《送吕惟清序》，《元代珍本文集汇刊》，台北"国立中央图书馆"1970年版，第296页。
④ 杨瑀著，余大钧点校：《山居新语》卷四，中华书局2006年版，第233页。
⑤ 虽然是南人，但同是安徽人的方回，回忆其父任职封州，是"呻吟烟瘴者五年"。《先君事状》作于至元十九年，可见入元之后，广东仍被认为是烟瘴之地。
⑥ 郑元祐：《侨吴集》卷八《送吕惟清序》，第297页。

值得一提的是，作为降臣，吕文焕叔侄饱受文天祥诟病。早在师孟出使元军之前，坚决主战的文天祥，就要求宋廷"斩师孟衅鼓"，后来又在伯颜军中与吕氏叔侄发生激烈冲突。天祥骂文焕"合族为逆"，"引虏陷国"，为"万世之贼臣"。[1] 这些细节被文天祥完整地记录下来，自元代以来便广为流传。人们从文天祥处知道的吕师孟，只是一个乞降卖国、偃蹇自傲的小人。天祥是被元朝官方和民间共同认定的忠义和正气之士[2]，被他点名斥责过的吕师孟，入元后的处境想必较为尴尬。吕氏后人在墓志中强调出使一事系受命而为，而他在军前抗辩不屈的行为，恰是挽回了故宋颜面。而他在辞官归隐后，仍被世人称以前朝官名，也呈现出宋遗民的姿态。而事实却是，遗民"吕端明"抛不掉家族性"降臣"的包袱。吕师孟在文天祥文集和墓志中形象的差异，当然是由文献性质和作者的立场所决定的。

吕师孟墓志铭的作者是宋末元初的著名诗人方回。该文不见于方回的传世文集，《全元文》亦未曾收录，是一篇珍贵的佚文，也是研究方回交游状况的重要资料。

---

[1] 文天祥：《指南录自序》《后序》，熊飞等点校：《文天祥全集》，江西人民出版社1987年版，第477、479页。《乞斩吕师孟疏》，黄淮、杨士奇编：《历代名臣奏议》卷一八六《去邪》，上海古籍出版社1989年版，第2442页。

[2] 韩志远：《元人眼中的文天祥》，方铁、邹建达主编：《中国蒙元史学术研讨会暨方龄贵教授九十华诞庆祝会文集》，民族出版社2010年版，第138—148页。

《致身录》与吴江黄溪史氏的命运

吴　滔　张妍妍

一　引言

　　《致身录》是建文传说中出亡一节的重要文本，此书于万历四十七年（1619）前后流传于吴中，作者史仲彬，自陈为建文帝时翰林学士。其书以第一人称讲述靖难间作者亲历、亲见之事。依其述，史仲彬于洪武时为惩治贪官事告御状，得到朱元璋的赏识，"命主政户部"但被推辞。建文帝授其明经出身，命为翰林院侍书，从此为官直到燕王陷南京，参与了建文帝一朝的重大事件。建文帝改定官制，他上书谏言；南北开战，他贬斥尹昌隆而保举徐辉祖；建文帝命前线将领勿伤燕王，他指出其失策；燕王陈兵扬州，他和方孝孺一同建议惠帝坚守南京、诛杀徐增寿、李景隆。此外他还校阅书籍、转运粮饷，针对江南重赋而请求减赋。总而言之，史仲彬官阶虽低，却积极参与朝政。最后建文帝出亡，他是水关出城的二十二个"从亡诸臣"之一。他将建文帝藏于家中，使之逃过一劫，建文帝出游南中国，偶尔回到吴中，史仲彬又多次接待，乃至亲自前往探望。以上种种皆可见其于建文帝居功甚伟，帝亦慨然为其曾孙命名。史仲彬亡于洪熙年间，此书自称万历时为焦竑得于茅山，史仲彬的后人黄溪史氏亦于家中出《奇忠录》，二者相印合。启祯间，《致身录》多次刻印，所载二十二位"从亡诸臣"故事拓展了建文传说的框架。以上是今天所见的《致身录》的概要。

　　史仲彬居住在苏州吴江县的黄溪村，据《史氏吴中派族谱》和嫡曾孙史鉴《西村集》记载，史氏于元末明初迁居于此，奉江南史氏的"大本营"溧阳大宗为其先祖。一世祖史彬,为粮长,"力田起家",实无半点功名,此后三代世袭粮长,积累了一定的家资和声望。弘治时史鉴担任族长,家庙等宗族建筑在此时初成规模。万历后期,黄溪由村落发展为市镇,史氏亦声势壮大。这时,他们的命运开始于跟《致身录》联系在一起。史氏后人认为,史仲彬即其一世祖史彬,他们多次刻印其书,并依照《致身录》而不是《西村集》的说法,追尊其祖为靖难忠臣,向地方官府请求祭祀。

《致身录》实为伪作,① 明末学者钱谦益、李清,清初史家潘耒皆有翔实可信的考证,近现代的学者也发扬其说,黄云眉《明史考证》中刊有钱谦益论述《致身录》实系伪撰的全文,遂在学界成为定论。从文本的角度来看,《致身录》承袭了此前的建文帝故事,也创造了新的传说。此书依托《忠贤奇秘录》②"建文时出亡臣僚二十余人"进行创作,在已有的建文传说的基础上,补全了二十二人名讳,并从建文帝的主要搭救者史仲彬的角度,叙述其水关出城和流亡经历。随着《致身录》的流传,包括史仲彬在内的"从亡诸臣"成为万历以后的建文帝故事的热点。

以笔者之见,《致身录》于万历末期参与到建文传说的建构之中,与江南宗族在神宗祭奠靖难臣子一事中的角色密不可分。《致身录》于晚明多次刊印,则与黄溪史氏宗族的壮大相辅相成,其数次版本变皆史氏所为,该书之褒贬,也关乎史氏宗族的兴衰。《致身录》创造了明后期以来黄溪史氏对先世历史的集体记忆,其文本的制造动机正在于此。

二 相关史料介绍

本文所用文献,在明万历到清康熙的百余年间有许多变化,这反映了与文本相关的人物的意图。梳理文本之间的关系,则可了解《致身录》

---

① 钱谦益:《牧斋初学集》卷二十二,"杂文二",上海古籍出版社1985年版,第755—758页;(清)潘耒:《遂初堂文集》卷五,《续修四库全书》,第735册,上海古籍出版社1995年版,第583—586页;黄云眉:《明史考证》第1册,中华书局1979年版。

② 最早提及《忠贤奇秘录》的是郑晓,但郑晓并未亲见其书,其他记载也转引自郑晓。这本书如若有之,也已经在《吾学编》成书的嘉靖时失佚。相关段落见《北京图书馆古籍珍本丛刊》,第十二册,史部·杂史类,书目文献出版社1992年版,第548页。

的文本制造过程，及其所以如此的现实原因。这些文献有：史鉴《西村集》、吴宽《家藏集》、史册崇祯《吴江县志》、《史氏吴中派族谱》、钱墭《黄溪志》，其制造者与黄溪史氏关系匪浅，于建文传说亦联系紧密，以上文本的版本情况如下。

（一）《西村集》

作者史鉴，成化年间出任黄溪史氏族长。启祯时，史氏后人史兆斗将其中八卷示于人，即今天所见的版本①。清代史学家潘耒指出，《西村集》未刻者"共十二卷，多于刻集可四倍"②。《西村集》中存有黄溪史氏一世祖的最早记述，《曾祖考清远府君行状》。其文在明后期被修改，"史彬"改为"史仲彬"，故事也有相应改动，以贴近于《致身录》。

（二）《家藏集》

作者吴宽，"才雄气逸……明代中叶以还，吴中文士未有能过之者"③。他与史鉴"为友，盖四十年于此矣"④。《家藏集》于正德年间印行，其中载有吴宽依照《曾祖考清远府君行状》撰写的《清远史府君墓表》，言其粮长事凿凿，是史彬故事更具原真性的版本。吴宽知名于江南，他所撰写的《墓表》是史氏族人无法绕过的前人著述。史氏修改《西村集》时，也仅能让故事尽量靠近《致身录》的说法，无法改变梗概。

（三）《致身录》

万历四十七年（1619）前后面世，此后多次重刻，今日所见皆为崇祯年间印行，经由史册、史兆斗等人修饰的版本，分别见于《丛书集成初编》、齐鲁书社《四库全书存目丛书》之钱士升《逊国逸书四种》、台湾"商务印书馆"文渊阁《四库全书》的贺复征《文章辨体汇选》，三个版本仅在细节上略有出入。明末清初，《致身录》成为黄溪史氏宗族建设的文化资源，"从亡诸臣"史仲彬取代了粮长史彬，成为史氏祖先故事的主题。

---

① 史鉴：《西村集》，文渊阁《四库全书》，第1259册。
② 潘耒：《书西村集后》，《遂初堂文集》卷十一，《续修四库全书》，第1417册，上海古籍出版社1995年版，第578页。
③ 吴宽：《家藏集》，"提要"，文渊阁《四库全书》，第1255册，第2页。
④ 吴宽：《清远史府君墓表》，《家藏集》卷七十，第677、678页。

（四）崇祯《吴江县志》

编撰者史册，天启以后主持黄溪史氏的宗族事务，清初由其孙史在相补订。崇祯《吴江县志》没有刻印本，亦未被以后的修志者承袭，仅在南京图书馆藏有清代抄本。此书记载了史氏的家庙、族产、家族名人等情况，这些记载于《西村集》多有援引，但在《西村集》与《致身录》存有矛盾的地方，皆采用《致身录》的说法。它杂糅了两个版本的祖先记忆，部分资料展现了弘治以前的叙述，但更多的是万历以后的文本内容。

（五）《史氏吴中派族谱》

即黄溪史氏的族谱，最早由史彬之子史晟编撰，成化十八年（1482）以前由史鉴首次编写成书，重修于万历、崇祯、康熙时。谱中人物传记在历次重修时有改动，万历以后，参与到《致身录》的祖先故事构建中。

（六）《黄溪志》

最早由史册编撰，但仅有残稿。清末，钱墀向黄溪史氏要得其稿，又征引其他史料，增扩成道光《黄溪志》。其书以鸿篇介绍黄溪史氏的宅第、人物、传记、逸事、诗文等。考虑其成书时间，则知书中对黄溪史氏的叙述，是经过了《致身录》面世并流传、黄溪史氏于明末清初为史仲彬的两次策略不同的请祀之后，所呈现出的最终状貌。譬如，关于《致身录》的发现，明代晚期的说法是焦竑得之于茅山道士，此说很快被辨伪，《黄溪志》遂改为出自史氏宗族家中。另外，此书载录的一些诗文，尤其是弘治到嘉靖年间对史鉴的挽诗，则保留着史氏家族故事在被《致身录》改写前的情况。

三　从史彬到史仲彬

建文传说中"从亡"这个主题，滥觞于成化间《忠贤奇秘录》。此书不存，其"出亡臣僚二十余人"而有十余人佚名的说法，却为建文传说新辟了创造空间。郑晓《逊国臣记》率先援引此说，《忠节录》《建文书法拟》因袭之。万历时，《逊国臣记》编入李贽《续藏书》，明末书商删改之，委托焦竑《熙朝名臣实录》而售，①"从亡"说或因之而推广。

《致身录》自称面世于万历四十七年（1619），②它在前述诸书的基础上补全了二十二个"从亡诸臣"的名字，并创造出新人物史仲彬，以之为线索讲述"从亡"事略。史仲彬与"从亡"说旋即流行，其书在崇祯时至少有三个版本，"焦公竑，李公维桢，钱公士升，陈公仁锡，文公震孟，周公宗建，张公溥，皆有序"。③明清鼎革，江南书市衰靡，建文传说的创作也稍事休息，这让《致身录》在建文传说中俨然有了收官之作的地位，徐昌治《昭代芳摹》中建文帝纪中逊位一节，即以《致身录》为据而撰写。

黄溪史氏以《致身录》叙其祖先，请祀于嘉兴，此书真伪遂见于识者。钱谦益援引吴宽为史彬撰写的《墓表》，"暨录参考之，断其必无者有十"，④史氏宗族对此书的用意在此浮现出来。

（一）建文忠臣与吴江粮长的文本关系

史仲彬在建文传说中很晚才出现，这一点，有钱士升于崇祯时撰写的《致身录小序》为证，其言"诸公姓名湮没二百三十余年矣，而乃今从名山湮澜之余忽现光彩"。史仲彬的生平事略，则近于吴江的一位粮长：史彬，元末至洪熙年间生人，居于苏州府吴江县黄西村，是黄溪史氏的一世祖。其嫡曾孙史鉴知名吴中，为之撰有《曾祖考清远府君行状》，史鉴之友吴宽据以撰写《清远史府君墓表》，皆言史彬是洪武、建文时的粮长，"以力田起家"，没有功名：

> 府君姓史氏，讳仲彬，字文质，清远其号也……元季有黄翁者，居吴江范隅乡穆溪里，史与黄虽异府县，然其居皆在两境上，往来甚密。黄无子，止一女，故南斋府君以仲子婿焉，实东轩府君（注：史仲彬之父）也。入国朝，占籍吴江，遂为吴江人。而嘉兴今亦分

---

① 此据朱鸿林考证，参见《〈熙朝名臣实录〉即〈续藏书〉考》《试论〈熙朝名臣实录〉冒袭〈续藏书〉缘由》二文，《明人著作与生平发微》，广西师范大学出版社2005年版。
② 书中有伪焦竑序，言"万历己未秋孟，焦竑书于欣赏斋"。但《致身录》流行于启祯间，序言或杜撰了更早的面世时间亦未可知。《丛书集成初编》，第3960册，中华书局1985年版。
③ 以上有真序，亦有伪序。可参读（清）潘耒《再与徐虹亭书》，《遂初堂文集》卷五，第457页。
④ 钱谦益：《致身录考》，《牧斋初学集》卷二十二《杂文二》，第755—758页。

为秀水矣。①

　　史之先，嘉兴思贤乡大族也。元季有黄翁，居吴江穆溪之上，与史甚迩，翁善处士讳荣者，得其子居仁为赘婿，而穆溪有史氏，自此始。居仁生府君，其讳彬，字文质，清远其自号也。②

　　上面两段引文分别出自史鉴《西村集》、吴宽《家藏集》，内容相当，而人物名姓一为"史仲彬"，与《致身录》相同，一为"史彬"。按，《西村集》曾于嘉靖时刊刻四卷，另有八卷抄本，藏于史鉴宗亲史兆斗家中。许元溥在《吴乘窃笔》中言"西村旧有刊集，世亦罕传，余更从裔孙文学辰伯获睹其家藏抄本，比刊本更倍"③。钱谦益《列朝诗集》亦言"明古居西村，人称西村先生，有《西村集》行世。余从其后人辰伯得其全集，而并录之"④。可知《西村集》在明末的推行，乃其宗亲史兆斗之力。从《史氏吴中派族谱》来看，此时黄溪史氏正以《致身录》为依据，为史仲彬请祀。《西村集》所述与《致身录》相左，篡改原因不言自明。然而，吴宽在江南文人群体中颇有影响力，《家藏集》的存在，限制了《西村集》的修改余地。

　　吴宽《家藏集》刻于正德时，为史彬故事提供了更具原真性的版本，《墓表》以史鉴《行状》为蓝本，⑤ 言史彬生平事略如下：一、年少时将恶霸扭送金陵，得到朱元璋的赏赐；二、出任粮长，施行巧法保证税收，并向官府请求减税；三、由于出任粮长而被诬告，入狱身死。

　　史彬一介粮长，生平仅为其族人所知，文字记载仅见于史鉴、吴宽文集，但他的生平却在《致身录》的史仲彬故事里再次出现，可见《致身录》是以史彬故事为底本而创造的。如诣阙请命事：

　　洪武中，法制未定，贪纵者多剽民以自润，民怨苦之。府君因民之欲，与诸少年缚其魁，献阙下，敷奏详敏，天子嘉之，为戮其

---

① 史鉴：《曾祖考清远府君行状》，《西村集》卷八，第864页，下同。
② 吴宽：《清远史府君墓表》，下同。
③ 许元溥：《吴乘窃笔》，《丛书集成初编》，第3156册，中华书局1985年版，第11页。
④ 钱谦益：《列朝诗集》，丙集，卷八。
⑤ 史鉴曾致信吴宽，提及墓表事："向求曾祖考墓表，已蒙允诺，……望慨然惠贶，使曾祖考遗行得登文籍中，则我遗胤咸被光荣矣。"见《西村集》卷五，《与吴原博谕德》，第795页。

罪人，特赐食与钞，给驿舟传归于家，远近称快，而豪猾始敛手，不敢为非矣。(史鉴《行状》)

国初法制方严，郡县吏仍故习，贪纵自若，府君因民所疾恶，与诸少年缚其魁，献阙下处死，一县称快。而府君得赐食与钞，给驿舟还家。(吴宽《墓表》)

《致身录》据此发挥，增加了朱元璋"命主政户部"却被推辞一节：

先是，洪武二十四年，彬应诏执贪纵官吏廷见高皇帝，条具若干言，当时俱付法司论死。高皇帝命主政户部，彬恐钱谷事重，顿首固辞，更访治道称旨。赐酒馔于廷，及钞四百锭。驿舟传归。①

又，办理税粮征缴并提请减税一事：

用能以力田起家，甲其乡，推择为税长。时连岁水旱，加以军兴调发剧甚，民敝，或逃去，田多污莱，税不入，往往累及长。府君……约束管内，自己以下，不得取民毫毛利。民多感悦，转相告语，流亡复归……垦田大增。府君又劳来不倦，为相视原隰所宜，指授种树之法、粪治之方，敛获之节，秋果倍收，民皆有余。税入居最，县官誉之，荐之，为下其法诸乡。终洪武之世，治水诸使行县，则推使居前应对；遇有干生民利病，必反复申论之，不以威惕而止。(史鉴《行状》)

以力田拓其产业。时朝廷重粮储，设长税者，其后岁比水旱，加以军兴调发，民不堪，相率窜去，田多荒，税既不给，长往往被罪。府君适代为之，知其弊所始，务先爱养民力，乃约束管内，自里胥以下，不得取民毫毛利。民感悦，流亡复归。当春，辄出循阡陌间，劳来不倦。为相视土地所宜，指授种树之法，粪治之方，而随所不足为补助之……由是税入居最，县官以为能。每治水诸使行县，则推使前对，至民生利害，必反复辨论之，无所畏。事多罢行。

---

① 以下《致身录》相关引文，皆出自贺复征《文章辨体丛选》卷六百二十六，文渊阁《四库全书》，第1409册，第560—568页。

(吴宽《墓表》)

《致身录》里,史仲彬是翰林侍书,税粮征缴等事遂由向地方官申辩,变为向皇帝请命:

> 二年春三月,疏均江浙赋役,从之。时建文帝正值更制,彬乃上疏曰:国家有惟正之供,赋役不均,非所以为治。浙江本赋重,而苏、松、嘉、湖,又以籍入沈万三(松江)、史有为(嘉兴)、黄旭(苏州)、纪定(湖州)、准租起税,此以绳一时之顽,岂得据为定则?乞悉减免,以苏民困。窃照各处起科,亩不过斗,即使江南地饶,亦何得倍之?奈有重至石余者。臣往年面奏先帝,赋敛太重,蒙旨嘉劳,特以臣本苏人,而史有为又臣之族属也,恐坐以私,未敢尽言。幸皇上明圣,每事从宽,敢竭愚忠,伏听采择,疏上诏可。

死于牢狱之事,史鉴、吴宽皆为之解释:

> 洪熙初,诏天下户绝而田芜者,除其额,许民自垦而薄税之。然法令重,失实者,官与长连坐死。胥吏辈舞文,要求百端;哗者又持短长,以快其私;他人摇手,触禁不敢报。府君……遂条上奏,可得减税若干……有黠民……乃诬府君不法事……逮府君下狱,不即治,府君竟死。后御史至,辩所告事无纤毫实,即坐告者以死,府君冤始白。(史鉴《行状》)①

> 洪熙年初,诏天下民有户绝而田废者,除其额。许民自垦而薄税之。然法重,失实者,官与长连坐。吏胥辈要求百端,奸民往往待短长以快其私,人摇于触禁,莫敢籍报。府君慨然曰:"此朝廷德意也,惧祸不可。"遂条上,得减税若干石,家无私焉。里人谢曰:"微公,吾属不沾上赐矣。"其见于居乡者盖如此。(吴宽《墓表》)

《致身录》并未放弃这段故事,而是将之附会为因为保护建文帝而下

---

① 史鉴:《西村集》卷八。

狱身死：

> 尝有以奸党告者，虽获宥于上官，心尝惴惧……从亡一节，为仇讼，凡十有七，竟以此死。

以上是《致身录》与史鉴、吴宽所述史彬故事的文本比较，从中可见其书与黄溪史氏的渊源，然而，史彬是粮长，史仲彬是建文忠臣，二者身份明显不同，这种变动意味着文本制造者的修改目的。参考史彬后人，即黄溪史氏在《致身录》面世时的活动，则能了解文本变化的动机。

(二) 参与宗族建设的建文传说

族谱在历次修编中的增删改定，能展现宗族演化过程的重大事件。《史氏吴中派族谱》于弘治、万历、康熙年间有三次较大规模的重修，署理者分别是史鉴、史册、史编年。族谱重修时，史氏宗族亦在做着兴建公共建筑、试图跻身当地大族的努力，各时期的发展策略不同，祖先故事的书写因之而变。

今天所见的《族谱》是乾隆年间的版本。当时，黄溪史氏援引《致身录》为一世祖请祀已经成功，祖先故事的书写遂告一段落。《族谱》中杂错着弘治、万历、康熙时修改过的文段，考之与史氏祖先故事相关的其他文献，方可层层剥离出族谱中各个文本的形成时间和状况。

据《族谱》自陈，其首次成书于史鉴之手，斯有史鉴、吴宽文集为佐证。族谱既为史鉴所编，其一世祖的故事的最初版本应与《曾祖考清远府君行状》相符，即粮长史彬的故事。万历三十七年（1609）、四十四年（1616），黄溪史氏九世孙史册重修族谱，这两次重修有着一致的目标，即将粮长史彬改为建文忠臣史仲彬，这一点，从两则序言可见一斑：

> 册（注：史册，黄溪史氏浜东房支后人）于是咨宗老，校旧闻，录为八卷。践土食毛，皆帝力也，……万历己酉二月。
> ……逮赠侍书公迁黄溪，学士公又以忠烈死，显而晦，晦而弥彰……万历丙辰阳月。[①]

[①] 《史氏吴中派族谱》，"序言"。

参考史册生平，有"修宗谱、复置祭田、缮祖茔"几件事，① 与《族谱》中史彬故事的修改相呼应。史册还编有崇祯《吴江县志》，将黄溪史氏事略与吴江有名的大族并列，书中《乡贤议》一篇，更直接地反映出这一期望。此外他还"著有《建文世纪》《三润世纪》《隆平纪事》《松陵风雅》《黄溪志》"，② 其中《建文世纪》直涉建文传说，《黄溪志》亦载与史氏相关的建文故事。可以推断，祖先故事的改动，是史册推广史仲彬故事的一部分，因而这两则序言的时间大致可信。

《族谱》中一世祖的传略也有变动，由于黄溪史氏为史仲彬的请祀一直延续到清康熙年间，史仲彬的传略也随着请祀遇到的各种困难而变化，展现出其故事的层累过程：

> 史仲彬：字文质，号清远，洪武戊寅明经科进士，翰林院侍读学士，直文渊阁侍书，谥忠献，祀江邑特祠，列祀贞录，子孙奉祀，两祀嘉兴、苏州府学乡贤祠配。

参照陈仁锡于天启时所撰的《史侍书奇忠家祠记》，并崇祯年间《致身录》诸序，可知"谥忠献，祀江邑特祠，列祀贞录"实无其事；"洪武戊寅明经科进士"，也是在《致身录》的基础上增加的，或与史仲彬缺乏功名不利于请祀有关；"两祀嘉兴苏州府学"发生在崇祯、康熙时，事有一败一成，《族谱》记载的则是此事的最终定局。

总而言之，万历后期以来，黄溪史氏便放弃了《曾祖考清远府君行状》，而援引《致身录》的说法，把粮长史彬变为建文忠臣史仲彬。史鉴的事略亦相应改动为"初字克明，惠宗皇帝驾幸，赐名，字明古，号西村"③，附会于建文故事。以上只是史册于史仲彬故事的动作之一，他另撰有《黄溪志》，清道光年间由钱埙增补，又刊有两则附会：

> 小雅堂在大家浜西，明处士史鉴筑。先是，建文帝驾临，适鉴

---

① 见《史氏吴中派族谱》，"黄溪大宗·浜东房支·第四十九世·史册条"。
② 钱埙：道光《黄溪志》卷四，"人物"，《中国地方志集成·乡镇志专辑》第11册，江苏古籍出版社1992年版，第800页。
③ 《史氏吴中派族谱》，"黄溪大宗·第四十一世·史仲彬条"，又"黄溪大宗·第四十四世·史鉴条"。从"两祀"一说来看，史仲彬的传略在康熙年间又有修订。

初生，因篆小雅堂额赐之。①

惠帝驻跸时手一羽扇赐史仲彬，后子孙讳从亡事，称彬为鹅毛扇太公。②

《史氏吴中派族谱》《黄溪志》皆出自史册之手，《致身录》则直叙其一世祖的故事。以上的文本制造，都有着服务于史册的宗族建设策略的目的。参阅《族谱》，可知天启元年（1621），有史册重修万历以来废弃的史氏家庙一事：

史氏家庙……万历中庙废，宗子亦绝。天启元年，世孙册即征故君西村读书台南轩里重立，并祀族之有德望，更置祭田，令四子轮年致祭。③

又参读同书《人物志》，可知"并祀族之有德望"是指史鉴、史仲彬：

于时公论，未入当入者……史仲彬，忠而纯者也。有人臣而随君万里，至百折而不渝乎？况其疏减赋，疏更制，荐贤斥奸，又非以一死为尽瘁者……史鉴，学有师承，识通世务，《礼纂》、《礼疑》等书，发贤儒之所未有。治水治赋等事，酌时势之所当行，轺轩使者，再三造谒。言言石画，事事楷模，真正处士，有用文章。至句容减赋，松常开筑，尤有大功，祀之何疑。④

同一年，史仲彬祠堂也由小雅堂改建而成。按，小雅堂是史鉴在成化时所建，从众多诗文皆以小雅堂为题来看，它是史鉴等人的游冶吟啸之处。⑤到了史册主掌宗族事务时，这座建筑改为史氏族人祭祀史仲彬的

---

① 钱埅：道光《黄溪志》卷七，"居第"，第790页。
② 钱埅：道光《黄溪志》卷八，"丛记"，第820页。
③ 史册纂，史在相补订：崇祯《吴江县志》卷十四，"氏族"。
④ 史册纂，史在相补订：崇祯《吴江县志》卷十五，"人物志"。
⑤ 吴宽与史鉴是故交，有《登故友史西村小雅堂》，载于《家藏集》卷二十二，第164页。沈周是史鉴的姻亲，有《登小雅堂哭史明古》，载于《石田诗选》卷七，文渊阁《四库全书》，第1249册，第675页。道光《黄溪志》亦有以小雅堂为题的若干诗文。

地点：

> 天启元年……故小雅堂辟门北向，祀建文从亡忠臣翰林院侍读学士直文渊阁侍书史仲彬大学士。①

此时，史仲彬等建文忠臣又被变出"靖节诸公""五忠祠"等名目邀人祭祀。陈仁锡受史兆斗（即文中"史辰伯"）邀请，撰有《史侍书奇忠家祠记》，叙述了天启以前的请祀和私祀情况：

> 或问伊川曰：郊祀乞恩，可乎？伊川曰：士大夫道一乞字惯，开口是乞。吾乡有耆旧，邻郡乡贤祠喧传今年某显要入，明年某公卿入，厌苦之，谋别筑一室，延季札诸公以出。于是史辰伯祀其先侍书于家，进不能吁诸朝，退不屑与龌龊伍，君子闻而痛之。辰伯更欲祀刘靖节政、钱断事芹、黄给事钺、龚安节翊，与先生称一郡五忠祠，祔以高义、杨福、高隐、王宾，则季札诸公不甚寂寞矣乎。②

史氏宗族于明末大兴土木，修建宗族的公共建筑，《致身录》亦在同时流行于江南，协理史氏族中事务的史兆斗持此书"通人为之序"③，乃至形成"焦公竑，李公维桢，钱公士升，陈公仁锡，文公震孟，周公宗建，张公溥，皆有序"的局面，其中真伪驳杂，有钱谦益《致身录考》，潘耒《与徐虹亭书》《再与徐虹亭书》④ 为证。至此，黄溪史氏对《致身录》等建文传说的利用，已显露无遗。

黄溪史氏对《致身录》的主动靠拢，是为了借建文传说大兴其族。"史仲彬"浮出于建文传说，正是黄溪史氏的宗族建设促成的，建文传说的文本脉络因之而变，生出"从亡"一节，亦在一个江南宗族的命运之中。

---

① 史册纂，（清）史在相补订：崇祯《吴江县志》卷十四，"宗祠"。
② 陈仁锡：《陈太史无梦园初集》，驻集一，《续修四库全书》，第1381、1382册，上海古籍出版社1995年版，第632、633页。
③ 钱谦益：《牧斋初学集》卷二十二，"杂文二"，第755—758页。
④ 潘耒：《遂初堂文集》卷五，第455—458页。

（三）"从亡"文本的现实功能

黄溪史氏试图以建文忠臣的身份谋求利益，这决定了《致身录》的文本制造。分析其书行文，可以看出它为史氏宗族的壮大埋下了许多伏笔。

万历时，言官屡次提请恢复对建文帝的祭祀、平反建文忠臣，在这样的时局下，以建文帝为题讲述祖先故事，或可得到一些好处。此时建文传说中，"殉国"臣子的故事已经较为详备，然而黄溪史氏一世祖死于洪熙年间，委实不能殉国，其族遂在建文传说的框架下找出"从亡"一说，另谋出路。

"从亡"在万历以前的演绎并不多见，乃是一个基本未被开发的主题。此说由郑晓沿袭《忠贤奇秘录》而来，郑晓编《逊国臣记》，言成化间有《忠贤奇秘录》：

> 松阳人王诏游治平寺，观转藏，闻藏上嘤嘤有声，异之，令人缘藏登绝顶，无所见，见书一卷，载建文时出亡臣僚二十余人事，纸毁浥，字多断烂不可读。读数日，稍稍铨录可识者，得（梁）田玉、郭良、梁中节、梁良用、宋和、郭节、何洲、梁良玉、何申，凡九人，人仅数言。诏怜其忠，又得之异，各赞数语，题曰《忠贤奇秘录》。①

从引文来看，此书来历荒诞，或郑晓、王诏杜撰亦未可知。九个具名者已见于更早的建文传说，但"载建文时出亡臣僚二十余人事"一句创立了"从亡"这个名目，又留出十多个佚名者待补。郑晓以后，《逊国臣记》《忠节录》《建文书法拟》皆有"从亡"一节，虽未成气候，却可作为《致身录》可以继承的文学传统。②

《致身录》与《忠贤奇秘录》在文本上有很大关系，崇祯九年（1636），徐昌治《昭代芳摹》即误认为二者实为一书，③但在"从亡"故事的书写上，二者的笔法颇不同。《忠贤奇秘录》的"从亡"事略近乎怪谈，其人与建文帝的关系又语焉不详，且无法得知其后人为谁，这当

---

① 郑晓：《逊国臣记》，《吾学编》卷六，第548页。
② 可参读胡适《建文逊国传说的演变——跋崇祯本〈逊国逸书〉残本》，《胡适论学近著》，上海书店1989年版。
③ 徐昌治：《昭代芳摹》卷十一，《四库禁毁书丛刊》，史043册，北京出版社2000年版。

然不能作为其后人请祀的证据，《致身录》则把"从亡"变得几可乱真，手法如下。

其一，点明史仲彬官职是翰林院侍书，并以年为单位，用近两千字历述其洪武至建文间的为官经历，使其朝臣身份以假乱真。崇祯年间的《吴兴备志》述及当地水利，便征引了《致身录》的内容。①

其二，建文出亡传说原有"水关出城"和"游历南中国"两个主题，《致身录》横跨其间，增添其藏匿史仲彬家中而得以变易形貌，随同出亡的情节，并具名二十二人，述其官职、"从亡"中事略，增添了"从亡诸臣"一说的可信度，以此为基础，史仲彬的救驾之功就容易获得承认：

> 俄而杨应能、叶希贤等十三人同至，共二十二人……之黄溪……阅三日，诸弟子至彬家相聚……苏州府差吴江邑丞巩到彬家追夺，且曰：建文帝闻在君家。彬曰：未也。微哂而去。明旦，师同两比丘、一道人入云南。

> 甲申八月，大师同杨、程、叶三人来彬家……视师衣履敝甚，固留三日，命家人制衣。师服用绵绸，大小计十六件。杨、程、叶俱用绵布，大小计三十有六件。白金十两为资。十三日清晨，彬随师为两浙之行杭州，计游廿三日。天台、雁宕，计游三十九日。

> 丁亥春三月，同何洲往云南谒师。

> 庚子秋八月，彬往云南。②

其三，讲述建文帝对史仲彬的种种恩赏，若建文帝享祭，其忠臣理当配享：

> 奉师居所居之西偏，曰清远轩……明旦，改题水月观，亲笔篆文。

> 师曰：亏这几个随亡的人，给我衣，给我食，周旋夷险之间，二十年来，战战兢兢。复大恸。

---

① 董斯张：(崇祯)《吴兴备志》卷十七，有"建文二年三月，翰林院侍书史仲彬疏曰：国家有惟正之供，赋役不均，非所以为治"等句，与《致身录》同。文渊阁《四库全书》，第1259册，第464页。

② 以下引文俱自《致身录》。

其四，具言史仲彬之族人、居处，并让其家人参与"从亡"一事，[①]从而把配享的利益落实到史氏族中：

> 八日始至吴江，之黄溪，奉师居所居之西偏，曰清远轩。
>
> 有从叔祖名宏者，嘉兴县史家村人也……宏曰：师今欲何之？曰：欲游天台诸胜。宏曰：吾当具一日之积随行。
>
> 晟具衣十件，并行粮，为会稽之游。

由此，建文帝出亡的故事变得完整，相关臣子的事迹亦真伪难辨。明末李清署理平反靖难臣子一事，叹"若非先臣吴宽集内载彬墓志甚详，而安知从亡之说，又安知从亡之数十人皆赝"。[②] 经过《致身录》的这些铺陈，名列"从亡诸臣"的史仲彬，俨然成为建文帝出亡时的第一功臣。此书进而解释了黄溪史氏长期没有功名的原因，乃是为了奉旨隐瞒"从亡"身份：

> 因问汝子年几何？曰十六岁矣。能办事否？曰尚在书堂。曰欲为官乎？曰必不敢。相与欷歔久之。
>
> （史仲彬）戒其子曰：而父官虽卑，被朝廷恩宠……万一有难，尔守先帝孝弟力田之谕，以成家保身。
>
> 先君曰：……《致身录》十八条存之，以志一生之概，然勿示他人。戒子若孙，毋轻示人。虽今皇帝宽仁长厚，此节事自不可知，虑有赤族之祸。子孙言及此者，以不孝论。

史氏宗族的另一位名人史鉴生于宣德年间，本与"从亡"无关，但《致身录》也把他跟建文帝联系起来：

> 九年甲寅五月，……已产男矣。师悲先君之亡，旋喜产男之庆，命名曰文，随转语曰：我文也，而不终，将无疑耶？适一《宋史》

[①] 从亡诸臣最初具名的九人，有四人姓梁，皆浙江定海人氏，除一人外俱为父子兄弟。梁氏"父子兄弟八人同仕于朝，靖难后相率变姓名避去"一事屡见于建文传说，与《致身录》史仲彬子侄随惠帝出亡事遥相呼应。

[②] 李清：《南渡录》卷四，《续修四库全书》，第443册，上海古籍出版社1995年版。

在案，更名曰鉴。师精于禄命，详鉴子平曰：是儿当贵。晟曰：不求贵，得识字成家足矣。师曰：即不贵，当以文名世。

明代入祀乡贤祠有若干名目，参读此时流行的各种名臣传，知有开国、惨死、孝义、文学等，皆可作为理由，《致身录》创造的史仲彬故事，便是要为入祀做好文本上的依据。明末江南文化昌盛，印刷业繁荣，建文传说蔚然成风，借机牟利者，不止书商墨客，亦有宗族长老。许元溥《吴乘窃笔》言，"宏光朝甲申九月，管诚斋少宗伯有请谥疏，遂以史彬冠'从亡诸臣'，为之入告"。可见《致身录》的文本制造，正是利用建文传说中"从亡"这一未被开发的主题，将史仲彬推上赠谥的名单。此书因苏州地区一个"庶族"地主家族的振兴而来，建文传说在明末生出出亡一节的完整叙述，亦是《致身录》意图为黄溪史氏先祖树功名德望的结果。

四　以《致身录》为名的两次请祀

史氏宗族以建文传说的文化资源为宗族谋求官方庇护，这体现了江南的文人传统对地方事务的影响。但是，文人传统也制约了文本制造，《致身录》与文献的矛盾，使之屡遭有识者的反对，建文出亡传说始终没有进入《建文实录》、清修《明史》等官方文献的系统中，黄溪史氏在地方上的请祀，亦时时被文本辨伪阻碍。此事涉及天启、崇祯至康熙的五十余年、明清易代、众多文人，折射出建文传说在明清两代政治话语上的处境以及与之相关的群体的力量消长。

（一）文献矛盾与明末请祀的失败

明中后期，吴中大族借由入祀乡贤祠而取得名望。万历时，朝廷为建文帝平反，又带起了以靖难臣子为名目的入祀风潮。明末，《致身录》、《史氏吴中派族谱》、崇祯《吴江县志》、《黄溪志》等文本皆已出现，史仲彬的"从亡诸臣"身份、功名与官职、对赋税水利等地方事务的良政，无不套入请祀的常见名目。史册遂于《县志》中呼吁，将他归入"于时公论，未入当入者"之列，一旦请祀成功，官方对"从亡"故事的认定，就能落实为宗族的现实利益。

文本为请祀奠定了基础，但请祀的具体步骤，还涉及中央政府的态度，以及地方上的竞争者，这需要文人笔墨、言官辞论的襄助。明后期，朝廷对建文帝的关注主要就是言官促成的，①陈仁锡所谓"吁诸朝"②，就是要与言官交涉。当地的竞争者，则是文中所谓"喧传今年某显要人，明年某公卿入"的一群人，亦即"不屑与龌龊伍"中的"龌龊"。

陈仁锡的文章写于天启元年（1621），可知此时黄溪史氏请祀于"邻郡"嘉兴，但在"吁诸朝"和"与龌龊伍"两方面都失败了。但请祀活动一直延续到弘光时，这一点有史兆斗于天启、崇祯间改换《致身录》书名为《奇忠志》《鸣冤录》而印行，试图弥补文献上的漏洞，又被钱谦益、李清等人屡次驳斥一事为证。③其间，史仲彬的建文传说一直在面对言官和当地文人的考验。

言官的立场，可以参见明末最有规模的一次赠谥。崇祯十七年（1644），李清奏请朝廷平反明初大臣的冤案，被平反者分为开国、靖难、惨死三种，以靖难涉及人数最多，李清在文集中讲述了自己的态度和成果：

> 建文诸臣赠官，皆予与张仪曹采（崇祯戊辰，太仓人）所定。……又靖难诸臣，予谥几百余人，皆绍宁所定。或疑此案太滥，宜稍裁，予曰："若自我辈手定，当少为贵耳，既予复夺，可施之诸忠耶！且此案郁勃已久，与其靳也宁溢。"……开国、惨死二案人少，题覆较易，惟建文诸忠一案，多至数百，礼、吏二部艰于缮写，故久阁。予时为工垣都谏，力言修祠是某职掌，移文屡促之，且言于二部诸司官，始题允。④

> 将靖难死事诸臣及北京各省城陷殉难诸臣……分列二等，酌予谥荫庙祀，颁行学宫，广示激劝。⑤

---

① 参见谢贵安《试论〈明实录〉对建文帝的态度及其变化》相关论述，《北京联合大学学报》（人文社会科学版）2010 年第 3 期。
② 陈仁锡：《史侍书奇忠家祠记》，《陈太史无梦园初集》，驻集一，第 632 页。
③ 许元溥：《吴乘窃笔》，第 11 页。
④ 李清：《三垣笔记》下，"弘光"，中华书局 1997 年版，第 103、104 页。
⑤ 李清：《南渡录》卷一，第 596 页。

李清为请祀创造了"此案郁勃已久，与其靳也宁溢"的有利条件，但是，与之相关的两个因素又为黄溪史氏设下障碍。其一，靖难涉及明代当朝皇室的正统性，万历以来，朝廷于此言论渐开，但建文帝与靖难臣子之当祀与不当祀，始终是皇室的要紧之处。言官的参与，一方面意味着明廷对靖难臣子身份考辨的重视，另一方面，也意味着入祀的对象是已经进入官方文献的人。换言之，《致身录》必须面对这些以言辞为政治力量的言官们的考证，获得其认可，才能真正成为请祀的文化资源。

《致身录》的推广者深知这一点。史兆斗将《致身录》改名为《奇忠志》刊印，"多所援据。通人为之序，以为有家藏秘本，合于茅山所传者也"①。是想借题序者的权威为之增加可信度。他还关注著名文士的态度，遂问询于钱谦益。但是，伪造文本要面对前人著述的拷问，吴宽《家藏集》的存在，让史兆斗的种种讳饰都无法与辨伪相抗衡：

> 去年兆斗过余，问侍书事真伪云何？余正告之曰，伪也。为具言其所以，兆斗色动，已而曰：先生之言是也。问其所藏秘本，则逊谢无有。②

李清负责赠谥靖难臣子与修撰建文帝实录二事，他对相关人物的身份考证也相当谨慎。《致身录》在明末的建文传说中影响很大，史仲彬又在请祀之列，自然受到李清的重视，他戳破了《致身录》的骗局，此书遂被剔除于建文实录的征引文献之列：

> 弘光元年……二月……命修惠宗与先帝实录。先是，工科都李清言：……止缘当时珥笔诸臣，摇手革除，于是化国书为家乘，而子虚乌有皆佐笔端，则史彬《致身录》其最也。若非先臣吴宽集内载彬墓志甚详，而安知从亡之说，又安知从亡之数十人皆赝？③

其二，从文人群体的角度来看，黄溪史氏实未入流，这制约了他们

---

① 钱谦益：《致身录考》，《牧斋初学集》卷二十二，"杂文二"，第755—758页。
② 钱谦益：《致身录考》。
③ 李清：《南渡录》卷四。

与言官的交往。言官群体的交情，涉及郡望、出身、学养、师承、功名，钱货的作用只居其一。而史册为"邑诸生"，观其著述，则知其文辞鄙陋，他制造了大量的文献，但得到的文人题赠却很少，亦可见其人交游并不广泛。史兆斗的处境稍好，他居住在苏州，又富于藏书，遂有王士禛戏之为小友，① 言其人"少及与刘子威（刘凤）、王百谷（王穉登）交"。② 汪琬为之作传，有"博通前明典故，下至故家遗老，流风佚事，无不备熟于中……当其少时，士大夫已争客之矣。性尤喜蓄书，所购率皆秘本，或手自缮录，积至数千百卷"之论。③ 正是在史兆斗的努力下，《致身录》得到了苏州文人的题序。然而他的支持者，不过是未发迹时的陈仁锡，卸任在家的钱士升等人，同郡的许元溥就没有顾及情面，在《吴乘窃笔》中说破《致身录》的伪造情况：

  按，史彬姓名，从前逊国诸书与莫鲈乡吴江旧志皆不言及，言之自《致身录》始。尝览《致身录》，窃疑二百余年来，表章者指不胜屈，诸臣事犹半湮，兹何一书晚出，而反详尽也？

  西村乃弘正间词客，名冠一时，如祖烈可扬，决不待万历朝始借他人润色……伪造何人，字字说梦，若非后昆有遗文，且传疑千古。

  西村旧有刊集，世亦罕传，余更从裔孙文学辰伯获睹其家藏抄本，比刊本更倍，中有《清远行状》，此吴文定墓表所从出也。故敢为纠谬，以俟作国史采焉。④

朝廷中有号召力的文官，如钱谦益、李清之辈，则与史氏并无交情。

---

① 王士禛与史兆斗为忘年交，其有《赠史辰伯北斗歌》，载于《感旧集》卷十："史翁行年八十余，苍眉皓发纷虬须。胸中贮书一万卷，抵掌谈笑谁得如。君不见长洲刘侍御，又不见太学王校书，十年著述传好事，一日声名倾直庐。羡君自昔交王刘，前辈俱推第一流。吴中人物不知数，有时落笔惊阳秋。我辱史翁呼小友，小饮堂中常握手。即今挂杖过我门，称说王刘不容口。忽然感激眼前事，离恨穷愁无不有。道傍轻薄半翻飞，海内衣冠尽衰朽。翁乎不如饮此一杯酒，勿与时人竞好丑，琬也愿附牛马走。"长洲刘侍御即刘凤，太学王校书即王穉登，二人皆苏州名士，各自著有褒扬吴中名人的文章，行于世。王士禛将史兆斗忝列于刘、王，似有讽意。《四库禁毁书丛刊》，集部，第74册，北京出版社2005年版，第333页。
② 王士禛：《池北偶谈》卷十一，《谈艺一》，中华书局1982年版，第256页。
③ 汪琬：《史兆斗传》《尧峰文钞》卷三十四，文渊阁《四库全书》，第1315册，第561页。
④ 许元溥：《吴乘窃笔》，第11页。

史兆斗拜谒钱谦益，后者却撰写《致身录考》批驳其伪。李清更是直斥《致身录》为"子虚乌有之最"，言辞激烈，不留余地。

黄溪史氏以建文传说作为文化资源而请祀，就必须在江南和中央的舆论中得到肯定。但《致身录》文辞浅陋，谬误百出，照见黄溪史氏在文化领域的势单力薄，史兆斗"通人为之序"，其财其力，莫不在于求得文人襄助。然而言官辞论在建文帝话题上有其政治权威性，经过对江南一带积累的前人著述的考辨，《致身录》遂因文献矛盾而被剔出建文实录征引文献之列，黄溪史氏的请祀，亦被国家意志遏制下来。

（二）传说文本与清初请祀的成功

文本考辨阻挠现实利益的争取，这是明代特有的文人生态的结果。时移世易，康熙时，史编年再次请祀，此时虽有参事于史馆的潘耒力证辨伪，史仲彬却以介乎粮长和朝臣间的模糊身份，成功入祀于苏州乡贤祠。明末清初的两次请祀，以同样的传说文本，面对同样不可推翻的考据，结果却截然相反，这体现了言论失去了政治的权威性后，传说文本在实践中的力量增长。文献系统亦因此容纳了更多的文本矛盾，这便是清代以后建文传说的呈现。

1. "庶族"地主的宗亲故友

清初朝廷限制了江南绅衿的优免权，从而减少了绅衿与"庶族"在地方上的差距，这让黄溪史氏在当地的竞争力有所提升。史氏大收其族，康熙时，同郡的潘耒虽然反对其请祀，但只能感叹"史族浩繁，谁无亲谊"，[1] 却无法阻止，其人以文名于世，竟被史氏率人殴打，[2] 斯文实无法与人众相抗。

剖析《史氏吴中派族谱》，可见史氏的收族情况。其于康熙时经由史编年之手而重修，史彬之子名下骤然多出几个房支，观其事略，有的与史氏并无血缘，有的甚至是军户出身。史编年的态度，可以从云南一户史姓与吴中派联宗的事情得以了解。此支自陈先祖的兄长曾任榆林世指挥使，竟不知其名讳，亦无法自证与吴中派的关系，但史编年多方奔走，终于在史氏越中派的族谱里找到一个身份相符的人，敷合其说，两家遂

---

[1] 潘耒：《与徐虹亭书》，《遂初堂文集》卷五，第455、456页。
[2] 钱墀：道光《黄溪志》卷十，"丛记"："史仲彬从亡禄，潘太史耒宗虞山钱宗伯谦益'十无'之辨，谓《致身录》为伪撰。仲彬裔孙编年率其仆殴之，著《流芳录》以表其先世。"第822页。

联宗：

> 旧谱载，四十三世友菊翁瑀娶临淮郭氏武定侯耽之女，居南京神策门，生三子，长子建章公迁云南，次子允贞公居神策门，三子威远公迁扬州，万历壬午，云南遴斋公……遣人来吴江征家谱，载建章公长子彦升公袭调陕西，积功官至榆林世指挥使……遴斋公为彦升公弟君之后，但榆林大理族属俱未详载也。至居神策门支，编年于康熙癸酉秋试毕往访……土人云……胜国时，史姓繁衍，经鼎革，又经海氛，人悉避徙……又越大江访苏州支，亦无有遇者。幸读越中派永州司马璞庵叔父全谱，载大成公之曾祖讳儒，为榆林世指挥使，受大成公一品诰命……甲戌仲秋，编年拜记。①

史编年的联宗策略驳杂不辨，这与明代一些居于市镇的望族对乡间同宗的拒守态度形成对比。他搜罗的这些支脉全都没有功名，但这仍然扩大了黄溪史氏的活动空间。同时，史氏也与文人攀亲，徐釚与之有姻亲关系，其人以博学鸿词而入史馆，参与明史编修。史氏之请祀，徐釚明知《致身录》是伪作，仍不顾自身声誉而支持，此事的反对者潘耒也与史氏有故：

> 史氏必欲求兄列名者，以兄（注：指徐釚）一邑之望，为当事所知故也。兄既列名，当事将曰：某人非泛泛者，必有确见，乃预此事，事将必行。是误当事以弗深考者，吾兄也。春秋责备贤者，不兄责而谁责乎？兄又言，与史有亲，难于峻拒。史族浩繁，谁无亲谊……寒门与史氏，亦系世亲。②

吴江大族在明中期大量出现，族中多出官宦，黄溪史氏的发迹则较之晚矣，亦缺乏功名之辈。但明清易代的兵灾、清廷对江南绅衿的打击，相对提升了黄溪史氏在当地大族间的地位，其驳杂不辨的联宗，以及与当地文人的姻亲关系皆是力证。请祀地点的变化也说明了这一点。天启、

---

① 《史氏吴江派族谱》，"黎里房支·第五十世附后"。
② 潘耒：《与徐虹亭书》。

崇祯间，史氏虽有史兆斗居于苏州，请祀地点却在嘉兴，这是因为当时史氏在吴江一带仍然没有话语优势，需仰赖于史彬之父史居仁所出的嘉兴县史家村。康熙时，史氏却取得了对苏州官府的影响力，请祀遂跨出黄溪—嘉兴的联系，与苏州府建立了联系。

2. 失去权威的文献考据

用前明忠臣故事向清朝当局者请祀，这也是清初的言论氛围决定的。清廷以军事手段介入江南的统治，当地文士以捍卫明廷的姿态聚兵相抗，地方控制权的争夺遂引申为王朝正统性的争论。但清廷很早就懂得利用汉人原有的君臣秩序进行地方控制，以朱明忠臣的身份请祀，只要强调其对朝廷的"忠"，避讳朱明正统性，就仍有对话空间，这为清初的请祀奠定了与明代截然不同的基调。此时，皇室已由朱氏变为爱新觉罗氏，靖难一事遂与皇族宗支的合法性脱钩，请祀因而不太可能受到国家意志的打压了。

康熙时，明代颇有影响力的言官系统已变为闲职，文官失去了一些裹挟国家意志的机会，言论与文献的力量则被有限地保留下来，江南文人以此再度参与国家话语的建构。清修《明史》在文本上沿袭了明中后期若干私家撰史，体现了江南文人传统官方历史书写上的延续。建文帝纪的书写，也在一百多年来江南文人制造的文本脉络下，其下落因袭万历时官方观点，未言其生死，但对《致身录》诸书所称之出亡事略，则并未采纳。换言之，清代官方对建文出亡传说的态度，与明末是一致的。

此时亦有一些熟稔于文献的人，以考辨作为手段，对抗黄溪史氏的请祀活动。吴江名士潘耒参与《明史》编修，他沿袭钱谦益、李清的思路给出更多例证，又试图以任职史馆的官方身份为辨伪增添可信度：

> 仲彬始终一粮长，本无从亡事，因万历间议褒恤逊国诸臣，史氏不无歆羡，故伪造《致身录》以欺世。然以他书及《墓表》、《行状》验之，纰漏百出。故钱牧斋、李映碧，皆昌言排击，而先兄《国史考异》，《松陵文献》中辨之尤详，此年兄（注：此指徐釚）所熟悉者。往年在史馆，与监修、总裁诸公商榷，及此业有定论。今乃随俗徇情，为之请预祀典，明知其不可而曲从之，无乃少

执持欤。①

潘耒居于黄溪,与史氏是同乡,更掌握了黄溪史氏不襃扬史鉴一事的原委,这为辨伪在文本之外又增加了现实依据:

> 前因史氏乞以仲彬入乡贤,年兄列名公呈之首,故特致札,言从亡事不实,不当为之请祠。末有彼若求序,断宜谢绝之语,谓必垂采纳。近见史氏所刻《流芳录》,则大序岿然在首,简而词气激厉,若重有所不平者。然殊不可晓,将谓身在事中,不得不证成其是耶?抑真信有从亡事也?据序首云:士君子读书论世,考究是非,不当变乱黑白。善哉!言乎此,正弟之含意欲申者也。明人著述,专纪逊国事者,有《革除遗事》、《建文编年》、《姜氏秘史》、《革除遗忠录》、《建文书法拟》、《逊国汇编》、《建文朝野汇编》诸书,曾有一字及仲彬乎?其大部书,如郑氏《吾学编》,王氏《史料》,何氏《名山藏》,朱氏《史概》等,传逊国臣者,曾有一字及仲彬乎?吾兄何不一读诸书,而唯《致身录》之读乎?②

然而,文本与现实的证据皆不能撼动同为《明史》编修的徐釚的立场。从潘耒给他的书信来看,他们曾在史馆一同考据建文传说,对"从亡"的辨伪是有共识的,但对黄溪史氏的请祀,徐釚却不顾官方文献的言说,成为此事的领导者。

明末,文献考辨是阻止请祀的关键原因。钱谦益指出《致身录》之伪,史兆斗"色动,己而曰:先生之言是也"。③ 其后又出"《鸣冤录》,复辨牧斋所辨",④ 但《致身录》的硬伤无法抹去,请祀遂不能成功。到了清初,言官系统不复存在,建文帝亦不再涉及皇族宗支的合法性,相关文献是否得到官方认可,便不再是地方利益争夺的关键。传说文本遂挣脱考辨的束缚,获得更大的实用价值。

---

① 潘耒:《与徐虹亭书》。
② 潘耒:《再与徐虹亭书》,《遂初堂文集》卷五,第457、458页。
③ 钱谦益:《致身录考》,《牧斋初学集》卷二十二,"杂文二",第758页。
④ 潘耒:《从亡客问》,《遂初堂文集》卷十一,第586—588页。

3. 变乱文本的请祀策略

优免权的限制、言官的没落让文人群体与黄溪史氏一类的"庶族"有了更多合作。此时史氏亦从吴江拓展到苏州，史编年刊印《致身录》，别名之为《流芳录》，延请苏州文人作序，为史仲彬入祀乡贤祠助阵：

> 黄溪史氏将以仲彬入乡贤，浼绅士为之具牒。①
> 今刻乃载序文跋语三十余首，文人好奇节义事，更乐为表扬。史氏又善于干请，固多应之者。②

经过明清两代的考辨，《致身录》已经无法混入"正史"的文献系统。请祀时，史仲彬的身份遂被模糊处理，绕开朝臣一说而强调其忠诚之志。顾沂为《流芳录》写了一篇情绪化的序言，与明末陈仁锡的《史侍书奇忠家祠记》相比较，则能看出清初请祀策略的着力之处：

> 余读史忠献公《致身录》，重有慨焉。革除祸烈，顺逆易位，良心既死，斥忠为奸，千载覆盆，有莫可如何之叹。孰知烟销雾歇之余，碧血丹心昭回日月，前此之隐忍不敢讼言者，可大白于昌言之朝，而无所忌。即向无所据撼，犹将探索而详考之，况名贤宿德，著作如林，章章不可磨灭如斯者乎？③

这次请祀以徐釚"列名公呈之首"，对抗同为史馆修撰的反对者潘耒。潘耒于考据上的功夫、供职于史馆的官方身份，在明代皆足以遏制野史对官方态度的影响，但文人笔墨脱开文献系统而发挥，"曩者指陈疑似狺狺不已，其腼颜地下当何如"一句，将钱谦益、李清等前人的考辨也一并无视了：

> 独怪王褚下流，变乱黑白，已不能自即于正，又耻人之抗节守正，每力排正气，以为己容身之地，抑知西村鸿冥有过伟元赍志不

---

① 潘耒：《与徐虹亭书》。
② 潘耒：《重刻〈致身录〉辨》，《遂初堂文集》卷十一，第583—586页。
③ 顾沂：《黄溪史氏〈流芳录〉序》，《凤池园诗文集》，文集卷四，《四库未收书辑刊》，第7辑，第26册，第374页。

言蓼莪并废，孰谓其无隐痛于中者。卒之贞志孤忠，历久弥耀，不能掩后世之公论，而彼自负国华，名节扫地，丧厥本心，一败不可收拾。视曩者指陈疑似狺狺不已，其腼颜地下当何如耶？乃始信天经地义之不可终泯，而乱臣贼子之无所逃于斧钺也。因并哀而志之，以戒世之好行其私者。①

考据已经失去了国家意志的庇佑，黄溪史氏遂变乱文本，为之增加更多的故事。史氏十一世孙史在相增补了崇祯《吴江县志》，加入了史仲彬在明代已受官方认可的说法；一些定型于请祀成功后的文本，如《族谱》中的史仲彬传记、沈涵《史忠献公祠堂记》，也采用同样的手段：

> 天启间，科道部臣屡疏奏请恤典，奉俞旨。崇祯十一年，浙江提学副使刘麟长祀公嘉兴府学，礼部尚书顾锡畴因科臣李清疏覆奉旨赠亚中大夫，谥"忠献"。②
>
> 天启元年，巡按御史王时化即故小雅堂，辟北门，向祀建文从亡忠臣翰林院侍读学士直文渊阁侍书史仲彬大学士，朱国桢、礼部侍郎陈仁锡记。崇祯十年，提学御史张凤翮准嘉兴府移文更新之。十七年，礼部尚书顾锡畴奏请恤，赠亚中大夫，谥忠献。本朝康熙三十五年，巡抚都御史宋荦秩之祀典，编定祭银，每岁县官于春秋二仲上戊日致祭。③
>
> 史仲彬：字文质，号清远，洪武戊寅明经科进士，翰林院侍读学士，直文渊阁侍书，谥忠献，祀江邑特祠，列祀贞录，子孙奉祀，两祀嘉兴、苏州府学乡贤祠配。④
>
> 丙子春王三月，特祀故明从亡忠臣吴江史忠献公之祠，令有司

---

① 顾汧：《凤池园诗文集》，文集卷四，《黄溪史氏〈流芳录〉序》。
② 崇祯《吴江县志》由史册修编，史在相于康熙年间进行了增补，书中并没有明言这一段是谁所写，然而，设想史册在李清、钱谦益对《致身录》辨伪之际写下这样的字，莫非不会遭致更猛烈的诘难吗？以是，这些文字多半出自史在相笔下，如若不然，那也是史册在远离了明末之后的手笔。然而，道光《黄溪志》载有史册编《吴江县志》"未成而卒"一事，他也许并未活到那个时候。不过，无论这些字出自谁手，它们表现的都是同一个动机：将史仲彬的故事编得更圆满。
③ 史册撰，（清）史在相补订：崇祯《吴江县志》卷十四，"宗祠"。
④ 《史氏吴中派族谱》，"黄溪大宗·第四十一世·史仲彬条"。

岁给公帑，永修春秋祀事，且令他人毋得引例陈乞，实从忠献公裔孙编年请也……忠献公以祖籍崇祀禾郡乡贤祠，其时，禾郡守郑公瑄以裔孙诸生册之请，移文建有江邑之祠，今御史中丞宋公于五十年后秩之祀典，一时荐绅士庶咸唏嘘，瞻拜徘徊祠下，而不忍去……编年，册之曾孙，克绍先志，请书余言于石，因作诗三章以遗之，使祀之日修人歌之以祀。①

按，参读陈仁锡、钱谦益、李清等人文集，可知"谥忠献，祀江邑特祠，列祀贞录"实无其事。史在相则改说巡按御史王时化让史仲彬入祀。崇祯年间刻印的《致身录》中，史仲彬的官衔为"翰林院侍书、徐王府宾辅、翰林院侍读"，②而史在相却增加了直文渊阁一职。至于"礼部尚书顾锡畴奏请恤，赠亚中大夫，谥忠献"，顾锡畴与李清共同署理明初忠臣赠谥一事，既有李清称《致身录》为"子虚乌有之最"，请祀自然不能成功。清初的这些传说，对自身与官方文献的矛盾却无忌惮，甚至为考辨留下更多的漏洞，这与明末史兆斗两次改动《致身录》，努力使之敷合于文献的做法形成鲜明对照。

此时史氏族人坚持了这些伪造的故事，寻求文人的支持。康熙《吴江县志》记载了当时的舆论，作者无法绕过吴宽和史鉴对史彬故事的描述，便含糊其词，认为史仲彬"从亡"之事确无，但他仍可能帮助过逊国臣子：

按仲彬九世孙刻《致身录》，云仲彬为建文帝侍书，建文逊位，屡至其家，曾孙鉴，其所赐名也……常熟钱谦益援吴文定公宽墓表驳之，斥为伪撰。而我邑二百年来父老相传，谓建文尝居于史氏，今所遗水月观匾额，是建文篆书，其说必有自来。况金川门失守时，遗臣多亡命三吴，密谋举义，而仲彬为人，素仗气任侠，鱼服暂留，后乃冥飞寥廓，理亦宜有之，不得确指其诬也。③

---

① 沈涵：《史忠献公祠堂记》，见于《黄溪志》卷十二，"集文下"，第846—847页。
② 史仲彬：《致身录》。
③ 康熙《吴江县志》卷三十四，"人物五"，康熙二十三年刻本，第10页。

此事遂成，史仲彬入祀于苏州乡贤祠，其坟墓也被翻修：

> 翰林院侍读学士史仲彬墓，在黄家溪小旬圩。刘文成卜兆，大学士吴文定公宽表墓。本朝总督兵部尚书右都御史范公承勋致祭，捐俸修饬墓道，题表墓门，曰"丹心宛在"。大学士张公玉书述从亡殉节及恤赠始末，撰神道碑。①

清初，史编年联合苏州名人，绕开了明廷正统、言官辞论，置考辨于不顾，让史仲彬以介乎粮长和朝臣之间的模糊身份入祀于苏州。此时虽有潘耒给出与明末言官相近的辨伪证据，但在言官手里一度有力的考辨，都无法阻止清初的传说话语。此时考辨建文传说的政治意义已与国之正统脱钩，主要作为地方群体博弈的手段而存在，建文传说遂成一种不易被束缚的文化资源，应用于民间社会。

五　结语

建文帝出亡传说是《致身录》等书的创造，此书自明末以来屡遭辨伪，至今已有翔实的文献依据。但出亡传说为何在明中叶后形成体系，其文本的制造动机是什么，仅仅考据于传说自身，是无法解答的。本文涉入日常生活的领域，梳理了与《致身录》并其主要人物相关的文集、传记、地方志、族谱，揭示了建文出亡传说与苏州地区一个"庶族"地主家族的振兴的密切联系。

《致身录》相传为黄溪史氏的一世祖史仲彬所作，叙其于建文出亡的功绩。史氏族人深信，史仲彬即其先祖史彬。他们据此对先世历史的集体记忆进行再创造，追尊其祖为靖难忠臣，并开始了以"从亡忠臣"为名的请祀活动。然而，此书自万历时该书流传于世，便被诸家考辨为伪作。面对江南深厚的文人传统，造伪要面对太多的前人刊刻"成果"，吴宽和史鉴文集的存在，让《致身录》的故事很快被揭穿，钱谦益写下《致身录考》，列举十条理由，揭穿了《致身录》的真相，这些文字一直

---

① 史册撰，（清）史在相补订：崇祯《吴江县志》卷十四，"宗祠"。

流传后世。康熙时，建文传说不再受国家意志的关注，《致身录》的伪造遂脱离考辨的约束。黄溪史氏得到苏州名流的支持，史仲彬竟以介乎朝臣和粮长之间的模糊身份，供奉于苏州府的乡贤祠，为黄溪史氏带来巨大的现实利益。文本的层面上，此时建文传说亦掺杂于文献，逐步波及文人学者的视野，民国以来，孟森、黄云眉、胡适等大家亦时或要针对这些野史而考辨。

元代江南的母子关系与慈孝之道

王艺洁

众所周知，五代礼法丧乱后，北宋前期，士大夫们便开始积极地倡导儒学纲常伦理的重建。于"齐家"之道意义非凡的女性"三从四德"也重新被士大夫们所强调。时至南宋，儒学纲常在理论层面上日臻成熟，并且向民间日益渗透。而到了元代，一方面蒙古统治者带来了诸多草原习俗，难免与儒家伦常相抵牾；另一方面理学被确立为官学，似乎也没有停止向民间社会渗透。而作为大多数中国古代"女性"获取的终极角色，母亲，无疑面临着诸多复杂的亲属以及社会关系，其中，母子关系便是十分重要的一环。郑雅如、廖宜方分别对魏晋、唐代的母子关系与孝道进行了深入的研究。①谭晓玲对元代女性的研究也对"为人母"的女性有所涉及。② 而元代的江南地区（广义，新附之南宋故地），相较战乱频繁、族群文化碰撞剧烈的北方，政治环境更为稳定，社会、文化也更具有延续性，为儒学的蓬勃发展以及儒家伦理教化提供了有利的环境，同时也为女性获得财富、知识和部分家庭支配权创造了条件，其中之为人母者则更易获得更为名副其实的"尊位"③，看似是有利于母子慈孝之道的践行。但是江南民间不乏典雇（卖）妻妾、乞养异姓子等违背儒家纲常伦理的习俗，元代统治者又带来了收继婚、驱口买卖等"北俗"，由此更加深了元代江南地区母子关系的复杂性，官方对于慈孝之道一以贯之的话语与民间实态也由此形成了鲜明的对比。

---

① 郑雅如：《情感与制度：魏晋时代的母子关系》，台湾大学出版中心2001年版；郑雅如：《亲恩难报：唐代士人的孝道实践及其体制化》，台湾大学出版中心2014年版；廖宜方：《唐代的母子关系》，稻乡出版社2010年版。
② 谭晓玲：《冲突与期许——元代女性社会角色与伦理观念的思考》，南开大学出版社2009年版。
③ （宋）朱熹：《周易本义》卷五《周易系辞上传》，"以一家而言，父母固皆尊"，《朱子全书》，上海古籍出版社2010年版，第123页。

一　母子慈孝之道在元代江南地区的推进

  元代统治者对慈孝之道的提倡并不亚于前朝，是多得学界肯定的。《宋刑统》以"不孝"为"十恶"之七，《元典章》则以之为诸恶之首。[①]然官方的这些话语与倡导，具体到元代江南地区的实践中，又会怎样践行对母亲的"孝道"呢？比如，与历代统治者不同，元代官方似乎并不提倡"割股疗亲"一类的行为。[②]然而《元史·孝友传》中却依然收录诸多割股疗母的事例，并且得到了官方的赞许，南方、北方皆有之，不仅汉人、南人，甚至有蒙古人，[③]可见政令与实际的差异以及政令本身的自相矛盾。

  正如学界早已注意到的，元代官方以旌表、减免差役的形式鼓励节孝之行。而纵观整个元代，对节义与孝行的官方旌表制度也日趋严格。大德八年（1304），礼部针对节孝旌表泛滥的问题，指出"多系富豪规避门役，廉访司又不从公敷实"的现实状况，使得中书省做出一系列严格的申报程序，规定只有"行实卓越、节操超绝者"方可获得旌表。[④]而此前的宋代，旌表节孝的颁发者和旌表的方式都没有十分明确的统一性。有的是上闻于朝，为之立祠，或者加以封赠；[⑤]有的是郡县地方官员自行予以表彰。[⑥]甚至多有乡人自发纪念，文人自发题诗等情况，总体而言，并无十分规范的程序。无疑，元代的旌表制度比宋代健全，多是"有司

  [①]　参见《宋刑统》卷一《十恶》，《元典章》卷四十一《刑部三》。
  [②]　参见陈高华、张帆、刘晓、党宝海点校《元典章》卷三十三《礼部六》，"禁割肝剜眼"条，"行孝割股不赏"条，中华书局、天津古籍出版社2011年版，第1149—1150页。
  [③]　参见《元史》卷一百九十七《孝友一》，《宁猪狗》《李家奴》，第4443页，《赵荣》，第4456页，《陆思孝》，第4465页，《哈都赤》，第4466页。案例甚多，恕不一一。
  [④]　《元典章》卷三十三《礼部六》，"旌表节义等事"条，第1147、1148页。
  [⑤]　脱脱：《宋史》卷二百一十九《列女传》："张氏，鄂州江夏民妇。里恶少谢师乞过其家，持刀逼欲与为乱，……既死，朝廷闻之，诏封旌德县君，表坟曰'列女之墓'，赐酒帛，令郡县致奠。"
  [⑥]　同卷："吕仲洙女，名良子，泉州晋江人。父得疾濒殆，女焚香祝天，请以身代，刲股为粥以进……守真德秀嘉之，表其居曰'懿孝'。"

上闻""有司言状",① 得表其间。谭晓玲认为,元政府的旌表程序已经"形成了朝廷颁诏,各省(道)、路、府、州、县、里逐级审核上报,监察御史、廉访司独立复核,最终由礼部批准'下旌'的较为完整的基本程序,并不像有些学者所认为的'明代才形成完整的程序'"②。而由于孝子、节妇在"全民当差"的元代有着免差役的好处,因而元代传志中,对旌表相当重视。比如戴良所作《汪节妇传》,仅模式化地叙述了鄞县汪弥亨妻陈氏寡居五十年侍奉其姑、抚育幼子的情况,却相当郑重地介绍了"有司高其行,将摭其实,上闻于朝而旌其门"的过程。③ 可见配合朝廷旌表和节义教化才是其作传的最实际的"价值",也是官方与儒士的话语所图。

观民间儒士,确实多提倡和践行慈孝之道者。首先体现在对母教的尊重和听从。尽管元代,科举相对衰落,然而江南地区母教之责却未必随之松懈,母亲仍然是儒门"先业"与"先德"的传授者,儿子的品格、知识也与母亲一荣俱荣。

临川儒士王敏学之妻龚氏(1250—1341)在夫亡之后,"持家内外肃然,受使令者执事毋敢怠"。并且非常重视对儿子静孙的教育,以"不坠先业为务",静孙长大后,"出文书数巨帙以授之"。④ 不仅是父祖的先业、名声,甚至有些女性亦会将外家名声系于其子。元代抚州有一位陆氏夫人(1258—1333),据志铭记载,其为陆九渊四世后人,嫁饶州安仁县吴中立,有二子,而其夫捐弃,她勤俭持家,并让儿子"从师百里之外",并且时常教育儿子:"若辈宜自立,毋为尔先人及外氏羞。"⑤ 本来偏属"不坠先祖之业"的期待,此时更加上了"毋为外氏羞"的期待。当然,这似乎与母亲是陆氏血脉有关。也在一定程度上反映了,夫亡教子学有立,当不仅是绍父祖先业的任务,也在很大程度上关系到母家的声誉,尤其是母亲出自名儒之门,此处责任便愈加重大。由此可见在科举相对衰落的元代,江南地区母教仍然严格,即江南地区的读书人家仍

---

① 参见《元史》卷一百九十七《孝友一》、卷一百九十八《孝友二》、卷二百《列女一》、卷二百一《列女二》等。
② 谭晓玲:《冲突与期许——元代女性社会角色与伦理观念的思考》,第234页。
③ 戴良:《九灵山房集》卷二七《汪节妇传》。
④ 虞集:《道园学古录》卷四三《王母龚氏孺人墓志铭》,四部丛刊初编本。
⑤ 李存:《鄱阳仲公李先生文集》卷二五《陆氏孺人墓志铭》,北京图书馆古籍珍本丛刊本。

然以儒学名门为荣。

年幼之子听从母亲的教导,成年的儿子依然尊重母亲的建议。许广大擢元统元年(1333)进士第,后用资格序迁而居武义。武义之前数有水患,因而"谋作隄以捍之",① 但乡里公共设施建设还有先圣庙及学舍,乡人对此也各执己见。他的母亲张氏因担心儿子不得民心,一语警醒之:"德惠未施于人而並兴土木之役,得无为民病乎。"后来许广大身先领之,获得了成功,正与母亲的引导息息相关。

不仅是官方、儒士们提倡孝母之行,听从母教,出家之人也有孝母之思。德岩乂上人本为新喻钱氏之子,幼时以祖母之命出家,尽孝于祖母,首先便是孝道的体现。但如此则无法尽到对母亲的孝道,因为母亲段氏并不希望他出家,不过母亲最终也需要"强从其姑"。也就是说,为了尽到对辈分更高的尊长之孝道,段氏母子间的孝道被"牺牲"了,反映出"孝道"与"孝道"之间的矛盾。然而从史料中我们发现,段氏还有其他的儿子,足以侍奉、孝养于她。而段氏执意要在沔阳留居,誓与德岩乂相见,"虽其夫与子数往来,以好言慰之,请与俱载,终不许"。其间母子情分,亦非其他儿子能够取代。再者,因为侍奉于佛,德岩乂后有多番探母请,俱被师父拒绝,只能用佛家诵经礼佛的方式为母祈福,以尽孝心,亦属无奈之举。②

而谈及"不孝"之行,元代官方文书中的处罚态度是非常明确的。无论是蒙古人还是汉人、南人,"虚称母死""不丁母忧"等不孝于母的行为,都是要受到惩罚的。③ 而元人笔记中也多有对恶劣的不孝之行的记载,并且多以不孝遭报应的故事结构出现。比如《南村辍耕录》中有杭州汤镇民"不孝陷地死"之事,④ 诸如此类,此不一一。而这样的故事结构显然不是元代江南文人所创,宋人笔记,如《夷坚志》中,俯拾皆是。可见江南文人笔记对不孝之行进行"恐吓式"教化的一脉相承。然而在这些"诅咒"不孝的故事背后,儒士们记载"不孝"之行的主体多是嗜利之民、商人、小吏等群体,其实也是儒士们对社会的这些群体重点进

---

① 黄溍:《金华黄先生文集》卷三六《赠文林郎江浙儒学副提举许公墓志铭》。
② 傅与砺:《傅与砺文集》卷五《送德岩乂上人淑母序》,北京图书馆古籍珍本丛刊本。
③ 《元典章》卷四十一《刑部三》,"捏克伯虚称母死"条、"张敏不丁母忧"条、"裴从义冒哀公参"条,第1386—1387、1390—1391、1391—1392页。
④ 陶宗仪著,李梦生点校:《南村辍耕录》卷二八《不孝陷地死》,中华书局1958年版。

行孝道伦理教化，所谓"正风俗"。这反而说明了，在元代江南的民间，一方面由于经济发达，民间多有重利趋财的因素，孝道的贯彻并非十分彻底；但另一方面，儒士们的教化也一直承袭南宋儒家伦理而深入进行。有如此多的极端案例见于文人的各类笔记之中，对不孝之行进行"恐吓"，正是反映了教化与实践的尖锐矛盾。

二　南俗与北俗碰撞影响之下的母子慈孝之道

"父权"时代的母子关系，均以父亲的婚姻为中心，包括了各种宗法意义上的、亲生或非亲生的母子关系。元代的江南地区，亦不例外。诸多儒家经典也对此早有讨论，元代官方也并未忽略对各个类型的"母服"进行规范。① 尽管如此，江南民间也时有难以践行礼法尊卑之事。孔齐煞费笔墨地对姐姐（嫁朱氏）掌持家法期间的行事进行评价，以《朱氏所长》与《朱氏所短》两篇笔记并列，提到诸多朱氏姊与其继子、庶子、女婿的复杂关系。朱氏姊初年待夫之前妻吴氏之长子隆祖"犹如己子"，待二庶子祖道、崇祖"亦如之"，"凡饮食、衣服、教训甚于己生者，及长为娶妇亦厚"。② 后前室子以正室长子的身份得父官荫，仕途也还算平稳，并无觊觎家政、产业之心。庶子则不然，"以正母（朱氏姊）之私帑、岁收租米、一切什物，莫不为主而恣其所欲"，这必然会激发母子之间的矛盾。加之朱氏姊将家业管理大权交给了赘婿，母子矛盾更是难以弥合，正如孔齐的感叹："庶子之心不能挽回矣。"足见母子关系实际状况之复杂，正如廖宜方所言"妇女的一生没有单一不变的母子关系"。③ 然而，宗法制度下，本就复杂的江南民间母子关系，一方面难免受到江南本土习俗的影响，比如典雇（卖）妻妾、儿女，乞养异姓子等；另一方面，江南富庶的经济地位吸引着不少北来的官员、商贾，他们亦带来了北方习俗，如收继婚、驱口买卖等，南俗与北俗的交错，使得元代江南地区的母子关系更为复杂，更是难免与儒士们的期许与官方对孝道的

---

① 参见《元典章》卷三十《礼部之三》。
② 孔齐：《至正直记》卷三《朱氏所长》，上海古籍出版社1987年版，第93—94页。
③ 廖宜方：《唐代的母子关系》，稻乡出版社2010年版，第217页。

提倡发生抵牾。

1. 典雇（卖）与立异姓子——延续宋俗的元代江南母子关系

江南典雇（卖）妻妾、子女的风俗，是宋代以来便存在的风俗。宋代史料中也有所涉及，如建阳县卓清夫妻子陈氏欲将妾碧云雇卖于梁自然，引诱、剪髻、藏匿，无所不用其极。但是宋代官府裁治此案，主要惩罚梁自然诱匿之罪以及陈氏剪髻之罪，并未以雇卖罪之。① 其他此类案件，亦多以反复典雇妻子，取价倍增等情由判罪，无法禁绝典雇（卖）妻妾之行。② 元代官员，亦提及"吴越之风，典雇妻子，成俗久矣，前代未曾禁止"。③ 不过，元代官府多以之为毁乱人伦的"亡宋污俗"，并多次下令禁止。但事实上，嫁卖、典雇妻妾的风俗，依然在南方地区延续。

至元十五年（1278），江西行省处理袁州路彭六十典雇妻子阿吴的案件，表示典妻应当"官为收赎"。④ 但是官方维护儒家纲常秩序的收赎之策并未得以持续，此一风习仍然随着灾荒和重财好利之风在江南地区盛行，难以禁绝。典雇、嫁卖妻子，往往在典雇期间或者嫁卖之后有所出，母子慈孝之道的践行问题也随之而来。以官方的角度论之，多以父子之道优先于母子之道为断。比如至大三年（1310）湖南宣慰司奉湖广行省札付，处理刘子明嫁卖妻子郭二娘案件的决断。

将郭二娘断令归宗，所生儿男各随其父，元受财钱等物追没相应。⑤

官府所断即令女性回归本家，不能带走儿子，是父系伦理高于母子慈孝之道的官方裁决。稍早在大德五年（1301）湖南另一案亦如是裁断，谭八十一将妻阿孟转嫁谭四十三，生一男一女，地方官府考虑母子关系难以决断，湖南道宣慰司的裁断也是令阿孟归宗。⑥

当然，这是女性回归本家的处理方式，如果嫁卖、典雇的女性在雇入之家入籍立足，那么其间的母子关系便呈现出不同的情态。婺州路唐证与正妻王氏无子，于宋末过继侄子唐柱为子。十二年后，典雇葛氏，

---

① 中国社会科学院历史研究所宋辽金元研究室点校：《名公书判清明集》卷二十《诱人婢妾雇卖》，中华书局1987年版，第451页。
② 参见《名公书判清明集》卷九《过卖身子钱》，第357—358页。
③ 陈高华、张帆、刘晓、党宝海点校：《元典章》卷五十七《刑部十九》，"典雇妻妾"条，中华书局、天津古籍出版社2011年版，第1891页。
④ 《元典章》卷五十七《刑部十九》，"典妻官为收赎"，第1887页。
⑤ 《元典章》卷十八《户部四》，"受财将妻转嫁"，第636页。
⑥ 《元典章》卷十八《户部四》，"离异买休妻例"，第647页。

生庶子唐祯。至元二十七年（1290）抄户，唐柱、唐祯皆得立籍。后唐证夫妇去世，葛氏凭己为唐祯生母揽家中财物之权，屡次逼迫唐柱归宗，以便其母子独占家财。① 由此我们可见，典雇之妾，亦可成为正式的妾，甚至成为掌家女主人，而其中最关键的就是母凭子贵。前举郭二娘亦于卖入之家有子，遭际却大为不同。另一关键因素则是母子在其家中地位是否牢固，而牢固地位的关键则是官方对户籍的认定。此也为元代官府对户婚案件进行决断的重要特点。

除了典雇、转卖妻妾之外，江南地区亦有典雇、转卖儿女的风俗。这就势必牵扯到另一风俗，养异姓子甚至立异姓子为继的风俗。元代官方对于收养、立继而形成的母子关系，一方面对于立继子，无疑仍是继承了"养同宗及遗弃子，同亲母"的儒家孝道理念；② 另一方面对于异姓子，则政令反复，③ 刘晓认为，从元代中期开始，在立法中已经取消了异姓养子的禁止性规定。④ 然而在元代江南社会的实践当中，仍然有许多同姓或异姓收养的情况。异姓收养大抵有几种来源：其一，来自妻家亲戚；其二，再嫁女性将前夫之子带入后夫之家；其三，买到、送养之义子。

过继妻家亲戚之为后，尽管官方并不支持，但多少也不得不承认既定事实，并勉力贯彻母子慈孝之道。大德三年（1299）江西行省咨文中，提到萧千八与妻子阿谢于至元二十年（1283）过继妻兄之子为后，名萧福九，不仅入籍为定，还尽到了服祖母丧、服父丧的孝道。争告之人则是萧氏同姓兄弟，欲立萧氏子侄为其继后。虽朝廷政策支持同姓过房而非异姓，但官府最终的判断仍是认可了萧福九的孝道和继承资格，寡母阿谢自然也由相处十六年的养子（外甥）奉养。若是照搬同姓过房之规矩，母子长期的慈孝之道反而难存，这也是官府决断的重要理由。大德四年（1300）四月江西行省的另一件咨文中，言袁州路褚惠真的丈夫张库使有一异姓养子张元平，与妾褚惠真育有亲子张安老。张库使去世后，褚惠真立侄子张元俊次男益孙为自己儿子张安老之后，将田土房屋分作

---

① 《元典章》卷十九《户部五》，"同宗过继男与庶生子均分家财"，第688—689页。
② 《元典章》卷三十《礼部卷之三》，第1052页。
③ 参见《元典章》卷十七《户部三·承继》，"禁乞养异姓子"，第602—604页。宋濂《元史》卷一〇三《刑法二》，"诸乞养过房男女者，听"。中华书局1976年版，第2642页。
④ 参见刘晓《元代收养制度研究》，《中国史研究》2000年第3期。

两分,"一分与乞养男张元平,一分与益孙承管,抄户纳粮"。而后却褚惠真将益孙分到祖居立为崇明观,引起张元俊的不满而生讼。更见养母与养子、立继子的关系,不仅受到江南趋利之俗、好讼之风的影响,还受到元代官方差税征发以及皇室贵族崇信宗教的影响。

再嫁女性将前夫之子带入后夫之家,是为另一异姓之子来源,儿子与母亲,与生父之宗、养父之宗,也可能形成各种各样的关系链条。宋濂为其弟子黄仁的祖母陈善足(1292—1376)撰写墓志铭时,提及陈善足丧夫时已有四男二女,在其亲族的劝导下,改嫁同姓。其家无子,却"饶于赀",陈善足将黄氏子女均带入其家后,继父为他们"聘经师以教",可谓慈厚。陈善足却仍时常以"汝宋冠胄也"来训诫诸子,望其继承生父之志,光耀门楣。① 母子对于黄氏先业的认同无疑来自本宗是宋时"冠胄"的"优越感"。而随母亲改嫁入的家族,仅仅是富民之家,多以之为母子生活的依靠,而非儿子们继承的对象,哪怕继父并无子嗣。当然,这是儒士之家的情况,民间人家则大有不同。吴江富人金润甫的侧室沈性贞,其父沈成本姓屈,幼随母嫁,并且长期冒姓沈,至儿孙而未改回。② 足见民间随母改嫁之子甚至不以变更姓氏为耻。

以典雇、买卖之人口为子,一旦引发争告,多令官府难断。大德四年(1300)鄂州路儒户万拱的侄儿争告,言万拱立买到人口姜仲一(万佛儿)为后,不合继承其家财。官府的裁断几经反复,其间亦有不认可异姓养子继承家财的裁断,最终仍以从江南本俗为定。③ 然而,并非所有买到、送养之养子都得到慈孝之善待,袁州曹应定打骂养子曹归哥,遭到反抗而起争端。官府中断其父子义绝,曹归哥"付伊生母徐阿易归宗"。④ 由此可见,被接养的曹归哥原是徐氏子,是由生母阿易将他送到曹氏为养子,民间买卖送养风俗下的母子关系也可窥见一斑。

总而言之,在江南地区自南宋以来所固有的风俗之下,母子关系与慈孝之道的践行已经十分复杂。元代统治者虽然对"亡宋污俗"多有批判和禁止,但长久以来的风俗未可遽改,若能够实际践行孝道,尊奉父母,与儒家慈孝之道的教化之策相合,官府宁可令之从本俗。

---

① 宋濂:《宋学士文集》卷三六《建宁黄母夫人陈氏墓版文》。
② 郑元祐:《侨吴集》卷十二《金母沈媪墓志铭》,北京图书馆古籍珍本丛刊本。
③ 《元典章》卷十七《户部三》,"异姓承继立户",第607—608页。
④ 《元典章》卷四十一《刑部三》,"义男面上刺字",第1414页。

2. 收继与驱口买卖——北俗与南俗碰撞交织下的母子慈孝之道

当然，元代江南地区的社会环境也并非一成不变，元代统治者带来了草原习俗以及良贱户等定籍制度，亦波及了江南地区母子慈孝之道的践行。这些习俗与观念，以及江南固有的与儒家伦常背道而驰的风习，两者碰撞，让我们看到了元代江南地区母子关系更为复杂的一面。

谈及元代统治者带来的草原习俗，便不得不提收继婚。如果粗略地观察收继婚之下的母子关系，不得不说，有子女的女性更容易达到自己的意愿。比如至元十年（1273）户部批文准刘国玉妻阿马守志，不支持小叔刘珪收继，主要理由便是阿马"已有男侍养，又兼两户别行当差"，[1] 母子一体的关系成为官方考虑案情的重要依据。不过，即便母子生存状态十分值得考量，收继的规矩依然重要。大德二年（1298），上都路妇人刘阿王的丈夫刘大身故，其弟刘三接续了阿王及其二子。大德十年（1306）刘三病亡，其母阿牛欲令叔伯兄长刘君祥接续阿王，理由正是孙子尚年幼，无人养赡阿王母子。但是官方最终的判断以"不应收继弟妻"断离。[2] 由此而见，相对于寡母与幼子的生活保障，北方民族传统的收继规矩更为官方所重。从阿王被收继的情况和婆母阿牛积极为收继婚做主的行为亦可侧面窥见，尽管蒙古统治者早期曾欲禁止汉人收继，[3] 但北方地区久受收继之俗浸染，民间多视之为寡母子生活之常见归宿。

当然，在江南地区，收继婚的事例并不多见，但收继之俗仍是有所影响的。延祐五年（1318），江阴缪富二收继其弟缪富六妻阿雇为妻，并生一女。官府依据上引刘君祥案例，亦以"缘兄纳弟妻，大伤风化"断离。缪富二是过房子，仍然需要侍养其养母（伯母）阿包；阿雇则归宗，所生女亦随母归宗。不难发现，缪富二收继弟妻，是由族叔长辈做主，养母阿包也是支持的，而根据阿雇"不合听受姑命，与房伯缪富二服内违法成亲罪犯"的文字，阿包应该正是阿雇前夫缪富六的母亲。[4] 阿包与缪富六、缪富二的母子关系自也逐渐清晰明朗了。失去儿子的阿包为了保障自己的生活有人侍养，将侄儿过房为子，还利用收继婚的方式，将守寡的媳妇也留在自己膝下。充分说明来自北方的收继婚俗在某些程度

---

[1]《元典章》卷十八《户部四》，"两户不得收继"条，第659页。
[2]《元典章》新集《户部》，"兄收弟妻断离"条，第2129—2130页。
[3]《元典章》卷十八《户部四》，"汉儿人不得接续"条，第658页。
[4]《元典章》新集《户部》，"兄收弟妻断离"条，第2129—2131页。

上符合南方民间践行母子孝养之道的实际需求，因而一定程度上为江南民间接受与吸收。

从前例中也可知，至少到了元代中期，官方已不再像至元七年（1270）下达"汉儿人不得接续"之令一样，反对江南"南人"行收继婚。不支持收继的案例也多是因不合收继规矩而断离或者作罢，说明北方收继婚的规矩已然被官方运用到了江南民间社会。甚至对于江南新附军军户，元代统治者颇为支持收继婚。元贞二年（1296）江西行省咨文有"军人正身亡殁，户下弟侄儿男理合承替军役，所据抛下妻室，若有必合收继者，依例收继"[1] 之言，实则亦因收继之俗能为保障军户、军役的稳定性所用，与元代实行的户籍制度更有着密不可分的联系。

然而，"北俗"在江南渐进，与江南的固有习俗难免产生交织与碰撞。延祐二年（1315）御史台对绍兴收继改嫁嫂的案件进行了批复处理：

> 绍兴等处因值饥荒，典卖妻室。其夫既已身死，适人之后，已有所出男女，前夫小叔又欲争理收继，即与常例收嫂事理不同，合准所言革拨。[2]

可见北方收继婚俗与江南固有的典卖妻子的风俗[3]的碰撞。然而官方的处断多有基于既定事实的考量，"已有所出男女"也是非常重要的理由，使得官府不得不承认典卖婚姻的事实，还为之做出"因值饥荒，夫妻不能相保，将妻嫁卖，情非得已"的辩解，借此使收继婚为之让步。联系上文提到的至大三年（1310）湖广行省断刘子明妻郭二娘归宗，"所生儿男各随其父"的案件，可见从一般性的角度来说，即便育有子嗣，官方也并不支持典卖妻子的行为，而是选择将母子分离，令其回到娘家。而绍兴路一案，承认典卖，亦是为了避免有争端的收继。

除了收继婚俗之外，对元代江南地区母子关系产生影响的"北俗"还有驱口买卖之俗。即便是在中原地区，将良人妻子转卖为驱口也是被禁止的。如辉州路周璘将妻子邓嫌儿卖为驱口，邓又被配给驱口小苏。

---

[1]《元典章》卷十八《户部四》，"军殁妻女嫁例"，第1143页。
[2]《元典章》卷十八《户部四》，"兄亡嫂嫁小叔不得收"，第662—663页。
[3]《元典章》卷四二《刑部四·打死强要定亲媒人》，"江南风俗浇薄，妇人有夫，犹受雇于人，夫亡不嫁者，绝无有也"。第1443页。

由于邓嫌儿前有成年之子周秃当，与后夫又有儿女，官府的裁定也因此左右摇摆。① 但无论是让周秃当侍养母亲，还是让邓嫌儿仍与后夫子女生活，归还其良人身份甚至是后夫儿女良人身份都是肯定的，因为这关系到户名差役。而将妻室买卖为驱口的风气，也波及了江南。因为"江南来的官员、客旅、军人并诸色人每，就江南百姓人家的女孩儿、并无男儿底妇人根脚里做媳妇将来，却行瞒昧，卖与诸人为驱"的现象屡有发生，元廷发文，提倡迤南求娶妻室的人"无得朦胧嫁娶"，并对买卖者加以惩处。② 由此我们注意到，"无男儿底妇人"此一信息，无子妇人比有子的妇女更容易成为驱口买卖的对象。辉州路的案件之所以事发，皆因儿子周秃当告发其事，希望找回母亲。因而在时人眼中，有男儿的妇人因为母子牢固的关系而不适合于此类"勾当"，可见母子关系在这样的社会冲击中所起的作用。

上文提到，官方时而因灾荒纵容江南固有之典雇（卖）妻妾儿女风习，有趣的是当北方遭遇灾年时，势必也不免为"南俗"所影响。元贞元年（1295）御史台咨文就胶州等北方地区呈报的灾年典雇妻子、儿女的情况进行了批复。认为吴越地区此风"成俗久矣"，且与南方立异姓子为继的习俗彼此联系，又皆是良人内部风习，因此时纵之"从本俗"。若在北方放任典雇，则另一不可忽视的习俗——驱口买卖，与典雇妻子的习俗相交织，势必使得卖良为驱更加猖獗。因而官方对腹里地区典雇妻子的行为是"禁约"的。③ 官府的担忧，并不是没有道理。驱口买卖之俗在江南地区与典雇妻子、儿女习俗的交织，就是明证。至元三十一年（1294），监察御史上呈的文书便提到：

> 切见北方诸色目人等，或因仕宦，或做商贾，或军人应役，久居江淮迤南地面，与新附人民渐相习熟，将南人男女以转房乞养为名，亦有照依本俗典雇之例，聊与价钱，诱致收养，才到迤北，定是货卖作驱。④

---

① 《元典章》卷十八《户部四》，"犯奸妻转卖为驱"，第647—649页。
② 《元典章》卷十八《户部四》，"驱口不娶良人"，第665页。
③ 《元典章》卷五十七《刑部十五》，"典雇妻妾"，第1891页。
④ 《元典章》卷五十七《刑部十五》，"典雇男女"，第1890页。

前文所提曹归哥与养父不谐，官府令其生母将之领归，毕竟皆是江南良人之家，母亲仍然有机会将儿子领回，若不幸被诈卖至北地为驱，则父母子女终身难见。此绝非提倡人伦孝道的元代统治者所乐见。更重要的是，良驱分划的制度一直为元廷所贯彻，不容破坏。

另外，元朝推行"全民当差"的制度也或多或少地影响着母子关系与慈孝之道。前面多次提到，有子的妇人更容易拒绝收继婚、旌表节孝可免役等情况，多少反映了户名差役在官府决断中的核心作用力。甚至有妇人丧子之后，因为孙子无人养赡，难以当差，以至于令儿媳"召义男为夫"，[1]可见差役在母子关系与慈孝之道的践行中所产生的影响。

通过前面的论述，我们对元代江南地区的母子关系与慈孝之道的践行情况有了种种清晰或模糊的印象。尽管元代统治者以理学为官学，提倡家庭关系中"正位"的尊卑秩序，但同时也仍然支持母子慈孝之道的践行，并建立了较为完整的旌表鼓励之制。尊重母亲、听从母亲的意见，也是元代江南社会，尤其是儒士们所看重的孝行。但此时江南民间仍然有诸多如典雇（卖）妻妾儿女、乞养异姓子等违背儒家伦理秩序的风俗，对江南于社会中下层的影响不容忽视。而统治者带来的收继婚俗以及驱口买卖，与江南固有的典雇婚姻相互碰撞，对母子关系的影响也是显而易见的，或多或少地使得母子慈孝之道的践行情况变得更为复杂。而这些复杂的人伦情态，也为我们对元代江南社会风俗的流转变化提供了不同的观察视角，更可借此探知蒙元王朝于江南社会人伦发展中所扮演的角色。

---

[1] 《元典章》卷十八《户部四》，"舅姑不得嫁男妇"，第636—637页。

文本·话语·现实
——元代"江南好讼"考论

郑 鹏

《吏学指南》释"健讼"曰:"《易》曰'险而健讼',谓好争也。"[1]在元代,"好讼""善讼""健讼""嚚讼"等词意义相近,大致有两层含义:一是民众喜讼好争的主观倾向,二是民众积极从事于争讼活动的现实状况。宋代以降,尤其自南宋开始,关于民风"好讼"的记载开始屡屡见诸史籍,入元后亦无衰减之势。胡祗遹曰:"近岁以来,奴评主,妻妾告夫,子弟讼父兄,编民化执诟辱官吏,舆台皂隶谤讦大臣。"[2] 从这一描述来看,元代几乎已是一派"诉讼社会"的景象[3]。具体到相关史料,元代有关"好讼"的记载又主要集中于江南地区。《元典章》中曰"江南地薄,顽民好讼"[4],郑介夫《太平策》中亦有"江北少嚚讼之风,江南多豪猾之俗"之语[5]。在元人笔下,江南地区的"好讼"与其他地区的"少讼"形成鲜明对比,这也成为时人批评江南"俗薄"的一个重要佐证。

---

[1] 徐元瑞撰,杨讷点校:《吏学指南》,浙江古籍出版社1999年版,第96页。
[2] 胡祗遹:《礼论》,《永乐大典》卷10458,中华书局1990年版,第4348页下。
[3] 有关中国古代"诉讼社会"的研究,参见夫马进著,范愉译《中国诉讼社会史概论》,《中国古代法律文献研究》(第6辑),社会科学文献出版社2012年版。
[4] 陈高华等点校:《元典章》卷十九《户部五·田宅·房屋·多年宅院难令赎回》,中华书局、天津古籍出版社2011年版,第681页。
[5] 郑介夫:《上奏一纲二十目》,隋树森、何兆吉点校:《元代奏议集录》(下册),浙江古籍出版社1998年版,第87页。

现有关于"好讼"问题的讨论主要集中于宋代以及明清[①]。其研究路径，早期多将"好讼"视为与"无讼"理想相对的诉讼现实，从各个角度探讨诉讼与社会之间的关系。近年来，一些学者开始认识到表达与实践之间的距离，对这一问题进行了更为深入的思考。有关元代社会中的诉讼形态，相关论述中虽偶有涉及，但尚无专门研究[②]。所谓"江南好讼"究竟应如何在元代的历史情境下予以解读，文本背后的现实又是如何？本节将从文本、话语以及现实等不同层面对这一问题展开讨论。

一 "江南好讼"的书写与实质

与更为晚近的明清不同，元代江南迄今尚未发现成规模的官方诉讼档案，地方志亦不丰富，有关江南"好讼"的记载主要出自私人著述，材料的丰富性与客观性皆有所欠缺。这种情况下，对文本本身的深入分

[①] 关于宋代"好讼"问题的研究成果主要有赤城隆治：《南宋期の訴訟について——"健讼"と地方官》，《史潮》第16号，1985年；雷家宏：《从民间争讼看宋朝社会》，《贵州师范大学学报》2001年第3期；刘馨珺：《南宋狱讼判决文书中的"健讼之徒"》，载宋史座谈会主编《宋史研究集》第31辑，台北：兰台出版社2001年版；许怀林：《宋代民风好讼的成因分析》，《宜春学院学报》2002年第1期；牛杰：《宋代好讼之风产生原因再思考——以乡村司法机制为中心》，《保定师范专科学校学报》2006年第1期；翁育瑄：《北宋的"健讼"—墓誌を利用して》，《高知大学学术研究报告》（人文科学编）第56卷，2007年；朱文慧：《现实与观念：南宋社会"民风好讼"现象再认识》，《中山大学学报》（社会科学版）2014年第6期。关于明清时期"好讼"的研究尤为丰富，主要成果可参见卞利《明清徽州民俗健讼初探》，《江淮论坛》1993年第5期；张小也《健讼之人与地方公共事务——以清代漕讼为中心》，《清史研究》2004年第2期；侯欣一《清代江南地区民间的健讼问题——以地方志为中心的考察》，《法学研究》2006年第4期；徐忠明、杜金《清代诉讼风气的实证分析与文化解释——以地方志为中心的考察》，《清华法学》2007年第1期；王日根、江涛：《清代安徽士人健讼与社会风气——徐士林〈守皖谳词〉的解读》，《中国社会经济史研究》2009年第2期；陈宝良《从"无讼"到"好讼"：明清时期的法律观念及其司法实践》，《安徽史学》2011年第4期；赵晓耕、沈玮玮《健讼与惧讼：清代州县司法的一个悖论解释》，《江苏大学学报》（社会科学版）2011年第6期；尤陈俊《清代简约型司法体制下的"健讼"问题研究——从财政制约的角度切入》，《法商研究》2012年第2期；尤陈俊《"厌讼"幻象之下的"健讼"实相？——重思明清中国的诉讼与社会》，《中外法学》2012年第4期；吴佩林《清代地方社会的诉讼实态》，《清史研究》2013年第4期。

[②] 参见苏力《元代地方精英与基层社会——以江南地区为中心》，天津古籍出版社2009年版，第51—53页。

析无疑显得尤为重要①。具体来说,元人对于江南地区的"好讼"现象是如何书写的,对于这种书写又该如何认识呢?

(一) 有关江南地区"好讼"的描述

元代有关江南地区"好讼"的描述十分分散,为便于分析,笔者尽可能地搜集相关文本,将其整理为表1。

表1　　　　　　元代有关江南地区"好讼"的描述

地域		描述	出处
江浙行省	平江路	吴俗轻生多诡,故听狱为独难	张养浩《归田类稿》卷十一《章丘杨氏先茔碑铭》
		吴民善构诡词蓊蔹人,传不法以给吏,至儿妇人亦然	杨维桢《杨铁崖文集全录》卷二《平江路总管吴侯遗爱碑》
	长兴州	其土俗浮嚣,好盘游,大家喜气势,多评争	杨维桢《东维子文集》卷二十三《长兴知州韩侯去思碑》
	诸暨州	诸暨故为剧□,俗尚气而喜争,牒诉纠纷	黄溍《金华黄先生文集》卷二十三《元故中奉大夫湖南道宣慰使于公行状》
	无锡县	民素醇璞,向以宋之垂亡,习渐浇薄。或斗起乡邻,好胜理争;或讼兴同室,败度越常。义利反植,告讦□□,□风遗则难变	杨蔚《常州路无锡县题名记》,《江苏金石志》卷二十四《江苏通志稿·艺文志三》
	仙居县	俗多讼讦,或杀其子指仇家,累岁不能结其案	张翥《大元赠银青荣禄大夫江浙等处行中书省平章政事上柱国追封越国公谥荣愍方公神道碑铭》,黄瑞《台州金石录》卷十三
	富阳县	(邑士民冯某言)民劳而贫,俗评而浇	杨维桢《东维子文集》卷二十三《富阳县尹曹侯惠政碑》
	浮梁州	升州以来,民日偷薄,富交势而横,贱凌贵而哗	姚畴《知州郭侯德政序》,邓文原《编类运使复斋郭公敏行录》

---

① 实际上,即使通过档案材料来推测案件数量以及诉讼状态,本身亦存在很大缺陷,近来学者们对此已有所警觉,参见尤陈俊《"厌讼"幻象之下的"健讼"实相?——重思明清中国的诉讼与社会》,《中外法学》2012年第4期;吴佩林《清代地方社会的诉讼实态》,《清史研究》2013年第4期。

续表

地域		描述	出处
湖广行省	湖北道	湖北所统，地大以远，其西南诸郡，民獠错居，俗素犷悍，喜斗争狱，事为最繁	黄溍《金华黄先生文集》卷十五《苏御史治狱记》
	湖南道	湘俗富饶，轻悍善讼	王构《广东按察副使王纲墓神道碑铭》，同治《畿辅通志》卷一七四
江西行省	江西道	江西号多士，可资以益学，而其流俗以健讼闻	许有壬《至正集》卷三十二《送刘光远赴江西省掾序》
		江西俗颇哗訏，狱讼滋章	苏天爵《滋溪文稿》卷九《元故太史院使赠翰林学士齐文懿公神道碑铭》
	吉安路	健讼无如吉赣民	潘必大《德安县学儒生潘必大书》，邓文原《编类运使复斋郭公敏行录》
	赣州路	赣所属二州八县，其民好斗而健讼	王袆《王忠文公文集》卷二十二《元中宪大夫金庸田司事致仕王公行状》
	瑞金县	其俗习负固忨征呼，其奸民尝以死事及伪币事诬构善良，而上下相缘为奸，文牒如雨	刘楚《槎翁文集》卷十六《故承直郎赣州路总管府推官陈公行状》

需要说明的是，由于不同地域间史料的丰富程度极不平衡，笔者的搜集亦有疏漏，这些记载并不能反映全部情况。仅就上述材料而言，可以得到三点最直观的信息。首先，"好讼"是一种"薄俗"。"吴俗轻生多诡"，"（仙居）俗多讼訏"，提到"好讼"，作者不约而同地以"俗"称之。换言之，"好讼"不是个别人的行为，而是一种群体性的惯习，甚至"儿妇人亦然"[①]。"好讼"之人为了诉讼取胜会不择手段，采取种种既违背法律又违背道德的行为，如吴民"构诡词齮龁人，传不法以给

---

① 杨维桢：《杨铁崖文集全录》卷二《平江路总管吴侯遗爱碑》，清抄本。

吏"①，仙居民"杀其子以指仇家"②，瑞金民"以死事及伪币事诬构善良"③。因此杨蔚称这种风俗为"浇薄"之俗，刘楚又称这些"好讼"之徒为"奸民"。所谓"好讼"，其本身明显是带有批判意味的。其次，"好讼"之风有地域性。作者提及某地"好讼"，其所针对的区域范围各不相同，小者一县，大者数路，遍及江浙、江西、湖广等江南三省。以路为单位，这些记载主要涉及江浙行省之平江、常州、杭州、绍兴、台州、饶州等路，江西行省之江西道下诸路，湖广行省之湖北道、湖南道下诸路。当然，由于材料本身的局限，所谓"好讼"区域并不具有严格的统计学意义，只是在一定程度上反映出江南地区"好讼"风习的大体分布。此外，江南有些地区又有"少讼"的记载，即使同一区域的不同路之间，甚至同一路的不同州县之间，在诉讼风气方面有着巨大差异。如建阳以"儒雅"著称，蒋易称其民风淳朴，"俗无嚚讼"④。江西被称为"词讼之渊薮"，但抚州路却有"少讼"之名，"江右诸郡，惟临川狱讼号为清简"⑤，"政令易行，苟无深伤重害，畏法以自保，终不敢轻易嚚讼"⑥。江西之袁州路在宋元两代皆是有名的"好讼"之地，而其万载县之风俗却"质直近道"⑦。再次，"好讼"之风有继承也有变迁，总体上呈逐渐蔓延之势。论者多称江南"好讼"之风为素来之俗，根据学者研究，南宋时期的"好讼"区域主要集中在江南、两浙以及两湖诸路⑧，元代的"好讼"区域与此基本吻合。当然，元人也认识到，民风并非一成

---

① 杨维桢：《杨铁崖文集全录》卷二《平江路总管吴侯遗爱碑》，清抄本。
② 张翥：《大元赠银青荣禄大夫江浙等处行中书省平章政事上柱国追封越国公谥荣愍方公神道碑铭》，国家图书馆善本金石组编：《辽金元石刻文献全编》，北京图书馆出版社2003年版，第791页。
③ 刘崧：《槎翁文集》卷十六《故承直郎赣州路总管府推官陈公行状》，《四库全书存目丛书》，第24册，第576页a。
④ 蒋易：《鹤田蒋先生文集》卷上《送秦书吏诗序》，北京图书馆藏京师图书馆抄本。
⑤ 虞集：《道园学古录》卷三十七《抚州路总管府推官厅壁题名记》，四部丛刊初编本，商务印书馆1922年版，第5页。
⑥ 虞集：《道园类稿》卷二十六《抚州路总管题名记》，元人文集珍本丛刊本，新文丰出版股份有限公司1985年版，第6册，第9页。
⑦ 赵文：《青山集》卷五《重修万载县学碑记》，文渊阁《四库全书》，第1195册，第61页下。
⑧ 朱文慧：《现实与观念：南宋社会"民风好讼"现象再认识》，《中山大学学报》（社会科学版）2014年第6期。

不变。苏天爵就曾指出,"好讼"并非"民之本性、俗之素然"①,"顾长民者导之何如尔"②。但总的来说,相比宋代,元代江南的"好讼"之风是呈蔓延之势的。如据杨蔚所言,常州路的无锡县在宋亡以前"民素醇璞",宋末以降风俗大变,好讼之风渐起③。又姚畽言,饶州路的浮梁州"风气清激人心",自元初升格为州后"民日偷薄","好讼"之风逐渐兴盛④。概言之,在元人笔下,江南地区普遍呈现出喜讼好争的民风,甚至相比前代更为蔓延。

这种描述是不是现实的真实写照呢?从作者的身份来说,他们对自己所描写地区的风俗是否真正了解,其实是颇有疑问的。就姚畽而言,其本身为浮梁人,熟稔浮梁之俗当在情理之中。又如杨蔚,《常州路无锡县题名记》为其无锡县丞任上所写,言无锡民"好讼"很可能是出于自己的作邑经验。但张养浩既非平江人,又不曾任职平江⑤,所谓"吴俗轻生多诡"则非其所亲历。正如许有壬所言,江西"流俗以健讼闻",多数人对某地"好讼"只是耳闻,他们以旁观者的身份予以评论,至多反映了一种认知,而非事实。此外,对于某地是否"好讼",不同人的描述亦不完全一致。如江西之瑞州路,曾任江州路总管的李黼引宋人之说,称其"独不嚚于讼"⑥。但在苏天爵的描述中,瑞州路与袁州路、赣州路、吉安路一样,皆为"俗之尤健讼者"⑦。实际上,细绎史料可以发现,当作者提及某地"好讼"时,多数情况下其目的并非将其作为一种社会现象进行客观描述。其真正的书写意图,以及"好讼"背后的深层意涵,很大程度上取决于其所处语境。

---

① 苏天爵著,陈高华、孟繁清点校:《滋溪文稿》卷六《江西金宪张侯分司杂诗序》,中华书局1997年版,第91页。
② 苏天爵著,陈高华、孟繁清点校:《滋溪文稿》卷三《镇江路新修庙学记》,第44页。
③ 杨蔚:《常州路无锡县题名记》,《江苏金石志》卷二十四《江苏通志稿·艺之志三》,第13册,石刻史料新编本,新文丰出版社1977年版,第9912页下。
④ 姚畽:《知州郭侯德政序》,邓文原:《编类运使复斋郭公敏行录》,宛委别藏本,江苏古籍出版社1988年,第42册,第13—14页。
⑤ 宋濂等:《元史》卷一七五《张养浩传》,中华书局1976年版,第4090—4092页。
⑥ 李黼:《瑞州路重修郡学记》,正德《瑞州府志》卷十三,天一阁藏明代方志选刊续编本,上海书店出版社1990年版,第42册,第1209页。
⑦ 苏天爵著,陈高华、孟繁清点校:《滋溪文稿》卷六《江西金宪张侯分司杂诗序》,第91页。

（二）书写语境与内在表达

参照表1中所列材料出处，元代有关江南地区"好讼"的描述大致出自四种文类：一是官员的神道碑铭、墓志铭、行状等传记文类；二是颂扬官员政绩的遗爱碑、去思碑、政绩记、言行录；三是官府衙署的题名记；四是士人之间的赠序。不同文类适用于不同的场景，遵循一定的书写模式，从而形成不同的"典型语境"。我们不妨对不同"典型语境"下有关江南"好讼"的书写与内在表达予以分析。

其一，传记文类。这类文体的主要内容是记录官员的生平事迹，但其书写方式绝不仅仅是对客观事实的简单叙述，很大程度上是在对官员的形象进行塑造。有学者曾对"飞蝗出境"与"猛虎渡河"这两种中古史籍中常见的良吏书写模式进行研究，认为这种书写模式渗入史籍，使得史事记载趋于类型化、程序化，很大程度上削弱了史书的真实性[1]。实际上，狱讼事迹亦是一种十分重要的良吏书写模式。所谓"为政之难，莫难于治狱"[2]，由于狱讼事务的重要性，在元代地方官员的传记资料中，"弭讼""平冤"等事迹十分常见。在这种情况下强调民风好讼，正是为了凸显官员在狱讼方面的政绩。如黄溍言诸暨州"俗尚气而喜争，牒诉纠纷"，而于景任知州后"嚣哗之风为之寝衰"[3]。又王祎言，"赣所属二州八县，其民好斗而健讼"，王文彪任赣州路总管府推官，"风俗丕变"[4]。官员任职前后的诉讼情形出现鲜明对比，其良吏形象也就更为丰满。

其二，颂扬文类。各类颂扬文字的盛行是元代一大特色，一个重要原因是国家管制的松弛。尤其是去思碑等碑刻，数量远超前代[5]。从民众的角度来说，这类碑记重在赞颂官员的善政，"其内容不仅是对事迹的

---

[1] 参见孙正军《中古良吏书写的两种模式》，《历史研究》2014年第3期。
[2] 程端礼：《畏斋集》卷三《送田推官代归序》，文渊阁《四库全书》，第1199册，第663—664页。
[3] 黄溍：《金华黄先生文集》卷二十三《元故中奉大夫湖南道宣慰使于公行状》，《四部丛刊初编本》，商务印书馆1922年版，第13页a。
[4] 王祎：《王忠文公文集》卷二十二《元中宪大夫金庸田司事致仕王公行状》，北京图书馆古籍珍本丛刊本，书目文献出版社1988年版，第98册，第397页下。
[5] 参见陈雯怡《从朝廷到地方——元代去思碑的盛行与应用场域的转移》，《台大历史学报》第54期，2014年；《从去思碑到言行录——元代士人的政绩颂扬、交游文化与身分形塑》，《中研院历史语言研究所集刊》第86本第1分，2014年。

'如实陈述',更重在褒扬或感戴之情的表达"①。从国家或者官员自身来说,这类碑记源于汉代以降的"循吏"传统,其核心价值亦在于赋予官员"循吏"的声望。因此相比传记而言,遗爱碑、去思碑、政绩记、言行录等文类更加需要对官员的"循吏""良吏"形象进行塑造。正如前文所提到的,民风"好讼"与官员的"息讼""平冤"正是彰显官员良吏形象的一种书写模式。以杨维桢《长兴知州韩侯去思碑》为例,其文曰"其土俗浮嚣,好盘游,大家喜气势,多讦争,素号难理,虽老财察者病弗遑",极言长兴州之难以治理。后则言韩侯任长兴知州后"尽刮去旧时积蠹"②,凸显出其治绩。

其三,题名记。题名记又称厅壁记,其内容是历任职官的姓名及事状,多载于衙署厅壁或木石之上。其作者通常为本地在任官员,与其他文类中作者的"旁观者"身份有所不同。表1中题名记仅有一例,即杨蔚之《常州路无锡县题名记》。杨蔚本身为无锡县丞,其自叙作此题名记的原因为"圣元平宋之后十有余载,莅官于此,历举数人,皆德才兼备、优于为政者,谩无壁记可考,良为缺典","庶使口来者鉴前政之贤否,有所激励,承承继继,传芳名于永久"③。质言之,此题名记的作用大致有两个:一是褒扬前贤,二是激励来者。在这种语境下,无锡的"好讼"之风无非是为证明"治之者不易",一方面凸显前人治理之功;另一方面对后任者的予以警示,很大程度上依然有塑造历任官员形象的意味。此外,作者自身为在任官员,其切身经历似乎比旁观者的认知更有说服力,但从另一个角度来说,其主观色彩亦更加浓厚。

其四,赠序。序在元代亦是一种十分重要的文类,根据应用场景不同,又分为书序和赠序。其中赠序多写于官员上任或者离任之际。根据陈雯怡的研究,赠序在元代是一种"社会化的书写",是构建士人之间社会网络的媒介④。表1中所列的《送刘光远赴江西省掾序》是许有壬为刘光远赴任江西省掾而作。刘光远早年任教授于汉阳时便结识许有壬,后

---

① 陈雯怡:《从去思碑到言行录——元代士人的政绩颂扬、交游文化与身分形塑》,《中研院历史语言研究所集刊》第86本第1分,2014年。
② 杨维桢:《东维子文集》卷二十三《长兴知州韩侯去思碑》,《四部丛刊初编》本,商务印书馆1922年版,第3页a。
③ 杨蔚:《常州路无锡县题名记》。
④ Wenyi Chen, *Network*, *Communities*, *and Identities*: *In the Discursive Practices of Yuan Literati*, Ph.D., Harvard University, 2007, pp. 324–403.

在湖广行省掾任上考满,"贫不能赴调",得许有壬之助,任职湖广行省理问所知事,而师事许有壬。此次再任江西省掾,刘光远实际上是"由官而吏"。许有壬言"江西号多士,可资以益学,而其流俗以健讼闻,仕其地者,益不可忽"①,既是勉励其不要因任职吏员而荒废学问,亦提醒其注意江西狱讼之重、为政之难。

综合各种语境,元代文本中有关江南地区"好讼"的书写,表面虽是描述民风好讼喜争,真正要强调的实是民众好讼带来的狱讼压力。这些文本多出自旁观者之手,其用意主要是论证为政之难,很多时候其实是一种"模式化的书写"。至于民风是否真的好讼,或许并非文本作者真正关心的问题。

(三)"好讼"背后的话语转换

元代文献中有关江南"好讼"的书写中通常包含这样的逻辑链条:民风好讼→狱讼烦滋→治理不易,但这一逻辑本身是有很大问题的。

一方面,狱讼的繁多并不等同于民风好讼。元代文献中反映江南地区狱讼繁多的记载十分常见,如江浙行省之平江路"狱讼素剧"②,长洲县"地广人稠,牒诉谬辖"③,兰溪州"讼牒糜沸于庭,簿书丝棼于曹"④,庆元路"包山际海,民俗糅杂,郡府众务,讼狱为繁"⑤,温州路"东浙名郡,狱讼赋役期会之间,允为繁冗"⑥;湖广行省之潭州路"为湖南大郡,讼牒填委"⑦;江西行省之江西道诸路"为词讼之渊薮,十三府之牒诉,亦甚繁且冗"⑧,庐陵县"西江最壮县,亦最剧处,讼牒文牍山积"⑨。诚然,对比前文,这些地区正是所谓"好讼"之地。但若因此

---

① 许有壬:《至正集》卷三十二《送刘光远赴江西省掾序》,北京图书馆古籍珍本丛刊本,书目文献出版社 1988 年版,第 95 册,第 167 页下。
② 许有壬:《至正集》卷五十二《故中顺大夫同知潭州路总管府事致仕赵公墓志铭》。
③ 黄溍:《金华黄先生文集》卷二十七《嘉议大夫礼部尚书致仕干公神道碑》。
④ 王奎:《元重建兰溪州治记》,万历《金华府志》卷二十六。
⑤ 胡士佐:《重建推官厅记》,光绪《鄞县志》卷六十三。
⑥ 林永年:《重建君子堂记》,《永乐大典》卷七二三五。
⑦ 苏天爵著,陈高华、孟繁清点校:《滋溪文稿》卷一十一《元故赠推诚劲节秉义佐理功臣光禄大夫河南行省平章政事追封魏国公谥文贞高公神道碑铭》,第 167 页。
⑧ 朱善:《朱一斋先生文集》后卷《送南昌府推官吕侯秩满朝京诗序》,《四库全书存目丛书》本,第 25 册,第 24 页上。
⑨ 刘将孙:《养吾斋集》卷十二《送镇阳王廷秀庐陵县尹序》,文渊阁《四库全书》,第 1199 册,第 104 页下。

将"好讼"与"讼繁"等同起来,则有所偏颇。元人张友谅曰:"地大民必夥,其为讼也繁。"① 自宋以降,中国人口分布形成南多北少的新格局,而元代尤甚②。根据《元史·地理志》载至元二十七年(1290)户口抄数,江浙、江西、湖广三省户数在全国总户数中的占比达到惊人的85%,其中江浙一省占比达48%③。江南一路,动辄数十万户,与其说"好讼",不如说是由于人口繁夥造成的案件量的相应增多。实际上,北方诸大郡同样往往因户口繁多、狱讼烦紊而有"好讼"之名。如曹州之定陶县,"土沃而民庶","俗颇健讼"④;新乡县"俗尚慕兴讼,猾民挟奸欺好,持吏之短长,颇称猾诘"⑤。将江南诉讼之繁完全归咎于民众之"好讼",无疑漠视了诉讼本身是民众解决纷争的合理需求。

另一方面,诉讼压力亦不能完全归咎于诉讼的繁多。从根本上来说,所谓"难治"或者"易治",并不完全取决于案件数量的多寡,而是地方官府的理讼能力是否能够应对民众的诉讼需求。换言之,所谓"难治",其本质实是地方官府在处理民众诉讼方面的力不从心。而之所以出现这种状况,固然与诉讼案件的增多有关,但地方官府理讼能力的不足也是一个重要原因。地方官府的理讼能力首先与官员的个人素养密切相关。江南地区地大民众,狱讼任务繁重,对官员的个人能力是一个极大的考验。如高明在《丽水县尹梁君政绩记》中言,丽水县"狱讼烦滋",即使是"长才敏识"之人,也只是"期不旷事而已"⑥。若地方官像元杂剧中描写的那样"虽则居官,律令不晓,但要白银,官事便了"⑦,理讼自然成为不可能完成的任务。苏天爵在《大元赠中顺大夫兵部侍郎靳公神道

---

① 张友谅:《章丘县尹李彦德政碑》,道光《章邱县志》,《中国地方志集成·山东府县志辑》,凤凰出版社2004年版,第68册,第618页下。
② 吴松弟:《中国人口史》第3卷,复旦大学出版社2000年版,第625—626页。
③ 全国总户数见《元史》卷五十八《地理志一》(第1346页),江浙行省、江西行省户数见《元史》卷六十四《地理志五》(第1491—1519页),湖广行省户数见《元史》卷六十五《地理志六》(1523—1563页)。
④ 苏天爵著,陈高华、孟繁清点校:《滋溪文稿》卷十八《故曹州定陶县尹赵君墓碣铭》,第290页。
⑤ 乾隆《新乡县志》卷二十九《循吏传》,中国方志丛书本,成文出版社1966年版,第70册,第1084页。
⑥ 高明:《丽水县尹梁君政绩记》,成化《处州府志》卷四,全国图书馆缩微文献复制中心,1992年。
⑦ 李行道:《包待制智勘灰阑记》,王季思:《全元戏曲》(第3册),人民文学出版社1999年版,第3册,第578页。

碑铭》中说道:"当江南内附之初,户籍繁衍,时科目久废,所除官多贪污杂进之流,狱讼既不克理,而哗讦之风日兴。不知者悉以病民。"① 他显然认识到,江南地区的狱讼困境很大程度上是源于地方官员司法素质的低下,而不仅仅是民众之"哗讦"。同时,地方司法体制是影响地方官府理讼能力的更深层因素。元代继承了中国传统的"简约型"司法体制,同时又有明显不同于前代的制度特色:从司法体系的整体结构来说,司法管辖向多级与多元化演进,地方司法权力进一步上移和分散,地方官府的司法权限受到极大限制;在地方官府内部,专职的司法官员极少,官员群体的法律素养缺乏制度保障,宋代已十分明显的司法职业化趋向在元代大大倒退②。以这一司法体制应对江南繁杂的狱讼,不免捉襟见肘。

文本书写所展现出的首先是话语世界而非现实世界,元代有关江南"好讼"的描述亦是如此。有关江南"好讼"的话语在元代被官员、士人反复言说,但其与现实之间其实有着巨大的差距,很大程度上出自主观的构建。通过这一话语,现实的司法压力几乎完全转为对民众"好讼"之风的批判,至于民众之诉讼是否有其合理性,司法制度本身是否有所不足,皆被排除在话语之外。

二 "江南好讼"话语盛行的原因

福柯在《话语的秩序》一书中指出,话语是权力的具体体现,话语的生产被一定程序所控制、筛选、组织和分配,其作用则是转移权力、规避危险③。下文即从观念世界与现实语境探讨元代"江南好讼"话语盛行的原因。

(一)"无讼"理想下的"贱讼"倾向

早在先秦时期,"无讼"即为儒、道、法诸家所共同崇尚的秩序状

---

① 苏天爵著,陈高华、孟繁清点校:《滋溪文稿》卷七《大元赠中顺大夫兵部侍郎靳公神道碑铭》,第98页。
② 参见郑鹏《元代地方司法体制——一个比较视野下的考察》,未刊稿。
③ Foucalt, *The Archaeology of Knowledge and the Discourse on Language*, trans. by A. M. Sheridan Smith. New York: Pantheon, 1972, p. 126.

态，而其实现途径各异①。道家提倡"无为而治"以使民"不争"，"我无为，而民自化；我好静，而民自正；我无事，而民自福；我无欲，而民自朴"②。法家提倡"以刑去刑"，"行刑重其轻者，轻者不至，重者不来，此谓以刑去刑也"③，"重刑，连其罪，则民不敢试。民不敢试，故无刑也"④。儒家致力于恢复礼制秩序，认为诉讼应适可而止，否则即为凶事，《周易》言"讼，有孚，窒惕。中吉，终凶"⑤。孔子明确提出"必也使无讼"的理想⑥，同时指出实现"无讼"的方法是以德去刑，"道之以政，齐之以刑，民免而无耻；道之以德，齐之以礼，有耻且格"⑦。自汉以降，儒家伦理取得主导地位，其"无讼"的主张亦成为中国传统法律文化的核心思想。

值得注意的是，儒家伦理演生初期虽以"无讼"为目标，尚称诉讼为"中吉"，并不绝对排斥。"无讼"的实质，与其说是消除诉讼，毋宁说是消除纷争。有学者指出，孔子所提倡的"无讼"主要针对统治者而非民众，这一目标的实现主要依靠统治者的仁政⑧。然而经过后世儒者之阐发，这一思想产生很大变化。一方面，听讼本身不再受重视，"无讼"

---

① 关于中国古代的"无讼"思想，先行研究已多有论述，参见范忠信《贱讼：中国古代法观念中的一个有趣逻辑》，《比较法研究》1989年第2期；胡旭晟《无讼："法"的失落——兼与西方比较》，《比较法研究》1991年第1期；于语和《试论"无讼"法律传统产生的历史根源和消极影响》，《法学家》2000年第1期；任志安《无讼：中国传统法律文化的价值取向》，《政治与法律》2001年第1期；邓建鹏《健讼与贱讼：两宋以降民事诉讼中的矛盾》，《中外法学》2003年第6期；郑玉敏《无讼与中国法律文化》，《东北师大学报》2004年第3期；顾元、李元《无讼的价值理想与和谐的现实追求——中国传统司法基本特质的再认识》，《中国人民公安大学学报》（社会科学版）2008年第1期；严音莉《"天人合一"理念下的无讼与和解思想及其影响》，《政治与法律》2008年第6期；方潇《孔子"无讼"思想的变异及其原因分析——兼论对我国当前司法调解的启示》，《法商研究》2013年第1期；郭星华《无讼、厌讼与抑讼——对中国传统诉讼文化的法社会学分析》，《学术月刊》2014年第9期；龙大轩《道与中国"无讼"法律传统》，《现代法学》2015年第1期。
② 朱谦之：《老子校释·五十七章》，中华书局1963年版，第179页。
③ 王先慎：《韩非子集解》卷二十《饬令第五十三》，中华书局1954年版，第365页。
④ 商鞅：《商子》卷四《赏刑第十七》，丛书集成初编本，中华书局1963年版，第30页。
⑤ 王弼注，孔颖达正义：《周易正义》卷二《讼》，阮元校刻《十三经注疏》本，中华书局1980年版，第24页。
⑥ 何晏注，邢昺疏：《论语注疏》卷十二《颜渊》，阮元校刻《十三经注疏》本，中华书局1980年版，第2504页。
⑦ 何晏注，邢昺疏：《论语注疏》卷二《为政》，第2461页。
⑧ 方潇：《孔子"无讼"思想的变异及其原因分析——兼论对我国当前司法调解的启示》，《法商研究》2013年第1期。

转向对民众诉讼的全面否定。朱熹《四书章句集注》言"听讼者，治其末，塞其流也。正其本，清其源，则无讼矣"，又言"圣人不以听讼为难，而以使民无讼为贵"①。另一方面，将"无讼"的实现寄托于对民众的道德教化，诉讼受到贬抑，力图使民众以诉讼为耻。宋人郑玉道《谕俗编》曰："斯民之生，未尝无良心也，其所以陷溺其良心，不好德而好讼者，盖亦刀笔之习相师成风，而不自觉也。"②在这里，"好讼"成为"好德"的对立面，"无讼"最终转为"贱讼""耻讼"。至少在观念上，中国传统乡土社会确如林端等所说的"反诉讼社会"："无论活生生法律（与礼息息相关）还是国家制定法，都受到儒家伦理重礼教、讲人情的制约。所以礼法并行，是礼重于法；情理法，法居最末（国法不外人情），人情关系的维系重于是非曲直的伸张，人伦意义的'公平'重于客观意义的'公平'。"③

这种"无讼""贱讼"的观念在元代得到继承。《经世大典·宪典总序》曰：

  《易》著讼卦，《书》称嚚讼，则虽五帝三王之世，不能无讼。人有不平，形之于讼，情也。然至于诬人以讼，谓之情，可乎？孔子曰："听讼，吾犹人也，必也使无讼乎？"夫无讼，圣人所难也。然郡县得一贤守宰，苟能行之以道，虽无讼可也。④

作为一部官修政书，《经世大典》将先秦以降的"无讼"理想写入序言，鲜明地表达了国家的态度和期待。实际上，早在世祖中统五年（1264）定"五事考较"时，便已将"词讼简"作为地方官员考课的重要标准⑤。同时，地方官员与士人也常常倡导和践行"无讼"的理想。如

---

① 朱熹：《四书章句集注·论语集注》卷六《颜渊第十二》，中华书局2012年版，第133页。
② 应俊：《琴堂谕俗编·原序》，影印文渊阁《四库全书》，第865册，第222页下。
③ 林端：《儒家伦理与法律文化——社会学观点的探索》，中国政法大学出版社2002年版，第114页。
④ 《经世大典·宪典总序》，苏天爵：《国朝文类》卷四十二，《四部丛刊初编》本，商务印书馆1922年版，第8页b。
⑤ 陈高华等点校：《元典章》卷二《圣政一·饬官吏》，第39页。

虞尧臣曾以"决狱不冤行素学，使民无讼本初心"赞誉郭郁[1]。胡祗遹《又巡按即事口号》一诗又言"听讼谁能使无讼，圣师愿学鲁东家"[2]，希望在巡按的过程中实践孔子的"无讼"理念。与"无讼"的理念相对应，元人亦对诉讼在道德上予以贬抑。行诸话语，无论诉讼是否合理皆成为"好讼"，诉讼之民则为"狡猾凶顽、好讼之徒"[3]。在元杂剧《救孝子贤母不认尸》中，令史多次称杨谢祖母为"惯打官司刁狡不良的人"[4]，这恐怕是元代许多官员心目中诉讼民众的真实形象。

（二）元人对江南风俗的负面印象

古人很早就认识到风俗文化的地域差异[5]。《荀子》中曰："居楚而楚，居越而越，居夏而夏，是非天性也，积靡使然也！"[6]《史记·乐书》中曰："州异国殊，情习不同。"[7] 至于出现这种差异的原因，《礼记·王制》中认为"凡居民材，必因其天地寒暖燥湿，广谷大川异制，民生其间异俗，刚柔轻重，迟速异齐，五味异和，器械异制，及服异宜"[8]，将地域文化差异主要归因于不同的地理环境。班固在《汉书·地理志》中提出："凡民函五常之性，而其刚柔缓急，音声不同，系水土之风气，故谓之风；好恶取舍，动静亡常，随君上之情欲，故谓之俗。"[9] 他清楚地认识到，文化风俗之地域性格的形成，既与地理环境密不可分，亦有复杂的人文因素。自汉以降，历代典籍中多有对不同地域风俗文化的概括性描述。如司马迁在《史记·货殖列传》中就评论道，齐"宽缓阔达，而足智，好议论，地重难动摇，怯于众斗，勇于持刺"，邹、鲁"俗好儒，备于礼，故其民龊龊"，西楚"俗剽轻，易发怒，地薄，寡于积聚"，

---

[1] 邓文原：《编类运使复斋郭公敏行录·虞尧臣》，《宛委别藏》本，第42册，江苏古籍出版社1988年版，第138页。

[2] 胡祗遹：《紫山大全集》卷七《又巡按即事口号》，文渊阁《四库全书》，第1196册，第113页下。

[3] 王结：《文忠集》卷六《善俗要义》，文渊阁《四库全书》本，第1206册，第259页下。

[4] 王仲文：《救孝子贤母不认尸》，王季思主编：《全元戏曲》（第3册），第23页。

[5] 有关这一问题的讨论，参见韩养民《中国风俗文化与地域视野》，《历史研究》1991年第5期。

[6] 王先谦：《荀子集解》卷四《儒效》，《诸子集成》第2册，中华书局1954年版，第92页。

[7] 《史记》卷二十四《乐书》，中华书局1959年版，第1175页。

[8] 郑玄注，孔颖达等正义：《礼记正义》卷12《王制》，阮元校刻十三经注疏本，中华书局1980年版，第1338页。

[9] 《汉书》卷二十八下《地理志下》，第1640页。

南楚"好辞，巧说少信"①。这表明人们对于某一地区的风俗文化已经有较为固定和普遍的认知，这种认知通常会成为一种"前见"，影响人们对具体问题的理解和话语表达。

元代疆域远迈汉唐，风俗文化的地域性差异尤为突出。梁寅曾在《送余县丞序》中说："五方民俗有不同，由山川为之限隔，而风气殊焉。"② 林景熙《王氏家谱序》则曰："夫论人者，必论其风土之素，齐多诈、赵多侠、鲁多儒。"③ 可见，元人对不同地域风俗文化的理解与前代基本一致，倾向于将风俗文化与地理环境相联系。就江南地区来说，元人一方面因其是国家赋税根本之地而十分重视，特别是江浙行省，由于"土地广、人民众、政务繁，而钱谷之数多"，故"视诸省为尤重"④。另一方面，元人又普遍对江南地区的风俗抱有较为负面的印象和评价，认为江南"俗薄"而江北"淳质"。如戴表元就认为"中原风俗则非江南可比"⑤，梁寅亦曰"北俗之淳质异南土"⑥。在有些场合，江南之人甚至因此而受到区别对待。如据吴澄言，当时御史台选拔掾属"必不产于荆、扬者始与其选"，"盖疑其荆、扬之人轻狡险黠，未易制御，故摈斥不用"⑦，可见时人对江南风俗成见之深。

江南地区地域广袤，"其言语风俗、起居饮食之异，邈不相近"⑧，为何元人会对江南产生如此成见呢？首先须注意的是，这种对江南风俗的负面评价在前代就已经十分常见。北宋宋祁言："（东南）土薄而水浅，其生物滋，其财富，其为人剽而不重，靡食而偷生，士懦脆而少刚，笞之则服。"⑨ 南宋周南仲上书中又曰："东南之地，其土脆，其民怯，其风

---

① 《史记》卷一二九《货殖列传》，第3265—3268页。
② 梁寅：《新喻梁石门先生集》卷二《送余县丞序》，光绪十五年刻本。
③ 林景熙：《霁山文集》卷四《王氏家谱序》，文渊阁《四库全书》，第1188册，第739页。
④ 吴澄：《吴文正公集》卷十四《宋子章郎中序》，《元人文集珍本丛刊》第3册，新文丰出版股份有限公司，1985年版，第276页下。
⑤ 戴表元：《剡源戴先生文集》卷六《邢州秀野堂记》，《四部丛刊初编》，第4页b。
⑥ 梁寅：《新喻梁石门先生集》卷二《送余县丞序》，光绪十五年刻本。
⑦ 吴澄：《吴文正公集》卷十四《宋子章郎中序》。
⑧ 袁桷：《清容居士集》卷二十一《曹邦衡教授诗文序》，《四部丛刊初编》，商务印书馆1922年版，第29页a。
⑨ 宋祁：《宋景文公笔记》卷下《杂说》，文渊阁《四库全书》，第862册，第550页上。

俗薄而不厚，非帝王必争之地，亦非帝王万世之业也。"① 其次，江南风俗多有与儒家伦理相背之处，成为其"俗薄"之佐证。元明之际的梁寅曾对比南、北俗说：

> 尝闻乎北俗：其一家之幼少必听命乎父，至严也，至敬也。凡齿德之尊于一乡，乡之民必率以听其教，斯为乡之父。县之令丞治一县，县之民必率以听其教，斯为县之父。州之守佐治一州，州之民必率以听其教，斯为州之父。而南之俗或愧焉：其为一家之子者，或乃不知敬其父，矧为乡、县、州之民，而能教其乡、县、州之父亦几何人哉？大率豪陵其善，贪讥其廉，文嗤其质，巧侮其拙，伪欺其诚，忮疾其仁。若是者，固自谓之贤也，而莫以为耻也。

从儒家伦理的立场出发，敬事其父、敬事官长自为"淳质"，相反则为"俗薄"。另一个典型例子是元代江南的典雇妻妾之习，至元二十九年（1292）浙东道廉访司的申文中曰："中原至贫之民，虽遇大饥，宁与妻子同弃于沟壑，安得典卖于他人？江淮混一十有五年，薄俗尚且仍旧，有所不忍闻者。"② 元贞元年（1295）户部公文中又言："吴越之风，典妻雇子，成俗久矣，前代未尝禁止。况遇饥馑之年，骨肉安能相保？实与中原礼教不同。"③ 在元人看来，典雇妻妾实是严重违背礼教的"旧弊"，江南与中原在这一问题上的巨大差异更凸显出其"俗薄"的一面。最后，元人对江南的成见与南北方长期分裂带来的隔膜亦有密切关系。张之翰《书吴帝弼饯行诗册后》中曰："江南士人，曩尝谓淮以北便不识字，间有一诗一文自中州来者，又多为之雌黄。盖南北分裂，耳目褊狭故也。"④ 此语道出当时南北偏见之深。实际上，由于当时南北政治地位的差异，北方士大夫对江南又缺乏了解，偏见更甚。据程钜夫《吏治五

---

① 徐梦莘：《三朝北盟会编》卷一九三《吉州布衣周南仲上书》，上海古籍出版社 1987 年版，第 1393 页上。
② 陈高华等点校：《元典章》卷五十七《刑部十九·诸禁·禁典雇·禁典雇有夫妇人》，第 1889 页。
③ 陈高华等点校：《元典章》卷五十七《刑部十九·诸禁·禁典雇·典雇妻妾》，第 1891 页。
④ 张之翰：《西岩集》卷十八《书吴帝弼饯行诗册后》，文渊阁《四库全书》，第 1204 册，第 506 页下。

事》，元初"北方之贤者，间有视江南为孤远，而有不屑就之意"[1]，陈基在《夷白斋稿》中亦有相似的记载[2]。

如前文所述，"好讼"本身就蕴含着负面的道德评价，在江南"俗薄"的"前见"之下，类似"江南好讼"的评价话语极易为人们所接受，同时又进一步加深了人们对于江南"俗薄"的印象。即使如苏天爵，他虽不同意将"好讼"归于江南民众之本性，但也认为这种"好讼"之风与江南特殊的风土人情有着密切关系。他在《镇江路新修庙学记》指出，江南"好讼"的一个重要原因是"盖大江之南，土壤肥饶，其人喜夸而尚气，少有所讼，则百计以求直"[3]。其《江西金宪张侯分司杂诗序》一文中亦有相似的言论："江右之人，何独哗讦至于斯耶？盖大江之南，山水清丽，人生其间，多轻俊而喜文，平昔负气，不肯相下。"[4]

（三）"滞讼"困境下的话语策略

"江南好讼"这一话语根植于元人观念中对诉讼以及江南风俗的成见，同时不应忽视的是，这一话语之所以在元代如此盛行，与当时地方司法中广泛存在的"滞讼"困境亦有直接关系。郑介夫曰：

> 《至元新格》该常事五日程，中事七日程，大事十日程，并要限内发遣。违者量事大小，计日远近，随时决罚。今小事动是半年，大事动是数岁。婚田钱债，有十年十五年不决之事。讼婚则先娶者且为夫妇，至儿女满前而终无结绝；讼田宅则先成交者且主业，至财力俱弊，而两词自息；讼钱债则负钱者求而迁延，而索欠者困于听候。况刑名之事，疑狱固难立决，其对词明白者，可折以片言也。有司徒以人命为重，牵连岁月，干犯人等，大半禁死。但知一已死者当重，不知囚禁以至死者十倍其数，尤为不轻也。更无一事依程

---

[1] 程钜夫：《程雪楼文集》卷十《吏治五事》，《元代珍本文集汇刊》，台北"中央"图书馆，1970年，第390页。

[2] 陈基：《夷白斋稿》补遗《王处士墓志铭》，《四部丛刊三编》，商务印书馆1936年版，第37页b。

[3] 苏天爵著，陈高华、孟繁清点校：《滋溪文稿》卷三《镇江路新修庙学记》，中华书局1997年版，第44页。

[4] 苏天爵著，陈高华、孟繁清点校：《滋溪文稿》卷六《江西金宪张侯分司杂诗序》，中华书局1997年版，第91页。

发遣，而违者亦无一人依格决罚，岂非虚文议狱乎？①

郑介夫这段话很好地描述了元代的"滞讼"现象。检视相关史料，当时在包括江南在内的诸路、府、州、县，的确有大量刑民案件不能及时审理而长时间积压，案犯淹滞于狱。至正八年（1348）十二月，江浙行省"共计见禁轻重罪囚一千三百一十五起，三千九百三十六名"，而罪囚之被禁月日"有十五年者，有二十年者"②。胡润祖于后至元三年（1337）初任庆元路推官，"当积弊之极，系囚满狱，至淹十年或四三年"③。元代规定"诸疑狱，在禁五年之上不能明者，遇赦释免"④，狱讼五年以上即为淹滞。相较之下，可见"滞讼"情况之严重。《元史·本纪》载有世祖中统二年（1261）以降历年所断死罪数，其最少者为中统四年（1263）之7人⑤，最多者亦不过至元二十年（1283）之278人⑥。而在宋代，仁宗天圣三年（1025）"断大辟二千四百三十六"⑦，哲宗元祐元年（1086）"断大辟五千七百八十七人"⑧，与元代相比不啻霄壤之别。以元代疆域之广，每年所断死罪却如此至少，除刑法宽缓这一个因素外⑨，案件的大量淹滞恐怕亦是一个重要原因。

胡祇遹曾多次强调狱讼淹滞之危害，他在《官吏稽迟情弊》中言：

稽迟害民，甚于违错。若词讼到官，立便决断，案牍之间，虽欲文过饰非，错失自见，小民衔冤，随即别有赴诉。司县违错，州府辨明改正；州府违错，按察司辨明改正。小民无淹滞枉屈之冤，官吏当违背错失之罪。近年奸贪官吏恐负罪责，事事不为断决，至

---

① 郑介夫：《上奏一纲二十目》，隋树森、何兆吉点校：《元代奏议集录》下册，第100页。
② 苏天爵著，陈高华、孟繁清点校：《滋溪文稿》卷二十七《乞差官录囚疏》，第462页。
③ 程端礼：《畏斋集》卷五《庆元路推官胡公去思碑》，文渊阁《四库全书》，第1199册，第639页上。
④ 《元史》卷一〇五《刑法志四》，第2689页。
⑤ 《元史》卷五《世祖纪二》，第95页。
⑥ 宋濂等：《元史》卷一十二《世祖纪九》，第259页。
⑦ 李焘：《续资治通鉴长编》卷一〇四，仁宗天圣四年五月乙卯，中华书局1995年版，第2407页。
⑧ 李焘：《续资治通鉴长编》卷三九三，哲宗元祐元年，第9583页。
⑨ 有关元代刑法轻重的相关讨论可参见赵文坦《元代刑法轻重考辨》，《中国史研究》1999年第2期。

于两词屈直显然明白，故为稽迟，轻则数月，甚则一年二年，以至本官任终，本司吏更换数人而不决断。元告、被论两家，公共贿赂，又不决断，岁月既久，随衙困苦，破家坏产，废失农务，岁计，不免商和。商和之心，本非得已，皆出于奸吏掯勒延迟之计。两家贿赂，钱多者胜，以屈为直，以直为屈，不胜偏倍。①

胡祗遹之意，概以"违错之奸易见，稽违之奸难明"②，认为"滞讼"之害甚至超过审断有冤。有冤尚且可以上诉平凡，长期为狱讼所累却足以败家，甚至瘐死于狱。苏天爵曰："今县未尝申解于州，州未尝申解于路，或畏刑名之错，或因结案之难，不问罪之轻重，尽皆死于囹圄。断遣者既未尝有，平反者盖所绝无。夫庙堂宰辅，惟恐一人失所，而州、县官吏，辄敢恣意杀人，感伤天地之和，盖亦莫重于此。"③ 在江阴一个案例中，饥民欲称贷于富家而不得，故则持火往取穀，却失手焚毁其屋，十三人所分谷皆不满五升，有司却皆以强盗论罪，至邓文原重断此案，"时瘐死者已半"④。至正八年（1348）之内，仅江浙一省罪囚死损达五百余人⑤。

根据前文所述，出现这种"滞讼"困境的根本原因是地方理讼能力与现实诉讼需要之间的矛盾，特别是在人多事繁的江南显得尤为突出。在元代固有的地方司法体制下，这一矛盾很难得到根本解决。在这种情况下，话语实践中的"好讼"对于元代国家以及江南地方官员来说有着十分现实的意义。从地方官员的角度来说，"难治""好讼"是掩饰其治理不力的一种说辞，即所谓"己不职而诬其民"⑥。如庆元路之鄞县，本有"易治"之名，文风甚盛，方志中称其"君子尚礼，庸庶淳庞，衣冠文物，甲于东南"。由于尉司不得人，"一切苟且，不臧厥职，民弗讼弗

---

① 胡祗遹：《紫山大全集》卷二十一《官吏稽迟情弊》，第378页下—379页上。
② 胡祗遹：《紫山大全集》卷二十一《又稽迟违错之弊》，第379页上。
③ 苏天爵著，陈高华、孟繁清点校：《滋溪文稿》卷二十七《禁治死损罪囚疏》，第457页。
④ 黄溍：《金华黄先生文集》卷二十六《岭北湖南道肃政廉访使赠中奉大夫江浙等处行中书省参知政事护军追封南阳郡公谥文肃邓公神道碑铭》。
⑤ 苏天爵著，陈高华、孟繁清点校：《滋溪文稿》卷二十七《乞差官录囚疏》，第462页。
⑥ 刘敏中：《中庵先生刘文简公文集》卷二《邹平县普颜君去思记》，《北京图书馆古籍珍本丛刊本》，第92册，书目文献出版社1988年版，第276页下。

直",遂称"鄞俗薄"①。又如茶陵州,亦以"易治"著称,由于为政者扰民,"怨讟日滋,名誉日损",地方官员遂诿过于民,称民"难治"②。从国家的角度来说,"好讼"话语掩盖了国家治理能力的不足和制度设计的缺陷,将司法困境诿过于民风的同时,也将司法困境的解决导向对民众的道德教化。胡祗遹曰:

> 冗官俗吏,以礼乐之不如法令,教化之不如刑罚,视庠序学校,为迂阔不急之务。临一州,字一邑,弊精疲神,头会箕敛,问囚未竟,捕寇来闻。风俗薄恶,父子兄弟相仇虐,故旧朋友相告讦,邻里乡党相窃攘,案牍盈前,狱犴填满。胥吏持权,庐舍纷扰,鞭挞怒詈,略不暇给。使民顽嚚无耻,视官长如路人,怨胥吏如仇雠,是盖教化不素,理义不明故也。③

胡祗遹将民众"好讼"归之于"教化不素""理义不明",也就是倡导通过教化来息讼。这一措施有利于在不明显增加行政成本的情况下缓解诉讼压力,进而维持统治秩序。从这种意义上来看,元代话语实践中反复出现的"江南好讼",很大程度上成为国家与地方官员应对"滞讼"困境的一种话语策略。

三 现实中的"好讼"与"惧讼"

在元人的话语表达中,民众的诉讼状况或为"好讼""健讼",或为"厌讼""惧讼",然而无论何种描述,都包含了太多的道德评价与主观意图,话语背后的现实远比此复杂得多。对于元代江南的普通民众来说,诉讼是获得公力救济的渠道,当发生纷争或自身利益受到侵犯时告诉官府本身是一种很自然的行为,但诉讼可能带来的代价又使其难免有所顾

---

① 程端礼:《鄞县尉司题名记》,至正《四明续志》卷二《职官》,《宋元方志丛刊》第7册,中华书局1990年版,第6459页上。
② 李祁:《云阳集》卷四《茶陵州达噜噶齐托音善政诗序》,文渊阁《四库全书》,第1219册,第675页上。
③ 胡祗遹:《潞州增修庙学记》,弘治《潞州志》卷四,中华书局1995年版,第173页。

虑。在现实中，诉讼并不一定意味着"好讼"，更多的是两难下的权衡。

（一）"见官去"：民众的诉讼倾向

《元典章》等文献中虽然保留了许多元代案例，但这些案例多是官方视角下的记载，民众在其中的形象十分模糊。相反，戏曲中的故事情节虽是艺术创作而非真实案例，却在很大程度上反映出当时民众在诉讼中的行为模式与心理状态。下面三段材料皆摘自元杂剧或南戏中的宾白：

材料一：（卜儿云）还说个甚么！我女孩儿现今没了，明有清官，我和你见官去来。①

材料二：（生）先生且不要行，前面就是荒垄了。你看那两个人，手持大斧，偷砍我山上树木，故此不要近前去。（外）差了，倘若砍坏了你的冢树，致伤风水，正该拿他到官惩治才是。②

材料三：（外旦引二俠上云）妾身是林员外的浑家是也，俺那员外近来养着一个弟子，唤做刘行首。俺员外一个月不来家，我如今往刘行首家寻员外去。寻不着，万事罢论；若寻着呵，我不道饶了他也。（做见旦闹科云）员外，你不回家来，原来在这里，做个"停妻再娶妻"，我和你见官去！③

材料一出自关汉卿《救孝子贤母不认尸》，春香回娘家路上失踪，其母王婆婆疑被小叔杨谢祖杀害，故而告官。材料二出自无名氏《冯京三元记》，徐晓山受邀为冯商看风水，遇人偷伐冯商冢树，建议他告官。材料三出自杨景贤《马丹阳度脱刘行首》，林员外之妻因丈夫迷恋娼妓刘倩娇，故假装欲以"停妻再娶"的罪名告发林员外。这三段材料的背景，或是人命官司，或是民事纠纷，但当事人皆将"告官"作为主要的应对措施。这其实反映出元代民众在遭遇纠纷或受到侵害时，有着较为强烈的诉讼倾向。那么，是什么导致了民众的这种诉讼倾向呢？笔者认为，大致可以从以下三个方面予以解释。

---

① 王仲文：《救孝子贤母不认尸》，王季思：《全元戏曲》第 3 册，第 15 页。
② 无名氏：《冯京三元记》，王季思：《全元戏曲》第 11 册，第 11 页。
③ 杨景贤：《马丹阳度脱刘行首》，王季思：《全元戏曲》第 5 册，第 338 页。

其一，非正式司法力量的不足。

"盗生乎不足，讼起乎不平"①，诉讼源于纷争，而纷争很难通过道德教化完全消除，必须依赖于外部权威予以裁决。费孝通在《乡土中国》中根据其在吴江县开弦弓村的经历，概念化地描述了乡土中国的"无讼"景象：在那里，人们总是尽可能回避纠纷和诉讼的发生，民众间一旦发生纠纷，主要是通过地方长老进行调解解决②。可以说，在一个"理想型"的乡土社会中之所以"无讼"，十分关键的一点是，由于有地方长老的调解，大量纠纷不必进入司法程序。地方长老这一地方权威扮演了非正式司法力量的角色，代替地方官府承担了部分司法职责。然而在元代江南，情况有很大不同。

一方面，元代江南的基层社会秩序处于过渡发展阶段，明清时期那种能够承担多种社会角色的士绅阶层尚未完全形成。中唐以降，基层社会秩序发生了明显变化：国家对基层社会的支配从依靠乡官直接支配到"县令之职，犹不下侵"；士人的地方性格逐渐成长；有别于魏晋的新型宗族开始兴起。学者们对元代江南地方精英以及宗族的研究表明，这一进程在元代并未中断，基本沿着宋代的历史脉络继续发展，不必赘言③。但正如李治安在《宋元明清基层社会秩序的新构建》一文中指出的，这一基层社会新秩序的构建并非一蹴而就，元代以及明前期尚处于过渡发展阶段，直到明代中期以后才得以成熟定型④。尤其重要的是，基层社会新秩序中的主导力量——士绅在元代尚未完全形成⑤。有学者曾指出，明

---

① 李察：《利州长寿山玉京观地产传后弭讼记跋》，光绪《承德府志》卷十七，《中国方志丛书》，成文出版社1968年版，第620页上。
② 费孝通：《乡土中国》，生活·读书·新知三联书店1985年版，第54—59页。
③ 有关元代江南地方精英的研究，可参见申万里《元初江南儒士的处境及社会角色的转变》，《史学月刊》2003年9期；吴小红《元代抚州乡绅研究》，南京大学博士学位论文，2004年；周鑫《儒士新地方性格的成长：以元代江西抚州儒士为中心》，南开大学历史学院博士学位论文，2007年；苏力《元代地方精英与基层社会——以江南地区为中心》，天津古籍出版社2009年版。有关元代江南宗族的研究，可参见刘晓《宋元金溪吴氏研究》，《中国社会科学院历史研究所学刊》第1集，社会科学文献出版社2001年版；申万里《元代的浦江郑氏——中国古代同居共财家族的一个个案考察》，《人文论丛》2005年卷，武汉大学出版社2007年版；章毅《理学社会化与元代徽州宗族观念的兴起》，《中国社会历史评论》第9卷，天津古籍出版社2008年版；陈瑞《元代徽州的宗族建设》，《安徽师范大学学报》（人文社会科学版）2009年第2期。
④ 李治安：《宋元明清基层社会秩序的新构建》，《南开学报》（哲学社会科学版）2008年第3期。
⑤ 周鑫：《儒士新地方性格的成长：以元代江西抚州儒士为中心》，第155页。

代士绅的社会作用是宋代士大夫无法想象的①，元代江南地方精英在司法中的作用，恐怕与明清时期的士绅相比亦有一定的距离。

另一方面，元代基层职事人员的司法参与受到政府的严格限制，作用较为有限。社是元代广泛建立的基层社会组织，大致以五十户为一社，每一社中皆以一名"年高通晓农事"者为社长，其职责除劝课农桑外，还负责劝善惩恶、维护风纪与治安，是国家进行地方控制的"末梢"。由于社长居于村社，对于社众之间的日常冲突熟知原委，其本身又有一定威望，由其调停纠纷是一种比较理想的结果。因此在至元二十八年（1291）的《至元新格》中规定："诸论诉婚姻、家财、田宅、债负，若不系违法重事，并听社长以理谕解，免使妨废农务，烦紊官司。"② 社长被明确赋予调解民事纠纷、处理轻微违法案件的职权。然而到至元三十一年（1294）六月，袁州路推官石承务对社长等人员的司法参与提出了异议：

> 今见大江以南，乡都里正、社长、巡尉、弓手人等，恃为官府所设之人，事不干己，辄为体访，申作事头。当该官司不详事体，依凭勾摄，民皆受苦，官吏相藉为奸故也。今后除地面啸聚强窃盗贼、杀人、伪造宝钞、私宰牛马许令飞申，其余一切公事，听令百姓赴有司从实陈告，乡都里正、主首、社长、巡尉、弓手人等不许干预。所处民户有词告官，官司详审词理。若指陈不明及无证验，或泛滥琐碎不应受理者，即与明白分别省会退还，自然讼简民安。③

这一提议得到了省部批准，此后虽偶有社长参与地方司法的记载，但其职能基本限于治安，与明代地方社会的"里老制"实有很大区别④。

由于非正式司法力量的不足，民众在发生纠纷或遭遇侵害时诉诸官

---

① 吴金成著：《明代社会经济史研究：绅士层的形成とその社会经济的役割》，渡昌弘译，汲古书院1990年版，第110页。
② 陈高华等点校：《元典章》卷五十三《刑部十五·诉讼·听讼·至元新格》，第1748页。
③ 陈高华等点校：《元典章》卷五十三《刑部十五·诉讼·听讼·词讼不许里正备申》，第1749—1750页。
④ 有关明代"里老制"在解决基层纠纷方面的作用，参阅中岛乐章《明代乡村纠纷与秩序：以徽州文书为中心》，郭万平、高飞译，江苏人民出版社2010年版，第51—114页。

府成为必然的选择。所谓"明有清官""明有王法"①,很大程度上反映出社会性权威尚不成熟的情况下,政治性权威——地方官府在维护社会秩序方面的重要意义,以及民众对于官府主持公道的期待。

其二,法律知识的广泛传播。

杂剧《救孝子贤母不认尸》中,判案令史对杨谢祖母亲所说:"兀那老婆子,你是个乡里村妇,省的甚么法度!"杨谢祖母亲则对曰:"你休小觑我这无主的穷村妇。"② 在大多数官员眼中,普通民众是缺乏法律知识的,正如苏天爵在《乞详定斗殴杀人罪疏》中所言:"村野人民素无教养。"③ 然而元代民众其实有多种途径可以获得法律知识。

首先,官方的法律宣传。向民众宣传国家法律是中国古代国家的传统④,元代对此亦十分重视。延祐六年(1319)之《盗贼通例》中曰:

> 天地生民,各有良心。苟失教养,靡所不为,甚至昏迷为盗,重罹刑宪。原其所自,盖多胁从染习。故《虞书》有象刑之典,《周礼》载悬法之文,皆所以明示宪章使民易避。⑤

元代官方的法律宣传手段大致有两种。一为文字传播,其主要载体为粉壁和榜文。粉壁是经过简单粉刷用以书写和绘画的墙壁,广泛设置于各种场所,其中最重要的是挨家挨户设立的"排门粉壁"⑥。榜文主要为纸质,以手写或印刷的方式制作,张贴于衙署、城门、市曹、通衢、津度、驿铺、邸店等人群聚集之处,有时亦制成"手榜"散发与民众。此外还有石刻榜文,多颁发给寺观、学校等机构⑦。元代每当有法令颁

---

① 关汉卿:《赵盼儿风月救风尘》,王季思主编:《全元戏曲》第1册,第106页。
② 王仲文:《救孝子贤母不认尸》,王季思主编:《全元戏曲》第3册,第22页。
③ 苏天爵:《滋溪文稿》卷二十七《乞详定斗殴杀人罪疏》,第459页。
④ 参见卓泽渊《中国古代的法律宣传》,《河北法学》1985年第1期;徐忠明《明清国家的法律宣传:路径与意图》,《法制与社会发展》2010年第1期。
⑤ 陈高华等点校:《元典章·新集至治条例·刑部·诸盗·总例·盗贼通例》,第2166页。
⑥ 有关元代的粉壁,参见申万里《元代的粉壁及其社会职能》,《中国史研究》2008年第1期;徐忠明《老乞大与朴通事:蒙元时期庶民的日常法律生活》,上海三联书店2012年版,第107—108页;李漫《元代传播考:概貌、问题与限度》,北京大学出版社2013年版,第111—115页。
⑦ 参见易舜《元代榜文研究》,硕士学位论文,武汉大学,2015年。

布，则"开读于京师，降示于外路，流布于司县，张挂于市井"①，利用粉壁和榜文向民众晓谕。如大德九年（1305）定"贼人配役出军体例"，即命"遍行出榜，粉壁晓谕相应"②。延祐六年（1319）颁布《盗贼通例》，亦规定"所在官司多出文榜，排门粉壁，明白晓谕"③。有时地方官员也常"悬示法例"④，使民知法守法。二为口头传播，主要由地方官员以及基层职事人员负责。元代明确规定，地方亲民官司以及社长有向民众宣谕国家法令的职责。至元二十八年（1291）规定，对于假托灵异、妄作妖言、佯修善事、夜聚明散等"官司已行明降事理"，社长"每季须一戒谕，使民知恐，毋致刑宪"⑤。至大元年（1308）又规定，亲民官司应"照依累降圣旨条画，宣明教导"⑥。同时，许多地方官员还常常举行一些读法活动，向民众宣传国家法律。如孙泽任岭北海南道肃政廉访使时，印制格例三千余本，命名为《社长须知》，"月集老幼以听之，仿《周礼》月吉读法之意"⑦。也先脱因任休宁县达鲁花赤，甫下车即"召父老，宣布朝廷德意，示以法令所禁，使民有所趋避"⑧。赵千顷任归安县丞，"宣化于公堂，读法于闾阎"⑨。

其次，法律书籍的传播。书籍是法律知识传播的重要渠道，元代不仅有前代留存的大量法律书籍，其本身书籍出版亦十分发达⑩。据美国学者卡特估计，元代刻书数量甚至超过宋代⑪。元代出版与流通的法律类书

---

① 赵天麟《太平金镜策》卷七《明制条》，《四库全书存目丛书》，第 21 册，第 684 页上。
② 陈高华等点校：《元典章·刑部十一·诸盗一·强窃盗·断贼徒例粉壁晓谕》，第 1629 页。
③ 陈高华等点校：《元典章·新集至治条例·刑部·诸盗·总例·盗贼通例》，第 2166 页。
④ 郭松年：《县令张崟去思碑》，嘉靖《高陵县志》卷四，《中国地方志集成·陕西府县志辑》，凤凰出版社 2007 年版。
⑤ 韩国学中央研究院编：『至正条格』，「條格·田令·理民」，서울：휴머니스트，2007 年版，第 43 页。
⑥ 韩国学中央研究院编：『至正条格』，「條格·田令·立社」，第 44 页。
⑦ 陆文圭：《墙东类稿》卷十二《中大夫江东肃政廉访使孙公墓志铭》，《元人文集珍本丛刊》第 4 册，新文丰出版股份有限公司 1985 年版，第 590 页下。
⑧ 郑玉：《师山先生文集》卷六《休宁县达鲁花赤也先脱因公去思碑》，《中华再造善本丛书》，北京图书馆出版社 2005 年版，第 9 页 a。
⑨ 沈梦麟：《花溪集》卷一《送归安县丞赵千顷序并诗》，《元人文集珍本丛刊》，新文丰出版股份有限公司 1985 年版，第 4 册，第 159 页上。
⑩ 有关元代书籍出版概况可参见陈高华《元代出版史概述》，《历史教学》2004 年第 11 期。
⑪ ［美］卡特著：《中国印刷术的发明和它的西传》，胡志伟译，商务印书馆 1957 年版，第 71 页。

籍中，一部分是前代书籍再版，如《唐律疏议》，在元代一再刻印，仅据《中国古籍善本书目》所录，就有余志安勤友堂刻本等4个版本①。更多的是元代新著，笔者寓目者有30余种②，大致分为四类。一为官修法典。元代正式颁布的法典主要有《大元通制》与《至正条格》两部，有关这两部法典在当时的流通情况，现在已不甚明了。但据《至正条格序》，《至正条格》中的条格、断例两部分皆"申命锓梓，示万方"③，应是在地方有广泛流布的。近年来在黑城文书中发现的《大元通制》《至正条格》的残页④，以及在韩国发现的元刊本《至正条格》残卷⑤，也证明了此点。二为格例汇编。自至元八年（1271）禁用《泰和律》后，元代长期没有制定出新的法典，故而令"内外衙门，编类置薄检举"⑥，即将累次颁降的诏旨条画汇编，以作为日常行政和司法审判的依据。元代重要政书《元典章》正是产生于这一背景，编于江西胥吏之手，而刻印于建阳书坊⑦。对于民间私自编著国家格例条画的行为，元政府本是禁止的："诸但降诏旨条画，民间辄刻小本卖于市者，禁止。"⑧然而实际情况是，"民间自以耳目所得之敕旨条令，杂采类编，刊行成帙，曰《断例条章》，曰《仕民要览》，各家收置一本，以为准绳"⑨。这种格例汇编流布之广，

---

① 中国古籍善本书目编辑委员会编：《中国古籍善本书目·史部》，上海古籍出版社1993年版，第1336页。

② 参见钱大昕《补元史艺文志》，中华书局1985年版；倪灿《补辽金元艺文志》，中华书局1985年版；雒竹筠编著，李新乾编补《元史艺文志辑本》，北京燕山出版社1999年版。

③ 欧阳玄：《圭斋文集》卷七《至正条格序》，四部丛刊初编本，商务印书馆1922年版，第9页b。

④ 黑城文书中的《大元通制》残页有3片，为F14∶W6、F14∶W7、F207∶W1；《至正条格》残页有8片，为F19∶W16、F209∶W1、F210∶W5、F20∶W8、F20∶W9、F20∶W7、F20∶W6、F247∶W6。相关情况可参见杨晓春《〈大元通制〉〈至正条格〉札记三则》，《元史及民族与边疆研究集刊》第24辑，上海古籍出版社2012年版。

⑤ 关于《至正条格》残卷在韩国的发现情况，可参见张帆《重现于世的元代法律典籍——残本〈至正条格〉》，《文史知识》2008年第2期。

⑥ 纪昀总纂：《四库全书总目提要》卷八十四《史部·政书类存目二·官民准用》，河北人民出版社2000年版，第2209页。

⑦ 对于《元典章》的性质，学者们有不同看法。沈家本认为"此书当日乃奉官刊布，以资遵守，非仅为吏胥之钞记"（沈家本：《钞本〈元典章〉跋》，陈高华等点校：《元典章·附录三》，第2462页）。昌彼得则否认其官修性质（昌彼得：《跋元坊刊本〈大元圣政国朝典章〉》，陈高华等点校：《元典章·附录三》，第2476页）。

⑧ 宋濂等：《元史》卷一〇五《刑法志四》，第2680页。

⑨ 郑介夫：《上奏一纲二十目》，隋树森、何兆吉点校：《元代奏议集录》下册，第82页。

乃至有"条令衰于书肆"之说①。这类书籍多为书商商业运作的产物，相比官方法典，普通民众更易获得。三为律学著作。元代官方没有设立律学，但相关的私人著述并不少见，其内容主要是对已有法律典籍的注疏和改编，特别是关于《唐律疏议》和《刑统赋》研究尤为丰富。存世的尚有王元亮之《故唐律疏议纂例》、沈仲伟之《刑统赋疏》、孟奎之《粗解刑统赋》、王亮之《刑统赋解增注》、元□□之《别本刑统赋解》、元郝□韵释之《刑统赋》等②。四为日用类书。日用类书是在抄录其他书籍的基础上类编而成，内容十分庞杂，包含了民众日常生活所需要的各种知识。元代日用类书中的法律知识主要有两种：律例与状式。其中律例剪裁自官方法典和格例汇编，如《事林广记》中有《大元通制》的节文③，泰定本《事林广记·壬集》中则收录有《至元杂令》④。状式包含民众在法律活动中所需要的各种书状的模板，泰定本《事林广记》以及至顺本《事林广记》分别收录了 17 种和 14 种诉状体式，《新编事文类聚启札青钱》则收录了共 16 种契约体式⑤。这些都是民众诉讼活动中必需的知识。

最后，日常生活中接触的法律知识。对于普通民众而言，无论从经济负担还是文化水平来说，阅读法律书籍都有一定困难⑥，更多的是在日常生活场景中接触到一些法律知识。如元代戏曲十分盛行，无论在城市还是乡村，都常有戏曲表演。其中城市中演出戏曲的固定场所为"梁园"，乡村则有流动艺人——"歧路"的演出场地"科地"。高安道套曲《哨遍·嗓淡行院》中曰："梁园中可惯经，桑园里串的熟，似兀的武光头、刘色长、曹娥秀，则索赶科地沿村转庄走。"⑦ 可见戏曲演出的频繁。元代戏曲中有许多涉及诉讼及审判的剧情，尤其围绕司法案件展开的公案剧在元代戏曲中占了很大比重。这些剧目通常情况下并非元代的真实

---

① 刘贞：《类编历举三场文选·壬集》卷一《第一科·湖广乡试》，韩国奎章阁藏本。
② 雒竹筼编著，李新乾编补：《元史艺文志辑本》，第 123—124 页。
③ 陈元靓：《事林广记》别集卷三《刑法类·大元通制》，中华书局 1963 年版。
④ 黄时鉴：《元代法律资料辑存》，浙江古籍出版社 1988 年版，第 35—49 页。
⑤ 黄时鉴：《元代法律资料辑存》，第 214—252 页。
⑥ 包伟民在《中国九到十三世纪社会识字率提高的几个问题》（《杭州大学学报》1992 年第 4 期）一文中认为，宋代以降，社会各阶层的识字率有明显提高的趋势。不过在整个帝制时代，普通民众的文化水平应是十分有限的。如马宗学在一书中指出，直到民国时期，整个社会的识字率不足 20%。见氏著《识字运动民众学校经营的理论与实际》，商务印书馆 1935 年版，第 2 页。
⑦ 高安道：《哨遍·嗓淡行院》，杨朝英选，隋树森校订：《朝野新声太平乐府》卷九，中华书局 1958 年版。

案例，多在长期流传的民间故事的基础上创作而成，其所展现的诉讼和审判场景与元代的真实情况亦有很大差距。但演出中塑造的虚拟法律场景却能以一种十分直观的形式，使观剧的民众对诉讼和审判产生一些基本的认知。同时，戏曲中有时也会提及一些律例知识。如《包龙图智赚合同文字》中，包拯曰："律上说：殴打平人因而致死者抵命。"① 这与《唐律疏议》以及《元史·刑法志》中的相关条文基本相符②。更重要的是，正如前文所提及的，戏曲中所展现出的以诉讼申冤的行为模式对培养观者的诉讼意识有着十分重要的影响。

在杂剧《杨氏女杀狗劝夫》中，孙大云："小人是个知法度的。"③ 考虑到元代有多种法律知识传播渠道，元代民众对国家法律一定程度上的了解其实是可以理解的。从一些实际案例来看，亦的确如此。如大德四年（1300）龙兴路新喻州的一个案例，胡千七将其小女元七娘与养子胡元一为妻，事先告知其兄胡元三，胡元三认为兄妹为婚"道理恐过不得"，害怕事发后会连累自己，最终向社长揭发，申告官府④。在这一案例中，胡元三明显是知晓同姓不得为婚的禁令的。从国家的角度来说，民众知法可以避免违法行为的发生。正如姚燧所言："不有所垂示，何以使人知避其犯。"⑤ 但民众在熟悉法律知识本身的同时，也会逐渐培养出诉讼意识。在有需要的情况下，自然会将诉讼作为一个重要选项。

其三，"教唆词讼"者的推波助澜。

从宋代开始，专门教人诉讼的职业——讼师便在江南地区十分兴盛，甚至还出现了专门的讼学⑥。元代文献中罕有关于"讼师"的记载，相关

---

① 无名氏：《包龙图智赚合同文字》，王季思：《全元戏曲》第6册，第239页。
② 长孙无忌等纂，刘俊文点校：《唐律疏议》卷二十一《斗讼》，中华书局1983年版，第387页；宋濂等：《元史》卷一〇五《刑法志四》，第2675页。
③ 萧德祥：《杨氏女杀狗劝夫》，王季思：《全元戏曲》第5册，第177页。
④ 陈高华等点校：《元典章》卷十八《户部四·婚姻·嫁娶·胡元一兄妹为婚》，第630页。
⑤ 姚燧：《姚文公牧庵集》卷九《斯得斋记》，商务印书馆1922年版，第9页b。
⑥ 参见郭东旭《宋代的诉讼之学》，《河北学刊》1988年第2期；陈智超《宋代的书铺与讼师》，载氏著《陈智超自选集》，安徽大学出版社2003年版，第345—357页；陈景良《讼学与讼师：宋代司法传统的诠释》，《中西法律传统》第1卷，中国政法大学出版社2001年版；陈景良《讼学、讼师与士大夫——宋代司法传统的转型及其意义》，《河南省政法管理干部学院学报》2002年第1期；朴永哲《从讼师的出现看宋代中国的法与社会》，《宋史研究论丛》第9辑，河北大学出版社2008年；张本顺《无讼理想下的宋代讼师》，《社会科学战线》2009年第5期。

研究亦很少涉及①，但"教唆词讼"者在江南仍然十分常见。如虞集在《户部尚书马公墓碑》中记载了马煦任职湖州时的两个案例：

案例一：富商有佣舟师至他郡者溺死，或喉舟师妻讼商杀其夫，冀得贿。商不与，又不贿吏，吏诬商成狱。

案例二：二人同市饮者，后三日其一人死。既葬，或訹死者子讼同饮者，同饮者不贿吏，吏亦诬之成狱。②

这两个案例中都出现了教唆事主兴讼者，欲以词讼获利。官府对这种行为十分警惕，杂剧《包龙图智赚合同文字》中，李社长替刘安住诉说情由后说"刘可怜刘安住负屈衔冤，须不是李社长教唆为务"③，反映正是"教唆词讼"现象的广泛存在和官府的忌惮。

从现有史料来看，元代江南地区的"教唆词讼"者大致有以下四类。一为讼师。从南宋开始，江南地区就盛行讼学，其中又尤以江西为最盛。据周密《癸辛杂识》中言，江西"往往有开讼学以教人者"，"从之者常数百人"④。当时江西还流行《邓思贤》等专门教人为讼的书籍，直到陶宗仪所在的元末，时人尚以"邓思贤"称呼好讼之人⑤。入元后，科举长期未行，即使延祐开科后，每科不过举寥寥百数十人，大量江南士人无法获得入仕门径，转投别业谋生⑥。这些人中就有一部分也成为讼师。为杜绝这种情形，大德元年（1297）江南行台特别规定："在籍儒生，务要读书明理，洁己修身，毋作浮辞以为讼师。"⑦ 二为书状人。元代诉讼首

---

① 就笔者所见，有关元代讼师的专门研究仅有郭蕊之硕士学位论文《元代讼师研究》（内蒙古大学，2010年）。党江舟《中国讼师文化——古代律师现象解读》（北京大学出版社2005年版）一书中亦对元代的情况有所涉及。
② 虞集：《道园学古录》卷十五《户部尚书马公墓碑》。
③ 无名氏：《包龙图智赚合同文字》，王季思：《全元戏曲》第6册，第235页。
④ 周密著，吴企明点校：《癸辛杂识》续集下《讼学业觜社》，中华书局1988年版，第159页。
⑤ 陶宗仪：《南村辍耕录》卷十五《邓思贤》，中华书局1980年版，第188页。
⑥ 有关元代士人的职业转变，参见申万里《元初江南儒士的处境及社会角色的转变》，《史学月刊》2003年9期；于磊《元代江南知识人的职能化》，《集刊东洋学》第109号，2013年；周鑫《治生与行道：元初科举停废与南方儒士之易业》，《广东社会科学》2014年第4期。
⑦ 王颋点校：《庙学典礼》卷五《行台坐下宪司讲究学校便宜》，浙江古籍出版社1992年版，第111页。

先需写就诉状，而诉状通常是由书铺的写状人书写的①。书铺与写状人由官府设立，并受到官府的监督。《至元新格》中规定："写词状人使知应告不应告之例，仍取管不违甘结文状，以塞起讼之原。"② 盖试图通过写状人对诉讼者"开之以枉直，而晓之以利害"③，从而"庶革泛滥陈词之弊，亦使官府词讼静简，易於杜绝"④。然而事实是，书状人往往"百般调弄，起灭讼词，由是讼庭日见繁冗"⑤。三为吏胥。吏胥为地方官府中的执事人员，这些人"谙练乎民俗之情伪，惯尝乎官长之巧拙"，由于"禄不足以仰事俯育，名未足以取青拾紫"，往往借职务之便舞文弄法、教唆词讼，籍以获利⑥。如在赣州路宁都州，"一吏日揽民词十余，皆架虚诋讦渔猎，餍所欲则火其牍"⑦。在天临路湘乡州，胥吏往往"唆无赖之徒诬人以非罪"⑧。尤其是一些罢居乡里的吏胥，更是以兴讼为业。江南入元之初年，吉水州的原南宋吏胥常"挟文为奸"⑨。绩溪县吏程汝辑因贪贿罢居乡里，无以为生，"侦民有少不平，唆其讼，佐之请谒，已旁缘自资，且既饵临政者，因持其短长，以蠹民梗政，莫敢何问"⑩。四为豪强、无赖。豪强、无赖是地方社会中的强势力量，他们结交官府、横行乡里，亦常常窥人之争、教唆词讼。如永嘉之豪横之孟某，"贿上下，肆毒邻里，煽民讼，因为居间，持吏长短，不敢问，必从其所向"⑪。万载县民黄鼎曾两次因"起灭词讼"被断罪，延祐元年（1314）再次因教

---

① 有关元代书铺以及写状人的研究，可参见陈高华《元代的审判机构和审判程序》，载氏著《陈高华文集》，上海辞书出版社 2005 年版，第 110—113 页。
② 陈高华等点校：《元典章》卷五十三《刑部十五·诉讼·听讼·至元新格》，第 1748 页。
③ 张养浩：《三事忠告》卷一《牧民忠告上·听讼·弭讼》，文渊阁《四库全书》，第 602 册，第 736 页上。
④ 陈高华等点校：《元典章》卷五十三《刑部十五·诉讼·书状·籍记吏书状》，第 1745 页。
⑤ 同上。
⑥ 李存：《鄱阳仲公李先生文集》卷十七《送刘县尉荣甫序》，《北京图书馆古籍珍本丛刊》第 92 册，书目文献出版社 1988 年版，第 608 页上。
⑦ 吴澄：《吴文正公集》卷八十《元承事郎同知宁郡州事计府君墓志铭》。
⑧ 王祎：《王忠文公集》卷二十二《元中宪大夫金庸田司事致仕王公行状》，文渊阁《四库全书》，第 1226 册，第 470 页下。
⑨ 欧阳玄：《圭斋文集》卷十《元赠从仕郎吉安路吉水州判官周君潜心墓》。
⑩ 宋本：《绩溪县尹张公旧政记》，苏天爵：《国朝文类》卷三十一。
⑪ 吴海：《闻过斋集》卷五《故翰林直学士奉议大夫知制诰同修国史林公行状》，《元人文集珍本丛刊》，第 8 册，新文丰出版股份有限公司 1985 年版，第 274 页下。

唆萧瑀诬告本县官吏被以红泥粉壁惩戒①。南戏《周羽教子寻亲记》中的张员外亦是一个"专一抗帮教唆"的地方豪横②。

总的来说，在元代江南民众之间的利益纷争越来越频繁的情况下，非正式司法力量的不足使得民众不得不寻求正式的司法审判，诉讼的发生有其必然性。同时，元代江南民众本身的法律知识和法律意识在不断增强，地方社会中又多有"教唆词讼"者的推波助澜，民众在遭遇纠纷或受到侵害时倾向于通过诉讼的途径来解决问题也就顺理成章了。

（二）"怕见官司"：诉讼的代价与顾虑

虽然有诉讼的必要和可能，但这并不意味着民众在主观上乐于兴讼。恰恰相反，大多数普通民众对于诉讼其实有着深深的顾虑，甚至在某种程度上有一种"惧讼"心理，即杂剧中所谓的"怕见官司"③。元代戏曲中对于衙门中的审判场景通常是这样描写的："咚咚锣鼓响，公吏两边排，阎王生死殿，东岳吓魂台。"④ 这种森严可怖的景象是民众对衙门的想象，亦是其畏惧心理的一种表现。反映在行动上，民众通常尽量避免兴讼，江南一些地方宗族还将此写入家规族训。如永丰王氏族训中就告诫子弟曰："不可起无益之争，兴无故之讼。"⑤ 前文已经指出，在元人的观念与话语实践中诉讼是受到贬抑的，民众这种不轻易涉讼的心态与此不无关系。但从根本上来说，元代民众之所以有这样一种诉讼心态主要还是基于现实的考量：付出与所得之间的权衡。

对于民众来说，一旦兴讼很可能会付出不菲的代价，其首先一点就是钱财的花费。在杂剧《包待制三勘蝴蝶梦》中，王氏兄弟失手打死葛彪，云："这事少不的要吃官司。只是咱家没有钱钞，使些甚么？"⑥ 官司与钱钞的关系可见一斑。在元代，民众在整个诉讼过程中有各种经济费用，仅以购买诉状而言便是一笔不小的支出。《元典章》中曰：

比年以来，所在官司设立书状人多是各官梯己人等于内勾当，

---

① 陈高华等点校：《元典章·新集至治条例·刑部·诸禁·禁奸恶》，第2250—2252页。
② 无名氏：《周羽教子寻亲记》，王季思：《全元戏曲》第11册，第356页。
③ 萧德祥：《杨氏女杀狗劝夫》，王季思：《全元戏曲》第5册，第175页。
④ 曾瑞卿：《王月英元夜留鞋》，王季思：《全元戏曲》第4册，第696页。
⑤ 危素：《危太朴集》卷十《永丰王氏族谱序》，《元人文集珍本丛刊》第7册，新文丰出版股份有限公司1985年版，第475页下。
⑥ 关汉卿：《包待制三勘蝴蝶梦》，王季思：《全元戏曲》第1册，第33页。

或计会行求充应。所任之人既不谙晓吏事,反以为营利之所。凡有告小事,不问贫富,须费钞四、五两,而后得一状纸。大事一定、半定者有之。两家争告一事,甲状先至,佯称已有乙状,却观其所与之多寡,而后与之书写。若所与厌其所欲,方与书写,稍获铿吝,故行留难,暗行报与被论之人,使做先告,甚或争一先费钞数定者。又有一等有钱告状者,自与装饰词语,需捏情节,理虽曲而直。无钱告状者,虽有情理,或与之消去紧关事意,或与之消除明白字样。①

这段材料产生于大德五年(1301),从材料中的叙述看,根据所告事由的轻重,元代民众在诉状上需花费中统钞四两、五两至一定不等,若两家争告,所费更多。这是什么概念呢?

在大德十年(1306)以前,江浙的米价一般在中统钞10两/石②。同在大德五年(1301),衢州路龙游县马户李尚之以中统钞13定典田47亩,大致13.8两/亩③。也就是说,如果一个龙游县人在大德五年(1301)有重情案件需要诉讼,他很可能需要典卖三亩多地才能得到他需要的诉状。相比之下,一道契本仅0.3两④。而这仅仅是诉讼的开始,诉状写就后经过祗候才能"得通于官长"⑤,这些人巧立各种名色以肥己。"贪官喜民讼之繁,则其需贿之路广"⑥,正式进入诉讼程序后,遇司法官员贪贿,诉讼者又需要通过贿赂才能获得公正的判决。诉讼两造为了获胜,往往竞相贿赂,"讼人、讼于人者,资费不相上下"⑦。刘敏中曰:"又如讼,有不免也,一朝投牒,如堕阱擭,两造兼噬,动连岁时,曲直未明,而生业以索矣。"⑧

在诉讼过程中,不仅被告会被勾唤监禁,原、被两告及其家属、四

---

① 陈高华等点校:《元典章》卷五十三《刑部十五·诉讼·书状·籍记吏书状》,第1745页。
② 刘埙:《水云村稿》卷十四《呈州转申廉访分司救荒状》,文渊阁《四库全书》,第1195册,第498页下。
③ 陈高华等点校:《元典章》卷五十三《刑部十五·诉讼·书状·站官不得接受词状》,第1753页。
④ 宋濂等:《元史》卷十三《世祖纪十》,第75页。
⑤ 郑介夫:《上奏一纲二十目》,隋树森、何兆吉点校:《元代奏议集录》下册,第106页。
⑥ 吴澄:《吴文正公集》卷十九《廉吏前金溪县尹李侯生祠记》。
⑦ 王毅:《木讷斋文集》卷一《送九住主簿之浙省传序》,乾隆二十九年刊本。
⑧ 刘敏中:《中庵先生刘文简公文集》卷二《邹平县普颜君去思记》。

邻等"干连人"皆常随衙待审。一旦案件淹滞,长期困顿于衙署,其害又甚于单纯的钱财耗损。胡祗遹曰:

> 或争地一亩,价钱不直数贯,上下前后官吏行求,费钞数百贯,逗留七年十年不能杜绝。中间两家随衙,诸干连人随衙,妨废农功生业不可计数。随衙之间呼唤不着,小吏、狱卒百端凌辱。小心畏法者以致饥饱劳役,轻则因而成疾,重则致命者往往有之,家有疾病死亡之忧而不敢离衙门者有之。①

可见,长期随衙不仅妨害正常的生产生活,更有身心之辱,甚至疾病、性命之忧。

实际上,即使民众已经准备好付出这样的代价,最终的结果也不一定能够如意。正如前文所指出的,元代的司法效率不高,大量案件长期无法得到审断。特别是涉及婚姻、钱粮、田宅、债负等民事纠纷,头绪繁复,而官府每年除去停务、禁刑、节庆以及种种行政杂务的干扰,每年"得问民诉者不过五六十日",故而常常"一语抵官,十年不绝"②。"讼婚则先娶者且为夫妇,至儿女满前而终无结绝;讼田宅则先成交者且主业,至财力俱弊,而两词自息;讼钱债则负钱者求而迁延,而索欠者困于听候"③,这样即使最后得到当初希望的判决,也已毫无意义。更何况,官府的判决本身亦不能确保公正,若发生错判、枉断的情况,更是得不偿失。在这种情况下,民众很难将诉讼视为乐途,亦不可能轻易涉讼。民众如果最终选择诉讼,更多的是两难下的权衡,是无奈而为之。

结　语

从宋代开始,史籍中有关江南地区"好讼"的记载就层出不穷,元人所谓的"江南好讼"正是宋代的延续。这种"好讼"的现象与中唐以

---

① 胡祗遹:《紫山大全集》卷二十三《县政要式》。
② 胡祗遹:《紫山大全集》卷二十三《折狱杂条》。
③ 郑介夫:《上奏一纲二十目》,隋树森、何兆吉点校:《元代奏议集录》下册,第100页。

降江南地区的社会经济发展状况密切相关：人口的增长自然会使得诉讼的绝对数量相应增加，商品经济的发展更使得人与人之间的利益纠纷日益增多。尤其突出的一点是，由于江南地区人多地狭以及国家"不抑兼并"的政策，田讼成为宋元时期江南十分突出的社会问题。元人胡祗遹对此有评论说："三代经野有法，不惟务本，地著而民和，至于一切纷乱词讼，皆无自而起。自经野无法，田不隶官，豪强者得以兼并，游手者得自货卖。是以离乡轻家，无父母之邦，无坟庐之恋，日且一日。千年田换八百主，交易若是之烦，因地推收税石之冗，官吏奸蔽，出入挑搅，狱讼万端，繁文伪案，动若牛腰。"① 近来学者们的研究指出，宋元易代并没有改变江南地区社会经济的走向，唐宋变革的成果在元代江南基本得以保留②。循着这一思路，元代江南的"好讼"似乎可以从这种社会经济状况中得到解释。

然而文本书写本质是一种话语实践，对于话语我们应有足够的警惕③。进入具体语境可以看到，元代文献中对江南"好讼"的描述多是一种模式化的书写，其真正要表达的是司法压力和治理之难。司法压力本质上是官府理讼能力无法满足民众诉讼需求的一种表现，但在

---

① 胡祗遹：《紫山大全集》卷二十三《折狱杂条》。
② 对于元代的社会经济状况，学术界早年多持负面态度，如英国学者伊懋可就认为元代经济出现了倒退（Mark Elvin, *The Pattern of the Chinese Past: A Social and Economic Interpretation*, Stanford: Stanford University Press, 1973）。近年来，无论国内学者还是国外学者，对元代经济的评价渐趋积极，特别是对江南地区经济在宋元明间的持续发展基本持肯定态度。如李伯重对元代江南地区人口、耕地、技术、经营方式等问题进行了研究，他认为13、14世纪中国经济并没有出现转折，江南地区农业经济仍在缓慢发展（李伯重：《有无"13、14世纪的转折"？——宋末至明初江南农业的变化》，《多视角看江南经济史：1250—1850》，生活·读书·新知三联书店2003年版，第21—96页）。美国学者万志英在《市镇与寺庙：长江三角洲地区城市的发展与衰替》一文中亦指出，不仅肇启于宋代的市镇发展模式在元代江南得到延续，元代的城市化进程在某些方面还在加速进行，我们应重估对宋元明时期城市发展的理解（Richard von Glahn, Towns and Temples: Urban Growth and Decline in the Yangzi Delta, 1100 – 1400, Paul Jakov Smith and Richard von Glahn eds., *The Song – Yuan – Ming Transition: A Turning Point of Chiese History*, Harvard University Press, 2003, pp. 176 – 211）。李治安指出，元代统治下的江南很大程度上延续了唐宋变革的成果而与北方有着巨大差异，元代开始形成了政治上北支配南、经济上南支配北的"北南新格局"（李治安：《元代及明前期社会变动初探》，《中国史研究》2005年增刊；《两个南北朝与中古以来的历史发展线索》，《文史哲》2009年第6期；李治安：《中古以来南北差异的整合发展与江南的角色功用》，《文史哲》2015年第1期）。
③ 对话语表达的审慎态度是近来法律史学者的共同主张，参见黄宗智《中国法律的实践历史研究》，《开放时代》2008年第4期；汪雄涛《迈向生活的法律史》，《中外法学》2014年第2期。

元人的话语实践中，现实的司法压力几乎完全转为对民众"好讼"之风的批判，诉讼的合理性以及造成司法压力的根本原因皆被排除在话语之外。这种话语之所以在元代如此盛行，不仅因为元代江南诉讼数量本身确实繁多以及社会上的少量"好讼之徒"，更与元人的观念世界与主观动机密切相关：一方面，元人观念中本身就有"贱讼"倾向以及对江南风俗的成见；另一方面，由于普遍存在的"滞讼"困境，元代国家和江南地方官员需要这样一种话语策略，希望在不明显增加行政成本的情况下缓解诉讼压力，进而维持统治秩序。从现实情况来看，在元代江南民众之间的利益纷争越来越频繁的情况下，非正式司法力量的不足使得民众不得不寻求正式的司法审判，诉讼的发生有其必然性。同时，元代江南民众本身的法律知识和法律意识在不断增强，地方社会中又多有"教唆词讼"者的推波助澜，故而民众遇有利益纷争和遭受侵害的时候确实有诉诸司法的倾向。但诉讼的代价与结果的不确定又往往使民众对诉讼有着深深的忧虑。对于普通民众来说，即使选择诉讼，更多的是两难下的权衡，而非主观上的"好讼"。

虽然儒家伦理主张"无讼"，随着中唐以后江南地区的社会发展，各种纠纷越来越多，诉讼终究不可避免。然而中唐以降国家的司法制度并没有变革性的进步，地方官府的理讼能力与民众现实需求之间的差距也就不断增大。在"无讼"的观念下，话语实践中越来越常见的"好讼"与其说是对民众诉讼状态的反映，毋宁说是国家与官员对地方司法状况的应对。相比前代，元代的地方司法体制无论在组织体系还是在权力结构上都有所变化，但这种变化并没有带来司法效率的提高和治理能力的进步，甚至在某些方面还有所倒退。平定江南后，元政府将在北方已经完善成熟的地方司法体制向江南推广，由于江南人多事繁远过北方，地方官府理讼能力的不足也就显得尤为突出。元人所谓"江南好讼"，正是这种历史现实的反映。

第五编

海商、海禁与海防

元末明初的海商与江南社会[*]

王秀丽

唐宋之际中国经济重心南移之后,江南经济文化核心圈[①]的形成、发展与沉浮命运,成为中国农商社会发展的风向标。经过了东晋南朝、五代时期的南唐吴越、南宋至元等几个阶段的积蓄与发展,元代中后期的江南,成为富民优游、文人雅集的全国性经济文化中心;富民的园林别墅成为文人士子流连雅聚的所在。元末群雄争霸,富庶的江南地区成为各支军事政治力量争夺的焦点。经过十余年的军事争夺,最终获胜的朱元璋对昔日顽敌张士诚的军事根据地江南地区进行严厉的报复,大批江南富民与士子被强行迁往凤阳或云南、辽东、西北等边荒之地;同时籍没大家资产,准租起税。强迁重赋之下,江南地区陷入漫长的历史衰竭期。直到宣德、正统以后,伴随着江南地区商业经济的逐渐复苏,江南社会经济文化发展才又重新起步;又直到弘治、正德以后,元末的富民优游、士子风流才再度出现在江南地区的地方社会舞台上。元末明初的江南,对于中国农商社会的发展有着非同寻常的深刻历史意蕴。但这一

---

[*] 基金项目:国家社会科学基金重点项目(12AZS006);国家社会科学基金一般项目(11BZS027)。

[①] 本文所述"江南",指的是宋元明时期的苏杭经济文化轴心带。本文所涉及的海商,活动区域主要是江南沿江沿海地区,包括元平江路、松江府、嘉兴路、杭州路、绍兴路和庆元路所辖地。关于江南地区经济文化中心地位的形成,早在明代中叶就有广泛论述。当代学者对"江南经济文化核心圈"这一概念的最早的明确阐述,当推《宋元明过渡期》(*The Song–Yuan–Ming Transition in Chinese History*, Harvard University Asia Center, 2003)一书的主编史乐民(Paul Jakov Smith),见该书引言("Introduction: Problematizing the Song–Yuan–Ming Transition"),第7—19页。

重要论题尚未引起学界的应有关注。① 本文选取元末明初的海商与士商社会生活为主要研究对象，试图通过对江南精英层经济社会生活内容与生存面相的历史解读，再现元末明初政治变动下的江南社会变迁。

一 宋元鼎革与江南海商力量的持续发展

与蒙古国早期对北方地区的野蛮征服截然不同，元下江南，除了极个别的地区之外，基本实现了军事上的和平占领和政治、经济上的平稳过渡。宋元鼎革，江南地区的经济发展与社会结构没有遭受大的触动，唐宋以来江南农商社会②的发展成果得到比较完整的继承。在蒙元王朝的重商政策下，元代江南地区的商人异常活跃。③ 在沿江沿海的苏松杭嘉绍宁一带，海上经营成为经济精英最普遍的致富模式。太仓、上海、福山、澉浦、庆元等沿海港市，成为元代富有海商的聚集所在。

蒙古人"简直"，用人不问出身背景。宋元鼎革，朱清、张瑄由宋末飘忽东南沿海的海盗，一跃而为元代海运事业的弄潮儿。由于朱、张两家的粮运及海外经营，太仓由"居民鲜少"的墟落发展为"外夷珍货棋置，户满万室"璀璨的海上明珠。元代太仓的迅速崛起与发展，成为元代海运与海上贸易拉动地区经济发展有力的历史见证。许多来太仓从事海运和海外贸易的商人取得了成功，集聚了大量的财富④。元朝末年，顾瑛的长子顾元臣曾担任海道万户府副万户，驾巨舟往来于海上，说明顾

---

① 关于元明鼎革之际江南富民与文士社会生活的变迁，学界已有的研究成果多集中在富民被剥夺的现象本身及政治高压下文风的转变上，对于政治环境的变化对地区社会经济结构及历史发展进程影响的探讨，才刚刚开始，且多为理论层面的粗线条的分析，真正建立在具体的历史面相实证研究基础上的趋势探讨和研究目前还很缺乏。

② 关于宋代以降江南地区农商社会的形成与发展，参见葛金芳《从"农商社会"看南宋经济的时代特征》，《国际社会科学杂志》（中文版）2009 年第 3 期；《"农商社会"的过去、现在和未来——宋以降（11—20 世纪）江南区域社会经济变迁》，《安徽师范大学学报》（人文社会科学版）2009 年第 5 期。

③ 参见王秀丽《元代文人笔下的东南贾客》，《元史论丛》第 10 辑。

④ 关于元代太仓海商的活跃，参见王秀丽《元代海运与太仓城市发展》，《庆贺邱树森教授七十华诞史学论文集》，香港华夏文化艺术出版社 2007 年版，第 183—209 页。另见郑文康《平桥稿》卷十四《柴孟膚配俞氏墓志铭》《潘绍宗小君墓志铭》所载柴氏、殷氏事迹，文津阁《四库全书》，第 416 册，商务印书馆 2005 年版，第 485、486 页。

家也拥有庞大的私人船队。据此，可以推断，元后期享誉文坛的昆山富商兼学者顾瑛当年经商起家，与航海和海上贸易也有很大的关系。

太仓之外，上海是元代又一个乘海运与海外贸易发展的东风迅速崛起的港市。南宋末年，上海设市舶司，海商活动开始频繁。"富室大家，蛮商舶贾，交错于水陆之道。"① 宋理宗淳祐十一年（1251）到宝祐四年（1256）之间由村设镇②。入元以后，上海海外贸易继续发展，尤其是海运千户所的设置，使得经济移民迅速增加，至元二十八年（1291），上海设县。在上海的经济移民中，扬帆海上的海商成为最引人注目的精英群体。费家在宋时既以海外贸易起家，入元后，费棻、费拱辰、费雄祖孙三代先后在上海市舶与海道漕运万户府任要职，同时继续从事家族的海上经营。③ 赵景周，元初"赘姑苏曹氏"，后经营海上贸易，徙居上海之陈村塘。子赵文明，"尝协同费雄为海运万户"。④ 上海地处沿海，与江淮盐运司下辖海盐场密迩，一些从事海外贸易的海商同时还参与盐场经营，成为远近闻名的巨商富族。唐昱（1264—1353）经营海上贸易取得成功后开始涉足盐业，使唐家成为远近闻名的豪富之家。⑤ 华亭东百里下沙场，宋建炎中始立盐监，瞿氏、唐氏世代从事盐业经营，任盐场监场、提干。入元后，唐守义"辅圣朝开海道，策上勋，膺宣命授忠显校尉海道运粮千户"。⑥ 当时活跃在上海港的，更多的还是像嘉定州大场沈氏⑦、松江郑白鹤⑧等这样的纯粹的民间海商。以上只是留存在现存文献中的几

---

① 孙觌：《鸿庆居士集》卷三十四《宋故右中奉大夫直祕阁致仕朱公墓志铭》，《丛书集成续编》，第 102 册，上海书店出版社 1994 年版，第 984 页。

② 周运中：《宋元之际上海的兴起》，《学术月刊》2012 年第 3 期。

③ 费氏事迹，见牟巘《费棻墓志铭》《费棻墓志》，李修生主编《全元文》，第 7 册，江苏古籍出版社 1998 年版，第 739—740 页；黄溍《金华黄先生文集》卷三十《费氏先墓石表》，四部丛刊初编缩本，上海商务印书馆 1936 年版，第 310—311 页；郑文康《平桥稿》卷十三《费孟钊墓志铭》，第 483 页。

④ 顾清：《东江家藏集》卷三十一《封工部主事墅西赵翁墓志铭》，原国立北平图书馆甲库善本丛书，第 730 册，国家图书馆出版社 2013 年版，第 310 页。

⑤ 邵亨贞：《野处集》卷三《故忠翊校尉徽杭等处榷茶提举唐公行状》《海隅唐氏先世事实状》，文津阁《四库全书》，第 406 册，商务印书馆 2005 年版，第 71—73 页。

⑥ 陈椿：《熬波图序》，《熬波图》卷首，雪堂丛刻排印本，上虞罗氏，1915 年版，第 2 页上。

⑦ 陶宗仪：《南村辍耕录》卷二十七《金甲》："嘉定州大场沈氏，因下番买卖致富。"中华书局 1959 年版，第 342 页。

⑧ 顾瑛：《玉山璞稿》卷上《至正甲午·题郑白鹤乔林远山壁效李协律体》，宛委别藏，第 106 册，台湾商务印书馆 1981 年版，第 22 页。

个偶然的个例,王冕《过武塘》:"青衫闸转云间路,河水分流过武塘……鱼盐市井三吴俗,番岛舟航十丈樯。"① 向我们描述的是上海、嘉兴沿海海商驾着巨型海船从事海上经营的日常景象。

常熟福山港是元代江南漕粮的主要起运港之一,也成为富有海商聚集的所在。福山曹氏,"善治赀居",入元后海运官粮、经营海外贸易取得了很大成功,"子孙食指以千数,占仕籍者十有二三"。② 家族中多人在元海漕部门任要职,③"以财雄于吴",成为与顾瑛、沈万三齐名的江南三大富豪之一。④ 曹氏之外,常熟徐氏、刘氏都是驰骋于元代海运与海外贸易领域的成功的航海世家。⑤

澉浦是杭州的外港,由于地理位置的优势,在宋时就已发展起了海外贸易。入元以后在杨梓及其后代的经营之下,一跃而为与泉州、太仓齐名的海外贸易中心⑥。在杨氏的影响下,"小民争相慕效,以牙侩为业,习成奢僭攘夺之风"⑦。一时间,在澉浦出现了许多从事海外贸易的海商。"贾交海南,居积不可赀算。"⑧ 南宋时由吴兴迁居杭州任水之阳的谢氏,入元之后转而经营海外贸易。谢天锡(1232—1301)"既富而安,不骄不奢"。到他的儿子谢斗元(1259—1303)"以漕海劳绩佩金符,授忠翊校尉海道运粮千户。俄而告闲,毕力干蛊⑨",在海运中捞取第一桶金之后,

---

① 王冕:《竹斋集》卷上,《王冕集》,浙江古籍出版社 1999 年版,第 16 页。
② 杨维桢:《东维子文集》卷十九《清如许记》,《四库提要著录丛书》,集部 33 册,北京出版社 2011 年版,第 308 页。
③ 黄溍:《金华黄先生文集》卷三十五《武略将军海道漕运副万户曹公墓志铭》,第 361—362 页。
④ 王鏊:《正德姑苏志》卷五十四《人物十三·儒林·顾阿瑛》:"同时有沈万三及福山曹氏,亦以财雄于吴,而文雅不及。"天一阁藏明代方志选刊续编,第 14 册,上海书店 1990 年版,第 632 页。
⑤ 关于常熟徐氏、刘氏,日本学者植松正已有详细的研究成果,参见氏著《元代の海运万户府と海运世家》,《京都女子大学院文学研究科研究纪要》史学编第 3 号,2004 年 3 月,第 111—170 页。
⑥ 黄溍:《金华黄先生文集》卷三十五《松江嘉定等处海运千户杨君墓志铭》,第 365—367 页。
⑦ (明)樊维城、胡震亨等纂修:天启《海盐县图经》卷六《食货篇第二之下·课程·附市舶》,中国方志丛书,华中地方 589 册,成文出版社 1983 年版,第 535 页。
⑧ 邓文原:《巴西邓先生文集·故征事郎徽杭等榷茶提举司吴君墓志铭》,北京图书馆古籍珍本丛刊,第 92 册,书目文献出版社 1991 年版,第 753 页。
⑨ 赵孟頫:《赵孟頫文集》卷八《故嘉兴县主簿谢府君墓志铭》《故忠翊校尉海道运粮千户谢君墓志铭》,上海书画出版社 2010 年版,第 153—155 页。

转而一心从事海上商业经营。

庆元设有海运千户所,也是市舶司所在地,聚集了不少富有漕户与海商。元末方国珍据台时期,出任海运万户、千户的几个家族,包括吴家、韩家、倪家、戴家,都是实力雄厚的航海家庭,拥有规模庞大的船队,从事海运和海上贸易。[1] 当然,当时活跃于庆元沿海的更多的是没有在政府任职的一般海商。戴良笔下的鄞县夏荣显、夏荣发兄弟[2],就是在定海海道畅通、商业繁荣条件下兴起的实力派本土海商的代表。戴表元的"蚕乡丝熟海商来""须臾扣门来海贾,大藤换粮论斛数"等诗句为我们展示了在庆元收购蚕丝、藤条的海商的活跃。马祖常的"甬东贾客锦花袍,海上新收翡翠毛。买得吴船载吴女,都门日日醉醺醥"[3] 则为我们揭示了浙东海商的雄厚实力与奢华生活。

元有江南,实行的是极为宽松的经济政治统治。粗放的政治统治模式叠加到高度发达的江南地区农商社会结构之上,在江南沿海地区造就了一个独特的官商一体的豪民阶层。太仓、上海、澉浦、定海等地,既是市舶司所在,又是元代海运的起运港,都设有海运千户所。这里的海商许多是官商一体,或在从事海上冒险发家后谋求官位以自保,或在获得漕运职位后转而从事海外贸易。

除了太仓、上海、福山、定海之外,在太湖之滨、浙江沿海的其他地方,也广泛地存在海商的活动。高启曾在苏州看到不少海客。[4] 他的《题陈节妇》诗记述了苏州海商陈已久客死海上的事情。[5] 杨维桢《海乡竹枝歌》:"门前海坍到竹篱,阶前腥臊蟛子肥。哑仔三岁未识父,郎在海东何日归?"[6] 华亭人孙华《商人妇》:"妾年将今笄,嫁与东家儿。东家儿,贩江西,夫妇五年三别离。江西娼家花满蹊,不知今年归不归?

---

[1] 陈波:《元代海运与滨海豪族》,《清华元史》第1辑,第215—249页。
[2] 戴良:《九灵山房集》卷十五《真逸处士夏君墓志铭》《元逸处士夏君墓志铭》,《丛书集成初编》,第2095册,中华书局1985年版,第211—212、219—221页。
[3] 马祖常:《石田先生文集》卷四《绝句十六首之十六》,北京图书馆古籍珍本丛刊,第94册,书目文献出版社1998年版,第195页。
[4] 高启:《高青丘集》卷五《斗鸭篇》:"春波漾群凫,戏斗每堪玩……海客朝自驱,溪娃晚犹看。"徐澄宇、沈北宗校点本,上海古籍出版社2013年版,第215页。
[5] 高启:《高青丘集》卷十,第403页。
[6] 杨维桢:《铁崖古乐府》卷十,文津阁《四库全书》,第408册,商务印书馆2005年版,第263页。

春来还为作春衣，满院杨花双燕飞。"[1] 向我们揭示了浙东海商的海上经营情况。元代疆土辽阔，海疆的宁谧与宽松多样的海外贸易政策为各色商界精英从事海上经营提供了更为广阔的经济舞台，由宋及元，海外贸易在江南商人阶层的致富途径中占有重要地位，许多富商巨贾的商业成功都与海上贸易有关。被当时人奉为江南财富之最的顾瑛、沈万三、福山曹氏，都由海上贸易发家，这并不单纯是历史的巧合。

　　海外贸易的兴盛推动了江南沿海农商社会的继续发展。上海外贸的繁荣使得元后期的松江富民雅士云集，"数十年来，习俗始变，舟楫极蛮岛，奇货善物，往往充上国。力事生产，广田侈居，拟于王侯，而仕者亦争愿食于其土"[2]。其实，在江南沿海一带有一定经济力量的豪富之家，但凡有些商业头脑的，都拥有数量不等的私家船队，土地经营之外，多兼营海上贸易。如，大德十一年（1307）浙东大祲，占籍清泉盐场的定海人乐大原，"发巨艘贩泉南广东之米，平价使人就籴，远近毕集，活者甚众"[3]。萧山西陵渡人吴世澄也赴广东籴粮回乡发售："衷家赀驾大舟循海而南，运粟以济其乡之人，乡人赖以活者亡算。"[4] 而海商发家之后，都热衷于投资土地。如前述上海赵氏，发家后广置田产，成为地方上数一数二的大地主，入明后后代"世掌乡赋"[5]。太仓殷九宰的儿子殷绍宗，元明之际"家人驾巨舰往来江汉，为大商者十数辈"[6]。入明后乡民推掌万石者四十年，直到永乐壬辰（1412）死于经商途中。[7] 定海韩常（字惟善），致富后亦极力投资田产，入明后"有司以户赋之重推为粮长"。[8] 赵轶峰所说的明代中叶以后商绅一体的农商社会[9]特征，在元末的江南已

---

[1] 赖良辑，杨维桢评：《大雅集》卷三，《四库提要著录丛书》集部，144册，北京出版社2011年版，第21页。

[2] 袁桷：《清容居士集》卷十九《乐善堂记》，《丛书集成初编》，第2068册，中华书局1985年版，第350页。

[3] （清）嵇曾筠等监修：《浙江通志》卷一八八《人物·义行·宁波府·元·乐大原》引《嘉靖宁波府志》，文津阁《四库全书》，第177册，商务印书馆2005年版，第347页。

[4] （明）徐一夔著，徐永恩校注：《始丰稿校注》卷十二《故元赠承务郎江浙等处行中书省左右司员外郎吴君墓志铭》，浙江古籍出版社2008年版，第334页。

[5] 顾清：《东江家藏集》卷三十一《封工部主事墅西赵翁墓志铭》，第310页。

[6] 郑文康：《平桥稿》卷六《泗桥潘氏姓源记》，第462页。

[7] 郑文康：《平桥稿》卷十四《潘绍宗小君墓志铭》，第486页。

[8] 郑真：《荥阳外史集》卷四十七《贞一居士传》，文津阁《四库全书》，第412册，商务印书馆2005年版，第334页。

[9] 见赵轶峰《明清帝制农商社会论纲》，《古代文明》2011年第3期。

经非常明显。

二 海商阶层的文化追求与元末江南沿海的士商亲融圈

（一）海商发家后对文化与文化人的敬慕与亲近

海外贸易经营是风险系数极大的致富行业，多数从事海外贸易者都非缃素世家，自身文化层次不高。江南沿海地区盛行男子出赘的习俗，宋元时期，真正置身于海面上的海外贸易经营者相当一部分来源于社会底层。

海商发家后，广泛从事社会捐赠、提升家族社会影响之外，普遍表现出对文化与文化人的向慕与亲近。[1] 上海唐昱致富后，"益延名师教诸孙以礼义，暇日则为园池，植花竹以自娱。肩舆往来田野间，置酒肴召朋友亲戚，欢笑殆无虚日"。子辈"皆克绍家业，善务生事"，"家益以振"。到孙辈世安、世能、世才，"彬彬竞爽"，"始能相尚儒术，从事师友，以染濡礼义为悦"。到曾孙辈，"皆躬蹈士行，朝奋夕励，叔出季处，志远大以振家声，事诗书以图久远"。五世同居，男女数百指，成为闻名上海的名家巨族。[2] 起家于武官的以市舶官兼营海外贸易的上海费家，十分注重文化形象的塑造。费粲晚年谢事后"往来苏杭山水佳处，自号耐轩老人"[3]，有意地接近文化与文化人。费氏发家以后，十分注重子弟教育与自身文化档次的提升。与费家结亲的都是江浙一带有名望的文化世家，如湖州德清赵孟頫家、台州陶宗仪家。[4] 看到海外贸易的巨大利润，连身为文学艺术家的赵孟頫都被培养出了经济头脑，屡屡将

---

[1] 参见王秀丽《元代海运与太仓城市发展》。
[2] 邵亨贞：《野处集》卷三《故忠翊校尉徽杭等处榷茶提举唐公行状》，第71页。
[3] 牟巘：《费粲墓志》，《全元文》第7册，第740页。
[4] 欧阳玄：《圭斋文集》卷九《元翰林学士承旨荣禄大夫知制诰兼修国史赠江浙等处行中书省平章政事魏国赵文敏公神道碑》，《四库提要著录丛书》，集部111册，北京出版社2011年版，第174页；赵孟頫：《与万户相公亲家书》《与万石相公札》，《全元文》第19册，江苏古籍出版社2000年版，第37—38、63页；郑元祐：《侨吴集》卷十二《白雪漫士陶君墓碣》，《四库提要著录丛书》，集部257册，北京出版社2011年版，第277页；陶宗仪：《南村辍耕录》卷七《斛铭》，第83页。

自家资产变兑为钞,请费拱辰代为附舶经营。① 费氏的文化投资,到费雄一代开始得到回报。费雄表现出对名画鉴赏的兴趣和能力,与文化名人昆山郭翼、会稽王艮、天台柯九思、京兆杜本等时常共赏书画,颇多交往。②

沈万三致富之后,十分注重子弟的文化教育,以重金延请吴中博学君子王行为塾师,"每文成,酬白金镒计"③。文物收藏是财产保值和文化地位提升一举两得的投资渠道,是元明时期追求奢雅之士的不二选择,沈家亦不例外。常年的文物收藏,使万三孙沈伯凝成为远近闻名的收藏家和古器鉴赏家。④ 定海韩氏从事海上贸易发家后亦热心于社会赈济,到第二代开始涉足书画文物收藏与品鉴,韩常"家居无所嗜好,惟购法书名画及古彝器"⑤。慈溪人童金,从事海运发家后,广泛从事社会赈济,"即先庐侧筑室百余楹为义塾,割腴田四顷,延名师以淑来学"⑥。定海乐大原,"有持旧书易米济饥者,辄应之,遂蓄至数千卷,曰:'吾子孙必有能读是者',孙良果能读书,一时名卿若黄溍、王袆咸器重之"。⑦

(二) 海商私家园林的修建与元末江南沿海的士商亲融圈

许多海商致富之后,都不惜斥巨资打造私家园林,借此广揽名士,提升社会知名度。这些宽敞雅致的私家园林,成为地方名人、全国知名文士麇集的场所,部分地充当了地方文化精英的社会活动中心,成为元末以"奢雅"为特色的江南民间文化酝酿、传播、发展的重要舞台。

位于太仓茜泾的顾瑛的玉山草堂享誉全国,屡屡为当时后世的文人学者所称道。顾瑛商业经营取得成功后,"始折节读书"。至正八年(1348),在太仓茜泾西⑧营建大型的园林别墅群。园中遍营堂、舍、楼、

---

① 赵孟𫖯:《与万户相公亲家书》,《全元文》,第 19 册,第 37 页。
② (明)朱存理辑录,韩进、朱春峰校证:《铁网珊瑚画品第一卷·文湖州竹》,《铁网珊瑚校证》下册,广陵书社 2012 年版,第 671 页。
③ 《明史》卷一八五《王行传》,中华书局 1974 年版,第 7330 页。
④ 王行:《半轩集》卷四《彝斋记》,文津阁《四库全书》,第 411 册,商务印书馆 2005 年版,第 400 页。
⑤ 郑真:《荥阳外史集》卷四十七《贞一居士传》,第 334 页。
⑥ (清)嵇曾筠等监修:《浙江通志》卷一八八《人物·义行·宁波府·元·童金》引《两浙名贤录》,第 347 页。
⑦ (清)嵇曾筠等监修:《浙江通志》卷一八八《人物·义行·宁波府·元·乐大原》引嘉靖《宁波府志》,第 347 页。
⑧ 茜泾,位距太仓城区东北四十里,以地出茜草得名。(明)桑悦《太仓州志》卷一《山川》:"茜泾在州东六十里,东北通七浦塘……泾之东南通刘家河,由天妃宫前穿鲁漕口亦至于司。"清宣统元年(1909)汇刻太仓旧志五种本,第 8 页上。

斋、舫、轩、巢、亭，共28景①，或高大或巧小，或敞或收，各有风格。屋宇亭轩四周遍种佳木善草，水上尽植芙蕖菱芡，或绿阴浓郁，或明媚爽朗，或幽阒深邃，一日之间不可以遍赏②。顾瑛将其家产尽交给儿子元臣打理，晨夕与胜流雅客置酒赋诗于楼堂轩馆之中，"壶槊以为娱，觞咏以为乐，盖无虚日焉"，一时风流文雅著称东南。顾瑛喜好收藏，湖光山色楼是他收藏古器物图画及经史百氏图书的地方。"四方文学士河东张翥、会稽杨维桢、天台柯九思、永嘉李孝光，方外士张雨、于彦成、琦元璞辈，咸主其家。园池亭榭之盛，图史之富暨饩馆声妓，并冠绝一时。"③ 四方文士，上至翰林学士如虞集，下到才会书人如张久可，纷纷来访，使玉山草堂成为全国文人向往流连的所在，"眷乎山水花竹之间而忘其去"。④ 活跃于顾瑛玉山草堂或以其他方式参加草堂交往圈的，除了来自全国各地的人文墨客之外，还有苏松一带的巨商，尤其是海商。如赠予沈万三巨资的吴郡甫里陆德源、海商沈存斋、钱塘商人冯正卿等，都直接或间接地参与了玉山草堂的盟会活动。⑤ 顾瑛由士而商、又由商而士，集商业精英与文化精英的社会身份于一体。围绕着玉山草堂，形成了元末集奢雅的江南物质生活与全国文化影响力为一身的一个典型的江南士商亲融圈，"文采风流，照映一世"⑥。

在元末泉州港的商业环境恶化之时，泉州的富有海商像朱道山、孙

---

① 此据顾瑛辑《玉山名胜集》《草堂雅集》等文献所及景点统计。《玉山名胜集》中顾瑛自述："余家玉山中，亭馆凡二十有四。"见顾瑛辑，杨镰、叶爱欣整理《玉山名胜集》卷下《绿波亭·记·池亭主人顾瑛仲瑛》，中华书局2008年版，第303页。
② 关于玉山主人顾瑛的生平及别墅群的布局，可参见王秀丽《五陵裘马洛阳街，儒衣僧帽道人鞋——元末风流倜傥的诗坛盟主顾瑛》，《元代的一百个老百姓》，中国文史出版社2009年版，第99—103页。文字依据顾瑛自制《墓志铭》、殷奎撰顾瑛《墓志铭》及《玉山名胜集》《草堂雅集》《玉山逸稿》等相关记文、诗序、诗作等写成。
③ 《明史》卷二八五《陶宗仪附顾德辉传》，第7325页。
④ 谢应芳：《龟巢稿》卷十四《书画舫燕集序》，《四库提要著录丛书》，集部112册，北京出版社2011年版，第400页。
⑤ 陆德源：《送徽纸昌园梅且索和二首》《和题新安梅花次韵》《送陈敬初秀才之北上》，顾瑛编《草堂雅集》卷八，武进陶湘涉园本，1921—1935年版，第1页上—2页上；顾瑛：《谢纸诗》《谢蜜梅诗》，《草堂雅集》卷八，第1页上；郑元祐：《次韵沈存斋见寄》，《草堂雅集》卷四，第40页上；陈基：《次韵郑山人谢沈存斋槟榔木拄杖歌》，《草堂雅集》卷二，第5页上；杨维桢：《醉歌行寄冯正卿》，《草堂雅集》卷后二，第6页下。
⑥ 永瑢等纂：《玉山名胜集》提要，《四库全书总目》卷一六八，中华书局1965年版，第1710页。

天富、陈宝生、田胜祖等都纷纷来到太仓寻求新的商业发展和惬意生活。这些人都与太仓知名文士间建立了密切的私人关系。元明之交的大腕学者如王彝、高启、袁华等都是朱、孙、陈等人的座上客。尤其是陈宝生，文化修养很高，尤擅品鉴书画作品，家有春草堂，所藏甚富①。在元末明初的太仓，形成了一个以陈氏春草堂为中心的士商亲密和谐的小社会。陈宝生的父亲陈思恭，本是海盐商人，顺帝初来到泉州，为庄家赘婿，出海经商，死于海难。② 作为海商二代，由于母亲的精心栽培，陈宝生除了经商之外，还是半个文化人，诗书画兼长。③ 宝生耗巨资从事书画名品收藏，尤钟情唐人草书，家中藏有多幅名品，其中有张旭帖，有林藻深慰帖等。倪瓒曾为宝生绘《春草轩图》，袁华题诗其上，说他"字临张旭帖，诗咏孟郊吟"④。陈宝生也收藏当代画家的作品，像张雨、茅泽民的作品等，他都有收藏。许多著名诗人学者画家，像袁华、张适、王彝、高启、倪瓒、黄公望、张羽等都与他有密切的交往，并都曾为他的艺术收藏题诗作赋。位于太仓城南的他的别墅，成为袁华、张适等人经常的居所。⑤ 袁华是元后期太仓知名学者；张适，苏州人，北郭十才子之一。元明交替，江南沿海政局动荡，陈宝生们转而从事国内转贩贸易，沿鄱阳湖—赣江—大庾岭路一线到广州去贩舶货盈利。倪瓒、袁华都赋诗送行。⑥ 陈宝生经常将舶来的珍货送与身边的文化人为礼。⑦

庆元倪氏是元后期有名的海商世家。在海运经营中发家的倪天泽，斥巨资购得城北前宋吏部尚书高某的"竹墅"，"延高人胜士讲诵觞咏，

---

① （明）文征明著，陈晓冬点校：《甫田集》卷二十一《跋林藻深慰帖》，西泠印社 2012 年版，第 291 页。
② 王彝：《陈妇节义集叙》，《铁网珊瑚书品第七卷·陈妇节义集》，《铁网珊瑚校证》中册，第 524 页。
③ 在他三十三岁生日的时候，袁华有诗赞他："才名不减郑广文，百年才过三之一。"袁华：《耕学斋诗集》卷七《题茅泽民蟠松图为陈彦廉寿》，《四库提要著录丛书》，集部 261 册，北京出版社 2011 年版，第 360 页。
④ 袁华：《耕学斋诗集》卷七《题倪云林所寄陈彦廉春草轩图》，第 366 页。
⑤ （明）文征明著，陈晓冬点校：《甫田集》卷二十一《跋林藻深慰帖》："袁[华]张[适]二人尝主其家。"（第 291 页）
⑥ 袁华：《耕学斋诗集》卷七《送人之番禺》《送孙惟善之广东次倪云林韵》，第 359 页、第 361 页。
⑦ 袁华：《耕学斋诗集》卷七《谢陈彦廉惠绨》，第 360 页。

日以为常。笃于教子，家事不以经意。"① 在私家园林的打造上倪天泽很是花了一些功夫，"治其亭楼轩槛、沼岛圃径，位置得宜，济胜有具。花竹靓深而云烟生，水波空阔而鸥鹭集"，亦奢亦雅，"使游者忘去"。倪家园庭成为聚拢地方名士的上佳场所，倪天泽经常在这里宴集庆元一带的文化名人。② 在父亲的刻意培养下，倪可与肆意诗书，成为庆元一带文化圈中颇擅盛名的人物。"惟与故人之邃于学者游衍吟适园池中，以玩愒光景而已……积书盈斋室，手校雠不倦书，修《倪氏谱系》，续胡贯夫《庙学典礼》，补朱子《家礼》。"③ 倪可与在自家园林中"延士乐宾，衣冠俎豆无虚日。凡朋偶之往来，亲戚之情话。骚人墨客，吟咏相接。诗赋辞章，动盈籝轴"。"雅志读书，家藏万卷"，过着"图书在床，素弦在壁，壶矢在旁，瓢杓在县，馆宾在席；清荫幽芬，游鳞出泳，好鸟和鸣，主人命客酌酒赋诗"的奢雅生活。④ 他"扁斋居之室曰花香竹影"⑤，大书法家周伯琦书扁，台州名士刘仁本作记，乌斯道兄弟、刘仁本、张仲深等都有诗题记。倪可与喜好书画收藏，藏品都经当时名儒，如戴良、乌斯道、乃贤等题咏。倪氏园池，俨然就是庆元城北的玉山草堂，慈溪名士、乌斯道兄乌本良在这里坐馆，多数活跃在庆元沿海一带的名士是倪家的座上客。

其他如福山曹氏、周庄沈氏等都有阔绰优雅的私家园林之建，每一处园池，都成为文人雅士聚集的场所，上演着士商亲融的历史故事。⑥ 海商家庭致富后，开始主动打造家族文化形象。除了家中的长子继续干蛊持家之外，多鼓励其他子弟读书，追求由富到雅的转变。"叔出季处"，成为最常见的家族发展模式。元代江南知识人入仕道路狭窄，文人生计更多地与地方经济力量的文化需求联系在一起。在江南沿海地区，经济

---

① 程端礼：《畏斋集》卷六《元故处士倪君墓志铭》，《丛书集成续编》，第109册，上海书店出版社1994年版，第84页。
② 程端礼：《畏斋集》卷四《宴倪氏园池诗序》，第63页。
③ 乌斯道：《春草斋集》卷十《处士倪君仲权墓表》，《丛书集成续编》，第111册，上海书店出版社1994年版，第582页。
④ 刘仁本：《羽庭集》卷六《履斋记》，《四库提要著录丛书》，集部348册，北京出版社2011年版，第473—474页。
⑤ 乌斯道：《春草斋集》卷十一《题花香竹影图》，第593页。
⑥ 姚之骃：《元明事类钞》卷三十六《材木门·桐·新水沃桐》，文津阁《四库全书》，第293册，商务印书馆2005年版，第194页；杨维桢：《东维子文集》卷十九《清如许记》，第308页；王行：《半轩集》卷四《彝斋记》，第400页。

文化的互惠互利成为士商交往的实质性内容。郑元祐的"留取珊瑚拂钓纶"①，袁华的"乞得丹砂烦寄将"② 都是海商与文化精英间经济文化互补关系的真实写照。士商亲融的社会生活，对元季江南地区的文学风格产生了明显的影响。江南沿海的文学形成了明显的贴近俗世生活的海派风格，呈现出雅俗共赏、士商熔融的新风貌。③ 在江南文士的笔下，海商的生活与事业是令人向往而又值得尊敬的。面对海商群体的慷慨潇洒，袁华"胸蟠万卷不疗饥"④ 的理性反观，高启"回头却笑垂钓子，断沟老荠留孤蓬"⑤ 的无情自嘲，都向我们透露了元末江南沿海社会结构与价值观念的具有某些"近代化"意义的变迁内容。

三　明初的高压政治与江南沿海士商亲融圈的陨落

任何人都不能否认政治环境与经济秩序间的密切联系，商业经济的发展起伏与王朝社会秩序的兴衰治乱间更是亦步亦趋。元明之交的政治巨变与社会动荡中，江南沿海的商业力量遭到了极大的打击，以富有海商为核心的士商亲融圈随之凋落。

（一）元末群雄割据中江南富民阶层的消散和士商亲融圈的褪色

在元明之际的政治动荡中，江南豪富层经历了数百年来少有的挫折。至正八年（1348），方国珍起兵海上，江南地区迎来了首次战火的冲击。随着战场的扩展和政局的动荡，江南豪富十有八九遭遇到冲击。尤其是至正十二年（1352）夏秋之间南方红巾军攻克杭州、常州等地，"东南兵扰"，江南富民及其私家园林首当其冲。淮兵入福山，曹氏园亭首披战祸，繁华不再。⑥ 至正十三年（1353）三月，方国珍入寇太仓。由钱塘徙

---

① 郑元祐：《次韵沈存斋见寄》，《草堂雅集》卷四，第40页上。
② 袁华：《耕学斋诗集》卷七《送人之番禺》，第359页。
③ 关于江南沿海地区文风的转变，参见崔志伟《元末明初松江文人群体研究》，苏州大学博士学位论文，2011年。
④ 袁华：《耕学斋诗集》卷七《送朱道原山归京师》，第356页。
⑤ 高启：《高青丘集》卷九《芥舟诗为陈太常赋》，第382页。
⑥ 姚之骃：《元明事类钞》卷三十六《材木门·桐·新水沃桐》："淮兵入福山，曹氏园亭首被祸。"（第194页）

居太仓充漕户、"家富于赀"的杭和卿散财募勇，与方军冒雨大战，"和卿一家无少长咸为贼歼"①。亭子后殷氏被劫，"盗发十八瓮去"②。

海宇不宁，拥有雄厚经济实力和大规模船队的顾瑛，平静的奢雅生活开始受到影响。先是被迫参与地方政务军务，至正十五年（1355），因为被朝廷胁迫纳粟取官，顾瑛非常反感，命舟吴淞江上，开始了元末的半流浪生活。至正十六年（1356），张士诚据吴，"欲强以官"，顾瑛奉母寓居吴兴东南偏僻的商溪，文人士子从行者无数。至正十八年（1358），顾瑛预感到政治风雨的来临，开始为自己营建"金粟冢"，避居嘉兴合溪别业。隐居避世的顾瑛，依然保持了与吴中文化人的密切联系，对前来投奔他的文人，给予经济上的补济。③ 但此时的文会，已是个别文士间的小聚，很难与玉山草堂的经常性全国文人聚会相提并论了。

在王朝末年的刀光剑影中，沿海地区的经济秩序荡然无存，海商群体死的死，逃的逃，顾瑛的个人遭际可以说是元末江南海商群体的命运写照。面临突如其来的战祸，江南许多富民性命受迫，都开始了流浪半流浪生活。"当其泰而达也，园林钟鼓，乐且未央，君子宜之；当其否而穷也，江湖诗酒，迷而不复，君子非获已者焉。"④ 至正二十四年（1364）郏经为松江富民兼曲作家夏庭芝序《青楼集》时所说的这段话，恰好可以概括元末战乱中江南地区以私家园林为中心的士商亲融圈由盛而衰的命运，以私家园林为活动场所的士商文化活动伴随着园林主人的流亡而具有了流动性，与之前的奢雅热闹相比，大为褪色。

（二）明有江南之后江南富民的遭际与江南士商亲融圈的急速陨落

明有江南之后，富家巨姓纷纷被迁往濠梁、云南、辽阳、西北等地。永乐迁都北京，实京师者又非江南豪民莫属。洪武间，朱元璋还借几宗政治大案对江南富民予以连带打击。"时严通财党与之诛，犯者不问实不实，必死而覆其家……浙东、西巨室故家，多以罪倾其宗。"⑤ 随着江南

---

① 桑悦：《太仓州志》卷七《义行·元·杭和卿》，第 14 页下—15 页上。
② 郑文康：《平桥稿》卷六《泗桥潘氏姓源记》，第 462 页。
③ 谢应芳：《龟巢稿》卷四《祭顾玉山诗》，第 281 页；于立：《金粟冢中秋月燕集后序》，《铁网珊瑚画品第五卷·金粟冢》，《铁网珊瑚校证》下册，第 959—960 页。
④ 郏经：《青楼集序》，见孙崇涛、徐宏图《青楼集笺注》，中国戏剧出版社 1990 年版，第 21 页。
⑤ 方孝孺：《逊志斋集》卷二十二《采苓子郑处士墓碣》，《四库提要著录丛书》，集部 115 册，北京出版社 2011 年版，第 512—513 页。

各巨商家族的分崩离析，以私家园林为主要活动场所的江南士商亲融圈也失去了存在的基础。

由于长子元臣元末曾任水军副都万户，洪武元年（1368），顾瑛父子例徙临濠。年近花甲的顾瑛，经受不起背井离乡的离愁和劳顿，于洪武二年（1369）三月十四日，客死临濠。谪徙临濠的顾元臣及其后代，永远地失去了玉山草堂的精彩生活。由享誉全国的吴中巨室，一变而为人不知名的普通人家。明朝中叶，王鏊曾有诗赠顾瑛的五世孙顾镛：

玉山人去草堂存，及见濠梁几世孙。倾盖涂中成旧识，侨居淮上是清门。

前朝旧事犹能记，南国遗风且莫论。莫怪题诗多感慨，曾于名胜集中翻。①

叱咤元末商界文坛的顾家的迅速凋落，让后来人十分感慨，吴宽为顾家后人题玉山佳处卷。

神龙飞度石头城，一日吴门失顾荣。池上已亡金粟影（原注：仲瑛临池轩名），邑中不改玉山名。

故人断简重相授，内史高文孰与评。（原注：基仕伪吴为内史。）栩栩百年真梦境，濠梁还见旧题铭。（原注：仲瑛后迁中都，家于庄子观鱼台傍，题其屋曰梦蝶。）②

包括顾家在内的江南海商的奢雅生活及围绕私家园林形成的士商亲融圈，在明初的政治高压之下，迅速陨落，正如吴宽所说"栩栩百年真梦境"。顾瑛们身处临濠的荒野茅屋之中，回想元季的文会生活，恍如隔世，顿生人生难料之感，真不知自己是顾瑛还是蝴蝶了。

陈宝生的命运与顾瑛稍有不同。大概是源于朱元璋定鼎南京之后，泉州海商群体主动归附，集体表达对新王朝的认可，对属于泉州海商团

---

① 王鏊：《震泽集》卷二《赠顾镛》（原注：镛，顾仲瑛之孙），文津阁《四库全书》，第419册，商务印书馆2005年版，第658页。另吴宽《家藏集》卷十三《赠顾正科镛还中都》题注："仲瑛五世孙"，文津阁《四库全书》，第419册，商务印书馆2005年版，第376页。

② 吴宽：《家藏集》卷十三《题元顾仲瑛玉山佳处卷后》，第375页。

体一员的陈彦廉，朱元璋没有即刻下手。明初，陈宝生的春草轩仍是倪瓒、袁华等人常去的地方。① 洪武五年（1372）之后，陈彦廉一度也被流放临濠，直到洪武九年（1376）放归。② 但是，明初政治的变革对于陈宝生及其家族的影响还是翻天覆地的。明初抑商，全面停止海外贸易，洪武三年（1370）以来，陆续停废各地市舶司，"片板不许入海"③，明初的太仓繁华难再。陈家失去了传统致富途径，经济衰落不可避免。经历了明初的政治巨变，陈宝生的儿子陈孟刚几乎已经蜕变为"夫耕妇馌，带经鉏犁"的普通人家。④

太仓的兴起和经济繁荣是元代海运和海外贸易发展的历史产物。由于朱明王朝海外贸易政策的调整，伴随太仓经济腾飞而崛起的一代太仓海商，入明之后，不仅失去了扬帆海外的经济机遇，并且普遍受到了王朝的政治打击。在朱元璋对江南富民的经济褫夺和政治打击中，许多带有一定政治色彩的豪商巨贾被强徙离开太仓。元时任水军万户府副万户的沈某，后代洪武间被流放云南。正统初，子嗣才得归太仓故里。⑤ 方国珍之乱中迁依昆山姻家的太仓亭子圩殷氏，后代被强徙南京，"事殊世异，家遂凋落"，子孙改而以儒业为生，"开门授徒，觅饘粥自赡"⑥。富家巨姓纷纷被迁离太仓，太仓的士商亲融圈失去了存在的基础。入明之后，谢应芳在给太仓文人管寿昌的信中表达了他对元末太仓诗盟的怀恋："一别十年……娄江之东，词林独步。又安得尊酒细论如昔年终日竟夕之娱乎？"⑦ 吴淞江上虽有"鸥盟"之结，但亦是"江湖结社鸥盟冷，辽海还乡鹤梦孤"⑧，很难再与玉山草堂相提并论。

元末海商活跃的澉浦、周庄、常熟沙溪镇等，明初的历史命运与太

---

① （明）朱存理辑录，韩进、朱春峰校证：《铁网珊瑚书品第七卷·春草堂诗卷》载壬子（1372）正月九日倪诗并跋："春草轩中隐几坐，中有袁髯闲似我。"（《铁网珊瑚校证》中册，第540页）
② （明）朱存理辑录，韩进、朱春峰校证：《铁网珊瑚书品第四卷·张外史自书杂诗诸跋》载袁华跋张羽乙丑诗卷："洪武丙辰（1376）秋九月，彦廉自凤阳还。"（《铁网珊瑚校证》中册，第314页）
③ 《明史》卷二〇五《朱纨传》，第5403页。
④ 谢应芳：《龟巢稿》卷十八《书耕习轩后》，第495页。
⑤ 桑悦：《太仓州志》卷六《儒林·国朝·沈玙》，第12a页。
⑥ 郑文康：《平桥稿》卷六《泗桥潘氏姓源记》，第462页。
⑦ 谢应芳：《龟巢稿》卷十二《答管伯龄书》，第344页。
⑧ 谢应芳：《龟巢稿》卷五《寄熊元修》，第194页。

仓极为相似。澉浦杨氏明初亦被强徙离开海盐①,杨氏旧居废为延真院,昔日莺歌燕舞的梳妆楼人去楼空,成为一座无人问津的鬼楼。② 明有江南之后,沈万三的后代采取了对新政权进行主动巨额经济资助的政治态度,这尽管暂时地避免了沈家的瞬间厄运,沈家后人还一度在广积库、户部等财政部分任职,但最终沈家也没能逃脱被经济褫夺、政治压制的命运。常熟沙溪人盛彧,"盛国时丰于财。我朝更化,以赋税累,环堵萧然。洪武八年,徙娄东归吴冈,日与杨维桢、郑东明……唱和于艰难屯蹇之际"③。沈家、盛家衰落之后,他们的子嗣都转而从事儒学,由披着学者外衣的商人转变为纯粹的学者或教书先生。

朱元璋对豪民的经济褫夺,与对江南文士的政治和文化压制是同步进行的。周海涛对元末明初文人雅集进行研究,得出结论:"至正二十七年(1367),朱元璋攻破张吴政权,次年建立大明王朝,开始了有条理、有秩序地对吴中文人的整治与改造活动。征召、徙濠、屠杀等一系列措施让吴中文人再也不可能享受曾经无人看管的生活,而且朱元璋更不允许文人进行大规模的雅集结社活动。在此种局面下,吴中文人选择了一种更为隐晦的方式进行雅集活动……其雅集情感已不再是狂欢,而是灰凉与惶恐、悲哀与忆旧。"④ 元明鼎革,江南富民文士由元末的豪奢优游一变而为明初的寒噤战栗,经历过元明嬗替的富民文士,悲从心中来:"元亡未久而遗风旧习与之俱变"⑤,这背后有对旧王朝的留恋不舍,更有对新王朝的陌生反感与低沉控诉。

---

① (明)樊维城、胡震亨等纂修:天启《海盐县图经》卷六《食货篇第二之下·课程·附市舶》:"明兴,徙杨氏籍其家,罢市舶司不复设,豪商大贾尽散去,二镇城民居为之萧条,非复囊时之盛。"(第535页)
② (明)樊维城、胡震亨等纂修:天启《海盐县图经》卷三《方域篇第一之三》:"宣慰故第即今延真院,是有楼十楹,向贮歌姬,俗谓之梳妆楼。年久楼魅,人无敢登。"(第145页)
③ 桑悦:《太仓州志》卷七《艺文·国朝·盛彧》,第8页上。
④ 周海涛:《〈荆南倡和诗集〉与元明之际吴中文人雅集方式的变迁》,《山西师大学报》(社会科学版)2012年第6期。
⑤ 方孝孺:《逊志斋集》卷二十二《林君墓表》,第504页。

海域史视野中的方国珍[*]

——国家与地域之间

陈 波

  方国珍作为欲说还休的一代枭雄,其历史形象的复杂与多面自不待言。中国大陆学界的相关研究主要集中于改革开放之前,且过多地纠结于方国珍起兵阶级矛盾和民族矛盾何者为主、战争性质问题、宗教的组织作用等议题[①]。20世纪80年代以来或出于对阶级斗争史观的反思,并且经历"文化大革命"期间的社会动荡,人心思定的社会氛围无疑也影响到史学界,长期以来农民战争史几至无人问津的地步,理论方法更新的缺失更使得这种状况雪上加霜。反而是西方和日本学者另辟蹊径,从区域社会或地方生态的观察角度,使得相关研究有了进一步推进的可能。就方国珍的相关研究而言,日本学者檀上宽所撰《方国珍海上势力と元末明初の江浙沿海地域社会》一文[②],汲取了奥崎裕司、藤田明良、寺地遵等人的研究成果[③],系统概述了方国珍政权崛起所依托的特殊地理生态

---

[*] 本文系国家社科基金重大招标项目"《元史》会注考证"(项目批准号:10&ZD088)、国家社科基金重大招标项目"江南地域文化的历史演进"(项目批准号:10&ZD069)及教育部人文社科青年基金项目"元明时代的滨海民众与东亚海域交流"(项目批准号:12YJC770007)的阶段性成果。

[①] 改革开放之前农民战争史研究的兴盛促使当时学者非常注意搜罗农民战争史料,其贡献无疑也是不可磨灭的。关于元代农民战争代表性的成果有杨讷等编《元代农民战争史料汇编》(四册,中华书局1985年版),对于相关史料的搜集十分齐全。

[②] 收入《東アジア海洋域圏の史的研究》(《东亚海域圈的历史性研究》),京都女子大学研究丛刊第39辑,2003年。

[③] 奥崎裕司:《元末方国珍の乱を支えた戴氏》(《支持元末方国珍之乱的戴氏》),《中国古代史研究》第6册,1989年;寺地遵:《方国珍政権の性格——宋元期台州黄岩県事情素描》,《史学研究》223(1),1999年;藤田明良:《蘭秀山の乱と東アジア海域世界—14世紀舟山群島と高麗・日本—》(《兰秀山之乱与东亚海域世界——14世纪舟山群岛与高丽、日本》),《历史学研究》698,1997年。

及该政权的内部构造以及方国珍海上势力的消灭与明初海防体制建立的过程。笔者试图在前人研究基础上，从元末及明初海运的延续性角度，探讨方国珍与元末滨海豪民的关系。

一　方国珍的崛起与元末滨海豪民

方国珍至正八年（1348）入海叛乱之前，黄岩已有李大翁、蔡乱头等人啸聚海岛，劫掠漕运舟，方国珍"慕赏功官爵，募众至数千人"①，本是打算为朝廷收捕蔡乱头，却不料为仇家诬告，遂入海为乱。浙东之地海寇大炽，时人有"今日浙东之患，莫甚于海寇"②的感叹。海寇相对于陆地活动的盗贼，更加行踪莫测，活动也更为迅捷，如至正八年（1348）前后出现在沙门岛的海贼，极有可能与江浙地区的海寇有某种关联，时任海道都漕运万户府达鲁花赤的买述丁亲率所部出刘家港捕盗，后者"潜入北洋诸岛，漕舟有遇贼夺其粮者"③，可为佐证。

入海为乱的人群也形形色色，蔡乱头等人是鱿盐负贩之徒，连承运海漕的船户也迫于生计，不惜铤而走险，"拒敌巡哨军船，杀害军官人等，岁岁有之"④。实际上入海为寇的人群当然不仅仅限于船户。如至正四年（1344）夏，贡师泰出任绍兴总管府推官时，发现"县长官鞫系董连二十三人，持军器谋泛海为盗。公廉问得实，所谓军器大半皆农具，且他无为盗显迹"⑤。尽管贡师泰纠正了该县长官株连太过的做法，但无疑也说明在当时迫于饥馑徭役的农夫，也有入海为盗的可能。而官府面对海寇蜂起的局面，风声鹤唳，动辄处置过当，在方国珍入海为乱之后，州县官"妄械平民以为国珍党"⑥，受命平乱的江浙行省参政朵儿只班甚至扬言"将尽屠边海之民"⑦，这无疑迫使本就易于生乱的边海之民更加

---

①《草木子》卷三《克谨篇》。
②《王忠文公集》卷三《送汤子诚序》。
③ 朱德润：《存复斋续集》（不分卷）之《资善大夫海道都漕运万户府达鲁花赤买公惠政之碑并铭》。
④ 洪金富点校：《元代宪台文书汇编》，台湾中研院历史语言研究所2003年版，第180页。
⑤《王忠文公集》卷八《绍兴谳狱记》。
⑥《嘉靖宁波府志》卷二十《遗事》。
⑦《两浙名贤录》卷四十三《风节·潘伯修省中》。

从乱如归，加速了方国珍势力的膨胀。

方国珍之所以迅速壮大，走投无路的贫民、盐徒等群体大批加入无疑是重要原因，但地主豪族的支持则是方国珍得以在浙东三路立足的主要因素。中国学者很早注意到这一点，如陈赓平指出方国珍出身于反抗地主恶霸的佃农，在元末起义中有首义之功，后期被刘仁本等地主分子所利用[1]。施一揆则指出，"从各方面看方国珍不能称为农民革命的领袖"[2]。韩志远在此基础上甚至指出方国珍出身富家大户，决非下层人民的代表[3]。这种以方国珍的出身来分析方国珍政权的属性无疑也存在很多问题[4]，租佃制下地主佃农的关系很复杂，前者对于后者的支配程度因地域不同而有很大差别，如果再考虑宗族血缘等因素，就更趋复杂，这里不拟赘述。但方国珍通过地主豪族的支持最终实现了对浙东三路的支配，基本上是可以成立的论断。檀上宽认为方国珍政权的统治基础之一是所谓"海上土豪"，这种海上土豪是居住于大陆沿岸或者岛屿，地主的土地所有加之以海上活动，对于周边包括农民渔民在内的民众有一定支配力的地主[5]。宋人包恢曾向福建官方提议利用所谓"海澳土豪"来防备海贼：

> 擒捕此贼，本只海澳土豪隅总等之所能办也。盖此贼虽在海中，而日用饮食之物，无非取之海岸之上，苟海上之人若能同心协力，处处严行禁止，痛加拒绝，使不得上海岸，则非饥死亦渴死矣，将欲何为哉？唯海上之民，多有所取，利其珍宝，动千万计，则富者为之停藏，贫者为之役使，甚至多起酒楼，多设妓馆以诱之，惟恐其不来。其小小鱼船以捕鱼为名者，又多为贼之耳目向导，是贼徒

---

[1] 陈赓平：《方国珍起义事迹的探讨》，《光明日报》1961年9月27日。
[2] 施一揆：《对〈关于方国珍起义事迹的探讨〉的商榷》，《光明日报》1962年5月9日。
[3] 韩志远：《方国珍出身考》，《历史知识》1984年第2期。
[4] 例如朱元璋多被认为是地主阶级的总代表，背叛了农民起义的立场，但是朱本人是贫苦农民出身，这说明最高统治者的出身并不能决定政权性质。另外，明朝建立之后对于地主的弹压可谓无所不用其极，如果将明初政权简单定位为地主阶级的利益代表，则很难解释这种政权属性与所施行政策之间的背离。
[5] "海上土豪"一词，见于《明太祖实录》卷二十三"吴元年四月己未"条："上以国珍反复，以书数其十二过曰……尔乃诱我海上土豪作乱，近已平定，匿其首恶，此岂良谋？而其十二过也。"

猖獗凶横，皆吾民之通同而至此也。今须于各海澳去处，团结保伍，统以澳长，如有一家停藏贼徒，引接赃者，保伍并加连坐。遇有贼船者，保伍民兵澳长为将深防固守，使不得近岸，近则聚众擒捕，随以官军击之，彼将有送死而已。①

海澳土豪无疑是指居住海滨的有力家族，包恢建议利用他们对于当地民众的支配关系来"团结保伍"以对抗海贼，但这一措施能否成功显然也决定于这种土豪能够多大程度上不与利益攸关的海贼往来，而甘受官府节制。并且，此种土豪不仅存在于滨海地区，沿海各岛屿无疑也广泛存在，宋神宗熙宁五年（1072）日本僧人成寻赴宋求法途经舟山外岛时，这样描述所见的情形："一浦有十一家，此中二宇瓦葺大家，余皆萱葺。"②"瓦葺大家"居中而"余皆萱葺"的聚落形态也形象地暗示了岛民之中有豪族存在的事实。学界所熟知的明初"兰秀山之乱"就是以聚居舟山外岛的叶、陈两家土豪为首发动的，这在下文中还要论及。

方国珍在浙东三路的统治主要依赖亲族血缘关系来维持，以兄弟子侄分据枢要，自己坐镇庆元，以弟国璋据台州，侄明善守温州。其政权组织的涣散情形，如《万历温州府志》卷十八《杂志·窃据》这样形容，"其内外戚皆属私命，分据乡都。一时省榜所称剿捕海寇义士，及山林啸聚之徒，尽隶麾下。士有愿仕者，往谒而赞誉之，即捧檄呼喝于道"③。其中内外亲族构成统治的骨干，海寇义士及山林啸聚之徒则倚为爪牙，并援饰以功名心切的无节文人。当然，由于方国珍名分上接受元朝授予的江浙行省参政等官职，也获得浙东地区出身的部分士人官僚的支持，如黄岩出身的乡贡进士刘仁本加入方国珍的庆元幕府，并极力襄助方国珍与张士诚合作向大都海运漕粮。但是此种高自标榜的士人出仕于方国珍政权毋宁说更多的是出于对元朝的忠义之举，未必真正与方国珍同心同德④。与定鼎金陵的朱元璋政权相比，方国珍政权自组织之初就缺乏公

---

① 《敝帚稿略》卷一《防海寇申省状》，民国《宋人集》丙编，第10—11页。
② ［日］成寻著，王丽萍点校：《新校参天台五台山记》卷一"延久四年（1072）三月二十七日"，上海古籍出版社2009年版，第11页。
③ 嘉靖《宁波府志》卷二十《遗事》也有大致类似的描述："士有誉功德以媚之者，辄跻显贵。溪山啸聚之徒，荷戈来从，授以州县佐者甚众。"
④ ［日］檀上宽：《元末の海運と劉仁本：元朝滅亡前夜の江浙沿海事情》，《史窗》2001年第58号。

共政权的属性，充其量不过是拥兵自雄的土豪联合体。就其地方统治而言，也并不是非常牢固，其所据浙东三路，据寺地遵的研究，大致可以分为"成功纠集在有力阶层的庆元路，成功、失败参半的台州路，基本没有整合成功的温州路"①，事实也的确如此，如温州路的平阳州一直为豪族周氏所把持，直到方国珍降于朱元璋之前，周氏仍拥众与方明善争战不休。

而方国珍在攻掠浙东三路过程中所倚重的武力主要是水军，除其中一部分是追随其入海反元的"元从"，如标榜自南塘戴氏一族的元帅戴廷芳外，大部分应该只是先后加入麾下的大大小小的海民集团，他们与方国珍的关系大概只是松散的从属关系。檀山宽认为归附方国珍的"海上土豪"保持了原有的所谓"自律性"，仅仅是出动时临时召集，没有进入严格的命令系统和指令系统，可谓一针见血。海上土豪为骨干的水军组织松散的特征，无疑与浙东岛屿特有的地域生态密切相关，如昌国州"坐落海心，所辖四乡一十九都，除富都乡九都与本州岛连陆外，其余三乡十都并分散在海洋"②，"人家颇居篁竹、芦苇间，或散在沙墺，非舟不相往来"③。这种支离破碎的地理形态与居民分布格局也决定了岛屿地区难以形成有如大陆居民那样等级分明的生存秩序。隶属于方国珍的海上势力之中，屡屡见于明初史籍的兰秀山④海民集团十分活跃。方国珍在至正十一年（1351）初率众攻打昌国时，昌国州达鲁花赤帖木儿不花招募"悍勇善斗击、习海事"的"兰、秀二山居民"与之海战，第一天战成平局，次日方部益兵来攻，方才击败兰秀山的民兵，并杀州候帖木儿不花⑤。至正十二年（1352）春方国珍率海岛贫民千余艘突入太仓大肆焚掠，其中有无归附的兰秀山海民不得而知。但史籍明载至正十四年（1354）二月，方国珍"复率兰秀山贼来寇，水军副万户董搏霄御之于刘家河及半泾，斩首数百级，贼遂遁去⑥"。也就是说最迟在至正十三年

---

① 寺地遵：《方国珍政権の性格——宋元期台州黄岩県事情素描》，《史学研究》223（1），1999年。
② 《大德昌国州图志》卷三《叙赋·食盐》。
③ （元）吴莱：《渊颖集》卷七《甬东山水古迹记》。
④ 元代文献习惯分别称为兰山、秀山，兰秀山是明代文献的称呼，以下为叙述方便，未加分别，下文中将详细考述。
⑤ 王袆：《王忠文公集》卷二十四《赵君墓志铭》；王逢：《梧溪集》卷三《帖候歌》。
⑥ 万历《嘉定县志》卷十五《兵防考上·海寇》。

(1353）底，兰秀山海民已经追随方国珍攻略沿海诸地，俨然已成为后者倚重的水军主力之一。兰秀山的海民在很短的时间内即从支持元朝的立场转为支持方国珍，其中的关键因素大概是方国珍许诺以攻掠太仓之后的利益瓜分。值得注意的是，兰秀山海民中原本就有海运船户存在，《经世大典·元漕运二》明确记载至顺元年所需一千八百海船中，"奉化、揭崎、昌国、秀山等呑一带二十三只"①，考虑到元末以来承运海漕对于大部分漕民而言已成无利可图之举，奔窜兰秀山等昌国外岛的船户当不在少数，在"太仓红腐漕民饥"的情势下，方国珍攻略太仓的计划无疑对于他们有无可抗拒的诱惑力。但这种仅仅以利益诱导而达成的从属关系无疑是非常脆弱的，吴元年（1367）十一月明军攻陷庆元之际，擅长海战的兰秀山海民并没有赴援，而直到次年才大举蜂起，种种迹象表明兰秀山海民虽然名义上已归附方国珍政权，但仍然保留了海上势力放恣松散难于约束的一贯特质。毋庸置疑，这种脱逸于国家体制的海民集团，在元末就曾攻击太仓遮断海运，无疑也是危及明初海运安全的最大隐患，明朝平定兰秀山之乱与重开海运之间的关系，这在下文还将述及。

二 方国珍发迹与浙东滨海豪民在元末海运体制中的崛起

浙西和苏南等环太湖地区有发达的经济腹地及便利的水文条件，漕府下辖七个千户所有五个驻地都位于该新月形地带，海运世家也大多占籍浙西和苏南。如朱张二氏都世居崇明，后迁嘉定，费氏占籍松江府上海县，曹氏世居常熟，杨氏聚族嘉兴海盐而居。到元代末年，由于方国珍政权据有温、台、庆元三路并开府庆元之后，才有浙东富民任海道运粮漕运万户之职。相关例证，据目前笔者所见至少有三个。一个是宋代以来世居鄞县后迁居庆元定海的吴氏家族，根据《九灵山房集》卷二十三《鄞游稿·元赠亚中大夫台州路总管追封延陵郡侯吴君墓志铭》记载，其家系如下：

---

① 《永乐大典》卷一五九五〇。

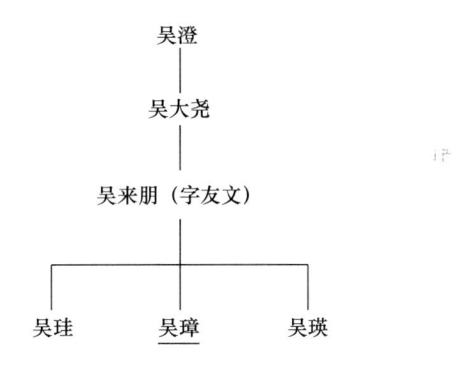

```
        吴澄
         │
        吴大尧
         │
     吴来朋（字友文）
     ┌───┼───┐
    吴珪  吴璋  吴瑛
```

  吴氏家族在宋代是一个科第世家，入元以后并无显宦，而致力于在地方发展，是一个比较典型的士人家族。墓主吴来朋（1295—1357），字友文，以方氏子入赘，虽然是一介布衣，但在当地威望极高，以致"一乡之内不惧于有司，而惧府君之一言"。元末红巾军渐呈燎原之势，吴来朋已年近五十，"不复有志于当时，卜鄞县桃源之凤栖山以居，日从逸人达士盘旋山水间，穷深极密，若将终身（焉）于是"。俨然逍遥物外的隐士派态。但元朝大厦将倾之际这位隐士一反素态，激励三子"宜及时自厉，出为国家致分寸力"。这种看似矛盾之举表面上是实践士人家族急于国难的理想，实际更多的或是出于维护家族利益。其次子吴璋"乃奉命北游帝都，起家巡防百户，督运中原，蹈红巾中，抗节弗屈四载，朝议嘉之，擢海道运粮千户，其后海运有功，制升海道都漕运万户，紫衣金符，侪秩三品"。吴璋何时就任海道都漕运万户不详，最迟不晚于至正乙巳年（1365），这一年其弟吴瑛见到"问舟于四明"的戴良，而应不早于刘福通起事的至正十一年（1351）之前。吴来朋死于至正十七年（1357），当时四明已被方国珍控制。方国珍在至正十六年（1356）已被元廷任命为海道运粮漕运万户，兼防御海道运粮万户，十七年（1357）率舟师五万进击张士诚于昆山州[①]。吴璋何时就任海道都漕运万户，是宣力于方国珍的庆元幕府，还是直接听命于元廷，目前尚不明了。

---

  ① 嘉庆《直隶太仓州志》卷二十四《兵防下》。

另一个是世居庆元路定海县的韩氏家族，具体记载见于郑真[①]《荥阳外史集》卷四十五《元故赠中宪大夫海道都漕运运粮副万户上骑都尉追封高阳郡伯韩公墓碑》[②]，家系如下：

元末庆元韩氏一族世系

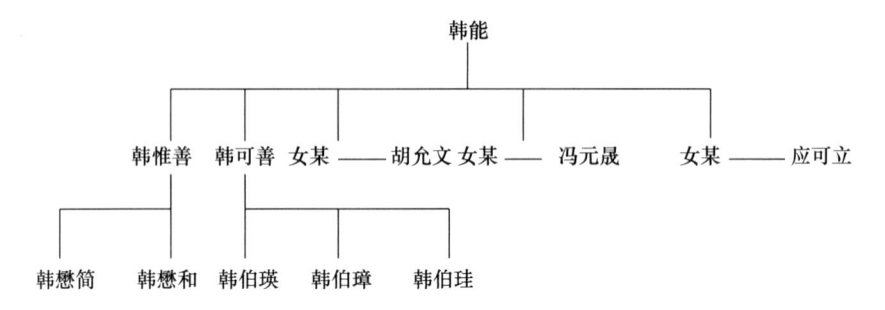

```
                              韩能
    ┌──────┬──────┬───────┬──────┬─────┐
  韩惟善  韩可善  女某——胡允文  女某——冯元晟  女某——应可立
    ┌────┬────┬────┬────┐
  韩懋简 韩懋和 韩伯瑛 韩伯璋 韩伯珪
```

韩氏家族与吴氏相比，祖上并无仕宦经历，应该只是靠经营发家的白身地主。墓主韩能，字君垕，号妙心居士，是一个热衷佛教的慈善家，"凡佛舍之增葺，金像之庄严，治道涂驾桥梁，倾囊发廪，一无所蕲"。其长子韩常，字惟善，号贞一居士，惟善次子韩懋和受荐于江浙行省丞相（从上下文看，很有可能是方国珍），得积官至海道都漕运正万户，这时已是方国珍专制浙西的时期。从方国珍庆元幕府的重要幕僚刘仁本[③]（即墓碑中提到的"天台羽庭刘公"）为韩能撰写墓铭来看，韩氏家族应该与方国珍关系密切。但韩氏家族似乎又与方国珍保持若即若离的关系，据记载韩惟善事迹的《贞一居士传》，韩惟善长子"懋简尝两以庆元幕长荐，不就"，韩懋简不愿供职于方国珍的庆元幕府，说明韩氏家族与方国珍并不完全合作。韩懋和应在至正二十七年（1367）之前已经就任海道万户之职，元廷援例封其父祖二代，在大厦将倾的情势下，也显然不乏

[①] 《荥阳外史集》著者郑真，《四库全书总目提要》卷一六九《集部二十二》述其生平："真字千之，鄞县人。成化《四明郡志》称其研究六籍，尤长于春秋，吴澄尝策以治道十二事，皆经史之隽永，真答之无凝滞。洪武四年乡试第一，授临淮县教谕，升广信府教授，与兄驹弟凤并以文学擅名。真尤以古文著，初与金华宋濂声价相埒，尝与濂共作《裴中著存堂记》，真文先成，濂为之阁笔。后濂致位通显，黼黻庙廊，真偃蹇卑栖，以学官没世。故声华阒寂，传述者稀，今观所作，虽不能与濂并鹜词坛，而义有根柢，词有轨度，与濂实可肩，随未可以名位之升沈定文章之优劣也。"明言郑真是元末明初鄞县出身的著名文士，与宋濂曾比肩一时。

[②] 韩氏家族的史料，可参见同书卷八《树德堂记》及卷四十七《贞一居士传》。

[③] 出身黄岩的乡贡进士刘仁本是促使方国珍参与元末海运的关键决策人物，参见檀上寬《元末の海運と劉仁本：元朝滅亡前夜の江浙沿海事情》，《史窗》58号，2001年。

极力拉拢的意味。有趣的是，韩氏为顾及身家，甫入明即效忠新朝，《贞一居士传》明确记载韩氏"今内附有司，以户赋之重，推为粮长。每岁旅朝于京，拜伏奉天殿下，面闻圣谕，尚局珍馔饱饫宴赐，归语乡党，以为千载荣遇"。所谓粮长，是明初征收赋役的制度①。显然韩氏在明朝大军的威势之下，为保全家族而甘输重赋。曾任元海道万户的韩懋和"以故官谪汴，尝召至吏部，将用之，以疾辞，今留居京师"。之所以得以令终，无疑是由于韩惟善与长子懋简充粮长输重赋于明朝的手段起到了作用②。

与韩、吴二氏相比，聚族居于庆元北郭的倪氏一族，是元代浙东承运海漕的重要航海家族，参与元末方国珍与张士诚合作进行的海运，尤其值得关注。据《春草斋集》卷十《处士倪君仲权墓表》记载，倪氏家族中有名倪可与（字仲权）者，生前与《春草斋集》作者乌斯道相友善。其父名倪天泽（1277—1334），其家自曾祖父倪文伟起就徙居庆元路郡城。倪可与自幼时起因为资质"秀巋"见宠于其父倪天泽，"不使稍离左右"，从父亲与地方贤达的交际应酬中增长见识。他成年后，"从乡先生游如程公畏斋，方外硕宿如噩梦堂，名宦如太常柳公传、户部尚书贡公太甫、应奉邢公吉甫、状元陈公子山，益得以砥砺学业，奖掖风节"，在元末明初的庆元颇著声誉，成为浙东文人俱乐部的重要成员。方国珍入据庆元之后，其兄弟诸人皆"因而受元爵贵显"，只有倪可与刻意与方国珍政权保持距离。方国珍命倪可与为其死去的越国夫人主持葬礼，他为求自庇"强起而考侯邦小君之制"，严格以礼行事，轰动一时。事毕方欲授以官职，"并以白金彩段为赠"，他坚拒不就。当时除方国珍外，总戎中原的扩廓帖木儿和江浙行省左丞相达失帖睦迩的权势炙手可热，且各自招贤纳士，奔竞之辈"争往惟恐后"。有人邀倪可与一起前往投靠，他称"阔阔公自设官拟朝廷，达失公玩兵而自弱其势"，予以拒绝。平时他"惟与故人之邃于学者游衍吟适园池中……积书盈斋室，手校雠不倦，书

---

① 关于粮长制度，迄今为止代表性的研究是梁方仲《明代粮长制度》（上海人民出版社1957年版）。

② （明）郑真：《荥阳外史集》卷八《树德堂记》："圣运肇兴，懋和以闲良谪居汴梁，郡侯与长子懋简力贡赋以奉有司，尝奉命旅朝京师，拜伏奉天殿下，面闻圣谕，赐酒食以归，恩意醲渥，夙兴夜寐，用图报其万一，噫！非树德之极其至是乎？"由此也可见朱元璋对于浙地大地主的高压态势。朱元璋即位之后曾大规模迁徙吴地及浙地富民以实京师，澉浦杨氏、太仓虞氏等皆在其列。

修倪氏谱系,续胡贯夫《庙学典礼》,补《朱子家礼》"。当时兵凶战危,士人多为保全性命而丧失名节,而倪可与"以风节自励",颇为当时名士称许。元末著名色目士人丁鹤年所撰《挽倪仲权处士》一诗云:

> 维鄞有高士,乃居城北门。伯叔列茅土,弟昆罗缙绅。先生视富贵,蔑若行空云。脩然坐一室,诗书日讨论。忠信化闾里,孝友敦亲姻。用兹以殁世,人亡道弥尊。我昔客东海,托交见天真。荦荦金石义,霭霭骨肉恩。岂意隔生死,相思劳梦魂。尚怜灵凤毛,符彩备五珍。每过话畴昔,相对泪沾巾。我辈非儿女,所感在斯文。①

此诗不仅交代倪氏一族聚居于庆元北门一带(严格而言是西北),又能印证倪氏兄弟中有人出仕方国珍政权,即所谓"伯叔列茅土,弟昆罗缙绅"。除丁鹤年之外,倪可与和刘仁本、戴良、乌斯道兄弟、葛逻禄氏迺贤(马易之)、张仲深、程端礼、贡师泰、禅僧噩梦堂②等一时名流都有往来。尤其是刘仁本、乌斯道、迺贤等人经常造访倪家的居宅亭园,雅集游宴,联句赋诗,品题书画,流连忘返③。其书斋"履斋"拥有万卷藏书。某种程度上可以说,倪可与位于庆元北郭的居宅亭园及书斋"履斋",在元末东南扰攘的时势下,与昆山富豪顾瑛的玉山草堂一样,具有文艺沙龙的功能,为浙东文士提供了休憩身心和经济庇护的场所。例如丁鹤年这样元末以来流离失所、迁避无常的色目文人,居然在"深忌色目人"的方国珍辖境内流连不去④,居留长达廿余年,先后寓居昌国、鄞

---

① 《海巢集》卷一,清光绪琳琅秘室丛书本。
② 乾隆《鄞县志》卷二十《仙释》曰:"昙噩,字无梦,号梦堂,姓王氏,住慈溪。至元五年居鄞之宝庆寺,洪武初应诏至京,以年老放还。"噩梦堂是元末明初声名卓著的禅僧,史籍多有记载,有诗传世,兹不赘述。
③ 丁鹤年《海巢集》卷一《挽倪仲权居士》、卷四《题四明倪仲权处士小像》;戴良《九灵山房集》卷二十二《倪仲权索予书所作诗文题其后》;刘仁本《羽庭集》卷一《适意为倪仲权作》《六月四日宴倪仲权荷亭》、卷二《过鄞城北郭倪仲权居宅》、卷三《秋日过倪仲权不值见其西席乌性善》(乌性善乃乌斯道之兄)、卷六《履斋记》;迺贤《金台集》卷一《题罗小川青山白云图为四明倪仲权赋》;张仲深《子渊诗集》卷一有诗序曰:"倪仲权宅城北隅,凿池植莲,环以翠竹,友人乌继善颜其斋曰花香竹影,盖取慈湖杨氏之言,曰花香竹影,无非道妙,因赋十韵",其诗无题;乌斯道《春草斋集》卷十一《书倪仲权所藏南轩先生墨迹后》、《题花香竹影图》。
④ (明)瞿佑《归田诗话》:"丁鹤年,回回人。至正末,方氏据浙东,深忌色目人。鹤年畏祸,迁避无常居。"

县、慈溪、定海、奉化，并在定海浃口筑有"海巢"，一方面可能是难以舍弃这里"多族士人圈"中浓厚的文化氛围①，另一方面是由于有倪仲权这样殷实礼士的朋友经常予以生活接济。

但是，倪可与与文人骚客交接往来的经济来源何在呢？倪氏家族到底是一个什么样的家族？实际上，《春草斋集》同书紧接《处士倪君仲权墓表》之后是《转运使掾倪君太亨行状》，记载了倪仲权伯父倪溢（字太亨）的生平。据行状记载，倪太亨仅略通文墨，"读书务通大意，脱略俗儒句读之习"，但是他极具商业头脑，"尝使人贾泉南得米，盈巨舰，米商因君而至者六十余艘。时价腾踊，群商且得志，君故损其直，商瞠目恨君。君曰：'以千人之饥为一己利，可乎？'凡故旧有遗孤以贫乏告，即厚赠之，不以存没易其心"。毫无疑问，他在这笔买卖中既获得了商业利益，也赢得了乡党时誉。倪太亨"性明敏刚介，遇事果断无凝滞，任气节，不肯屈人下"，具有旺盛的进取心，在贸米泉南成功之后，就尝试由吏入仕，"初试吏部之狱典"，既"升府史"，又"转市舶吏目"，复"升江淮财赋府曹"，其吏程终结于"两浙福建运司掾"，尽管他终其一身并未得任正官，但先后历仕之市舶吏目、江淮财赋府曹、两浙福建运司掾都属于财政、物流等部门的关键职位，无疑为倪氏家族积累了相当财富，奠定了倪氏作为元末航海巨族的基础。结合该行状，可知倪氏一族的世系是：一辈倪居正，二辈倪文伟，三辈倪敬聪，倪敬聪生子三人，倪溢（一说倪溢，字太亨）居长，次为倪天泽，还有一个弟弟，倪太亨无子，"以仲氏天泽之子可观为后"，也就是说，倪可与（字仲权）、倪可观是兄弟，倪可观过继给伯父为后②。

倪可与之父倪天泽又是怎样一个人呢？据乌斯道《处士倪君仲权墓

---

① 萧启庆：《元朝多族士人圈的形成初探》，收于《内北国而外中国：蒙元史研究》下册，中华书局2007年版。萧启庆通过分析大量实例，提出元代"各族士人之群体意识已凌驾于族群意识之上"的观点，尽管他没有明确指出这种多族士人圈在何时形成，通过所举实例可知应在元代中后期。关于丁鹤年避居四明的行迹，可参见王颋《鹤零旧里——"西域"诗人丁鹤年传记考辨》，载《西域南海史地考论》，上海人民出版社2008年版。

② 程端礼《畏斋集》卷六《元故处士倪君墓志铭》中所记载的倪氏世系与乌斯道所记稍有出入，依次是倪居正、倪文珣、倪敬之、倪溢、倪天泽兄弟，而据乌斯道记载，倪天泽长兄名倪□，父名倪敬聪，祖名倪文伟，《春草斋集》的作者乌斯道与倪可与相友善，比倪天泽、程端礼低一辈，他所记倪氏家族的世系可能不及程端礼可靠，乌斯道自己在所撰行状中也提到："晚未尝与君（指倪天泽之兄）接，殷勤而敢以论列君之行事者，亦得说于君之所交耳，惟立言君子采摭而铭之可也。"本文所列倪氏世系以程端礼说为依据。

表》可知，倪天泽与四明出身的著名儒士程端礼（1271—1345）相友善。实际上，程端礼在其文集《畏斋集》中，四次提到这位挚友，倪天泽去世后墓志是程端礼所撰①。又乌斯道《春草斋集》卷七《倪隐君传》也记载了倪天泽的事迹。综合程端礼和乌斯道所记，可知倪天泽字济亨，生有七子，依次是可明、可伯、可与、可观、可行、可元、可端，过继给长兄倪太亨为后的是第四子倪可观，七子之中尤以倪可与最为知名。又据程端礼之弟程端学《积斋集》卷四《灵济庙事迹记》记载，"皇庆元年，海运千户范忠暨漕户倪天泽等，复建后殿廊庑斋宿所，造祭器"②，元代捐资兴役之类的公益事业一般都是由官府出面张罗，地方士绅襄助其事，而灵济庙主祀的又是宋元时代滨海民众普遍信仰的航海神灵"天妃"，因此程端礼所提到的"漕户倪天泽"，无疑是出自庆元倪氏一族，与程端礼相友善的倪天泽是同一个人。也就是说，倪天泽一家实际上是海运船户。综合程端礼、乌斯道、刘仁本等人的记载，可知倪天泽家境优裕，受父兄影响，喜欢交接文人学士，他在庆元北郭购地"浚池筑室，手植花竹，靓深郁茂，鱼鸟翔泳如在林壑，居成延高人胜士，讲诵觞咏，日以为常"③。其书斋"取易泽下乾上之繇"，号为履斋，藏书达万卷之巨，"延士乐宾，衣冠俎豆无虚日，凡朋偶之往来，亲戚之情话，骚人墨客，吟咏相接，诗赋辞章，动盈签轴。"④ 倪天泽终身未仕，是庆元颇有声望的士绅，其为人行止给予其第三子倪可与以极大影响。

据《元故处士倪君墓志铭》及《倪隐君传》，可知倪天泽还有一个弟弟。关于此人事迹，分别见于嘉靖《宁波府志》卷三十五以及《万姓统谱》卷十四记载，而以后者较为详尽，兹引如下：

倪天渊，字震亨，鄞人。修髯广颡，气和行朴，与人交终始一致，家饶而性尚俭素，一冠十年不易。事亲竭力，乐施予穷乏者，假贷无吝色，有负逋者，即焚券不责其偿。时江南岁漕白粲，经海

---

① 依次是《畏斋集》卷二《挽倪济亨》《燕倪济亨新居》、卷四《宴倪氏园池诗序》、卷六《元故处士倪君墓志铭》。
② （元）王元恭《至正四明续志》卷九《祠祀》、钱大昕《乾隆鄞县志》、卷七《坛庙》都引用了程端礼文。
③ 《畏斋集》卷六《元故处士倪君墓志铭》。
④ （元）刘仁本：《羽庭集》卷六《履斋记》。

达畿，天渊籍占漕役，躬自蹈海，有舟十艘，每运数万石，操舟之卒千人，一束以纪律。至元戊寅，漕舟多没于风，天渊舟漂高滩上，众欲舍舟，天渊不从，拜且祈，俄而神炬见桅端，先辉烛人，风回获济。积四十余年，中台御史袁赛音布哈按行海道，嘉其尽力王事，且年高行笃，状闻于朝，旌之曰"高年耆德"之门，后子可辅仕江浙行省参政。

由此小传可知，倪天渊字震亨，籍占漕役，服劳长达四十余年，拥有漕舟十艘，每运达数万石，雇用梢水人等多达千人，可见其家势非同一般。他在至元戊寅后至元四年（1338）的海运中避免了漕舟漂溺的事故。因其种种劳绩，倪氏家族被元廷嘉为"高年耆德之门"。倪天渊应该就是倪天泽的弟弟，与其兄倪天泽颇具人文修养相比，倪天渊是善于经营的实干家，大概是兄弟三人之中为家族发展贡献最大的人。其子倪可辅，官至江浙行省参政。

而乌斯道所撰《处士倪君仲权墓表》又提到"天台方公拥兵入城，奋威武累官至丞相，凡出其麾下者，皆得奏请于朝，致显官，君伯仲亦因而受元爵贵显"，也就是说方国珍割据浙东三路之际，倪可与同辈兄弟中至少有两人出仕方国珍政权，其中之一，应该就是倪天渊之子倪可辅。嘉靖《宁波府志》记载府治北有所谓"倪家花园"，为"倪万户建"，乾隆《鄞县志》卷二十四《古迹》"倪家花园"条下加按语曰："倪可辅，官浙东宣慰司都元帅兼海道漕运万户，见忠祐庙碑。"同书卷二十三《金石》曰："加封忠祐庙神之碑，至正二十四年六月翰林国史院检阅官袁士元撰，浙东道宣慰司都元帅兼海道都漕运万户倪可辅书并篆额，上有蒙古字十行，又正书宣命二字，在北郭庙，文载坛庙门。"关于"加封忠祐庙神之碑"，全称《皇元加封忠祐庙神之碑》，今全文保留于《两浙金石志》卷十八，其中提到"至正二十三年稇载之舰至鸡鸣山，连日飓风，雾雾晦冥莫知向，方漕臣棹夫同心叩祷，神人遍现，若自天降，豁然开雾，如夜斯晓。既达于京，具辞上闻，加封昌城刘侯武烈公沙使协佑侯，庙额如故"。综合上述记载可知，倪可辅最迟在至正二十三年（1363）已经担任海道都漕运万户，这一年的春运是方国珍和张士诚最后一次合作向大都海运漕粮。又据《乾隆鄞县志》卷七《坛庙·灵应庙》转引明初名臣胡濙[①]所撰庙记曰："元武宗至大三年六月，诏重建祠宇以妥神灵。顺帝至正二十年，中原梗塞，海道漕运万户倪可久奏言籍王阴庇，扶护粮艘，风波不兴，舟人无恐，竟抵沽以济国用，请加褒封。"其中提到的海道漕运万户倪可久应该就是倪氏家族中出仕方国珍政权的另一人，与倪可辅同辈，至正二十年（1360）的海运是方国珍与张士诚合作进行的第一次海运。《至正四明续志》中提到在至正元年（1341），郡守王元恭（即《至正四明续志》著者）因郡民之请修筑农业水利工程"茅洲碶"，"嘱郡人倪可久等出备工料，拆移填塞旧闸"，无疑与胡濙所记奏言重建灵应庙者是同一人物[②]。据程端礼《元故处士倪君墓志铭》和乌斯道《转运使椽倪君太亨行状》，可知倪天泽七子之中并无倪可久，说明倪可久应该是倪天渊之子，与倪可辅是亲兄弟。因乃父服劳漕事颇具成绩，倪可久、倪可辅二人方得出仕方国珍并贵为海道万户。元廷按照三品高官得封赠二代的惯例，对倪可久亲族父祖二代都有所封赠，甚至其二伯父倪天泽也被授予"敦武校尉、台州路黄岩州判官"的赠官。

元末庆元倪氏一族世系

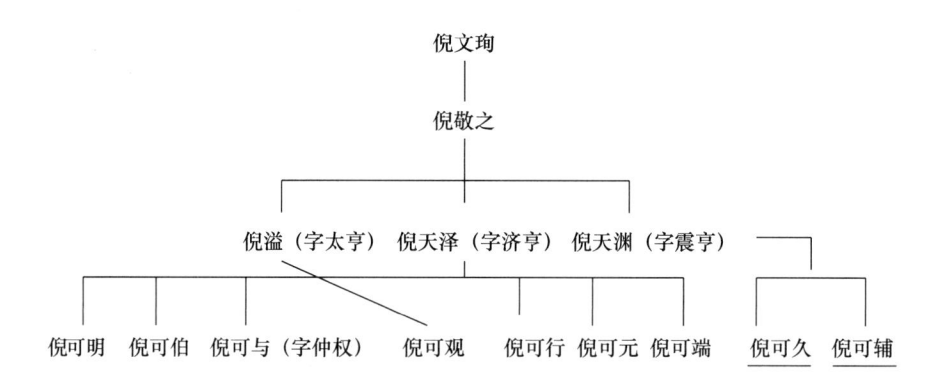

```
                        倪文珣
                          |
                        倪敬之
          ┌───────────────┼───────────────┐
     倪溢（字太亨）    倪天泽（字济亨）   倪天渊（字震亨）
   ┌──┬──┬──┬──┐       ┌──┬──┬──┐       ┌──┬──┐
 倪可 倪可 倪可与 倪可观  倪可 倪可 倪可端  倪可久 倪可辅
  明  伯 (字仲权)        行  元
```

不难看出，元代海道都漕运万户府下辖庆元绍兴、温台等二处千户所辖境内的滨海富民，与浙西、苏南等地的富民相比，远离海运权力中

[①] 事迹见《明史》卷二一四《胡濙传》。
[②] 至正《四明续志》卷四《茅洲碶》。

枢海道都漕运万户府所在地平江，往海运装粮地太仓也水程窵远①，在海运体制的利益及权力角逐中，长期以来处于弱势地位，海道万户多由浙西、苏南等滨海大族担任。方国珍出生地黄岩位于温、台等处海运千户所境内，更是海运体制的边际地带，截至目前，笔者尚未发现这一千户所内的富民膺任海道万户等高级职位。但是方国珍崛起海滨并最终接受元廷招抚开府庆元，无形中改变了海运体制的地域权力机构，使得浙东富民在海运体制中的地位上升，韩氏、倪氏家族尤为其中代表。而下文所要提及的方国珍姻亲戴氏家族，也与元末海运密切相关。

日本学者奥崎裕司曾撰文专门论及滨海地区支持方国珍起兵的"南塘戴氏"，并指出"南塘戴氏"与方国珍是姻亲关系②。但是，遍检奥崎裕司所据史料，几乎全部出自明代中后期的方志，其中明确提到南塘戴氏与方国珍缔姻的一条史料出自嘉靖《太平县志》卷八《外志·方寇始末》：

　　一日侵晨，诣南塘戴氏借大桅木造船，将入海货鱼盐。戴世宦，屋有厅事。时主人尚卧未起，梦厅事廊柱有黑龙蟠绕，屋为震撼，惊寐视之，乃谷珍，遂以女妻其子。

据笔者所知，南塘戴氏与方国珍系缔姻之事最早见于嘉靖《太平县志》，除此之外，该志还记有戴氏的许多逸事③。这则记载无非是要说明戴氏预感方国珍将在元末的乱世中成就一番事业，因此借其桅木，并与之缔姻，以利于家族的保全与发展。所谓"黑龙蟠绕"云云，当然不足信凭。元末继贡师泰任户部尚书的李士瞻出督海漕往福建途中，因"船主戴廷芳、廷玉"二人执意挽留，"系舟楚门湾，一住十余日"④，檀上

---

① 如至大四年（1311），温、台两路运粮船在回帆途中遭风，加上直沽交卸时所欠官粮，最后只好出卖五十六只、共二万六千料的船只以赔官债（《经世大典·漕运一》，《永乐大典》卷15949）。鉴于此元廷曾有限度地提高脚价，但似乎收效甚微，到顺帝后至元四年（1338）前后，"浙东岁歉，无粮拨温台庆运户，驾空船往浙西刘家港安泊"，而有司竟以"空船至浙西为易事，止依浙西脚价减除每石五钱"，等于是在依照皇庆二年（1313）十一两五钱的标准再减五钱，导致船户多有"罄家产不足以供费者"，经过庆绍等处海运千户朱奉直力争，才得以恢复旧有标准（《畏斋集》卷五《庆元绍兴等处海运千户朱奉直去思碑》）。

② ［日］奥崎裕司：《元末方国珍を支えた戴氏》，《中国古代史研究》6，研文出版1989年版。

③ 如嘉靖《太平县志》卷八《杂志》另有"戴氏始基祖""塘下童谣"等条叙及戴氏发迹及其在明初被抄没诸事，后世方志如万历《黄岩县志》、康熙《临海县志》，光绪《黄岩县志》、民国《台州府志》关于戴氏的记载都沿袭了嘉靖《太平县志》，基本雷同。

④ 李士瞻：《经济文集》卷六《楚门述怀》《抵楚门》。

宽认为此兄弟二人属于南塘戴氏①的分支，并将楚门之地比定在菰田戴氏所在的永嘉一带。他的根据是李士瞻的《赠戴氏诗》②以及《抵楚门》诗二首：

> 楚门山色散烟霞，人到江南识永嘉。半陇石田都种麦，一冬园树尚开花。海天日暖鱼堪钓，潮浦船回酒可赊。傍水人家无十室，九凭舟楫作生涯。
>
> 船泊江潮是异乡，戴郎家住楚门傍。寄来青柿犹存蒂，摘得黄柑尽带霜。竹坞人家茅屋小，石矶渔艇钓丝长。可怜扰扰风尘际，谁识桃源有洞房。③

古人提及郡望时，多喜欢标榜祖先原籍所在，如南朝时期流寓江左的王氏动以太原王氏自命。永嘉菰田戴氏以及南塘戴氏自宋代以来是诗礼传家、名宦辈出的士人家族④。但从这两首诗所描绘的情形看，尽管不能排除楚门戴氏一族出自永嘉菰田戴氏或南塘戴氏的可能性，但笔者倾向于认为他们只是兼营渔业、林业及农业的滨海土豪。方国珍派遣其侄进入温州地区，据寺地遵的研究，是因为永嘉东北部的山獠蜂起，当地豪族纷纷组织自卫武装，在御乱过程中自卫武装分成两派，以菰田戴氏为核心的一派在派系倾轧中处于下风，遂向南塘戴氏的姻亲方国珍请求援助，后者随即派其侄方明善以平乱为名进入温州⑤。朱元璋派征南将军汤和攻陷庆元之际，曾俘获追随方国珍下海逃亡的"元帅戴廷芳"⑥，檀上宽认为他有可能就是曾经招待李士瞻的"船主戴廷芳"。

实际上关于戴氏一族最为详细的资料，全文见存于《经济文集》卷

---

① 吴茂云《戴复古家世考》[《成都大学学报》（社科版）1987年第4期]考证出南塘戴氏主要聚居于今台州市温岭县新河区塘下乡，现温岭市新河镇境内，此地元代辖于黄岩州。

② 诗曰："永嘉名郡多名族，孝义忠贞戴氏家。曾向辕门干上将，甘从虎穴试磨牙。兰孙比玉香凝砌，棣萼联辉树有华。意气每逢天上使，年年来此憩星槎。"

③ 二诗俱见《经济文集》卷六，影印文渊阁《四库全书》。

④ 参见吴茂云前揭文。

⑤ ［日］寺地遵：《方国珍政権の性格——宋元期台州黄岩県事情素描》,《史学研究》223 (1), 1999年。

⑥ 《明太祖实录》吴元年十一月辛巳："征南将军汤和克庆元。先是，……方国珍驱部下乘海舟遁去，和率兵追之，国珍以众逆战，我师击败之，斩首及溺死者甚众，擒其伪副元帅方惟益、元帅戴廷芳等，获海舟二十五艘、马四十一匹。"

五《赠戴氏序》(《民国湖北先正遗书》本),但因为檀上宽所用的版本可能是四库全书本,不收此序,所以没有提及,从而导致他的论述很多只是推测,奥崎裕司所撰《元末方国珍を支えた戴氏》一文也没有利用这条资料。兹引《赠戴氏序》全文如下:

> 浙水东七州,而永嘉最为浙之名郡。其属县乐清有所谓戴氏者,又为是郡之名族也。戴氏昆季三人,长某不幸早逝,次国荣,近以功授千牛官,次国宾①,尝为海道千户,其侄廷芳及其季廷玉各以军功擢官有差。其先世由赵宋氏以来同堂而食共财而处者,历世最为绵远,迩岁以兵燹扰乱,海滨戒严,兄弟若子姓佥谋拆爨而处,由楚门而竹冈凡三徙焉,或谓善谋矣。一门孝友,天至忠厚之性,无所造饰。太夫人垂老在堂,年迩八旬,其家无少长,非禀命莫敢辄行。嫂夫人方氏,是为廷芳昆季之母,廷芳虽贵为元帅,其妇之事姑,不啻若新妇之姑来时,孀居积年,诸叔仲非有大故,勿敢辄见闺门之间,谊杂之声,终日未尝一接于耳目,中外斩然也。轻财乐施,延敬宾客,每每一至必鳞次而进,遍延于家,比美相尚,了无难色。求之王门之中,伯仲一律,以故朝之名公巨卿、藩屏之达官文武,凡往来于此者,无不百方邀致,穷珍腴达昼夜,期厌饫而后罢。去必问所欲费,欢然相祖送,左右取适惟恐或后。至正十四年先太师丞相下高邮时,国彬君尝沥肝胆,率子弟,携义旅,不惮海运,从事金革,舳舻之供、犗橐之需,皆所自给。属太师罢兵解严,志遂弗竟。今海岛之间,当时尝与公颉颃者,怒目之忿犹不肯瞑,公之昆季独能含垢忍污,深自悔匿,宁割己财以啖左右之用事者,中心若无所于芥蒂,虽怀怏怏之心,曾不见一毫形之眉睫,非善于用世者,孰能是哉?噫!扬子云:"古之君子不得志则龙蛇。"吾于戴氏见之矣。至(正)二十一年秋九月余以天子命奉使闽越,其舟即戴氏舟也,同舟主人则元帅之弟廷玉别驾也。以其年十月二十一日来泊,用十一月朔日乃发,舣舟于海滨者凡十日,为主人之所延致者,又经两信宿而退,其情其乐其饮馔之丰厚,无一不如前所述,真好礼而慕义者也。经略使伯颜不花公、景仪季公皆科第中第一流

---

① 后文作"彬",未知孰是。

人也,既以义旌其门,予也忝后斯文,居吴越而睹邹鲁,安得不留诗留文以播其名于好事君子?从余游者某某、中书户部尚书李某喜为之记。

此序可能是李士瞻所作《赠戴氏诗》的诗序,内容是叙述《赠戴氏诗》的写作缘由。根据该序,戴氏一族的谱系如下:

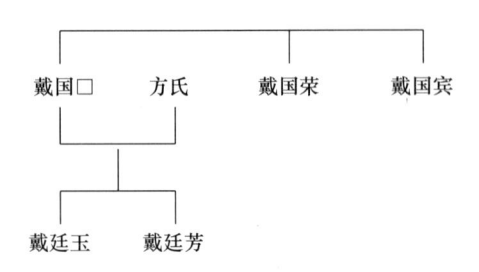

```
       ┌─────┬──────┬──────┐
     戴国□  方氏   戴国荣  戴国宾
       └──┬──┘
      ┌───┴───┐
     戴廷玉   戴廷芳
```

序中明述戴氏一族自宋代以来聚族居于永嘉属县乐清,但为在元末战乱中保全宗族,"拆爨而处,由楚门而竹冈凡三徙焉",也就是说,到元末戴氏家族已经分居于乐清、楚门、竹冈等地。就方位而言,戴氏原居地在乐清何处不得而知,楚门(湾)应位于温、台边界与乐清的北燕荡山之间①,竹冈则是位于北雁荡山东麓的村落②。元代台州路黄岩州东南界有名为"楚门"的海港,与温州玉环岛隔海相望,明代在此地设立

---

① 李士瞻《五更述事》诗叙述了抵达楚门湾之前的情形:"北风撼船头,终夜苦难寐。暂寐遽惊觉,何如不成睡。凌晨欲交晴,喧哗复惊悸。问之见山来,谓是温州际。楚门舟人家,樯帆与心系。谁无遄归念,况乃此辈类。我心重羁劳,所思在王事。造物岂偏顾,悉愿委以遂。寒暑尚有差,神明苦难是。"诗中明言楚门在温州之际,由于舟人(主要是戴氏一族)临近家乡,皆有归家之念,李士瞻只得从众人之意逗留楚门。但他显然无久留之意,在《楚门述怀》诗中提到,"虽沐主家顾,志愿良未舒。情虽公私牵,轻重亦异趋。君家素忠义,所望同吾徒。王程已愆期,日夜畏简书。苟重君父忧,内省还何如。愿君竟兹意,早发勿趑趄。"因此在十一日初二日自楚门湾匆然发船,有诗云:"朝辞戴氏子,暮见燕荡山。此山接天台,一见开我颜。"(诗题为《十一月初二日发楚门》)也就是说,楚门湾应位于温、台边界与乐清的北燕荡山之间,据此其具体位置虽不能断定,但显然是处于南塘戴氏所居温岭与菰田戴氏聚居地永嘉的结合部。以上诸诗俱见《经济文集》卷六,影印文渊阁《四库全书》本。

② 此诗无名,序云:"走也衔命而来,舣舟永之楚门,盖居人戴氏里也。一日邀致于所居之村曰竹冈,杯酒留连,伯仲联侍。居周匝佳山水环绕于其间,间尝游日登眺,一时清远之思,崒然眉聘,昔谢太傅好游东山,未为无谓也。顾余何人,拟迹宰相,不能不愧耳。幸以诗人常谈见恕,是所望也。"诗曰:"雁荡山东是竹冈,林泉清赏胜沧浪。人家散处通潮浦,鸡犬成村自雁行。无数小舟湾柳外,暎山红树绕溪傍。主人惠我游山屐,谢傅情浓乐未央。"

楚门千户所，属松门卫①，即今天浙江温岭市的楚门镇所在。李士瞻泊船十余日的楚门湾应该就是此地，而不是檀上宽所言永嘉一带。另外，序中对于戴氏家系也记载得很清楚。戴氏族长应该是戴国彬，他曾任海道千户，可见戴氏实际上是承运漕粮的船户出身②。至正十四年（1354）丞相脱脱攻打盘踞高邮的张士诚时，戴国彬"率子弟，携义旅，不惮海运，从事金革，舳舻之供、鞭橐之需，皆所自给"，十分卖力。但因脱脱阵前去职，使得他的义举化为泡影。事后为慰劳随其前往高邮的海岛群豪，甚至"宁割己财以啖左右之用事者"。戴国彬之兄戴国荣"近以功授千牛官"，千牛是保卫皇帝或者诸侯人身安全的近侍武职，从戴氏与方国珍有姻亲关系看，他在方国珍庆元幕府担任此职的可能性比较大。戴国彬之长兄早亡，寡嫂为方氏，笔者认为她是出自方国珍一族，但方氏与方国珍的辈分关系不甚明了。根据序文，方氏"是为廷芳昆季之母"，也即戴廷芳、戴廷玉兄弟二人的母亲。考虑到方国珍在浙东三路的统治主要依赖亲族血缘关系来维持，以兄弟子侄分据枢要，自己坐镇庆元，以弟国璋据台州，侄明善守温州。正因为亲缘关系，戴廷芳才得以在方国珍麾下担任元帅，戴廷玉则为"别驾"，应是庆元幕府的侧近文职官员③，李士瞻奉使闽越他作为船主随行。大概也因方氏是出自方国珍一族，所以尽管其夫早亡，但仍然在家族中备受尊崇，不惟"诸叔仲非有大故，勿敢辄见闺门之间"，戴廷玉之妻对这位婆婆（宋元之际儿媳称婆婆为"姑"）④也侍奉得十分周到。根据该序，也可以明确汤和攻打庆元所擒"元帅戴廷芳"就是李士瞻所记的"船主戴廷芳"。从戴氏兄弟热衷于交接达官贵人以邀取名爵的行止看，确如檀上宽所言，乃是元末典型的"海上土豪"，楚门戴氏一族离南塘戴氏聚居之地并不远，但似乎称不上是诗礼传家的士人家族，并且方国珍这种崛起滨海的鱿盐负贩之徒，也

---

① 《筹海图编》卷五《浙江兵防官考·沿海卫所》。
② "海道千户"的全称是海道运粮千户，元代海运的承运机构海道都漕运万户府下辖若干千户所，千户之职多以占籍漕役的富民充任，相关研究可参见陈高华《元代的航海世家澉浦杨氏——兼说元代其他航海家族》（《海交史研究》1995 年第 1 期）、植松正《元代の海運万戸府と海運世家》（《京都女子大学大学院文学研究科研究紀要》2004 年史学编第 3 号）。
③ 邱树森：《中国历代职官辞典》（江西教育出版社 1991 年版）"别驾"条："官名。汉代始置，为州刺史佐吏。因随州刺史出巡时另乘传车，故称别驾，亦称别驾从事史。魏晋南北朝沿置。隋唐曾一度改为长史，后又复原称。宋以后置诸州通判，因职守相同，故通判亦别称别驾。"
④ （宋）赵彦卫《云麓漫钞》卷五："妇谓夫之父曰舅，夫之母曰姑。"

不大可能与作为士人家族的南塘戴氏的正脉缔结姻缘，李士瞻因受到戴氏兄弟的热情招待，所记自然颇多溢美之词，但他也没有提戴氏与南塘戴氏有何关联。当然，也不能完全排除楚门戴氏一族与南塘戴氏同出一脉的可能性。有趣的是，至正十四年（1354）夏四月，方国珍对于奉旨招谕的江浙行省左丞左答纳失里所提出的"授以五品流官，令纳其船，散遣其徒"的要求置若罔闻，"拥船一千三百余艘，仍据海道，阻绝粮运"①，而同年十一月戴国彬却亲率子弟参与高邮之战。从中可以看出戴氏因曾任海道千户，与元朝关系较为密切，对待元朝的态度与方国珍有微妙差别。方国珍后来终于归附元朝并得任海道运粮漕运万户兼防御海道运粮万户，大概与戴氏任职海道千户期间所积累的深厚人脉关系有莫大关联。方国珍之侄方明善守温州期间，"每岁航米及货物至燕交通权贵"②，航海家族出身的戴廷芳、廷玉兄弟二人无疑也在此种接济元廷的海运活动中起到了重大作用，楚门湾也因此成为名公巨卿海上往来的中转站。

截至目前，可以肯定戴氏家族与方国珍有姻亲关系。只是元明之际居住温、台交接地带的戴氏并非只有一支，不能断定都与作为士人家族的南塘戴氏同出一脉。就文献学的角度而言，《经济文集》的作者李士瞻与方国珍及戴氏是同时代的人，所记较之明中后期方志，显然更为可信。自嘉靖《太平县志》以来关于戴氏的记载，都不能坐实戴氏的居地、谱系以及在方国珍政权中发挥的作用。至于其中包含的诸如"黑龙绕柱"之类的传说，更是不能采信。但这并不意味着这些记载就毫无价值，或许，为何嘉靖《太平县志》的编纂者要将戴氏家族与南塘戴氏挂钩，这种攀扯又何以在后出文献中被不加怀疑地采信，方国珍作为一代枭雄，在国家和地域层面的历史叙事中究竟有怎样的形象落差，仍然值得继续深入探讨。

三 方国珍余部秀山陈氏与明初海运

明初实行海运，开始即是为北伐的明军运送粮草。洪武元年（1368）

---

① 《元史》卷四十三《顺帝纪六》。
② 万历《温州府志》卷十八《杂志·窃据》。

明朝大军北伐，汤和受命"造舟明州，运粮直沽；海多飓风，输镇江而还"。① 这是明代第一次海运，但仅仅是一次不成功的尝试。值得注意的是，当时东海海氛不宁，尤其是张士诚及方国珍残部仍然有一定实力。汤和在吴元年（1367）十一月陷庆元之后，旋即进军福建讨灭陈友定，洪武元年（1368）正月还师途中驻昌国，为兰秀山海寇所袭，"失二指挥"，拉开了所谓"兰秀山之乱"的序幕，汤和因此"不得封公"②。关于兰秀山之乱的整个过程，汉文资料多有涉及，但最为详细的还是见于朝鲜外交文书集《吏文》卷二的一则文书，兹全文引用如下：

文书一

中书省据刑部呈：

见钦奉圣旨，为分拣审决兰秀山逆贼事。除钦依审决外，为是林宝一等所供，情未尽实。再行问责得林宝一状供：

系昌国县富七保住民，洪武元年正月二十四日，本保里长卢子中，租赁莽张百户艚船一只，雇募宝一等充梢水，装运官盐赴京。于斜浦装船完备，忽有莽张百户到来对说："兰山叶演三、长涂王元帅、秀山陈元帅等船，都下海了，教我快赶船来，同打明州。"令伊男张子安，与宝一等，行船赶到招宝山，接见陈元帅。莽张百户船败阵前来，就拨宝一等船只，于定海港守把，至三月初七日，有首贼陈魁四，提船等候，拦截大军。至四月十八日，到于崎头，迎见吴都督军船，对敌败退，夏山躲避。后于六月初八日开洋，至十二日到于耽罗。宝一收买海菜，自乘本处洪万户船，到高丽遇见陈魁五等，将布五匹雇倩，肩驼绵布，到于古阜，就留伊家使唤。洪武三年五月二十四日，有朝廷差丁百户等官到来，先将陈魁五等捉获，各贼家小俱各逃避，陈魁八与宝一，前去山藏避，于邻人高伯一家，做饭吃食。将苏木等物与讫本人。至二十八日，宝一忖得，陈魁八必是逃走，又见本贼身畔，藏带金银等物，贪图取要，窥伺陈魁八睡着，用大石块于本人胸堂上，打讫二下身死。将伊身畔金银物

---

① 《明史》卷一二六《汤和传》，第3753页。
② 同上书，第3754页。

件,尽行收要入己。

是实。及责得高伯一供:

系高丽人氏,见于全罗道住坐。洪武二年①五月二十八日,有陈魁五、林宝一到家,将锅做饭,与讫苏木、白矾并衣带八条。后见林宝一,不见陈魁八。问得林宝一,说称:"陈魁八往镇浦去了。"后又与讫玉色纱裙一条,白苎布衣二件。除外别不知谋逆事件。

是实。得此。洪武三年九月二十八日,奏奉圣旨:"林宝一既曾从逆拒敌官军,教处重了。高伯一发回高丽去。钦此。"

除钦依,将林宝一移付都官部处重外,据发回高丽一名高伯一具呈,照验施行。

得此。除将高伯一,就令高丽国差来左使姜师赞等,收领前去外,都省合行移咨,照验施行。

须至咨者,右咨高丽国王。

洪武三年十月初九日。②

日本学者藤田明良利用这则文书结合相关史料,汲取日本学者末松保和及中国台湾学者曹永和的研究成果③,撰写的《蘭秀山の乱と東アジア海域世界—14世紀舟山群島と高麗・日本—》④ 一文是截至目前为止关于"兰秀山之乱"最有分量的论文。但到目前为止有关研究都聚焦于兰秀山之乱的过程及其与明代海禁政策的关联,基本没有提及明代海运的展开与这次动乱之间的因果逻辑关系。特别需要提及的是,明初海运初洪武元年(1368)有记载,但真正有连续记载是从洪武五年(1372)开始⑤。笔者不揣浅陋,试图对兰秀山之乱与明初海运之间的关系予以揭示。以下依据藤田明良的研究并结合相关资料,简述兰秀山之乱的动因及过程。

---

① 根据上文林宝一的供词以及后文判断,此处"洪武二年"似应为"洪武三年"之误。
② [日]末松保和编(前间恭作遗稿):《训读吏文》卷二《兰秀山海贼干连人等高丽高伯一审决发回事》,东京国书刊行会1975年版,第3—6页。
③ 末松保和:《麗末鮮初に於ける対明関係》,《史学论丛》第2号,1941年;曹永和:《试论明太祖的海洋交通政策》,载《中国海洋发展史论文集》第1辑,台湾中研院中山人文社会科学所1984年版。
④ 载《历史学研究》1997年第698期。
⑤ 参见陈波《明初海运与海防的关系》,《郑和研究》2007年第4期。

"兰秀山"作为地理名词，主要见于明代文献，是"兰山"和"秀山"的合称，元代文献《经世大典·漕运二》中曾提到至顺元年（1330）海运所需一千八百海船中，"奉化、揭崎、昌国、秀山等岙一带二十三只"①，而据《民国定海县志》卷一《舆地志·列岛》，兰秀山"本称秀山，与西南兰山相连，故称兰秀山"，也就是说秀山与兰山位于同一岛屿的东北面与西南面，该岛位于今天舟山市马岙镇与岱山县（县治位于岱山岛西南）之间，设秀山乡，行政上隶属于岱山县。上引文书中的"兰山叶演三"及"秀山陈元帅"，无疑分属聚居于同一岛屿东北秀山山麓与西南兰山山麓的叶、陈二姓土豪，而"长涂王元帅"应该是居住于岱山岛以东长涂山岛（今岱山县长涂镇）的王姓土豪，又据民国《定海县志》卷十五《故实志》：

  先是，洪武元年二月，征闽师还，次昌国，岛民叶陈二姓聚劫兰秀山，汤和为所袭，失二指挥。初兰秀山贼叶希戴、王子贤等相怨斗，既而合力拒官军。三月希戴等驾船二百余艘，突入府港攻城。驸马都尉王恭力战获其巨魁，贼溃走昌国，副使吴祯剿平之。②

可知王元帅很可能就是王子贤。另"叶希戴"与文书一中的"叶演三"虽尚难断定是同一人，但至少应为同族。兰山叶姓与长涂山王姓初极不相能，然而在明军驻扎昌国之际，叶、陈等姓豪族突然合流与明军对抗。起兵原因据《明实录》记载，是由于上年方国珍在被汤和部攻打之际"遁入海岛，亡其所受行枢密院印，兰秀山民得之"③。方国珍是否有意亡其"行枢密院印"，现已无从证实，这不过是说叶、陈二姓聚劫兰秀山的行动至少间接得到了方国珍的指令。但方国珍在吴元年（1367）十一月已经投降明军，昌国州达鲁花赤阔里吉思也于十二月以海船四百八十二艘归附④，在方部主力已经归顺的情况下，兰秀山海民才主动进攻明军，从军事角度无异于螳臂挡车，他们若果有意赴援其主，应该在两

---

  ① 《永乐大典》第七册，卷一五九五〇，中华书局1986年版，第6979页。
  ② 《中国地方志集成》浙江省辑第38册，上海书店1993年版，第555页。
  ③ 《明太祖实录》卷三二，"洪武元年五月庚午"条，台湾中研院历史语言研究所1962年校印本，第559页。
  ④ 《明太祖实录》卷二八上，"吴元年十二月辛亥"条，第428页。

个月前汤和兵临庆元之际出动,也就是说《明实录》所说得行枢密院印的起事理由是不充分的。曹永和认为兰秀山之乱是经历了无有拘束的元末时代以及方国珍统治时期自由放任主义政策的兰秀山海民,反抗明初严厉海禁政策的行动,日本学者藤田明良亦持同样的见解。至于动乱的导火索,是汤和攻陷庆元之后明朝政府的战后处理措施。据《成化宁波郡志》卷一《沿革考》:

> 洪武元年,谷琛入朝,改庆元路为明州府,罢在城录事司入鄞县,又立明州卫指挥使司以镇之。①

首任明州卫指挥使,即是上文所提到的驸马王恭。又据《敬止录》卷二十二《武卫考上》,"皇明洪武元年,立明州卫指挥使,命驸马王恭镇守,辖五千户所。二年,指挥陆龄收集方氏亡卒,及并金华、衢州等处官兵,增为十所"②。明初卫所制的建立沿袭了元代的军户制度,一旦被签发为军户,世世代代都不能免除兵役,一般民户都视从军为畏途。元末群雄的旧部是明初卫所士兵的重要来源之一,对于兰秀山海民而言,明朝政府在明州收集方氏亡卒设立卫所的事态,可能使得他们感受到无形的压力,意识到明朝严厉的国家统制迟早要危及自身跨海域生存的固有生活状态,因此铤而走险主动发难。

据文书一,林宝一是昌国富七保的居民,富七保是昌国州所属富都乡③所属九都之一。他受雇于保长卢子中,后者租赁了"莽张百户"的艚船一只,装运官盐赴京(应天府)。在斜浦装船将发之际,莽张百户突然前来对说:"兰山叶演三、长涂王元帅、秀山陈元帅等船,都下海了,教我快赶船来,同打明州。"这句白话无疑是莽张百户传达陈元帅等头目的军令,由此可见虽然名义上浙东岛屿居民随着旧主方国珍的降伏已经成为明朝子民,但方国珍时代所遗留的军事动员体制对于他们依然具有号召力,卢子中等人在该体制中受莽张百户节制。于是林宝一随同"伊男张子安"(莽张百户之子)前往招宝山与陈元帅会合,招宝山峙立于甬江

---

① 《北京图书馆古籍珍本丛刊》第 28 册,书目文献出版社 1998 年版,第 5 页。
② 《北京图书馆古籍珍本丛刊》第 28 册,第 477 页。
③ 《大德昌国州图志》卷一《叙州·境土》,《宋元方志丛刊》第 6 册,中华书局 1990 年版,第 6064 页。

入海口，大概是兰秀山海民攻打明州城的前沿基地。参与攻打宁波的莽张百户等人即败阵回还，令林保一等船溯甬江而上，至定海港守把，定海（今镇海）位于甬江下流，"守把"意味着兰秀山海民虽败于驸马王恭，但仍未放弃封锁明州从而最终夺占的意图。三月突入府港兵临明州城下的叶希戴所部多达二百余艘，似并不包括设立水上封锁线的林宝一等船在内。并且叶、陈二姓袭击驻扎昌国的汤和部约在二月，也就是说至少还有一部分海民负责迎击征闽还师的明朝水军，可见参与此次行动的海民数目非常惊人，并且做了"围城打援"的周密部署。三月七日，"首贼陈魁四"率领水军拦截赴援的明军，林宝一似乎参与其中，四月十八日陈魁四所部到达崎头洋面，"迎见吴都督军船，对敌败退"，吴都督就是名将吴祯，崎头洋①位于今舟山市东南洋面，是明军赴援明州的必经水道，洋面宽阔，适于大规模海战。从海战发生的时间看，离汤和部还次昌国已经有一段时间，可能吴祯所部明军还师要后于汤和部。

崎头洋海战中兰秀山海民遭到决定性的失败，参与战事的林宝一在夏山（今地不详）躲避近两个月后，于六月八日开洋，十二日到达耽罗（即今韩国济州岛），干起"收买海菜"的营生，这里所谓"海菜"是济州岛的特产之一，汉语又称裙带菜。他乘坐"洪万户船"，到高丽与陈魁五不期而遇，陈魁五此人来历不详，但依其名看，应与参加崎头洋海战的陈魁四是兄弟。陈魁五以"布五匹"的价格将林宝一雇作劳力，随其驼棉布到古阜（属全罗道），与其家小一起生活。但是好景不长，洪武三年（1370）五月二十四日，明朝派遣丁百户等人到高丽追拿兰秀山余众，陈魁五被捉拿，其家小各自逃窜。林宝一与陈魁八藏匿于高丽人高伯一家，因贪图陈魁八的财物将其杀害。关于明朝派人前往高丽捉拿兰秀山余众之事，《高丽史》卷四十二《恭愍王五》十九年（洪武三年，1370）六月辛巳条记曰：

> 中书省遣百户丁志、孙昌甫等，来究兰秀山叛贼陈君祥等。咨曰：君祥等积年在海上作耗。大军克平浙东之后，本贼既降，复叛

---

① 2009年1月11日笔者借参加由浙江工商大学举办的"舟山普陀与东亚海域的文化交流"国际学术研讨会之际，随同日本学者一起前往六横岛（明代称双屿）考察途中，曾经过崎头洋，藤田明良先生曾提醒笔者出舱观看该洋面的地理情形。

劫杀将官。已尝调兵征讨,其贼畏罪逋逃。今有明州人鲍进保自高丽来告,君祥等挈其党,见于王京、古阜,匿罪潜居王国,必所未知,抚以为民。其贼诡计偷生,奸心实在,若使久居王国,将见染惑善良,为患匪轻,忽然复归其穴,则往来既无少阻。请将贼徒解来,明正其罪,庶绝奸恶。王命并其妻子及财产以送,凡百余人。①

《高丽史节要》卷二十九恭愍王十九年(1370)六月辛巳条对此事也有记载,内容稍有出入:

又遣百户丁志、孙玉来,执兰秀山叛贼陈君祥、陈魁一等以归。先是,君祥等居江南,诈降于明,杀官吏,率徒百余人航海而来,居于古阜。②

综合文书一、《高丽史》及《高丽史节要》的记载,陈君祥、陈魁一、陈魁四、陈魁五、陈魁八等人显系同族,藤田明良认为后四人是兄弟,且从《高丽史节要》将陈君祥之名置于陈魁一之前推断陈君祥应是后四人的父辈,或许就是文书一中的"秀山陈元帅"。笔者基本同意藤田明良先生的看法。也就是说,截止到洪武三年(1370)五月二十八日,参与兰秀山叛乱的秀山陈氏一族,陈君祥、陈魁一、陈魁五被明朝捕获,陈魁四下落不明,陈魁八被参与叛乱的梢水林宝一杀害。

但是,以秀山陈氏一族为首的百余人被高丽恭愍王遣送明朝之后,明朝究竟如何处置这些人,由文书一不得而知,藤田明良也没有说明。实际上,《吏文》卷二《在逃粮船梢工陈均祥起取发来事》透露了相关信息,兹将该文书全文引用如下:

文书二

定辽卫都指挥使司据令史罗南山呈:

洪武五年七月初五日,抄蒙总兵官征虏副将军荣禄大夫吴相府

---

① 《四库全书存目丛书》,史部第160册,齐鲁书社1996年版,第97页。
② 首尔大学藏奎章阁本(图书编号"贵3556"),第29册,第5页。

左相靖海侯案验：

该为粮储事。着据金州戍御官定辽卫都指挥佥事王才，起取横海卫千户刘文、百户汪名，到官问责得各人状供：

乘驾顺字四号海船，装载官粮一千九百九十硕，跟随本卫指挥杨沂等，攒运北平粮储。洪武五年四月初二日，太仓开洋行使。至当月二十日，失离船宗。因值飓风，有梢工林转五等，故将粮船使开，漂至高丽王京地面山岛湾泊。当有梢工陈均祥、张顺保、军人林得九、余成五、林进，登岸取讨柴水在逃。随令百户汪名，将引小旗计成、军人陈宝七、金真一根寻，被本处马军三十余骑带四角笠子，将计成等捉拿前去。当有梢工林转五，将船开使，至五月二十日，到金州马胸岛，于石礁上打碎船只，所装官粮俱各漂流，淹死军人二名。

得此。除将梢工林转五取问明正典刑外，据在逃梢工军人陈均祥等五名，被捉旗军计成等三名，必合勾取。为此。仰令定辽卫令史抄案呈卫，行移高丽国，即便根勾在逃梢工陈均祥等到官，差人牢固管押。并被捉旗军计成等，一同伴送赴定辽军前，听调施行。

奉此。呈乞施行。

得此。今差奏差程忠前去，合行咨呈，伏请照验。烦为根勾在逃军梢陈均祥等到官，差人牢固管押发来。转解施行。

须至咨呈者。

右、咨呈高丽国王。

洪武五年七月初九日。①

这则文书无人提及它与兰秀山之乱有何关系，其实该文书开头提到的"吴相府左相靖海候"，就是明初从太祖朱元璋起兵的开国元戎吴良之弟吴祯，也即是文书一中所提到的吴都督。吴祯在镇压整个兰秀山之乱的全过程中功勋最著。综合《明实录》及《明史》的记载，可知吴祯于洪武四年（1371）底基本平息兰秀山之乱，自洪武五年至十一年间（1372—1378）总督海运②。吴祯在崎头洋击败兰秀山海民之后，其余众

---

① 《训读吏文》卷二《在逃粮船梢工陈均祥起取发来事》，第13—15页。
② 参见陈波《明初海运与海防的关系》，《郑和研究》2007年第4期。

除以秀山陈氏一族为首的一干人等奔窜高丽外，另有一股溃入象山县掀起动乱，时间是在当年五月：

> 昌国州兰秀山盗入象山县作乱，县民蒋公直等集乡兵击破之。初，方国珍遁入海岛，亡其所受行枢密院印，兰秀山民得之，因聚众为盗。至是入象山县，执县官，劫掠居民。公直与王刚甫率县民数百人欲击之。①

象山县民蒋公直及王刚甫率乡兵成功击破这股兰秀山余众，似乎是在洪武二年（1369），据乾隆《象山县志》（乾隆二十四年刻本）卷十《人物三·王刚甫传》记载：

> 明洪武二年，兰秀山贼据县，欲劫令丞入海，刚甫与其友蒋公直谋曰："狂竖据县治执上官，罪应死，然事闻于朝，大兵至，邑民多受害矣。盍先格杀之？"乃募众掩击，歼其渠二十余人，释其众喻之曰："若曹良民，第胁于贼。"众皆叩头散去。初京师遣军二万讨贼，将尽歼之，抵钱塘，闻贼授首，乃撤回。乡人泣曰："微王君，吾邑生灵尽矣。"令孔立欲上其功，却之，遂让之公直。

值得注意的是，兰秀山海民进入象山县并占据县治，显然有很多县民与之呼应，从明朝政府派遣两万军队前来镇压的激烈反应，以及乡人事后对于平息事态的王刚甫的感激之情不难看出，似乎明朝将此事视为兰秀山海盗为首、整个象山县县民都参与其中的叛乱，也就是说，明朝政府对于方国珍旧部军民缺乏基本的信任感。洪武三年（1370），明朝政府根据明州商人鲍进宝提供的情报，派遣百户丁志等人前往高丽，要求高丽遣送陈君祥等一百余叛乱分子回国，这并不意味着对于兰秀山海民的处置结束，据《明太祖实录》洪武四年十二月丙戌（十二月七日，1372年1月13日）条：

> 诏吴王左相靖海侯吴祯籍方国珍所部温、台、庆元三府军士，

---

① 《明太祖实录》卷三二，洪武元年五月庚午，第559页。

及兰秀山无田粮之民，尝充船户者，凡十一万一千七百三十人，隶各卫为军。仍禁濒海民不得私出海。①

这似乎表明明朝政府试图对于所有方国珍旧部军民，施以严格的国家统制，将其编入卫所，实行个别的人身支配无疑是最佳的选择。曹永和认为所谓"仍禁滨海民不得私出海"，表明明朝此前就已颁布海禁令，洪武四年（1371）不过重申旧禁而已。而在笔者看来，这条史料还揭示出，方国珍所部军民在元代以来多为船户，素习舟楫，明军在镇压兰秀山之乱后，仍试图利用他们这种能力，为海防服务。进一步说，明初海运方国珍旧部应该也发挥了重要作用。这种假设是否成立呢？据文书二可知洪武五年（1372）四月在海运途中乘飓风发生之际逃亡高丽的梢工陈均祥，其名字与前文所提到的"陈君祥"仅有一字之隔，此二人很可能是同一人。嘉靖《江阴县志》卷十六《名宦》对于吴祯有如下记载：

> 洪武元年正月进攻延平，禽友定，闽海平，公（吴祯）还次昌国。会海盗叶松坡、陈均祥据兰秀山作叛，公调兵悉剿之。三年论功行赏，授开国辅运推诚宣力武臣荣禄大夫柱国靖海侯，食禄一千五百石，赐铁券，子孙世袭。五年壬子，诏发兵东戍定辽，公总舟师数万，由登州转饷以给海运，大济。②

据该史料，兰秀山海盗的头目名"陈均祥"，与艄公"陈均祥"正好同名，就史料本质而言，嘉靖《江阴县志》和《在逃粮船艄公陈均祥起取发来事》的记载都出自明朝一方，所记相同大概并非巧合。"陈君祥"有兰秀山作乱前科，又在海运中途逃脱，名为"君祥"③，当然颇为明朝政府所忌，因此在发给高丽国王的咨文中将其名改为"均祥"。而《高丽史》及《高丽史节要》作为域外史籍记载外邦之人的名讳，讳法自不及明朝谨严，所记"陈君祥"反而更可能是其本名。

并且，文书一所记参加兰秀山之乱的陈魁五、林宝一、张百户等人

---

① 《明太祖实录》卷七〇，洪武四年十二月丙戌，第1300页。
② 《天一阁藏明代方志选刊》第13册，上海古籍书店1981年版，第20页。
③ 宋代偶有禁人名寓意僭窃之例，无非是"天君玉帝上圣皇龙"等字，不得取为人名，寓王霸之意。明初讳字虽不详，但以朱元璋猜忍的个性和肃杀的政治氛围，极有可能沿用。参见林德春《历代避讳特点浅议》，《松辽学刊》1994年第2期。

名，如果与文书二中在逃艄公陈均祥、林转五、张顺保及军人林得九、林进等人名相对照，不难发现林、张、陈等姓氏相同，而兰秀山之乱，在笔者看来，就是包括林、张、陈等江浙沿海豪族为首发动的针对朱明政权的反抗斗争。即使不能认定"陈君祥"即是"陈均祥"，但可以断定文书一中所提到的兰秀山乱民，与文书二中的海运旗军及艄工同为方国珍旧部。也就是说，明朝在镇压兰秀山之乱后，将方国珍旧部贯熟舟楫之军民编入卫所，并利用他们来从事海运。文书二中的艄公陈均祥、林转五、张顺保及军人林得九、林进之所以在海运途中逃亡高丽，无非反映了他们作为元末以来盘踞东海的海上豪强，不甘于编隶行伍，被海运体制所严格束缚的放恣不羁的一贯性格而已。又如前所述，元末以来方国珍政权与高丽方面有密切的政治经济联系，高丽王京之地，由于与江浙地域频繁通商的缘故，利益关系盘根错节，陈君祥等一百余人逃至高丽王京古阜之地，竟能安然居住，如无当地居民的容忍乃至官宪的默许，是不可能实现的，实际上据《高丽史》记载，兰秀山余众逃至高丽后，甚至与高丽官员打交道，事闻于朝，令朱元璋大为光火①。同样，文书二中的陈均祥等一千人等若非方国珍的旧部，与高丽王京的当地居民有密切联系，也不可能在海运中途不顾干犯明朝严厉刑宪之后果，而贸然逃往高丽。且该文书径以"在逃粮船艄公陈均祥起取发来事"为题，陈均祥似为这些逃军的主首，而究其逃亡过程，先是艄公林转五"故将粮船使开"，然后陈均祥等乘机"登岸取讨材水"逃亡，明显是声东击西密切配合的有预谋的行动。总之，"陈均祥"即"陈君祥"，是完全可以成立的判断。

综合文书二、《高丽史》、《高丽史节要》以及嘉靖《江阴县志》的记载，陈君祥的经历大致如下：吴祯在洪武元年（1368）平定陈君祥（即陈均祥）为首发起的兰秀山叛乱，陈君祥兵败不敌降于吴祯，但不久"复叛劫杀将官"，并逃亡高丽，洪武三年（1370）明朝派百户丁志、孙昌甫将其缉拿回国，并编入吴祯所部，于洪武五年（1372）四月出海运粮，但他可能不甘劳役之苦，中途再度逃亡，而作为总督海运的总兵官

---

① 《高丽史》卷四三《恭愍王六》（《四库全书存目丛书》，史部第160册，第97页）："（恭愍王二十一年五月）甲戌，……政堂文学韩仲礼买兰秀山贼船。帝闻之曰：'宰相不当买贼船，宜速推还。'船已坏。六月丁丑，下仲礼于巡军狱，督令修之。"

以及镇压兰秀山叛乱的指挥者，吴祯对于此事自然有无可推卸的责任，因此发咨文给高丽国王，要求"根勾在逃军艄公陈均祥"回国。陈君祥等人最终可能都无法摆脱编隶行伍的命运，其遭遇是当时参与兰秀山之乱的岛屿居民最终命运的一个缩影。

明初秀山陈氏一族：

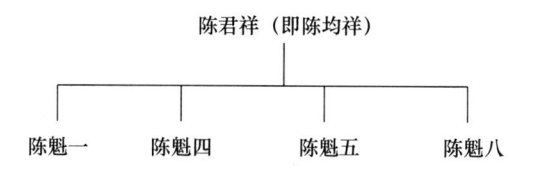

```
              陈君祥（即陈均祥）
     ┌──────────┬──────────┬──────────┐
   陈魁一      陈魁四      陈魁五      陈魁八
```

至于为何陈君祥等为代表的兰秀山海民在其旧主降伏之后，仍不断反抗。郑若曾《郑开阳杂著》卷九《海运图说》颇能说明问题：

>自至元以迄天历六十余年间，海运不废，总其所失米数曾不能以十一，盖彼时向意海运，召募两浙富户素习海涛之人，而以沙民朱清张瑄为之使，且又禁网疏阔，能与民间同其利。至国初迁都北平，议行海运，编定里甲，递年轮差，夹带私盐者没入之，更审以法。且造船多不如式，督运多不得人。故乡民数逢其害，咸以为不便。诚如元时故制，召募沿海巨室，自备人船海运，每运米万石，给予耗米、行粮四千石，许载私货，回盐以酬其劳。连年有功者，量授以官人，谁不乐效用乎？但当自雇番客、灶丁、渔人、盐徒惯习海涛者，听其所欲，不可强定腹里军民不习水性之人，以败乃事。①

郑若曾通过比较元明海运，指出元代禁网疏阔，通过给予耗米、行粮，"许载私货，回盐以酬其劳"，"连年有功者，量授以官人"的利益激励机制，民间能共享利益，从而连海盗出身的朱清、张瑄也甘效驱驰。而方国珍其实与宋元之际的朱、张之流有相同性格，明朝建立后，编定里甲，严行海禁，方国珍旧部中元代船户众多，骤失暴利，当然蜂起反抗。换言之，元明政权海上政策的不同取向是江浙地区滨海民众对于元明海运持不同态度的重要原因。当然，元代宽纵放任的海运体制实际上

---

① 文渊阁《四库全书》，第584册，第631页。

有利于滨海有力之家而不利于一般船户，可以说是催生元末滨海社会两极分化阶级格局的重要诱因之一，最终使得海运体制趋于崩溃。而明代过于严切的海上政策，则最大程度上压缩了滨海民众的获利空间，使得他们对于海运普遍持消极态度，最终使得海运难以为继。

余 论

岳飞后裔岳珂在其笔记《桯史》中记载了南宋海盗郑广的故事：

> 海寇郑广，陆梁莆福间，帆驶兵犀，云合亡命，无不一当百，官军莫能制，自号"滚海蛟"。有诏勿捕，命以官，使主福之延祥兵，以徼南溟。延祥隶帅阃，广旦望趋府，群僚以其故所为，遍宾次无与立谭者，广郁郁弗言。一日晨入未衙，群僚偶语风檐，或及诗句，广蘷然起于坐曰："郑广粗人，欲有拙诗白之诸官，可乎？"众属耳，乃长吟曰："郑广有诗上众官，文武看来总一般。众官做官却做贼，郑广做贼却做官。"满坐惭噱，章以初好诵此诗，每曰"今天下士大夫愧郑广者多矣，吾侪可不知自警乎？"[①]

这个故事传播很广，在南宋似乎很有名，可以说是宋代特别是南宋奇妙政治生态的反映。宋室为金人所迫，南下成偏安之局，作为一个流寓政权，立国之初就不得不面对由于失去政治管控而遍地蜂起趁火打劫的盗贼，而北边金朝及伪齐政权的军队虎视眈眈，军事力量有限的南宋朝廷遂将招安崛起草泽的"强贼"，作为一种稳定地方的常用手段，时人有"仕途捷径无过贼，上将奇谋只是招"[②]之讥。草莽英雄往往也乐得以杀人放火为骧登朝堂的终南捷径。此等崛起草泽之强豪，往往粗鄙无文，一旦登仕朝堂，与彬彬诸吏共事，难免为彼等所不容。当然反过来，前者亦未必与后者相侔，于是相互倾轧在所难免。郑广的故事在宋代以来的文献中屡屡出现，被作为一个规劝士大夫洁身自好的反面教材。之所

---

① 岳珂：《桯史》卷四《郑广文武诗》。
② 庄绰撰：《鸡肋编》卷中。

以如此，一方面是因为招安在后世曾经常被统治者用来作为一种军事手段之外绥靖强梁的政治策略，另一方面，这个故事也反映了前近代滨海地域的社会力量参与政权进入国家体制的一种特殊方式。从中国海上势力发展的长时段来看，郑广在宋代以来有无数的翻版，元末的方国珍与元初首创海运的朱清、张瑄以及明末清初的郑氏某种程度上具有同质性①。

但是这并不是说，中国自宋代以来，海上势力只是时而脱逸于国家束缚，时而进入国家体制系列，在王朝鼎革的往复循环中反复进出体制而原地踏步。宋元之际以朱清、张瑄为首的海民集团，在元王朝建立之后与国家权力达成妥协，并通过承运海漕和市舶贸易等事业蛰伏于国家体制内部，其行止则无非"占刈官芦"、"贩盐行劫"、交通诸番、跋扈海上，是为一种有活力而无理想的海上势力；而元明之际以方国珍为首的海上势力，以沿海私贩和海外贸易为经济支柱，成为制霸东海、跨越国界活动的强大政治实体，在反元斗争中起到重要作用，但因无法与内陆诸割据势力相颉颃而首鼠两端，如方国珍虽据浙东三路，仍不免"朝送款于西，暮送款于北"②以求自全，最终沦为拥兵自雄、剥民自奉的军阀割据势力；而明末清初的郑氏海商集团，在经济上依托国际贸易壮大自身，政治上就抚于明王朝镇绥海疆，与西方海上殖民势力逐鹿于东亚海域。明朝灭亡之后仍支撑南明政权与清廷抗衡，甚至在南明灭亡之后驱逐荷兰殖民者雄踞台湾，显然已脱离纯粹逐利的海商本色，而有了独立的政治诉求与政治品格。总而言之，从宋末元初的朱清、张瑄集团，经历元明之际的方国珍政权到明末清初的郑氏海商集团，中国东南滨海民众结集生成的海上势力呈现曲折前进的发展轨迹，并跨越王朝国家的更替，通过国家权力空间边界的夹缝，在东亚海域交流中扮演了极为重要的角色。其中方国珍政权在中国民间海上势力的发展史中，无疑占据承前启后的重要历史地位。

---

① 关于朱清、张瑄的相关事迹，不拟过多涉及，可参见夏定域《元朱清张瑄事迹录》，《浙江大学文学院集刊》第三集，1943年8月。

② 《明太祖实录》卷二十三，吴元年四月乙未条。

明初起遣岛民与海上备御实态考察

牛传彪

洪武年起遣悬海岛民是朱元璋禁海与防海政策的重要内容，对有明一代海上秩序及备御产生重大影响。与明末清初迁界相比，[①] 明初起遣岛民事件似未得到应有的学术关怀。尽管早先有安京、陈春声等触及明初福建部分海岛及广东南澳岛徙民等问题，但其着力点分别在介绍古代海界形态与明前期潮州海防建设影响中的人地关系。[②] 近年来，谢湜又围绕舟山群岛、乐清湾玉环等处探讨东南沿海自明代倭乱至清初迁界以来地方社会的变迁机制与区域语境。[③] 但整体而言，洪武朝起遣岛民似有诸多未发之义。洪武年间起遣岛屿的界限及各地起遣实况至今似尚为清晰理出；起遣后岛域状态及其对海上备御的影响尚不明确；明中期主张在海

[①] 学界关于明末清初迁界成果丰硕，代表性者如［日］浦廉一《清初迁界令考》，赖永祥译，《台湾文献》第六卷第4期，1955年；谢国桢：《清初东南沿海迁界考》《清初东南沿海迁界补考》，《明清之际党社运动考》，中华书局1982年版；顾诚：《清初的迁海》，《北京师范大学学报》1983年第3期；李东珠：《清初广东"迁海"的经过及其对社会经济的影响》，《中国社会经济史研究》1995年第1期；陈春声：《从"倭乱"到"迁海"——明末清初潮州地方动乱与乡村社会变迁》，《明清论丛》2001年第2辑；韦庆远：《有关清初禁海和迁界的若干问题》，《明清论丛》2002年第2辑；鲍炜：《迁界与明清之际广东地方社会》，博士学位论文，中山大学，2003年；林修合：《从迁界到复界：清初晋江的宗族与国家》，硕士学位论文，台湾大学，2005年；叶锦花：《迁界、复界与地方社会权力结构的变化——以福建晋江浔美盐场为例》，《福建论坛》（人文社会科学版）2012年第5期；龚缨晏：《南田岛的封禁与解禁》，《浙江学刊》2014年第2期；赵轶峰：《关于清初粤东迁海民生代价的思考》，《中国史研究》2014年第3期。其他兹不赘述。

[②] 安京：《试论中国古代海界问题》，《中国边疆史地研究》2000年第6期；陈春声：《明代前期潮州海防及其历史影响》，《中山大学学报》2007年第2—3期。

[③] 谢湜：《"其人如在"——14—18世纪舟山群岛的国家与社会》，《宋元明国家与社会高端学术论坛》，南开大学，2013年10月，第321—337页。谢湜：《14—18世纪浙南的海疆经略、海岛社会与闽粤移民》，《学术研究》2015年第1期。

岛屯田、复县等呼声与起遣及防卫有何关联、缘何又屡议屡止等问题尚需探索。故拙文聚焦上述问题，钩稽史料，刍作探研。

一 洪武年间起遣岛屿的界限以及其实况

东南沿海江浙闽广诸处，自南宋起即聚集着数量可观的"贩海之商"。[①] 忽必烈平宋后，其重商、重市舶政策继续推动着东南海商崛起。[②] 朱清、张瑄等开创的海运体制，在催生出一批海运豪户的同时，也增强了海道所经地域的战略区位优势。[③] 然而，至朱元璋立国时，大明面临着与宋元迥异的海上形势。

元末，张士诚、方国珍等军功漕户分据苏、松、通、泰、杭、嘉、宁、绍、温、台、庆元诸郡。朱元璋降灭方、张后，其残党"窜入岛中"，"煽诱倭奴，相与为乱"，[④]"以故洪武中倭数略海上"。[⑤] 此时西北战事尚未完全结束，沿海诸省卫所建置普遍偏少，朱元璋采取禁海、与日本南朝交涉及出海巡捕倭寇策略，阻遏倭夷与海盗的合流。同时，借机起遣海岛居民入内地，实行所谓的"清野之策"。甚至部分沿海州县的基层乡里处在海岛之上者也在迁入内地安插。

起遣岛民的事件自洪武三年（1370）以来即见诸史料。洪武三年（1370），安禄侯奏徙温州外海之苔山岛民入内地以避倭患。[⑥] 四年（1371）十二月，靖海侯吴祯受诏籍方国珍所部温、台、庆元三府军士及

[①] 葛金芳：《南宋东海商群体的构成、规模及其民营性质考述》，《宋元明国家与社会高端学术论坛会议文件》，第154—164页。

[②] 李治安：《元和明前期的江南政策与社会发展刍议》，《宋元明国家与社会高端学术论坛会议文件》，第190—195页。

[③] 关于海运问题的相关研究，可参阅高荣盛《元代海运试析》，《元史及北方民族史研究集刊》第7辑，南京大学出版社1983年版；陈高华《元代的航海世界澉浦杨氏——兼说元代其他航海家族》，《海交史研究》1995年第1期；陈波《海运船户与元末海寇的生成》，《史林》2010年第2期；陈波《元代海运与滨海豪族》，《清华元史》（创刊号），商务印书馆2011年版等。

[④] （明）茅坤：《茅鹿门先生文集》卷二《书·与李汲泉中丞议海寇事宜书》，《续修四库全书》，第1344册第476页。

[⑤] （明）郑晓：《吾学编·皇明四夷考·日本》，北京图书馆古籍珍本丛刊，出版年不详，第12册，第706页。

[⑥] （明）王瓒：《抚安塘记》，弘治《温州府志》卷十九《词翰志》，《天一阁藏明代方志选刊续编》，第32册，第1028页。

海中兰、秀山无田粮之民尝充船户者 111730 人隶各卫为军。① 十五年（1382）闰二月，命南雄侯赵庸籍广州海岛疍户万人为水军。② 此时起遣的人户，除民户、军户、船户、疍户外，尚有渔丁、盐徒及无恒产者，各地虽见有零星记载，但大规模的持续性海岛起遣似未完全开启。至洪武二十年（1387），情况方有显著变化。

这次起遣源发于舟山附近兰、秀、剑、岱、金塘五山争利，③ 按照明人郑若曾的说法，岛上民户"内相仇杀，外连倭夷，岁为边患"。④ 洪武二十年（1387），汤和经略海上时以其民孤悬，徙之内地，改隶象山县。⑤ 对此，乾隆《象山县志》云："信国疑苞蘖之萌也，乘兰、秀二山土寇之扰，定谋废县，而四十六山、南田十有余盉禾黍尽为榛莽矣。"⑥ 实际上，舟山岛上居民并未完全起遣。

按舟山地方原置昌国县，辖富都、金塘、安期、蓬莱四乡，另有昌国卫。洪武二十年（1387）起遣海岛居民时，革县治，移置昌国卫于象山县天门山。⑦ 四乡之中，金塘、安期、蓬莱三乡居民完全起遣内地，富都乡则存留四里 500 余户居岛，其行政管辖有定海县带管。⑧ 其外兰、秀、剑、岱、金塘、大榭诸岛民也在此时遣入内地。⑨ 浙闽沿海其他诸岛居民起遣也随之展开。

宁波外海有南田山，原设三里村落，居民繁盛，有田地 30 顷，洪武时也被起发，"遂空其地"。据崇祯《宁海县志》载，此地发遣也在汤和

---

① 《明太祖实录》卷七十，洪武四年十二月丙戌，台北：中研院历史语言研究所校勘本，1962 年，第 1300 页。

② 《明太祖实录》卷一四三，洪武十五年闰二月癸亥，第 2252 页。

③ 民国《定海县志》卷十五《故实志》，中国方志丛书，成文出版社 1970 年版，华中第 75 号，第 459 页。

④ （明）郑若曾：《筹海图编》卷五《浙江事宜》，《中国兵书集成》，解放军出版社，辽沈出版社 1990 年版，第 16 册，第 474 页。

⑤ （明）郑若曾：《郑开阳杂著》卷一《舟山守御论》，文渊阁《四库全书》，第 584 册，第 478 页。

⑥ 乾隆《象山县志》卷六《经制志三》，中国方志丛书，华中地方第 476 号，第 409 页。

⑦ 嘉靖《象山县志》卷一《建置纪》，《天一阁藏明代方志选刊续编》，第 30 册，第 29 页。嘉靖《宁波府志》卷八《兵卫志》，中国方志丛书，华中地方第 495 号，第 879 页。谢湜考订昌国卫原设于象山而非舟山之说不确。（《"其人如在"——14—18 世纪舟山群岛的国家与社会》，《宋元明国家与社会高端学术论坛》，第 324 页）

⑧ 民国《定海县志》卷一《舆地志·建置沿革》，第 42 页。

⑨ （明）郑若曾：《筹海图编》卷五《浙江事宜》，第 474 页。

起遣岛民之时。起发的原因在于汤和认为此地"易于通倭"。① 附近石坛山、大佛头等处也被遣徙，成为"空地"。② 太平县东南海中有石塘山，"以倭寇数犯境"，居民被徙居腹里，"遂墟其地"。③ 台州之玉环岛，洪武二十年（1387）徙入腹里。史籍中言"一洗而空之"，未留有人户。其他如南麂、东洛、高丕等岛屿之民也在洪武间为汤和所徙。④

福建沿海不少岛屿居民也在洪武间起遣内地。如福宁州外海有崳山，居民稠密，垦土成田，江夏侯周德兴以其地"孤悬海中，徙其民于七八都，此地遂废为荒榛"。⑤ 按周德兴经略福建缘海防卫也在洪武二十年（1387），崳山岛民起遣大概即在此时进行。⑥ 福州府连江县海上有上、下竿塘山，以防倭缘故，也在二十年"徙其民，附城以居"。⑦ 海中有海坛山，周遭700里，原先居民布散村落。洪武二十年（1387），"以倭寇猝难备御，尽徙其民于县"。双屿、小练山、草屿、东草屿、堂屿、盐屿等岛居民也于洪武二十年（1387）徙于连山县安插。⑧ 泉州同安县古浪屿有居民2000余家，洪武时起遣入内地。⑨ 其他如诸如福宁浮膺山，莆田县上黄竿、下黄竿、湄洲，惠安县东屿，晋江县澎湖，同安县大嶝岛、小嶝岛、彭舆屿、夹屿等岛居民也被起遣。⑩ 闽广交界之南澳岛也被起遣，成为"遗弃之地"。⑪ 广东珠江口三灶岛多有盗贼，洪武时都指挥花茂遣其民，"永不许耕"。新会县上、下川岛"居民以贾海为业"，洪武时为防海盗，也迁其民。⑫

至洪武二十五年（1392），部分地区因海上盗寇之乱，仍有起遣海岛

---

① 崇祯《宁海县志·山川》卷一《舆地志》，中国方志丛书，华中地方第503号，第67页。
② 乾隆《象山县志》卷二《地理志》，第172页。
③ 嘉靖《太平县志》卷一《地舆志上》，《天一阁藏明代方志选刊》，第22册，第16页a。
④ （明）王在晋：《皇明海防纂要》卷五《靖海岛以绝衅端议》，《续修四库全书》，第740册，第15页。
⑤ 万历《福宁州志》卷一《舆地志上》，《日本藏中国罕见地方志丛刊》，书目文献出版社1990年版，第28页。
⑥ 《明太祖实录》卷一八一，洪武二十年三月戊子，第2735页。
⑦ 弘治《八闽通志》卷四《地理志·山川》，中国史学丛书，台湾学生书局1987年版，第3编第4辑，第257页。
⑧ 弘治《八闽通志》卷五《地理志·山川》，第263、271页。
⑨ 弘治《八闽通志》卷七《地理志·山川》，第387页。
⑩ 安京：《试论中国古代海界问题》，《中国边疆史地研究》2000年第6期。
⑪ （明）郑若曾：《筹海图编》卷三《广东事宜》，第319页。
⑫ 嘉靖《香山县志》卷一《风土志》，《日本藏中国罕见地方志丛刊》，第302页。

居民的事件发生。如二十年五月，徙福建孤山断屿之民居沿海新城，官给田耕种。① 十二月，广东都指挥使花茂奏徙大溪山、横琴山岛上逋逃匿户等1000余户为军等。② 此后，史籍中未见大规模起遣岛民的记载。起遣缘何集中在洪武二十年（1387）前后，而又在洪武二十五六年结束？似与朱元璋开始加重海上防卫有关。

　　洪武十七年（1384）前后，西北与云南战事基本结束。但朱元璋与日本南朝怀良亲王在关于倭寇问题的多次交涉依然无果，③ 其间倭寇继续寇掠缘海诸郡，④ 遂命汤和、周德兴等经略浙、闽等处沿海防务。⑤ 汤和等人最大举措就是添置沿海卫所、籍民为军、修筑城池。起遣岛民也在此时持续性进行。在某种程度上，洪武二十年（1387）大规模起遣岛民与汤和之卫所建设似存有一定关联。如浙江都司添置卫所的高潮集中在洪武十九年（1386）、二十年（1387）两年。此前浙江卫所基本是一府一卫或一所，东南沿海仅有宁波、昌国、温州三卫及定海一所。⑥ 十九（1386）、二十（1387）两年，浙江沿海共增八卫二十七守御千户所。至于军力来源，多数从沿海府州县民户内抽籍，⑦ 起遣海岛居民为卫所军户似乎也是其有效手段之一。而且部分史籍中确实可以看到以迁徙的海岛居民充卫所旗军的记录。如《明太祖实录》中记昌国县民多数徙为宁波卫卒。⑧ 嘉靖《宁波府志》云汤和所徙大小榭居民原居定海县海晏乡，后来也成为后千户所之军。⑨ 即便有不少安插在内地州县，也可改变悬海岛民"殊难管辖"的窘境，以避免其聚众为乱，或勾倭为寇。至于起遣大约在二十五六年间结束，依据明人郑晓的解释，主要是二十五年（1392）

---

　① 《明太祖实录》卷一八二，洪武二十年五月甲辰，第2748页。
　② 《明太祖实录》卷二二三，洪武二十五年十二月甲子，第3262页。
　③ 黄中青：《明代海防的水寨与游兵——浙闽粤沿海岛屿防卫的建构与解体》，宜兰：明史究小组，2001年，第22页。
　④ （明）郑若曾：《筹海图编》卷五《浙江倭变纪》，《中国兵书集成》，第411页。
　⑤ 《明太祖实录》卷一五九，洪武十七年正月壬戌，第2460页；卷一八七，洪武二十年十一月己丑，第2799页；卷一八一，洪武二十年三月戊子，第2735页。
　⑥ 郭红、靳润成：《中国行政区划通史·明代卷》，复旦大学出版社2007年版，第656页。
　⑦ 《明太祖实录》卷一八七，洪武二十年十一月己丑，第2799页。
　⑧ 《明太祖实录》卷一八二，洪武二十年五月丁亥，第2745页。
　⑨ 嘉靖《宁波府志》卷八《兵卫志》，第860、867页。

以后海上已得安靖。①

以地域界线言，所涉不可谓不广。史籍中所载洪武年间起遣悬海岛民遍及浙江、福建、广东沿海的多数岛屿。北起浙江舟山、岱山、兰山、秀山、金塘、大榭、小榭、石坛、南田、大佛头、石塘山、玉环、苔山、南麂、东洛、高丕诸山，中经福建崳山、上竿塘山、下竿塘山、海坛、双屿、古浪屿等处，南达广东南澳岛、横琴山、大溪山、三灶岛、上川岛、下川岛等岛屿，皆能见到起遣岛民的记录。

起遣中较常见的原因在于防倭及悬海岛民"殊难管辖"。前述绝大部分岛民徙入内地者皆是如此。官方话语中经常提到岛民内相争利，外连倭寇，侵扰沿海州县；或张、方残党窜据海岛，勾倭入寇。如元末兰秀山民聚众为盗，洪武元年（1368）入象山县作乱，②二年（1369）偷袭汤和征南大军。③十九年（1386）汤和经略海上时，兰、秀、剑、岱、金塘五山顽民争利，外连倭寇。④其他宁、台、温滨海大岛之民不少因汤和惧其引倭入寇而起遣。⑤明人陈仁锡云："宁区之金塘、大榭，台区之玉环、石塘皆悬海山田，……旧有居民，国初因倭乱遣入内地。"⑥其中玉环居民自宋元以来即常引海寇，孤悬海岛，难以防御。即使未勾连倭寇的悬海岛民也往往"殊难管辖"，或一些逋逃人户及原来海商入海为盗；或自元末起原本即为海盗。其他如广东大溪山、横琴山等岛上民户以操舟为业者，"会官军则称捕鱼，遇番贼则同为寇"。因"殊难管辖"，花茂徙其人为军。⑦赵庸徙广州海岛疍户也是因为其"无定居，或为寇盗"。⑧总之，起遣即是防倭禁海需要，也是将未化民编入州县户籍或卫所军籍进行有效管辖的举措之一。

整体而言，各地起遣的实际情形，有属完全起遣，也有部分起遣。

---

① （明）郑晓：《郑端简公奏议》卷二《淮扬类·乞收武勇亟议招抚以消贼党疏》，《续修四库全书》，第476册，第535页。
② 《明太祖实录》卷三十二，洪武元年五月庚午，第559页。
③ 《明太祖实录》卷四十七，洪武二年十一月己丑，第940页。
④ 民国《定海县志》卷十五《故实志》，第460页。
⑤ （清）顾炎武：《肇域志·浙江》，上海古籍出版社2004年版，第1992—1993页。
⑥ （明）陈仁锡：《无梦园初集·漫集一·纪浙江海屯》，《四库禁毁书丛刊》，北京出版社2000年版，集部第59册，第399页。
⑦ 《明太祖实录》卷二二三，洪武二十五年十二月甲子，第3262页。
⑧ 《明太祖实录》卷一四三，洪武十五年闰二月癸亥，第2252页。

其中较多的属完全起遣。史籍中常见到"墟其地"[1]"空其地""其地遂废""其地遂为茅草",或"废弃岁久,置之榛芜"[2] "今为荒墟矣"等。[3] 部分起遣的所见记载仅于舟山岛,岛上尚存500余户。起遣人群或充沿海卫所旗军,或编入沿海州县为民。[4] 起遣后部分岛屿尚存留一定等防御力量。如舟山起遣后,岛上改置中中、中左二所。洪武二十七至二十八年间(1394—1395)相继筑螺峰、宝陀、岑江、岱山四巡检司城,[5] 弓兵总数达1000人。[6] 永乐七年(1409),又移置浙西海宁卫及乍浦、澉浦二千户所战船协哨沈家门水寨。[7] 当然,多数地方未见相关设置的记载。

起遣岛民事件如何定性与评价,自明中期起即褒贬不一,有不同认识。有人认为是清野之举,也是体恤岛民。较多地则认为,起遣岛民是国初海防经略中"千虑之一失"。[8] 特别是嘉靖中期曾在东南沿海主持御倭大计的赵文华、胡宗宪、唐顺之及参与御倭事务的郑若曾等人多从海上军事防卫的角度等探讨此举失策。通过分析起遣后岛上人群生聚状态及中期倭寇、海岛等在海岛盘踞的情况,比较明前期在岛上防务力量缺乏或不足,确实可以看出其对沿海防务的诸多不利影响。

二 起遣后岛上人群生聚与倭寇、海盗结巢

朱元璋起遣岛民本为禁海、防海,避免部分"殊难管辖"的岛民与倭寇勾连,是特殊海上形势下的产物,对防海确实起到一定功效。但是从长远来看,官民力量在海岛的削弱,往往给其他势力在海岛发展留有空隙。在海上有利可图,特别是海禁执行不力、官方巡捕力量废弛情形

---

[1] 万历《温州府志》卷三十八《杂志》,《四库全书存目丛书》,齐鲁书社1995年版,史部第211册,第227页。
[2] (明)章潢:《图书编》卷三十八《边海垦田之利》,文渊阁《四库全书》,第969册,第796页。
[3] (清)顾炎武:《肇域志·浙江》,第2037页。
[4] (明)陈仁锡:《无梦园初集·漫集二·纪海防》,第468—469页。
[5] 成化《宁波府简要志》卷一《城镇志·城池》,《四库全书存目丛书》,史部第174册,第723页。
[6] 民国《定海县志》卷十二《军警志》,第406页。
[7] 《明宣宗实录》卷四,宣德元年七月乙酉,第100页。
[8] (明)郑若曾:《郑开阳杂著》卷一《舟山守御论》,第478册。

下，朝廷很难在海上做到彻底的"清野"。

洪武起遣并未禁绝部分岛屿人群的生聚。如舟山起遣后，岛上尚存富都乡500余户，① 居住在离所坡半里的地方。② "其民自读书、经商外，大半俱以力田、樵采为生。"③ 不少湖、湾等处皆垦为田。④ "五谷之饶，鱼盐之利，可以食数万之众，不待取给于外。"⑤ 其他岛屿，有遣而复返者。这部分人户多因所安插新地生存不易，而又私自潜回岛屿。如温州海中苔山之民，"倭夷时觊登掠，且有海盗自他至者。其民以有司遏阻，或乃纵轶于绳法之外"。洪武三年（1370），安禄侯奏徙于万安寺前。但不久风潮吞噬田土，民无恒产，又潜还岛屿。永乐十二年（1414），倭夷侵犯，官兵难于赴救，岛民又被迁遣。"已至复去，殆不知其为几役矣。"⑥

岛上有田土可耕，有鱼盐、贸易之利，自然吸引射利之徒向岛屿聚集。如浙江玉环岛：

> 兹山向为沃壤，民人聚处，商贾贸易。自洪武二十年控海之兵，遂徙沿海居民于腹里，以致闽、广、温、台各处匪类私搭棚厂，聚居各峉。或沿海刮土，公行私贩之盐；或群聚垦种，坐收无税之产；网鱼捕虾，捉蛇钓□。船艘千余，藏垢纳污。⑦

所以，又有不少人士流寓海岛。至嘉靖时仅舟山一岛有生业的各县流寓人士"不下三千有奇"。⑧ 这些人中以浙江温台、福建、广东沿海各类人户为主。如福建地区本来即多山少田，又无水港，"民本艰食"。山岭地区靠肩挑步担，滨海福兴漳泉四府则靠海船运广东惠、潮与浙江温

---

① 天启《舟山志》卷一《城池》，中国方志丛书，成文出版社1983年版，华中地方第499号，第35页。
② 天启《舟山志》卷二《闾里》，第131页。
③ 天启《舟山志》卷二《风俗》，第115页。
④ 天启《舟山志》卷二《山川》，第107、109页。
⑤ （明）张时彻：《防海议》，天启《舟山志》卷一《兵防》，第65页。
⑥ （明）王瓒：《抚安塘记》，弘治《温州府志》卷十九《词翰志》，第1028—1029页。
⑦ 雍正《浙江通志》卷九十五《海防》，影印文渊阁《四库全书》，第521册，546页。
⑧ （明）张时彻：《防海议》，天启《舟山志》卷一《兵防》，第66页。

州粮米方可仰给。① 不少势豪过海开垦岛上田土，收取无税之利。求取大利者，窝匿异货，交通番舶。又有沿海灶丁，以采办为名，私造大船，违禁下海，"始则取鱼，继则接济，甚则通番"。② 其间的通番贸易或走私接济等有不少在沿海岛屿潜在进行。

而且，这种情形似乎不是禁海能完全禁止的，确如明人戴冲霄云：

> 福建边海，贫民倚海为生，捕鱼贩盐，愚弱之人方恃乎此。其间智巧强梁，自上番舶以取外国之利，利重十倍故也。今既不许通番，复并鱼盐之生理而欲绝之，此辈垦坐而待弊乎？故愈禁愈乱。③

所谓的"禁海"，往往仅能禁些无势力的小民，其他势豪或著姓宦族之类有地方官勾连者，出海巡捕官军往往也不敢缉捕。如漳、泉著姓宦族主之番舶泊于近郊时，多"张挂旗号"，等其货行于他境，又有官文明贴封条，甚至"役官夫以送出境"。再到海船回番时，又在远近进行劫掠。"地方则又佯为之辞曰：此非此伙也，乃彼一艚也。"④ 如确遇上司责令水寨、巡司等官军捕获其寇盗人船，解送到官，他们又使出浑身解数诬陷巡捕官军。如闽县知县仇俊卿言：

> 彼……反役智用倖，致使著姓名宦族之人又出官明认之，曰是某月日，某使家人某往某处巢稻，或买杉也，或治装买匹帛也。家人有银若干在身，捕者利之。今虽送官报赃，尚有不尽，法合追给。或者有司惧祸，而误行追惩，但据赃证与所言之相对，不料所言与原情实不同。其官军之弊于狱而破其家者，不知其几也……以致出海官军不敢捕获，不若得货纵贼无后患也。⑤

其他地方如宁波，起初每年只有渔船出近洋打鱼樵柴，并不敢过通番。"后有一二家止在广东、福建地方买卖，陆往船回，潜泊关外，贿求

---

① （明）郑若曾：《筹海图编》卷四《福建事宜》，第362页。
② （明）郑若曾：《筹海图编》卷十一《经略一·叙寇原》，第826页。
③ （明）郑若曾：《筹海图编》卷四《福建事宜》，第365页。
④ （明）郑若曾：《筹海图编》卷四《福建事宜》，第368页。
⑤ （明）郑若曾：《筹海图编》卷四《福建事宜》，第368—369页。

把关官以小船早夜进货，或投托卿宦说关。"嘉靖二十年（1541）以后，宁波通番者始渐增多。"贪利之徒勾引番船纷然往来，而海上寇盗亦纷然矣。"① 关于海禁、海商与海寇之关系，主事唐枢认为："市通，则寇转而为商；市禁，则商转而为寇。始之禁禁商，后之禁禁寇。"② 而都督万表等人则认为是海禁废弛之故，海禁严行时，海上很少有通番为寇者。③ 的确，明朝实际上在较长时期内缺乏强有力的维护禁海的海上力量，难以有效保障官方期许的正常海上秩序。射利之徒不仅冒禁下海，而且为夺利而相互争斗。万表在分析海寇起源始末时言：

> 各船各认所主，承揽货物，装载而还，各自买卖，未尝为群。后因海上强弱相凌，互相劫夺，因各结□依附一雄强者，以为船头。或五十只，或一百只，成群分党，分泊各港，又用三板、草撇、脚船不可计数，在于沿海兼行劫掠，乱斯生矣。自后日本、暹罗诸国无处不至，又哄带日本各岛贫穷倭奴借其强悍，以为羽翼，亦有纠合富实倭奴出本附搭买卖者，互为雄长，虽则收贩番货，俱成大寇。或借其力，或借其资。④

海上以力量强弱相凌而取利，武装聚众，在贸易外又行劫掠，自然容易养奸滋乱。特别是官方起遣的悬海诸岛为这些行为提供了便利的活动空间。自嘉靖十八年（1539）始，金子老、李光头、许栋、陈思盼、王直、林碧川、邓文俊、沈南山、萧显等海寇皆由此而起。他们"居有定处"，通常在沿海各岛屿隐泊结巢。⑤ 或勾引西番人交易，或用倭人为羽翼。在沿海有类似慈溪柴德美等通番大族相结，有各处"歇客之家"为之屯货，边卫之官与之"素熟"。⑥

通过比较海寇、倭寇盘踞岛屿与明初起遣岛屿，可以发现起遣后成为空地的不少岛屿被海寇、倭寇盘踞。如名寇金子老、李光头、许栋先

---

① （明）万表：《海寇议·前议》，《四库全书存目丛书》，子部第31册，第36页。
② （明）郑若曾：《筹海图编》卷十一《经略一·叙寇原》，第819页。
③ （明）万表：《海寇议·前议》，第38页。
④ （明）万表：《海寇议·前议》，第36页。
⑤ （明）郑若曾：《筹海图编》卷十一《经略一·叙寇原》，第819—820页。
⑥ （明）万表：《海寇议·前议》，第36—38页。

后结巢双屿；陈思盼舟山附近长塗；王直屯舟山附近烈表港、柘林等处；徐海、林碧川、沈南山、邓文俊等结巢柘林；洪泽珍余党屯海坛山；许西池屯月港；谢老结巢南澳等。其他海岛尚有不知名之海寇盘踞。① 不惟如此，原先设于海岛的水寨在正统、景泰间移入内澳后，退出的海岛如南日山、浯屿山等也逐渐成为倭寇、海寇的巢穴。②

倭寇、海寇以悬海岛屿为基地，进扰东南沿海州县、卫所地方。明初起遣悬海岛民本为避免勾倭为乱，或将有可能生发的乱源纳入州县或卫所有效管辖内，实际上因缺乏有效维持禁海或防御的海上力量，反而使"墟其地"的海岛成为养奸滋乱的场所。嘉靖时主持御倭大计的赵文华、胡宗宪、唐顺之及参与御倭事务的郑若曾等多从军事防卫的角度阐释起遣岛民对海上防务的不利影响，认为此举是国初海防经略中"千虑之一失"。海岛再次纳入官方经营的视野。

三 出海军巡哨海岛及其"有客无主"的备御窘境

倭乱炽烈时期，官方对海岛的经营以出海军巡哨为主。海岛被纳入各哨兵船巡守信地之内。每逢春秋二汛，出海军泊守海岛，巡逻海上信地，与邻近各哨在信地连界处交相会哨。相同信地内，前哨、后哨出海军进行接哨。此种巡洋会哨制度脱胎于洪武、永乐年间京卫、在外卫所出海军船的海上捕倭，经正统间浙、闽备倭官划分信地、分番接哨、连界会哨之调整，大致形成。③ 后因军备松懈，出洋之制渐弛，不少军船列船港次。④

嘉靖间倭寇犯顺，多赖风汛。倭寇多先至浙东海上诸岛会集、休息、

---

① （明）郑若曾：《筹海图编》卷八《寇踪分合始末图谱》，第670—689页。
② （明）郑若曾：《筹海图编》卷十二《经略二·御海洋》，第1021页。
③ 参见牛传彪《明代巡洋会哨制度及其在海疆防务中的地位》，《中国边疆史地研究》2015年第4期。
④ （明）郑若曾：《筹海图编》卷十二《经略二·御海洋》，第1018页。

汲水、樵采、侦察，然后视风向顺逆和各省守备情况定侵掠方向。① 不少寇船盘踞海岛，潜图长期驻扎。不少官员纷纷主张修复祖宗出洋旧制，远哨海岛。首列此议者为督察浙直军务赵文华、浙直总督胡宗宪，继有南京工部尚书马坤、通政司左通政何云雁等。② 如赵文华在其《条陈海防疏》内言：

> 国初沿海每卫各造大青及八桨等船一百余只，置出海指挥统率官军更番出洋哨守，海门诸岛皆有烽墩可以停泊。其后弛出出洋之令，列船港次……不若海上扬（洋）山、殿前、窝集，反可泊船也……莫若乍浦之船守海上扬（洋）山，苏松之船守马迹，定海之船守大衢，则三山品峙，哨守相联，可遏乘寇。而又其外陈钱山，尤为贼冲，三路之要，宜俱设官分守。每于风汛时月，巡抚、海道等官相参巡察。③

为此，在京各衙门会议御寇远洋之策。提请咨行浙直总督，令总兵官集太仓、崇明、嘉定、上海兵船，分为两哨，专守洋山、马迹。浙江兵船分为两哨，驻守普陀山、大衢山。最东陈钱山为浙直分路之始，由浙直更番共守。④ 各官如法试行之后，发现其中多有不便。一是陈钱、马迹在舟山之外，离内地太远，岛上无居民，声援不及，粮饷接济不便。二是陈钱水深，不可下碇，又无岙可泊战船。马迹虽可泊船，但有蛟龙出没，放炮易惊。最后不得已而停止陈钱、马迹的守御。⑤

陈钱、马迹设兵长期分守之议虽暂停，但派出海军巡哨海岛却依然运行。实际上，陈钱、马迹等在当时人看来较为险远的海岛，在汛期依然有兵船扎守巡守，只是不像原先设想的那样长期分守。根据万历时任

---

① 天启《海盐县图经》卷七《戍海篇第三》亦言："凡倭舶之来，恒在清明前后。前乎此风候不常，届期方有东北风，多日而不变也。过五月风自南来，倭不利于行矣。重阳后风亦有东北风者。过十月风自北来，亦非倭所不利矣。故防倭者以三、四、五月为大汛，九、十月为小汛也。"（中国方志丛书，华中地方第589号，第606页）
② （明）郑若曾：《筹海图编》卷十二《经略二·御海洋》，第1023页。
③ （明）赵文华：《赵氏家藏集》卷三《条陈海防疏》，《四库未收书辑刊》，第5辑，第19册，北京出版社1997年版，第218页。
④ （明）郑若曾：《筹海图编》卷十二《经略二·御海洋》，第1024页。
⑤ （明）郑若曾：《筹海图编》卷十二《经略二·御海洋》，第1037页。

镇守浙江总兵官侯继高的记述，当时总镇标下中游左哨、中游右哨等兵船汛期出洋皆在陈钱及其附近花脑岛驻扎，巡哨陈钱、壁下、络华、殿前、浪冈、洋山等处，"东哨日本极东穷洋"。① 至于其他岛屿，也被官方纳入出海军巡哨信地范围，适宜泊船避风者汛期多有水哨兵船扎守。②

以舟山岛上沈家门水寨为例，此寨为汤和经略海上时所设。③ 永乐七年（1409），移置海宁卫及澉浦、乍浦二所战船协守，④ 半年更番。⑤ 以后每值风汛，又有定海、临山、观海等处兵船赴沈家门分哨。宣德十年（1435），罢撤。⑥ 嘉靖时沈家门水寨恢复旧制，信地包括舟山南北洋面的诸多岛屿。由东南而哨历分水礁、石牛港、崎头洋、孝顺洋、乌沙门、横山洋、双塘、六横、双屿、青龙洋、乱礁洋，抵钱仓而止。"凡韭山、积固、大佛头、花恼等处，为贼舟之所经行者，可一望而尽。"由西北而哨历长塗、马墓、龟鳖洋、小春洋、两头洞、东西霍，抵洋山而止。"凡大小衢、滩、浒山、丁兴、马迹、东库、陈钱、壁下等处，为贼舟之所经行者，可一望而尽。"南北之哨皆以舟山为根底，初哨以三月三日，二哨以四月中旬，三哨以五月五日。六月哨毕，临观战船泊于岑港，定海战船泊于黄崎港，"仍用小船巡逻防守"。⑦

明人郑若曾记录了嘉靖时浙东其他大小岛屿的巡哨情况。无论国初起遣与否，皆拨兵船巡哨。如大榭山，南临黄崎港，北由大猫海洋至金塘、鹿山，系先年起遣地方。内设黄崎、西山等七烽堠，拨军瞭报。又该中军哨兵船往来巡逻。韭山，为东来倭船辨方向之山，拨昌国总北哨兵船巡哨。三岳山，为从韭山所来倭船常过地方，拨中军哨船巡哨。且门，外有东旦山，倭船从韭山来者多从此门突入，拨北哨兵船巡哨。三门、金齿门，岛岙甚多，倭船多于此停泊休息，拨游兵及南哨兵船巡哨。

---

① （明）侯继高：《全浙兵制》卷一《水陆兵制》，《四库全书存目丛书》，子部第31册，第113页。
② 关于浙江诸哨出海军巡哨信地划分，详见《全浙兵制》及《两浙海防类考续编》两书。限于篇幅，兹不赘言，特作诸岛水哨分布图附于文后。
③ 天启《海盐县图经》卷七《戍海篇三》，第612页。
④ 《明宣宗实录》卷四，宣德元年七月乙酉，第100页。
⑤ 天启《平湖县志》卷六《政事·兵防》，《天一阁藏明代方志选刊续编》，第27册，第360页。
⑥ 《明英宗实录》卷三，宣德十年三月己卯，第66页。
⑦ 嘉靖《定海县志》卷七《兵卫志·海防》，《中国方志丛书》，成文出版社1970年版，第253—254页。

大佛头山、朱门山，系贼船栖泊之所，拨南哨兵船巡哨。八排门，与南田山相连，上多膏腴田地，倭船停栖之所，拨南哨兵船巡哨。林门，倭船从坛头海洋突入，多结巢于此，系先年起遣之地，拨南哨兵船巡哨。坛头山、牛栏基，多避风泊船之所，拨中军哨兵船巡哨。竿门、青门，为倭寇停船避风之所，拨北哨兵船巡哨。大严山头，倭寇船自南麂、凤凰、霓岙、玉环等岛来者，俱经此山，拨黄华港兵船巡哨。玉环山，先年起遣之地，为北来倭船必经岛屿，亦拨黄华港兵船巡哨。南麂山、凤凰山自明初以来，即有海寇栖泊，原来设兵船一枝哨守，后废。由江口关、黄华港兵船在此巡哨。①

就诸哨出海军与海岛洋面地域配置来看，这一时期每支出海军巡哨信地四至皆有其他兵船会哨。处在信地交界处的岛屿便成为两枝或多枝出海兵船的共巡区域及会哨地点。如浙东洋山岛洋面，既是海宁备倭把总下许山哨、洋游哨信地南界之一，也是临观备倭把总下临观游哨、临观游左哨、临观游右哨信地之北界。在洋山，许山哨与定海备倭把总下北左哨会哨，洋游哨与定海总北哨兵船会哨，临观游左哨与海宁总兵船会哨，临观游右哨与浙西兵船会哨等。以浙江总兵侯继高所记全浙兵制信地看，沿海岛屿有兵船巡哨者多是如此。② 以海中岛屿为中心，联点成线，梭织成面，是出海军巡哨海岛的一大特点。

至隆庆、万历之际，海岛巡哨依然保持着较为严密的态势。此时全浙尚有水军60哨游哨海岛。③ 福建海上不少岛屿包括国初起遣之地又纷纷添设游兵扎守。如海坛山、嘉禾屿在隆庆初分别添设海坛游、浯铜游。④ 万历时，崳山、台山、湄洲屿分别添设崳山游、台山游、湄洲游。其他诸如五虎山者添设五虎游。与原设五水寨东西相距，南北相抵，"支洋皆在所搜"，"旁澳皆在所及"。⑤

出海军哨道梭织，海岛会哨、接哨声势联络。故郑若曾云："自御海洋之法立，而倭至必预知，为备亦甚易。"⑥ 但此时起遣居民岛屿的备御

---

① （明）郑若曾：《筹海图编》卷五《浙江事宜》，第463—465页。
② （明）侯继高：《全浙兵制》卷一《杭嘉湖兵制》，第117页。
③ （明）侯继高：《全浙兵制》卷一《水陆兵制》，第104页。
④ （明）王在晋：《皇明海防纂要》卷一《福建事宜·题设水寨》，第663页。
⑤ 万历《福州府志》卷二十一《兵戎志三·海防》，《福建师范大学图书馆稀见方志丛刊》，第32册。
⑥ （明）郑若曾：《筹海图编》卷十二《经略二·御海洋》，第1037页。

却面临着"有客无主"的窘境。岛上民少，且无行政建置。即使有开垦土地的岛屿，所获粮食也主要有沿海大户支配，成为"无税之产"。岛上千户所、水寨、营、堡、烽堠、墩台等防御力量缺乏有效的人力、物力等军需供应保障；出海军兵汛期哨逻岛屿也主要靠自身所携带军需。[①] 与起遣之前民户可以自卫御倭寇、海盗相比，海岛民众力量也难以配合军兵防卫。[②] 一方面是海岛上有诸多膏腴田土可供耕种，另一方面是巡守军兵要靠陆上粮饷补给。在这种形势下，自嘉靖时起，又有官员主张在土地肥沃的岛屿之上实行屯田，分配军民耕种，并设立小县，收税养兵，以改变备御窘境。

四　明中期海岛屯垦、复县之议

首倡垦岛养兵之议者为赵文华。嘉靖三十四年（1555），文华以工部右侍郎察视浙直军情，[③] 令温州知府龚秉德查报浙东海面旧曾设立卫所、开垦为屯、土地膏腴之岛屿。据其查报结果，上疏条陈海防事宜，主张开垦海岛，屯种养兵。

> 据温州知府龚秉德申称：修拓海防，原设所同船寨一绳初制。其原弃田制……给兵，或五十亩，或百亩，悉令屯种。如福宁于（嵛）山、温州南麂、东洛等山、台州玉环等山、宁波九山俱不下百十万亩，开垦以时，养兵奚啻万人，而哨船可以依赖。[④]

三十四年（1555）闰十一月，兵部题复：不知各岛上是否有田无田，不如先备行浙江巡抚都御史胡宗宪会同巡按即查前项海岛，"如果有田可

[①] （明）应槚、刘尧海等：《苍梧总督军门志》卷二十二《水寨事例·行营号令》，全国图书馆文献缩微复制中心，1991年，第238页；（明）茅元仪：《武备志》卷九十六《军资乘·战·军行》，《续修四库全书》，子部第964册，第230页；（明）佚名：《行军须知》卷下《渡险第七》，《美国哈佛大学燕京图书馆藏中文善本丛刊》第17册，商务印书馆、广西师范大学出版社2003年版，第238页。

[②] 天启《舟山志》卷三《人物》，第256页。

[③] 《明世宗实录》卷四二二，嘉靖三十四年五月丙辰，第7328页。

[④] （明）赵文华：《赵氏家藏集》卷三《又条陈海防疏》，第220页。

耕，设法召人屯种，量地给兵，或五十亩，或百亩。其立所、设司、水寨、船哨等项，应否查复旧制，质之人情，询之土俗，从实议奏"。① 据此，赵文华又发咨文于以升任总督的胡宗宪，由其委守巡抚县官员轮番往勘，查报诸岛中是否可堪屯种养兵。所及岛屿如宁波大谢、金塘等山、台州玉环等山、温州南麂等山、福宁崳山等岛，认为"大者可开田万余顷，小者不下数千顷。海洋十余岛可共开田万亿顷，可供养兵亿万人"。②

史籍中未见相关官员查报的具体情形，仅见胡宗宪幕僚郑若曾所记："若兴此例，金塘一山即可垦田数万亩，岁入米几万石；玉环诸山，计之每岁可得米几十万石。"但实际情形是赵文华的主张"遭当道屡议屡止"。阻挡者认为，屯垦海岛存有两大隐患。一恐倭人结巢于此，"借以为粮"，所需兵费更多。二是可能会导致大家争佃，秋粮难征，而且无益于小民。③ 地方上也有武官不主张开垦海岛，其理由大致皆属前一种担忧。如都指挥戴冲霄认为开垦荒岛得不偿失，"以万亩计之，不过千石。若寇据此以为巢穴，则攻逐之费不知几倍，是赍盗粮为小而失大也"。④ 后来充任总兵的王鸣鹤也认为海外绝岛应当计其要害，不应计其小利。岛上屯田所入之利似乎难以"供兵费之十之二三"。⑤

在嘉靖倭乱时支持赵文华垦岛养兵主张的尚有都御史唐顺之、⑥ 南京兵部尚书张时彻等。尤其是张时彻从国初起遣后舟山岛上防务及土客耕垦情势出发，主张因时缘情，复县、收税、养兵。其建言记于《防海议》中：

> 今所存四里之民日且繁庶，而各县之流寓有生业者，又不下三千有奇。地所楚者既足，以给公私之需……为今之计，倘得复立裁减小县，一知一典，补足二所军伍，择人以守之，则内有城池防御

---

① （明）杨博：《本兵疏议》卷三《覆督察侍郎赵文华区处海防请下督抚勘议疏》，《续修四库全书》，第477册，第181—182页。
② （明）赵文华：《赵氏家藏集》卷五《咨总督胡侍郎海防事宜》，《四库未收书辑刊》，第5辑，第19册，北京出版社1997年版，第230—231页。
③ （明）郑若曾：《筹海图编》卷五《浙江事宜》，第474页。
④ （明）郑若曾：《筹海图编》卷五《浙江事宜》，第482页。
⑤ （明）王鸣鹤：《登坛必究》卷十《两直各省事官·浙江》，《中国兵书集成》，第21册，第1460页。
⑥ （明）郑若曾：《筹海图编》卷十一《经略一·清屯种》，第934页。

之严，外有舟师哨逻之密。①

复县主张至终未获允准，仅在嘉靖三十九年（1560）改分守宁绍参将驻扎舟山。② 万历《绍兴府志》言改驻时间在隆庆二年（1568），以其专统水兵。③ 参将的设置于"有客无主"的情势依然无补。万历间舟山人施邦彦记舟山形势，依然是疲军孤守荒城，游民逋逃，"衣食奔走"。其恳请大学士沈一贯建言复设舟山县治，并于金塘、大榭等山增置屯田，以改变舟山粮差远附定海、"漫利客民"、武备稀疏的局面，还是终究无果。④

实际就客观形势而言，阻挠展复海岛者将"大家争佃，秋粮难争"与开垦海岛、收税养兵联系起来是不符合岛上耕垦情由的。因为即使官方不肯，边海内地大户也纷纷私垦海岛田土，争佃也难以避免。前述起遣后的玉环岛虽未有官方屯种，但闽广温台各处人户私搭棚厂、聚众垦种者数量众多。倭警之后，又有不少私家耕垦金塘、大榭、玉环、南田诸岛之上的膏腴沃壤。⑤ 黄宗羲在追叙明时舟山兴废时也慨叹："舟山田土大半属之内地大户。"⑥

针对私家豪民占种现象，万历十五年（1587），又有两浙巡盐御史李天麟奏请开复金塘、大榭等山。他根据原先同知陈文所丈过田、山数额，主张如系奸豪隐占，"令自首报官"；"即召定海有力无地民开垦"，待耕种三年有成效后再起科。或迁附近卫所军丁屯种。⑦ 虽得旨"依拟行"，但未见具体情况若何。万历二十三年（1595），福建巡抚许孚远又请开垦海坛山。

> 惟海坛查勘年余，已有成议，据该县丈量田地八万三千八百有奇，数尚未尽，岂得荒弃而不耕？其所议税银，田之上者，不过五

---

① （明）张时彻：《防海议》，天启《舟山志》卷一《兵防》，第66页。
② （明）申时行等修：万历《明会典》卷一二七《兵部·镇戍二·将领下》，第659页。
③ 万历《绍兴府志》卷二十三《武备一》，中国方志丛书，华中地方第520号，第1734页。
④ 康熙《定海县志》卷三《形胜》，国家图书馆藏缩微胶卷，全国图书馆文献缩微复制中心，2005年。
⑤ （清）顾炎武：《肇域志·浙江》，第2037页。
⑥ （明）黄宗羲：《行朝录》卷七《舟山兴废》，沈善洪主编：《黄宗羲全集》第2册，浙江古籍出版社1986年版，第177页。
⑦ 《明神宗实录》卷一八四，万历十五年三月壬子，第3444—3445页。

分。地之下者，仅止三厘。民情已无不输服。所议量追价直，似亦甚轻。然据该司参议陈应芳覆详，良为有理。山泽之利，本宜与民共之。彼既有开垦之费，难责以价值之输，尽从损豁，以示大公，未为不可。①

据许孚远言，海坛山同南日山在其启奏开垦前，私家"开垦已多成熟"。海坛作为倭寇入犯之门户，应当经理屯兵。开垦海坛，承认原有耕垦状态，官为之量则起税，以为造城、建营、建仓、建署之费。添设海坛游兵一枝屯聚其中，有田可耕，有兵可守，虽有寇至，可以确保无虞。他还主张待南日山查勘明白后，"亦可为屯守之计"。若屯垦卓有成效，其他如澎湖、陈钱、金塘、普陀、玉环、南麂等岛也可照此查议屯垦。最终户部覆言：听其便宜施行，且请移文浙江抚按查陈钱等处，照海坛设法开垦。②

此外他还提到私家阻挠官方查议岛田的情形：

再照沿海诸屿，民间私垦甚多，其相率归于势豪之家。一经有司查理，辄为讹言挠阻，以故常格而不行。③

岛屿开复如此难行，究竟是部分当局官员弊大于利的客观考量，抑或既得利益势豪之家与部分官员暗中牵制，抑或兼而有之？总之，开岛呼声自嘉靖朝始，经隆庆、万历以至天启诸朝，总是多有掣肘。天启六年，锦衣卫指挥同知昌嵩奏请召民垦种金塘、大榭等岛。尽管私开岛土已较为普遍，朝廷仍然以"遣官垦采无羡岁课，奸民勾引反生事端"回绝。④ 兵部尚书王在晋依然抱着禁绝奸民豪户私自开垦海岛就可弭绝衅端的一厢之愿。⑤

至明季，浙东诸岛又成为鲁王、唐王政权之栖息地，黄斌卿、孙嘉

---

① （明）许孚远：《议处海坛疏》，（明）陈子龙等辑：《明经世文编》卷四〇〇《敬和堂集》第5册，中华书局1962年版，第4341页。
② 《明神宗实录》卷二八四，万历二十三年四月丁卯，第5265—5266页。
③ （明）许孚远：《议处海坛疏》，第4342页。
④ 《明熹宗实录》卷七十九，天启六年十二月戊辰，第3859—3860页。
⑤ （明）王在晋：《皇明海防纂要》卷五《靖海岛以绝衅端议》，第15页。

绩、朱永佑、张名振、张肯堂等遗臣率部保聚于此。在抗清、避清的同时，内部又激烈地上演着争正统的角逐。

结　论

洪武朝起遣悬海岛民是朱元璋禁海、防海政策的重要内容之一，属特殊海上形势下的产物。起遣地域遍及浙闽粤沿海的众多岛屿，虽有部分起遣的现象，但较多的属于完全起遣。起遣人群多编入近海州县户籍，或充为沿海卫所旗军。起遣的本意在于避免部分"殊难管辖"的岛民与倭寇勾连为乱，或将有可能发生的乱源纳入州县或卫所有效管辖内，在当时对防海御倭确实起到一定功效。

但从长远来看，官民力量在海岛的削弱，往往给其他势力在海岛发展留有空隙。在海上有利可图，特别是海禁执行不力、官方巡捕力量废弛情形下，朝廷很难在海上做到彻底的"清野"。各类射利之徒纷纷向海岛聚集，垦田、通番、走私、接济，官方期许的正常海上秩序并未维持多久。国初"墟其地"的海岛在中期成为养奸滋乱的场所，海盗、倭寇纷纷结巢海岛，进扰东南沿海州县、卫所地方。

嘉靖朝的倭乱又促使官方再度将海岛纳入经营视野。其间主要以出海军巡哨的方式进行管辖，适宜泊船避风的岛屿汛期也有水哨兵船扎守。但此时不少岛屿的备御却面临着"有客无主"的窘境。一方面是海岛上有诸多膏腴田土可供耕种，另一方面是巡守军兵要靠陆上粮饷补给。为改变此种困境，不少官员纷纷主张在土地肥沃的岛屿垦土屯田，分配军民耕种，并设立小县，收税养兵。或出于部分官员弊大于利的客观考量，或由于既得利益势豪之家与部分官员暗中牵制，这种呼声自嘉靖朝始，经隆庆、万历以至天启诸朝，总是多有掣肘。

有明一代，部分海岛维持着军备时疏时密、岛民开垦、私家占垦的状态，官方未能大规模组织开垦或屯田，也未设立县治，而是艰难地维持着出海军巡哨体制。明清易代之际，海岛成为清人眼中"明季遗顽"的保聚之区，顺治间又相继起遣，至康熙、雍正二朝方相继展复。

附：明代浙江起遣岛屿、卫所及出海军诸哨信地分布海岛情况图

明初起遣岛民与海上备御实态考察 / 571

该图依据《筹海图编》卷一《浙江图》、《两浙海防类考续编》卷一《浙江海图》、《全浙兵制考》卷一《全浙海图》、天启《海盐县图经》卷七《海宁卫海洋及海岸设备图》、《温处海防图略》卷一《温区海图》、谭其骧《中国历史地图集·元明时期》，以及郭红、靳润成《中国行政区划通史·明代卷》等资料绘制。

明代出海军

牛传彪

"出海军"一称在明代史籍中多有记载，根据何乔远的《闽书·扞圉志》的解释，"出则守寨，按季践更"，谓之"出海军"。[1] 其实指由抽选的沿海卫所旗军编组的出洋水军，汛期拨赴各该汛地巡逻哨守，水寨多是其协防和出海的基地，也有充作游兵者。因主要担负巡洋会哨职责，故亦可称之为"巡哨军"。为与陆上巡哨军区别，本文仍称之为"出海军"。它名为"军"，似应全具旗军身份，但明中期以后，招募的"兵"逐渐成为"出海军"的构成主体。对于"出海军"，学界的研究付之阙如，然而其问题复杂、意义重大，不可不察。

出海军作为明代海防的第一重樊篱，在海上整体防务与区域协调中地位尤为重要。明帝国在沿海诸省建置的以卫所为中心，包含巡司、烽堠、墩台、营堡在内的诸多军事设施本质上仅是海岸的防守。一旦倭寇来犯，只能被动迎敌。选派水军出哨洋面及海中各岛，则能较早侦知敌情，相势而动。不但能掌握战争的主动权，若还报、调配及时，还能歼敌于外洋，使沿海诸司府州县减免兵燹之害。出海巡洋诸军信地、汛地分布洋面，哨道相连，声势联络，使明朝沿海及近海驻防诸军联点成线、由线成面，构筑起一个多层次、有纵深的防御网。诸军协谋会剿，能有效改变"攻东则窜西，攻南则逐北。急则潜移外境，不能以穷追；缓则旋复合艟，有难于卒殄"的情况。[2] 另外，出海军的巡洋会哨制是一项综合性的军政制度，其具体操作过程涉及明代的军事体制、行政运作、财

---

[1] （明）何乔远：《闽书》卷四十《扞圉志》，《四库全书存目丛书》，第205册，第13页。
[2] 郑若曾：《筹海图编》卷十二《经略二·勤会哨》，《中国兵书集成》第16册，解放军出版社、辽沈书社1990年版，第1046页。

政管理、司法监察的诸多方面，其运行中产生的绝大多数问题本身即是明代国家机构运转中的问题。探究明代出海军及其巡哨运行状况，可以从侧面透视出明代国家机器运作中的诸多问题。拙文不揣浅陋，利用明清海防原典、沿海诸省方志、史地、政书、时人文集、奏疏、兵书、档册中有关水军出海巡哨的记载，对出海巡哨军粗作刍探。

一　有关明初舟师出海的记载

历代备边，多在北疆塞防，而较少注目于东南海防。明代确立较为完善的海防体制源于海上反明势力和前朝少见的倭患。明初，"（方）国珍及张士诚余众多窜岛屿间，勾倭为寇"①。他们乘间辄傅岸剽掠，为祸甚剧。洪武二年（1369）正月，倭贼"入寇山东滨海郡县，掠居民男女而去"；②二月，寇崇明诸处。③ 八月，侵掠淮安；④ 是年，倭亦犯温州，中界山、永嘉、玉环诸处皆被剽掠。⑤ 洪武三年（1370）六月，"倭夷寇山东，转掠温台、明州傍海之民，遂寇福建沿海郡县。"⑥ 四年（1371），倭夷寇掠山东胶州、广东海晏、下川及浙江沿海。⑦ 五年（1372）五月，"倭夷寇海盐之澉浦，杀掠人民"；⑧ 八月，"寇福州之福宁县，前后杀掠居民三百五十余人，焚烧庐舍千余家，劫掠官粮二百五十石"⑨。倭夷与海盗屡肆寇劫渐成合流之势，严重威胁着明朝东南海疆的安全。

为加强沿海防卫，朱元璋在东南诸省广置卫所，修造战船，并相势配置巡检司、烽堠、墩台、水寨于滨海及海上形胜之处。终洪武一朝，朱元璋在北自辽东南达广东的沿海地带约共置58卫、89所，城寨、墩

---

① 《明史》卷九十一《兵志三》第2243页。
② 《明太祖实录》卷三十八，洪武二年春正月乙丑，台湾中研院历史语言研究所校勘本，1983年。下引实录版本同此，不另注。
③ 郑若曾：《筹海图编》卷六《直隶倭变纪》。
④ 《明太祖实录》卷四十四，洪武二年八月乙亥，第866页。
⑤ 郑若曾：《筹海图编》卷五《浙江倭变纪》，第411页。
⑥ 《明太祖实录》卷五十三，洪武三年六月乙酉，第1056页。
⑦ 《明太祖实录》卷六十六，洪武四年六月戊申，第1248页。
⑧ 《明太祖实录》卷七十三，洪武五年五月丁卯，第1338页。
⑨ 《明太祖实录》卷七十五，洪武五年八月丙申，第1393页。

堡、烽堠、巡检司等1000余处。① 寨台、墩堡、烽堠与卫所、巡司大小相间，声势相连，形成了"陆聚步兵，水具战舰"、报警有烽堠墩台堡、盘查有巡检司的沿海防御体系。

在这一体系中，水军出海巡逻，遇倭、盗即捕，处于第一重防御体系，也是能否御敌于海洋的关键。洪武二年（1369）四月朱元璋遣使祭东海神时即言："命将统帅舟师扬帆海岛，乘机征剿，以靖边氓。"② 三年（1370）七月，诏置水军等24卫，每卫船50艘，军士350人缮理，遇调则益兵操之，出海巡捕。③ 六年（1373）正月，又从德庆侯廖永忠言，命广洋、江阴、横海、水军四卫增置多橹快船，"无事则沿海巡徼，遇寇以大船薄战，快船逐之"④。三月，即诏以广洋卫指挥使于显为总兵官、横海卫指挥使朱寿为副总兵官，出海巡倭。⑤ 同年，廖永忠亦曾督舟师出海捕倭。七年（1374）春正月，"诏以靖海侯吴祯为总兵官、都督佥事于显为副总兵官，领江阴、广洋、横海、水军四卫舟师出海巡捕海寇，所统在京各卫及太仓、杭州、温、台、明、福、漳、泉、潮州沿海诸卫官军悉听节制"⑥。自是，"每春以舟师出海，分路防倭，迄秋乃还"。⑦ 二十三年（1390）四月，朱元璋又诏滨海卫所，"每百户置船二艘，巡逻海上盗贼，巡检司亦如之"⑧。

永乐（1403—1424）时期，朱棣除继续完善沿海武备建置外，亦多次派遣将领统率水军出海巡捕。

> 永乐二年五月壬寅。命清远伯王友充总兵官、都指挥佥事郭义充副总兵官，（率）师往海道巡哨，如遇寇贼，就行剿捕。⑨
>
> 永乐二年七月庚戌。命都指挥吕毅充副总兵，协同总兵官清远

---

① 范中义、仝晰纲：《明代倭寇史略》，中华书局2004年版，第60页。
② 《明太祖实录》卷四十一，洪武二年四月戊子，第823页。
③ 《明太祖实录》卷五十四，洪武七年三月壬辰，第1061页。
④ 《明太祖实录》卷七十八，洪武六年春正月庚戌，第1423页。
⑤ 《明太祖实录》卷八十三，洪武六年三月甲子，第1429页。
⑥ 《明太祖实录》卷八十七，洪武七年春正月甲戌，第1546页。
⑦ 《明史》卷九十一《兵志三》，第2243页。
⑧ 《明太祖实录》卷二〇一，洪武二十三年夏四月丁酉，第3007页。万历《大明会典》卷二〇〇《工部二十·备倭船》载："沿海卫所，每千户所设备倭船十只，每一百户船一只，每一卫五所，共船五十只。"（台北文海出版社，出版年不详，第2687页）与实录所载不同。
⑨ 《明太宗实录》卷三十一，永乐二年五月壬寅，第556页。

伯王友巡哨海道。①

永乐三年三月己亥。命都指挥同知蔡彬、姜清、冯斌统领舟师，缘海备御，遇寇相机剿捕。②

永乐六年十二月甲申。命都指挥李龙、指挥王雄统率山东官军六千往沙门岛等处巡捕倭寇。③

永乐六年十二月辛卯。命安远伯柳升充总兵官、平江伯陈瑄充副总兵，率舟师缘海巡捕倭寇。④

永乐六年十二月戊戌。命丰城侯李彬充总兵官、都督费瓛充副总兵统率官军自淮安（抵）沙门岛缘海地方剿捕倭寇；命都指挥罗文充总兵官、指挥李敬充副总兵，率官军自苏州抵浙江等处缘海地方剿捕倭寇。⑤

永乐六年十二月庚子。命都指挥姜清、张真充（总）兵官，指挥李珪、杨衍充副总兵，往广东、福建各统海舟五十艘、壮士五千人缘海堤备倭寇……敕广东都指挥使司令缘海卫所严兵堤备，仍选海舟五十艘、旗军五千人备军器火器，以能战将校领之，听总兵官姜清等节制。在海成□往来巡视，遇寇则剿捕。⑥

永乐九年正月丙戌。命丰城侯李彬充右副总兵、平江伯陈瑄充参将，率浙江、福建官军剿捕海寇。⑦

永乐十四年六月丁卯。命都督同知蔡福充总兵官、指挥庄敬为副，率兵万人于缘海山东巡捕倭寇。⑧

永乐十五年八月乙卯。命都指挥谷祥、张焘往直隶府州及浙江、福建缘海巡捕海寇。⑨

永乐十六年五月丙辰。敕山东都司调马步官军八千人，令都指

---

① 《明太宗实录》卷三十三，永乐二年七月庚戌，第576页。
② 《明太宗实录》卷四十，永乐三年三月己亥，第661页。
③ 《明太宗实录》卷八十六，永乐六年十二月甲申，第1138页。
④ 《明太宗实录》卷八十六，永乐六年十二月辛卯，第1141页。
⑤ 《明太宗实录》卷八十六，永乐六年十二月戊戌，第1146页。
⑥ 《明太宗实录》卷八十六，永乐六年十二月庚子，第1147页。
⑦ 《明太宗实录》卷一一二，永乐九年正月丙戌，第1434页。
⑧ 《明太宗实录》卷一七七，永乐十四年六月丁卯，第1932页。
⑨ 《明太宗实录》卷一九二，永乐十五年八月乙卯，第2025页。

挥卫青、李凯统往缘海剿捕倭寇。①

永乐十九年二月辛丑。命都督佥事胡原充总兵官，都督佥事梁铭、都指挥使薛山充副，率领原调广东都司所属官军五千人巡捕倭寇。②

另据胡宗宪《筹海图编》及沿海诸省地方志的记载，洪武、永乐时期沿海卫所出海军亦常在都司、卫所官统领下分班更番出海巡视驻地附近洋面。如《筹海图编》载，"国初沿海每卫各造大青及风尖、八桨等船一百余只，出海指挥统率官军更番出洋哨守，海门诸岛皆有烽墩可为停泊"③。崇祯《廉州府志》言洪武时廉州府永安、钦州二所，"每所各官一员，督官军船三艘，旗军三百名，各分上下班出海巡哨，以防倭寇"④。雍正《浙江通志》亦言，洪武时浙江杭州、绍兴等卫每至春则发舟师出海，分行嘉兴、澉浦、松江、金山防御倭寇，迨秋乃还。⑤

纵观上述洪武、永乐时期官军出海巡捕倭寇的情况，大致具有以下特征。

（一）海上巡捕力量主要为在京诸卫水军、沿海诸省卫所军。其中在京水军主要是来自江阴、广洋、横海亲军指挥使司⑥和水军左、右卫指挥使司的水军。其中，水军左、右卫于洪武四年（1371）由水军卫改置，旗军全部为水军。⑦ 洪武三年（1370）三月初置水军等24卫时，每卫即有船50艘，军士350人缮理，"遇征调则益兵操之"。⑧

（二）就统领官员而言，大致可分三种。第一，皇帝选派将领充任备

---

① 《明太宗实录》卷二〇〇，永乐十六年五月丙辰，第2048页。
② 《明太宗实录》卷二三四，永乐十九年二月辛丑，第2257页。
③ 郑若曾：《筹海图编》卷十二《经略二·御海洋》，第1018页。
④ 崇祯《廉州府志》卷六《经武志·备倭》，《日本藏中国罕见地方志丛刊》，书目文献出版社1992年版，第91页。
⑤ 雍正《浙江通志》卷九十五《海防·历代海防事宜》，商务印书馆1934年据光绪二十五年浙江官书局重刻本影印。
⑥ 江阴卫、广洋卫、横海卫俱为洪武时期定置的亲军指挥使司，其所辖旗军不尽为水军。江阴卫于洪武元年八月由江阴千户所升，广洋卫亲军指挥使司亦置于洪武元年八月，俱见《明太祖实录》卷三十四，洪武元年八月己丑条。横海卫亲军指挥使司建置于洪武四年十二月，事见《明太祖实录》卷七十，洪武四年十二月戊戌。永乐十八年，朱棣迁都北京时，三卫皆未北调。
⑦ 《明太祖实录》卷七十，洪武四年十二月戊戌，第1310页。
⑧ 《明太祖实录》卷五十四，洪武三年三月壬辰，第1061页。

倭总兵官、副总兵官，或统率在京诸卫水军，或选调沿海诸省卫所舟师，出海巡捕倭寇。充任备倭总兵官者多为侯伯、都督、都督同知、都督佥事、都指挥使、都指挥同知、都指挥佥事、卫指挥等身份者。其中地方都司的都指挥使等官多充副总兵，协同以侯伯、都督府官员出任总兵官者巡捕。即使由都指挥使充总兵官，统领所属卫所舟师在指定洋面巡捕，遇到以侯伯出任总兵官的舰队时，亦听侯伯充总兵官者节制。第二，沿海地方都司、卫所官员接到皇帝诏命，但不挂备倭总兵官、副总兵官衔，统军出海捕倭。诸如永乐三年（1405）三月、十五年（1417）八月、十六年（1418）五月等事例。第三，沿海地方都司、卫所官未接到皇帝诏令，亦不带备倭总兵官、副总兵官衔，统领所属出海军经制行的出海巡捕。诸如洪武时永安、钦州二所，"每所各官一员，督官军船三艘，旗军三百名，各分上下班出海巡哨，以防倭寇"。杭州、绍兴等卫每至春则发舟师出海，分行嘉兴、澉浦、松江、金山防御倭寇等。

（三）就出海巡捕范围言，第一，奉皇帝诏命出海各舟师的巡捕洋面较为广阔，或跨数省，或贯两省。如洪武七年（1374），靖海侯吴祯、都督佥事于显分充正、副总兵官，领四卫军出海巡倭时，就朱元璋下发诏令中"在京各卫及太仓、杭州、温、台、明、福、漳、泉、潮州沿海官军悉听节制"[①]的言辞判断，巡捕洋面当跨直隶、浙江、福建诸省；永乐十五年（1417）八月，都指挥谷祥、张翥所率舟师的巡捕范围亦兼直隶府州及浙江、福建洋面；永乐六年（1408）十二月，李彬、费瓛统率官军自淮安抵沙门岛缘海捕倭，巡捕洋面兼直隶、山东两省；罗文、李敬率官军自苏州抵浙江等处沿海捕倭，贯直隶、浙江二省。第二，地方都司卫所官统领所属出海军经制性巡捕倭寇时，多侧重于附近洋面。如上述永安、钦州二所官军各分上下两班出近海防倭；浙江杭州、绍兴等卫每至春则发舟师出海，分行嘉兴、澉浦、松江、金山防御倭寇等例。此种现象的出现，或许是洪武、永乐时期总兵官还未成为常驻官，只是临事而发，奉皇帝诏命统率舟师出海巡捕而已。而沿海卫所的出海军为该地常驻军，其在都司、卫所官员统领下出海巡捕所辖区域带有经制性特色。

（四）就出海期限言，《明史·兵志》言："每春以舟师出海，分路

[①] 《明太祖实录》卷八十七，洪武七年春正月甲戌，第1546页。

防倭，迄秋乃还。"春汛起自二月或三月，秋（冬）汛多起自九月。① 洪武、永乐时期沿海诸省各卫所舟师出海巡捕多是如此，但中央选派将领充总兵官统领舟师巡倭时，出海时间则多有所不同。如永乐六年（1408）朱棣先后派出的六支巡海军则是十二月出海。永乐九年（1411），丰城侯李彬受命为总兵官出海巡倭是在正月，至闰十二月才命其所统捕倭军士休息。且巡捕时间相对较长。事毕，总兵官复命，所统军士各回原发卫所。这或许与中央选派舟师巡海多属临事而发，且总兵官一职尚属差遣，还未成为某地常驻官有关。

二　明代出海军构成主体的变化

军兵并存是明代独特的军事制度。军主要指卫所旗军，军籍世袭；兵则多为招募，以营伍编制为主。出海军顾名而言，当有卫所旗军身份，其抽选多遵循精壮（20—40岁）、② 惯习风涛、③ 技胆俱佳等原则，洪武、永乐时出海军多是如此。随着边患日棘，"大将之设，遂成常员"。④ 镇守权重，都统势轻，卫所军事职能削弱的现象亦在沿海诸省出现，出海军中募用民兵、采用营伍编制日渐成为经制。明代出海军构成主体经历了从以卫所旗军为主到以招募的民兵为主的变化。

兹以广东布政司为例，嘉靖《广东通志初稿》记载节年旧规："每年春末夏初风汛之期，通行督发沿海府、卫、所、县各该捕巡、备倭等官军兵出海防御倭寇、番舶。"⑤ 虽亦动支布政司军饷银，雇募南头等处骁勇兵夫与驾船后生，分拨各船，但多处从属地位，起协同作用。嘉靖十四年（1535），潮州府补用通判范维恭呈告广东巡抚戴璟：柘林、深清等湾原由潮州卫指挥1员统领本卫并蓬州、海门、大城各千户所旗军共600名守把，后又蒙海道等衙门议募海夫500名，坐驾艚船，另委千百户1员

---

① 郑若曾：《郑开阳杂著》卷二《日本の寇论》，文渊阁《四库全书》，第584册，第507页。
② 蔡逢时：《温处海防图略》卷二《选兵二》，《四库存目丛书》，第226册，第689页。
③ 同上。
④ 蔡逢时：《大隐楼集》补遗《筹训练疏》，《崇雅堂丛书初编》，中国国家图书馆藏缩微胶卷。
⑤ 嘉靖《广东通志初稿》卷三十五《海寇》，《北京图书馆古籍珍本丛刊》，第38册，第577—578页。

管押，协同潮州卫所官军防守。就整体而言，嘉靖十年（1531）前后，广东海防分东、中、西三路，东路抽调卫所旗军600名，中路抽调卫所旗军1200名，西路抽调卫所旗军104名，各由附近卫所指挥1员率领，防守卫所附近海澳；同时招募南头、福永、西乡等处蜑户1500余名为水兵，分哨防守中路、西路，招募潮州鮀江都、大家井渔民500名为水兵，哨守东路。当时广东海防抽调卫所旗军共1900名，招募水兵共2000人。① 募兵员额虽略高于卫所旗军数，但上述募兵，多属临事而发，事息或裁或罢，尚未成为经制。如潮州府补用通判范维恭因漳州海贼越境，劫掠人财，招募本土鮀江都、大家井惯战海夫余严八等500名，纪籍在官，同备倭官军在于柘林等处防守。"如有倭寇重大，则添募200名……无事，则此200名即时挈回。"因南头兵事宁息，嘉靖十四年（1535），广东备倭都指挥李森呈请广东巡抚戴璟，将坐守南头兵夫1000名内摘拨200名，前去哨守湖东海澳，协同碣石卫等处官军往来巡缉潮州、柘林等处沿海一带地方；将400名坐驾艚船8只，"在于佛堂门、十字门、冷水角、老万山、伶仃洋、屯门、鸡栖海澳一带江道，尽来巡哨"；南头本土止留兵夫400名协同南海卫、东莞、大鹏三哨官军防守海澳。为节省开支，按司佥事吴大体提议：将招募水军兵额稍加裁减。平时东路只雇300名，中路600名，西路200名，三路共募1100名；临事则增募至原额2000名。②

但此种非经制性募兵存在明显弊端，遇有警急，招募兵船，委官截捕，兵士缺乏训练，难以决胜；事宁裁罢募兵，贼乱又起。嘉靖四十五年（1566）底，两广总督吴桂芳在奏请定设广东沿海水寨时即言："夫贼起然后募兵，则率非素练，安可必其决胜？贼灭而兵即散，则不旋踵而贼复入矣。"随后设立的柘林、碣石、南头、白鸽门、乌兔、白沙港六水寨即合用募兵，额员达108000名，工食于近议改抽民壮、弓兵银内支给。③ 各兵董以将官，汛期出洋哨守，汛毕回寨操练，"兵船在海为一水寨，在陆为一营"。④ 此时的召募已成为经制性的兵役制，所募之兵成为

---

① 嘉靖《广东通志初稿》卷三十五《海寇》，第578页。

② 同上。

③ （明）吴桂芳：《请设沿海水寨疏》，应槚、刘尧诲修：《苍梧总督军门志》卷二十五《奏议》，全国图书馆文献缩微复制中心，1991年，第285页。

④ 应槚、刘尧诲修：《苍梧总督军门志》卷十五《操法·水兵制》，第162页。

广东海上哨守的主体力量，卫所旗军则扮演协同角色。

表 1　　广东东中西三路海防兵额及招募情况

纪年	招募水兵员额		防守海澳旗军员额
嘉靖十年（1531）	东路	500 名	旗军 600 名
	中路	1000 名	旗军 600 名
	西路	500 名	旗军 600 名
嘉靖十四年（1535）	东路	700 名	不详
	中路	800 名	
	西路	500 名	
嘉靖二十二年（1543）	东路		不详
	中路		
	西路		
嘉靖四十年（1561）	东路	潮州柘林澳 900 名	靖海所旗军 100 名
		碣石澳 400 名	甲子门所旗军 100 名
	中路	南头 200 名	不详
		香山浪白澳 500 名	
		广海望峒澳 200 名	
	西路	琼雷白沙等港 500 名	不详
嘉靖四十三年（1564）	督理广惠潮海防参将	500 名	不详
	琼雷参将兼管	3000 名	

　　以上广东三路海防防御力量变化，仅能反映出招募的兵士逐渐成为海上哨守的主体力量，而卫所旗军则转变成辅助角色的趋势，至于明中期以来广东巡哨军中民兵到底占多大成分，由于记载不详，难以统计。而浙江地区海防资料虽不能较为清晰地展现浙江出海巡哨军构成主体由以卫所旗军为主到以招募的民兵为主的具体变化过程，但依据《全浙兵制考》《两浙海防类考续编》《温处海防图略》等海防原典对浙江四参六总、下各巡哨军中军兵、民兵的相关记述，可以窥得万历十九年（1591）前后民兵在浙江出海巡哨军中所占的比重。

　　表中所列数字多为万历时期员额。总体而言，全浙陆兵 44 总，水兵 60 哨，水陆兵额约 53086 名，其中民兵约 38766 名，占兵员总数的 63%；

表 2 浙江出海巡哨水军中军兵民兵比重

水军哨			人数（人）	军兵 人数（人）	军兵 所占比重(%)	民兵 人数（人）	民兵 所占比重(%)	万历十九年议增 军兵（人）	万历十九年议增 民兵（人）	万历十九年议增 军民兵比例
军门标下		南关水兵	320	不详		不详				
军门标下		北关水兵	302							
总镇标下		中军哨	759	318	42	411	58	78	368	50:100
总镇标下		中游左哨	718	86	12	632	88	24	252	12:100
总镇标下		中游右哨	718	86	12	632	88	24	252	12:100
杭嘉湖区		兵巡道下水兵	544	76	14	468	86			
杭嘉湖区		参将游哨	259	17	6	242	94	未增	46	6:100
杭嘉湖区	海宁总	羊游哨	414	52	13	362	87	未增	564	5:100
杭嘉湖区	海宁总	许山哨	375	38	10	337	90	未增	56	10:100
杭嘉湖区	海宁总	乍浦守关	488	98	20	390	80	未增	108	20:100
宁绍区		巡视海道下水兵	160	60	38	100	62			
宁绍区	参将下	正兵哨	500	93	19	407	81	33	352	17:100
宁绍区	参将下	正游左哨	510	80	16	430	84	22	158	17:100
宁绍区	参将下	正游右哨	504	80	16	424	84	10	160	15:100
宁绍区	临观总	游哨	300	32	11	268	89	18	198	11:100
宁绍区	临观总	左哨	300	40	13	260	87	10	144	10:100
宁绍区	临观总	后哨	303	39	13	264	87	10	144	12:100
宁绍区	定海总	游哨	260	24	9	236	91	4	98	8:100
宁绍区	定海总	青龙左哨（南）	333	60	18	264	82	28	242	17:100
宁绍区	定海总	青龙右哨（南）	302	64	21	238	79	4	50	24:100
宁绍区	定海总	南左哨	295	57	19	238	81	2	66	19:100
宁绍区	定海总	南中哨	273	67	25	206	75	4	66	26:100
宁绍区	定海总	南右哨	217	59	27	158	73	4	54	30:100
宁绍区	定海总	北右哨	291	73	25	218	75	28	190	25:100
宁绍区	定海总	北左哨	192	38	20	154	80	2	28	22:100
宁绍区	定海总	马左哨（北）	161	51	32	110	68	4	34	38:100
宁绍区	定海总	马蓦右哨（北）	224	56	25	168	75	4	46	28:100
宁绍区	定海总	梁横哨（北）	204	84	41	120	59	8	20	66:100

续表

水军哨			人数（人）	军兵 人数（人）	军兵 所占比重(%)	民兵 人数（人）	民兵 所占比重(%)	万历十九年议增 军兵（人）	万历十九年议增 民兵（人）	万历十九年议增 军民兵比例
宁绍区	昌国总	游哨	730	282	39	448	61	28	64	61：100
		林门哨（南）	255	93	36	162	64	32	212	33：100
		三门哨（南）	229	73	32	156	68	6	40	40：100
		下湾门哨（南）	171	53	31	118	69	未增	38	34：100
		牛栏基哨（南）	314	102	32	212	68	8	48	42：100
		旦门哨（南）	278	96	36	182	64	8	48	45：100
		干门哨（北）	294	64	22	230	78	26	220	20：100
		青门哨（北）	256	65	25	192	75	4	62	27：100
		百亩田哨（北）	164	56	34	108	66	4	32	43：100
		湖头渡哨（北）	95	41	43	54	57	4	10	70：100
台金严区	松海总	参将游哨	561	187	33	374	67	28	416	27：100
		游哨	853	216	25	637	75	30	458	22：100
		漩门哨	234	150	64	84	36	6	32	13：100
		灵门哨	247	165	67	82	33	8	32	150：100
		鹿头哨	407	213	52	194	48	8	50	90：100
		猫儿头	197	122	62	75	38	6	36	120：100
		深门哨	235	136	53	97	47	6	44	100：100
		海门关口哨	188	117	62	71	38	6	20	140：100
		竹山哨	268	89	33	179	67	6	42	43：100
		东西矶哨	115	78	68	37	32	6	18	150：100
		牛头门哨	129	60	47	69	53	4	16	75：100
		静寇门哨	173	93	54	80	46	4	24	93：100
		大佛头	194	118	61	76	39	6	24	120：100
温处区		兵巡道下水兵	128	贴驾35	27	抽队兵93	73			
	参将下	游哨	1180	691	59	490	41	46	113	140：100
		本处随征	204	107	52	97	48	4	256	31：100

续表

水军哨			人数（人）	军兵		民兵		万历十九年议增		
				人数（人）	所占比重（%）	人数（人）	所占比重（%）	军兵（人）	民兵（人）	军民兵比例
温处区	金盘总	游哨	1255	722	58	523	42	未增	252	93∶100
		黄华关	420	226	54	194	46	18	56	98∶100
		飞云关	456	256	56	200	44	10	56	100∶100
		江口关	455	262	58	193	42	18	46	120∶100
		镇下关	436	254	58	182	42%	15	56	110∶100

军兵共约14320名，仅占总数的37%。[1] 单就水军而言，水兵共21347名，民兵约13626名，约占64%；军兵约7721名，约占36%。从表2可知，巡哨军中民兵比重最高可达94%，最低者也有32%，平均约达66%。万历十九年（1591）议增各船民兵，各哨新增民兵数约为新增军兵数的数倍，有的水哨甚至只增民兵，未见增军兵。就各区而言，万历十九年（1591）以前巡哨军中民兵比重最高者为杭嘉湖区，其次为宁绍区，比重分别为86%和76%；台金严区为54%，温处区为43%。万历十九年（1591）后杭、宁、台、温四区比重分别增至90%、82%、65%、52%。总之，明中叶以来，通过招募的水兵已经成为明代出海巡哨军构成中的主体力量。

三 出海军的巡洋哨守职责

经过正统间闽浙海防调整，洪武、永乐时开始的舟师出海巡捕制度日益完善，各出海军有了明确的汛地划分，相邻的两支或多支出海军在汛地连界处建立起定期会哨的制度。嘉靖中期的严饬海防，更使各出海军哨道以海中岛屿为中心，连点成线，梭织成面，遍及帝国整个洋面。[2]

---

[1] 侯继高：《全浙兵制考》卷一《全浙水陆兵制》，《四库全书存目丛书》，第31册，第104页。

[2] 牛传彪：《明清巡洋会哨制度及其在海疆防务中心地位》，《中国边疆史地研究》2015年第4期。

出海军汛期巡哨，主要执行哨探报警、御敌剿捕、缉私、护航、设伏等任务。

（一）出汛前的准备

每逢汛期之前，出海诸军便开始筹备巡洋所需物品。一般而言，军未发前三日，上官即牌谕各捕兵出洋天数、该备粮米器械数目。[①] 如广东六水寨各兵防汛之日，量备米粮一月，其余器械、火药、衣甲、雨具、篷帆、缆索，俱要收检齐备。各船捕盗时加查点本船兵士的准备情况，该修补者修补，该更换者更换。"如一兵生事，一桹不完，一械不精者"，即罚治捕盗，"甚者革退"。[②] 不拘常时守汛和有警击贼，一旦军门及总兵官下令取调兵船，"辰刻令下，巳刻即开驾前来"，不能"以器具未备为辞"。因此而稽时慢令者，"该船捕盗捆打一百棍，革役。因而失误军事者，以军法示众。一哨稽违，连坐哨官；全寨稽违，连坐参总"[③]。至于浙省出海军汛前筹备粮米器械情况，史籍中未见明确记载，或许与广东水军相似。

（二）出汛职责

出汛之日，各哨船出洋哨守，行驶中，"首尾相接，雁行而进，不许远离"。[④] 执行瞭探、御敌、缉私、设伏等任务，皆有严格的章程约束。

1. 哨探报警

"哨探者，三军之耳目。"[⑤] 侦知敌情，即时飞报，是巡哨军出海哨逻的一项重要任务。《两浙海防类考续编》、万历《绍兴府志》都有各将领亲督兵船出洋哨探，发现贼船经由信地或于信地抢掳渔船，从实飞报的记载。所报内容包括敌船及兵员数量、装备、航向等。[⑥] 广东地区根据贼

[①] 应槚、刘尧诲修：《苍梧总督军门志》卷二十二《水寨事例·行营号令》，第38页；茅元仪：《武备志》卷九十六《军资乘·战·军行》，《续修四库全书》，第31册，第230页；佚名：《行军须知》卷上《禁令第三》，卷下《渡险第七》，《美国哈佛大学燕京图书馆藏中文善本丛刊》第18册，商务印书馆、广西师范大学出版社2003年版，第238页。

[②] 郑若曾：《江南经略》卷七下《见行兵政二·水兵号令》，文渊阁《四库全书》，第728册，第401页。

[③] 应槚、刘尧诲修：《苍梧总督军门志》卷二十二《水寨事例·申预备》，第236页。

[④] 应槚、刘尧诲修：《苍梧总督军门志》卷二十二《水寨事例·行营号令》，第238页。

[⑤] 《明经世文编》卷二五二赵炳然《海防兵粮疏》，中华书局1987年版，第2655页。

[⑥] 范涞：《两浙海防类考续编》卷四《原考·申严哨探》，《四库全书存目丛书》，第226册，第368页；万历《绍兴府志》卷二十三《武备一·哨探之规》，《中国方志丛书》，成文出版社1983年版，华中地方第538号，第1743页。

船所在洋面远近、信地与否，定以不同责任。"如贼船在外洋行使，系信地，水寨官哨人等飞报；如贼入内洋，或登岸，或未登岸，系水寨与州县飞报。"该州县报到得实而水寨不报者，将水寨官拿解军门；水寨报贼入内得实而州县不报者，将各巡捕官并州县兵房吏拿解处治。① 浙江出海远哨兵船见贼，则不限定信地。② 报警时一般是先报本道及总参衙门，核实后再转报其把总，③ 同时还"须报本府并海防衙门，以便随宜调口"，"其把总哨官不得虚张越报"。④ 待传报邻境后，则须"分头防御应援，即急督官兵相机夹剿"。⑤ 若哨探不明而望风妄报或报以不实，未造成重大损失者，捆打四十；"致贼船直逼哨守信地者，捆打一百；因而失事者斩"⑥。若遇贼在洋抢掳，而隐匿不报者，处以军法。⑦

2. 御敌剿捕

出海巡哨军御敌剿捕，"以最先冲至贼船为头锋，次冲上为第二锋"，⑧ 获有功级，各送中军纪验解报。"退缩后至者，斩其捕盗；船行迟曲而后到者，斩其捕盗、舵工；遇浅不到者，斩其扳招手；船虽先到，而使风掌舵不正，不直射贼船，旁边擦过者，斩其舵工、缭手。"⑨ 御敌时，各船之间、各哨之间、各寨游之间、水陆军兵之间应严密配合，不得各行其是。如浙洋御敌中，"一什被围，二什不救；一队被围，各队不救；一哨被围，别哨不救，致令陷失者，总哨官俱以军法从事"⑩。温处四寨七游御敌，"以寨为正兵，游为奇兵"。⑪ "寨屯于游之内，游巡于寨

---

① 应槚、刘尧诲修：《苍梧总督军门志》卷二十二《水寨事例·行营号令》，第239页。
② 万历《绍兴府志》卷二十三《武备一·哨探之规》，第1743页。范涞：《两浙海防类考续编》卷四《原考·申严哨探》，第368页。
③ 范涞：《两浙海防类考续编》卷四《原考·申严哨探》，第368页。
④ 方逢时撰：《温处海防图略》卷二《瞭探》，第695页。
⑤ 万历《绍兴府志》卷二十三《武备一·哨探之规》，第1743页。
⑥ （明）王士贞：《倭志》（不分卷）《寨游号令五条》，《御倭史料汇编》第1册，全国图书馆文献缩微中心，2004年。
⑦ 万历《绍兴府志》卷二十三《武备一·哨探之规》，第1743页。
⑧ 郑若曾：《江南经略》卷七下《见行兵政二·水兵号令》，文渊阁《四库全书》，第728册，第401页。
⑨ 王士贞：《倭志》（不分卷）《寨游号令五条》；应槚、刘尧诲：《苍梧总督军门志》卷二十二《水寨事例·遇敌号令》，第401页。
⑩ 蔡逢时：《温处海防图略》卷二《临敌令》，第701页。
⑪ 万历《温州府志》卷二十一《兵戎志三·海防》，《四库全书存目丛书》，第210册，第581页。

之中。"① 若贼势重大，各寨游不听兵道并统督官随时调度策应，逗留不急赴者，"把总以军法处治，其各统督及总哨官不奋勇先登，但以空言驱督塞责者，由海防官即时参呈，事毕之日各捆打一百，因而失事者斩。海防官扶同隐蔽，以不职论"②。福洋御倭，以正、应、奇三兵击之，大致以一水寨为正兵，两旁的水寨为应兵，附近游兵相机策应，为奇兵。各寨游间并如常山蛇势，击其首则尾应，击其尾则首应，击其中则首尾俱应。水陆官兵亦相为犄角，每遇海上贼警，"（陆路）各该参备即督率该营总哨趋赴海滨津要之处，查照信地，与同该水寨军兵内外协应，以助声势"，仍行各乡澳保甲人等及各巡司严加提备，待贼登岸，即并力擒剿。如兵哨不用命，听把总径自处治，把总不前进，听参备绑解来军门处治。③ 御敌中，凡临阵退缩者，准许什长割兵耳，队长割什长耳，哨官割队长耳，把总割哨官耳。回兵查耳，无者斩。"若各故纵容，明视退缩，不肯割耳者，罪坐不肯割耳之人。"④ 各哨队捕盗人员敢有卖放一兵在闲，或私有所差遣，擅离船所者，"轻则捆打一百棍，重则以军法处决，听该寨参游把总径自处分。把总有犯者视此"⑤。

凡乘胜追敌，各船、各哨、各寨、各游之间亦应合艫策应追剿，无限疆界。"各该参备不得以信地为辞，阻兵自固。如违，听总兵官参究。"⑥ 也不可以风力不便，借口偃蹇。逗留不追者，捕盗、舵工俱就阵前斩首示众。⑦ 忌临境之成功，犄角之师不行应援追敌者，亦毋宽待。⑧ 追敌中，凡有兵夫捞拾敌遗弃器械财帛而不追贼者，许本船捕队割耳示众。⑨ 果因违令图财，致贼冲突得脱者，抢物之兵不分首从俱斩。⑩

---

① 万历《温州府志》卷六《兵戎志二·海防》，第581页。
② 王士贞：《倭志》（不分卷）《寨游号令五条》。
③ 应槚、刘尧诲修：《苍梧总督军门志》卷二十二《水寨事例·遇敌号令》，第240页。
④ 蔡逢时：《温处海防图略》卷二《临敌令》，第710页。
⑤ 应槚、刘尧诲修：《苍梧总督军门志》卷二十二《水寨事例·遇敌号令》，第240页；王士贞：《倭志》（不分卷）《寨游号令五条》。
⑥ 应槚、刘尧诲修：《苍梧总督军门志》卷二十二《水寨事例·定追击》，第236页。
⑦ （明）王士贞：《倭志》（不分卷）《寨游号令五条》。
⑧ 王在晋撰：《皇明海防纂要》卷五《御倭方略·发汛四款》，《续修四库全书》，第740册，第8页。
⑨ 应槚、刘尧诲修：《苍梧总督军门志》卷二十二《水寨事例·定追击》，第236页。郑若曾撰：《江南经略》卷七下《见行兵政二·水兵号令》，第402页。
⑩ 蔡逢时：《温处海防图略》卷二《临敌令》，第710页。

3. 缉捕走私

缉捕走私是明代出海军巡洋时的又一重大任务。明制规定，"自发汛后，商渔船绝不许出洋，止许内港澳生理。如有潜在外洋紧要海岛往来者，即行拿究"。① 巡洋军缉捕走私由海道官严行设法，"某寨责成某官，某地责成某哨，某处定以某号，某澳束以某甲"②。稽查之制有二。其一曰稽其船式。濒海之民平常采捕之船多是平底单桅，且别以计号，而双桅尖底可通番者皆在稽查之列。凡违禁者毁之，照例问拟。③ 其二曰稽其装载。凡沿海之民有装载米粮、军器、焰硝鉛、黑铅、铁钉、樟杉板木、麻、油诸物出海，接济贼人者，"不分商民船户，不拘上汛出汛日期"，悉听各营寨军兵及各卫所巡捕员役、各巡检司弓兵即时擒拿，"连赃物拿解该道，审实详院，处以重典"。"有拒捕者，当时敌杀无论。"④ 船中货物除军器、火药外，其余尽行给赏，不必入官公用。受贿及私纵卖放者以军法处置，仍查本船开驾澳分，照依各寨信地追论处治，"其澳长甲长同甲之人几系卖放故纵，知情容隐者，各与同罪，失盘获者哨捕捆打八十，澳甲长同甲人各捆打六十"。⑤

4. 哨守设伏

风汛时月，巡洋水军还要哨守险要、潜伏待敌。浙江温处诸关游把总官即差巡哨兵船轮流把守南麂、东洛、凤凰、霓岙、南龙诸山岙。⑥ 出守时，为避免备多力分，多将关游兵船分为两哨，据险而守，以时巡逻会哨。⑦ 船兵守险，如瞭望贼船将至，只据上风联船固守，待敌船向往既定，而尾随其后击之，或合艟，或分哨，或出海，或入港，"量贼人多寡及所往海洋内外，而分发船兵，且不可迎风逆战"，亦不可一概督发船只，以致守地空虚。⑧ 各船捕舵兵夫泊船设伏期间，无故不许上山闲游，

---

① 王士贞：《倭志》（不分卷）《寨游号令五条》。
② 郑若曾：《郑开阳杂著》卷一《万里海防图论·广福人通番当禁论》，文渊阁《四库全书》，第584册，第455页。
③ 同上。
④ 应槚、刘尧诲修：《苍梧总督军门志》卷二十二《水寨事例·行营号令》，第239页；王士贞：《倭志》（不分卷）《寨游号令五条》。
⑤ （明）王士贞：《倭志》（不分卷）《寨游号令五条》。
⑥ 葵逢时撰：《温处海防图略》卷二《瞭探》，第694页。
⑦ 万历《温州府志》卷二十一《兵戎志三·海防》，第581页。
⑧ 应槚、刘尧诲修：《苍梧总督军门志》卷二十二《水寨事例·合兵力》，第236页。

"若取水，轮值兵夫先赴中军船告禀，违令上山者捆打四十；因而失事者斩"①。更不得推脱事故，偷安稳澳。若擅离船所，登岸宿歇，捕盗捆打六十，船兵等役捆打四十。捕盗纵容，与船兵同罪。②"因而致误事机者斩。"③ 各兵夫每夜"不得脱衣安枕，切恐一时有警，收拾不迭，未免误事"。凡遇警急，各伏兵务必安静待敌，"无得惊营嚷乱，违者处斩"④。遇贼不起或起太早者，领伏哨队通斩，各兵扣工食一月，"仍通捆打。如正兵见奇兵伏兵已起，不即回者同"⑤。

以上所述，为汛期时出海巡哨军出洋执行任务的情形。至于非汛时月的情形又当如何？《敬和堂集》有载：

> 查得每年春、冬汛毕，烽火等五寨贴驾军兵，尽数放回卫所休息，仅止民兵留寨。南澳、海坛、浯铜游兵应拆造大中修船只，量存捕舵。
>
> 春汛毕日，行总兵、参将、把总等官，将各游水兵重加挑选，应留者俱留；应易者始易，留者，量减月粮四分之一。常川在船，如期操练，其修造各船，即使众兵看管，催促完工。亦易船，以兵为守兵，以船为家，而又给之衣甲，新其器械，士气当百倍于他日矣。其贴驾军兵，汛毕，可如旧例放回休息，然亦须总参亲临卫所，挑选精勇，谙习水势之军，编定贴驾，待有不堪而后更之；无容卫所擅自分班，以老弱充数。⑥

由是观之，非汛时月对诸巡哨军言，主要是一重整军备的时期。各船军士在经历了长时间的海上哨守之后，身心俱疲，粮米器械亦亟待补充整顿。趁着东北风减弱，倭寇入侵较少的时机，军士正得以回岸休息，战船、器械亦可得以整修。但放回休息的多是各卫所的贴驾军兵，一部分民兵仍要预留船中，"轮班出哨，防御盗贼"。⑦《两浙海防类考续编》

---

① 应槚、刘尧诲修：《苍梧总督军门志》卷二十二《水寨事例·行营号令》，第239页。
② （明）王士贞：《倭志》（不分卷）《寨游号令五条》。
③ 应槚、刘尧诲修：《苍梧总督军门志》卷二十二《水寨事例·行营号令》，第239页。
④ 郑若曾：《江南经略》卷七下《见行兵政二·水兵号令》，第401页。
⑤ 蔡逢时：《温处海防图略》卷二《临敌令》，第710页。
⑥ 许孚远：《敬和堂集》卷五《议处海防疏》，中国国家图书馆藏缩微胶卷。
⑦ 许孚远：《敬和堂集》卷五《兵防事宜通行各属》。

中亦言，汛毕之时，温处参将仍设有循环哨牌，分发关游，"总哨官各拨渔唬小船远出各该紧要海洋哨探，亦彼此交会填注日时及逐日哨泊处所在牌，每半月一换"，仍以三哨沙唬等船，各以半月为限，分派班次，更番远出外洋哨逻。① 同时，总参等官亦于此时裁汰羸弱残兵，并在下一汛期到来之前，预先到卫所挑选精勇的兵士，以避免卫所将一些老弱之兵，再次以"贴驾军兵"的名义，派送至出海军行列。

四　出海军逃亡问题的历史因缘采择

明正统以后，随着屯田制的破坏，以世袭军户制度为基础的卫所制也日益消耗，卫所旗军多有逃亡，甚至"有一卫不满千余，一所不满百余者"。② 以卫所为基础抽调的出海军也是员额日耗。嘉靖三十三年（1554），福建沿海十一卫出海军五万余人已逃亡十七。③ 其协防各寨游的备倭军已存者无几。④ "持戟者伍失之三，超距者百不得一。"⑤ 正统五年（1440），福建各寨缺军6000余名。嘉靖时五寨一澳共缺军11078名。其中烽火寨原额4068人，逃亡3000人；小埕寨原额4402人，逃亡2383人；南日寨原额4700人，逃亡2557人；浯屿寨原额3429人，逃亡1468人；铜山寨原额1822人，逃亡1192人；玄钟游原额1133人，逃亡478人。⑥ 在浙江，镇下门水寨弘治间即废；黄华水寨嘉靖二十一年（1542）止存军队舵兵276名；飞云水寨嘉靖三十年（1551）时仅存军队舵兵245名。⑦

明代出海军逃亡的诱因很多，诸如粮饷缺乏、军役繁重、私兑逃债、

---

① 范涞：《两浙海防类考续编》卷四《申谕·申严哨探》，第380页。
② 《明经世文编》卷二六〇，唐顺之：《条陈海防经略事疏》，第2745页。
③ 卜大同：《备倭图纪》卷下《奏牍一·奏复沿海逃亡军士余剩粮疏》，《四库全书存目丛书》，第31册，第88页。
④ 《明世宗实录》卷六十一，嘉靖五年二月壬戌，第1431页。
⑤ 万历《福州府志》卷二十一《兵戎志三·海防》，《福建师范大学图书馆稀见方志丛刊》。
⑥ 卜大同：《备倭图纪》卷上《士卒》，第82页。
⑦ 万历《温州府志》卷六《兵戎志·水关》，第581页。

惮于风涛病疫、战船失修出海危险系数大①等。广东②、福建③有外调班军，浙江宁绍台温有业艺、行商、充纳吏承，海门卫又有近籍之故，④加之清勾之法坏，里书脱漏；犯法充军罚纲不严等，难以及时有效勾补，遂致日减耗减。但最根本的原因却是军兵粮饷的缺乏和军役等负担的繁重。

明制出海巡哨军有月粮、行粮、饷银、犒赏等项。各军常月支月粮、饷银，汛月加支行粮，又有加银，开操较艺和出战另有犒赏。月粮多以卫所为单位，于每月月初赴其所隶属的卫所仓储或派定的府州县仓储支领。⑤行粮为出海军兵汛月加粮。⑥饷银有日支、月支等例。犒赏有军前犒赏、汛回犒赏、开操犒赏等项。⑦由于各军差遣不同，劳苦程度有异，食粮则例各有变化。虽系同差，军兵、民兵身份不同，粮饷亦有差别。即使同为军兵身份，亦有正、例、余、丁之分，不同时期食粮饷则例各有等差。⑧一般而言，巡哨军士常川月支粮1石，日支银2分；汛月出海加支行粮4斗5升，日加银1分。⑨但由于事兴税减、征解不及时、发放中多虚冒支领等因，粮饷往往告缺。

兹以浙江为例，阖省粮饷原由两税征解麦米、渔税、商税、屯粮、盐利、课钞等项供给，虽不乏欠税、偷税、漏税等弊，但承平无事，基本能够自足。然自有倭警以来，费饷浩巨，每年计用银683000余两。⑩即使全额齐征也恐难凑足，况猾黠之徒与经管官废法营私，偷税漏税骗税欠税，更使得粮银渐逋，军饷难支。如浙江屯田中有管屯官甲扣支抵兑，鼠耗其间者，"或侵收而不报，或拖负而不偿，或以未完而作荒，或以已完而作欠"，无论岁凶，即丰年辄亏其一。⑪又浙洋渔船依制缴税领票后方许出洋，其未收银者，追缴原票，并严查船只下落。事久法弛，

---

① 《明经世文编》卷二〇五、卷二〇六，朱纨：《阅视海防事》第2157页。
② 应槚、刘尧诲修：《苍梧总督军门志》卷二十五《奏议三·请复梧镇兵粮疏》，第293页。
③ 谭纶：《谭襄敏奏议》卷二《条陈善后未尽事宜以备远略以图治安疏》，文渊阁《四库全书》，第429册，第630页。
④ 戚继光：《戚少保奏议》卷三《条议一·清查军丁户籍》，中华书局2001年版。
⑤ 万历《大明会典》卷四十一《户部二十八·经费二·月粮》，第743页。
⑥ 万历《大明会典》卷三十九《户部二十六·廪禄二·行粮马草》，第730页。
⑦ 范涞：《两浙海防类考续编》卷四《续定·卫所军需·附公费犒赏》，第405—407页。
⑧ 范涞：《两浙海防类考续编》卷四《原考·卫所军粮》，第380页。
⑨ 蔡逢时：《温处海防图略》卷一《水陆兵饷》，第680页。
⑩ 范涞：《两浙海防类考续编》卷五《各府额饷》，第408页。
⑪ 王在晋：《皇明海防纂要》卷五《御倭方略·屯局军兵督捕三款》，第9页。

渔户多有不缴税银领票私自出洋者，甚有县官自给小票收充私用者，以致官府登记船数渐减，渔税银两渐逋。① 浙江进出商货向有税课司、关埠稽查收税，不法商贾多有投托豪右和猾黠船户越关漏税，或贿赂经管官吏，走私违禁者。② 浙江盐课本以倭寇袭扰，灶户逃移，及灾荒风潮不测等因，多有逋赋，又有经管奸官妄奏搜括者。③ 积弊多端，遂使国课日耗，税银无补。

军粮拖欠，也有有司征解愆期的缘故。明制夏麦限五月开仓，七月终齐足。秋粮十月开仓，岁终齐足。但每逢征粮，却有不职县书吏受贿，歇阁缓征。如宁波、绍兴二府有夏麦与秋粮并征者，延至次年二月间尚未解运，以致各军储仓多不能依期放粮，军士枵腹待哺。征解愆期，迁捱日久，又起私兑之弊。附仓积棍串通官攒书吏，乘各军乏食，将未入仓之粮暗行兑会。"计其所得一石，或八九钱，与军者不及半，且杂以低假，而贫甚者又以轻价鬻筹"，"欲军储之充军士之饱亦难矣"。④

发饷中多端虚冒支领，更使军饷告缺。浙江沿海水陆兵食粮者，有老病而岁与全额者，有只身而月领双粮者，有逃亡而造单不除者，有占役而官旗代领者；本管官纵容不发，有司查点，顶名辗转，"或挪甲为乙，而以少支多，或覆姓重名，而恣侵囊蠹，或收纳无赖义丁而滥食官粮，或指称不毂公费而通同造册"。而精壮余丁，或隐漏而不上，或上册而不食粮。⑤ 加之支放时又有变相折钞、折银，本折比例不随市场米麦物价波动而调整，军兵所得折色购买力往往无形降低。嘉靖三十年（1551），浙江米一石有三钱、四钱者，军士得银四钱五分最多可买米一石五斗，⑥ 后米价腾贵，有每石值银六钱者，军士常月折银仅能买米六斗五升，远不足一石之数，军士及其家口生活自会受到影响。⑦ 随着白银的大量使用，折色支放越多，军士所得越少，生活愈加贫困。

此种情况下，出海军兵还要置办军需，供应军役。如浙江管船之役，修造有费，"输纳不足，有所赔。所历诸道途，有支用"。"舵橹桅铆篷缆

---

① 范涞：《两浙海防类考续编》卷五《渔税事宜》，第430页。
② 范涞：《两浙海防类考续编》卷五《续定·商渔税事宜》，第432页。
③ 《明神宗实录》卷四一九，万历三十四年三月辛卯，第7935页。
④ 范涞：《两浙海防类考续编》卷六《仓粮条议》，第442页。
⑤ 范涞：《两浙海防类考续编》卷四《申谕》，第394页。
⑥ 《明世宗实录》卷三七五，嘉靖三十年七月壬寅，第7050页。
⑦ 《明神宗实录》卷三四八，万历二十八年六月丁丑，第6493页。

之属，各有所供给。凡家所用醋酱盐豉薪藁旨畜甑罂釜甗卮缶瓢杓衿裯枕簟絮布纸衲诸琐屑，一不备不可以行，非至殷厚家莫堪任，而监司佥审时所伍以赂多寡为爱憎，往往纵豪有力者，而操中产以下者。"上官不知其情，唯据下属禀白听之，"当者无二三，而错失者常六七，轻则荡产，重则破家，又甚则生且不保矣。门衰户绝，多处于此"①。军兵迫于生计，只得逃亡，别作营生，甚至有抄掠为盗、倡乱兵变者。

故解决军兵逃亡问题关键，在于如何足兵食、减军负、肃军纪、重精练。明中央和沿海诸省也的确采取了足兵食的调整举措，但终因纠缠着统治阶层难以割舍的利益关系，甚难奏长远之效。如为防欺冒事，浙江巡海道颁给小票于各卫所，行令各守御官备填逃故为事缘由，即日飞报，并令掌印官随即登入稽粮簿内，月中同粮单送道查对批给。但由于卫多朋比，责无专官，以致讥察难究，玩愒如故。"或逃故而不报，或报而簿不登，或簿登而粮单不除，或粮单虽除而增减月日。"巡海道虽躬亲对磨，屡提官职，仍解究难尽。后又专责于各卫经历，专一讥察本卫旗军逃亡、勾补及新收、开扣之数，各置籍贯、年貌、疤记文簿一扇，与各执粮单相对，逐月清查。各卫凡有逃故为事等项，该管百户即报守御掌印官处，守御官当日填注小票，备开某百户下旗军某人脱逃事故等项，飞报巡海道，并行本卫经历知会，经历及时查核，有无挪移隐漏，掌印官即填稽粮簿内。若有预备摘支等项，先已支给，后造总单者，俱要查扣明白，先发本卫经历查对无弊，单后注经历某人查对无弊字样。其外所责于该所吏识查对明白，亦于单后注吏识某人查对无弊字样，方送巡海道复核，批府支给。②此法遵行良久又成虚套，弊孔迭出。空额支饷和余丁冒粮现象依然严重，卫官有以异姓义男捏作舍余，各军有以异姓民人或同姓异族捏作余丁者，又有老幼残疾冒顶正军，或父充正军而幼子纪录逃亡故绝，虚挂鬼名，冒食粮饷者。③

这样，在足兵食难以解决的情况下进行的募民兵、调客兵、练土著等充实军伍的措施，虽解得一时之渴，但有军而不能养，终非至久之法，反而产生了诸多新的问题，新旧问题相互交织，错综复杂。明政府显得

---

① 万历《杭州府志》卷三十五《海防上》，《中国方志丛书》，华中地方第524号，第2585—2586页。
② 范涞：《两浙海防类考续编》卷四《卫所军粮》，第381页。
③ 范涞：《两浙海防类考续编》卷四《申谕》，第394页。

左支右绌，又采取了一些剜肉补疮、饮鸩止渴的举措，最终是积重难返。明代出海军的巡洋会哨之制陷入了在衰耗中调整，在调整中维持的循环之中。

五　结语

明代出海巡哨军兼及军政的诸多方面，应当放在明代海防大背景下，从军事体制、行政运作、财政管理、司法监察、调整与变革等国家政权运作层面及海上整体防务等角度进行综合考察。

要言之，明代出海军是在帝国沿海遭遇倭寇袭扰的大背景下逐步建置并发展完善的，是"御海洋"海防战略思想的体现。它注重外洋巡哨，密切区域配合，强化整体性防御，适应了海上防御的特点，拓展了海上防御纵深，基本完成了殄灭倭寇的任务，诚不失海上防务之第一要义。[①]然而，其御倭效能的实际发挥，亦不是孤立实现的。除了军事体制、行政运作、财政管理、司法监察、调整与变革等诸多体制保障外，还有海岸、内陆防御力量的有效配合。

纵观明代海上整体性防御，海上水寨、游兵的巡哨为第一道防御网；沿海的烽堠、烟墩协助瞭探，联络海陆两方面；陆上卫所、营堡军兵及巡检司弓兵为第三层保障。三者之间，相互策应补充，互为表里。每逢春秋二汛，寨游水军出哨外洋，陆上卫所、营堡军兵亦相应调至沿海险要屯扎哨守。若倭贼泛海而来，巡哨军遇小股即行剿除，大股飞速还报海兵道衙门，并知会临境。水上各哨即行会剿，陆上驻军集结待敌。若水军阻敌不力或巡哨粗疏，致贼入近海，沿海烽堠、烟墩等亦可即行报警，陆上卫所军与各营堡军兵、巡检司弓兵等设伏拒敌。即使都难收全功，经过层层阻击，倭贼战力亦会大大消耗。故明代出海军的巡洋会哨优在制敌机先，掌握战争主动权，拓展防御纵深；第二、三道防线起到战略配合及弥补巡哨疏漏的作用，在巡哨水军阻敌不力的情势下，二、三道防线又显得尤为重要。

[①] 俞大猷：《正气堂集》卷七《议水陆战备事宜》，《四库未收书辑刊》，第5辑，第20册，第191页。